A IMAGINAÇÃO ECONÔMICA

A marca FSC® é a garantia de que a madeira utilizada na fabricação do papel deste livro provém de florestas que foram gerenciadas de maneira ambientalmente correta, socialmente justa e economicamente viável, além de outras fontes de origem controlada.

SYLVIA NASAR

A imaginação econômica
*Gênios que criaram a economia moderna
e mudaram a história*

Tradução
Carlos Eugênio Marcondes
de Moura

Copyright © 2011 by Sylvia Nasar

Grafia atualizada segundo o Acordo Ortográfico da Língua Portuguesa de 1990, que entrou em vigor no Brasil em 2009.

Título original
Grand pursuit: the story of economic genius

Capa
warrakloureiro

Preparação
Jacob Lebensztayn

Índice remissivo
Luciano Marchiori

Revisão
Carmem S. da Costa
Valquíria Della Pozza

Dados Internacionais de Catalogação na Publicação (CIP)
(Câmara Brasileira do Livro, SP, Brasil)

Nasar, Sylvia
    A imaginação econômica : gênios que criaram a economia moderna e mudaram a história / Sylvia Nasar ; tradução Carlos Eugênio Marcondes de Moura. — 1ª ed. — São Paulo : Companhia das Letras, 2012.

    Título original : Grand pursuit : the story of economic genius.
    ISBN 978-85-359-2145-8

    1. Economia - História 2. Economistas 3. História Econômica I. Título.

12-07399   CDD-330.15092

Índice para catálogo sistemático:
1. Economistas : Biografia   330.15092

[2012]
Todos os direitos desta edição reservados à
EDITORA SCHWARCZ S.A.
Rua Bandeira Paulista, 702, cj. 32
04532-002 — São Paulo — SP
Telefone (11) 3707-3500
Fax (11) 3707-3501
www.companhiadasletras.com.br
www.blogdacompanhia.com.br

Para meus pais

Sumário

Prefácio: Os 90% da humanidade 9

PRIMEIRO ATO: ESPERANÇA
Prólogo: O sr. Sentimento versus o Avarento 17
1. Perfeitamente novo: Engels e Marx na Era dos Milagres 27
2. Deve existir um proletariado? O santo padroeiro de Marshall 65
3. A profissão da srta. Potter: os Webb e o Estado do bem-estar social ... 110
4. A cruz de ouro: Fisher e a ilusão monetária 159
5. A destruição criativa: Schumpeter e a evolução econômica 191

SEGUNDO ATO: TEMOR
Prólogo: A guerra dos mundos 217
6. Os últimos dias da humanidade: Schumpeter em Viena 228
7. A Europa está morrendo: Keynes em Versalhes 257
8. A rua sem alegria: Schumpeter e Hayek em Viena 285
9. Os mecanismos imateriais da mente: Keynes e Fisher nos anos 1920 ... 304
10. Problemas com o magneto: Keynes e Fisher durante a
    Grande Depressão 330
11. Experiências: Webb e Robinson nos anos 1930 363

12. A guerra dos economistas: Keynes e Friedman no Tesouro 379
13. Exílio: Schumpeter e Hayek na Segunda Guerra Mundial 399

TERCEIRO ATO: CONFIANÇA

Prólogo: Nada a temer 411
14. Passado e futuro: Keynes em Bretton Woods 419
15. De volta da servidão: Hayek e o milagre alemão 429
16. Instrumentos de competência: Samuelson vai a Washington 440
17. A grande ilusão: Robinson em Moscou e Pequim 458
18. Encontro marcado com o destino: Sen em Calcutá e em Cambridge 479

Epílogo: Imaginando o futuro 495

Agradecimentos 499
Notas 503
Créditos das imagens 559
Índice remissivo 561

Prefácio
Os 90% da humanidade

"A experiência das nações com o bem-estar é extremamente breve. Quase todas, ao longo da história, foram muito pobres."
John Kenneth Galbraith, *The affluent society*, 1958[1]

"Numa Miséria deste Tipo, admitindo alguns poucos Lenitivos, mas muito poucos, nove Partes em dez de toda a Raça Humana trabalham penosamente durante toda a Vida."
Edmund Burke, *A vindication of natural society*, 1756[2]

 A ideia de que a humanidade poderia virar a mesa na questão da necessidade econômica — dominando em vez de ser escravizada pelas circunstâncias materiais — é tão nova que Jane Austen nunca a cogitou.
 Considere o mundo de opulência georgiana onde viveu a autora de *Orgulho e preconceito*. Cidadã de um país cuja riqueza "despertava a admiração, o espanto e talvez a inveja do mundo", sua vida coincidiu com os triunfos sobre a superstição, a ignorância e a tirania que chamamos de Iluminismo europeu.[3] Ela nasceu na chamada "classe intermediária" da sociedade inglesa, quando "intermediária" significava o oposto de média ou típica. Comparada ao Mr. Bennett de *Orgulho e preconceito* ou mesmo às infelizes irmãs Dashwood de

Razão e sensibilidade,[4] a família Austen era muito pobre. No entanto, sua renda familiar de 210 libras por ano ultrapassava a de 95% das famílias inglesas da época.[5] Apesar da "economia banal" que Austen era obrigada a fazer para evitar "desconforto, miséria e ruína",[6] sua família tinha uma propriedade e algum lazer, escolhia a profissão, ia à escola, tinha livros, papéis para escrever e jornais à disposição. Nem Jane nem sua irmã Cassandra precisaram trabalhar fora como governantas — o temido destino reservado a Jane, a rival de Emma — nem se casar com homens que não amavam.

O abismo entre os Austen e as chamadas "classes baixas" era, nas palavras de um biógrafo, "absoluto e incontestado".[7] O filósofo Edmund Burke criticou a situação dos mineiros que "quase nunca veem a Luz do Sol; ficam enterrados nas Entranhas da Terra; ali fazem uma triste e difícil Tarefa, sem a menor Perspectiva de se libertarem; subsistem com a pior e mais grosseira Alimentação; têm a Saúde miseravelmente prejudicada, e a Vida abreviada".[8] No entanto, quanto ao padrão de vida, mesmo esses "desgraçados infelizes" estavam entre os relativamente afortunados.

O inglês *típico* era o trabalhador rural.[9] Segundo o historiador econômico Gregory Clark, seu padrão de vida material não era muito melhor que o de um típico escravo romano. Seu casebre tinha um único cômodo escuro, compartilhado dia e noite com a mulher, as crianças e os animais domésticos. Sua única fonte de aquecimento era um fogão a lenha fumacento. Tinha apenas uma muda de roupa. Viajava somente até onde seus pés pudessem levá-lo. Suas únicas distrações eram o sexo e a caça furtiva. Não recebia nenhum atendimento médico. Muito provavelmente era analfabeto. Seus filhos eram postos para trabalhar cuidando das vacas ou espantando os corvos até terem idade para arranjar um "serviço".

Nos bons tempos, ele comia apenas um alimento grosseiro — trigo e cevada na forma de pão ou mingau. Até as batatas eram um luxo além de seu alcance. ("São muito boas para vocês, da aristocracia, mas devem ser muito caras para cultivar", disse um aldeão à mãe de Austen.)[10] Clark estima que o trabalhador rural britânico consumia em média apenas 1500 calorias por dia, um terço a menos do que consome hoje um membro de uma tribo de caçadores-coletores na Nova Guiné ou na Amazônia.[11] Além de sofrer de fome crônica, corria o risco de realmente morrer por inanição devido às variações extremas no preço do pão. As taxas de mortalidade do século XVIII eram extremamente sensíveis às más colheitas e às inflações dos tempos de guerra.[12] Mesmo assim, o típico inglês estava melhor de vida do que seu homólogo francês ou alemão, e Burke podia garantir a seus leitores ingleses que essa "escravidão, degradante e horrenda, que temos em nosso país não é nada em comparação ao que o resto do mundo enfrenta em situações da mesma Natureza".[13]

A resignação reinava. O comércio e a Revolução Industrial inflaram a riqueza da Grã-Bretanha, como o filósofo escocês Adam Smith havia previsto em *A riqueza das nações*, em 1776. Mas até os observadores mais esclarecidos aceitavam que esses fatores não poderiam vencer a vontade de Deus ao condenar a massa da humanidade à pobreza e à "labuta dolorosa [...] por todos os dias de sua vida". As diferentes camadas sociais eram determinadas pela divindade ou pela natureza. Quando um criado leal morria, podia ser elogiado por "ter cumprido os deveres da Situação de vida em que Ele decidiu colocá-lo".[14] O reformador georgiano Patrick Colquhoun teve de incluir uma introdução na sua proposta radical de que o Estado deveria educar os filhos dos pobres, garantindo que ele não queria dizer que "deveriam ser educados de modo a elevar suas mentes acima da categoria que são destinados a ocupar na sociedade", pois de outro modo "aqueles destinados a trabalhos árduos e a uma categoria inferior" se tornariam descontentes.[15]

No mundo de Jane Austen cada um sabia seu lugar, e ninguém contestava isso.

Apenas cinquenta anos depois da morte de Jane Austen, em 1817, o mundo estava transformado, irreconhecível. Não se tratava apenas dos "extraordinários avanços em riqueza, luxo e gostos mais refinados".[16] Nem da melhoria sem precedentes na situação daqueles cuja condição se supunha irremediável. O falecido estatístico vitoriano Robert Giffen achou necessário lembrar a seu público que na época de Austen os salários eram apenas a metade e a "fome periódica era, de fato, a condição permanente da grande massa de trabalhadores em todo o reino há cinquenta anos [...]".[17] Havia a sensação de que tudo aquilo que fora rígido e congelado ao longo dos tempos estava ficando fluido. A questão já não era saber se as condições podiam mudar, mas sim quanto, quão rápido e a que custo. Sentia-se que as mudanças não eram acidentais, nem questão de sorte, mas sim o resultado da intenção humana, de sua vontade e seu conhecimento.

O conceito de que o homem era produto de suas circunstâncias, e que essas circunstâncias não eram predeterminadas, imutáveis ou totalmente imunes à intervenção humana é uma das descobertas mais radicais de todos os tempos. Tal conceito colocava em dúvida a verdade existencial de que a humanidade estava sujeita aos ditames de Deus e da natureza. Implicava que, se recebesse novas ferramentas, a humanidade estaria pronta para assumir seu próprio destino. Evocava alegria e ação, e não pessimismo e resignação. Antes de 1870, a economia tratava principalmente do que não se podia fazer. Depois de 1870, passou a tratar principalmente do que podia ser feito.

"O desejo de fazer com que a humanidade tome as rédeas é a mola mestra da maioria dos estudos econômicos", escreveu Alfred Marshall, o pai da economia moderna. As perspectivas econômicas — em oposição às religiosas, políticas ou militares — atraíam a imaginação popular. Os intelectuais vitorianos eram obcecados pela economia e um número extraordinário de estudiosos aspirava produzir um grande trabalho nesse campo. Inspirados pelos avanços nas ciências naturais, começaram a elaborar uma ferramenta para investigar o "extremamente engenhoso e poderoso mecanismo social", que estava criando não só uma riqueza material sem precedentes, mas também uma abundância de novas oportunidades. Em última análise, a nova economia transformou a vida de todos no planeta.

Em vez de ser uma história do pensamento econômico, o livro que está em suas mãos é a história de uma ideia que nasceu na idade de ouro antes da Primeira Guerra Mundial, foi desafiada no catastrófico período entre duas guerras mundiais, na ascensão de governos totalitários e em uma grande depressão, e foi revivida em uma segunda idade de ouro logo depois da Segunda Guerra Mundial.

Alfred Marshall chamou a economia moderna de *Organon*, palavra do grego antigo que significa instrumento — não um conjunto de verdades, mas um "mecanismo de análise" útil para descobrir verdades e, como o termo sugere, um instrumento que nunca estaria completo ou perfeito, mas que sempre exigiria melhorias, adaptações e inovações. Seu aluno, John Maynard Keynes, definiu a economia como um "aparelho mental" que, como qualquer outra ciência, era essencial para analisar o mundo moderno e aproveitar ao máximo suas possibilidades.

Escolhi protagonistas que foram fundamentais para transformar a economia em um instrumento de domínio. Escolhi homens e mulheres de "cabeça fria, mas coração quente"[18] que ajudaram a construir o "mecanismo" de Marshall e inovaram o "aparelho" de Keynes. Escolhi personagens cujo temperamento, experiências e genialidade os levaram, em resposta à época e ao local, a fazer novas perguntas e propor novas respostas. Escolhi personagens que levaram a história de Londres na década de 1840 para o resto do mundo, terminando em Calcutá na virada do século XXI. Tentei apresentar o que cada um deles via quando olhava para seu mundo, e também compreender o que os emocionava, intrigava, inspirava. Todos esses pensadores estavam à procura de instrumentos intelectuais que ajudassem a solucionar o que Keynes chamou de "o problema político da humanidade: como combinar três coisas, eficiência econômica, justiça social e liberdade individual".[19]

Como explicou Roy Harrod, o primeiro biógrafo de Keynes, essa figura multifacetada considerava os artistas, os escritores, os coreógrafos e os compositores que ele amava e admirava "os depositários da civilização". Ele aspirava a um papel mais modesto, porém não menos necessário, para pensadores econômicos como ele: que fossem "os depositários, não da civilização, mas da possibilidade da existência da civilização".[20]

Graças, em grande parte, a esses depositários, a noção de que 90% da humanidade poderia libertar-se de seu fado milenar se enraizou durante a era vitoriana em Londres. E de lá se alastrou como ondas num lago fazendo transformações em muitas sociedades ao redor do mundo.

E ainda continua se alastrando.

PRIMEIRO ATO:
ESPERANÇA

Prólogo

O sr. Sentimento versus o Avarento

Foi o pior dos tempos.

Quando Charles Dickens retornou de sua gloriosa viagem de conferências pelos Estados Unidos em junho de 1842, o fantasma da fome perseguia a Inglaterra.[1] O preço do pão tinha dobrado depois de uma série de más colheitas. As cidades estavam repletas de migrantes rurais empobrecidos buscando trabalho ou, na falta deste, recorrendo à caridade. A indústria têxtil estava no quarto ano de uma recessão profunda e os operários desempregados eram obrigados a depender de auxílio público ou dos refeitórios sociais de organizações privadas. O crítico social conservador Thomas Carlyle fez uma lúgubre advertência: "Com milhões sem condições de sobreviver [...] é evidente que a própria Nação está a caminho do suicídio".[2]

Totalmente a favor da educação, da liberdade civil e religiosa e do direito ao voto, Dickens ficou horrorizado com o aumento do ódio entre as classes.[3] Em agosto, uma greve em uma fábrica de tecidos acabou em violência. Em poucos dias, os conflitos haviam tomado proporções nacionais, causando uma greve geral convocada pelos líderes de um movimento de massa a favor do sufrágio universal masculino e pedindo uma "Carta do Povo".[4] Os cartistas levaram para as ruas a principal causa dos radicais de classe média no Parlamento — cada homem tinha direito a um voto. O governo conservador (Tory) do primeiro-ministro Robert Peel imediatamente enviou tropas especiais, com seus casacos vermelhos, para conter os agitadores. A grande massa dos grevistas começou a voltar para as fábricas, mas Carlyle, cuja história da Revolução Francesa Dickens leu e releu, advertiu, com palavras pessimistas, que "o sentimento de revolta, de má vontade, de vingança contra a classe alta [...] é cada vez mais o sentimento generalizado da classe baixa".[5]

Nas luxuosas salas de visitas londrinas, onde damas e cavalheiros o bajulavam, Dickens chamava a atenção tanto por suas simpatias republicanas quanto por suas gravatas extravagantes. Depois de conhecer o sucesso literário, então com trinta anos, Carlyle descreveu Dickens, em tom paternalista, como "uma figura baixa e atarracada, mas *muito* baixa mesmo", acrescentando com malícia que ele "não estava bem vestido, mas sim no estilo D'Orsay" — ou seja, tão chamativo quanto o renomado conde francês.[6] O melhor amigo de Carlyle, o filósofo radical John Stuart Mill, recordou-se da descrição de Carlyle de um revolucionário jacobino com "o semblante de um vigarista mal-ajambrado irradiando genialidade".[7] Nos jantares elegantes à meia-noite, a "insurreição" cartista provocava ásperas discussões. Carlyle apoiava o primeiro-ministro, que insistia serem necessárias medidas duras para impedir que os radicais se aproveitassem da situação, e que os realmente necessitados já estavam recebendo ajuda. Dickens, que jurou "ir mais longe para ver Carlyle do que qualquer homem vivo",[8] afirmava porém que tanto a prudência como a justiça exigiam que o governo prestasse assistência aos desempregados saudáveis e a suas famílias.

A época chamada de *Hungry Forties* [A grande fome] trouxe de volta à tona um debate que perdurou durante os anos de fome, de 1799 a 1815, das guerras napoleônicas. Estava em questão a polêmica lei da população proposta pelo reverendo Thomas Robert Malthus. Contemporâneo de Jane Austen e primeiro professor de economia política da Inglaterra, Malthus era um clérigo tímido e generoso da Igreja Anglicana que tinha o lábio leporino e uma mente matemática afiada. Quando ainda era pároco, foi atormentado pela fome em sua paróquia rural. A Bíblia culpava a condição de pecadores inerente aos pobres. Os filósofos franceses em voga na época, como o marquês de Condorcet, amigo de seu pai, culpavam o egoísmo dos ricos. Malthus julgou que nenhuma das duas explicações era convincente e se sentiu na obrigação de buscar uma melhor. *An essay on the principle of population* [Um ensaio sobre o princípio da população], publicado pela primeira vez em 1798 e com mais cinco edições até sua morte, em 1834, inspirou não só Charles Darwin e os outros fundadores da teoria da evolução, mas também motivou Carlyle a rejeitar a concepção de economia como a "triste ciência".[9]

O fato que Malthus tentou explicar era que, em todas as sociedades e em todas as épocas, inclusive a sua, "nove partes em dez de toda a raça humana" estavam condenadas a uma vida de terrível miséria e trabalho penoso.[10] Quando não estava de fato morrendo de fome, o habitante típico do planeta vivia com um medo crônico de morrer de fome. Havia anos prósperos e anos magros, regiões mais ricas e mais pobres; contudo, o padrão de vida nunca se afastava muito da pura subsistência.

Na tentativa de responder à velha pergunta "Por quê?", o gentil reverendo antecipou não só Darwin, como também Freud. O sexo, argumentou ele, era o culpado. Fosse pela observação da vida miserável de seus paroquianos, pela influência dos cientistas naturais que começavam a considerar o homem um animal ou pela chegada de seu sétimo filho, Malthus concluiu que o impulso de se reproduzir superava todos os outros instintos e habilidades humanas, incluindo a racionalidade, a engenhosidade, a criatividade e até a crença religiosa.

A partir dessa única e provocante premissa, Malthus deduziu que as populações humanas, sempre e em todo lugar, tendiam a crescer mais depressa do que a oferta de alimentos. Seu raciocínio era aparentemente simples: imagine uma situação em que a oferta de alimentos é suficiente para sustentar dada população. Tal como a residência de Adão e Eva no paraíso, esse feliz equilíbrio não pode durar. O instinto animal impele os homens e as mulheres a se casar mais cedo e a formar famílias maiores. A oferta de alimentos, porém, é mais ou menos fixa, exceto a muito longo prazo. Resultado: a quantidade de grãos e outros alimentos básicos que antes bastava para manter todos vivos já não seria suficiente. Inevitavelmente, Malthus concluiu, "como consequência, os pobres têm que viver em condições muito piores".[11]

Em qualquer economia em que as empresas competem pelos clientes e os trabalhadores pelos empregos, uma população em expansão significa mais famílias lutando pela mesma oferta de alimentos, e mais trabalhadores competindo pelos mesmos empregos. A competição abaixaria os salários, e ao mesmo tempo aumentaria o preço dos alimentos. O padrão médio de vida — isto é, a quantidade de alimentos e de outras necessidades disponíveis para cada pessoa — diminuiria.

Em algum momento, os cereais se tornariam tão caros e a mão de obra tão barata que a dinâmica iria se inverter. Com a redução dos padrões de vida, os homens e as mulheres seriam obrigados a adiar o casamento e ter menos filhos. A diminuição da população significaria uma queda nos preços dos alimentos, pois menos famílias estariam disputando a comida disponível. Os salários subiriam, já que menos trabalhadores estariam competindo pelos empregos. Por fim, com a estabilização da oferta de alimentos e da população, os padrões de vida retornariam ao nível inicial. A menos que "o grande exército de destruição"[12] da natureza — a guerra, a doença e a fome — interviesse para apressar o processo, como aconteceu, por exemplo, no século XIV, quando a Peste Negra eliminou milhões, deixando com vida uma população menor em relação à produção de alimentos.

Tragicamente, a nova estabilidade não se mostraria mais duradoura que a anterior. Malthus escreveu, com pesar: "Basta a classe trabalhadora ficar confortável de novo, que os mesmos movimentos retrógrados e progressivos com relação à felicidade se repetem".[13] Tentar elevar o nível de vida médio é como Sísifo tentar empurrar sua pedra para o alto do morro. Quanto mais rápido Sísifo chega quase lá, mais depressa desencadeia a reação que faz a pedra rolar ladeira abaixo outra vez.

As tentativas de vencer a lei da população estavam condenadas ao fracasso. Os trabalhadores que insistiam em ganhar salários acima do mercado não encontrariam emprego. Os empregadores que pagassem a seus trabalhadores salários mais altos que a concorrência perderiam seus clientes, pois o custo mais elevado da mão de obra os obrigaria a aumentar os preços.

Para os vitorianos, a implicação mais censurável da lei de Malthus era que a caridade podia, na verdade, aumentar o sofrimento que tencionava aliviar — uma recusa direta à injunção de Cristo para "amar o próximo como a ti mesmo".[14] De fato, Malthus era extremamente crítico quanto ao sistema tradicional inglês de previdência social, que provia assistência com poucas condições, por premiar o ocioso à custa do trabalhador. A assistência pública era proporcional ao tamanho da família — o que incentivava, na prática, o casamento precoce e as famílias numerosas. Os contribuintes, tanto conservadores como liberais, julgaram a argumentação de Malthus tão convincente que o Parlamento aprovou, quase sem oposição, uma nova Lei dos Pobres, em 1834, que de fato restringia a assistência pública àqueles que concordassem em ser internos das casas de trabalho paroquiais.

"Por favor, senhor, quero um pouco mais." Como Oliver Twist descobre após fazer seu famoso pedido, as casas de trabalho eram essencialmente prisões onde homens e mulheres eram segregados, postos para trabalhar em tarefas desagradáveis e submetidos a uma dura disciplina — tudo isso em troca de um lugar para dormir e "três refeições por dia de mingau ralo, com uma cebola, duas vezes por semana, e metade de um pão aos domingos".[15] A comida na maioria das casas de trabalho provavelmente não era tão escassa como a dieta de fome que Dickens descreveu em seu romance, mas não há dúvida de que essas instituições lideravam a lista de queixas da classe trabalhadora.[16] Como a maioria dos liberais reformistas de classe média, Dickens considerava a nova Lei dos Pobres moralmente repulsiva e politicamente suicida, e a teoria na qual se baseava, uma relíquia de um passado bárbaro. Ele voltara havia pouco dos Estados Unidos, com seus "milhares de milhões de acres de terras ainda desocupados e intactos" e onde os habitantes "tinham o hábito de engolir às pressas grandes quantidades de comida de origem animal, três vezes por dia",[17] e achava absurda a ideia de que abolir as casas de trabalho faria com que o mundo ficasse sem comida.

Decidido a dar um forte golpe em defesa dos pobres, no início de 1843 Dickens começou a escrever uma história sobre um rico avarento que termina mudando seus sentimentos, um conto que ele considerava uma poderosa marreta, capaz de ter "vinte vezes mais força — vinte mil vezes mais força" que um panfleto de propaganda política.[18]

Um conto de Natal, alega o historiador econômico James Henderson, é um ataque a Malthus.[19] O romance é repleto de cheiros e sabores deliciosos. Em vez de ser uma ilha pedregosa, árida e superpovoada, onde a comida é escassa, a Inglaterra da história de Dickens parece uma enorme loja de alimentos onde as prateleiras estão transbordando, os caixotes não têm fundo e os barris de bebida nunca secam. O Espírito dos Natais Passados aparece para o avarento Scrooge empoleirado em "uma espécie de trono", formado por montanhas de "perus, gansos, caça, aves, carne de porco, grandes peças de carne, leitões, longas cordas de linguiça, empadões, pudins de ameixa, barris de ostras, castanhas assadas quentinhas, maçãs tão vermelhas como cerejas, laranjas suculentas, peras suculentas, imensos bolos e grandes terrinas de ponche fervendo, que enchiam o quarto com seus deliciosos vapores". Merceeiros, comerciantes de aves, frutas e legumes, todos "radiantes", convidam os londrinos para conhecer suas lojas e conferir os "desfiles" de comidas e bebidas deliciosas.[20]

Nessa Inglaterra que se caracteriza pela abundância do Novo Mundo, e não pela escassez do Velho Mundo, o ossudo, estéril e esquálido Ebenezer Scrooge é um anacronismo. Como observa Henderson, o homem de negócios "é tão alheio ao novo espírito de solidariedade humana como à abundância que o cerca".[21] Ele é um fervoroso defensor dos castigos físicos e das casas de trabalho, tanto no sentido literal como no figurado. "Elas têm um custo", ele insiste, "e os que são muito pobres devem ir para lá." Quando o Espírito dos Natais Passados discorda, dizendo que "muitos não podem ir para lá, e muitos prefeririam morrer", Scrooge diz, friamente: "Se eles preferem morrer, é melhor que morram, e assim reduzam o excesso de população".

Felizmente, a natureza empedernida de Scrooge se revela não ser tão imutável, assim como a oferta mundial de alimentos também não é fixa. Quando Scrooge descobre que Tiny Tim é um dos "excedentes" da população, ele recua horrorizado com as implicações da sua antiquada religião malthusiana. "Não, não", ele grita, implorando ao Espírito que poupe o menino. "Ora, ora", responde o Espírito ironicamente. "Parece que ele vai morrer; é melhor que morra logo, e reduza o excesso de população."[22] Scrooge se arrepende, decide dar um aumento a seu sofrido funcionário, Bob Cratchit, e lhe envia um belo peru para o Natal. Ao aceitar a visão mais esperançosa, menos fatalista da geração de Dickens a tempo de alterar o curso dos acontecimentos futuros, Scrooge refuta a cruel premissa malthusiana de que "o passado cego e brutal" está destinado a se repetir.

O feliz jantar de Natal dos Cratchit é a resposta direta de Dickens a Malthus, que usa a parábola do "grande banquete da Natureza" para alertar sobre as consequências involuntárias da caridade bem-intencionada. Um homem pobre, sem meios de sustento, pede aos convidados que lhe deem lugar à mesa. No passado, os comensais o teriam enxotado. Mas, enganados pelas utópicas teorias francesas, eles decidem ignorar o fato de que só há comida para os que foram convidados. Eles não preveem que, ao permitir que o recém-chegado se sente à mesa, mais penetras poderão chegar, a comida pode acabar antes de todos se servirem, e o prazer dos convidados pela refeição será "destruído pelo espetáculo da miséria e da dependência".[23]

A mesa farta dos Cratchit, rodeada dos rostos felizes da família, é a antítese da tensa refeição de Malthus, estritamente racionada. Em contraste com as porções mesquinhas da Natureza, encontramos o pudim da sra. Cratchit — "como uma bala de canhão cheia de pontinhos, tão dura e firme, com uma cobertura flamejante de conhaque, e enfeitada por cima com uma guirlanda de Natal" — talvez pequeno demais para todos repetirem, mas suficiente para a família. "A sra. Cratchit disse que, agora que tinha tirado o peso da mente, precisava confessar que tivera dúvidas sobre a quantidade de farinha. Todo mundo teve então algo a dizer a respeito, mas ninguém disse nem pensou que era um pudim pequeno para uma família tão grande. Fazer isso seria uma total heresia. Qualquer Cratchit se envergonharia de insinuar tal coisa."[24]

O espírito de Natal contagiava a todos. No final da história, Scrooge já não passava fome. Em vez de sorver sozinho sua tigela de mingau, como de costume, o novo Scrooge surpreende o sobrinho, aparecendo sem avisar para a ceia de Natal. É evidente que seu herdeiro se apressa para lhe dar lugar à mesa.

A esperança de Dickens de que *Um conto de Natal* atingisse o público como uma poderosa martelada se realizou. Seis mil exemplares do romance foram vendidos entre a data de publicação, 19 de dezembro, e a véspera de Natal, e o conto continuaria sendo reimpresso pelo resto da vida de Dickens — e continua sendo até hoje.[25] A forma como Dickens retratou os pobres lhe valeu apelidos irônicos, como "sr. Sentimento",[26] mas o romancista nunca vacilou em sua convicção de que havia uma maneira de melhorar a sorte dos pobres sem derrubar a sociedade existente.

Como experiente homem de negócios, Dickens sabia que os projetos para melhorar as condições sociais não se concretizariam a menos que pudessem ser pagos. Ele era um "puro modernista" e "crente no Progresso", e não um adversário da Revolução Industrial. Tendo atingido um sucesso estrondoso ainda na casa dos vinte anos, tinha avançado tanto com seu próprio talento que não poderia duvidar que a engenhosidade humana estava assumindo o controle. Tendo escapado da pobreza ao fazer carreira na nova indústria de mídia de massa, Dickens era impaciente com os conservadores, como Carlyle, e os socialistas, como Mill, que se recusavam a admitir que, como sociedade, "nós nos alçamos lenta e dolorosamente, e com muitas lutas difíceis, para sair de toda essa degradação social e ignorância" e que "olham para trás, para todo esse passado cego e brutal com uma admiração que não concedem ao presente".[27]

A sensação de Dickens de que a sociedade inglesa estava acordando, como que de um longo pesadelo, se mostrou correta em sua antecipação. Um ano depois da "ascensão" cartista, era palpável um novo clima de tolerância e otimismo. O primeiro-ministro *tory* admitia, em conversas privadas, que muitas das queixas dos cartistas eram justificadas.[28] Os líderes trabalhistas rejeitaram os apelos para deflagrar uma guerra de classes e apoiaram a campanha dos patrões para revogar os impostos de importação sobre cereais e outros alimentos. Os políticos liberais responderam às comissões parlamentares sobre o trabalho infantil, os acidentes de trabalho nas fábricas e outros males, criando as Leis Fabris de 1844, que regulamentavam a jornada de trabalho de mulheres e crianças.

Dickens nunca imaginou que o mundo pudesse avançar sem a previdente ciência da economia. Em vez disso, ele esperava converter os economistas políticos, assim como o Fantasma do Natal Futuro havia convertido Scrooge. Queria que eles parassem de tratar a pobreza como um fenômeno natural, que parassem de achar que as ideias e as intenções não são importantes, parassem de dar como certo que os interesses das diferentes classes eram diametralmente opostos. Dickens estava especialmente ansioso para que os economistas políticos cultivassem "o entendimento mútuo, a tolerância e a consideração; algo [...] que não se pode expressar em números".[29] Quando lançou sua revista semanal *Household Words*, Dickens fez um apelo aos economistas para humanizar a economia. Como escreveu em seu ensaio de abertura, "a economia política é um mero esqueleto a menos que tenha um pouco do exterior humano, e também do enchimento, e um pouco do brilho humano sobre ela, e um pouco de calor humano dentro dela".[30]

Dickens não estava sozinho. Existiam — e continuaria a existir — homens e mulheres em Londres e em todo o mundo que chegaram à mesma conclusão. Tendo superado terríveis obstáculos, eles também viam o homem como fruto das circunstâncias. Também perceberam que as condições materiais de vida para "nove partes em dez de toda a raça humana" já não eram imutáveis, predeterminadas pelo "passado cego e brutal", e totalmente fora do controle humano e da influência humana. Convencidos de que as circunstâncias econômicas estavam abertas à intervenção humana, embora ainda céticos quanto a projetos utópicos e "sociedades artificiais" impostas por elites radicais, eles se dedicaram a criar um "mecanismo de análise"[31] (ou, como disse um economista posterior, "um aparelho da mente")[32] que pudessem usar para compreender como o mundo moderno funcionava e como as condições materiais da humanidade — das quais dependem suas condições morais, emocionais, intelectuais e criativas — poderiam ser melhoradas.

1. Perfeitamente novo:
Engels e Marx na Era dos Milagres

A questão principal é que isso não vem acontecendo há muito tempo. [É algo] perfeitamente novo [...].

Nosso sistema, apesar de curioso e peculiar, pode funcionar de forma segura [...] Se quisermos fazê-lo funcionar, precisamos estudá-lo.
Walter Bagehot, *Lombard Street*[1]

"Trate de lançar ao mundo o quanto antes o material que você coletou", escreveu Friedrich Engels aos 23 anos a seu correvolucionário, Karl Marx. "Já era tempo. Então, mãos à obra e direto para a impressão!"[2]

Em outubro de 1844, a Europa continental era um vulcão fervilhante prestes a entrar em erupção. Marx, genro de um nobre prussiano e editor de uma revista de filosofia radical, estava em Paris, onde deveria escrever um tratado econômico para provar, com precisão matemática, que a revolução tinha que acontecer. Engels, descendente de prósperos comerciantes têxteis da Renânia, encontrava-se na residência de sua família, com jornais e livros ingleses até o pescoço. Estava esboçando um "projeto de lei de indiciamento" contra a classe da qual ele e Marx faziam parte.[3] Sua única preocupação era a revolução chegar antes de o material entrar no prelo.

Rebelde romântico com aspirações literárias, Engels já era um "revolucionário em embrião" e "entusiasta do comunismo" quando conheceu Marx, dois anos antes. Depois de passar a adolescência se libertando do rígido calvinismo de sua família, o soldado da real artilharia prussiana, esbelto, bonito e muito míope, tinha treinado sua pontaria na dupla tirania de Deus e Mamon. Convencido de que a propriedade privada era a raiz de todos os males, e a revolução social o único meio de estabelecer uma sociedade justa, Engels sempre ansiou por viver a vida "verdadeira" de um filósofo. Para seu infinito desgosto, fora predestinado para os negócios da família. "Não sou doutor", afirmou, corrigindo o rico editor de um jornal radical, que o tomara por acadêmico. E acrescentou: "Jamais poderia me tornar um acadêmico. Sou apenas um homem de negócios".[4]

O pai de Engels, um evangélico fervoroso que entrava em conflitos constantes com o filho livre-pensador, não admitiria outra possibilidade. Como proprietário, era bastante progressista. Apoiava o livre-comércio, introduziu os equipamentos ingleses de fiação mais modernos em sua fábrica em Wuppertal e tinha acabado de abrir uma segunda fábrica em Manchester, o Vale do Silício da Revolução Industrial. Mas, como pai, não podia conceber a ideia de que seu filho mais velho e seu herdeiro fosse um agitador profissional e jornalista freelance. Com a derrocada do comércio mundial de algodão, na primavera de 1842, seguida das greves cartistas, insistiu que o jovem Engels começasse a trabalhar na Ermen & Engels, em Manchester, assim que terminasse de cumprir o serviço militar obrigatório.

Curvar-se ao dever filial não significou a morte do sonho de Engels de se tornar o flagelo de todas as formas de autoridade. A fábrica de Manchester era famosa pelo espírito militante de seus operários. Convencido de que o conflito industrial era o prelúdio de uma insurreição ainda maior, Engels ficou felicíssimo de ir para o foco dos acontecimentos e aproveitar a oportunidade para alavancar sua carreira de escritor.

Em novembro, a caminho da Inglaterra, Engels parou em Colônia, onde visitou os escritórios imundos do jornal pró-democracia *Rheinische Zeitung*, com o qual vinha colaborando com artigos ocasionais sob a assinatura X. O novo editor era um filósofo de Trier, fumante de charutos, ríspido e ultramíope que o tratou mal. Engels não ficou ofendido e foi recompensado com a encomenda de um artigo sobre as perspectivas da revolução na Inglaterra.

* * *

Quando Engels chegou a Manchester, a greve geral chegara ao fim e as tropas tinham retornado aos quartéis em Londres, mas havia desempregados vagando pelas esquinas e muitas fábricas ainda estavam ociosas. Apesar da sua convicção de que os donos das fábricas prefeririam ver seus empregados morrerem de fome a pagar-lhes um salário decente, Engels não pôde deixar de notar que os trabalhadores ingleses se alimentavam muito melhor do que os alemães. Enquanto um trabalhador na fábrica de tecidos de sua família em Barmen jantava praticamente só pão e batatas, "aqui ele come carne todo dia e consegue pelo seu dinheiro um bife mais suculento que o homem mais rico da Alemanha. Toma chá duas vezes ao dia e ainda lhe sobra dinheiro para tomar um copo de cerveja ao meio-dia e conhaque com água à noite".[5]

É verdade que os desempregados ingleses das fábricas têxteis tiveram que recorrer à Lei dos Pobres e aos refeitórios sociais das organizações privadas para evitar a "fome absoluta", e o recém-publicado *Report on the sanitary condition of the labouring population of Great Britain* [Relatório sobre as condições sanitárias da população trabalhadora da Grã-Bretanha], de Edwin Chadwick, revelou que o tempo de vida médio dos homens em Manchester era de dezessete anos — metade do encontrado nas aldeias rurais próximas —, e que apenas um em cada dois bebês sobrevivia depois dos cinco anos de idade. As descrições chocantes de Chadwick de ruas que serviam de esgoto, casebres úmidos de mofo, comida estragada e embriaguez generalizada mostravam que os trabalhadores britânicos tinham motivos de sobra para se indignar.[6] Mas, enquanto Carlyle, o único inglês que Engels admirava, alertava para uma revolta da classe trabalhadora, Engels achava que a maioria dos ingleses de classe média considerava essa possibilidade remota e olhava para o futuro com uma "notável calma e confiança".[7]

Depois de instalado em sua nova casa, Engels resolveu o conflito entre as exigências da sua família e suas ambições revolucionárias de maneira bem vitoriana: viveu uma vida dupla. No escritório e entre seus colegas capitalistas, lembrava o "alegre, bem-humorado, agradável" Frank Cheeryble, o "sobrinho da empresa" em *Nicholas Nickleby*, de Dickens, que "veio para assumir parte dos negócios daqui", depois de "ter sido diretor na Alemanha por quatro anos".[8] Assim como o jovem e atraente empresário do romance, Engels se vestia de forma impecável, fazia parte de vários clubes, oferecia bons jantares e tinha seu próprio cavalo para caçar raposas nas propriedades dos amigos. Em sua outra vida, a "verdadeira", ele "renunciava à empresa e aos jantares, ao vinho do Porto e ao champanhe" para fazer trabalho extra como organizador do movimento cartista e jornalista investigativo.[9] Inspirado pelas revelações dos reformadores ingleses, e com frequência acompanhado de uma operária irlandesa analfabeta, com quem estava tendo um caso na época, Engels usava seu tempo livre para conhecer Manchester "tão intimamente como minha cidade natal", coletando material para as colunas e ensaios impactantes que enviava a vários jornais radicais.

Os 21 meses como estagiário de administração na Inglaterra levaram Engels a descobrir a economia. Enquanto os intelectuais alemães eram obcecados pela religião, os ingleses pareciam transformar qualquer fator político ou cultural em uma questão econômica. Isso acontecia principalmente em Manchester, reduto da economia política inglesa, do Partido Liberal e da Liga contra a Lei dos Cereais. Para Engels, a cidade representava as interconexões entre a Revolução Industrial, a militância das classes trabalhadoras e a doutrina do laissez-faire. Foi lá que, como lembraria mais tarde, "percebi, forçosamente, que os fatores econômicos, até então ignorados ou, no mínimo, subestimados pelos historiadores, desempenham um papel decisivo no desenvolvimento do mundo moderno".[10]

Engels se sentia frustrado por não ter tido formação universitária, em particular por sua ignorância das obras de Adam Smith, Thomas Malthus, David Ricardo e outros economistas políticos britânicos. Entretanto, tinha absoluta certeza de que a teoria econômica britânica apresentava graves falhas. Em um dos últimos ensaios que escreveu antes de deixar a Inglaterra, fez um rápido esboço dos elementos essenciais para uma doutrina rival. Modestamente, chamou a tentativa incipiente de "*Outlines of a critique of political economy*" [Esboço para uma crítica da economia política].[11]

Do outro lado do Canal da Mancha, em St. Germain-en-Laye, o subúrbio mais rico de Paris, Karl Marx estava mergulhado em histórias da Revolução Francesa. Quando a versão final de Engels chegou pelo correio, Marx foi imediatamente trazido de volta ao presente, eletrizado pelo "brilhante esboço de uma crítica das categorias econômicas".[12]

Marx também era o filho pródigo (e perdulário) de um pai burguês. Também era um intelectual que se sentia preso numa era indiferente à cultura e às artes. Compartilhava com Engels o sentimento de superioridade intelectual e cultural da Alemanha, admirava tudo que era francês e se ressentia amargamente da riqueza e do poder da Grã-Bretanha. No entanto, era o oposto de Engels em muitos aspectos. Dominador, impetuoso, sincero e instruído, Marx não tinha nada da superficialidade, da adaptabilidade ou da cordialidade efusiva do amigo. Apenas dois anos e meio mais velho, Marx era não apenas casado e pai de uma menina, mas também doutor em filosofia e insistia em ser tratado como tal. Era uma figura baixa e robusta, quase napoleônica, com pelos negros e espessos que brotavam do rosto, dos braços, do nariz e das orelhas. Seus "olhos reluziam uma chama de inteligência e malícia", e como recordou seu assistente na *Rheinische Zeitung*, seu início de conversa favorito era: "Vou aniquilar você".[13] Um de seus biógrafos, Isaiah Berlin, apontou a "confiança de Marx em si mesmo e nos seus próprios poderes" como sua "característica mais marcante".[14]

Enquanto Engels era prático e eficiente, Marx não tinha, como notou George Bernard Shaw, "nenhuma experiência administrativa", nem nenhum "contato comercial com um ser humano vivo".[15] Era, sem dúvida, brilhante e erudito, mas não havia adquirido a ética de trabalho de Engels. Este estava sempre pronto para arregaçar as mangas e começar a escrever, enquanto era mais provável encontrar Marx em um café, tomando vinho e discutindo com aristocratas russos, poetas alemães e socialistas franceses. Como um de seus defensores relatou uma vez: "Ele lê muito. Trabalha com uma intensidade extraordinária. [...] Nunca termina nada. Interrompe cada parte da pesquisa para mergulhar em um novo oceano de livros. [...] Está mais empolgado e violento do que nunca, ainda mais por ter ficado doente por causa do trabalho e sem dormir por três ou quatro noites seguidas".[16]

Marx foi obrigado a recorrer ao jornalismo quando, não conseguindo um posto acadêmico em uma universidade alemã, a família, que já vinha sofrendo com ele havia um bom tempo, por fim parou de sustentá-lo.[17] Depois de apenas seis meses trabalhando em um jornal em Colônia — "até o ar daqui transforma uma pessoa em escravo" —, arranjou uma briga com o censor prussiano e pediu demissão. Por sorte, Marx conseguiu convencer um socialista rico a financiar um novo periódico de filosofia, o *Franco-German Annals*, e nomeá-lo para dirigir a publicação em sua cidade favorita, Paris.

Os relatos que Engels enviava de Manchester enfatizando a conexão entre causas econômicas e efeitos políticos causaram grande impacto em Marx. A economia era algo novo para ele. Os termos "proletariado", "classe operária", "condições materiais" e "política econômica" ainda estavam por surgir em suas cartas. A que escreveu a seu patrono revela que ele vislumbrava uma aliança entre "os inimigos do filistinismo, ou seja, todas as pessoas pensantes e sofredoras". Mas seu objetivo era reformar a consciência, e não abolir a propriedade privada. Em sua contribuição para a primeira e única edição do *Franco-German Annals*, fica claro que Marx queria lançar críticas ao sistema, e não pedras: "Todo indivíduo deve admitir para si mesmo que não tem uma ideia precisa sobre o que deveria acontecer. Contudo, esse mesmo defeito acaba sendo vantajoso para o novo movimento, pois significa que nós não prevemos o mundo com nossos dogmas, mas em vez disso tentamos descobrir o novo mundo por meio da crítica ao antigo".

Marx continuava: "Devemos simplesmente mostrar ao mundo por que há tantos conflitos. [...] Nosso projeto deve ser: a reforma da consciência [...], o autoesclarecimento [...] das lutas e dos desejos da nossa era". O papel do filósofo se assemelhava ao de um padre: "Precisamos, acima de tudo, de uma *confissão*, e nada mais que disso. Para conseguir o perdão de seus pecados, a humanidade só precisa afirmar claramente o que eles são".

Marx e Engels se encontraram de fato pela primeira vez em agosto de 1844 no Café de la Régence. Engels parou em Paris a caminho de casa, na Alemanha, expressamente para ver o homem que antes o havia rejeitado. Os dois conversaram, debateram e beberam por dez dias seguidos, e seguidas vezes descobriram que vinham tendo as mesmas ideias e pensamentos. Marx partilhava da certeza de Engels de que era totalmente inútil tentar reformar a sociedade moderna e de que era necessário libertar a Alemanha de Deus e da autoridade tradicional. Engels apresentou a ele a noção de proletariado. E de imediato Marx se identificou com aquela classe. Enxergou no proletariado não apenas "os pobres que surgem naturalmente", como se esperaria, mas também "as massas artificialmente empobrecidas [...], resultantes da dissolução drástica da sociedade",[18] aristocratas que perderam suas terras, empresários falidos e acadêmicos desempregados.

Assim como Carlyle e Engels, Marx tomou a fome e a revolta como prova da inaptidão da burguesia para governar: "a *necessidade* absolutamente imperativa" vai incitar o proletariado a derrubar seus opressores, segundo suas previsões.[19] Abolindo a propriedade privada, o proletariado libertaria não só a si mesmo, mas também toda a sociedade. Como observa a historiadora Gertrude Himmelfarb, Engels e Marx não eram os únicos vitorianos que estavam convictos de que a sociedade moderna sofria de uma doença terminal.[20] Eles divergiam de Carlyle e outros críticos sociais sobretudo na ênfase na inevitabilidade do fim da ordem social da época. E, embora lutassem para se libertar do dogma protestante, acabaram convencidos de que o colapso econômico e a violenta revolução que previam eram destinos dos quais não se podia escapar — em outras palavras, fatos predestinados. Enquanto a mensagem de Carlyle, com seu tom de juízo final, tinha a intenção de causar arrependimento e reforma, a deles pretendia convencer seus leitores a ficarem do lado certo da história, antes que fosse tarde demais.

Em *The condition of the working class in England in 1844* [A situação da classe operária na Inglaterra em 1844], Engels apresentou argumentos convincentes, embora nem sempre corretos, de que a força de trabalho industrial da Inglaterra vivia, normalmente, em um estado de inanição e que em 1842 a fome a tinha impelido a cometer atos de violência contra os donos das fábricas. O que sua descrição jornalística não conseguiu provar foi que a existência precária dos trabalhadores era imutável e que não existia nenhuma outra solução além da derrubada da sociedade inglesa e a imposição de uma ditadura cartista. Essa era a discussão que Engels vivia perdendo para seus conhecidos ingleses, e o problema que insistiu com Marx para que assumisse. Ele explicou a Marx que, na Inglaterra, os problemas sociais e morais estavam sendo redefinidos como problemas econômicos, e os críticos sociais se viam obrigados a lidar com realidades *econômicas*. Assim como os discípulos do filósofo alemão Georg Hegel usaram a religião para destronar a religião e expor a hipocrisia da elite governante alemã, eles teriam que usar os princípios da economia política para aniquilar a odiosa "religião do dinheiro" da Inglaterra.

Quando os novos amigos se despediram, Engels foi para casa, na Alemanha, despejar suas acusações de "assassinato, roubo e outros crimes em larga escala" contra a classe empresarial inglesa (e de maneira implícita também a alemã).[21] Trabalhar na fábrica de fiação de algodão de sua família confirmou o pressentimento de Engels de que a atividade comercial era algo "imundo".[22] Ele "nunca tinha visto uma classe tão profundamente desmoralizada, tão irremediavelmente degradada pelo egoísmo, tão corroída por dentro, tão incapaz de progredir quanto a burguesia inglesa". Esses "judeus mascates", como chamava os empresários de Manchester, eram devotos da "Economia Política, a Ciência da Riqueza", indiferentes ao sofrimento dos seus operários, desde que lhe dessem lucro e, de fato, indiferentes a todos os valores da humanidade exceto o dinheiro. O "espírito mercenário" da classe alta inglesa era tão repugnante quanto a "filantropia farisaica" que dispensava aos pobres depois de "lhes sugar o sangue e a vida até a última gota". Com a sociedade inglesa cada vez mais "dividida entre milionários e miseráveis", a iminente "guerra dos pobres contra os ricos" seria "a mais sangrenta já travada".[23] Engels, que escrevia tão rápido e tão fluentemente como falava, terminou seu manuscrito em menos de doze semanas.

Durante todo esse período, Engels atormentava Marx para "tentar, de verdade, terminar seu livro sobre política econômica [...]. É preciso que ele seja publicado logo".[24] O livro do próprio Engels foi publicado em Leipzig em julho de 1845. *The condition of the working class in England* [A situação da classe operária na Inglaterra] recebeu críticas favoráveis e vendeu bem, antes mesmo que viesse a crise econômica e política, que o autor previu acertadamente para "1846 ou 1847", dando-lhe o prestígio extra de profecia correta. *Das Kapital* [O capital], o grandioso tratado em que Marx prometeu revelar a "lei do movimento da sociedade moderna", levou vinte anos mais para ser concluído.[25]

Em 1849, quando Henry Mayhew, correspondente da *London Morning Chronicle*, subiu à Galeria Dourada, no topo da Catedral de St. Paul, para ter uma visão panorâmica da sua cidade natal, descobriu que "era impossível dizer onde o céu acabava e a cidade começava".[26] O crescimento da cidade, a um ritmo de quase 20% por década, "parecia não obedecer a nenhuma lei conhecida".[27] Em meados do século, a população havia aumentado para 2 milhões e meio de habitantes. Havia londrinos mais que suficientes para povoar duas Paris, cinco Vienas, ou a soma das outras oito maiores cidades inglesas.[28]

Londres "simbolizava o milagre econômico do século XIX".[29] A região do rio Tâmisa conhecida como *Pool of London* era o maior e mais eficiente porto do mundo. Já em 1833, um dos sócios do Baring Brothers Bank notou que Londres se tornara o "centro para onde o comércio tem que convergir". As docas de Londres ocupavam centenas de hectares e se haviam tornado uma atração turística de primeira linha — também pela sua adega subterrânea de vinhos, ocupando quase cinco hectares, que dava aos visitantes a oportunidade de saborear um Bordeaux. Os aromas — tabaco pungente, rum avassalador, couro e chifres enjoativos, especiarias e cafés perfumados — evocavam um vasto comércio global, um fluxo interminável de migrantes e um império que alcançava uma vastíssima área.

"Não conheço nada mais imponente do que a vista proporcionada pelo Tâmisa quando se sobe o rio desde o mar até a ponte de Londres", confessou Engels em 1842, depois de visitar Londres pela primeira vez. "A massa de edifícios, os cais dos dois lados, em especial de Woolwich para cima, os incontáveis navios ao longo de ambas as margens, aglomerando-se cada vez mais, até que por fim resta apenas uma passagem estreita no meio do rio, por onde passam centenas de barcos a vapor, esbarrando uns nos outros; tudo isso é tão vasto, tão impressionante, que um homem mal consegue recompor-se."[30]

As estações ferroviárias londrinas eram "mais vastas que os muros da Babilônia [...], mais vastas que o templo de Éfeso", afirmou o historiador de arte John Ruskin. "Noite e dia ribombavam os motores dos navios conquistadores", escreveu Dickens em *Dombey & filho*. Partindo de Londres, um viajante podia chegar ao norte até a Escócia, a leste até Moscou, ao sul até Bagdá. Enquanto isso, as ferrovias iam empurrando os limites de Londres cada vez mais para o interior, nas zonas rurais vizinhas. Segundo a descrição de Dickens: "Os miseráveis terrenos baldios, com pilhas de detritos acumulados desde tempos passados, foram engolidos para sempre, e em vez de sujeira havia fileiras de armazéns abarrotados de artigos valiosos e mercadorias caras. Pontes que antes conduziam ao nada agora levavam a casarões, jardins, igrejas, passeios públicos saudáveis. Os esqueletos dos prédios e o esboço de novas vias públicas surgiam ao lado das ferrovias com a velocidade do próprio vapor, e disparavam pelo país adentro em uma sucessão colossal".[31]

O coração financeiro do comércio mundial batia na "City", o centro financeiro de Londres. O financista Nathan Mayer Rothschild, que não era dado a exageros, chamou Londres de "o banco do mundo".[32] Os comerciantes ali chegavam para levantar empréstimos de curto prazo para financiar seus negócios globais, e os governantes emitiam títulos para construir estradas, canais e ferrovias. Embora a Bolsa de Valores de Londres ainda estivesse engatinhando, comerciantes e agentes de câmbio da cidade atraíam uma quantia de "dinheiro emprestável" três vezes maior que Nova York e dez vezes mais que Paris.[33] A fome de informação por parte de banqueiros, investidores e comerciantes ajudou a transformar Londres no centro mundial de mídia e comunicações. "Qualquer um tem acesso às notícias", queixou-se um membro da família Rothschild em 1851, quando o advento do telégrafo tornou obsoleta sua rede de pombos-correio.[34]

Era Londres, e não as novas cidades industriais do norte, que ostentava a maior concentração mundial de indústrias, empregando um em cada seis trabalhadores fabris da Inglaterra — quase meio milhão de homens e mulheres.[35] Era cerca de dez vezes o número de operários das tecelagens de Manchester. As "fábricas escuras satânicas" ["*dark satanic mills*"] do poema "Jerusalém", de William Blake, provavelmente não se encontravam nas cidades do norte da Inglaterra que inspiraram a "Coketown" de Dickens em *Hard times* [Tempos difíceis]. Assim como o enorme moinho de farinha "Albion", que empregava quinhentos operários e era movido por um dos gigantescos motores a vapor de James Watt, é mais provável que estivessem no Tâmisa, em Londres.[36] Um guia de viagens muito popular na década de 1850 faz referências a "sistemas hidráulicos, centrais de gás, estaleiros, curtumes, cervejarias, destilarias e vidrarias, de proporções que provocariam grande surpresa nos que os visitassem pela primeira vez".[37] É verdade, Londres não tinha apenas uma única indústria dominante como a têxtil, e a maioria de suas fábricas empregava menos de dez operários;[38] no entanto, indústrias inteiras — as gráficas na Fleet Street, as fábricas de tinta e de instrumentos de precisão em Camden, as de móveis nos arredores da Tottenham Road — se concentravam em Londres. Os imensos estaleiros de Poplar e Millwall empregavam 15 mil homens e rapazes para construir os maiores navios a vapor e vasos de guerra blindados que havia no mundo. Mas, enquanto cidades industriais como Leeds e Newcastle supriam a maior parte das exportações da Inglaterra, a maioria dos fabricantes de Londres atendia às necessidades da própria cidade. Wandsworth tinha seus moinhos de farinha; Whitechapel, suas refinarias de açúcar; Cheapside, suas cervejarias; Smithfield, seus mercados de gado; e Bermondsey, suas fábricas de curtume, vela e sabão. Mayhew chamou Londres de "a colmeia mais movimentada"[39] do mundo.

Acima de tudo, Londres era o maior mercado do mundo. Lá se podiam conseguir "a um custo baixo e sem dificuldade as conveniências, os confortos e as comodidades que estariam além do alcance dos monarcas mais ricos e poderosos".[40] No próspero West End de Londres "tudo tem um certo brilho, desde as vidraças das janelas até as coleiras dos cachorros" e "o ar é colorido, quase perfumado, pela presença da maior sociedade do planeta".[41] A Regent Street ostentava a maior concentração de "relojoeiros, armarinhos e fotógrafos; elegantes papelarias, lojas de meias e de espartilhos; lojas de música, de xales e de luvas francesas; joalherias, perfumarias, lojas de bordados, confeitarias e chapelarias", como o mundo jamais vira.[42]

Astuto, Mayhew atribuiu "a imensidão do [...] comércio" da cidade ao "predomínio sem paralelos dos comerciantes em Londres, e à consequente abundância de riqueza".[43] A revista *The Economist* vangloriava-se: "A ela acorrem as pessoas mais ricas do Império. Nela, o nível de vida é o mais magnífico; os aluguéis, os mais caros; as oportunidades de ganhar dinheiro, as mais amplas".[44] Um em cada seis britânicos vivia em Londres, mas a cidade respondia por uma parcela ainda maior da renda nacional. Em média, as rendas eram 40% mais elevadas que em outras cidades inglesas, não só porque Londres tinha mais moradores ricos, mas também porque ali os salários eram pelo menos um terço mais altos que em outras partes. Sua vasta população e enorme renda tornavam Londres, de longe, a maior concentração mundial de demanda de consumo. O historiador econômico Harold Perkin argumenta que "a demanda do consumo foi o fator econômico decisivo para a Revolução Industrial", gerando um ímpeto mais poderoso do que a invenção da máquina a vapor ou do tear mecânico.[45] As necessidades de Londres, sua paixão pelas novidades e seu crescente poder aquisitivo eram estímulos convincentes para que os empreendedores adotassem novas tecnologias e criassem novas indústrias.

Se Londres atraía alguns dos indivíduos mais ricos do planeta, também era um ímã para uma multidão de pobres. Quando Mayhew mencionou "a multidão sem precedentes de indivíduos atraídos àquele lugar por tanta riqueza", ele se referia não só aos lojistas, comerciantes, advogados e médicos que estavam ali para servir especificamente os ricos, mas também às legiões de migrantes não qualificados que vinham dos condados rurais vizinhos para trabalhar como criados, costureiras, sapateiros, carpinteiros, estivadores, trabalhadores braçais e mensageiros, ou, caso não conseguissem nada disso, como pequenos criminosos, catadores de lixo e prostitutas.[46] A justaposição entre ricos e pobres era ainda mais notável devido ao êxodo da classe média para os subúrbios, e mais marcante na mente dos observadores pela suposição universal de que Londres pressagiava o futuro da sociedade. A pobreza, é claro, não era uma novidade. Mas, no interior, a fome, o frio, a doença e a ignorância pareciam ser obras da natureza. Na grande capital do mundo, a miséria parecia uma condição provocada pelo homem, algo quase gratuito. Pois não estavam logo à mão os meios de atenuá-la, visíveis sob a forma de mansões elegantes, vestidos sofisticados, belas carruagens e uma profusão de diversões? Bem, na verdade, não. As coisas só pareciam ser assim aos olhos de observadores ingênuos, que não faziam ideia de que deixar os pobres comerem bolo um dia ou dois dificilmente resolveria o problema de produzir pão, roupas, combustível, moradia, educação e assistência médica suficientes para tirar da pobreza a maior parte dos ingleses. Mayhew não estava sozinho ao presumir ingenuamente que as fileiras de armazéns de tijolo, "vastos empórios", continham riqueza "o bastante, como se poderia supor, para enriquecer as pessoas de todo o planeta".[47]

Londres atraía jornalistas, artistas, escritores, reformadores sociais, clérigos e outros estudiosos da sociedade por ser "o epítome do mundo", onde "não há nada que não se possa estudar em primeira mão".[48] Iam para lá para ver para onde a sociedade caminhava. Enquanto os visitantes do século XVIII em geral davam atenção para o pecado, o crime e a sujeira, os que afluíam à Londres vitoriana ficavam mais impressionados pelos extremos de pobreza e riqueza.

Novembro era o pior mês do ano com relação à qualidade do ar na maior e mais rica metrópole do mundo, como observou Charles Dickens em *Bleak house* [Casa abandonada].[49] No dia 29 daquele mês de 1847, Friedrich Engels e Karl Marx lutavam para atravessar a rua Great Windmill em direção a Piccadilly, de cabeça baixa, esforçando-se ao máximo para não escorregarem na lama que chegava aos tornozelos, nem serem pisoteados pela multidão. A miopia extrema de ambos e o nevoeiro londrino, de um amarelo sulfuroso, embaçavam tudo o que estivesse a mais de dois palmos de distância.

Engels, que continuava aprumado como um cadete, e Marx, que ainda ostentava uma basta cabeleira de um negro-azeviche e magníficas suíças, estavam em Londres para participar de um congresso da Liga Comunista, um dos muitos grupinhos — formados por utopistas, socialistas e anarquistas da Europa Central, bem como por um ou outro cartista ou escrevente *cockney* a favor do sufrágio masculino — que floresciam na relativa segurança das liberdades civis inglesas e das leis brandas de imigração do país. Quando um recente colapso de um boom ferroviário espalhou o pânico financeiro em Londres e no continente europeu, a liga convocou uma reunião às pressas para definir seus objetivos, até então um tanto nebulosos. Engels já havia convencido a liga a abandonar o insípido slogan "Todos os homens são irmãos", em prol do mais vigoroso: "Proletários de todos os países, uni-vos!". Redigira dois rascunhos de um manifesto que ele e Marx desejavam que a liga adotasse. Tinham discutido de que maneira podiam sobrepujar os líderes que acreditavam que as queixas dos trabalhadores podiam ser solucionadas sem derrubar a ordem existente. "Desta vez conseguiremos nosso objetivo", jurou Engels em uma carta a Marx.[50]

Os dois finalmente conseguiriam chegar ao Soho e ao pub Red Lion. A sede do Sindicato Educacional dos Trabalhadores Alemães, uma fachada para a liga ilegal, ficava no segundo andar. Na sala havia algumas mesas e cadeiras de madeira e num canto um piano de cauda, cuja função era fazer com que os refugiados de Berlim e Viena presos numa Londres "não musical" se sentissem em casa.[51] O ar tinha cheiro de lã úmida, fumo barato e cerveja quente. Durante dez dias, Engels e Marx dominaram os trabalhos, navegando na atmosfera de conspiração e desconfiança como peixes no mar.

A certa altura, Marx leu em voz alta o esboço do manifesto de Engels. Um dos representantes recordou mais tarde a lógica implacável do filósofo, assim como sua boca "franzida com sarcasmo". Outro observou que Marx falava ciciando, e por isso alguns ouvintes confundiam certas palavras.[52] Outros, ainda, repudiaram Engels e Marx como "intelectuais burgueses". No entanto, ao fim de dez dias, "toda a oposição [...] tinha sido conquistada".

O congresso votou pela adoção do manifesto e concordou em se declarar a favor "da derrubada da burguesia, da abolição da propriedade privada e da eliminação dos direitos de herança". Marx, que já tinha recebido e gastado várias doações da família mas, como de costume, estava novamente sem dinheiro, ficou encarregado de redigir a versão final do chamado às armas da liga.[53]

Engels queria que o panfleto fosse uma "narrativa histórica simples" e propôs chamá-lo de *Manifesto comunista*. Achou importante contar a história das origens da sociedade moderna a fim de mostrar por que ela estava condenada a se autodestruir. Engels via o *Manifesto* como uma espécie de combinação do Gênesis com o Apocalipse.[54]

Três anos depois que Engels apresentou a economia política a Marx, este já se autodenominava economista.[55] Também tinha assimilado as teorias evolucionárias que começavam a permear as ciências. Tal como outros discípulos de esquerda de Hegel, via a sociedade como um organismo em evolução, e não limitado a reproduzir-se de geração em geração.[56]

Marx queria mostrar que a Revolução Industrial significava mais que a adoção de novas tecnologias e um salto espetacular na produção. Ela tinha originado imensas cidades, fábricas e redes de transportes. Havia inaugurado um vasto comércio global que tornou regra a interdependência universal, e não a autossuficiência nacional. Impusera novos padrões de expansão e de recessão nas atividades econômicas. Tinha rompido as amarras de antigos grupos sociais e criado outros totalmente novos, de industriais milionários a trabalhadores urbanos miseráveis.

Por mais de dez séculos, enquanto impérios se erguiam e caíam e a riqueza das nações aumentava e diminuía, a escassa e dispersa população do planeta crescera em incrementos minúsculos. O que em essência permaneceu inalterado foram as circunstâncias materiais do homem — circunstâncias que garantiam que a vida continuaria a ser miserável para a grande maioria. Dentro de duas ou três gerações, a Revolução Industrial mostrou que a riqueza de uma nação podia crescer aos saltos, e não em porcentagens. Ela havia posto em xeque a premissa mais básica da existência humana: a subserviência do homem à natureza e a seus duros ditames. Prometeu roubou o fogo dos deuses, mas foi a Revolução Industrial que incentivou o homem a assumir o controle.

Com mais clareza que a maioria de seus contemporâneos, Engels e Marx perceberam como era nova aquela sociedade na qual se haviam tornado adultos, e tentaram elaborar as implicações disso mais obsessivamente. A sociedade moderna, acreditavam eles, estava evoluindo com mais rapidez que qualquer outra do passado. A consciência de mudança e de mutabilidade era uma ruptura no firmamento do consenso e das verdades tradicionais. Segundo a frase memorável de Marx: "Tudo que é sólido se desmancha no ar".[57] Sem dúvida a vivacidade das ideias dos dois se devia, em parte, ao fato de ambos terem ido para a Inglaterra como correspondentes estrangeiros, por assim dizer, vindos de um país que ainda teria de passar por sua própria revolução industrial. Viajar de Trier e Barmen, na Alemanha, a Londres era como avançar no tempo. Quase ninguém, talvez com exceção de Charles Dickens, ficava tão empolgado, e ao mesmo tempo revoltado, com o que ali testemunhavam. Declaravam desprezar a cultura comercial "filistina" da Inglaterra, mas invejavam ao país sua riqueza e poder. Suas observações os convenceram de que no mundo moderno o poder político não se fortalecia pelos canos das armas, mas pela superioridade econômica de uma nação e energia de sua classe empresarial.

A Inglaterra era o colosso postado a cavaleiro do mundo moderno. "Se a questão é saber qual nação *realizou* mais, ninguém pode negar que os ingleses são essa nação", admitiu Engels.[58] A indústria e o comércio a tinham transformado na nação mais rica do mundo. Entre 1750 e 1850, o valor dos bens e serviços produzidos anualmente na Grã-Bretanha — ou seja, o produto interno bruto — havia quadruplicado, crescendo mais em cem anos que nos mil anos anteriores.[59] O *Manifesto* ressaltava a explosão sem precedentes da força produtiva que Engels e Marx acreditavam que iria determinar o poder político no mundo moderno:

> A burguesia, durante seu domínio de classes de apenas um século, criou forças produtivas mais numerosas e mais colossais que todas as gerações passadas juntas. [...] Foi a primeira a mostrar o que pode realizar a atividade humana. Criou maravilhas que superam em muito as pirâmides do Egito, os aquedutos romanos e as catedrais góticas; conduziu expedições que puseram na sombra todos os Êxodos e cruzadas anteriores das nações.[60]

Marx e Engels não tinham dúvida de que a capacidade produtiva da Inglaterra continuaria a crescer de forma exponencial. Mas estavam convictos de que o mecanismo de distribuição tinha falhas irremediáveis, que acabariam causando o colapso de todo o sistema. Apesar do extraordinário acesso à riqueza, o padrão de vida terrivelmente baixo dos três quartos da população britânica pertencentes às classes trabalhadoras tinha melhorado muito pouco. Estimativas recentes de Gregory Clark e outros historiadores econômicos sugerem que o salário médio aumentou cerca de um terço entre 1750 e 1850, partindo de um nível baixíssimo.[61] É verdade que as classes trabalhadoras eram agora muito mais numerosas, já que a população da Inglaterra havia triplicado. E não eram tão miseráveis como suas homólogas na Alemanha ou na França.

Mas o progresso em algumas áreas era contrabalançado pelo retrocesso em outras. Um dos motivos é que a maior parte dos ganhos nos salários ocorreu após 1820, e a parte do leão ia para artesãos especializados e operários experientes. Qualquer melhoria nos salários dos trabalhadores não qualificados, inclusive dos trabalhadores rurais, era marginal, e logo compensada, como Malthus temia, por famílias maiores. O emprego era menos estável porque a indústria e a construção eram suscetíveis a altos e baixos. A jornada de trabalho ficou mais longa, e aumentou a probabilidade de que as esposas e os filhos também trabalhassem.

O padrão de vida dos trabalhadores urbanos foi ainda mais prejudicado pela degradação do ambiente físico. A migração em massa do campo para as cidades começou antes de ser descoberta a teoria de que as doenças eram causadas por germes, e antes que se generalizassem a coleta de lixo, a rede de esgoto e o abastecimento de água potável. Apesar da maior pobreza na zona rural da Inglaterra, a expectativa de vida no campo era de cerca de 45 anos, contra 31 ou 32 anos em Manchester ou Liverpool. A sujeira e a desnutrição simplesmente não eram tão mortais em circunstâncias menos contagiosas. Em uma época em que cidades como Liverpool cresciam de 31% a 47% por década, as epidemias representavam uma ameaça constante. Nem o mais rico dos ricos estava imune — o príncipe Albert, marido da rainha Vitória, morreu de febre tifoide —, mas os riscos aumentavam com a má nutrição e a aglomeração intensa. Com a aceleração do fluxo de migrantes em direção às cidades, na primeira metade do século XIX, a saúde do trabalhador médio parou de melhorar em paralelo com a renda ou até se deteriorou. Entre 1781 e 1851, a expectativa de vida ao nascer subiu de 35 para quarenta anos, mas na década de 1820 a taxa de mortalidade parou de cair. A mortalidade infantil aumentou em muitas paróquias urbanas e os homens adultos nascidos nas décadas de 1830 e 1840 registraram queda de altura — uma das medidas da nutrição infantil, que é afetada tanto por doenças quanto pela alimentação.[62]

Tanto reacionários como radicais se perguntavam se a Inglaterra estaria sofrendo da maldição de Midas. "Esta bem-sucedida indústria da Inglaterra, com sua riqueza pletórica, ainda não fez ninguém rico; há um feitiço sobre essa riqueza", bradou Carlyle.[63] O historiador econômico Arnold Toynbee alegava que a primeira metade do século XIX foi "um período tão desastroso e tão terrível quanto qualquer outro que uma nação já atravessou. Foi desastroso e terrível, porque, em paralelo ao grande aumento da riqueza, viu-se um enorme aumento da pobreza; e a produção em larga escala, resultante da livre concorrência, levou à rápida alienação das classes e à degradação de um grande número de produtores".[64]

É verdade, como ressaltou o maior filósofo da Inglaterra, John Stuart Mill, que a eliminação gradual de leis, tributos e licenças que atavam as "classes inferiores" a determinadas aldeias, empregos e patrões tinha aumentado a mobilidade social: "Os seres humanos já não nascem no lugar a que pertencem na vida [...], mas, ao contrário, são livres para usar suas faculdades e as oportunidades favoráveis que surgirem para alcançar o destino que lhes pareça mais desejável".[65] Mas até Mill, um libertário com forte simpatia pelo socialismo, via pouco progresso no bem-estar da maioria dos ingleses: "Até aqui, é questionável se todas as invenções mecânicas já construídas conseguiram aliviar a labuta diária de algum ser humano".[66]

Assim, no segundo ano da fome da batata na Irlanda, os autores do *Manifesto comunista* repetiram a afirmação anterior de Engels de que, enquanto a nação crescia em riqueza e poder, as condições de seu povo só faziam piorar: "O operário moderno [...], em vez de se elevar junto com o progresso da indústria, afunda cada vez mais abaixo das condições de existência de sua própria classe. O trabalhador cai no pauperismo, e a pobreza cresce ainda mais depressa do que a população e a riqueza. E aqui se torna evidente que a burguesia não é mais capaz de continuar sendo a classe dominante na sociedade [...]. Os proletários nada têm a perder senão suas correntes. Eles têm o mundo a ganhar. PROLETÁRIOS DE TODOS OS PAÍSES, UNI-VOS!".[67]

Expulso da França pelo fato de publicar uma sátira sobre o rei da Prússia, Marx, sua família, que aumentava cada vez mais, e a criada moravam na Bélgica, às custas do adiantamento fornecido por um editor, por causa do tratado econômico que ele escrevia. Após a estada de um mês em Londres, Marx voltou para sua *villa*, nos arredores de Bruxelas, onde não hesitou em adiar a redação da versão final e empreendeu uma série de palestras... sobre a economia da exploração. Em janeiro, diante da ameaça da entrega da tarefa a outra pessoa, ele finalmente retomou seu compromisso. Pouco antes de receber notícias sobre os embates, em Paris, entre os republicanos e a guarda municipal, Marx enviou pelo correio a redação final, embora incompleta. Em 21 de fevereiro a Liga Comunista já havia imprimido mil cópias do *Manifesto*, escrito em alemão, e as tinha entregado à Alemanha, na fronteira com a França. As autoridades prussianas confiscaram-nas imediatamente, com exceção de um exemplar.

Marx e Engels aguardavam impacientemente o Armagedão. A exemplo de muitos românticos do século XIX, "viam-se como gente que vive em um clima geral de crise e de catástrofe iminente", no qual *tudo* poderia acontecer.[68] São João de Patmos, autor do livro da Revelação, lhes havia proporcionado o final perfeito para a sociedade moderna e o *Manifesto*: a sociedade se divide em dois campos diametralmente opostos, ocorre a batalha final, a queda de Roma, faz-se justiça aos oprimidos, os opressores são julgados e acontece o fim da história.

A história não acabou em 1848. A Revolução Francesa, que havia eclodido em 1789, não conduziu ao socialismo ou mesmo ao sufrágio masculino universal, mas ao reinado de Napoleão III. A declaração da República Francesa resultou na sumária retirada de Marx da Bélgica. Decorridas algumas semanas após encontrar um novo refúgio em Paris, ele teve de enfrentar a perseguição movida pelas autoridades francesas. Quando a polícia parisiense ameaçou bani-lo para uma aldeia cercada de pântanos, assomada por doenças, situada a centenas de quilômetros da capital, Marx não aceitou, alegando motivos de saúde, e se pôs a procurar um país que o acolhesse. Em agosto de 1849 mudou-se para Londres, "Patmos de fugitivos estrangeiros", onde se haviam asilado o ex-soberano Luís Filipe e inúmeros políticos.[69] Marx consolou-se com o pensamento de que o exílio não duraria muito tempo.

Sua chegada a Londres coincidiu com uma das piores epidemias de cólera em toda a história da cidade. Quando ela chegou ao fim, 14 500 adultos e crianças tinham morrido.[70] O fato encorajou o jornalista Henry Mayhew a escrever uma série de relatos sobre os pobres de Londres.[71] Frustrado em sua pretensão de tornar-se cientista, Mayhew era franco, cheio de energia, cativante, porém absolutamente incorrigível, no que dizia respeito a dinheiro. Aos 37 anos, o ex--ator e cofundador da revista humorística *Punch* ainda se recuperava de uma humilhante falência, que lhe custou sua residência londrina e quase o levou à cadeia. Após meses criando textos sensacionalistas, com títulos em que caçoava de si mesmo, tais como *O gênio que transformou tudo em ouro*, Mayhew deparou com a possibilidade de uma volta por cima.

A série de 88 relatos escritos por ele conduziu os leitores do *Chronicle* a tomarem conhecimento do que acontecia nas casas da "capital do cólera".[72] A Ilha de Jacob era um lugar particularmente infestado, situada em Bermondsey, à beira do Tâmisa, bairro imortalizado por Charles Dickens em *Oliver Twist*. Mayhew prometeu aos leitores esboçar um retrato sensacional dos moradores da ilha, "no sentido de que eles se disporão a ir trabalhar, não conseguirão trabalhar e não trabalharão".[73] Garantiu a seus leitores não ser "cartista, protecionista, socialista, comunista", o que era absoluta verdade, mas se posicionava como "um mero coletor de fatos".[74] Dispondo de uma equipe de assistentes e de alguns cocheiros, ele penetrou em casas "com varandas de madeira [...] cheias de buracos através dos quais se podia contemplar o lodo logo abaixo; janelas quebradas e mal consertadas, varais estendidos, para secar roupas que jamais se viam; quartos tão pequenos, tão imundos, tão abafados que o ar parecia estar corrompido, devido à sujeira e à esqualidez que eles abrigam".[75]

Mayhew descobriu que a população dos trabalhadores de Londres não constituía, de modo algum, uma classe monolítica, mas um mosaico composto de grupos distintos e altamente especializados.[76] Ignorou a ocupação mais numerosa da cidade — 150 mil empregados domésticos — cuja cifra demonstrava a proeminência dos ricos na economia da capital. Também não se interessou pelos quase 80 mil trabalhadores da construção civil, empregados na implantação de ferrovias, pontes, estradas, redes de esgoto etc. Em vez disso, Mayhew concentrou-se em alguns setores manufatureiros. Conforme explica o historiador Gareth Stedman Jones, o mercado da mão de obra de Londres era um casamento de extremos. Por um lado, a cidade atraía artesãos altamente qualificados, que atendiam os ricos e que ganhavam de um terço a um quarto a mais do que em outras cidades, atraindo também empregados de escritório e lojistas, que constituíam a classe média "baixa". Por outro lado, Londres prosperava graças a um fluxo ininterrupto de mão de obra sem qualificação. Os trabalhadores também recebiam salários maiores do que os de seus colegas nas províncias, mas suas condições de vida tendiam a ser piores, devido às zonas residenciais decadentes, em regiões como Whitechapel, Stepney, Poplar, Bethnal Green e Southwark, exaustivamente documentadas por comissões parlamentares na década de 1840. Empregados de escritório, vendedores e alguns outros trabalhadores de colarinho-branco tinham como pagar os novos meios de transporte ou trens e escapavam em direção aos subúrbios, que cresciam rapidamente. Aos trabalhadores sem qualificação não restava outra escolha: ficar a curta distância dos locais de trabalho, para onde podiam ir a pé.

A competição por parte das cidades das províncias e de outros países constituía fonte constante de pressões para que encontrassem meios de poupar recursos destinados ao pagamento da mão de obra. O sistema de trabalho por tarefa, muitas vezes realizado nos locais de residência dos trabalhadores, era providencial para manter indústrias como a do vestuário, alfaiataria e manufatura de calçados que, caso contrário, emigrariam de Londres, devido aos aluguéis caros, às despesas gerais e aos salários. Assim, conclui Stedman Jones, a pobreza da capital, com o sistema de trabalho por tarefa, o excesso populacional e o desemprego crônico, o recurso a obras de caridade era, na realidade, um subproduto da riqueza de Londres. Seu rápido crescimento levou a um aumento do preço dos terrenos, dos salários e das despesas gerais. Salários melhores atraíam novas ondas de trabalhadores desqualificados, mas também criavam pressões constantes sobre os patrões para encontrar meios de substituir mão de obra cara por outra, mais barata.

As costureiras e as bordadeiras de Londres sintetizaram esse fenômeno e foram os temas dos relatos mais sensacionais de Mayhew. "Nunca, em todo o decorrer da história, viu-se semelhante cena ou se ouviram semelhantes relatos", prometeu ele.[77] Recorrendo a dados do censo, Mayhew calculou que havia 35 mil costureiras e bordadeiras em Londres, 21 mil delas trabalhando em "respeitáveis" estabelecimentos onde se produzia vestuário, e atendendo desde uma clientela mais abastada àquela pertencente à classe média baixa. As outras 14 mil, ele calculou, ocupavam o setor do trabalho por tarefa, "menos honroso".[78] Afirmava Mayhew que o pagamento por tarefa "das costureiras e bordadeiras se situava, de modo geral, tão abaixo do nível de subsistência que, para atender às necessidades básicas, quase se torna vital o fato de elas terem de roubar, recorrer a agiotas ou se prostituir".[79]

Naquela ocasião Mayhew era mais empresário do que observador. Em novembro, com a ajuda de um pastor, organizou um "encontro de mulheres que trabalhavam com agulha obrigadas a se prostituir". Prometeu que o encontro ocorreria observando-se a mais estrita privacidade. Os homens foram barrados e duas estenógrafas se encarregaram das anotações. As mulheres subiram ao palco e foram encorajadas a compartilhar seus pesares e sofrimentos. O pastor exortou-as a se expressarem com toda franqueza, o que aconteceu, para grande surpresa de Mayhew:

> O relato que se segue é, talvez, um dos romances mais trágicos e tocantes jamais escritos. Devo confessar que, em mim, a agonia mental e física da pobre Magdalene, autora do relato, causou-me forte impressão. Era moça alta, de corpo bem-feito e traços notavelmente regulares. Fez sua narrativa com as mãos escondendo o rosto e soluçava tão alto que senti dificuldade em entender o que ela dizia. Cobriu os olhos com as mãos e pude ver as lágrimas escorrendo por entre seus dedos. Não me lembro de ter jamais testemunhado tão intensa dor.[80]

O texto de Mayhew no *Morning Chronicle* confirmou os piores temores de Thomas Carlyle sobre a sociedade industrial moderna, inspirando vociferações coléricas contra os economistas:

> Oferta-e-procura, Deixar-como-está-para-ver-como-fica, Princípio voluntário, O tempo cuidará de tudo: a existência da indústria britânica parece estar se tornando rapidamente um pântano envenenado, que exala pestilência física e moral; um horrendo Gólgota *vivo* de almas e corpos enterrados vivos; uma voragem que se comunica com os mundos inferiores como jamais o Sol presenciou até hoje. Tais cenas, que o *Morning Chronicle* está colocando ao alcance das mentes de todos os homens — e sejamos gratos a um serviço como este, que os Jornais raramente prestam —, deveriam suscitar indizíveis reflexões da parte de todos os leitores.[81]

Entre essas indizíveis reflexões incluía-se a imagem de um vulcão em ponto de erupção. "Você engole essas maravilhosas revelações do inferno de misérias, de desgraças que está fumegando sob nossos pés?", perguntou a um amigo Douglas Jerrold, na época editor do *Punch* e sogro de Mayhew. "Ler a respeito dos sofrimentos de uma classe, a avareza, a tirania, o canibalismo disfarçado de outras classes, leva alguém a pensar se o mundo deve continuar existindo."[82]

A série de crônicas de Mayhew publicadas no *Morning Chronicle*, intituladas "A mão de obra e os pobres", estendeu-se por todo o ano de 1850. Quando cerca de metade delas foi editada, ele revelou seu maior e derradeiro objetivo.

Confessou que queria inventar "uma nova Economia Política, que dedicará alguma atenção aos clamores dos trabalhadores". Justificou sua ambição sugerindo que uma economia que "fizesse justiça tanto ao trabalhador quanto ao empregador se destaca, na presente era, entre os anseios ou entre aquilo que se deseja".[83]

Um amigo de Carlyle, John Stuart Mill, havia apresentado precisamente o mesmo motivo para formular seu *Principles of political economy* [Princípios de economia política], publicado em 1848, apenas dois anos antes, e que já era o tratado mais lido sobre economia desde *A riqueza das nações*, de Adam Smith.

"As reivindicações dos trabalhadores tornaram-se a questão do dia", escreveu Mill por ocasião da grande fome na Irlanda, em 1845, quando ele concebeu o projeto do livro.[84] Àquela altura Mill, aos 39 anos, havia muito estava envolvido amorosamente com Harriet Taylor, uma intelectual infeliz em seu casamento, que Carlyle assim descreveu: "pálida... apaixonada, de aparência tristonha" e "uma heroína viva de romance".[85] À medida que crescia a frustração de Mill diante da recusa do marido de Harriet a conceder-lhe o divórcio, crescia também sua simpatia pelos ideais socialistas dela.

Ao dedicar-se à economia política, Mill ansiava superar a objeção de Carlyle, segundo o qual essa disciplina era "insensível, árida, desoladora, desprovida de esperança para este mundo ou para o outro mundo".[86] Queria também contornar as objeções de Harriet Taylor, para quem a economia política adotava um viés contrário às classes trabalhadoras. Concordando com Charles Dickens, Mill via uma particular necessidade de "evitar o modo rígido e abstrato de abordar tais questões, o que acarretou descrédito aos economistas políticos". Censurava-os por capacitar "aqueles que se encontram numa posição errada a reivindicar & geralmente receber crédito exclusivo por sentimentos elevados & benevolentes".[87]

Mill sem dúvida tinha em mente David Ricardo, o brilhante corretor da Bolsa e político judeu que adotou a economia como uma terceira carreira aos 37 anos de idade. Entre 1809 e sua morte prematura, ocorrida em 1823, Ricardo não apenas remodelou as ideias de Adam Smith, brilhantes, porém expressas com certa imprecisão, tornando-as um conjunto de princípios matemáticos internamente consistente, definido com precisão, mas propôs também uma notável quantidade de ideias originais, relativas aos benefícios do comércio tanto para as nações pobres quanto para as ricas, além do fato de que as nações prosperam mais quando se especializam. Apesar disso, muitos leitores de seu livro *On the principles of political economy and taxation* [Sobre os princípios da economia política e dos impostos] se mostraram avessos à tendência de Ricardo de transmitir suas ideias através de termos abstratos, não aceitando também suas austeras conclusões. Sua rígida lei sobre os salários, quando ele argumentou que eles podem subir ou baixar, na base de flutuações de curto prazo na oferta e na procura, mas tendendo sempre a subsistir, incorporou a lei de Malthus, relativa à população, e excluiu quaisquer ganhos significativos quanto aos salários reais.[88]

Mill notou que Ricardo, Smith e Malthus eram declarados defensores dos direitos políticos e econômicos do indivíduo, opondo-se à escravidão, e adversários do protecionismo, dos monopólios e dos privilégios dos proprietários de terras. Ele próprio era a favor dos sindicatos, do sufrágio universal e dos direitos das mulheres à propriedade. Em resposta à crise econômica e aos conflitos sociais da conturbada década de 1840, ele advogava a anulação da taxação de 50% sobre os grãos importados. O trabalhador típico gastava pelo menos um terço de seu parco salário para alimentar a si e à família. Mill previu corretamente que, uma vez abolidos os impostos sobre as importações, os preços dos alimentos declinariam e os salários reais aumentariam de valor. No entanto até ele permaneceu profundamente pessimista em relação aos objetivos de melhorias na vida dos trabalhadores. A exemplo de Carlyle, estava convencido de que a supressão das Leis do Trigo visava apenas ganhar tempo, a exemplo do que sucedera com a invenção das ferrovias, a abertura do continente norte-americano e a descoberta do ouro na Califórnia. Tais ocorrências, embora benéficas, não eram propícias a repelir as leis imutáveis que governavam o mundo.

A lei da população de Malthus e a lei férrea de Ricardo sobre os salários, bem como a lei de rendimentos decrescentes — o conceito de que empregar mais e mais mão de obra para cultivar um acre de terra produziria cada vez menos rendimento —, ditavam que as populações esgotariam os recursos e que a riqueza da nação somente poderia aumentar à custa dos pobres, destinados a gastar "as grandes dádivas da ciência tão rapidamente quanto [...] delas se apropriavam, numa insensata multiplicação da vida em comum".[89] O governo não podia fazer mais do que criar condições mediante as quais um autointeresse esclarecido e as leis da oferta e da procura tivessem condições de operar com eficiência.

Para Mil, as economias são governadas por leis naturais, que não poderiam ser modificadas pela vontade humana, a exemplo do que ocorre com as leis da gravidade. "Felizmente", escreveu Mill enquanto terminava seus *Principles* em 1848, "nada existe nas leis do Valor que possa ser esclarecido por qualquer escritor presente e futuro; a teoria do sujeito é completa."[90]

Por outro lado Henry Mayhew se recusava a aceitar tal conclusão. No seu modo de ver, Mill fracassara em sua tentativa de transformar a economia política numa "ciência do gaio saber", isto é, uma ciência capaz de aumentar a quantidade de felicidade humana, liberdade e controle das circunstâncias.[91] O fato de Mill não descartar a rígida lei dos salários era uma razão a mais para se tentar novamente. Por fim, Mayhew não conseguiu estruturar um desafio à clássica doutrina dos salários, o mesmo acontecendo com qualquer outra pessoa de sua geração. Ainda assim sua série de escritos pioneiros sobre a mão de obra londrina tornou-se um guia não oficial para uma geração mais jovem de "investigadores sociais", inspirados por seus relatos e que compartilhavam seu desejo de aprender quantas melhorias poderiam ser realizadas sem subverter a ordem social.

Em agosto de 1849, menos de dois anos após a chegada de Karl Marx a Londres, em plena epidemia de cólera, o mundo inteiro parecia estar descendo de seus santuários para visitar a Grande Exposição. Primeira feira mundial, foi concebida por outro imigrante alemão, o esposo da rainha Vitória, o príncipe Albert. Marx, porém, que àquela altura morava com a esposa, Jenny, os três filhos, ainda crianças, e a criada em dois quartos exíguos em cima de uma loja em Soho, não quis saber daquele evento. Refugiava-se no assento G7, no abobadado salão de leitura do Museu Britânico, onde reinava uma atmosfera semelhante à de uma catedral, tranquila e reconfortante. Ignorando relatos jornalísticos de tirar o fôlego sobre a construção do Palácio de Cristal em Hyde Park, Marx preenchia cadernetas e mais cadernetas de anotações com fórmulas, citações e comentários depreciativos, à medida que lia minuciosamente os escritos dos economistas ingleses Malthus, Ricardo e James Mill, pai de John Stuart Mill. Dizia a si mesmo que os prosaicos, os provincianos deviam ser deixados em paz, rezando no Panteão burguês. Não manteria relação alguma com falsos ídolos.

Em maio de 1851, Karl Marx não era mais aquele estudante universitário sonhador, que passava dias metido em seu roupão, escrevendo sonetos para a filha de um barão. Nem era mais o jornalista boêmio, que passava noites inteiras bebendo nos cafés de Paris. Decorridos dez anos, após defender seu doutorado na Universidade de Iena, recebeu, quando menos esperava, uma herança de 6 mil francos de um parente distante. Havia lançado três jornais radicais, dois dos quais fecharam após o primeiro número. Nunca se mantinha em um emprego por mais de alguns meses. Engels, outrora seu protegido, lançara um livro de grande sucesso, mas sua obra magna ainda não tinha sido escrita. Havia publicado alguma coisa, em sua maior parte enfadonhas polêmicas com outros socialistas. Aos 32 anos de idade era apenas mais um imigrante desempregado, chefe de uma grande e crescente família, forçado a fazer solicitações e emprestar dinheiro dos amigos. Felizmente para ele, Engels, seu anjo guardião, lhe havia prometido um emprego na empresa de sua família, e Marx disporia de tempo suficiente para concentrar-se em seu livro.

Enquanto isso, à medida que chefes de Estado e outros dignitários invadiam a cidade, a Scotland Yard ficava de olho nos radicais. A julgar por um relatório feito por um espião do governo prussiano, a principal ameaça que Marx representava dizia respeito a seus padrões de vida doméstica:

> Marx mora em um dos piores bairros de Londres e, portanto, um dos mais baratos. Ocupa dois aposentos. Um deles, que dá para a rua, é a sala de estar e o quarto onde dorme fica nos fundos. Não existe, no apartamento inteiro, um único móvel sólido e limpo. Tudo está quebrado, amassado, em farrapos, meio palmo de poeira cobre tudo e reina a maior desordem no apartamento inteiro. No meio da sala há uma grande mesa, muito antiga, coberta com um oleado e sobre ela se amontoam manuscritos, livros, jornais, bem como brinquedos das crianças, trapos da caixa de costura de sua esposa, várias xícaras com asas quebradas, facas, garfos, lampiões, um tinteiro, copos, cachimbos de argila, cinza de charuto — em suma, tudo na maior bagunça e em cima da única mesa. Um vendedor de artigos de segunda mão se sentiria constrangido de exibir uma coleção tão notável de bugigangas.[92]

A temporada da Exposição Universal correspondeu a um momento singular na vida de Marx. Embora adorasse sua esposa, ele, em total descuido, engravidou Helen Demuth, a criada da família. Jenny, que também estava grávida, ficou desnorteada. Depois de três meses de ela dar à luz uma menina doentia, a criada teve um menino muito esperto. Com o objetivo de dar fim às "inomináveis infâmias" sobre o acontecido, e que já circulavam nos círculos de imigrantes maledicentes, Marx deu seu filho recém-nascido para adoção a um casal que morava no East End e nunca mais voltou a vê-lo. "A falta de tato de alguns indivíduos a esse respeito é algo colossal", queixou-se ele a um amigo.[93] A mãe do menino ficou para cuidar da família de Marx, como sempre fizera. Com o clima da casa mais insuportável do que nunca, Marx se apressava em ocupar seu lugar na biblioteca do Museu Britânico, aonde ia todas as manhãs, lá permanecendo até a hora de fechar.

No momento em que se inaugurou a Exposição Universal, em 1º de maio de 1851, Marx já havia começado a duvidar de que a Roma moderna seria derrubada por seus próprios súditos. No lugar de cartistas invadindo o Palácio de Buckingham, 4 milhões de cidadãos britânicos e milhares de estrangeiros invadiram Hyde Park para comparecer à primeira feira mundial. Aquela onda humana ajudou Thomas Cook a ingressar na atividade do turismo e juntou pessoas de todas as origens sociais. "Nunca antes, na Inglaterra, houve mistura tão livre e geral de classes sob o mesmo teto", era o tom exultante de um dos muitos relatos sobre a feira, publicados na época.[94] Para Marx, a feira se assemelhava aos jogos que os dirigentes de Roma promoviam para manter a multidão enlevada. "A Inglaterra parece ser o rochedo que quebra as ondas revolucionárias", havia escrito numa coluna para o *Neue Rheinische Zeitung*. "Toda comoção social na França [...] destina-se a ser frustrada pela burguesia inglesa, pelo domínio industrial e comercial do mundo, exercido pela Grã-Bretanha."[95] A Exposição tinha como objetivo encorajar a competição comercial, algo que o príncipe Albert e alguns de seus patrocinadores esperavam, no sentido de que ela promoveria a paz. Marx rezava pela guerra: "Somente uma guerra mundial poderá abater a velha Inglaterra [...] e trazer o proletariado ao poder".[96] Quanto mais as coisas piorassem, raciocinava ele, melhores as chances de uma revolução.

No entanto, ele não se dispunha a descartar totalmente a possibilidade de que "o grande avanço na produção, desde 1848", pudesse conduzir a uma nova crise, mais mortal. Desdenhando da Exposição, ao afirmar que ela não passava de um "fetichismo de mercadorias", Marx previu o colapso "iminente" da ordem burguesa,[97] conforme ele e Engels escreveram em seu *Manifesto*: "Assim, o que a burguesia produz é, acima de tudo, seus próprios coveiros".[98]

Numa corrida contra o tempo para não ser surpreendido pela "inevitável" revolução — se não na Inglaterra, mas no continente europeu —, Marx se pôs a trabalhar furiosamente em seu livro, uma crítica "àquilo que os ingleses denominam 'Os princípios da economia política'".[99] Passava a maior parte dos dias no salão de leitura do Museu Britânico, levantando minuciosamente o material para sua grande obra. Em relação a indagações contemporâneas do tipo "Quanta melhoria nos padrões de vida seria possível, sob o moderno sistema de propriedade privada e de competição?" e "Poderia tal sistema durar?", Marx *sabia* que as respostas tinham de ser negativas. Agora seu desafio consistia em provar isso.

Ao retomar o estudo da economia em 1844, Marx não se dispôs a demonstrar que a vida sob o capitalismo era horrível. Uma década de comunicados, comissões parlamentares e panfletos socialistas, incluindo os de Engels, já tinham realizado essa tarefa. A última coisa que Marx desejava era condenar o capitalismo na base de preceitos morais — o que equivale a dizer preceitos cristãos — conforme haviam feito socialistas utópicos, como Pierre-Joseph Proudhon, o qual proclamava que "a propriedade particular é um roubo". Marx não tinha a menor intenção de converter os capitalistas, conforme seu romancista preferido, Charles Dickens, sonhara fazer em seu *Um conto de Natal*. Há muito tinha repudiado o conceito de qualquer moralidade emanada de Deus e insistia no fato de que o homem seria capaz de estabelecer suas próprias regras.

O que melhor caracterizava sua grande obra era provar "com certeza matemática" que o sistema de propriedade privada e a livre competição não podiam funcionar e que, portanto, "a revolução tem de chegar". Desejava revelar "a lei que impulsiona a sociedade moderna". Ao agir assim, denunciava as doutrinas de Smith, Malthus, Ricardo e Mill como uma falsa religião, do mesmo modo que os alemães radicais, estudiosos da religião, haviam denunciado textos bíblicos como algo forjado e falso. Decidiu que o subtítulo de sua obra seria *A contribution to the critique of political economy* [Uma contribuição à crítica da economia política].[100]

A lei do movimento, elaborada por Marx, não brotou de sua mente inquieta e vigorosa, a exemplo do ocorrido com a deusa Palas Atena, conforme supôs seu amigo, o dr. Louis Kugelmann, ao presenteá-lo com um busto de mármore de Zeus, por ocasião do Natal. Foi Engels, o jornalista, quem forneceu a Marx o esboço de sua teoria econômica. O verdadeiro desafio de Marx era demonstrar que a teoria era logicamente consistente bem como empiricamente plausível.

No *Manifesto*, Marx e Engels haviam apresentado dois motivos para a disfunção do capitalismo. Em primeiro lugar, quanto mais riqueza fosse criada, mais miseráveis se tornariam as massas: "À proporção que o capital acumula, a sorte do trabalhador deve piorar". Em segundo lugar, quanto mais riqueza fosse criada, "mais amplas e mais destrutivas" se tornariam as crises econômicas e financeiras que irrompiam periodicamente.[101]

Enquanto o *Manifesto* se referia "aos salários sempre em diminuição" e a "uma carga de trabalho sempre em aumento" como questões pertinentes a fatos históricos, em *O capital* Marx argumentava que a "lei de acumulação capitalista" *exige* que os salários caiam, que a duração e a intensidade de cada dia de trabalho aumentem, que as condições de trabalho se deteriorem, que a qualidade dos bens consumidos pelos trabalhadores decline e que a média do tempo de vida de cada trabalhador se altere para menos. Ele, entretanto, não recorreu ao segundo de seus argumentos, relativo às depressões que pioravam cada vez mais.[102]

Em *O capital*, Marx rejeitou especificamente a lei da população de Malthus, a qual é também uma teoria de como o nível dos salários é determinado. Ao formular sua lei, Malthus presumiu que o pagamento era estritamente uma função do tamanho da força da mão de obra. Mais trabalhadores significava mais competição entre eles e, em função disso, salários mais baixos. Menos trabalhadores significava o oposto. Engels já havia identificado a objeção básica a Malthus em "Esboços de uma crítica à economia política", publicação de 1844, em que afirmava que a pobreza poderia afligir qualquer sociedade, incluindo uma sociedade socialista.

O edifício de Marx repousa no pressuposto de que todo valor, incluindo a mais-valia, é criado pelas horas trabalhadas pela mão de obra. "Não existe um átomo sequer de seu valor que não deva sua existência ao trabalho não remunerado." Em *O capital*, ele cita Mill em apoio a sua argumentação:

Instrumentos e materiais, como outras coisas, nada custaram originalmente, a não ser pela mão de obra [...]. A mão de obra empregada em fabricar esses instrumentos e materiais, adicionada à mão de obra posterior, empregada em trabalhar esses materiais com a ajuda de instrumentos, resulta na soma total de toda a mão de obra empregada na produção de uma mercadoria completa [...]. Substituir o capital é substituir nada mais do que a mão de obra empregada.[103]

Mark Blaug, um historiador do pensamento econômico, assinala que, se apenas as horas de trabalho criam valor, então instalar um maquinário mais eficiente, reorganizar a política de vendas, contratar um presidente executivo mais capacitado ou adotar melhor estratégia de mercado, em vez de contratar mais trabalhadores no setor da produção, leva necessariamente à queda dos lucros. Portanto, no esquema de Marx, a única maneira de evitar que o lucro encolha é explorar a mão de obra, forçando os trabalhadores a trabalhar mais horas sem compensá-los. Conforme Henry Mayhew detalhou em seus relatos no *Morning Chronicle*, existem muitos modos de cortar um salário real. É fundamental para a argumentação de Marx, escreve Blaug, que sindicatos e governos — "organizações das classes exploradoras" — possam reverter o processo.[104]

Um número surpreendente de acadêmicos nega que Marx jamais tenha reivindicado que os salários declinariam ao longo do tempo e que estavam amarrados a algum mínimo de natureza biológica. Eles, porém, passavam por cima daquilo que Marx afirmou por meio de diversos pronunciamentos em inúmeras ocasiões. A incapacidade dos trabalhadores de ganhar mais quando produzem mais — ou produtos mais valiosos — é precisamente o que torna o capitalismo despreparado para sobreviver.

Ao afirmar que a mão de obra era a fonte de todo valor, Marx proclamava que a renda do proprietário — lucro, juros ou altos salários de executivos — era imerecida. Não argumentava que os trabalhadores não precisavam de capital — fábricas, máquinas, instrumentos, tecnologia patenteada — para fabricar o produto. Argumentava que o capital tornado disponível pelo proprietário nada mais era do que o produto de um trabalho *passado*. No entanto, o proprietário de quaisquer recursos — seja um cavalo, uma casa ou dinheiro vivo — podia usá-los. Ao argumentar, conforme fez Marx, que esperar até amanhã para consumir o que podia ser consumido hoje, arriscando os recursos de alguém, ou administrando e organizando um negócio, é algo que não tem valor e que, portanto, não merece compensação, equivale a dizer que o rendimento pode ser produzido sem poupar, sem esperar ou assumir riscos. Trata-se da versão secular da antiga argumentação cristã contra os juros.

O problema, conforme Blaug assinala, é que esse é apenas outro modo de afirmar que somente o trabalho adiciona valor ao produto — é a própria argumentação que Marx se propôs a provar — e não constitui uma prova independente.

Marx compilou um impressionante conjunto de evidências, recorrendo a jornais, ao *Economist* e a outras fontes, para demonstrar que o padrão de vida dos trabalhadores era miserável e que as condições de trabalho eram horrendas durante a segunda metade do século XVIII e primeira metade do século XIX. Ele, porém, não conseguiu demonstrar que os salários médios ou que os padrões de vida estavam em declínio nas décadas de 1850 e 1860, quando escrevia *O capital*, ou, mais apropriadamente, que havia algum motivo para pensar que eles declinariam *necessariamente*.

Se Marx tivesse circulado e olhado à sua volta, conforme fez Henry Mayhew, ou se tivesse se envolvido com contemporâneos brilhantes, como John Stuart Mill, que estavam lidando com as mesmas questões, então poderia ter percebido que o mundo não funcionava como ele e Engels haviam previsto. A classe média estava crescendo e não desaparecendo. O pânico financeiro e as quedas bruscas na produção industrial não se agravaram.

Quando a Grande Exposição de 1862 chegou ao fim, o "grande festival" recusou-se a terminar. Um homem de negócios comprou o Palácio de Cristal, desmontou-o, enviou-o para Sydenham, no sul de Londres, e o reconstruiu em escala ainda mais monstruosa. Para grande repugnância de Marx, o novo Palácio de Cristal foi inaugurado como uma espécie de Disney World vitoriana. O pior de tudo é que a economia floresceu. Marx teve de admitir: "É como se este período tivesse encontrado a bolsa de Fortunata". Verificou-se um "avanço titânico na produção", ainda mais rápido na segunda década do que na primeira:

> Nenhum período da sociedade moderna é tão favorável ao estudo da acumulação capitalista quanto o período dos últimos vinte anos [...]. Entre todos os países a Inglaterra fornece novamente o exemplo clássico, pois ela ocupa o lugar de maior

destaque no mercado mundial, porque a produção capitalista aqui se encontra completamente desenvolvida e, finalmente, porque a introdução do milênio do livre-comércio, a partir de 1844, eliminou o último refúgio da economia vulgar.[105]

O mais fatal para a teoria de Marx é que os salários reais não estavam em declínio, à medida que o capital se acumulava sob a forma de fábricas, edificações, estradas de ferro e pontes. Em contraste com as décadas anteriores à de 1840, quando aumentos dos salários eram em grande parte limitados a trabalhadores especializados e o efeito dos padrões de vida era mais afetado por maior desemprego, horas mais longas de trabalho e famílias mais numerosas, os ganhos obtidos nas décadas de 1850 e 1860 foram significativos, sem a menor ambiguidade e amplamente discutidos na época. O estatístico vitoriano Robert Giffen referiu-se à "indubitável" natureza do "aumento da prosperidade material", a partir de meados da década de 1840 e até meados da década de 1870.[106] Robert Dudley Baxter, procurador e estatístico, retratou a distribuição da renda em 1870 como um vulcão extinto que se elevava a 3500 metros acima do nível do mar, "tendo em sua comprida base a população trabalhadora, na parte mais alta as classes médias e nos picos e cumes aqueles que desfrutavam de rendas principescas".[107] O Pico de Tenerife chamou a atenção de Baxter como metáfora perfeita para descrever quem gozava disso. No entanto, seus dados demonstram que, em 1867, estava aumentando a participação da classe trabalhadora na distribuição da renda nacional.

Desde então os acadêmicos corroboram aquelas observações contemporâneas. Já em 1963 Eric Hobsbawm, o historiador marxista da economia, reconheceu que "o debate se trava inteiramente sobre o que aconteceu no período que *terminou*, por consenso comum, em algum momento entre 1842 e 1845".[108] Mais recentemente Charles Feinstein, historiador da economia, que se situa no lado "pessimista" de um prolongado debate sobre os efeitos da Revolução Industrial, concluiu que os salários reais "finalmente começaram a ascender para um novo patamar" na década de 1840.[109]

Marx sempre se mostrou irredutível. Nunca se deu ao trabalho de aprender bem o idioma inglês.[110] Seu mundo se restringia a um pequeno círculo de imigrantes que pensavam como ele. Seus contatos com os líderes da classe trabalhadora inglesa eram superficiais. Jamais expôs suas ideias a pessoas que pudessem desafiá-lo em termos iguais. Era inexistente sua interação com economistas — "caixeiros-viajantes da grande firma do Livre-Comércio",[111] como os qualificava, e cujas ideias gostaria de suprimir. Jamais se encontrou ou manteve uma correspondência científica com os gênios — John Stuart Mill, o filósofo; Charles Darwin, o biólogo; Herbert Spencer, o sociólogo; George Eliot, o escritor. Alguns dentre eles moravam e mantinham debates a apenas três ou quatro quilômetros de distância dele. É de deixar atônito o fato de que Marx, o melhor amigo do dono de uma fábrica e o autor da mais apaixonada das descrições dos horrores da mecanização, jamais tenha posto os pés em uma única fábrica inglesa ou em qualquer outra fábrica, até fazer uma visita guiada a uma manufatura de porcelana nos arredores de Carlsbad, a estação de águas onde cuidava da saúde, quando sua vida estava chegando ao fim.[112]

Devido à insistência de Engels, em 1859 Marx publicou com relutância um excerto de seu inacabado *magnum opus*. Com poucas páginas, denominado *Uma contribuição à crítica da economia política*, foi acolhido com surpresa, constrangimento e virtualmente sem resenha alguma, a não ser aquelas que Engels escreveu anonimamente, a pedido de Marx.[113]

Marx justificava frequentemente sua decisão de permanecer na Inglaterra e mesmo a procura de obtenção da cidadania britânica, assinalando as vantagens oferecidas por Londres, capital do mundo moderno, onde podia estudar a evolução da sociedade e vislumbrar seu futuro. No entanto, Isaiah Berlin, ele próprio um emigrado, escreveu que "ele também poderia ter passado seu exílio em Madagascar, contanto que pudesse contar com uma remessa regular de livros, periódicos e relatórios governamentais". Em 1851, quando Marx começou a trabalhar seriamente a crítica que demoliria a economia inglesa, conforme se vangloriava, suas ideias e atitudes eram "fixas e dificilmente mudaram" ao longo dos quinze anos seguintes ou mais.[114]

Quando Marx assumiu a ideia de "fornecer um relato e uma explicação completa sobre a ascensão e a iminente queda do sistema capitalista",[115] sua visão havia diminuído tanto que ele era forçado a aproximar livros e jornais a curta distância do rosto. É de imaginar que efeitos sua miopia exerceu sobre suas ideias. Demócrito, tema de sua tese de doutorado, segundo se diz, cegou-se deliberadamente. Em algumas versões da lenda, o filósofo grego é motivado pelo desejo de evitar ser tentado por belas mulheres. Em outras, ele quer barrar o desarrumado, mutante e confuso mundo dos fatos, a fim de que possa contemplar imagens e ideias em sua própria cabeça, sem aquelas incômodas perturbações.

Seria possível pensar que a ascensão familiar de Marx, que deixou de morar em quartos alugados em cima de uma loja para ir à propriedade de uma residência em Londres, o havia deixado desconfortável com sua teoria. Decorridos vinte anos desde que se determinou a provar que o capitalismo não podia funcionar, Marx passou de boêmio a burguês. Já não propugnava a abolição imediata dos direitos à herança, no programa comunista.[116] Os Marx usaram um dos vários legados que lhes couberam dos parentes para trocar sua "velha toca no Soho" por uma "atraente residência" situada em um dos novos bairros, nas proximidades de Hampstead Heath. O lugar era tão novo que ali ainda não existia calçamento, iluminação a gás nas ruas e nenhum meio de transporte, apenas montes de entulho, pilhas de pedras e lama.

Marx sempre dizia que havia algo de podre em um sistema que aumentava a riqueza sem reduzir a miséria; entretanto, segundo parecia, não chamava sua atenção o fato de que a miséria pode, algumas vezes, aumentar com a riqueza. Presumia que os cortiços de Londres, que se tornavam cada vez mais semelhantes ao que se lia nos romances de Dickens, a cada década que passava, eram prova de que a economia não conseguia proporcionar um padrão de vida decente para as pessoas comuns. Ao contrário, explica Gareth Stedman Jones, a crise habitacional era um produto indesejado do crescimento desordenado de Londres, de sua crescente prosperidade e da voraz demanda por mão de obra não qualificada. O fundamental é que o frenesi imobiliário da época implicava uma orgia de demolições. Entre 1830 e 1870, milhares de hectares, na área central de Londres, tiveram suas construções postas abaixo, sobretudo nos bairros pobres onde os terrenos eram baratos, e, com a finalidade de expandir as docas da cidade, implantar vias férreas, construir a New Oxford Street, aterrar os esgotos e os encanamentos de água e, na década de 1860, escavar os primeiros trechos do metrô. Assim, enquanto dezenas de milhares de migrantes afluíam à capital, em busca de trabalho, o fornecimento de moradias situadas próximo das áreas industriais de Londres caía verticalmente. Resultou que os trabalhadores se amontoavam em habitações cada vez mais decadentes, mais apertadas e cada vez mais caras. Assim que as demolições chegaram ao fim e que os funcionários de escritório começaram a servir-se do trem, a crise de moradia começou a ceder.

A Exposição de 1862 coincidiu com outra baixa na situação financeira de Marx. Horace Greeley, o editor do *New York Tribune*, havia eliminado sua coluna, a qual, embora inteiramente escrita por Engels, proporcionava a Marx um ganho a mais. Em determinado momento sua situação financeira tornou-se de tal modo precária que ele se candidatou a um emprego no escritório de uma estrada de ferro, mas não foi aceito devido "à má caligrafia" e ao fato de não falar inglês. Em breve ele começou a levar em consideração a possibilidade de emigrar para os Estados Unidos. Felizmente ele era como uma ostra, que precisa apenas de um pouco de areia granulada para fabricar suas pérolas. Com a mente fixa no dinheiro, logo Marx começou a escrever um longo ensaio sobre economia e voltou a preencher sua caderneta com anotações, queixando-se, ao mesmo tempo, que se sentia como "uma máquina condenada a devorar livros e a descartá-los, sob forma modificada, na lixeira da história".[117] Escolheu também o título para sua grande obra: *O capital*.[118]

O agito em torno da Exposição continuou a deprimir Marx. Ele teria simpatizado com a reação de Fiódor Dostoiévski. O romancista russo denominava o palácio de cristal "uma visão bíblica, algo a ver com a Babilônia, uma profecia retirada do Apocalipse que se cumpria bem diante de nossos olhos".[119] Entretanto, no espaço de um ano ou dois, a boa fortuna de Marx ressurgiu. Graças a algumas heranças inesperadas e a um subsídio anual de 375 libras proporcionado por Engels, ele teve condição de mudar com sua família para uma residência ainda maior e mais imponente. Passou a gastar de quinhentas a seiscentas libras anualmente, algo que estava fora do alcance de mais de 98% das famílias inglesas.[120]

Marx quase se esqueceu quando havia ocorrido o Dia do Juízo Final.

O lançamento do navio de guerra *Northumberland*, com 11 mil toneladas, em 17 de abril de 1866, deveria ter sido um dia de orgulho, um testemunho da dominação industrial e comercial do mundo por parte da Grã-Bretanha. Em vez disso, foi um fiasco. O *Northumberland* vinha sendo construído nos estaleiros da Millwall Iron Works fazia quase cinco anos. No dia do lançamento, seu inusitado peso levou-o a sair fora dos trilhos. As pessoas entenderam mais tarde que aquilo foi o resultado das precárias condições dos estaleiros e dos construtores de navios.

Decorrido menos de um mês, numa quinta-feira à tarde, no dia 10 de maio, na primeira semana da temporada de passeios de barco, um boato assustador espalhou-se cidade afora. Overend, Gurney & Company, o mais prestigioso de todos os bancos mercantis, considerado pelo cidadão médio tão sólido quanto o Tesouro Nacional, havia falido. "É impossível descrever o terror e a ansiedade que se apossaram das mentes dos homens durante o resto daquele dia e durante todo o dia seguinte", escreveu o correspondente financeiro do *Times* de Londres. "Nenhum homem se sentiu seguro." Por volta das dez horas da manhã do dia seguinte, uma horda de "credores meio frenéticos, que se debatiam", de ambos os sexos e, segundo tudo indicava, de várias posições sociais, invadiu o centro financeiro. "Ao meio-dia o tumulto transformou-se em arruaça. As portas dos bancos mais respeitáveis foram cercadas [...] e multidões arfantes, percorrendo a Lombard Street, tornaram intransitável aquela rua estreita."[121]

O chefe de redação do *New York Times* apressou-se em enviar um telegrama aos editores, informando que "aquele era o pânico mais temível que a memória humana jamais registrou na metrópole britânica". Antes que um batalhão extra de guardas pudesse ser convocado para controlar a multidão e antes que o chanceler do Erário pudesse autorizar a suspensão do Ato da Carta Bancária, o Banco da Inglaterra havia perdido 93% de suas reservas em caixa, o mercado financeiro britânico estava congelado e uma enormidade de bancos e financeiras que viviam do crédito enfrentavam a iminente ruína. "Os ingleses vêm enlouquecendo com a especulação [...]. Chegou o dia do ajuste de contas, o pânico e o desalento se estampam nos semblantes de todos nossos banqueiros, capitalistas e comerciantes."[122]

Entre as primeiras vítimas do pânico incluíam-se os proprietários do estaleiro Millwall. A explosão da construção naval, alimentada por uma corrida mundial ao armamento e ao comércio, havia mais do que dobrado os empregos nos estaleiros de Londres entre 1861 e 1865.[123] "Os magnatas desse comércio não apenas produziram em excesso, acima de toda medida, durante a época de prosperidade, mas, além disso, haviam assinado contratos enormes, especulando que o crédito lhes seria facilitado", regozijou-se Marx.[124]

No momento em que o Overend faliu, novas ordens bancárias minguaram. Na realidade o Overend deve ter sido empurrado para o abismo porque "cobria os mares com seus navios" e "estava sofrendo pesadas perdas com sua frota de navios a vapor". Outras perdas incluíam as da empresa Peto e Betts, a legendária empreiteira do ramo ferroviário. É bem verdade que as vítimas mais imediatas do pânico foram os investidores crédulos e as "incontáveis companhias trapaceiras" que haviam surgido para se aproveitar das vantagens oferecidas pelo dinheiro barato. No entanto, a crise de confiança forçou o Banco da Inglaterra a elevar sua taxa de juros de 6% para insuportáveis 10%, "a taxa clássica do pânico",[125] que persistiu durante todo o verão. Uma peça intitulada *Cem mil libras* encerrou suas apresentações após breve temporada. O *Times* nem sequer se deu ao trabalho de criticá-la. A prosperidade havia terminado.

Quando as notícias da Sexta-Feira Negra chegaram a Marx através do jornal da tarde, ele se encontrava em seu estúdio, no norte de Londres, avaliando uma crise financeira que o rodeava de perto. As Villas Modena, para onde ele e sua família haviam acabado de se mudar, eram um empreendimento pretensioso, do tipo que se espalhava por toda a periferia de Londres, excessivamente caro para um jornalista desempregado que havia muito deixara de assumir compromissos para poder terminar seu livro. Marx racionalizou aquela extravagância como algo necessário para que suas filhas adolescentes "se situassem socialmente". Agora infelizmente ele estava mais uma vez desprovido de recursos e com o aluguel atrasado. O mesmo acontecia, lamentavelmente, com *O capital*.

Durante quase quinze anos Marx havia garantido a seu melhor amigo e patrocinador que sua grandiosa "Crítica da economia política" estava "virtualmente terminada, que ele estava pronto para revelar a lei que move a sociedade moderna" e que cravaria uma estaca no coração "da economia política inglesa". Agora, porém, Engels, que havia trabalhado arduamente em Manchester durante quinze anos para poder sustentá-lo, dava demonstrações de impaciência.

Na verdade, o brilho da prosperidade da Inglaterra lançou uma sombra no projeto de Marx. Ele escrevera muito pouco desde 1863. Dinheiro caído do céu lhe possibilitou momentos temporários de independência, mas agora voltava a precisar das dádivas de Engels. Pela primeira vez o angélico Engels emitia sinais de contrariedade. Marx constrangia-o com descrições gráficas de uma série de aflições dignas de Jó: reumatismo, problemas no fígado, gripe, dor de dentes, credores impudentes, surgimento de furúnculos de proporções verdadeiramente bíblicas — a lista não tinha fim. Em abril de 1866 Marx confessou: "Não estou me sentindo bem, sou incapaz de escrever". No dia após o Natal ele queixou-se de que "nunca havia ficado tanto tempo sem escrever". Por volta da Páscoa, escrevendo de Margate, à beira-mar, declarou que "vivo unicamente por conta de minha saúde há mais de um mês".[126]

Engels desconfiava e com muita precisão, conforme se verificou, que a verdadeira fonte dos problemas de Marx era "se ver às voltas com aquele maldito livro" por um tempo demasiado. "Espero que tenha se livrado do reumatismo, das dores no rosto, e que, mais uma vez, esteja *se aplicando diligentemente* ao livro", escreveu no dia 1º de maio. "Como vai indo e quando ficará pronto o primeiro volume?"[127] Como O capital não ia, Marx refugiou-se em um silêncio amuado.

Exatamente como uma injeção de adrenalina, a Sexta-Feira Negra exerceu um efeito mobilizador, algo que as rabugices de Engels jamais conseguiram. Dias depois o profeta estava de volta a sua escrivaninha, escrevendo furiosamente. No início de julho conseguiu relatar a Engels: "Voltei a trabalhar com afinco durante as duas últimas semanas", predizendo que teria condições de finalizar o tardio manuscrito "por volta do fim de agosto".[128]

Quem pode censurar o autor de um texto apocalíptico por retê-lo durante tanto tempo e até que ficasse pronto? Quando Marx o compunha, sua dramática profecia parecia quase plausível: "Dobram os sinos, agourando a morte da propriedade privada capitalista. Os expropriadores serão expropriados". Entretanto, ao escrever seu famoso penúltimo capítulo — "A lei geral da acumulação capitalista" —, ele se viu forçado a fazer algumas alterações, a fim de provar sua colocação segundo a qual os pobres haviam empobrecido ainda mais. Ao citar Gladstone em relação à "espantosa" e "inacreditável" oscilação verificada na taxação da renda entre 1853 e 1863, Marx recorreu ao pronunciamento daquele primeiro-ministro liberal: "este inebriante aumento da riqueza e do poder [...] limita-se inteiramente às classes que detêm a propriedade".[129] O texto do discurso, publicado no *Times of London*, mostra que, na verdade, Gladstone havia dito o contrário:

"Devo encarar com certa dor e com muita apreensão este extraordinário crescimento, quase embriagador, se acaso acreditasse que ele se limita àquela classe de pessoas que podem ser descritas como gente que se encontra em circunstâncias folgadas", afirmou Gladstone, acrescentando que, graças ao rápido crescimento da renda que não era taxada, "temos a felicidade de saber que a condição média do trabalhador britânico melhorou durante os últimos vinte anos em grau extraordinário, como é de nosso conhecimento. Quase podemos declarar que esse fato não tem exemplos na história de qualquer país e de qualquer época".[130]

A previsão de Marx, segundo a qual ele terminaria seu manuscrito no final do verão, revelou-se excessivamente otimista, porém decorridos quinze meses desde a Sexta-Feira Negra, em agosto de 1867, ele pôde comunicar a Engels ter enviado o texto final pelo correio ao editor alemão. Aludiu de passagem ao famoso conto de autoria do romancista francês Honoré de Balzac: um artista acredita que seu quadro é uma obra de arte pelo fato de aperfeiçoá-lo durante anos. Ao remover o pano que o cobria, contempla-o durante alguns instantes e dá um passo atrás, cambaleando. "'Nada! Nada! Após dez anos de trabalho.' Ele sentou-se e chorou."[131] Infelizmente, conforme Marx temia, "A obra-prima desconhecida" era uma metáfora adequada à sua teoria econômica. Sua "prova matemática" foi acolhida pelo mais absoluto silêncio. E, por ocasião da pior crise econômica da era moderna, o grande economista do século XX, John Maynard Keynes, rejeitaria O capital, afirmando que se tratava de "um texto econômico obsoleto, que considero não apenas cientificamente errôneo mas desprovido de interesse ou aplicação ao mundo moderno".[132]

2. Deve existir um proletariado? O santo padroeiro de Marshall

> *O cavaleiro cuida do cavalo,*
> *O boiadeiro cuida da boiada,*
> *O comerciante cuida da bolsa,*
> *O comilão cuida da comida;*
> *Este é o dia do escravo,*
> *Teia para tecer, trigo para moer;*
> *Tudo está sob comando,*
> *E cavalga a humanidade.*
> Ralph Waldo Emerson, Ode, dedicada a William H. Channing[1]

> *O desejo de escravizar a humanidade é a mola mestra da maioria dos estudos econômicos.*
>
> Alfred Marshall[2]

Durante o rigoroso inverno de 1866-7, cerca de mil homens congregavam-se diariamente em frente de um dos vários prédios do East End, em Londres. Quando as portas se abriam, a multidão avançava, aos gritos e empurrões, brigando por um bilhete. Ao contemplar a cena frenética e a expressão amargurada daqueles que não tinham sido bem-sucedidos, um passante poderia ter presumido que ia começar uma luta de boxe ou de cachorros. Lá dentro, porém, não havia um ringue iluminado, apenas o pátio lamacento de uma casa paroquial. O pátio se dividia em cercados e em cada um deles amontoavam-se grandes blocos de granito. O bilhete dava direito ao portador de sentar-se no cercado, munido de um pesado martelo, que com ele quebrava os blocos, a serem usados na pavimentação das ruas. Ao cabo de sua pesada tarefa ele recebia três *pennies* e uma côdea de pão.[3]

Os homens que cercavam tais instituições em janeiro não pertenciam à clientela típica, muito malvestida, de aparência doentia, ordinariamente associada a locais daquela espécie, tão desprezados. Tratava-se de indivíduos robustos, bem agasalhados. Nos meses anteriores ganhavam uma ou duas libras por semana, trabalhando em estaleiros, túneis de ferrovias e estradas, o que era mais do que suficiente para prover uma família de cinco pessoas, comer muito bife, muita manteiga, tomar cerveja e ainda sobrar um pé-de-meia.[4] Isso foi antes que a Sexta-Feira Negra provocasse uma paralisação das atividades em terra, mar e abaixo do solo e causasse uma avalanche de falências, privando milhares de trabalhadores de seus empregos; uma epidemia de cólera fechou as docas durante semanas e fez com que o preço do pão dobrasse; isso foi antes que a poupança de toda uma vida se esgotasse, que o último objeto da casa fosse penhorado e que a ajuda de parentes não se tornasse mais possível.

As paróquias mais próximas dispensavam, a cada dia, centenas de homens, enquanto gente como Karl Marx, que pagava impostos sob grande pressão, se preocupava com o fato de que os juros, cada vez menores, haveriam de arruiná-los também. Apesar de uma enxurrada de doações, as instituições particulares de caridade não davam conta de atender todo mundo. "Ninguém sabe o que significa semelhante desolação", escreveu a uma amiga, em janeiro de 1867, Florence Nightingale, herdeira de uma fortuna e reformadora de hospitais:

> Não é apenas o fato de que existem 20 mil pessoas desempregadas no East End, conforme é noticiado em todos os jornais. É que em cada paróquia não menos do que o dobro e, algumas vezes, o quíntuplo de pessoas buscam auxílio. Todos os locais de atendimento aos pobres agora são hospitais. As escolas, em vez de ter condição de proporcionar uma refeição por dia, correm o risco de fechar as portas. E isso se passa em toda a região de Marylebone, St. Pancras, no Strand e no sul de Londres.[5]

Violentos tumultos por causa do pão ocorreram em Greenwich. Padeiros e outros pequenos lojistas ameaçaram armar-se contra a multidão enfurecida.[6] Em maio, milhares de moradores do East End enfrentaram a polícia montada no Hyde Park, demonstrando ostensivamente seu apoio ao Ato da Segunda Reforma e o direito dos trabalhadores ao voto, mas sobretudo para dar vazão a sua frustração e fúria contra os ricos.[7]

Os londrinos de classe média dificilmente ignoravam os infortúnios que ocorriam em seu meio, pois viviam em uma nova era da informação, bombardeados por entregas de cartas cinco vezes ao dia, jornais, livros, periódicos, palestras e sermões. Uma nova geração de repórteres, inspirada nos exemplos de Henry Mayhew, Charles Dickens e outros jornalistas da década de 1840, escrevia nas páginas de *Daily News*, *Morning Star*, *Pall Mall Gazette*, *Westminster Review*, *Household Words*, *Daily Mail*, do Partido Tory e do liberal *Times*, com relatos sensacionais de fatos por eles testemunhados e investigações de primeira mão realizadas no East End. Os repórteres se disfarçavam de trabalhadores desempregados e passavam noites nos albergues de indigentes, a fim de descrever seus horrores. Robert Giffen, editor do liberal *Daily News*, estava tornando-se um dos mais destacados estatísticos do momento. Seu primeiro grande artigo acadêmico registrou com entusiasmo o fato de que a riqueza nacional havia triplicado entre 1845 e 1865, mas o segundo artigo, escrito em 1867, assumiu um tom e um ponto de vista inteiramente diferentes, constituindo-se em um ataque às propostas altamente regressivas de aumento de impostos que incidiriam sobre "as necessidades dos pobres". O que preocupava Giffen em relação à depressão de 1866-7, escreve seu biógrafo Roger Mason, era o fato de que as principais vítimas haviam trabalhado, poupado e obedecido à lei, enquanto os mais afortunados faziam generosas doações a obras de caridade. A virtude, porém, não se mostrara suficiente para impedir a miséria que se espalhava.[8]

O ressurgimento da fome, dos sem-teto e da doença em meio a uma grande riqueza radicalizou uma geração que havia crescido durante os tempos de bonança, para a qual a prosperidade e o progresso eram fatos consumados. Dramaturgos escreviam peças cujos personagens eram heróis proletários. Poetas publicavam obras de crítica social. Professores e pastores usavam suas cátedras e púlpitos para denunciar a sociedade britânica. Típico de tais jeremiadas foi o pronunciamento de Henry Fawcett, um reformista liberal cego, que ensinava economia política na Universidade de Cambridge:

Dizem-nos que nossas exportações e importações aumentam rapidamente; brindam-nos com brilhantes descrições de um Império no qual o sol nunca se põe e de um comércio que se estende pelo mundo. Nossa marinha mercante se expande cada vez mais, o mesmo sucedendo com a indústria manufatureira, quanto ao número e magnitude. Todas as evidências de um luxo crescente nos rodeiam; veem-se nos parques maior quantidade de esplêndidas equipagens e o estilo de vida torna-se, a cada ano que passa, mais suntuoso... Olhemos, porém, para o outro lado da moeda e então o que observaremos? Ao lado dessa vasta riqueza, contíguo a esse luxo pecaminoso, desponta o terrível espectro de uma pobreza generalizada e de um pauperismo crescente! Visitem os maiores centros de comércio e de negócios. O que observarão ali? A mais calamitosa pobreza sempre acompanhando a maior riqueza![9]

Tomadas de culpa cristã e do desejo de praticar o bem, pessoas com formação universitária, que anteriormente planejavam tornar-se missionários em remotos lugares do império, agora descobriam que havia muito o que fazer em casa. William Henry Freemantle, autor de *The world as subject of redemption* [O mundo como tema de redenção], tornou-se, naquele ano, pároco de St. Mary, uma das paróquias mais pobres de Londres. Uma caminhada pela East End, durante a epidemia de cólera, convenceu Thomas Barnardo, membro de uma seita evangélica, a construir orfanatos para crianças indigentes em vez de ir para a China converter os chineses. Semelhante experiência inspirou o "general" William Booth, autor de *In darkest England and the way out* [Na mais escura Inglaterra e como sair dela], a organizar o Exército da Salvação. Samuel Barnett, um acadêmico de Oxford, fundou a Associação dos Colonos Universitários, com o intuito de encorajar os estudantes universitários a viver entre os pobres, lecionando em classes noturnas e distribuindo sopa aos necessitados.

Missionários em seu próprio país, aqueles jovens de ambos os sexos se empenharam em ser mais científicos que sentimentais. Sua vocação não era dispensar a caridade, mas converter os pobres a valores e hábitos da classe média. Conforme observou, em 1867, Edward Denison, formado em Oxford: "Ao dar esmolas vocês os mantêm permanentemente em precária situação. Construam lares-escola, paguem professores, deem prêmios, organizem clubes de trabalhadores; ajudem-nos a se ajudarem".[10]

Na Euston Station, em Londres, um rapaz de traços delicados, cabelos louros e sedosos, brilhantes olhos azuis, subiu a bordo do trem da Great Northern Railway, que se dirigia a Glasgow. Era o começo de junho de 1867. Carregava apenas uma bengala e uma mochila repleta de livros. Os demais passageiros poderiam tomá-lo por um cura ou um professor que iria excursionar pelas montanhas. No entanto, quando o trem chegou a Manchester, o rapaz pôs a mochila nas costas, saltou na plataforma e desapareceu em meio à multidão.

Antes de retomar sua viagem em direção às regiões montanhosas da Escócia, ao norte, Alfred Marshall, um matemático de 24 anos, membro do St. John's College, em Cambridge, passou horas caminhando através de bairros fabris e dos cortiços que os cercavam, "fitando o rosto das pessoas pobres". Estava em dúvida se o objetivo de sua vida era dedicar-se à filosofia alemã ou à psicologia austríaca. Eram os primeiros passos que ele dava ao afastar-se da metafísica e o início de uma obstinada busca da realidade social. Mais tarde ele declarou que aquelas caminhadas o forçaram a meditar sobre a "justificativa das condições existentes da sociedade".[11]

Em Manchester, Marshall deparou com aquele céu marrom e enfumaçado, ruas enlameadas, compridas fileiras de armazéns, moinhos cavernosos e alojamentos insalubres, situados a apenas alguns quarteirões de lojas resplandecentes, belos parques e luxuosos hotéis que romances como *North and South* [Norte e Sul], de Elizabeth Gaskell, haviam retratado. Nas estreitas ruelas encontrou homens franzinos, abatidos, pálidas operárias com xales ralos e cabelos repletos de pequenos fiapos de algodão. A visão de "tamanhas carências" em meio a "tanta riqueza" levou Marshall a se perguntar se a existência do proletariado era, de fato, "uma necessidade da natureza", conforme lhe haviam ensinado a acreditar. "Por que não fazer com que cada homem se torne um cavalheiro?", interrogou-se.[12]

Marshall, que não tinha o sotaque empolado e as elegantes maneiras de seus colegas do St. John's College, comparou algumas vezes a descoberta da pobreza com a descoberta do pecado original e sua recente adesão à economia com uma conversão religiosa. No entanto, se a pobreza lhe ocorreu como tema de estudo, após o pânico de 1866, seria enganosa a dedução segundo a qual ele teve de esperar até aquele momento para contemplar o rosto das pessoas pobres.[13] Seu avô materno era açougueiro e seu avô paterno um falido. Seu pai e seus tios iniciaram a vida como órfãos desprovidos de meios materiais. William Marshall, em sua certidão de casamento, tinha colocado "cavalheiro" como profissão, porém jamais ocupou posição mais elevada do que a de caixeiro no Banco da Inglaterra. Seu filho Alfred não nasceu, conforme insinuou mais tarde, em um elegante subúrbio, mas em Bermondsey, bairro onde havia os mais notórios cortiços de Londres, e pegado a um curtume. Quando os Marshall se mudaram para Clapham, bairro de classe média baixa, eles se instalaram em frente a um gasômetro.

Graças a sua inteligência precoce e aos esforços de seu pai em convencer o diretor do banco a patrocinar seus estudos, Marshall foi aceito em Merchant Taylors', uma escola particular na City frequentada por filhos de banqueiros e corretores da Bolsa. Desde os oito anos de idade ele tomava diariamente ônibus, ferryboat, e caminhava a pé através dos mais degradados bairros fabris e dos cortiços situados à beira do Tâmisa. Marshall contemplou o semblante dos pobres durante toda sua vida.

No romance *Grandes esperanças*, de Charles Dickens, publicado em 1861, ano em que Marshall se formou em Merchant Taylors', o pequeno órfão, Pip, faz aquilo que ele descreve como uma "confissão lunática". Após obrigar seu confidente a jurar três vezes o mais absoluto segredo, ele cochicha: "Quero ser um cavaleiro".[14] Seu coleguinha Biddy fica tão estupefato como se Pip, na iminência de tornar-se aprendiz de um ferreiro, tivesse expressado a ambição de tornar-se papa. Para fazer com que o sonho enlouquecido de seu herói se tornasse verdade, Dickens teve de inventar prisioneiros fugitivos em um pântano brumoso, uma herdeira desdenhosa, uma casa mal-assombrada, uma herança misteriosa e um benfeitor secreto. Mesmo em uma era que valorizava o homem bem-sucedido graças a seus próprios esforços, o conceito de que um menino como Pip — não importa a legião de Pips — pudesse ingressar na classe média era algo entendido como matéria de pura fantasia ou visão utópica, excêntrica, tão divorciada da vida real quanto o fantasmagórico romance de Dickens. Conforme um editor do *Times* observou secamente em 1859: "Noventa por cento de pessoas, em cem, não têm condição de progredir na vida, mas são relegadas por laços de nascimento, educação ou circunstâncias a uma posição subalterna, onde devem permanecer".[15]

Havia, entretanto, sinais de movimento e sublevação. A questão de saber quem poderia tornar-se um cavaleiro e como acabaria sendo tornou-se um dos temas recorrentes da ficção vitoriana, observa Theodore Huppon. Um cavaleiro era definido pelo nascimento, pela profissão e por receber uma educação liberal, isto é, não vocacional. Isso deixava de fora quem quer que trabalhasse com as mãos, incluindo artesãos capacitados, atores, artistas ou envolvidos com o comércio, a menos que fosse em grande escala. A srta. Marrable, em *The vicar of Bullhampton* [O pároco de Bullhampton], de Anthony Trollope, "entendia que o filho de um cavaleiro, caso pretendesse manter sua posição social, deveria ganhar a vida como clérigo ou advogado, soldado ou marinheiro".[16] A explosão das profissões de colarinho-branco estava borrando as antigas linhas de demarcação. Por que outro motivo a srta. Marrable precisou ser tão dogmática? Médicos, arquitetos, jornalistas, professores, engenheiros e empregados de escritório abriam caminho, exigindo o direito ao rótulo de cavaleiros.[17]

A ocupação profissional de um cavaleiro tinha de permitir-lhe suficiente tempo livre para pensar em algo mais do que pagar as contas e seus rendimentos teriam de bastar para proporcionar educação aos filhos e casar as filhas com outros cavaleiros. No entanto, quanto poderiam ser exatamente tais rendimentos era também questão de muitos debates. Os pobres, em *The warden* [O diretor], de Trollope, estavam convencidos de que cem libras por ano eram o suficiente para transformá-los em cavaleiros, mas, quando um desinteressado guarda ameaça aposentar-se com um rendimento de 160 libras anuais, seu prático genro o reprova por imaginar que poderia viver decentemente com aquela bagatela.[18] O pai de Alfred Marshall mantinha a esposa e quatro filhos com 250 libras por ano,[19] porém Karl Marx, reconhecidamente ineficiente gestor de dinheiro, não conseguia manter as aparências de uma pessoa de classe média com o dobro daquela quantia.[20] Em 1867, muito poucos cavaleiros tinham semelhante renda. Apenas uma em catorze famílias britânicas contava com um rendimento de cem libras ou mais.[21]

Entretanto, até a srta. Marrable poderia ter concordado que o professor de uma faculdade de Cambridge estava bem situado. Todos os 56 professores do St. John's College recebiam um dividendo anual das dotações daquela instituição, que ia de cerca de 210 libras, em 1865, a trezentas libras em 1872, além de aposentos e dos serviços de um doméstico da faculdade.[22] Um subsídio diário cobria um jantar em "mesa bem servida", que consistia habitualmente de dois pratos, incluindo saladas, tortas e pudins, além de uma grande porção de queijo, servido em rodízio. Duas vezes por semana acrescentava-se um terceiro prato, sopa ou peixe. A maioria dos professores complementava o que recebia preparando alunos para exames ou exercendo tarefas específicas, como as de conferencista ou tesoureiro. Para um homem sem esposa e filhos — exigia-se dos professores que permanecessem solteiros —, os deveres da faculdade ainda deixavam muitas horas livres para pesquisar, escrever, manter conversas estimulantes ou gozar de um rendimento que lhes permitia viajar regularmente, trajar-se com decência, ter uma biblioteca, alguns quadros ou bibelôs — em suma, os requisitos da vida de um cavaleiro.

A metamorfose de Alfred Marshall, que passou de menino pálido, ansioso, mal alimentado, malvestido a professor de Cambridge, foi quase tão notável quanto a transformação de Pitt, aprendiz de um ferreiro de aldeia transformado em sócio de uma sociedade anônima. Seu pai, aos dezesseis anos de idade, foi trabalhar numa firma de corretagem. Seu irmão Charles, apenas catorze meses mais velho, foi enviado para a Índia aos dezessete anos, para trabalhar em uma manufatura de seda. Sua irmã Agnes seguiu Charles até a Índia, a fim de encontrar um marido, porém faleceu.

A exemplo de muitos pais vitorianos frustrados, o pai de Marshall tentou realizar-se através de seu talentoso filho. Empenhado em educar Alfred para ser pastor, William Marshall conseguiu que seu patrão pagasse os estudos do rapaz em uma boa escola preparatória. Lá ele foi "moldado por um evangélico dos mais estritos, de queixo protuberante, de nariz empinado",[23] um tirano do lar que oprimia a mulher e os filhos. Verdadeira coruja, mantinha frequentemente Alfred acordado até as onze horas da noite, exercitando-o em hebraico, grego e latim.[24]

Não é de surpreender que o rapaz sofresse de ataques de pânico e de enxaquecas. Um colega de classe lembrou-se de que ele "era franzino e pálido, malvestido e tinha a aparência de quem estudava demais". Tímido e quase sem amigos, Marshall revelou "talento para a matemática, matéria que seu pai desprezava", e adquiriu aversão às línguas clássicas, algo que perdurou por toda a vida. "Alfred guardava um livro sobre matemática euclidiana no bolso, quando ia e voltava da escola. Lia uma proposição e em seguida a trabalhava em sua mente, enquanto caminhava."[25]

A Merchant Taylor's School era relativamente barata e fartamente subvencionada, mas até mesmo com um salário de 250 libras William Marshall mal conseguia despender as vinte libras anuais necessárias para cobrir as despesas extras de seu filho estudante.[26] Ainda assim William se dispunha a fazer a mais estrita economia para manter Alfred no estabelecimento, pois Merchant Taylor's garantia uma bolsa completa para o estudo dos clássicos em Oxford, o que não era de desprezar, numa época em que a educação universitária era um luxo de que podia gozar apenas um entre quinhentos jovens da geração de seu filho. O mais importante de tudo é que o estudo em Oxford implicava uma garantia virtual, após a formatura, do ensino vitalício dos clássicos em uma de suas faculdades ou admissão à igreja, o serviço público ou lecionar nas mais prestigiosas escolas preparatórias.

Quando Marshall anunciou sua intenção de desistir da bolsa de Oxford e de estudar matemática em Cambridge, seu pai enfureceu-se, ameaçou e adulou. Unicamente um empréstimo substancial de um tio da Austrália e uma bolsa de matemática possibilitaram a Marshall desafiar a autoridade paterna e perseguir seu sonho. Quando o rapaz de dezessete anos foi realizar o exame de admissão à bolsa, ele percorreu as margens do rio Cam, gritando de alegria e antecipando sua iminente libertação.

Ao finalizar os três anos no St. John's College, havia outra competição a vencer, um extenuante acontecimento esportivo conhecido como Competição de Matemática. Leslie Stephen, contemporâneo de Marshall em Cambridge e futuro pai de Virginia Woolf, avaliou que o segundo lugar, conquistado pelo rapaz, equivalia a uma herança de 5 mil libras — meio milhão de dólares na moeda de hoje —, mais do que suficiente para subir na vida.[27] A recompensa dada a Marshall foi sua imediata eleição a um posto de ensino vitalício na faculdade, o que lhe dava o direito de morar nela, receber por conferências e atendimento aos alunos (segundo Stephen, isso proporcionaria mais 2500 libras). Após um ano fazendo um bico numa escola preparatória, a fim de pagar o empréstimo concedido pelo tio, Marshall, pela primeira vez na vida, era independente financeiramente e livre para fazer o que bem entendesse.

A grande questão era saber como usar melhor sua liberdade. A matemática começava a entediá-lo. Quando excursionava pelas altas montanhas da Escócia e sorvia o ar puro das Highlands, lendo Immanuel Kant ("O único homem a quem jamais venerei"),[28] o mundo abaixo dele era envolvido em brumas. No entanto, os semblantes dos pobres e as imagens de um trabalho extenuante continuavam a persegui-lo. A exemplo de Pip, Alfred Marshall havia ascendido, mas não conseguia esquecer-se daqueles que tinham ficado para trás.

Marshall voltou a Cambridge de sua viagem à Escócia em outubro de 1867, "queimado de sol, forte e bem-disposto".[29] Como estudante tinha sido excluído de todos os clubes universitários e dos encontros fechados, realizados nos aposentos dos professores, que constituíam a parte mais valiosa de uma educação em Cambridge. Agora, porém, que havia alcançado distinção intelectual, foi convidado a ingressar no Clube Grote, um grupo de radicais da universidade que se encontrava regularmente para discutir questões políticas, científicas e sociais. Seu líder era Henry Sidgwick, um carismático filósofo quatro anos mais velho que Marshall, que percebeu rapidamente seu talento e o tomou sob sua proteção. "Fui moldado por ele", reconheceu Marshall. Seu pai quase lhe tirara a vida, mas Sidgwick "ajudou-me a viver".[30]

Tendo Sidgwick como guia intelectual, Marshall mergulhou na metafísica, na biologia evolucionária e na psicologia alemã, levantando às cinco da manhã, todos os dias, a fim de ler. Passou alguns meses em Dresden e Berlim, onde, de acordo com o biógrafo Peter Groeneweger, ele "ficou enfeitiçado pela *Filosofia da história*, de Hegel".[31] A exemplo do jovem Hegel e de Marx, julgou imprescindível a mensagem do primeiro, para quem os indivíduos deveriam governar a si mesmos de acordo com sua própria consciência e não em cega obediência à autoridade. Absorveu uma visão evolucionária da sociedade ao ler *A origem das espécies*, de Charles Darwin, publicada em 1859, e a *Filosofia sintética*, de Herbert Spencer, de 1862. Seu interesse pela psicologia foi estimulado pela possibilidade de "um desenvolvimento mais elevado e mais rápido das faculdades humanas".[32] O jovem, cujas oportunidades que a vida lhe proporcionou possibilitaram o acesso a uma educação de alto nível, chegava à conclusão de que os maiores obstáculos ao desenvolvimento mental e moral do homem eram de natureza material.

Começou a considerar-se "socialista". Na década de 1860 o termo implicava um interesse pela reforma social ou a participação numa seita comunitária, enquanto o abrangente rótulo de "comunista" compreendia cada pessoa que achava que as coisas não poderiam melhorar a menos que todo o sistema de propriedade privada e de competição fosse eliminado.[33] Quando Marshall interrogou Sidgwick sobre as divisões de classe, seu mentor o admoestou com muito tato, dizendo: "Ah, se você entendesse de economia política não diria isto". Marshall enfiou a carapuça. "Foi meu desejo de saber o que havia de prático na reforma social pelo Estado e por outras agências que me levou a ler Adam Smith, Mill, Marx e LaSalle", ele recordou mais tarde. Começou pela leitura de *Principles of political economy*, de John Stuart Mill, então na sexta edição, e "ficou muito animado com o que leu".[34]

Seu interesse se intensificou pela inesperada promulgação do Ato de Reforma de 1867, que, de uma só penada, transformou a Inglaterra numa democracia. O ato mais do que duplicou o tamanho do eleitorado, ampliando o direito de voto a cerca de 888 mil homens adultos, a maioria deles artesãos qualificados e lojistas, que pagavam pelo menos dez libras anuais de impostos sobre rendas e propriedades. Incluiu as classes trabalhadoras no sistema político e tornou o sistema democrático a única forma aceitável de governo. Embora ignorasse os 3 milhões de operários de fábricas, os diaristas, os trabalhadores rurais — e é claro todo o sexo feminino —, Gertrude Himmelfarb, historiadora do século XX, enfatiza que ainda assim o Ato de Reforma conferiu uma aura de inevitabilidade ao conceito de sufrágio universal.[35] Marshall, porém, ficava perturbado diante do contraste entre o ideal de plena cidadania e a realidade da privação material, que impedia a maior parte de seus conterrâneos de gozar plenamente da vantagem de sua liberdade cívica.

"Ascender rapidamente", conforme sucedeu com Marshall, pode provocar sentimentos de culpa ou um senso de obrigação. A ficção vitoriana é povoada pelo "duplo", que compartilha os atributos e as aspirações do herói, mas é condenado a ficar quieto em seu lugar enquanto o outro ascende. Quando o jornalista e escritor americano Henry James explorou a capital inglesa a pé, em 1869, Hyacinth Robinson, o protagonista de seu romance sobre terroristas, publicado em 1886, pareceu brotar "do solo de Londres". James contemplava a parada de figuras elegantemente vestidas, de carruagens, mansões e teatros feericamente iluminados, clubes e galerias de quadros que emitiam agradáveis sons, de portas que "se abriam para a luz, a cordialidade e a alegria, para boas e encantadoras relações" quando concebeu um jovem muito parecido com ele "contemplando o mesmo espetáculo público [...] que eu próprio presenciara", incluindo "todos os fatos efervescentes" que falavam de "liberdade e desenvoltura, conhecimento e poder, dinheiro, oportunidade e saciedade", com apenas uma única diferença: o encadernador que se transformou em bombeiro em *The princess Casamassima* "poderia circular em torno deles, porém mantendo a mais respeitosa distância e com todas as portas batendo em sua cara, se ele tentasse aproximar-se".[36]

Tendo sido admitido ao rarefeito mundo de liberdade, oportunidade, conhecimento e conforto, quando não de poder ou de grande riqueza, Marshall manteve o semblante de seu duplo onde podia contemplá-lo cotidianamente:

> Vi na vitrine de uma loja um pequeno quadro a óleo [o rosto de um homem com expressão desolada e melancólica, de chamar a atenção, como a de alguém "fora de combate"] e adquiri-o por alguns shillings. Coloquei-o acima da lareira em meu quarto na faculdade e daí por diante o denominei meu santo padroeiro, devotando-me a tentar encaixar homens como ele nos céus.[37]

À medida que Marshall estudava as obras dos fundadores da economia política, "a economia cresceu cada vez mais, com praticidade e urgência, em relação não tanto ao crescimento da riqueza quanto à qualidade de vida; e eu dediquei-me a ela". A "dedicação" levou algum tempo. Ele considerou "o árido território dos fatos" intelectualmente nada apetitoso e desprovido de apelo no plano social. Quando lhe foi solicitado que realizasse algumas palestras sobre economia política, Marshall concordou com relutância. "Lecionei economia... mas repeli com indignação a sugestão de que eu era economista... Sou um filósofo desgarrado em terra estrangeira."[38]

Quando Marshall começou a estudar seriamente economia em 1867, seu mentor Sidgwick convenceu-o de que "os dias tranquilos da economia política haviam expirado".[39] Depois do sucesso da revogação da Lei do Trigo, de 1846, que se seguiu por um período de baixa no preço dos alimentos, a economia gozou brevemente do conceito de "uma verdadeira ciência, equiparada à astronomia".[40] Entretanto a crise econômica e os distúrbios políticos da década de 1860 reviveram a antiga animosidade contra aquela disciplina entre os intelectuais. Dando um passo à frente do epíteto de Carlyle, que a denominava "desoladora ciência", John Ruskin, o historiador da arte, repudiava a economia, qualificando-a de "aquela ciência bastarda" e, a exemplo de Dickens, solicitava uma nova economia, "uma ciência real de economia política".[41] O problema fundamental, observou Himmelfarb, era que "a ciência dos ricos" se chocava com o evangelismo do final da era vitoriana.[42] Os vitorianos repeliam o conceito de que a cobiça era algo bom ou que a mão invisível da competição garantia o melhor resultado possível para a sociedade como um todo.

Com o advento do direito de voto para os trabalhadores, os partidos políticos passaram a cortejá-los. A "economia política", porém, foi invocada para fazer oposição a quaisquer reformas — seja aumento de salário para os trabalhadores rurais, seja alívio para os pobres — mediante o argumento de que elas diminuiriam o crescimento da riqueza da nação. Embora os fundadores da economia política tivessem sido reformistas radicais em sua época, batendo-se pelos direitos das mulheres, abolição da escravidão e interesses da classe média versus os da aristocracia, suas teorias opunham seus discípulos ao trabalhador. Conforme observou Leslie Stephen, o pai de Virginia Woolf: "A doutrina [...] foi usada para esmagar quaisquer esquemas socialistas [...]. Supunha-se que os economistas políticos aceitassem uma teoria fatalista, que anunciava a total impossibilidade de todos os esquemas de regeneração social".[43]

Por exemplo, quando William Fawcett, professor de economia política da Universidade de Cambridge, adepto do reformismo, dirigiu-se a trabalhadores em greve, ele lhes disse que estavam cortando suas próprias gargantas. Semelhante conselho enfureceu Ruskin, que declarou após a greve de trabalhadores da construção, em 1869: "Os economistas políticos são inoperantes e praticamente mudos; nenhuma solução demonstrável das dificuldades pode ser proposta por eles, de modo a convencer ou acalmar os lados opostos".[44] Mill era um exemplo ainda mais extremado do que Fawcett. Então membro racial do Parlamento, denominava-se socialista, havia se batido pelo Segundo Ato da Reforma e pelo direito de os trabalhadores sindicalizarem-se e fazer greve. No entanto, a visão de Mill quanto ao futuro das classes trabalhadoras era pouco menos melancólica que a de Ricardo ou de Marx. J. E. Cairnes, professor da University College London, que publicou um famoso libelo contra a escravidão como sistema econômico, replicou a posição de Mill, alguns anos mais tarde:

> A margem de uma possível melhoria da sorte deles está confinada em estreitas barreiras, que não podem ser ultrapassadas e o problema de sua eliminação não é nada animador. Como corporação, eles não ascenderão de modo algum. Alguns,

mais enérgicos ou mais afortunados do que os demais, escaparão de vez em quando... mas a grande maioria permanecerá substancialmente na posição em que se encontra. A remuneração do trabalhador, qualificado ou não qualificado, jamais poderá elevar-se acima de seu presente nível.[45]

No âmago do pessimismo de Mill situava-se a assim chamada teoria do fundo dos salários. De acordo com essa teoria, que foi enfim desautorizada por Mill, apesar de nunca ter sido substituída, apenas uma finita quantidade de recursos estava disponível para o pagamento dos salários. Uma vez exaurido o fundo, não haveria meios de aumentar a quantidade agregada de pagamento. Com efeito, a demanda por mão de obra era fixa e, assim, somente a oferta dessa mão de obra poderia exercer qualquer efeito sobre os salários. Em decorrência, um grupo de trabalhadores poderia obter salários mais altos unicamente à custa de salários mais baixos para outros trabalhadores. Se os sindicatos conseguissem obter salários acima do nível do fundo de salários, isso resultaria em desemprego. Se o governo interviesse, cobrando impostos sobre a riqueza a fim de subsidiar os salários, a população trabalhadora aumentaria, provocando desemprego e impostos ainda maiores. Além do mais, o uso de impostos para subsidiar o pagamento reduziria a eficiência, ao eliminar a competição e o medo do desemprego. Finalmente, avisava Mill, "impostos para o sustento dos pobres acabariam absorvendo toda a renda do país".[46] A menos que as classes trabalhadoras adquirissem hábitos prudentes, como frugalidade e controle da natalidade, o autor de um popular texto assim declarava: "eles se encherão de filhos e retornarão a seu antigo padrão de vida".[47] Em seu manual de economia política, Millicent Fawcett citava o repúdio da Lei do Trigo como prova de que os salários estavam amarrados a um mínimo fisiológico. Referindo-se ao trabalhador, ela escreveu:

> O alimento barato lhe possibilitava viver não com maior conforto, mas sustentando um número cada vez maior de filhos. Tais fatos levam à conclusão de que nenhuma melhoria material das condições das classes trabalhadoras pode ser permanente, a menos que seja acompanhada de circunstâncias que impeçam, em contraponto, um aumento da população.[48]

À época em que foi promulgado o Segundo Ato da Reforma, a teoria segundo a qual os salários não poderiam aumentar, a longo prazo, já não parecia sustentável e não somente por causa da grande elevação do salário médio. A conquista da natureza por meio das ferrovias, da navegação e de um poder que assomava no horizonte sugeriu que a sociedade ainda não se avizinhava de seus limites naturais de crescimento. O fato de que os emigrantes prosperavam no exterior e de que uma classe média de artesãos qualificados e de trabalhadores de colarinho-branco ascendia no país contradisse o conceito segundo o qual a fuga em massa da pobreza era governada por leis biológicas. A pobreza, que outrora parecia ser uma característica natural e quase universal da paisagem social, começou a parecer cada vez mais uma falha.

Acaso existiria um mecanismo engenhoso que pudesse elevar os salários até que um salário médio bastasse para levar uma vida de classe média? Mill admitiu que a teoria do valor disponível dos salários era inválida, porém nem ele nem seus críticos conseguiram propor uma alternativa satisfatória. Um extraordinário número de intelectuais vitorianos, desde Charles Dickens, Henry Mayhew e Karl Marx a John Ruskin e Henry Sidgwick, tentou elaborar uma teoria. Como nenhuma tinha sido bem-sucedida até então, ninguém poderia afirmar que a esperança de uma melhora social iria se reconciliar com a realidade econômica ou que os ganhos palpáveis das décadas de 1850 e 1860 estavam destinados a ser revertidos. Membros do Partido Tory, como Ruskin e Carlyle, um antiabolicionista, previam um desastre, caso os antigos laços feudais não fossem restaurados. Os socialistas argumentavam que, sem promover mudanças sociais, a condição dos trabalhadores "não melhoraria de modo algum e seus danos seriam irremediáveis".[49] O debate sobre o padrão de vida, como ficou sendo conhecido, reduzia-se a uma interrogação: quanta melhoria seria possível sob as condições sociais existentes?

Certa tarde de primavera de 1873, ao dirigir-se a "setenta ou oitenta senhoras" numa sala de conferências de Cambridge, uma chama interior iluminou o belo semblante de Alfred Marshall e ele discorreu com grande vigor e fluência sem recorrer a anotações. Expressou-se em termos diretos, simples, familiares, como se estivesse conversando com sua irmã, incitando aquelas senhoras a parar de "trabalhar com seus bilros e ficar girando os polegares à toa", aconselhando-as a resistir às solicitações de suas famílias. Queria, em vez disso, que elas se engajassem em trabalhos como o serviço social e o magistério, a exemplo da "srta. Octavia Hill". Acima de tudo, insistia que elas tomassem conhecimento "de quais dificuldades deveriam ser superadas [...] e como superá-las".[50]

A exemplo de seu mentor Henry Sidgwick e outros acadêmicos radicais das décadas de 1860 e 1870, Marshall acabou enxergando a educação como uma arma na luta contra a injustiça social, e como outros admiradores de *The subjection of women*, de autoria de Mill, considerou a mulher educada o principal agente de mudança da sociedade. Para Marshall, o problema essencial das mulheres e das classes trabalhadoras era essencialmente o mesmo: ambas eram desprovidas da oportunidade de levar uma vida independente e compensatória. As classes trabalhadoras, devido aos baixos salários, estavam condenadas a uma vida de trabalhos pesados, que impediam, exceto entre os mais excepcionais, o amplo desenvolvimento de suas faculdades morais e criativas. As mulheres de classe média estavam condenadas pelos costumes à ignorância e à precariedade de um tipo diferente. Inspirado pelos romances de contemporâneas como George Eliot e Charlotte Brontë, Marshall era particularmente sensível à penosa situação das mulheres, impedidas de desenvolver seu intelecto, e lastimava a perda de seus talentos por parte da sociedade. Estava convencido de que liberar a classe trabalhadora requeria a energia das mulheres de classe média, bem como uma economia mais científica. No que dizia respeito "à íntima conexão entre o livre desempenho do forte ímpeto do pensamento das mulheres e a melhoria das classes trabalhadoras", Marshall demonstrou ser "um grande pregador". Numa era que prestigiava "o anjo do lar", Marshall lecionava cursos de extensão para mulheres, dispensava o salário de examinador e financiava o prêmio para um ensaio sobre economia escrito por estudantes do sexo feminino, bem como contribuiu, mais tarde, com substanciais sessenta libras para um fundo destinado à construção de Newham Hall, núcleo de uma das primeiras faculdades para mulheres da Universidade de Cambridge. Em 1873, ele juntou-se a Sidgwick e outros membros do Clube Grote, bem como a Millicent Fawcett, cuja irmã, Elizabeth Garrett, tentava estudar medicina, para fundar o Comitê Geral de Gerenciamento de Conferências para Mulheres.[51]

As conferências de Marshall enfocavam o paradoxo fundamental da sociedade moderna: a pobreza e a abundância. Ele ensinava propondo uma série de indagações: por qual motivo a Revolução Industrial não havia libertado a classe trabalhadora "da miséria e do vício"? Quanta melhoria seria possível sob os atuais arranjos sociais, baseados na propriedade privada e na competição? Suas respostas refletiam o quanto ele havia se distanciado dos pressupostos e das conclusões específicas de seus predecessores. Ele dizia às mulheres que a filantropia e a economia política não eram irreconciliáveis, conforme Malthus havia suposto e seus seguidores posteriores continuavam a acreditar.

Mesmo contradizendo as conclusões dos fundadores da economia política, Marshall insistiu que aquela ciência em si era indispensável. O problema da pobreza era muito mais complicado do que a maioria dos reformadores admitia. A ciência econômica, como a física, não passava de um instrumento para decompor problemas complexos em partes mais simples, que podiam ser analisadas uma por uma. Uma intervenção baseada em teorias falhas das causas facilmente poderia tornar o problema pior. Marshall citou Adam Smith, David Ricardo, Thomas Malthus e John Stuart Mill para demonstrar o poder do "engenho da análise" que eles haviam estruturado, bem como para demonstrar em que medida ele deveria ser aperfeiçoado. Sem semelhante instrumento, dizia a seu auditório, descobrir a verdade seria sempre uma questão acidental e o acúmulo de conhecimentos, ao longo do tempo, seria inteiramente impossível.

Marshall concordou com Mill quanto ao fato de que a Revolução Industrial não havia libertado o trabalhador da tirania da necessidade econômica ou proporcionado os requisitos materiais de uma "vida mais elevada". "Seria de esperar que nosso rápido progresso na ciência e nas artes da produção tivesse impedido em grande parte o sacrifício dos interesses do trabalhador em favor dos interesses da produção [...]. Semelhante fato não ocorreu."[52] O que ele contestava veementemente era a colocação dos economistas políticos de que isso não *poderia* ocorrer, de que a remuneração do trabalhador, qualificado ou não, jamais poderia elevar-se muito acima do nível atual.[53]

Ele não duvidava de que a principal causa da pobreza não eram os baixos salários, mas o que levava os salários a ser baixos? Os radicais alegavam que era a voracidade dos patrões, enquanto os malthusianos argumentavam que isso se devia às falhas morais dos pobres. Marshall propunha uma resposta diferente: a baixa produtividade. Citou como prova o fato de que, ao contrário da colocação de Marx, segundo a qual a competição levaria os salários dos trabalhadores qualificados e sem qualificação a convergir ao nível de subsistência, os trabalhadores qualificados estavam ganhando "duas, três, quatro vezes" tanto quanto os trabalhadores desqualificados. O fato de que os patrões se dispunham a pagar mais por perícia ou formação especializada implicava que os salários dependiam da contribuição dos trabalhadores à produção *corrente*. Ou, para colocar de outro modo, que a demanda por mão de obra, e não apenas a oferta, ajudava a determinar o pagamento. Se esse fosse o caso, o salário médio não seria estacionário. À medida que a tecnologia, a educação e as melhorias da organização aumentavam a produção ao longo do tempo, a renda dos trabalhadores aumentaria concomitantemente. Os frutos de uma melhor organização, conhecimento e tecnologia eliminariam, com o passar do tempo, a principal causa da pobreza. Necessitava-se de atividade e iniciativa, não de resignação.

Arnold Toynbee, o historiador, descreveu mais tarde o significado das percepções de Marshall. "Aqui está a *primeira grande esperança* que as mais recentes análises da questão do salário proporcionam aos trabalhadores. Essa esperança lhes mostra *que existe outra maneira de elevar seus salários que não a de limitar suas cifras*."[54] Os próprios trabalhadores poderiam influenciar sua capacidade e a de seus filhos de ganhar melhores salários. "Pois então o melhor remédio para os salários baixos é uma educação melhor", disse Marshall a suas ouvintes.

Ele se empenhou em demolir a alegação dos socialistas, segundo a qual, se não fosse a opressão exercida pelos ricos, os pobres poderiam viver em "absoluto luxo". A renda anual da Inglaterra totalizava cerca de 900 milhões de libras, informou às mulheres que o ouviam. Os salários pagos aos trabalhadores manuais perfaziam um total de 400 milhões de libras. A maior parte dos 500 milhões de libras restantes, enfatizou Marshall, representava os salários de trabalhadores que não pertenciam à assim denominada classe operária: trabalhadores qualificados e semiqualificados, funcionários do governo, militares, profissionais e administradores. Na verdade, uma divisão absolutamente igualitária da renda anual da Grã-Bretanha proporcionaria menos do que 37 libras per capita. Reduzir a pobreza exigiria a expansão da produção e o aumento da eficiência, em outras palavras, o crescimento econômico.

Na visão de Marshall, o principal erro dos economistas mais velhos consistia em não enxergar que o homem era uma criatura das circunstâncias e que, à medida que as circunstâncias mudavam, ele também era capaz de mudar. O principal equívoco de seus críticos — que ironicamente era compartilhado pelos fundadores da economia política — consistia no fracasso de entender o poder cumulativo de uma mudança que implicasse incrementos, além dos efeitos do tempo.

Acredito que existam no mundo poucas coisas com maior capacidade de conter poesia do que a tabela de multiplicação... Se for possível conseguir capital mental e moral para crescer a alguma taxa anual, não haverá limites para o avanço que se poderá obter; se pudermos lhe proporcionar aquela força vital que tornará aplicável a tabela de multiplicação, isso se tornará uma pequena semente que se transformará numa árvore de tamanho ilimitado.[55]

As ideias tinham importância quando o passado não estava sendo simplesmente reproduzido, mas quando algo novo estava sendo criado. "Um organon", ou instrumento para descobrir verdades que, como todas as verdades científicas, dependiam das circunstâncias, seria uma força independente. "O mundo se move", disse Marshall, "mas o ritmo com que ele se move depende de quanto pensamos por nós mesmos."[56]

Decorrido um ano, Marshall mantinha um diálogo com Henry Sidgwick e Anne Clough na sala de estar desta última, na Regent Street, discutindo "assuntos elevados" quando sentiu alguém observá-lo fixamente.[57] Uma jovem que havia interrompido suas costuras e as mantinha no colo não desprendia os olhos dele, tinha "tez reluzente", "olhos grandes e fundos" e abundantes cabelos cor de mogno "que lhe descem pelas costas, presos com certa displicência".[58] Mais tarde alguém, referindo-se a Mary Paley, então com vinte anos, disse que "ela *é* a princesa Ida". A heroína epônima da opereta de Gilbert e Sullivan havia "rejeitado o mundo/ E, com um grupo de mulheres, trancou-se/ Numa solitária casa de campo e lá/ Dedica-se a austeras filosofias!". Mary acabara de romper o noivado com um oficial do Exército, bonito mas grosseiro, e juntara-se a um grupo de pioneiras que se empenhavam em ingressar na Universidade de Cambridge. O papel que ela desempenhava nesse "procedimento chocante" não era o de rejeição aos homens ou aos termos usuais de casamento. "Aquele que desejar obter os favores delas/ Deve ser qualificado para poder impressionar seus cérebros em ebulição/ E não seus corações!/ E elas se iluminam somente à luz do conhecimento."[59]

Mary havia comparecido a uma das palestras de Marshall realizadas em Grovedodge e ouviu, encantada, enquanto ele discorria com exagerado entusiasmo sobre Kant, Bentham e Mill. "Julguei, então, jamais ter visto um semblante tão atraente", ela confessou, cativada por seus "olhos brilhantes". Foi a um baile na faculdade de Marshall e, encorajada por sua aparência "melancólica", pediu-lhe para dançar "os lanceiros" com ela. Ignorando seus protestos, pois Marshall dizia não saber dançar, ela o conduziu através dos passos complexos e "ficou chocada com seu próprio atrevimento".[60] Não passou muito tempo e Mary tornou-se uma das participantes "das reuniões das tardes de domingo", realizadas nos aposentos de Marshall em St. John's, onde lhe servia chá, pães de minuto, sanduíches, laranjada, e lhe mostrava sua "grande coleção de retratos, disposta em grupos de filósofos, poetas, artistas [...]".

Possivelmente Mary evocava para Marshall a figura de Maggie Tulliver, a inteligente heroína do romance de George Eliot, *O moinho sobre o rio*, que tinha fobia a matemática, mas que desejava aprender a "matemática euclidiana", a exemplo de seu irmão, Tom.[61] Naquela época o romance de Eliot era o preferido de Marshall. Certo dia, ao encontrar-se na rua com Mary Paley e sua melhor amiga, Mary Kennedy, Marshall lhe propôs não o casamento, mas algo mais abusivo. Era desejo do jovem professor que suas duas jovens alunas prestassem o exame final de ciências morais, que abrangiam economia, política e filosofia, o qual os estudantes do sexo masculino tinham de prestar para se formar. Tratava-se de um projeto muito mais ambicioso do que adquirir "conhecimentos gerais" assistindo a palestras e conferências sobre literatura, história e lógica, objetivo original de Mary quando ingressou em Cambridge.

A sugestão era também mais ousada do que tudo o que havia sido proposto por reformadores da educação, cujo principal interesse era melhorar o nível de ensino do curso secundário. "Lembre-se de que até agora você tem competido com cavalos de carroça", preveniu Marshall, "mas em relação ao exame de ciências morais competirá com cavalos de corrida." Prometeu-lhe que ele e Sidgwick a prepariam. De acordo com Mary Kennedy: "Ele explicou que isso significaria pelo menos três anos de estudo, com especialização em uma ou duas matérias. Aceitamos o desafio com ligeireza, não nos dando conta do que iríamos empreender".

A exemplo de Marshall, a jovem que aceitou o desafio provinha de uma família estritamente evangélica. Mary Paley era bisneta de William Paley, arquidiácono de Carlisle e autor de *Principles of moral and political philosophy*. Seu pai era pároco de Ufford, localidade próxima de Stamford, a cerca de sessenta quilômetros a noroeste de Cambridge. "Radical empedernido", que se opunha à caça à raposa, às corridas de cavalo e ao ritual da High Church,* recusava-se a conversar com os clérigos vizinhos e proibia suas filhas de ler Dickens e brincar com bonecas. Mary recordava: "Minha irmã e eu tínhamos permissão de brincar com bonecas até aquele dia trágico em que nosso pai as queimou, declarando que nós as transformávamos em ídolos, e depois disso nunca mais tivemos boneca alguma".

O pai de Mary, entretanto, era um homem mais tolerante, mais bem-educado e mais próspero do que William Marshall. Mary cresceu "numa casa antiga e vasta, com a fachada coberta de rosas brancas e vermelhas e voltada para um prado com florestas no fundo e um jardim repleto de ervas e terraços verdejantes". O lar dos Paley era uma verdadeira colmeia de atividades: *rounders*,** tiro ao arco, partidas de *croquet*,*** excursões a Londres, férias de verão em Hunstanton e Scarborough. "Tínhamos um pai que participava do trabalho e do lazer, interessado em eletricidade e fotografia", recordou Mary. Sua mãe "era plena de iniciativas, sempre disposta e divertida". Em 1862, Mary foi levada a Londres para visitar a Segunda Grande Exposição. Embora Charles Dickens fosse um tabu, ela leu *Arabian nights*, *As viagens de Gulliver*, a *Ilíada* e a *Odisseia*, peças gregas e shakespearianas, além dos romances de Sir Walter Scott, também os preferidos de Marshall.

Quando em 1869 foi instituído o Exame Local Superior para Mulheres Maiores de Dezoito Anos, em Cambridge, Tom Paley encorajou Mary a desconsiderar as objeções da mãe. Após ter sido muitíssimo bem-sucedida e romper o noivado com o oficial do Exército, seu pai permitiu que ela fosse estudar em Cambridge, "quando semelhante coisa jamais havia acontecido". Anne Jemima Clough, amiga de Sidgwick e uma das líderes do movimento pela educação das mulheres, estava abrindo uma moradia para estudantes. Mary escreveu mais tarde: "Meu pai sentiu-se orgulhoso, contente, e sua admiração pela senhorita

---

* Grupo conservador e ritualístico da Igreja Anglicana que mais se aproxima do catolicismo apostólico romano (*Novo dicionário Appleton das línguas inglesa e portuguesa / The new Appleton dictionary of the English and Portuguese Languages*. Nova York: Appleton Century-Crofts, 1964, p. 278). (N. T.)

** Jogo de origem inglesa, no qual se usam bola e taco, e que se assemelha até certo ponto ao beisebol. (N. T.)

*** Jogo em que os participantes, por meio de tacos, lançam bolas de madeira através de uma série de arcos fixados em um gramado. (N. T.)

Clough sobrepujou suas objeções de enviar sua filha a Cambridge (o que, naqueles dias, constituía um procedimento chocante)".[62]

Em outubro de 1871 Mary foi residir com a srta. Clough e quatro jovens na Regent Street, 74. A comunidade de Cambridge estava totalmente despreparada para a coeducação. Visto que as classes mistas eram "impróprias", professores solidários tiveram de ser recrutados para lecionar em separado para as mulheres, e a srta. Clough, na qualidade de acompanhante, tinha de estar presente em todas as aulas. O "vigoroso impulso para a liberdade, entre as jovens atraídas pelo movimento", e "a infortunada aparição" de belas garotas constituíam fonte crônica de ansiedade. Mary, que acabava de entrar em seu "período pré-Rafaelita" e havia coberto as paredes de seu quarto com papéis criados por William Morris, era especialmente problemática. Vestia-se como se fosse um personagem de uma pintura de Edward Burne-Jones, usava capas curtas, saias esvoaçantes e calçava sandálias. Aquarelista amadora, apreciava tons quentes e certa vez decorou seu uniforme de tênis com aquarelas figurando trepadeiras e romãs.

Mary começou a participar dos cursos com regularidade. Diligente e artisticamente dotada, com muita facilidade para desenhar "curvas", isto é, os gráficos que Marshall empregava para ilustrar a interação de oferta e demanda, Mary se surpreendeu quando ganhou um prêmio sobre ensaios. Estava muito animada com a ousada proposta de Marshall de prestar o exame de ciências morais, e os extensos comentários que ele escrevia com tinta vermelha nas redações semanais dela tornaram-se "um grande acontecimento".

Mary Paley prestou o exame de ciências morais em dezembro de 1874. Até a véspera não havia ficado claro se os examinadores estariam dispostos a sabatiná-la. Um deles era considerado "muito empedernido". Embora concordassem em participar da banca, eles se recusaram a lhe conceder a nota mais alta. "Quando a banca se reuniu, naquele momento não havia ninguém disposto a dar o voto de Minerva. Dois examinadores votaram pela nota mais alta e dois pela nota mais baixa. Conforme comentou o senhor Sidgwick, eu fiquei 'suspensa entre o céu e o inferno'", ela recordou mais tarde. Ainda assim seu triunfo a tornou uma celebridade local.

Como aparentemente sua temporada em Cambridge havia terminado, Mary retornou à casa da família, em Ufford. Organizou uma série de cursos de extensão para mulheres — "sem a menor hesitação de minha parte!" — em Stamford. Concordou também, atendendo à sugestão do professor Stuart, de

Cambridge, em escrever um manual sobre economia política para uso nos cursos de extensão. Então recebeu uma carta de Sedgwick, indagando se ela se disporia a assumir as palestras que Marshall dava em Newham, onde a srta. Clough havia reunido cerca de vinte estudantes.

Aos 32 anos de idade, Marshall era um dos "liberais progressistas" na Universidade de Cambridge. Seu cabelo era comprido, elegante, cultivava um bigode retorcido nas pontas e deixara de se vestir como um empertigado jovem pastor. Havia ingressado no recém-fundado Clube de Reforma de Cambridge, e lia *Bee Hive*, uma revista trabalhista radical.

Na primavera de 1874, uma greve de trabalhadores rurais provocou profunda discordância entre os radicais e os conservadores em Cambridge. Naquele momento os sindicatos eram relativamente recentes e acabavam de ser legalizados. O Sindicato Nacional dos Trabalhadores Agrícolas, organização radical nova, liderado por Joseph Arch, havia se espalhado por dezenas de aldeias do leste da Inglaterra no outono anterior. Os trabalhadores exigiam salários mais altos e menos horas de trabalho, bem como a reforma das leis agrárias.[63] Realizaram-se greves em torno de Cambridge. Determinados a "esmagar a rebelião", os fazendeiros se organizaram em "Comitês de Defesa", despediram e expulsaram os portadores de carteiras sindicais e importaram de um lugar tão distante como a Irlanda trabalhadores que se recusavam a participar de sindicatos. O *Cambridge Chronicle*, órgão simpatizante do Partido Tory, sugeriu que os fazendeiros "não se opusessem tanto a um aumento dos salários quanto às táticas astuciosas e aos ditames do sindicato, através de delegados demagogos".[64] Em meados de maio a greve completava dois meses e meio e tornara-se tema de controvérsia nacional.

Na universidade, onde listas de doações circulavam para atender as vítimas da fome em Bengala, as opiniões estavam profundamente divididas. As simpatias de classe média pela angustiante situação dos trabalhadores foram despertadas por inúmeras inquirições, sobretudo por um relatório apresentado à Comissão Real pelo bispo de Manchester, que denunciou as longas horas de trabalho, os baixos salários, os terríveis acidentes e uma alimentação que consistia de "uma sopa rala, pão amanhecido e um pouco de queijo", a que estavam submetidos os trabalhadores.[65] Durante a greve, o *Times* de Londres publicou relatos destinados a horrorizar os leitores vitorianos, incluindo a descrição de uma cabana onde o único quarto era compartilhado "pelo trabalhador, sua esposa, uma filha de 24 anos, um filho de 21, outro filho de dezenove, um menino de catorze e uma menina de sete".[66] Os romancistas também abordaram o assunto. Em *Middlemarch*, de George Eliot, publicado três anos antes, Dorothea Brooke declara a seu tio, próspero senhor de terras, que não consegue suportar "aqueles simplórios e alienados quadros dependurados na sala de estar... Pense, meu tio, em Kit Downes, que mora com a esposa e sete filhos num quarto pouco maior do que esta mesa! E naqueles pobres Dagleys, em sua casa na fazenda, que está desmoronando, onde moram na cozinha e deixam os outros aposentos entregues aos ratos! Esse é um dos motivos pelos quais não aprecio os quadros da sala, querido tio".[67]

No entanto, entre os conservadores, a inquietação evocou os espectros dos Levantes do Pão, em 1816-7, e o incêndio de feixes de feno na década de 1830. A maioria deles se opunha, em princípio, à ideia da sindicalização. Na primavera, um destacado membro da comunidade universitária, "de reconhecida posição social[...] e que ocupava uma posição influente em uma das faculdades [de Cambridge]", escreveu várias e extensas "Notas de alarme" no *Cambridge Chronicle*, recomendando com insistência aos fazendeiros que não cedessem. Rotulou os líderes sindicais de "oradores profissionais do populacho" e seus simpatizantes liberais de "abelhudos sentimentais". O autor, possivelmente um professor da universidade de nome William Whewell, assinava-se "CSM", um acrônimo talvez escolhido para provocar seus opositores liberais, pois significava *Common sense morality* [Moralidade do bom senso]. No que se referia a salários e sindicalização, CSM invocava as leis da economia política, afirmando que "é simplesmente uma questão de oferta e procura e que deveria ter se baseado em princípios comuns, sem a interferência de agitadores e demagogos pagos".[68]

A multidão de apoiadores do sindicato que se apertava no Barnwell Workingmen's Hall, do lado norte de Cambridge, no dia 11 de maio de 1874, uma terça-feira, ficou um tanto intrigada ao ver um improvável grupo de aliados no palco, todos muito bem trajados. Um dos líderes, o inflamável George Mitchell, confessou, em meio a muitas risadas, que "ao ver todos aqueles cavaleiros com seus chapéus de aba larga e cachecóis, achou que estavam querendo lhe pregar uma peça".[69] Sedley Taylor, antigo professor do Trinity College e reformista proeminente, foi o primeiro a se pronunciar, propondo uma resolução que condenava os esforços dos fazendeiros no sentido de acabar com o sindicato, qualificando-os de "prejudiciais aos interesses gerais do país", o que não deixava de ser um ataque a seus colegas do CSM.

Chegou então a vez de Marshall. Ratificando uma moção apresentada por um fazendeiro dissidente, a qual apoiava os trabalhadores grevistas, ele solicitou doações: "Solidarizemo-nos com nossos corações e nossos bolsos".

Dirigindo-se aos trabalhadores rurais, Marshall negou que a economia política pudesse "direcionar decisões relativas a princípios morais" e que, em vez disso, "as deixasse para sua irmã, a Ciência da Ética". Escrevendo no *Bee Hive*, argumentou que "a economia política é vítima de um abuso quando alguém alega, em seu lugar, que ela constitui um guia na vida. Quanto mais a estudarmos, mais descobriremos exemplos de que o interesse material do homem não segue na mesma direção do bem-estar geral. Em casos como esses precisamos recorrer ao dever".[70]

No sábado seguinte o *Cambridge chronicle* desdenhou da fala de Marshall, declarando-a "um sofisma engenhoso". Na realidade ele havia sido bem-sucedido ao demonstrar o motivo pelo qual o mercado de trabalho nem sempre produz salários justos e por que os sindicatos podem levar a uma eficiência maior, bem como à equidade. Marshall começou dizendo que "foi convidado a falar sobre as leis da oferta e da procura". Manifestou desprezo pelos opositores do sindicato, os quais afirmavam que os salários estavam em seu "nível natural", pois, caso contrário, outros patrões teriam oferecido mais aos trabalhadores e, se "seus salários aumentassem artificialmente, eles voltariam a diminuir". Essa era a férrea lei de Ricardo, no que se referia aos salários, aceita até mesmo por muitos que simpatizavam com a sorte dos trabalhadores. A argumentação era "excelente", reconheceu Marshall, mas os pressupostos eram falsos. Nenhum fazendeiro ofereceria ao trabalhador de um vizinho um pagamento maior para que fosse trabalhar com ele. Além disso, salários mais altos tornariam os trabalhadores mais produtivos, ao permitir-lhes que se alimentassem melhor. Ao reconhecer que "os sindicatos tinham seus erros", Marshall declarou que "um sindicato proporciona aos homens benefícios e simpatias que ultrapassam os limites de suas paróquias; ele os levará a sentir a necessidade do conhecimento e a se empenhar para que seus filhos recebam uma educação [...]. Os salários aumentarão [...] os custos diminuirão [...] a Inglaterra prosperará".[71]

Apesar do apoio da universidade e de boa parte dos meios de comunicação, a greve fracassou. Os fazendeiros enfrentaram-na adquirindo mais maquinário e contratando mais jovens de ambos os sexos. Quando os fundos destinados à greve se esgotaram, no início de junho, o sindicato exortou os trabalhadores a retornarem às fazendas. O episódio mostrou a Marshall que novas ideias prevaleceriam sobre velhas doutrinas somente após uma paciente e bem elaborada campanha, a fim de conquistar os corações e as mentes de homens práticos.

Decorridas cinco semanas, após deixar Nova York em direção a San Francisco, Marshall contemplava as cataratas de Niágara com o cenho franzido. Posicionado na ponte pênsil da Ilha de Goat, as cataratas de modo algum lhe pareciam tão imponentes quanto o guia de viagens Baedeker anunciava. Na qualidade de matemático, ele sabia que a perspectiva era a culpada e entregou-se a alguns cálculos mentais para se tranquilizar, para que as cataratas fossem tão colossais quanto a propaganda divulgava. No entanto aquele exercício numérico fez muito pouco para dissipar o sentimento de que ele fora ludibriado. "Niágara é um grande logro", escreveu a sua mãe no dia 10 de julho de 1875. "Leva mais tempo para um homem descobrir o quanto Niágara é maior do que aparenta do que o fato de que um vale nos Alpes, que parece estar a apenas dois quilômetros de distância, na verdade se encontra a doze quilômetros."[72]

Marshall viera aos Estados Unidos para estudar sua paisagem social e econômica. Partira de Manhattan em um vapor, em direção a Albany. Numa carta, evocava "o desgosto e a decepção" de Alexis de Tocqueville, havia quarenta anos, ao descobrir que as mais belas "casas de campo, construídas ao estilo grego, de mármore, reluzindo nas margens do rio Hudson", eram, na realidade, feitas de madeira. Ele, em contraste, "não deparou com tanta falsificação, conforme esperava".[73]

Com efeito, para onde quer que Marshall olhasse, parecia descobrir mais e não menos do que lhe era dado perceber: os arquitetos americanos exibiam "ousadia e vigor", suas edificações eram "sólidas e uniformemente esmeradas".[74] Uma "bebida americana chamada *mint julep*"* era "deliciosa". Os pregadores americanos proferiam sermões que estavam "muito adiante dos nossos",

---

* Bebida feita de uísque com açúcar e folhas de hortelã. (N. T.)

tendo realizado "surpreendentes melhorias" na liturgia anglicana.[75] Os trabalhadores americanos eram repletos de "ânimo".[76] Ao retornar no outono a Cambridge, ele relatou ao Clube de Ciências Morais: "Não conheci, nos Estados Unidos, nenhum homem ou mulher cuja aparência indicasse uma vida monótona ou insípida".[77] Ao chegar a Cleveland em meados de julho, estava convicto de que "nove entre dez ingleses estariam mais felizes & contentes no Canadá do que nos Estados Unidos; eu, porém, se tivesse de emigrar, iria para os Estados Unidos".[78]

O *magnum opus* de Marshall, *Principles of economics*, seria editado somente quinze anos depois, mas ele já havia elaborado os principais conceitos de sua "nova economia", uma alternativa às doutrinas do laissez-faire de Smith, Ricardo e Mill e ao evangelho socialista de Marx, em recente ascensão. Ele havia passado toda uma década "construindo os alicerces de seu tema, mas sem publicar nada".[79] Suas viagens pelos Estados Unidos deram-lhe a confiança de certificar-se de que estava no caminho certo.

As pessoas das relações de Marshall zombaram de seu plano de usar uma herança de 250 libras, deixada por aquele mesmo tio que havia financiado sua educação universitária e que ele usou para viajar pelos Estados Unidos. Ele se justificou, dizendo que estava recolhendo material para um tratado sobre o comércio exterior. Embora isso fosse inteiramente verdade, o historiador de economia John Whitaker observa que seu objetivo era mais amplo, parte de uma crescente "tentativa quase obsessiva de apreender, em todos os seus aspectos, uma realidade econômica sempre em mudança".[80] A exemplo de outros observadores europeus, incluindo Tocqueville, Marshall julgava os Estados Unidos um grande laboratório social. Dickens, William Makepeace Thackeray e Trollope haviam se ocupado com antigas questões, agora resolvidas, e que diziam respeito a democracia, escravidão e sobrevivência dos sindicatos. Marshall queria saber para onde conduziriam a ascensão da indústria, o crescimento do comércio global e o declínio da moralidade tradicional. Tudo isso avançava mais rapidamente nos Estados Unidos do que em qualquer outro lugar. "Eu queria ver nos Estados Unidos a história do futuro", declarou a um auditório, ao regressar a Cambridge.[81]

Marshall navegou para os Estados Unidos por ocasião da maior explosão do turismo transatlântico em toda a história. As vendas do mais popular guia de turismo norte-americano quase alcançavam a marca de meio milhão de exemplares. O Atlântico Norte era agora uma estrada virtual do mar. Nada menos do que dez companhias de navegação ofereciam partidas semanais de Liverpool para Nova York e os viajantes ingleses eram aconselhados a reservar camarotes com um ano de antecedência.[82] A viagem de Marshall a bordo do SS *Spain*, um dos mais rápidos e luxuosos vapores da época, levou apenas dez dias, em contraste com as penosas três semanas suportadas por Dickens em 1842. Viajar pelos Estados Unidos era caro, devido às imensas distâncias. Marshall tinha de gastar sessenta libras por mês, em contraste com as quinze libras mensais quando passava o verão escalando os Alpes. Mais tarde, porém, de acordo com Mary, ele achou que "jamais havia gastado tão bem seu dinheiro. Tratava-se menos do que ele aprendeu lá e mais de quanto ele se deu conta das coisas que gostaria de aprender".[83]

Suas experiências convenceram-no de que "as influências econômicas exercem um papel mais relevante em determinar uma vida superior para homens e mulheres em relação ao que se considerava anteriormente". Acreditava em particular que "não existem pensamentos, ações ou sentimentos que preenchem um homem e que assim apresentam a oportunidade de formá-lo [...] como os pensamentos, as ações e os sentimentos que constituem sua ocupação diária".[84] Marshall passou algum tempo em igrejas e salas de visita, especialmente em Boston, onde conheceu intelectuais americanos proeminentes, incluindo o poeta Ralph Waldo Emerson e o historiador da arte Charles Eliot Norton. Demorou-se alguns dias em comunidades dirigidas por Shakers* e discípulos de Robert Owen na Nova Inglaterra. Visitou sobretudo fábricas, preenchendo sua caderneta de anotações com entrevistas realizadas com homens de negócio e trabalhadores e com desenhos de maquinário. Na fábrica de pianos Chickering and Sons, perto de Boston, observou que "esmero e bom senso eram exigidos em alto grau de muitos dos trabalhadores" e que ali os trabalhadores tinham "fisionomias que indicavam competência, vigor, e eram quase artísticas". Ao visitar uma fábrica de órgãos, ele se interrogou se "o trabalho de cada indivíduo, ao ser confinado a um segmento muito pequeno de toda a operação" não "impediria o crescimento da inteligência".[85] Descobriu que isso não se verificava.

---

* Membros de uma seita milenarista que se originou em 1747 na Inglaterra, praticantes do celibato e de uma vida comunitária ascética. (N. T.)

O viajante a negócios daquela época sempre tinha algo de turista. Marshall não constituiu exceção. Não conseguiu resistir à tentação de viajar pela ferrovia transcontinental terminada pouco antes. No hotel em Niágara, ele traçou sua rota em direção ao oeste num mapa publicitário fornecido pela Estrada de Ferro Union Pacific marcando-a com furinhos, de tal modo que sua mãe, quando ele voltasse para Londres, pudesse acompanhar seu deslocamento em direção a San Francisco segurando o tal mapa contra a luz.

Chicago era a melhor localidade para seguir de trem até o litoral do Pacífico. O novo sistema ferroviário assemelhava-se a uma gigantesca mão, cuja palma se situava acima dos Grandes Lagos e cujos dedos se esticavam até Seattle, Portland, San Francisco e, no caso das duas rotas em direção ao extremo sul, até Los Angeles. A maioria dos viajantes tomava o trem da North Western em Chicago, que atravessava Illinois e Iowa até Council Bluffs. Marshall embarcou em direção a St. Paul e então desceu o rio Mississippi num barco, "daqueles mais famosos por sua propensão a explodir do que pela magnificência de suas instalações".[86] De lá voltou a tomar o trem, nos limites de Iowa, e chegou a Council Bluffs um dia depois. Dali cruzou o rio em direção a Omaha e embarcou no trem da Union Pacific. De Omaha era uma linha reta até Cheyenne e Granger, em Wyoming, no rumo oeste, onde a ferrovia descia em direção a Ogden, Utah, Reno e Sacramento, antes de percorrer os 250 quilômetros finais até San Francisco. Marshal tomou uma diligência para uma viagem de 24 horas até Denver. Em Ogden, ele parou para explorar Salt Lake City, a capital dos mórmons. Na viagem de volta, saltou em Reno para dar uma espiada na "agreste população de Virginia City". Ao longo da viagem, tinha plena consciência de estar testemunhando algo extraordinário, sem precedentes. Contemplava, da janela do vagão, aquilo que outro jovem inglês descreveu anteriormente como "o desenrolar de um novo mapa, a revelação de um novo império, a criação de uma nova civilização".[87]

Marshall ficou empolgado com a constante movimentação que ele testemunhava. "Muitas coisas mudaram desde a época [de Tocqueville] [...] muitas coisas que então eram estacionárias agora se modificaram", escreveu numa carta enviada para casa.[88] A primeira coisa que lhe chamou a atenção, após registrar-se no Fifth Avenue Hotel, foi "um elevador movido a vapor que *sem nunca parar*, das sete da manhã até meia-noite, sobe e desce". Sentiu-se cativado pelo telégrafo automático da recepção do hotel, que expelia tiras de papel com a cotação das ações. Os homens de negócio que ali se hospedavam "ficavam tão bem informados como se estivessem na própria Bolsa", ele escreveu.[89]

A mobilidade era o fato mais proeminente da vida americana, concluiu Marshall. Não eram apenas a ferrovia, o telégrafo, as sucessivas ondas de imigrantes ou o deslocamento da população, dos centros manufatureiros do nordeste em direção às "cidades que brotavam como cogumelos" no oeste, desenvolvendo-se com tamanha rapidez a ponto de "poder supor que, sendo o solo tão fértil, as edificações crescem espontaneamente".[90] O aspecto mais interessante da liberdade de locomoção era econômico, social e psicológico. Marshall se surpreendeu com a facilidade com que os americanos deixavam a família e os amigos em direção a novas cidades, onde trocavam de profissão e de negócios, adotando novas crenças e novos modos de fazer coisas. Registrou: "Se um homem começa a comerciar botas e botinas e não ganha dinheiro com a rapidez que esperava, tentará, talvez, ter uma mercearia durante alguns anos e, em seguida, uma livraria ou uma relojoaria ou então venderá fazendas e artigos de armarinho". Mostrava-se encantado com a independência dos jovens: "Os rapazes americanos [...] abominam o aprendizado [...]. O simples fato de ele se prender a determinada ocupação é, em geral, suficiente para criar na mente de um jovem americano que ele fará algo diferente, tão logo surja a oportunidade".[91]

A atitude receptiva dos americanos para com a crescente urbanização também o impressionou profundamente. "O inglês Mill explode em incontido entusiasmo ao se referir [...] aos prazeres de perambular sozinho num belo cenário", observou secamente, acrescentando que "muitos escritores americanos fornecem vívidas descrições da crescente riqueza da vida humana, à medida que o roceiro depara com novos moradores em torno dele, à medida que essas moradias se transformam numa vila, a vila numa cidadezinha e a cidadezinha numa vasta cidade".[92]

A exemplo de seus romancistas preferidos, Marshall mostra-se menos interessado nos avanços materiais e tecnológicos, por mais impressionantes que fossem, do que em suas consequências relativas a como as pessoas pensavam e se comportavam. Que garantias havia de que as escolhas individuais se somariam ao bem social? O movimento de ascensão e queda dos indivíduos e o consequente afrouxamento dos laços sociais tradicionais conduziriam ao caos social, conforme previam pessimistas como Marx e Carlyle? Ou a mobilidade implicava "um movimento em direção àquele estado de coisas pelo qual os utópicos modernos em geral anseiam?". Era essa a questão.[93]

As reações viscerais de Marshall o situavam do outro lado, o do otimismo. Em Norwich, Connecticut, deu um passeio noturno, a cavalo, com uma certa srta. Nunn, que lhe declarou estar preparada para tomar as rédeas e guiar. Marshall achou aquela experiência "deliciosa". Observou que as jovens americanas eram "donas de si... [com] completa liberdade na condução de suas próprias preocupações". Tamanha liberdade, reconheceu, "seria considerada perigosa licença pelo inglês médio", porém achou-a "correta e salutar".[94]

A ausência de rígidas distinções de classe o encantou. Quando um vendedor, numa loja de chapéus, tirou da cabeça de Marshall o chapéu que ele estava usando e o pôs em sua própria cabeça, para verificar qual era o tamanho correto, seu dono anotou, com aprovação: "Meu amigo era um democrata tão perfeito que não lhe ocorreu existir motivo algum pelo qual ele não deveria usar meu chapéu: seus modos eram absolutamente despidos de qualquer insolência. Que esse hábito se generalize!".[95] Quando chegou à Califórnia, muito lhe agradou registrar que quanto mais viajava para o oeste mais a sociedade americana se assemelhava a seu ideal igualitário. "No todo, regressei mais esperançoso no que diz respeito ao futuro do mundo do que quando parti", escreveu.

Premonitório, ele prefigurou um novo tipo de sociedade:

> Nos Estados Unidos a mobilidade estava criando igualdade de condições [...]. Só poderá existir uma verdadeira democracia onde quase todos recebam a mesma educação escolar, onde a instrução, incomparavelmente mais importante, deriva da vida que se vive, por mais variadas que sejam suas formas, mesmo que para cada pessoa a vida seja igualmente árdua, mesmo que seja quase igualmente eficaz no sentido de desenvolver as faculdades humanas. É claro que haverá grandes desigualdades de riqueza; no mínimo haverá alguns homens muito ricos. Não existirá nada daquilo que Mill denomina tão veementemente uma linha rígida de demarcação entre os diferentes graus de trabalhadores e que seja quase equivalente à distinção hereditária de castas.

Explicando como as escolhas individuais poderiam concorrer para o bem-estar social — exatamente aquilo que Carlyle negava ser possível —, Marshall definiu dois tipos de educação. Um deles era característico da Inglaterra, onde, segundo afirmava, ocorria "a pacífica moldagem do caráter em harmonia com as condições que o rodeiam, de modo que um homem [...] sem um esforço moral consciente será impelido naquela direção, que é a união com as ações, as simpatias e os interesses da sociedade na qual sua vida transcorrerá". Nos Estados Unidos, em contraste, a mobilidade havia aberto uma segunda via para a evolução moral, a saber, "a educação de uma sociedade se dará pela superação das dificuldades, por uma vontade que submeterá qualquer ação particular ao julgamento da razão".[96]

A maioria dos comentaristas sociais vitorianos, incluindo Karl Marx, receava que o sistema industrial não apenas estava destruindo as tradicionais relações sociais e o sustento, mas também deformava a natureza humana através de "ignorância, brutalidade e degradação moral".[97] Nos Estados Unidos, Marshall enxergou outra possibilidade: "Parece-me que, na média, um americano tem o hábito de usar seu próprio julgamento mais conscientemente, mais deliberadamente, com maior liberdade e intrepidez no que diz respeito a questões de Ética do que um inglês".

Marshall parecia estar falando sobre a humanidade em geral, mas também falava de si. Havia desenvolvido uma vontade firme ao sobrepujar toda espécie de dificuldades — um pai tirânico, a pobreza que mal se ocultava, as opressivas estruturas de classe. Rompeu com a autoridade, ao perder a crença religiosa e ao desafiar os desejos de seu pai de que ele se tornasse pastor. Agora sentia que sua própria independência não levaria à queda, mas à realização de grandes coisas. O que ele testemunhou nos Estados Unidos o encheu de esperanças. "Uma sociedade como esta pode degenerar na licenciosidade e daí na depravação. Porém, em suas formas mais elevadas, ela desenvolverá um poderoso sistema de leis e obedecerá às leis [...]. Uma tal sociedade será um império de energia."[98]

"Tenho sido um tanto mimado", quando se trata de "determinação" e um "caráter forte" nas mulheres, escreveu Marshall, numa carta enviada dos Estados Unidos. Em outra carta, ele descreveu seu fascinante passeio noturno com a srta. Nunn, confessando achar encantadora a ingenuidade dela, "mesclada ao espírito de iniciativa". Acrescentou, porém, que, "em se tratando de um apoio firme, eu teria aquela força que tem sido formada pela ousadia e pelo sucesso".[99]

Ele pensava aparentemente em Mary Paley, que durante sua ausência triunfou no exame de ciências morais.

Quando ficaram noivos, na ocasião de seu regresso a Cambridge, Marshall tinha 34 anos, e Mary, 26. Ele era uma estrela em ascensão da "Nova Economia". Ela era lente de uma faculdade. A visão de Marshall sobre o casamento se inspirava em parcerias intelectuais, como as de George Eliot, George Lewes, Thomas e Jane Carlyle. "Afirma-se com frequência que marido e mulher deveriam viver um para o outro e este é o ideal da vida conjugal. Se isso significa que devem viver para gratificação mútua, isso me parece profundamente imoral", escreveu Marshall num ensaio. "Marido e mulher deveriam viver não um para o outro, mas um com o outro tendo em vista alguma finalidade."[100] Para Mary, que já tivera um noivo, "movida pelo tédio", aquela visão era sensacional. À semelhança de outros casamentos vitorianos, inusitados e idiossincráticos, Phyllis Rose descreve, em *Parallel lives: Five victorian marriages*, que o segredo da aliança entre Alfred Marshall e Mary Paley se baseava no fato de que eles "narravam a mesma história".[101] O casal decidiu imediatamente tornar o manual de Mary um projeto a dois e passou a maior parte de seu noivado trabalhando nele.

Eles se casaram na igreja paroquial de Ufford, vizinha à "casa antiga e vasta, com a fachada coberta de rosas brancas e vermelhas", onde Mary cresceu. Ela não usou véu, apenas um jasmim enfeitava sua cabeça. Em um gesto que proclamava suas visões nada tradicionais e suas elevadas expectativas, o noivo e a noiva rejeitaram a "cláusula de obediência".[102]

Ao se casar, Marshall perdeu o direito de ensinar em St. John's. Ele e Mary flertaram brevemente com a possibilidade de ensinar num internato, mas, quando vagou a diretoria de uma faculdade fundada pouco antes em Bristol — foi a primeira experiência em coeducação na Inglaterra —, eles não hesitaram e aproveitaram a oportunidade. Quando se mudaram para Bristol, em 1877, Mary mandou construir uma quadra de tênis e cobriu a maioria das salas com papel de parede desenhado por Morris, enquanto Marshall escolheu o mobiliário de segunda mão e um piano. Logo ela voltou às salas de aula, lecionando economia e dando aulas particulares para alunas.

Subvencionado pela comunidade empresarial de Bristol, o University College tinha como objetivo proporcionar "uma educação liberal para homens e mulheres da classe média e trabalhadora".[103] Embora as subvenções falhassem, a faculdade, durante o mandato de Marshall, conseguiu oferecer classes diurnas e noturnas a cerca de quinhentos alunos, patrocinou palestras públicas em bairros de trabalhadores, proporcionou ensino técnico a operários do setor têxtil e manteve um programa de estudos, em conjunto com empresários locais, destinado a estudantes de engenharia. Os deveres administrativos de Marshall eram pesados, bem como a carga horária de ensino. Suas aulas, a que assistia uma mescla de pequenos homens de negócio, sindicalistas e mulheres, eram "menos acadêmicas do que as de Cambridge [...] uma mistura de raciocínios complexos e de problemas práticos, iluminados por interessantes abordagens a todo tipo de temas", recordou um aluno.[104] Marshall "falava sem consultar anotações e a luz da janela incidia em seu rosto enquanto tudo mais estava na penumbra. Suas aulas pareciam-me a coisa mais maravilhosa que eu jamais ouvi. Ele exprimia sua fé de que a ciência econômica tinha um grande futuro ao promover o progresso do melhoramento social e seu entusiasmo era contagioso".[105] O casal continuou a trabalhar no texto *The economics of industry* na maior parte das tardes, dava longos passeios e jogava muitas partidas na quadra de tênis. Um amigo se referiu "à sua perfeita felicidade".[106]

Marshall declarou mais tarde que suas leituras de Marx o convenceram de que "os economistas deveriam investigar a história; a história do passado e a história mais acessível do presente".[107] Foi, porém, Dickens e Mayhew que o inspiraram a se dirigir a fábricas e cidades industriais com o objetivo de entrevistar empresários, administradores, líderes sindicais e trabalhadores. "Cobiço fatos", ele costumava dizer.[108] Queria escrever para homens e mulheres presos "ao ritmo ordinário da vida".[109]

Estava convicto de que teria de misturar teoria, história e estatística, conforme Marx fizera em *O capital*, porém estava instintivamente consciente de que seus ouvintes necessitavam de conclusões práticas e úteis e algumas indicações gerais relativas à observação direta. Era por demais cientista para teorizar sem verificar os fatos ou confiar em descrições de segunda mão.

Marshall se comprometeu a estudar as particularidades de cada grande indústria. Coletou dados sobre o nível de salários por trabalho exercido e nível de qualificação. Dedicou muita atenção às "artes da produção",[110] de Mill — técnicas de manufatura, conceito do produto, gerenciamento —, embora reconhecesse que o constante esforço dos empresários em melhorar seus produtos, os métodos de produção e o fornecimento era algo difícil de apreender através de teorias formais. Mostrou-se particularmente interessado em como uma empresa familiar, privada, funcionava em oposição a uma corporação ou a uma sociedade por ações, cada vez mais relevantes. Marshall participou de comissões e associações culturais e tornou-se membro da diretoria de uma obra de caridade de Londres, manteve correspondências científicas e, tendo Mary como parceira ativa, dedicou várias semanas, durante cada verão, a pesquisas de campo.

Numa dessas pesquisas, as anotações de Mary se referem a "catorze diferentes cidades de pequeno porte, minas, usinas siderúrgicas e aciarias, fábricas de têxteis, e ao Exército da Salvação".[111] O itinerário era extraordinariamente ambicioso: minas de cobre de Coniston, pedreiras de ardósia de Kirby, docas de Barron, aciarias e usinas siderúrgicas, minas de ferro de Millom, minas de carvão de Whitehaven, próximas do mar, Lancaster e Sheffield. Marshall inventou um dispositivo para organizar e colher informações de sua base de dados pessoal. Seu *Livro vermelho* era uma caderneta feita em casa e costurada com linha. Cada página continha dados sobre diversos assuntos, que cobriam música, tecnologia e níveis de salário, dispostos em ordem cronológica. Bastava que ele enfiasse uma agulha num dos pontos de uma página para verificar quais evoluções haviam ocorrido simultaneamente.

Contrastando com a maioria dos intelectuais vitorianos, Marshall admirava o empreendedor e o trabalhador. Carlyle, Marx e Mill consideravam a produção moderna uma necessidade desagradável, o trabalho degradante e debilitante, os homens de negócio predatórios e provincianos, enxergavam a vida urbana como algo vil. Mill considerava o comunismo superior à competição sob todos os aspectos, com exceção de dois — a motivação e a tolerância à excentricidade —, e aguardava com ansiedade um Estado socialista, estacionário, em um futuro não muito distante. Nenhum daqueles intelectuais, porém, poderia alardear a familiaridade com o comércio e a indústria que Marshall vinha adquirindo. É claro que, como implicava a frase de Burke "matar-se de trabalhar durante toda a vida", boa parte da labuta humana causava e estava causando tal efeito. No entanto, mais uma vez, a confiança que Marshall depositava em observações de primeira mão sugeriu que pelo menos algum trabalho exercido em firmas modernas expandia os horizontes, ensinava novas qualificações, promovia a mobilidade, encorajava os empreendedores e o comportamento ético, para não mencionar o fato de que propiciava economias para que se pudesse estudar ou abrir um negócio. Ele observou, além disso, que tipo de trabalho crescia, ao passo que outros se tornavam menos comuns. Em resumo, uma empresa comercial poderia ser e era frequentemente um passo adiante para alguém exercer o controle sobre seu próprio destino.

Embora se considere com frequência Dickens um cronista da Revolução Industrial, em seus romances há poucas cenas que ocorrem em fábricas. Em *Hard Times* uma ação se passa na fantasmagórica fábrica de Coketown, onde há uma espécie de Frankenstein, visto somente à distância, que transforma os homens em máquinas e recria o ambiente natural e social à sua própria e monstruosa imagem. Lá imperam o barulho, a sujeira, a monotonia, e o ar e a água são envenenados.

> Era uma cidadezinha com casas de tijolo vermelho ou de um tijolo que deveria ter sido vermelho, caso a fumaça e as cinzas permitissem; na realidade o que se via era um lugar onde tudo era vermelho e negro, nem um pouco natural, e que se assemelhava ao rosto pintado de um selvagem. Era um lugar de máquinas e altas chaminés, das quais intermináveis serpentes de fumaça escapavam sem cessar e jamais se desenrolavam. Nela havia um canal negro por onde escoava um rio tingido de vermelho, que cheirava mal, e um vasto amontoado de edificações, repletas de janelas, que chacoalhavam e tremiam o dia todo e onde o pistão das máquinas a vapor operava monotonamente, para cima e para baixo, como a cabeça de um elefante num estado de melancólica loucura.[112]

Coketown é habitada por "um exército de pessoas iguais umas às outras, todas entravam e saíam às mesmas horas, onde o mesmo som ecoava nos mesmos andares e onde se realizava o mesmo trabalho". Dickens imagina, o que é significativo, que no interior da fábrica "realizava-se o mesmo trabalho" e que "cada dia era igual ao dia anterior e ao dia seguinte, cada ano era a contrapartida do ano que passou e do ano seguinte". Em outras palavras, a produção implica jamais criar algo novo.

A descrição de uma fábrica encontrada em *O capital*, de Marx, enfatiza as mesmas características de Dickens, mas é falha em detalhes, o que não é de surpreender, dado que aquele autor jamais pusera os pés em uma. Os homens são transformados em "mero apêndice vivo" da máquina, o trabalho torna-se "uma repetição sem sentido" e a automação "priva o trabalho de qualquer interesse".[113]

As descrições que Marshall faz das fábricas e da vida que ali se leva são mais específicas, nuançadas e variadas. Ele passou horas observando, registrou técnicas de manufatura, escalas de pagamento e conjuntos de ferramentas.

Interrogou todo mundo, do proprietário aos chefes de turma e aos operários do chão da fábrica. Ao deparar com o mesmo problemático fenômeno que se lê em Dickens e Marx, isto é, os efeitos da linha de montagem sobre os trabalhadores, ele não chega necessariamente às mesmas conclusões:

> A característica da empresa é o modo pelo qual cada operação é decomposta em grande número de partes e o trabalho de cada indivíduo é confinado a um segmento muito pequeno de toda a operação. Isso impede o desenvolvimento da inteligência? Penso que não... Se um homem não tiver inteligência nós nos livramos dele. Existem muitas oportunidades para isso, em consequência das flutuações do mercado. Se um homem tiver alguma inteligência ele ficará preso a seu trabalho, mas se for ambicioso precisará tomar conhecimento de tudo o que acontece na oficina em que está trabalhando, pois caso contrário não terá chance alguma de tornar-se chefe de turma daquela oficina. A maioria das melhorias realizadas em detalhe se deve aos chefes de turma de várias oficinas. As melhorias em muito grande escala se devem a um homem que não faz outra coisa... As melhorias se aplicam a pequenos detalhes relacionados a manufaturas, por exemplo, inúmeros dispositivos para assegurar que certas partes devem ser estanques e que algumas outras devem operar com facilidade. Os ingleses inventaram a repetição enfadonha.[114]

Para Dickens e Marx, as empresas existiam para controlar ou explorar o trabalhador. Para Mill, existiam unicamente para enriquecer seus donos. Para Marshall, uma empresa não era uma prisão. A administração não consistia simplesmente em manter os prisioneiros alinhados, em fila. A competição por fregueses (ou por trabalhadores) exigia mais do que uma repetição sem sentido. As empresas de Marshall eram forçadas a evoluir a fim de sobreviver. Marshall, é claro, não negava que os homens de negócio objetivavam o lucro. Sua colocação era que, para tornar os lucros competitivos, as empresas tinham de gerar um retorno suficiente a fim de dispor de algo após o pagamento dos trabalhadores, gerentes, fornecedores, proprietários de terras, impostos, e assim por diante. Para que isso fosse possível, os dirigentes precisavam procurar constantemente novas maneiras de fazer um pouco mais com os mesmos recursos ou com menos. Em outras palavras, a maior produtividade, determinante dos salários a longo prazo, era um subproduto da competição.

A editora inglesa Macmillan & Co. Lançou *The economics of industry* em 1879. Livro de poucas páginas, não se propunha conter nada de novo, era escrito numa prosa direta e simples, ao alcance de todos e apresentava o que havia de essencial na Nova Economia de Marshall. Sua mensagem se resumia no seguinte trecho:

> A principal falha dos economistas ingleses, no início do século, não era o fato de que ignoravam a história e a estatística... Eles, por assim dizer, encaravam o homem como uma quantidade constante e pouco se dedicavam a estudar suas variações. Atribuíam assim às forças da oferta e da procura uma ação muito mais mecânica e regular do que elas realmente possuem. Seu erro primordial, porém, é que eles não enxergaram como os hábitos e as instituições da indústria são sujeitos à mudança.[115]

O obsessivo esforço de Marshall em entender como os negócios funcionavam levou-o à sua descoberta mais importante. A função econômica de uma empresa comercial, num mercado competitivo, não consistia única ou basicamente de proporcionar lucros para seus proprietários. Significava produzir padrões de vida mais elevados para os consumidores e os trabalhadores. Como se faria isso? Produzindo e distribuindo mais bens e serviços de melhor qualidade, de custo mais baixo e com menos recursos. Por quê? A competição forçava proprietários e administradores a realizar constantemente pequenas mudanças a fim de melhorar seus produtos, técnicas manufatureiras, distribuição e vendas. A busca constante para obter ganhos, quanto à eficiência, economizar recursos e fazer mais com menos resultou, ao longo do tempo, em fazer mais com os mesmos recursos ou com menos. Multiplicado por centenas de milhares de empresas ao longo da economia, o acúmulo de melhorias e incrementos, no decorrer do tempo, aumentou a produtividade média e os salários. Em outros termos, a competição forçou os donos a compartilhar os frutos daqueles esforços com gerentes e empregados, na forma de um salário maior, e com os clientes, na forma de produtos de melhor qualidade ou de preços menores.

A conclusão de que o negócio era a máquina que direcionava os salários e os padrões de vida para um patamar mais elevado chocava-se com a condenação geral dos negócios por parte dos intelectuais. Até Adam Smith, que descreveu admiravelmente os benefícios da competição com relação a uma mão invisível, que levava os produtores a servir os consumidores sem a intenção de fazê-lo, havia sugerido que o papel de açougueiros, padeiros e gigantescas sociedades por ações era elevar os padrões de vida. Embora Karl Marx tivesse reconhecido que as empresas eram máquinas de mudança tecnológica e de ganhos de produtividade, não pôde imaginar que elas também poderiam proporcionar os meios mediante os quais a humanidade escaparia da pobreza e assumiria o controle de sua condição material.

Uma séria crise foi deflagrada após a publicação do livro de Marshall. Na primavera de 1879 ele recebeu o diagnóstico de um cálculo no rim. Àquela época a cirurgia e os remédios não eram uma opção. Mary recordou mais tarde que o médico disse a ele: "A partir de agora, nada de longos passeios e partidas de tênis. Somente repouso completo oferece chances de cura". "Aquele conselho foi um grande choque para alguém que tanto apreciava fazer exercícios."[116] O estado debilitante e doloroso reviveu os antigos temores de Marshall de uma aniquilação iminente, camuflados desde a infância. Havia apenas algumas semanas excursionara sozinho pela região dos pântanos de Dartmouth. Agora se tornara um inválido, preso em casa, e começou a tricotar para passar o tempo. Um conhecido de Bristol recordou ter visto Marshall e achou que ele deveria ter por volta de setenta anos:

> A mim pareceu muito velho e doente. Disseram-me que estava com um pé na cova e eu acreditei piamente. Deparei com ele caminhando a passos curtos na estrada de Apsley [...] trajava um sobretudo pesado e usava um chapéu preto [...]. Eu o revi [...] em 1890 [...] e fiquei muito surpreendido, pois ele aparentava ter trinta ou quarenta anos a menos do que quando nos encontramos, doze anos antes.[117]

A doença o tornou mais dependente de Mary e o levou a posicioná-la cada vez mais no papel de enfermeira do que no de companheira intelectual. A doença o levou a se concentrar mais. Marshall sempre tivera tendência a fazer anotações. Ele então se deu conta de que precisava direcionar suas energias e dar prosseguimento a seu livro. Esperava escrever uma obra que superasse a de Mill e talvez também a de Marx. Seria a síntese de uma nova teoria e de elaborados comentários sobre o mundo real, mas acompanhava-o o receio de não estar à altura da tarefa a que se propunha. À medida que sua visão aumentava quanto à complexidade e aos objetivos, ele ficava proporcionalmente menos satisfeito com o que havia escrito. Deixara de lado os planos de publicar seu livro sobre o comércio muito antes de ocorrer a doença. "Cheguei à conclusão de que jamais será um livro adequado em seu formato atual", ele escreveu no verão de 1878.[118] E logo passou a não gostar do livro que havia escrito com Mary. Em 1881, no terraço de uma casa de Palermo, na Sicília, começou a redigir *Principles of economics*.

Entre todas as panaceias propostas durante a Grande Depressão do início da década de 1880, a taxação da terra, sugerida pelo jornalista americano Henry George, conquistou muita atenção e apoio popular. Seu livro *Progress & poverty* [Progresso e pobreza], grande sucesso editorial, o tornou uma celebridade e suas palestras atraíam multidões. A premissa de George era que a pobreza crescia mais rapidamente do que a riqueza. A culpa era dos proprietários de terras. Ele alegava que esses proprietários estavam auferindo rendas fabulosas não por prestar serviços à comunidade, mas simplesmente porque tinham a sorte de possuir bens. Além do mais, seus rendimentos, sempre em aumento, corroíam os lucros e os salários, ao privar os homens de negócio de fundos de investimento tão necessários. Tendo identificado aqueles rendimentos como causa da pobreza, George propunha, como cura, a taxação da terra em níveis elevados. Isso, segundo ele, não apenas eliminaria a necessidade de todos os outros impostos, mas também "aumentaria os salários, elevaria os lucros do capital, extirparia a indigência, aboliria a pobreza, ofereceria empregos bem remunerados a quem os desejasse, possibilitaria traçar metas, diminuiria o crime, elevaria o moral, o gosto e a inteligência, purificaria o governo e conduziria a civilização a patamares ainda mais nobres".[119]

Marshall ainda trabalhava em seus *Principles* quando, mais uma vez, se viu envolvido com a controvérsia que vinha de longe em torno dos padrões de vida. O início da década de 1880, período de crise financeira e econômica, testemunhou o ressurgimento do radicalismo e das exigências de reforma social, bem como o crescente ceticismo em relação a até que ponto o crescimento econômico estava beneficiando a maioria dos cidadãos. O termo "desemprego" foi cunhado durante a recessão que se seguiu ao Pânico de 1893, por ocasião de um acalorado debate: os salários reais, a longo prazo, estavam aumentando ou diminuindo?

O que estava em questão, no debate, era o efeito dominante da competição. Ela resultaria numa corrida, na qual os patrões se igualariam, em referência aos cortes dos salários? Ou seria o caso, conforme insistiam os otimistas, de que a competição pressionava as empresas a realizar esforços constantes para aumentar a eficiência e elevar o nível médio da produtividade e dos salários, enquanto reduzia a quantidade de pobres?

O primeiro confronto formal entre Marshall e Henry George ocorreu no hotel Clarendon, em Oxford, em 1884.[120] Vaias, aplausos e assovios abafaram as falas dos debatedores. A certa altura um estudante universitário julgou necessário lembrar a quem presidia o debate que "ali havia senhoras". Por volta das onze horas o tumulto era tão ensurdecedor que George declarou "aquela reunião a mais desordeira de que jamais participara" e se recusou a responder a mais perguntas. Em meio a "grande barulho" e gritos de "nacionalização da terra" e "roubo da terra", a reunião "foi encerrada um tanto abruptamente".

Se o apoio de Marshall à greve do setor agrícola, em 1874, marcava sua rejeição aos "dogmas" da economia clássica, seu enfrentamento com George, uma década depois, mostrou que ele também fazia objeções a novos dogmas, por mais que estivessem na moda.

Em outras ocasiões, quando criticou a proposta de George de curar a pobreza taxando a terra, Marshall o qualificou como um "poeta" e louvou "o frescor e a seriedade de sua visão da vida". Entretanto, no debate do hotel Clarendon, Marshall mostrou-se decididamente menos polido, acusando George de recorrer à "sua singular capacidade de prender a atenção das pessoas" para "instilar veneno em suas mentes". Por "veneno" ele queria dizer a panaceia de George para a pobreza.

Em suas palestras realizadas em Bristol, Marshall não arredou de sua intenção de "evitar falar muito a respeito de George e sim de discutir os temas que ele abordava". "O subtítulo do livro de George inclui um exame do aumento da carência com o aumento da riqueza", declarou. "Mas estamos seguros de que com o crescimento da riqueza a carência aumentou? [...] Pois então investiguemos quais são os fatos que estão em jogo."[121]

Citando provas estatísticas, boa parte delas coletadas do *Livro vermelho* que ele e Mary haviam compilado, Marshall argumentou que somente "o estrato inferior" das classes trabalhadoras estava sendo pressionado para baixo e que esse estrato era muito menor do que em períodos anteriores, naquele século, menos do que a metade, em proporção à população. Quanto à classe trabalhadora como um todo, seu poder aquisitivo havia triplicado. "Quase a metade de toda a renda da Inglaterra vai para a classe trabalhadora [...]. [Assim], uma parte muito grande de todos os benefícios decorrentes do progresso das invenções acaba sendo usufruída por ela."[122]

Marshall recorria a seu crescente domínio da história econômica. Mostrava-se convicto de que, quaisquer que fossem os vícios da era atual, eles empalideciam em comparação com o passado. "Em nenhum lugar do mundo, excetuando os países novos, a classe trabalhadora se encontra em situação tão boa como na Inglaterra." O que torna o otimismo de Marshall digno de nota é que ele se pronunciava durante aquele período que, mais tarde, os historiadores denominaram a Grande Depressão.

Na palestra seguinte, Marshall desafiou o segundo ponto de vista de George: os patrões que pagavam baixos salários eram os culpados da pobreza. Para início de conversa, os patrões não podiam determinar o preço da mão de obra do mesmo modo que não podiam determinar o preço do algodão ou do maquinário. Pagavam a taxa do mercado, que poderia ser alta caso um trabalhador fosse muito produtivo, e baixa, caso não o fosse. "Muitos daqueles que pertencem à classe trabalhadora inglesa não têm sido alimentados apropriadamente e quase nenhum deles recebeu uma educação adequada." A baixa produtividade era a causa dos "baixos salários de grande parte do povo inglês e do atual pauperismo de um número considerável de pessoas". Embora Marshall não negasse que "existem formas de nacionalização da terra que, no seu todo, trariam benefícios", ele argumentava que "não existe forma alguma que contenha um remédio mágico e súbito para eliminar a pobreza. Devemos nos contentar em buscar uma cura menos sensacional".[123]

Essa cura, disse Marshall, estava no aumento da produtividade. Um dos caminhos seria:

> educar (no sentido mais amplo possível) os trabalhadores ineficientes e sem qualificação. Por outro lado — e esta proposição é o cerne de tudo o que tenho a dizer a respeito da pobreza —, se o número de trabalhadores desqualificados diminuísse

suficientemente, então aqueles que executam um trabalho que não exige qualificação teriam de receber bons salários. Se a produção total não aumentasse, esses salários extras teriam de provir das cotas do capital e de tipos de trabalho mais qualificados [...]. Mas, se a diminuição da mão de obra desqualificada for causada pela eficiência cada vez maior da qualificação, a produção aumentará e haverá mais capital para ser dividido.

Marshall não fazia objeções aos sindicatos ou mesmo a propostas razoavelmente radicais em torno da reforma fundiária ou de uma taxação progressiva. Apenas notava que nenhuma delas conseguiria resultar em "mais pão e manteiga". Isso exigia "competição", tempo e cooperação de todos os setores da sociedade, do governo e dos pobres.[124]

Ele acusou George de promover uma cura charlatanesca. O problema não consistia apenas no fato de que "o sr. George dissera: 'Se vocês querem enriquecer, apoderem-se da terra'", mas que isso os desviaria da educação, da formação profissional, da frugalidade. O esquema de George proporcionaria "menos do que um *penny* ou um *shilling* nos rendimentos [...]. Por isso, o sr. George se dispõe a manifestar desprezo por todos os planos mediante os quais os trabalhadores se empenharam em obter benefícios".[125]

Quando finalmente *Os princípios da economia*, de Marshall, foi editado em 1890, ele trouxe vida nova a uma disciplina claudicante. O livro o projetou como um líder intelectual e como uma autoridade com quem o governo se aconselhava.

Os princípios da economia incorporava a rejeição de Marshall ao socialismo, abraçava o sistema da propriedade privada, a competição, e demonstrava otimismo sobre o melhoramento do homem e de suas circunstâncias. O livro retratava a economia não como um dogma, mas como "um aparato da mente". Conforme Dickens havia esperado, Marshall conseguiu humanizar a economia injetando nela "um pouco de viço [...] e um pouco de calor humano", ao mesmo tempo que colocava a disciplina em um patamar científico mais consistente.

Sua principal percepção refletia a lição que ele aprendera nos Estados Unidos. Sob um sistema de propriedade privada e de competição, as empresas comerciais sofrem constante pressão para obter mais com os mesmos recursos ou com menos. Do ponto de vista da sociedade, a função da empresa é aumentar a produtividade e, portanto, os padrões de vida.

De todas as instituições sociais, a empresa comercial era a mais fundamental, gozava de um status mais elevado e contribuiu para moldar a mente e a civilização americana mais do que em qualquer outro lugar. A empresa não era apenas a criadora da riqueza nos Estados Unidos mas também o mais importante agente de mudança social e o maior de todos os atrativos para indivíduos talentosos. Ela fez parecer ridículas as descrições dos homens de negócios como predadores, os trabalhadores como zumbis e as indústrias manufatureiras bem-sucedidas como uma repetição rígida. O fato era incontestável: o poder produtivo americano crescia a uma taxa rápida, inimaginável, e isso significava que as empresas deveriam estar fazendo algo mais do que privilegiar alguns trabalhadores em detrimento de outros ou repetir as mesmas operações de um ano para o outro. Em suas visitas às fábricas, Marshall ficou especialmente impressionado com a constante busca dos administradores em introduzir pequenas melhorias e, da parte dos operários, uma busca igualmente constante de melhores oportunidades e de qualificações úteis. Ambos pareciam obcecados em tirar o melhor proveito possível dos recursos à sua disposição.

Naturalmente Marshall reconhecia que as companhias também existiam para gerar lucros a seus proprietários, oferecer salários compatíveis a seus executivos e a seus trabalhadores. Adam Smith havia assinalado que, para maximizar sua renda em face da competição, as empresas teriam de beneficiar os consumidores produzindo com o menor gasto possível. Marshall, porém, introduziu o elemento tempo em sua análise. Ao longo do tempo, as empresas poderiam permanecer lucrativas e continuariam a existir apenas quando se tornassem cada vez mais produtivas. A sobrevivência, diante da competição, não implicava somente uma incessante adaptação. A competição, para os trabalhadores mais produtivos, significava que, com a passagem do tempo, as empresas teriam de obter lucros a partir de melhorias na produtividade.

É precisamente o que Mill e outros fundadores da economia política haviam negado. Eles sustentavam que avanços na produtividade proporcionavam pouco ou nenhum benefício às classes trabalhadoras. Em suas empresas imaginárias, a produtividade poderia crescer aos saltos, mas os salários nunca se elevariam por muito tempo acima de um máximo fisiológico. As condições de trabalho piorariam ao longo do tempo. Marshall viu que, na realidade, isso não sucedia e que não poderia ser assim. A competição pela mão de obra forçava os proprietários a compartilhar com os trabalhadores, primeiro como recebedores de um salário e, em seguida, como consumidores, os benefícios da eficiência e das melhorias relativas à qualidade. Os fatos confirmaram que Marshall estava certo. A parte dos salários no produto interno bruto — a renda anual da nação, proveniente de salários, lucros, juros e renda dos proprietários — estava em elevação, não em queda. O mesmo acontecia com os níveis dos salários e do consumo por parte da classe trabalhadora, conforme ocorria na maior parte dos anos, desde 1848, quando surgiram o *Manifesto comunista* e *Princípios da economia política*, de Mill.

3. A profissão da srta. Potter: os Webb e o Estado do bem-estar social

> *Ela ansiava por algo que possibilitasse à sua vida ser repleta de ações ao mesmo tempo racionais e ardentes; e como já havia passado o tempo das visões iluminadoras [...] que luz restaria, a não ser o conhecimento?*
>
> George Eliot, *Middlemarch*[1]

Todo ano, no mês de março, os "10 mil da nata da sociedade" se abatiam sobre Londres à semelhança de um vasto bando de aves migratórias, exóticas e de extravagante plumagem.[2] Durante os três ou quatro meses que durava a "estação" londrina, a elite britânica dedicava-se a um elaborado ritual de acasalamento. Passava as manhãs cavalgando em Rotten Row ou em Ladies' Mile, no Hyde Park. Os machos da espécie reservavam as tardes para frequentar o Parlamento ou os clubes. Suas esposas e filhas faziam compras ou visitas sociais. À noite todo mundo se encontrava em óperas, jantares e bailes que proporcionavam a oportunidade de magníficas exibições. Com intervalos de poucos dias, atividades obrigatórias como corridas, regatas, partidas de *críquete* ou inauguração de uma exposição de arte introduziam uma ligeira variação nos programas.

Como tantas coisas mais que aconteciam na alta sociedade vitoriana, aquela frenética e aparentemente frívola busca de prazer era um assunto sério. Durante a estação, que se iniciava quando o Parlamento retomava suas atividades, Londres tornava-se o epicentro do mercado mundial de casamentos. Pais abastados cogitavam de oferecer a uma filha duas ou três temporadas em Londres do mesmo modo que enviavam um filho para estudar em Oxford ou Cambridge. As despesas e o esforço de participar daquela dança de acasalamento, extraordinariamente complicada, permitiam com toda certeza semelhante comparação.

Se acaso a família não fosse proprietária de uma residência na capital, era preciso encontrar uma imponente mansão num bairro elegante. Era necessário adquirir ou contar com uma vasta quantidade de itens considerados obrigatórios, como "um estábulo para os cavalos, carruagens [...] um elaborado conjunto de trajes [...] [e] todo o aprovisionamento e parafernália destinados a jantares, bailes, piqueniques e festejos nos fins de semana". Nem é preciso dizer que fazer uma vida social em escala tão ambiciosa exigia alguém que supervisionasse "planos complexos, empregados em grande quantidade e tomasse inúmeras decisões" — em outras palavras, a dona da casa.[3]

Eram essas reflexões que ocupavam Beatrice Ellen Porter, Bo ou Bea para a família. Ela era a oitava das nove filhas de um rico magnata do ramo ferroviário, residente em Gloucester, chamado Richard Potter. A carruagem que ela compartilhava com o pai numa fria tarde de fevereiro de 1883 parou na frente do terraço de uma *villa* ao estilo italiano, alta, pintada de cor creme. A esbelta jovem, cujo olhar transparecia eficiência, inspecionou o número 47 do Princes Gate. Ali seria a sede, durante toda a temporada, do vasto clã dos Potter, que incluía seis filhas casadas e suas numerosas famílias. A mansão de cinco andares ostentava uma fachada suntuosa, com colunas jônicas, pilastras coríntias, altas janelas, flores em profusão, e dava para o Hyde Park. Nos fundos, visíveis através de janelas de batente, via-se um vasto gramado, com estátuas clássicas e enormes vasos de onde pendiam ramos de flores escarlate. As residências dos dois lados eram igualmente imponentes. O pai de Beatrice tinha escolhido Princes Gate precisamente porque ali teriam como vizinhos pessoas tão ricas e poderosas como ele. Junius Morgan, um banqueiro americano, alugava o número 13. Joseph Chamberlain, um industrial de Manchester, que havia se tornado um político liberal, pai de Neville Chamberlain, alugou o número 40 durante a temporada. Era um cenário perfeito para a brilhante filha de Potter.

Aos 25 anos, Beatrice era uma veterana, pois já havia passado umas seis temporadas em Londres, porém jamais se apaixonara. Até então seus deveres consistiam de divertir-se em cerca de cinquenta bailes, sessenta festas, trinta jantares e 25 cafés da manhã, antes que a boa sociedade fizesse as malas e se refugiasse no campo, no mês de julho.[4] Ela nunca tivera nada a ver com todo "aquele elaborado maquinário" que os bastidores exigiam.[5] Esse ano seria diferente. Com exceção de Rosie, menina de treze anos, Beatrice era a única das Potter que ainda morava com a família em Gloucester, quando a mãe faleceu na primavera anterior. Subitamente ela se viu promovida a dona da casa paterna.

Antes de partir de Gloucester, ela fez votos solenes "de dedicar-me à sociedade e ter como objetivo ser bem-sucedida nela".[6] No seu entendimento, "ser bem-sucedida" significava casar com um homem importante, conforme cada uma de suas irmãs fizera, embora a expressão "dedicar-me" sugerisse que o preço do sucesso era a autoimolação. A última a agir dessa forma foi sua irmã predileta, Kate, que esperou até a avançada idade de 31 anos para desposar um destacado economista e político liberal, Leonard Courtney, que no momento exercia o cargo de secretário do erário. O pai dela não duvidava de que Bo fizesse o mesmo. Além da beleza, da boa educação e de uma grande fortuna, ela tinha o dom de chamar a atenção. Seu longo e gracioso pescoço, olhos que denotavam inteligência, cabelos negros e brilhantes levavam as pessoas que a viam pela primeira vez, num salão apinhado de gente, a pensar em um cisne negro, belo e ligeiramente perigoso. Os homens se encantavam com ela, sobretudo quando se davam conta de que Beatrice se recusava a levá-los a sério.

Durante algum tempo, depois da chegada dos Potter a Londres, tudo era caos e confusão. Houve necessidade de contratar mais empregados, de mais cavalos e carruagens. Quando os criados finalmente se recolhiam, após seu pai tomar sopa Beatrice subia para o quarto dos fundos da mansão que decidiu ser o dela. Podia então pensar em algo mais que não fazer planejamentos e organizar cardápios, isto é, ler os livros que havia trazido, além de tudo o que pretendia aprender. Ela não via nada de inerentemente contraditório em seus vários desejos e deveres. Afinal de contas, uma mulher muito feliz no casamento sentava-se no trono da Inglaterra e George Eliot reinava como a mais bem-sucedida escritora da época. Quando Beatrice tinha dezoito anos, passava mais tempo estudando as religiões orientais do que se preparando para a "estreia" na sociedade.

Da janela de seu quarto avistava-se o Museu Victoria e Albert. Chamou-lhe subitamente a atenção o fato de que aquele grande monumento ao engenho humano se erguesse bem no centro de Londres e ainda assim conseguisse permanecer maravilhosamente "impassível diante da vida tumultuada de grande cidade".[7] Beatrice imaginava fazer o mesmo, ao manter um distanciamento quase budista em salas de visita e teatros repletos de gente. Será que não preencheria as expectativas da sociedade ao continuar cultivando o lado "reflexivo" da vida, aquele lado que a levava a indagar-se constantemente: "Como viverei e com qual objetivo?".[8]

A questão relativa a seu destino preocupava Beatrice desde os quinze anos. Sua mãe e irmãs sempre encararam sua obsessão como algo pouco saudável. Não lhe bastava ser apenas "uma das elegantes senhoritas Potter, que vivem em casas suntuosas, com belos jardins e que desposam homens imensamente ricos?".[9] Se Beatrice fosse a heroína de um romance vitoriano, seu autor deveria sentir-se obrigado a oferecer alguma justificativa para tornar a questão de seu destino o "centro de interesse". Em *Retrato de uma senhora*, publicado em 1881, Henry James fez exatamente isso: "Milhões de jovens presunçosas, inteligentes e sem inteligência, enfrentam diariamente seu destino, e qual será esse destino, que causa preocupação e que nos leva a provocar tempestades em copo d'água?", indagou o escritor em seu prefácio.[10] Antes que as mulheres de classe média dispusessem de alternativas viáveis a um casamento precoce e à maternidade, antes que o Ato de Propriedade das Mulheres Casadas, de 1881, lhes desse o direito a suas próprias rendas, a questão recorrente em *Retrato de uma senhora* — "O que será que ela vai fazer?" — dificilmente teria merecido o interesse de um leitor.

"Você é jovem, bonita, rica, sagaz, o que quer mais?", perguntou com certa exasperação Margaret Harkness, prima de Beatrice, romancista, filha de um pobre pastor de paróquia, quando ambas estudavam na mesma escola. "Por que não se satisfaz?"[11] A exemplo de Isabel Archer, a heroína de Henry James, Beatrice cresceu com uma inusitada liberdade de viajar, ler, fazer amizades e satisfazer seu "grande desejo de conhecimento" e "imensa curiosidade pela vida". Preferia a companhia dos homens e tinha plena convicção de que a maioria deles se renderia a seus encantos, mas, à semelhança de Isabel, não sentia o menor desejo de "começar a vida casando".[12] Mostrava-se tão interessada em ser reconhecida por seus predicados intelectuais quanto por seus encantos femininos. Cada ano que passava a aspiração a "um objetivo e uma ocupação reais" tornava-se "mais urgente".[13] Tinha consciência de uma "missão especial" e acreditava de todo o coração que se destinava a viver "uma vida com alguns resultados".[14] Como Dorothea, em *Middlemarch*, Beatrice ansiava por princípios, "algo que possibilitasse à sua vida ser repleta de ações ao mesmo tempo racionais e ardentes".[15]

Sua identidade foi estruturada pelo fato de ter nascido na "nova classe dirigente"[16] da Inglaterra e sua mente foi moldada por "ter sido criada no bojo da especulação capitalista" e no "espírito irrequieto da grande empresa".[17] Como nota a historiadora Barbara Caines, Beatrice se integrava a sua classe não pela riqueza, mas pelo fato de que "era uma classe de pessoas que habitualmente dava ordens, mas que raramente ou nunca executava as ordens dadas por outras pessoas".[18] Seus avós eram homens feitos por si mesmos. Seu pai perdeu grande parte da herança por ocasião da crise de 1848, mas recuperou rapidamente as perdas sofridas, fornecendo tendas ao Exército francês durante a guerra da Crimeia. Quando Beatrice nasceu, em 1858, Richard Potter havia feito uma terceira fortuna, resultante da indústria madeireira e das ferrovias e tornou-se diretor e futuro presidente do conselho da Estrada de Ferro Great Western. Mais empreendedor e especulador do que alguém que metia a mão na massa, Potter certa vez cultivou a ideia de construir uma via navegável que rivalizasse com o canal de Suez. Seus interesses empresariais se espalhavam da Turquia ao Canadá e ele e sua família viajavam constantemente. Standish, a mansão dos Potter em Gloucester, grandiosa e impessoal como um hotel, vivia repleta de um contingente de parentes em visita, de convidados, empregados e parasitas.

Embora Richard Potter votasse nos conservadores, ao chegar à meia-idade, não foi um plutocrata estereotipado do Partido Tory. Seu pai, comerciante por atacado da indústria do algodão, foi durante algum tempo membro radical do Parlamento e ajudou a fundar o *Manchester Guardian*[19] ("nosso órgão", como Beatrice costumava dizer).[20] Intelectualmente engajado, de mente aberta, sociável, entre seus amigos mais próximos havia cientistas, filósofos e jornalistas. Herbert Spencer, o intelectual tratado como celebridade na Inglaterra, nas décadas de 1860 e 1870, outrora engenheiro ferroviário e editor do *Economist*, declarava que Potter "era o ser humano mais amorável que ele jamais viu".[21] Nem mesmo sua cordial indiferença aos interesses filosóficos de Spencer conseguiu abalar a adoração que sentia e que durou toda a vida.

É quase um axioma que por trás de cada mulher extraordinária existe um pai notável. Potter encorajou Beatrice e suas irmãs a ler e lhes deu livre acesso a sua biblioteca. De modo algum restringia suas discussões ou amizades. Apreciava tanto sua companhia que raramente empreendia uma viagem de negócios sem levar uma delas. Beatrice declarou que "ele foi o único homem a quem conheci a acreditar sinceramente que as mulheres eram superiores aos homens e agia de acordo com sua convicção".[22] Deu-lhe crédito por "sua própria audácia, ânimo e minha familiaridade com os riscos e as chances das grandes empresas".[23]

Sob alguns aspectos, Laurencina Potter era ainda mais incomum do que o marido, pouco se assemelhando àquelas mães plácidas e rechonchudas que povoam os romances de Trollope, o mesmo acontecendo com Richard Potter em relação aos empresários estereotipados. Quando Spencer se encontrou pela primeira vez com os Potter, pouco depois que se casaram, opinou que eles "eram o casal mais admirável que já vi".[24] À medida que passou a conhecê-los melhor, surpreendeu-se ao constatar que a personagem de Laurencina, requintada, graciosa, perfeitamente feminina, ocultava "um caráter tão independente".[25] Em contraste com seu complacente marido, ela era cerebral, puritana e descontente. Nascida Heyworth, provinha de uma família de negociantes liberais de Liverpool, que lhe proporcionou uma educação idêntica à de seus irmãos, isto é, estudou matemática, idiomas e economia política. Quando jovem, tornou-se uma celebridade local e assunto de artigos de jornal, devido a seu empenho em combater as Leis do Trigo. Décadas mais tarde, Beatrice costumava ver panfletos sobre questões econômicas na penteadeira da mãe.

Laurencina era uma mulher muito infeliz. Não foi difícil a sua filha adivinhar a causa de sua frustração. Ela havia imaginado uma vida conjugal de "íntima camaradagem intelectual com meu pai, possivelmente de realizações intelectuais, rodeada de amigos eminentes".[26] Em vez disso, durante as primeiras duas décadas depois do casamento, ela estava quase sempre grávida ou cuidando de um bebê, relegada à companhia de mulheres e crianças, enquanto o marido viajava a negócios e jantava com escritores e intelectuais. A verdadeira ambição dela era escrever romances e chegou a publicar um, *Laura Gay*, antes que as exigências da vida familiar tomassem todo seu tempo.

Quando nasceu a nona criança, Dicke, seu único filho, Laurencina dedicou-se inteiramente a ele. O menino, porém, morreu de escarlatina aos dois anos de idade, e ela entrou em profunda depressão, afastando-se das filhas. Beatrice, que naquela época tinha sete anos, evocou a mãe "como um personagem distante, que discutia negócios com meu pai ou meditava sobre os livros que lia em seus aposentos". Em consequência da frieza da mãe, Beatrice passou a acreditar que "não fui feita para ser amada; deve existir algo repulsivo em meu caráter". Melancólica, dada a dramas, inclinada ao exagero, ela também herdou a tendência dos Hayworth à mágoa e ao suicídio. Dois parentes de Laurencina haviam morrido por suas próprias mãos. "No todo minha infância não foi feliz", refletiu Beatrice quando adulta. "Saúde precária, carência afetiva e as desordens mentais que delas decorrem, um temperamento difícil e ressentimento a marcaram... Minha *solidão* foi absoluta."[27] Ainda na infância, ela chegou a ter a ideia de aspirar clorofórmio.

Rejeitada por sua mãe, afirma uma biógrafa, Beatrice procurava o afeto "no andar de baixo", entre os criados que ajudavam o lar dos Potter a funcionar. Ela e suas irmãs mais velhas eram próximas sobretudo de Martha Jackson, ou Dada, como a chamavam, que tomava conta das crianças. Beatrice soube muito mais tarde que Dada pertencia, na realidade, a um ramo da família de Laurencina, tecelões manuais de Lancashire, gente pobre mas respeitável. A historiadora Barbara Caine atribui a Dada ter incutido em Beatrice o conceito do pecado original, que lhe deu a determinação de fazer o bem e a identificação que ela sentiu durante toda a vida com os trabalhadores pobres "respeitáveis". Foi, entretanto, o exemplo de Laurencina que a inspirou a escrever. Por ocasião de seu décimo quinto aniversário, Beatrice deu início a um diário, hábito que manteve até morrer. "Algumas vezes sinto que preciso escrever, que tenho de confiar meus perturbados pensamentos ao coração de alguém, mesmo que seja o meu."[28]

Entre os intelectuais que frequentavam a residência dos Potter incluíam-se o biólogo Thomas Huxley, Sir Francis Galton, primo de Charles Darwin, e outros proponentes do novo ponto de vista "científico" que vinha solapando as crenças tradicionais. Quando Beatrice chegou à adolescência, Spencer, que assim como os Potter tinha um passado de dissidência do protestantismo, tornou-se o confidente mais íntimo de Laurencina e a influência intelectual dominante em seu lar.

Spencer, a quem se deve o termo "sobrevivência dos mais aptos", era na década de 1860 uma celebridade ainda maior do que Charles Darwin. Seu conceito de que as instituições sociais, assim como as espécies animais e vegetais, estavam evoluindo e, portanto, podiam ser observadas, analisadas e classificadas, do mesmo modo que animais e vegetais, conquistou a imaginação do público. Um dos mais antigos expoentes da evolução, Spencer era um individualista radical, que se opunha à escravidão e apoiava o voto feminino. Sua antipatia em relação às regulamentações do governo e aos altos impostos tinha grande apelo para as classes média e baixa, em processo de ascensão. Sua popularidade cresceu ainda mais devido a sua recusa a descartar em absoluto a existência de Deus.

A fama, entretanto, não combinou com Spencer. Com saúde precária, sujeito à hipocondria, tornava-se cada vez mais isolado e excêntrico, à medida que envelhecia. Quando não estava em seu clube ou sozinho em seus aposentos, procurava a companhia dos Potter e de suas filhas. Presença frequente na propriedade da família, em Gloucester, sentia prazer em libertar as meninas de suas governantas, cantarolando: "A submissão *não* é desejável".[29] Levava-as frequentemente para coletar espécimes que ilustrariam algumas de suas ideias sobre a evolução. Quando os Potter iam veranear em Cotswold, ele abria o caminho, através de bosques de faias e pomares, trajando linho branco da cabeça aos pés, sob o abrigo de um guarda-sol. Seguia-o "um grupo muito lindo e original"[30] de jovens esbeltas, de cabelos negros, cortados bem curto, vestidas com musselinas claras e carregando cestos e redes. De vez em quando o grupo se detinha para escavar fósseis. As pedreiras de calcário de Gloucester haviam sido submersas por mares rasos, tépidos, e milhares de anos depois continham uma primorosa coleção de amonites, crinoides, trilobitas e equinoides. As jovens não levavam muito a sério seu hiper-racional amigo. "Descendemos de macacos, senhor Spencer?", perguntavam em coro, dando risadinhas. Sua invariável resposta — "Cerca de 90% da humanidade descende e 1% ascende!" — provocava mais acessos de riso, bem como, ocasionalmente, rajadas de folhas secas de faia que elas jogavam "no notável capacete" do filósofo.[31]

A mais apegada a livros e a mais amuada das irmãs, Beatrice, desenvolveu um fascínio duradouro pelas operações da notável mente de Spencer. Ele a encorajava, declarando que ela era uma "metafísica nata", comparando-a com seu ídolo, George Eliot. Sugeria-lhe leituras e estimulava-a a dar prosseguimento a suas ambições intelectuais. Sem seu apoio, Beatrice poderia ter-se submetido ao tipo de vida que as convenções e, às vezes, seu próprio coração exigiam.

A educação formal de Beatrice foi chocantemente insuficiente. Como a de muitas jovens da classe alta, limitou-se a alguns meses de estudo numa escola elegante, que preparava as alunas para a vida em sociedade, em parte devido a suas frequentes doenças, imaginárias e reais, e em parte porque mesmo Richard Potter, por mais liberal que fosse para os padrões da época, nunca cogitou de mandá-la para a universidade. Assim sendo, ela recebeu a maior parte de sua educação em casa — o que significou autodidatismo e liberdade para até mesmo ler livros que tinham sido banidos de bibliotecas públicas. "Sou, como mamãe diz, jovem demais, inculta demais e, o que é pior, frívola demais para lhe fazer companhia", escreveu em seu diário. "Preciso, porém, tomar coragem e tentar mudar."[32] Mão-fechada em relação a muitas coisas, Laurencina não media despesas quando se tratava de comprar jornais e revistas. Beatrice mergulhou na religião, na filosofia e na psicologia, os interesses de sua mãe. Suas leituras escolares incluíam George Eliot e o filósofo e sociólogo pioneiro Auguste Comte, tão na moda.

Devido ao fato de Beatrice gozar de acesso ilimitado à biblioteca do pai e aos periódicos da mãe, ela entrou em contato com as controvérsias religiosas e científicas que dominavam o final da era vitoriana, o que não era nada comum para as jovens de sua idade. "Vivíamos num perpétuo estado de fermentação, acolhíamos e questionávamos todas as hipóteses contemporâneas relativas ao dever e ao destino do homem neste mundo e no outro", ela evocou. Ao completar dezoito anos e prestes a debutar na sociedade, Beatrice substituíra a antiga fé anglicana pela nova doutrina de "harmonia e progresso" elaborada por Spencer. Aderiu também ao credo político libertário de seu mentor e a seu ideal de "pesquisador científico". Esse ideal despertou nela, mais tarde, "dominante curiosidade sobre a natureza das coisas" e "a esperança de uma visão abrangente da humanidade", bem como sua secreta ambição de escrever "um livro que seria lido".[33]

Decorridas três semanas na residência londrina de Princes Gate, Beatrice padecia de "pressões, que se opunham uma à outra, sobre o tempo e a energia".[34]

Depois de um jantar particularmente tedioso, ela se irritou e declarou: "as senhoras são tão inexpressivas".[35] Não entendia mais por que "mulheres inteligentes desejam casar-se no ambiente em que vigora este regime social".[36] Extravasou o descontentamento em seu diário: "Sinto-me como um animal enjaulado, cativa do luxo, conforto e respeitabilidade de minha posição".[37]

Beatrice ansiava pelo trabalho, bem como pelo amor, mas começou a imaginar se as chances de alcançá-los seriam melhores do que as da pobre Laurencina. Quando Isabel Archer insistia que "existem outras coisas que uma mulher pode fazer", ela pensava presumidamente no pequeno mas progressivo contingente de mulheres profissionais, que se sustentavam e podiam fazer amizade com quem desejassem, conversavam sobre o que bem entendessem, moravam e viajavam sozinhas.

Beatrice, porém, se deu conta, após refletir, que tais mulheres desistiam de muitas coisas. Quando se encontrou com a filha do notório Karl Marx no Museu Britânico, Eleanor Marx "trajava-se com certo descuido, que não deixava de ser pitoresco, e seus cabelos negros e cacheados se espalhavam em todas as direções!". Beatrice sentiu-se atraída pela autoconfiança intelectual de Eleanor e por sua aparência romântica, mas repeliu seu estilo de vida boêmio. "Infelizmente não podemos confraternizar com os seres humanos sem acabar nos *conectando* mais ou menos com eles", disse a si mesma.[38] Adorava sua prima Margaret Harkness, a futura autora de *In darkest London, a city girl* [Na Londres mais escura, uma jovem citadina] e de outros romances de fundo social. Maggie morava sozinha num precário apartamento de um único quarto em Bloomsbury e tentara o ensino, a enfermagem e o teatro, antes de descobrir seu talento de escritora. Sua família ficou horrorizada e Maggie se viu forçada a não manter mais nenhum contato com ela, algo que Beatrice jamais conseguiria imaginar, assim como jamais lhe passaria pela cabeça imigrar para os Estados Unidos. Gostaria de poder se contentar mais. "Por qual motivo eu, na minha insignificância, deveria tentar ser uma profissional? Se eu pudesse libertar-me deste enganador desejo de ser bem-sucedida..."[39]

Mais uma vez Spencer veio em seu socorro, sugerindo que Beatrice assumisse o lugar da irmã mais velha como voluntária na arrecadação de aluguéis no East End. Ela poderia preparar-se para uma carreira no serviço social enquanto dava prosseguimento a seus estudos pessoais. A exemplo de Alfred Marshall uma geração antes, Beatrice sentia-se atraída por Londres. Compareceu a um encontro da Sociedade de Organização da Caridade, grupo privado dedicado à prática de ações caritativas "científicas" ou baseadas em fatos e no evangelho da autoajuda. "As pessoas deveriam sustentar-se graças a seus esforços e àquilo que ganham [...] e depender o menos possível do Estado."[40] As mulheres tinham sido tradicionalmente responsáveis por visitar os pobres, mas na década de 1880 a assistência social tornava-se uma profissão respeitável para solteiras e mulheres casadas sem filhos. As atrações eram diversificadas. Beatrice observou: "É nitidamente vantajoso para nós trabalhar com os pobres [...]. Podemos obter por meio deles uma experiência de vida nova e interessante; o estudo de suas vidas e do ambiente que habitam nos proporciona fatos com os quais podemos tentar resolver os problemas sociais".[41] Decorrido pouco tempo, ela pensou: "Se eu pudesse dedicar minha vida a isso...".[42] No entanto, após alguns meses, ela havia feito apenas duas ou três visitas às Katherine Houses, em Whitechapel. "Não posso obter a formação que desejo sem negligenciar meus deveres", suspirou.[43]

Certa noite, naquele mesmo mês, Beatrice não conseguiu pregar o olho até o sol nascer, pois estava excitada demais para dormir. No jantar oferecido por um vizinho, sentou-se a seu lado Joseph Chamberlain, o político mais importante da Inglaterra e o homem mais enérgico que jamais conhecera.

Chamberlain era 22 anos mais velho do que Beatrice e enviuvara duas vezes, mas irradiava um vigor e um entusiasmo juvenis. Tinha porte atlético, vasta cabeleira, olhar penetrante, voz curiosamente sedutora, e era um líder natural. Fizera grande fortuna como fabricante de parafusos e pinos antes de ingressar na política como prefeito de Birmingham, manifestando inclinações reformistas. Durante quatro anos ele "criou parques, pavimentou ruas, aperfeiçoou o abastecimento de água e o fornecimento de gás e *melhorou*"[44] aquela imunda cidade fabril, transformando-a numa metrópole-modelo. Depois de passar vários anos reconstruindo a fragmentada máquina política do Partido Liberal, ele foi recompensado com um posto no gabinete.

À época em que Beatrice conheceu Chamberlain, ele havia se tornado o garoto desaforado da política inglesa. Sua estudada elegância, realçada por um monóculo, por ternos muito bem cortados e uma orquídea na lapela, dificilmente se harmonizava com sua imagem de agitador. Por ocasião dos tempestuosos debates daquele ano, Chamberlain havia chamado a atenção dos eleitores para a questão da pobreza e do direito ao voto. Usou seu posto no gabinete para fazer campanha em prol do sufrágio masculino, moradias mais baratas e terra para os trabalhadores rurais. Enfureceu os conservadores ao convidar o líder do partido, lorde Salisbury, para visitar Birmingham, pois pronunciou um discurso incisivo num comício convocado para protestar contra a presença daquele político. Seus rivais denominavam-no o "Robespierre inglês" e o acusavam de fomentar o ódio de classes. A rainha Vitória pediu a Chamberlain que se desculpasse após ele insultar a família real durante uma demonstração da classe operária. Herbert Spencer disse a Beatrice que Chamberlain era "um homem que pode ter boas intenções, mas que provoca e provocará uma incalculável quantidade de danos".[45]

Como discípula de Spencer, Beatrice desaprovava virtualmente tudo o que Chamberlain defendia e sobretudo seus apelos populistas às emoções dos eleitores. A despeito disso, ele a mobilizava. "Gosto e não gosto dele", ela escreveu em seu diário. Sentindo o perigo aproximar-se, ela se preveniu com firmeza: "dialogar com um homem inteligente em ocasiões sociais é uma armadilha e uma ilusão... É muito melhor ler seus livros".[46] Ela, entretanto, não seguiu o próprio conselho.

Como os Potter e Chamberlain eram vizinhos em Princes Gate, era inevitável que o controvertido político liberal e a elegante srta. Potter, ligeiramente pouco convencional, se encontrassem constantemente. A segunda vez em que estiveram juntos foi em julho, no piquenique anual de Herbert Spencer. Depois de passar uma tarde inteira conversando com Chamberlain, Beatrice admitiu: "Sua personalidade interessou-me".[47] Duas semanas depois ela se viu sentada entre Chamberlain e um aristocrata, proprietário de vastas propriedades no campo. "O par do reino do Partido Whig falou sobre suas posses e Chamberlain falou *apaixonadamente* em como se apoderar das posses dos outros — em benefício das massas", ela escreveu, em tom de brincadeira. Embora não apreciasse de modo algum as opiniões políticas dele, Beatrice ficou cativada por suas "paixões intelectuais" e por "todos seus *propósitos*". Pensou: "Como eu gostaria de estudar aquele homem!".[48]

Ela estava iludindo-se. A pesquisadora social e observadora imparcial já havia perdido o pé e mergulhado no "redemoinho" de emoções que a atraiu irresistivelmente, mas que não conseguia compreender nem controlar. Angustiava-se ao pensar se seria ou não feliz como esposa de Chamberlain. Acostumada a encantar os homens que a rodeavam, não se satisfazia com conquistas fáceis. Afetivamente carente na infância, ansiava por prender a atenção de um homem que se concentrasse não nela, mas em algum objetivo importante. Chamberlain, que desejava ser primeiro-ministro, exigia cega lealdade de seus seguidores, de sua família, e seduzia as multidões assim como os homens seduzem as mulheres. Ele era a personalidade mais vigorosa que Beatrice conhecera. Acaso ele não apreciaria ter como companheira alguém que fosse forte?

Beatrice tentou analisar o peculiar fascínio que Chamberlain exercia sobre ela: "Os lugares-comuns do amor sempre me aborreceram", escreveu em seu diário,

> mas Joseph Chamberlain, com melancolia e seriedade, ausência de qualquer galanteria ou faculdade de dizer belas banalidades, a maneira simples como ele presume, quase declara, que você se situa em um nível muito abaixo dele, que todas suas preocupações são fúteis, que você não tem importância neste mundo, a não ser pelo fato de relacionar-se com ele — essa espécie de corte — se é que podemos chamar de corte — fascinou pelo menos minha imaginação.[49]

Beatrice esperava que Chamberlain se declarasse antes de a temporada londrina chegar ao fim, mas não surgia proposta alguma de casamento. Decepcionada, regressou a Standish, onde "sonhou com futuras realizações ou, quem sabe, com o amor".[50] Em setembro a irmã de Chamberlain, Clara, convidou-a para visitá-lo em sua residência londrina. Mais uma vez Beatrice presumiu que ele iria se declarar. "Vindo de um meio tão correto, ele seguramente *deve* ter intenções honestas", disse a si mesma.[51] Mais uma vez Chamberlain não se manifestou, embora suas intenções se tivessem tornado tema de discussão na família Potter. Beatrice tentou atenuar suas expectativas e as das irmãs: "Se, conforme declara a senhorita Chamberlain, este cavalheiro tem 'uma visão muito convencional das mulheres', eu poderei ficar a salvo de toda tentação graças à minha ausência de convencionalismo. Com toda certeza não o ocultarei".[52]

Em outubro, quando Beatrice se encontrava em Standish, obcecada por Chamberlain, a *Pall Mall Gazette*, periódico liberal, publicou uma série de panfletos, na primeira pessoa, sobre o East End de Londres, escritos pelo ministro de uma congregação religiosa.[53] Ele denunciava as deploráveis condições de moradia com detalhes medonhos, que escandalizaram e mobilizaram as classes médias. A exemplo dos relatos de pobreza, escritos por Mayhew nas décadas de 1840 e 1850, dos quais fora testemunha ocular, "O grito amargo dos párias de Londres" relatava superpopulação crônica, os sem-teto, baixos salários, doenças, sujeira e fome. No entanto, como Gertrude Himmelfarb assinala, o alcance do choque provocado dependia ainda mais das insinuações de promiscuidade, prostituição e incesto:

> A imoralidade é o desfecho natural de condições como estas... Pergunte a homens e mulheres que vivem juntos nesses cortiços se eles são casados e sua simplicidade provocará, da parte deles, um sorriso. Ninguém sabe... Ninguém se importa... O incesto é comum e nenhuma forma de vício e sensualidade provoca surpresa ou chama a atenção.[54]

O efeito imediato daquelas sensacionais denúncias foi incitar lorde Salisbury, o primeiro-ministro, e Joseph Chamberlain a debater a causa da crise e a resposta do governo. O líder do Partido Tory e abastado proprietário de terrenos no East End culpou a grande expansão da infraestrutura de Londres pelo excesso populacional, enquanto Chamberlain atribuiu a culpa aos donos de imóveis urbanos, a quem ele queria taxar para, com isso, possibilitar a construção de moradias para os trabalhadores. O fato significativo é que tanto o Tory quanto o radical assumiam que a responsabilidade pela crise de habitação era do governo.

Beatrice rejeitou as denúncias do *Pall Mall*, julgando-as "rasas e sensacionalistas", juntando-se a Spencer, que lastimava seu impacto político.[55] Reconheceu, porém, que um testemunho de primeira mão, por parte do autor, além de suas observações pessoais, tinha a ver com sua extraordinária acolhida. Recordou ter ido às moradias precárias não por espírito de caridade, mas pelo desejo de se informar. A estupenda reação ao "Grito amargo", além da esperança de Spencer de que aqueles que compartilhassem suas opiniões pudessem desencadear uma reação eficaz, tornou Beatrice disposta a testar sua própria capacidade de formular diagnósticos sobre questões sociais.

Ela decidiu começar por um terreno relativamente familiar, visitando os parentes pobres de sua mãe em Bacup, no coração da lavoura algodoeira. Entre esses parentes estava Dada, que se casara com o mordomo dos Potter. A medida da independência de que Beatrice gozava se revelou no fato de ela poder empreender semelhante projeto. Para evitar constranger sua família e deixar seus entrevistados intimidados, ela foi a Lancashire não como uma das "bem-situadas Potter", mas simplesmente como "srta. Jones". Decorrida uma semana, escreveu ao pai: "Com toda certeza a maneira de enxergar a vida industrial é viver entre os trabalhadores".[56]

Ela descobriu aquilo que se preparara para encontrar: "Meros filantropos são aptos a fazer vista grossa à existência de uma classe trabalhadora independente e, quando se referem sentimentalmente ao 'povo', no fundo acham que são todos uns pobres coitados".[57] Decidiu então escrever algo a respeito dos pobres independentes. Quando esteve com Spencer no Natal, ele a animou a publicar o relato de suas experiências em Bacup. A observação real do "trabalhador em seu estado normal" era o melhor antídoto "à perniciosa tendência da atividade política" tanto por parte dos *tories* como dos liberais, no sentido de aumento de impostos e de maiores subsídios governamentais.[58] Spencer prometeu conversar com o editor da revista *The Nineteenth Century*. Como foi natural, Beatrice sentiu-se extremamente gratificada, mas divertiu-se secretamente com o fato de que "a própria encarnação da 'tendência perniciosa'" não somente havia conquistado o coração da protegida de Spencer, mas também estava a ponto de invadir o círculo familiar dos Potter.[59]

Beatrice convidou Chamberlain e seus dois filhos para passarem o Ano-Novo em Standish. Não via outra maneira de solucionar seus sentimentos divididos a não ser por um encontro face a face e tinha certeza de que ele estava se sentindo da mesma maneira. "Meu torturado estado não pode durar mais muito tempo", ela escreveu em seu diário. "O 'ser ou não ser' em breve será decidido."[60] Em vez disso, a visita resultou tremendamente inoportuna. Quanto mais Beatrice refutava as opiniões políticas de Chamberlain mais ele as reiterava e com veemência, levando-o a queixar-se, depois de uma discussão acalorada, que se sentia como se estivesse pronunciando um discurso. "Percebi seu olhar vigilante, notando cada movimento, como se ele estivesse ansioso para certificar-se de que eu me curvava à sua absoluta supremacia", notou Beatrice. Quando Chamberlain lhe disse desejar apenas "solidariedade inteligente" por parte das mulheres, ela, em seus pensamentos, o acusou, com boa dose de malícia, de que na realidade o que ele queria era "subserviência inteligente". Mais uma vez ele partiu sem pedi-la em casamento.[61]

"Se você acreditar em Herbert Spencer, não acreditará em mim", Chamberlain declarou sem rodeios a Beatrice, na última vez em que conversaram.[62] Estava equivocado, caso esperasse convertê-la.

Quando Beatrice era muito jovem, seu pai costumava provocar Spencer devido a seu hábito de "ir contra a maré dos frequentadores de igreja", na aldeia próxima à casa de campo dos Potter. "Não dará certo, meu caro Spencer, não dará certo", murmurava Richard Potter.[63] Duas décadas mais tarde, Spencer teve toda uma geração de homens e mulheres reflexivas seguindo sua liderança. *Social statics* [Estática social], o livro que publicou três anos depois das revoluções de 1848 na Europa, festejou o triunfo das novas liberdades econômicas e políticas sobre os privilégios da aristocracia, tornando o governo mínimo e a liberdade máxima o credo das classes médias progressistas. Alfred Marshall assimilou mais teorias evolucionistas em Spencer do que em Darwin. Karl Marx enviou a Spencer um exemplar com dedicatória da segunda edição de *O capital*, na esperança de que o endosso do filósofo ajudasse a promover sua venda.[64]

No início da década de 1880, entretanto, Spencer volta a remar contra a corrente. Seu último livro, *The man versus the State* [O homem contra o Estado], era uma veemente acusação ao constante crescimento da regulamentação do governo e da cobrança de impostos:

> Medidas ditatoriais, rapidamente multiplicadas, tendem de modo contínuo a estreitar as liberdades dos indivíduos e têm operado lançando mão de dois recursos. As regulamentações se traduzem em cifras que aumentam a cada ano, limitando os cidadãos ao encaminhá-los a direções nas quais suas ações não eram verificadas anteriormente. O segundo recurso se refere a ações obrigatórias, que ele, no passado, poderia praticar ou não, conforme preferisse. Ao mesmo tempo, encargos públicos mais pesados, principalmente locais, restringiram ainda mais sua liberdade, estreitando aquela parte de seus ganhos que ele pode gastar como bem entender, e aumentando as quantias dele retiradas para serem gastas como aprouver aos agentes públicos.[65]

Sua colocação a favor do laissez-faire causou forte impressão nos leitores, que enxergaram nela a última trincheira de defesa de uma doutrina ultrapassada, reacionária e cada vez mais irrelevante. Conforme Himmelfarb explica, a maioria dos pensadores vitorianos estava se afastando ou pelo menos questionando a doutrina do laissez-faire e muitos agora se arrependiam de tê-la adotado. Ela cita Arnold Toynbee, o historiador da economia de Oxford, que se desculpou perante um auditório de trabalhadores: "Nós — a classe média e com isso não me refiro apenas aos muitos ricos — negligenciamos vocês. No lugar da justiça, lhes oferecemos caridade".[66]

Quando o livro de Spencer surgiu em 1884, ele e Beatrice estavam mais próximos do que nunca e passavam muitas horas do dia juntos. "Entendo como funcionam os fundamentos de Herbert Spencer, mas não compreendo os fundamentos da paixão do senhor Chamberlain", ela confessou.[67] Remeteu um exemplar, com dedicatória, de *The man versus the State* à diretora do Girton College, em Cambridge, acompanhado de um bilhete, no qual deixava claro que continuava a ser, entre os discípulos de Spencer, a mais ardente. Referindo-se à assistência prestada aos desempregados, às escolas públicas, à regulamentação da segurança social e a outras instâncias da "intervenção estatal" em larga escala, ela escreveu: "Faço objeções a essas experimentações gigantescas [...] que têm o sabor de teorias inadequadas, ultrapassadas — o maior perigo de todos os venenos sociais [...] as receitas mais grosseiras de um charlatanismo social".[68]

Sim, Beatrice era ambivalente. Chamberlain a tinha forçado a reconhecer que "as questões sociais são as questões sociais de nossa época. Elas assumem o papel da religião".[69] Ao mesmo tempo que não estava preparada para aderir, da noite para o dia, ao novo "espírito dos tempos", não estava pronta para descartá-lo assim sem mais esta nem aquela e muitos menos a desistir de seu viril e eficaz proponente.[70]

Quando a irmã de Chamberlain convidou-a para visitar Highbury, a imponente e nova mansão dele em Birmingham, Beatrice partiu imediatamente, presumindo que o convite tivesse sido ideia daquele amor de sua escolha. No entanto, tão logo chegou, surpreendeu-a a incompatibilidade de seus gostos. Não encontrou nada que pudesse louvar naquela "casa de tijolos vermelhos, dispendiosamente construída, de muitas janelas arredondadas" e reprimiu com muita dificuldade seu desagrado ao contemplar seu interior vulgar, "com arcos de mármore elaboradamente esculpidos, paredes cobertas com papel acetinado, ricos cortinados e seletas aquarelas [...] lastimavelmente luxuosos. Não havia livros, música e nem mesmo inofensivas sobrecobertas nos sofás e poltronas que aliviassem a opressiva riqueza do mobiliário".

No decorrer do primeiro dia que passou lá, John Bright, antigo estadista do Partido Liberal, deleitou-a ao recordar o brilho de Laurencina, mãe dela, como jovem anfitriã dos abstêmios entusiastas da Liga da Lei contra o Trigo, que a visitaram havia quarenta anos. Rememorou a coragem política de Laurencina durante a campanha da Lei Antitrigo. A expressão de admiração do velho senhor pelo ativismo de sua mãe tornou ainda mais despótica a insistência de Chamberlain, segundo o qual as mulheres de sua casa não tinham opiniões independentes. No entanto, o egotismo de Chamberlain atraía Beatrice. Aquela noite, na prefeitura de Birmingham, ela o contemplou seduzindo uma pequena multidão e dominando-a completamente. Beatrice zombou do auditório, achando-o inculto, nada questionador, hipnotizado pelo discurso apaixonado de Chamberlain e não por suas ideias, mas, ao constatar "a submissão da cidade inteira a seu mando autocrático", reconheceu que sua própria rendição era inevitável. Chamberlain dominaria sua casa do mesmo modo e até mesmo os sentimentos dela a trairiam ("Quando os sentimentos se tornam fortes, como vai acontecer comigo no casamento, isso significa a absoluta subordinação da razão a eles"). Mesmo sabendo que Chamberlain a tornaria infeliz, Beatrice ficou envolvida. "Sua personalidade absorve todos os meus pensamentos", registrou em seu diário.

Na manhã seguinte, Chamberlain lavrou um tento ao levar Beatrice para conhecer seu enorme orquidário. Ela declarou que as únicas flores que amava eram as flores-do-campo e fingiu surpresa quando Chamberlain pareceu ficar aborrecido. Naquela noite Beatrice julgou detectar na aparência e nos modos dele "um intenso desejo de que eu deveria *pensar e sentir como ele*", além dos "ciúmes de outras influências". Interpretou aquilo como fato de que a "suscetibilidade" dele para com ela estava crescendo.[71]

Em janeiro de 1885, Chamberlain lançava a mais radical e bombástica campanha de sua carreira. Enfureceu seus correligionários liberais ao prevenir seus eleitores da classe trabalhadora no sentido de que o direito de voto não conduziria a uma democracia real, a menos que eles se organizassem politicamente.

Ele escandalizou os conservadores ao recorrer à retórica da luta de classes por meio da famosa frase: "Pergunto que resgate a propriedade pagará pela segurança de que ela goza?".[72] Tendo administrado Birmingham baseando-se no ousado princípio de "impostos elevados e uma cidade saudável", Chamberlain aproveitou-se das vantagens da posição que ocupava no gabinete para exigir sufrágio universal masculino, livre educação secular e "três acres de terra e uma vaca" para aqueles que preferissem trabalhar individualmente na terra e não em troca de salários nas minas ou fábricas. Tudo isso seria financiado por impostos mais altos sobre a terra, o lucro e a herança. Mais uma vez Beatrice foi a Birmingham e acomodou-se na galeria, enquanto ele fazia uma inflamada peroração. No dia seguinte ela voltou a vivenciar a humilhação da rejeição. Chamberlain não se declarou a ela.

A paixão obsessiva e conflituosa de Beatrice continuou a atormentá-la. Desprezou-se por estar enamorada de um homem dominador, mas também por fracassar em conquistá-lo. Ousara esperar uma vida que fosse uma combinação de amor e realização intelectual. Em diferentes momentos estivera disposta a sacrificar uma em proveito da outra. Agora lhe parecia que se iludira desde o início sobre seu próprio potencial. "Percebo claramente que minhas faculdades intelectuais não passam de miragens, que não tenho uma missão especial a cumprir" e que "amei e perdi, possivelmente devido à minha teimosia e à inabilidade de lidar com o assunto, possivelmente porque se tratava de minha própria felicidade; mas ainda assim perdi".[73]

No abatimento em que se encontrava, espantava-se com o fato de ter aspirado um dia a conquistar um homem tão extraordinário como Chamberlain e torturava-se pensando no que poderia ter sido: "Se eu acreditasse desde o início naquele propósito, se as influências que me formaram e as tendências naturais de meu caráter fossem diferentes, eu poderia ter sido uma companheira para ele. Não seria uma vida feliz; seria uma vida nobre".[74] No dia 1º de agosto ela escreveu seu testamento: "Por ocasião de minha morte determino que todos os meus diários, após serem lidos por meu pai — caso ele se interesse por isso —, sejam remetidos a Carrie Darling [uma amiga]. Beatrice Potter".[75]

De alguma forma ela acabou recuperando-se do golpe. Por ocasião das eleições gerais, no início de novembro de 1885, o suicídio já não dominava seus pensamentos e conseguia sentir um pouco de sua energia retornar. Enquanto contemplava o pai indo votar, mais uma vez Beatrice se pôs a planejar sua carreira no serviço social. Foi então que o destino lhe aplicou outro golpe, que ameaçou levar a independência de suas ações a "um fim súbito e desastroso".[76] Richard Potter foi trazido do posto de votação para Standish, pois sofrera um grave derrame que, entretanto, não o matou.

Como sempre, Beatrice confiou seu desespero ao diário: "Fazer companhia a uma mente que não funciona, a uma vida desprovida de atividade física ou mental, sem nenhum trabalho — meu Deus, que coisa terrível".[77] No primeiro dia do ano ela redigiu novo testamento, no qual suplicava que, após sua morte, quem quer que o lesse o destruísse. "Se a Morte chegar ela será bem-vinda", escreveu com amargura. "A posição de filha solteira, no lar, é uma posição infeliz, mesmo para uma mulher forte; é impossível para uma mulher fraca."[78]

Sua antiga obsessão sobre como viveria, quais objetivos alcançaria e a quem amaria lhe parecia nada além da obra do destino. "Agora nunca estou em paz comigo", registrou no início de fevereiro de 1886. "Toda a minha vida passada se assemelha a um erro crasso, irremediável, e os dois últimos anos parecem um pesadelo!... Quando cessará a dor?"[79]

A resposta chegou alguns dias depois na forma de um rugido ensurdecedor, que parecia surgir das profundezas ocultas da sociedade. No dia 8 de fevereiro, uma segunda-feira, por volta do meio-dia, uma multidão de 10 mil pessoas enfrentou a neblina e o frio, reunindo-se em Trafalgar Square. Cerca de 2500 policiais cercaram a praça. A polícia avaliou que dois terços da multidão consistiam de trabalhadores desempregados, sendo os restantes radicais de toda espécie possível. Um orador socialista, expulso da base da estátua do Almirante Nelson naquela manhã, subiu no monumento, o que as autoridades não conseguiram impedir. Agitou uma bandeira vermelha em atitude de desafio e incendiou a multidão denunciando "os autores das atuais desgraças na Inglaterra".[80] No interesse de seus ouvintes, exigiu que o Parlamento proporcionasse trabalhos públicos para "as dezenas de milhares de homens de valor, que estavam desempregados sem terem culpa alguma".[81] Seus ouvintes o aclamaram e a multidão foi aumentando cada vez mais durante toda a tarde, chegando até mesmo a quintuplicar.

A manifestação terminou pacificamente, mas em seguida os participantes começaram a deslocar-se pelas principais ruas do West End — Oxford Street, St. James Street, o Pall Mall — "amaldiçoando as autoridades, atacando lojas, saqueando botequins, embebedando-se e apedrejando janelas". A polícia não só estava desprevenida como também seu contingente era muito menor. Durante três horas ou mais "uma turba que vaiava e berrava" apoderou-se do West End. Centenas de lojas foram saqueadas, alguém que parecia estrangeiro foi espancado, carruagens no Hyde Park foram viradas e roubadas. Além disso, todo o tráfego nas ruas do centro de Londres parou, a Estação de Charing Cross ficou completamente paralisada e, quando a noite caiu, St. James Street e Piccadilly eram rios de vidro quebrado, nos quais se viam destroços de joias, botas, roupas e garrafas.[82]

O tumulto provocou arrepios de temor em todo o próspero West End de Londres. Embora ninguém morresse e apenas uma dúzia de desordeiros fosse presa, a maioria dos proprietários de lojas obedeceu ao aviso da polícia, mantendo seus estabelecimentos fechados na terça-feira. Um repórter do *New York Times* ridicularizou a falta de preparo da polícia — apenas na quarta-feira ela estava pronta para dar fim a novos protestos, caso ocorressem — "o que a polícia de Boston ou Nova York teria feito rapidamente, na tarde de segunda-feira", ele notou — afirmando que aquele havia sido o pior protesto que Londres presenciara desde as manifestações anticatólicas de 1780.[83] Os londrinos concordaram que não aconteceram saques em semelhante escala desde que a rainha Vitória subira ao trono, cinquenta anos antes, pouco depois de promulgado o primeiro Ato de Reforma.[84] A rainha declarou "monstruoso"[85] o tumulto.

A afirmação da rainha de que as manifestações constituíam "um triunfo momentâneo a favor do socialismo" não deixava de ter um fundo de verdade.[86] Aquele episódio estimulou bastante ativismo e convocações à ação. Londrinos preocupados e conscientizados doaram 79 mil libras ao fundo de assistência aos desempregados, mantido pelo prefeito da capital, e solicitaram que o dinheiro fosse aplicado. Maggie Harkness, a prima de Beatrice, começou a imaginar um romance que intitularia *Out of work* [Desempregado].[87] Joseph Chamberlain, agora membro do novo gabinete do primeiro-ministro William Gladstone, provocou inflamada controvérsia ao dar início a um esquema de obras públicas para o East End. Beatrice, exilada na casa de campo dos Potter, responsável não apenas pelos cuidados dispensados ao pai, mas também por sua problemática irmã mais nova e pelos negócios paternos, igualmente problemáticos, saiu da depressão o tempo suficiente para enviar uma carta ao editor do *Pall Mall Gazette*, jornal liberal, contestando a visão dominante das causas e possíveis remédios para a crise.

Beatrice preparou-se para uma rejeição delicada, quando chegou uma carta do editor do jornal — cedo demais, ela tinha certeza, para conter qualquer mensagem que apoiasse seu ponto de vista. Quando, porém, abriu o envelope, deparou com um pedido de permissão para publicar "A opinião de uma senhora sobre os desempregados" na forma de um artigo assinado por ela. Beatrice gritou de alegria. Sua primeira "tentativa de divulgação" era um sucesso e julgou-se que valia a pena ouvir suas palavras e pensamentos.[88] Ela havia de acreditar que era "um momento crítico em sua vida".[89]

Dez dias após os tumultos em Londres, Beatrice teve o prazer de ler suas próprias palavras impressas pela primeira vez. "Sou arrecadadora de aluguéis em um grande bloco de moradias populares situado próximo das Docas de Londres, projetado e adaptado para abrigar as classes mais baixas de trabalhadores pobres." Ela havia tentado lograr um duplo intento. O primeiro era que, ao contrário do que a maioria dos filantropos e políticos supunha, o desemprego no East End, "o grande centro de empregos incertos e de obras de caridade indiscriminadas", era o resultado não "de uma depressão nacional dos negócios", mas de um mercado de trabalho disfuncional e desequilibrado. À medida que atividades londrinas tradicionais, como a indústria naval e manufatureira, se deslocaram para outros centros, um número recorde de trabalhadores agrícolas sem qualificação e de imigrantes foi atraído por falsos relatos de altos salários e abundância de empregos. O segundo intento de Beatrice era uma decorrência do primeiro: anunciar empregos em obras públicas atrairia inevitavelmente recém-vindos sem qualificação para um mercado de trabalho já saturado, engrossando as fileiras de desempregados e deprimindo os salários daqueles que tinham trabalho.[90]

Uma semana depois da publicação de seu artigo, ela recebeu outra carta que fez com que seu coração batesse mais forte e suas mãos tremessem. Chamberlain elogiou seu artigo e queria solicitar seus conselhos. Presidente do Diretório Local do Governo, agora era responsável pela assistência aos pobres. Acaso ela se reuniria com ele para aconselhá-lo como modificar seu plano, eliminando suas deficiências?[91] A mágoa de Beatrice ainda era grande e, receando mais humilhações, ela se recusou a reunir-se com Chamberlain. Em vez disso, enviou-lhe uma crítica a seu plano. A resposta dele foi uma repetição de sua argumentação. Conforme ele afirmava, "os ricos têm de pagar para manter os pobres vivos".[92] A partir de suas experiências como empregador de milhares de trabalhadores, tinha plena convicção de que a inação do governo diante de uma situação calamitosa já não constituía uma opção. As regras da governança estavam mudando, independentemente do partido que ocupava o poder. À medida que a riqueza crescia, acompanhando o poder político de uma maioria empobrecida, emergiu um imperativo moral e político de agir e tal ação não ocorrera até então. Uma vez disponíveis os meios de aliviar situações penosas — e, o que era mais importante, uma vez que o eleitorado soubesse que tais meios existiam — não fazer nada deixava de ser uma escolha. O laissez-faire poderia ter definido os elevados fundamentos morais de uma Inglaterra agrária, mais pobre, dos dias de Ricardo e de Malthus, mas qualquer tentativa de seguir os preceitos articulados em *The man versus the State*, nesse momento, constituía uma imoralidade, um suicídio político. Chamberlain escreveu: "Meu Departamento sabe tudo a respeito dos Pobres [...]. No entanto, estou convencido de que é muito grande o sofrimento da classe industriosa que não é pobre [...]. O que deve ser feito por ela?".[93]

Beatrice não se abalou. "Não consigo apreender o princípio de que algo precisa ser feito", insistiu. Em vez de propor modificações, aconselhou Chamberlain a não fazer nada. "Não tenho proposta alguma a fazer, a não ser rigor por parte do Estado e amor e dedicação por parte dos indivíduos", escreveu. Não conseguiu resistir a acrescentar em tom meio caçoísta, meio de quem flerta, que

> é uma ideia ridícula a de que uma mulher comum deva ser convocada para rever as sugestões do mais capacitado ministro de Sua Majestade [...] sobretudo por saber que ele tem sofrível opinião até em relação à inteligência superior de uma mulher [...] e uma aversão a qualquer independência de pensamento.[94]

Chamberlain defendeu-se daquelas acusações de misoginia e reconheceu que algumas objeções de Beatrice tinham fundamento. Ainda assim, não disfarçou o quanto achava inaceitável a atitude subjacente dela:

Quanto à questão principal, sua carta é desencorajadora, mas receio que seja verdadeira. Prosseguirei, entretanto, como se não fosse verdadeira, pois se admitirmos uma única vez a impossibilidade de remediar os males da sociedade, afundaremos abaixo do nível dos brutos. Semelhante crença é a justificativa de um egoísmo absoluto e sem peias.[95]

Chamberlain agiu conforme prometera, ignorou o conselho de Beatrice e embarcou em uma daquelas "gigantescas experiências" que Spencer tanto desaprovava. O programa de obras públicas que ele promoveu era relativamente modesto em escala e durou apenas alguns meses, mas certos historiadores julgam que foi uma grande inovação.[96] Pela primeira vez o governo tratava o desemprego antes como uma calamidade social do que como um fracasso individual e assumia a responsabilidade de ajudar suas vítimas.

Quando Chamberlain indicou que estava cansado de suas picuinhas epistolares, Beatrice, numa atitude impulsiva, fez uma confissão irada — ela o amava — do que se arrependeu amargamente.[97] A sugestão de um médico de que levasse seu pai a Londres durante a temporada de inverno salvou a vida dela. Em vez de mergulhar novamente na antiga depressão e recorrer a doses de láudano, ela transferiu o domicílio para York House, em Kensington. No final de abril de 1886, Beatrice começou a participar com seu primo Charlie Booth, um rico filantropo, do mais ambicioso projeto de pesquisa social jamais empreendido na Inglaterra.

O primo de Beatrice tinha uns quarenta anos, era alto, desajeitado, "sua tez se assemelhava à de uma tísica" e seus modos polidos eram enganadores.[98] As pessoas que não o conheciam tomavam-no por músico, professor ou padre, mas não pelo que realmente era, o principal executivo de uma grande companhia transatlântica de navegação. Durante o dia ocupava-se com lucros e prejuízos, novos portos na América do Sul e tabelas de fretamento. À noite entregava-se a suas verdadeiras paixões, a filantropia e a ciência social. Ele e sua esposa, sobrinha do historiador Thomas Babington Macaulay, eram um casal despretensioso, ativo e intelectualmente curioso. Liberais na política, como os Potter e Heyworth, faziam parte daquela pequena multidão de jornalistas, líderes sindicais, economistas políticos e ativistas de toda sorte. Embora Beatrice torcesse algumas vezes seu nariz adunco diante do modo descontraído como cuidavam da casa e de seus peculiares convidados, ela passava todo o tempo que podia na mansão deles.

À semelhança de outros empresários voltados para questões ligadas à cidadania, Booth fazia muito era ativo em sua sociedade estatística local e compartilhava a convicção vitoriana segundo a qual dados corretos eram pré-requisito de uma ação social eficaz. Quando Chamberlain foi prefeito de Birmingham, ele realizou um levantamento, por solicitação sua, e se tornaram amigos. A constatação de que mais de um quarto das crianças em idade escolar de Birmingham não estava nem em casa nem na escola resultou em grandes mudanças na legislação. No início da década de 1880, quando a pobreza em meio à riqueza tornava-se novamente o motivo de reagrupamento dos críticos da sociedade contemporânea, Booth impressionou-se com a muito difundida "sensação de impotência" que muitas pessoas bem-intencionadas experimentavam diante de um problema aparentemente sem tratamento e de um desnorteante conjunto de diagnósticos e receitas conflitantes. A questão, ele pensou, era que os economistas políticos tinham teorias e os ativistas tinham casos para contar, mas nenhum deles podia fornecer uma descrição completa e sem viés do problema. Era como se lhe tivessem solicitado reorganizar as rotas de navios para a América do Sul sem poder recorrer a mapas.

Na primavera anterior, Booth ficou indignado diante da afirmativa, por parte de alguns socialistas, de que mais de um quarto da população de Londres era carente. Desconfiado, mas incapaz de provar que aquela cifra era exagerada, ele sentiu-se estimulado e partiu para a ação. Determinou que investigaria cada casa, loja, rua e cada tipo de emprego, ficaria conhecendo a renda, ocupações e circunstâncias da cada um dos 4,5 milhões de cidadãos de Londres. Lançando mão de seu próprio dinheiro, criaria um mapa da pobreza na capital.

Ao contrário de Henry Mayhew, a quem Beatrice admirava, Booth tinha visão, experiência administrativa e sofisticação técnica para levar adiante aquele extraordinário plano. Seu primeiro passo, após consultar amigos como Alfred Marshall, que naquela época lecionava em Oxford, e Samuel Barnett, da instituição educacional Toynbee Hall, foi recrutar uma equipe de pesquisa. Beatrice aceitou seu convite para participar do primeiro encontro da Diretoria de Pesquisa Estatística, na filial londrina de sua empresa. Ela, claro, era a única mulher. Booth explicou que objetivava obter "um retrato equilibrado de toda a sociedade londrina" e apresentou-lhes um plano "elaborado e detalhado", que, entre outras coisas, envolvia inspetores escolares como entrevistadores, bem como dados do censo e registros de obras de caridade para auxiliarem na verificação do que seria levantado.[99] Ele queria começar pelo East End, onde morava 1 milhão dos 4 milhões de habitantes de Londres:

> Minha única justificativa para realizar a proposta da maneira como tenho agido é que se supõe que aquela região de Londres contém a população mais necessitada da Inglaterra e por constituir, por assim dizer, o foco do problema da pobreza em meio à riqueza, o que vem perturbando as mentes e corações de muitas pessoas.[100]

Beatrice ficou profundamente impressionada com o fato de que Booth se dispusera a lançar sozinho aquele ambicioso programa. Imaginava-se assumindo no futuro semelhante papel pioneiro. Ela se deu conta de que aquilo era "exatamente o tipo de trabalho que eu gostaria de realizar... se eu fosse livre".[101] Decidiu ser uma aprendiz de seu primo, por assim dizer, dedicando todo o tempo que sua família permitisse para absorver tantos conhecimentos. Seu papel não seria coletar estatísticas. Iria a locais de trabalho, a domicílios, faria suas próprias observações, entrevistaria trabalhadores, começando pelos lendários estivadores das docas de Londres.

Quando os Potter retornaram à sua propriedade campestre, Beatrice aproveitou-se de seu isolamento forçado para preencher lacunas em sua formação. Corroborar as estatísticas por meio da observação pessoal e das entrevistas parecia-lhe algo essencial, mas ela percebeu que a observação correta era impossível sem o apoio de uma teoria que permitisse separar o joio do trigo. Mayhew fracassara em apresentar propostas duradouras por ter colhido fatos indiscriminadamente. A necessidade de contar com algum tipo de estrutura tornou-a disposta a aprender algo sobre economia e especialmente a tomar conhecimento de como as ideias econômicas tinham evoluído, pois "cada inovação recente correspondia a alguma observação inconsciente das principais características da vida industrial contemporânea".[102]

Após um ou dois dias de leituras intermitentes, Beatrice queixou-se de que a economia política era "a coisa mais odiosa e enfadonha que existia".[103] Duas semanas mais tarde, entretanto, ela sentia-se satisfeita por ter "quebrado o espinhaço da ciência econômica".[104] Terminada a leitura — ou pelo menos a leitura superficial — de *A system of logic* [Um sistema de lógica], de Mill, e *Manual of political economy* [Manual de economia política], de Fawcett, convenceu-se de que "apreendera a essência" do que Smith, Ricardo e Marshall tinham a dizer. Na primeira semana de agosto ela dava os toques de acabamento numa crítica à economia política inglesa. Com exceção de Marx, cuja obra ela leu no outono, os principais economistas políticos eram culpados de tratar pressupostos como se fossem fatos, Beatrice argumentou, e os censurou por prestar muito pouca atenção a conjuntos de dados sobre comportamentos da época. Enviou suas acusações ao primo Charlie, na esperança de que a ajudasse a publicá-las. Para seu grande pesar, Booth respondeu sugerindo que ela pusesse seus escritos de lado e os remetesse dali a um ou dois anos.

Um ano mais tarde, após Beatrice completar seus estudos sobre os trabalhadores das docas, Booth levou-a a uma exposição de artistas pré-rafaelitas em Manchester. Ela ficou de tal modo tocada por aqueles quadros que resolveu transformar seu próximo estudo — o trabalho por tarefa no comércio das confecções — numa "pintura". Ocorreu-lhe que se quisesse "dramatizar" seu relato, precisaria mergulhar fundo nele. "Eu não teria condições de perceber o que acontecia sem viver entre os trabalhadores. Achava que isso eu poderia fazer."[105]

Os preparativos para seu papel de estreia como trabalhadora consumiram meses. Beatrice passou o verão em Standish, imersa em "todos os livros, publicações oficiais, panfletos e periódicos relativos ao trabalho por tarefa que consegui comprar ou emprestar."[106] No outono, ela morou num hotelzinho do East End durante seis semanas, passando de oito a doze horas por dia numa cooperativa de confecções e alfaiataria, aprendendo a costurar. À noite, quando não estava exausta demais para cair na cama, comparecia a elegantes jantares no West End.

Em abril de 1888 ela estava pronta para iniciar sua pesquisa e mudou-se para uma precária pensão do East End. Na manhã seguinte, vestiu-se modestamente e se pôs a andar a pé "para começar a vida como uma trabalhadora". Poucas horas depois já enfrentava as dificuldades da caça ao emprego.

Confessou que isso provocou nela uma "sensação estranha". Escreveu em seu diário: "Nenhuma oferta, a não ser para 'boas costureiras' e nesses lugares eu não ousava me apresentar, pois me sentia uma impostora. Continuei na minha busca até meu coração fraquejar, minhas costas e pernas começaram a doer e vivi a experiência de alguém que não consegue emprego. Consegui finalmente invocar toda minha coragem".[107]

"Não tem a aparência de alguém acostumada a muito trabalho", ouviu repetidas vezes. Mesmo assim, 24 horas depois, apesar de seu receio de que desconfiassem de seu disfarce e de suas ineptas tentativas de falar errado, Beatrice estava sentada a uma grande mesa, costurando desajeitadamente uma calça. Seus dedos pareciam salsichas e ela precisou recorrer à bondade de uma colega a qual, embora fosse paga por peça costurada, se dispôs a ensinar-lhe o necessário, e ao supervisor, que mandou uma garota ir comprar as guarnições que toda costureira deveria fornecer.

Aquela mulher, cujo lema era "Uma mulher, em todas suas relações, sempre deve ser solicitada", transcreveu jubilosamente a letra de uma cantiga muito entoada pelas costureiras:

Se uma garota de um homem gostar por que ela não deve se declarar?
Por que não deverá abrir o bico, não deixar seu coração disparar?[108]

Assim que acenderam o gás, na oficina de costura, o calor tornou-se terrível. Os dedos de Beatrice estavam machucados e as costas doíam. "São oito horas", gritou alguém, com voz esganiçada.

Por tudo aquilo recebeu um *shilling*, o primeiro que havia ganhado em toda a sua vida. "Um *shilling* por dia é mais ou menos o que se paga pelo trabalho de uma mulher sem qualificação", ela registrou em seu diário, ao voltar para seu quarto de pensão.

Na manhã seguinte, às oito e meia, estava firme no número 198 da Mile End Road. Abriu botoeiras em calças durante dois dias "antes de deixar a oficina e seus empregados, que ali labutavam dia após dia. Tudo aquilo haveria de se tornar para ela apenas uma lembrança".[109]

As notícias da proeza de Beatrice se espalharam rapidamente. Em maio uma comissão da Câmara dos Lordes que realizava uma investigação sobre o trabalho por tarefa convidou-a a prestar seu testemunho. A reportagem da *Pall Mall Gazette*, que esteve presente, descreveu-a em termos glamorosos: "alta, esbelta, morena, olhos que brilham" e sua atitude, sentada na cadeira de testemunhas, "bastante equilibrada".[110] Durante o depoimento, Beatrice retomou um hábito da infância — o de contar lorotas — e declarou ter passado três semanas, em vez de três dias, na oficina de costura. Durante as semanas seguintes o temor de que fosse desmentida deixou-a angustiada. Quando, porém, o jornal liberal *Nineteenth Century* publicou "Páginas do diário de uma jovem trabalhadora", o sucesso lhe foi gratificante. "Foi a originalidade da proeza que empolgou os leitores, mais do que aquilo que ela revelava."[111] Mesmo assim, Beatrice reconheceu, um convite para ler seu relato na Universidade de Oxford deixou-a ridiculamente feliz ("Se tenho algo a dizer, agora sei que posso dizê-lo e dizê-lo bem").[112] Pouco antes do Ano-Novo, apesar de uma forte gripe que a deixou de cama, ela se deleitava com as notícias que surgiam nos jornais diários e "até mesmo com uma entrevista forjada [...] enviada pelo telégrafo aos Estados Unidos e à Austrália".[113]

Agora Beatrice sentia-se encorajada a empreender um projeto que era uma iniciativa inteiramente sua. Desde a semana que passara em Bacup entre os tecelões sob a falsa identidade de "srta. Jones", ela se sentiu atraída pela ideia de escrever uma história do movimento cooperativo. Nem mesmo o choque de ler na *Pall Mall Gazette* a notícia de que Joseph Chamberlain havia pedido em segredo a mão de uma "aristocrata" americana de 25 anos — "foi como se tivesse sido apunhalada, mas superei"[114] — impediu Beatrice de mergulhar novamente na leitura dos relatórios oficiais. Em vez disso, seu primo Charlie tentou convencê-la a escrever um tratado sobre o trabalho feminino. O mesmo fez Alfred Marshall, a quem ela foi apresentada em Oxford e que a convidou para almoçar com ele e Mary. Ele declarou admirar profundamente seu "Diário". Quando ela aproveitou a oportunidade de perguntar o que ele achava de seu novo projeto, Marshall lhe disse, em tom dramático: "Se você se dedicar ao estudo das mulheres como um fator industrial, seu nome será celebrado durante os próximos duzentos anos; se escrever uma história do cooperativismo, será ultrapassado ou ignorado dentro de poucos anos".[115]

Beatrice, que gostava mais de passar o tempo com os homens do que com outras mulheres e que desconfiava que Marshall a julgava não qualificada para escrever sobre um de seus temas favoritos, não teve a menor intenção de seguir seu conselho. O assunto foi encerrado quando ela, impulsivamente, juntou-se a outras mulheres socialmente proeminentes, assinando uma petição que se opunha ao sufrágio feminino. "Naquela época eu era conhecida por ser antifeminista", explicou mais tarde.[116]

Na realidade, Beatrice estava mudando de opinião em relação a muitas coisas. Apesar de defender com veemência sua filosofia do laissez-faire, começava a ter dúvidas sobre as crenças libertárias de Spencer e de seus pais. Ela e o velho filósofo ainda se viam com frequência, mas suas discordâncias se tornaram tão violentas que conversavam cada vez menos sobre política. Ela passava cada vez mais tempo com seu primo Charlie.

Quando Booth publicou o primeiro volume de *Labour and life of the people* [O trabalho e a vida do povo], em abril de 1889, o jornal *Times* opinou que o livro "havia descerrado a cortina por trás da qual se escondia a zona leste de Londres", destacando e louvando o capítulo escrito por Beatrice sobre os trabalhadores das docas da capital.[117] Em junho daquele ano, Beatrice compareceu a um congresso sobre cooperativas, onde acabou se convencendo de que "a democracia dos consumidores tem de ser complementada pelas democracias dos trabalhadores", como se estes pudessem ter a esperança de, um dia, impor acordos, duramente conquistados, sobre salários e horas de trabalho.[118] A eloquente e inteiramente inesperada vitória alcançada em agosto de 1889 pelos trabalhadores das docas de Londres, que se acreditava universalmente serem por demais egoístas e desesperados para se unirem, impressionou profundamente Beatrice. "Londres está fervendo. As greves estão na ordem do dia, o novo sindicalismo, com sua magnífica conquista das docas, caminha a passos largos", ela registrou em seu diário.

> Os socialistas, conduzidos por um pequeno grupo de jovens capacitados (Sociedade Fabiana), estão manipulando os radicais de Londres, prontos para, no primeiro xeque-mate do sindicalismo, exprimirem um crescente desejo de ação por parte do Estado. Eu, devido às peculiaridades de minha posição social, devo situar-me no meio das duas posições, receptiva a todas, não me alinhando a nenhuma.[119]

Em vez de testemunhar em primeira mão aqueles palpitantes acontecimentos, Beatrice estava longe, em um hotel no campo, presa a seu pai em estado de semicoma, "exilada do mundo do pensamento e da ação de outros homens e mulheres". Trabalhava em seu livro, mas sem a menor convicção de que conseguiria terminá-lo. Sentia-se "exausta de confrontar-me com meu tema. Será que fui feita para um trabalho cerebral? Será que alguma mulher é feita para uma vida puramente intelectual? [...] O pano de fundo de minha vida é inexprimivelmente depressivo — papai imobilizado em seu leito, uma criança, um animal, com menos capacidade de pensar e sentir que Don, meu velho cãozinho".[120]

À medida que crescia sua frustração por ser incapaz de manter uma carreira enquanto cuidava do pai, Beatrice sentia-se cada vez mais inclinada a identificar a angustiosa situação das mulheres com a opressão sofrida pelos trabalhadores. Pensava nas famílias "de todos aqueles homens respeitáveis e muito bem-sucedidos" com quem suas irmãs tinham casado. Continuava a manter uma forte ligação com elas:

> Então... abro caminho através de uma multidão de miseráveis do East End, de crianças abandonadas e de desgarrados ou entro num local em que trabalhadores debatem e ouço o grito cada vez maior de cérebros ativos, entregues à rotina do trabalho manual — e não a uma carreira em que a capacidade conta —, ouço o grito amargurado dos trabalhadores do século XIX, homens e mulheres.[121]

No outono anterior, quando seu pai lhe disse "Gostaria de ver minha pequena Bee casada com um homem bom e forte", Beatrice registrou em seu diário: "Não posso e jamais poderei prestar-me ao estupendo sacrifício do casamento".[122]

Beatrice soube quem era Sidney Webb alguns meses antes de conhecê-lo. Leu uma coletânea de ensaios publicados pela Sociedade Fabiana, um grupo socialista que pretendia tomar o poder do mesmo modo que um general romano chamado Fabius vencera a guerra contra Cartago, gradualmente, através de táticas de guerrilha no lugar de enfrentamentos em batalhas. Ela confiou a um amigo que "de longe o ensaio mais significativo e interessante é o de Sidney Webb".[123] Sidney retribuiu o elogio numa resenha sobre o primeiro volume da pesquisa de Booth: "Entre os autores, a única que possui talento literário é a srta. Beatrice Potter".[124]

Seu primeiro encontro aconteceu nos salões de Maggie Harkness, em Bloomsbury. Beatrice havia perguntado a sua prima se ela conhecia entendidos em cooperativismo e Maggie imediatamente pensou em um fabiano que parecia conhecer tudo. Para Sidney foi amor à primeira vista, embora aquele encontro o tenha deixado mais desesperançado que eufórico. "Ela é bela demais, rica demais, inteligente demais", confiou a um amigo.[125] Mais tarde reconfortou-se com o pensamento de que ambos pertenciam à mesma classe social, até Beatrice corrigi-lo. É verdade que homens que tinham de usar uniforme no trabalho a divertiam. Gostava de conversar e fumar com ativistas de sindicatos e cooperativas em seus acanhados apartamentos. No entanto, a importância que se davam aqueles trabalhadores que "ascenderam em sua própria classe", que se exibiam em jantares em Londres e que "se apresentavam dessa maneira sem o menor desconforto quanto ao modo como seriam recebidos" foi algo que provocou o inerente esnobismo dela.[126] Beatrice achou que Sidney se parecia com o cruzamento de um trapaceiro londrino com um professor alemão e zombou de "sua burguesa sobrecasaca preta muito surrada" e seu sotaque popular. Quando menos esperava, deu-se conta de que havia algo naquele "notável homenzinho, de cabeça grande num corpo mirrado" que lhe agradou.[127]

Como sua "cabeça grande" dizia, Sidney possuía, com efeito, um grande cérebro. Como Alfred Marshall, provinha da classe média baixa de Londres e ascendera naquela maré que estava levando para o alto trabalhadores de colarinho-branco. Três anos mais novo que Beatrice, cresceu no salão de cabeleireiro de seus pais, perto de Leicester Square. Seu pai, que, além de cortar cabelos, trabalhava à noite como guarda-livros autônomo, era um democrata radical e apoiara a campanha parlamentar de John Stuart Mill. A mãe de Sidney, que tomava todas as decisões importantes na família, estava decidida a fazer dele e de seu irmão profissionais, quando crescessem. Dotado de prodigiosa memória, talento para matemática, saindo-se muito bem em testes, Sidney destacou-se na escola, conseguiu um emprego de corretor da Bolsa aos dezesseis anos e recebeu uma oferta de sociedade numa firma ao completar 21 anos. Em vez de aceitar, prestou exame para um emprego público e foi nomeado para um cargo no Departamento das Colônias. Àquela altura ele já tinha sido picado pela mosca da política e se conscientizou de que se interessava mais pelo poder do que pelo dinheiro. Continuou a ganhar bolsas de estudo e a fazer cursos de graduação, incluindo um de direito na Universidade de Londres, de acordo com seu biógrafo oficial, Royden Harrisson. À época das violentas manifestações em Trafalgar Square e da subsequente vitória eleitoral do Partido Tory, Sidney descobriu sua verdadeira vocação junto aos seguidores da Sociedade Fabiana.

Os fabianos eram um grupo peculiar. Sidney aderiu a seu programa: "propriedade coletiva, sempre que praticável; regulamentação coletiva de todos os setores; abastecimento coletivo de acordo com as necessidades de todos os carentes; cobrança coletiva de impostos em proporção à riqueza, especialmente tratando-se das grandes riquezas". A Sociedade Fabiana era associada sobretudo a governos locais e a projetos de pequena escala, tais como cooperativas de laticínios e agências governamentais de penhor. A estratégia dos fabianos também se diferenciava da estratégia da maioria dos outros grupos socialistas. Abstendo-se da política eleitoral e da revolução, procuravam introduzir gradualmente o socialismo, "impregnando toda a existência das forças da sociedade com ideais e princípios coletivistas".[128]

Quando Sidney foi eleito para o comitê geral da Sociedade Fabiana, em 1887, ela já contava com 66 membros e com uma renda anual de 32 libras, e tinha a reputação de ser o lugar onde mulheres belas podiam encontrar homens brilhantes, e vice-versa. O historiador inglês G. M. Trevelyan descreveu os fabianos como "oficiais inteligentes sem exército". Eles não aspiravam a tornar-se um partido político no Parlamento, mas esperavam influenciar planos de ação, "o posicionamento do grande número de pessoas que marcham sob outras bandeiras".[129] Sidney, tendo concluído que "nada na Inglaterra se faz sem o consenso de uma classe intelectual de Londres, pequena, porém prática, e que não chega a 2 mil pessoas", além de a política eleitoral ser um jogo de gente rica, definiu como "permeação" a estratégia fabiana de se infiltrar no mundo oficial.[130]

O melhor amigo e parceiro de Sidney naqueles intentos era George Bernard Shaw, um irlandês espirituoso e irreverente que escrevia críticas de teatro e atuava como o principal divulgador dos fabianos. Em meados da década de 1890, aquele ex-arrecadador de impostos de Dublin e ex-corretor da Bolsa de Londres estava convencido de que os problemas sociais tinham origens econômicas. Dedicou-se, na segunda metade da década de 1880, a tornar-se entendido em economia. Ele e Sidney tentaram pôr em prática aquilo em que acreditavam e para onde direcionar suas energias. Participaram de encontros regulares de um grupo organizado por diversos economistas profissionais na Faculdade da Prefeitura de Londres. Seus estudos os levaram a rejeitar o socialismo utópico e o comunismo marxista. Denominavam seu objetivo o socialismo, porém um socialismo com propriedade, Parlamento e capitalistas, sem Marx ou a luta de classes. Desejavam domar e controlar o "Frankenstein" da livre empresa mais do que eliminá-lo e taxar os ricos, em vez de aniquilá-los.[131]

Decorridas algumas semanas de seu primeiro encontro com Sidney, Beatrice começava a admitir que "uma comunidade socialista, na qual haverá liberdade individual e propriedades públicas", poderia ser viável e atraente. "Finalmente sou socialista", declarou.[132] Ela apreendeu o espírito da época, que levara William Harcourt, um parlamentar liberal, a exclamar em 1888, durante um debate sobre o orçamento: "Agora todos somos socialistas".[133] Quanto a Sidney, começava a pensar nele como "pertencente àquele pequeno grupo de homens com quem, mais cedo ou mais tarde, meu destino poderá se ligar para sempre".[134]

Desde o início Beatrice não teve a menor dúvida da atração que Sidney sentia por ela e sentiu-se feliz por permitir que sua dependência intelectual em relação a ele crescesse. Quando ele confessou que a adorava e queria desposá-la, ela respondeu com um pequeno sermão, afirmando que não se devia misturar amor com trabalho. Insistiu em ser sua colaboradora e não sua esposa e repeliu quaisquer outras alusões a "sentimentos menos elevados".[135]

Em 1891, Beatrice passava novamente uma temporada em Londres e aguardava nervosamente que seu livro sobre as cooperativas fosse editado. Estava preocupada com uma série de palestras que havia concordado em realizar. Sidney anunciou que estava deixando o serviço público. Sua vida se resumia em trabalhar e sentia-se como "um cavalo que puxa tílburis em Londres e que não pode ser desatrelado, pois senão cairá".[136] Mais uma vez tocou naquele assunto proibido, prometendo a Beatrice que, caso ela cedesse, ele a deixaria viver aquela vida abstêmia, trabalhosa, fora do lar, intensamente social que ela desejava. Sugeriu que escrevessem juntos um livro sobre os sindicatos. Após um ano inteiro dizendo a Sidney "Não o amo", ela finalmente acabou dizendo "sim".[137]

Quando Sidney enviou a Beatrice um retrato de corpo inteiro, ela fez um pedido: "Quero apenas sua cabeça [...] é somente com sua cabeça que estou me casando [...]. O resto não me importa".[138] Receava comunicar o fato a sua família e amigos. "Todo mundo ficará intrigado", confiou a seu diário.

Diante das circunstâncias, parece um extraordinário epílogo para Beatrice Potter, outrora figura brilhante [...] desposar um homenzinho feio, sem posição social e com parcos recursos, cuja única recomendação, segundo dizem alguns, é uma certa capacidade de dinamismo. E não estou "amando", não como amei um dia. Enxergo, porém, algo mais nele [...] um belo intelecto, afetuosidade, capacidade de submeter-se e dedicar-se ao bem comum.[139]

Beatrice insistiu que o noivado deveria manter-se em segredo enquanto seu pai vivesse. Apenas suas irmãs e alguns amigos íntimos foram comunicados. Os Booth reagiram friamente e Herbert Spencer logo a excluiu como agente de seus direitos autorais, posição que outrora tinha sido motivo de grande orgulho para ela.

Richard Potter faleceu alguns dias antes do trigésimo quarto aniversário de Beatrice, em 1º de janeiro de 1892. Legou a sua filha preferida uma renda anual de 1500 libras e "uma incomparável independência em relação a qualquer preocupação".[140] Após o enterro, Beatrice passou uma semana na "feia e acanhada" casa de sua futura sogra em Park Village, próxima do Regents Park. No dia 23 de julho de 1892, Beatrice e Sidney se casaram num cartório de Londres. Ela registrou o acontecimento em seu diário. "Sai de cena Beatrice Potter. Entra em cena Beatrice Webb ou, melhor dizendo, a (sra.) Sidney Webb, já que, infelizmente, perco ambos os nomes."[141]

Quando George Bernard Shaw realizou sua primeira visita prolongada aos recém-casados, decorrido mais de um ano, no final do verão de 1893, Beatrice considerou-o vaidoso, frívolo e um galanteador nato, mas um "proseador brilhante", que "gostava de flertar e, portanto, era companhia muito agradável". Enquanto Sidney era o "organizador" da junta dos fabianos, para ela Shaw não passava de alguém que lhe conferia "brilho e sabor".[142]

A primeira peça de Shaw, *Widowers' houses* [As casas do viúvo], havia sido encenada no Royalty Theatre em dezembro do ano anterior e então ele se dedicava a uma nova peça, *Mrs. Warren's profession* [A profissão da sra. Warren], que obedecia à mesma fórmula: abordar um dos "temas inomináveis" da sociedade vitoriana, naquele caso uma profissão vilipendiada, transformando-a em metáfora de como a sociedade funcionava realmente.[143]

Durante todo o ano anterior a imprensa divulgara uma série de relatos sobre bordéis legais, isto é, clubes onde homens de grandes recursos realizavam seus negócios e onde jovens inglesas eram submetidas à escravidão sexual. Como sempre, Shaw remodelava um problema social, transformando-o em problema econômico, e escreveu a um amigo declarando que "em todas as minhas peças meus estudos econômicos têm desempenhado papel tão importante quanto o conhecimento da anatomia desempenha nas obras de Michelangelo".[144] Sua personagem, sra. Warren, que está à frente de um bordel de alta categoria em Viena, prática mulher de negócios, compreende que a prostituição não diz respeito ao sexo, mas ao dinheiro. Assim como tinha desejado que seus espectadores enxergassem o dono dos cortiços de *Widowers' houses* não como um vilão mas como sintoma de um sistema social que a todos implicava, Shaw queria então que todos entendessem que, numa sociedade que leva as mulheres à prostituição, não existem inocentes. "Nada agradaria mais a nosso público britânico — uns santarrões — do que lançar toda a culpa da profissão da sra. Warren nela mesma", escreveu Shaw no prefácio. "Todo o propósito de minha peça é mostrar que a culpa é do público britânico."[145]

Foi Beatrice quem sugeriu que Shaw "pusesse em cena uma senhora moderna da classe dirigente", em vez de uma cortesã estereotipada e sentimental.[146] O resultado foi a personagem Vivie Warren, heroína da peça e filha da sra. Warren, educada em Cambridge. À semelhança de Beatrice, Vivie é "atraente... sensível... dona de si". Como Beatrice, escapa de sua classe e de seu destino sexual. No conto "Yvette", de Guy de Maupassant, que forneceu a Shaw seu enredo, o nascimento é o destino. "Não existe alternativa", declara Madame Obardi, a prostituta mãe de Yvette, heroína do conto, mas no mundo que Vivie Warren habita — os derradeiros anos da Inglaterra vitoriana — *existe* uma alternativa. A descoberta dos verdadeiros negócios da sra. Warren e a real fonte financeira que havia possibilitado os estudos de sua filha em Cambridge abalaram a inocência de Vivie. Em vez de se matar ou resignar-se a seguir os passos da mãe, Vivie torna-se... perita em contabilidade. "Meu trabalho não é o seu, seu caminho não é o meu", ela diz à mãe. Como aconteceu com Beatrice, a escolha de não repetir a história foi dela. Na cena final de *Mrs. Warren's profession*, Vivie está sozinha no palco, à sua escrivaninha, totalmente entregue a seus "cálculos contábeis".

Enquanto isso, a verdadeira Vivie morava com o marido numa casa de dez quartos, bem perto do Parlamento. Quase todas as manhãs ela, Sidney e Shaw se encontravam na biblioteca da residência. Os três tomavam café, fumavam cigarros e fofocavam, enquanto editavam os três primeiros capítulos do livro de Beatrice e Sidney sobre os sindicatos.

Herbert George Wells, escritor de ficção científica imensamente popular, transformou durante algum tempo o trio fabiano num quarteto, antes de romper com os Webb. Mais tarde satirizou-os em seu romance *The new Machiavelli* [Os novos Maquiavéis], publicado em 1910, na forma dos personagens Altiora e Oscar Bailey, poderoso casal londrino que adquire rapidamente conhecimentos sobre negócios públicos e os divulga, a fim de se tornar influente e passar a ser "o centro de referência para toda espécie de propostas legislativas e questões políticas". Criada no seio da classe dirigente, como Beatrice, Altiora "descobriu muito cedo que trabalhar é a última coisa que as pessoas influentes fazem". Indolente, porém brilhante, ela desposa Oscar por causa de sua ampla fronte e seus industriosos hábitos de trabalho. Sob o comando dela, eles se tornam "o casal mais formidável e destacado que se possa conceber". "Duas pessoas [...] que planejaram vir a ser um poder [...] de maneira original. E não é que conseguiram?", diz o companheiro do narrador.[147]

O termo "*think tank*", que denota o crescente papel de pessoas especializadas em elaborar políticas públicas, foi criado após a Segunda Guerra Mundial. Mesmo então, de acordo com o historiador James A. Smith, *think tank* se referia a "uma sala resguardada na qual planos e estratégias podiam ser discutidos".[148] Somente nas décadas de 1950 e 1960, quando Rand e Brookings se tornaram nomes familiares, o termo "*think tank*" foi empregado para evocar entidades privadas que empregavam pesquisadores, presumivelmente independentes e objetivos, que proporcionavam aconselhamento gratuito e apartidário a funcionários do governo e a políticos. No entanto, *think tank* era algo que se aplicava às mil maravilhas a Beatrice e Sidney, talvez os primeiros a se encaixarem nesse conceito e certamente dois dos mais eficientes. Eram exatamente aquilo, a partir do momento em que se casaram. "Disso eles sentiam indisfarçado orgulho", zombou Wells. "No interior das alianças dos Bailey estava gravado P. B. P., *Pro Bono Publico*."*

* Em Prol do Bem Público. (N. T.)

Os Webb, com grande argúcia, perceberam que tecnólogos estavam se tornando cada vez mais indispensáveis, à medida que crescia a ambição de governos eleitos democraticamente. "Por motivo de mera conveniência os eleitos *precisam* recorrer cada vez mais aos serviços de funcionários experientes [...]. Queremos sugerir que esses funcionários devem necessariamente transformar-se numa nova classe, muito poderosa [...]. Nós nos consideramos os amadores precursores dessa classe."[149] Essa percepção os levou a fundar a Escola de Economia de Londres, cujo intento era formar uma nova classe de engenheiros sociais, além de lançar o *New Statesman*, um jornal semanal.

A casa dos Webb, no número 41 da Grosvenor Road, "quase prosaica e despretensiosa", escolhida por Beatrice, anunciava as prioridades do casal. Seu regime era espartano, para que permanecessem em forma. O conforto de classe média foi sacrificado em favor de livros, artigos, entrevistas e depoimentos. Numa era de fogões a carvão e água corrente fria, os Webb, em geral, empregavam três assistentes de pesquisa mas apenas duas criadas. "Todas as carreiras públicas eficientes", afirma Altiora no romance de Wells, "consistem de orientar apropriadamente secretários."[150] Beatrice assumiu para si mesma a tarefa de converter a Inglaterra do laissez-faire em uma sociedade planejada de cima a baixo. Tendo em vista essa finalidade, o casal estruturou ambiciosos projetos de pesquisa e organizou sua vida quase inteiramente voltada a cumprir prazos. Os amigos dos Webb debatiam: "Qual dos dois está antes ou depois do outro?", mas, de acordo com Wells, "ela ganhava dele".[151] Beatrice era a presidente do empreendimento Webb, em parte visionária, em parte executiva, em parte estrategista. Wells tinha plena certeza de que a carreira deles como intermediários de ideias "era quase inteiramente invenção dela". Em sua opinião, Beatrice era "agressiva, imaginativa e possuía grande capacidade para formular ideias", ao passo que Sidney "era quase destituído de iniciativa e nada podia fazer com ideias, a não ser recapitulá-las e discuti-las".[152]

Em pé, de costas para a lareira, Beatrice brilhava com "um esplendor de cigana, trajada dos pés à cabeça de preto, vermelho e prata". Mesmo caricaturando-a em seu romance, Wells foi forçado a reconhecer que ela era bela, elegante e "também excepcional". As outras mulheres a quem foi apresentado na residência do casal, em Grosvenor House, eram ou "severamente racionais ou radiosamente magníficas".[153] Beatrice era a única a reunir ambas as qualificações. Mesmo quando discorria a respeito de orçamentos, leis e maquinações políticas, ela assinalava sua feminilidade usando sapatos caríssimos, que chamavam a atenção.

Filhinha de papai, Beatrice sempre adorou homens poderosos, o flerte e a fofoca política. A estratégia de infiltração dos fabianos proporcionou-lhe a desculpa de se interessar pelos três. "Determinei-me a diverti-lo e interessá-lo, mas aproveitei todas as oportunidades para insinuar doutrinas e informações sólidas." Esse foi um típico relato dela, durante um jantar com um primeiro-ministro. Anteriores, atuais e futuros primeiros-ministros contavam entre seus convidados célebres, que ela recebia regularmente. Nem um pouco partidária, ela se comprazia em entreter tanto um *tory* como um liberal. "Tudo isso tem uma certa utilidade", observou pragmaticamente.[154]

O *think tank* tornava-se um salão político à noite. Uma vez por semana os Webb recebiam para jantar doze ou mais pessoas. Uma vez por mês o jantar era oferecido a sessenta ou oitenta convidados. Estes não compareciam pela comida. Os Webb praticavam em casa uma estrita economia para contratar mais assistentes de pesquisa e Beatrice sentia mais satisfação com a disciplina do que em satisfazer seu apetite.[155] A exemplo de Altiora, servia seus convidados "com a desavergonhada austeridade que mantinha a conversação interessante".[156] O prêmio do comparecimento, disse R. H. Tawney, um historiador da economia e conviva frequente, era "participar de um dos famosos exercícios de ascetismo que a senhora Webb descrevia como jantares".[157] Ainda assim, todo mundo fazia questão de ser convidado e o número 41 da Grosvenor Road era o centro de um espantoso número de atividades políticas e sociais. Um "almoço simples, despretensioso", que Beatrice considerava "típico da residência dos Webb [...] com sua mescla de opiniões, classes e interesses", poderia incluir, por exemplo, o embaixador da Noruega, um parlamentar do Partido Tory, um parlamentar liberal, George Bernard Shaw, Bertrand Russell, o filósofo, que no futuro receberia o prêmio Nobel, e uma baronesa que costumava recepcionar todo político e escritor importante da época.[158] O romance de Wells identificava a singular habilidade de Beatrice como anfitriã e sua importância para a carreira de Webb. "Ela reunia todo tipo de pessoas interessantes que exercessem cargos públicos ou que, de algum modo, circulavam nesses ambientes. Misturava uma pessoa obscuramente eficiente com alguém famoso, mas pouco instruído, e com ricaços grosseiros, e juntava num salão os participantes da estranha miscelânea que era nossa vida pública, gente que não tinha a oportunidade de se encontrar tão facilmente."[159]

Uma pessoa que vai pela primeira vez à casa dos Bailey comenta com um amigo que a levou lá: "Mas que reunião esquisita".

"Todo mundo vem aqui", diz o convidado habitual. "A maioria de nós os odeia, eles nos irritam e Altiora pode ser um horror em certos momentos, mas *temos* que comparecer."

"Mas as coisas caminham?", pergunta o primeiro.

"Oh, quanto a isso não há dúvida. É uma das engrenagens da máquina britânica que passa despercebida."[160]

Winston Churchill foi um daqueles que *tinham* de comparecer durante a temporada londrina de 1903. No ano anterior sentara-se ao lado de Beatrice num jantar oferecido pelos liberais. Pertencia a uma antiga família da aristocracia, os Spencer, era filho de um famoso político *tory* e, naquele momento, pertencia ao Partido Tory e era membro do Parlamento. Julgava-se que ele estava em desacordo com o governo conservador. Ele, entretanto, irritou Beatrice ao declarar sua oposição não apenas aos sindicatos mas à educação oferecida nas escolas elementares públicas. O pior de tudo era que ele falava sem parar de si mesmo, desde o coquetel até a sobremesa, e se dirigiu a Beatrice somente para lhe perguntar se ela conhecia alguém que lhe pudesse fornecer dados estatísticos. "Jamais faço um trabalho que puxe pelo cérebro e que alguém possa fazer por mim", ele disse despreocupadamente. Irada, ela escreveu naquela mesma noite em seu diário: "Egoísta, presunçoso, frívolo e reacionário". Não há registro de como Churchill reagiu a ela.[161]

Quando Churchill voltou a aparecer na casa dos Webb, ele havia se bandeado para a oposição liberal. As disposições do eleitorado estavam mudando. Após a dispendiosa e fútil guerra contra os bôeres, na África do Sul, os eleitores ingleses se mostravam desiludidos com o imperialismo no exterior e ansiosos em relação à pobreza existente no país. Os *tories*, partido no poder durante quase uma década — primeiro sob o comando do marquês de Salisbury e, na sequência, Arthur Balfour —, propuseram uma plataforma protecionista, mas com isso só conseguiram distanciar-se da classe trabalhadora, que receava a alta dos preços dos alimentos e a perda de empregos nas indústrias de exportação.

Joseph Chamberlain, que delineara o programa *tory* de "reforma" das tarifas, fazia os derradeiros discursos de sua carreira política para auditórios praticamente vazios. Alfred Marshall, que deixou os lazeres da aposentadoria para investir furiosamente contra Chamberlain e os protecionistas, pôs-se a imaginar se o desgaste de se envolver em uma controvérsia pública tinha sido necessário. Churchill percebeu rapidamente a irrelevância cada vez maior dos *tories* e julgou que os liberais estavam prontos para se mover para a esquerda com o resto da nação. Julgou que isso significava que, de alguma forma, os liberais precisariam enfrentar a questão social. Sem os votos dos sindicatos, raciocinou, os liberais não tinham a menor chance de permanecer no poder, presumindo, para início de conversa, que eles conseguissem ser eleitos.

Por ocasião do segundo jantar, Churchill sentou-se à direita de Beatrice. Conseguiu causar uma impressão tão má como da primeira vez. Aquela mulher que acabara decidindo rejeitar não apenas o álcool, mas também o café e os cigarros (o chá continuava a ser, para ela, "uma concessão à autoindulgência"), convenceu-se de que "ele bebe demais, fala demais e não exprime um pensamento que seja digno desse nome". Ela discutiu com Churchill a ideia de um padrão de vida que garantisse a todos "meios mínimos" de subsistência. Ele se limitou a expor aquilo que Beatrice qualificou como "economia destinada ao jardim de infância". Seu veredicto: "Ele é completamente ignorante no que se refere a todas as questões sociais... e nem desconfia... Não possui evidentemente a menor percepção das mais elementares objeções à competição desenfreada".[162]

Ao finalizar sua magistral história da Inglaterra do século XX, o historiador francês Élie Halévy mencionou vários dispositivos da legislação que apresentavam "uma importância quase revolucionária... promulgados por iniciativa de Churchill".[163] Entre essas medidas incluía-se "a primeira tentativa de introduzir o salário mínimo no código trabalhista da Grã-Bretanha, algo que fazia parte da fórmula dos Webb relativa ao "salário mínimo nacional".

Ainda que Churchill considerasse Beatrice autoritária, ele disse mais tarde: "Recuso-me a ter de ficar calado durante um jantar com a senhora Sidney Webb". Na realidade, ele tinha consciência de sua própria ignorância e logo começou a "viver com relatórios oficiais e a dormir com enciclopédias".[164] Embora ele e Beatrice se vissem muito pouco, Churchill entregou-se à leitura da maioria dos escritos dos fabianos, desde *Life and labours* [Vida e labutas], de Booth, *Poverty: a study of town life* [Pobreza: um estudo da vida citadina], de Seebohm

Rowntree, até *History of trade unionism* [História do sindicalismo] e *Industrial democracy* [Democracia industrial], de Beatrice e Sidney Webb. H. G. Wells, cujos temas se deslocavam da ficção científica para a engenharia social, tornou-se seu romancista preferido. "Posso passar num exame sobre suas obras", vangloriou-se Churchill.[165] Grande fã de Shaw, compareceu à estreia de *Major Barbara*. A certa altura ele e seu secretário pessoal, Eddie Marsh, passaram horas perambulando por alguns dos piores cortiços de Manchester, exatamente como Alfred Marshall fizera uma geração antes. "Imaginem só morar numa daquelas ruas, jamais contemplar algo que seja belo, nunca saborear algo apetitoso — *jamais dizer algo inteligente!*", confiou Churchill a Marsh.[166]

Para Churchill foi um choque tremendo, relata seu biógrafo William Manchester, e não se passou muito tempo antes que o antigo arquiconservador se tornasse "uma veemente voz da esquerda". Eram inúmeras suas inspirações e o cálculo político desempenhava um papel, porém as medidas e os argumentos específicos em sua maioria eram emprestados de Beatrice. No início de 1906, quando os liberais conquistaram a maioria, o que foi uma vitória política esmagadora, Churchill pregou a favor daquilo que ele denominava "a causa de milhões de destituídos" e solicitou com insistência que "se traçasse uma linha" abaixo da qual "não permitiremos que ninguém viva e trabalhe", precisamente o plano de ação que Beatrice defendia com tamanha garra quando ambos dialogavam.[167]

Em outubro daquele mesmo ano Churchill realizou uma notável palestra em Glasgow, que não somente foi muito além do que os líderes do Partido Liberal tinham em mente, mas que, de acordo com o biógrafo dele, Peter de Mendelssohn, "continha o núcleo de muitos elementos essenciais do programa por meio do qual o Partido Liberal obteve seu avassalador mandato durante a 'revolução silenciosa' de 1945-60.[168] Em uma de suas mais brilhantes intervenções retóricas, Churchill argumentou que "toda a tendência da civilização se dava no sentido de multiplicação das funções coletivas da sociedade", o que, na sua opinião, cabia mais ao Estado do que à empresa privada.

> Gostaria de ver o Estado realizar novas experiências, variadas e audazes... Sou de opinião que o Estado deveria assumir cada vez mais a posição de empregador coadjuvante da mão de obra. Sinto muito não termos em nossas mãos as ferrovias deste país... e todos concordamos... que o Estado deve preocupar-se cada vez mais

com o atendimento aos doentes, aos idosos e, acima de tudo, às crianças. Aguardo ansiosamente o estabelecimento de padrões mínimos de trabalho e de expectativa de vida, bem como de sua progressiva elevação, na medida em que as crescentes energias da produção o permitam... Não quero que o vigor da produção se deteriore, mas podemos fazer muito para mitigar as consequências do insucesso... Queremos que a livre competição prospere; recusamo-nos a permitir que a livre competição decline. Não queremos rebaixar a estrutura da ciência e das civilizações e sim lançar uma rede de proteção sobre o abismo.[169]

Ninguém mais do que Beatrice Webb pode reivindicar a invenção da *ideia* de uma rede de proteção governamental que é, na realidade, o moderno Estado do bem-estar. Reportando-se rapidamente ao passado, antes de sua morte, em 1943, ela notou com satisfação: "Vimos que não cabe somente ao governo prover as futuras gerações... Em resumo, fomos levados a reconhecer uma nova forma de Estado, que se pode denominar 'Estado do Bem-Estar' e que se distingue do 'Estado policial'".[170]

O germe da ideia brotou do estudo que ela e Sidney fizeram sobre os sindicatos. Em seu livro *Industrial democracy* [Democracia industrial], publicado em 1897, eles propuseram a mudança do atendimento à saúde em escala nacional e dos padrões de seguridade social. Um "salário mínimo" nacional abrangeria toda a força de trabalho, com exceção dos trabalhadores rurais e dos empregados domésticos. O que havia de mais radical nessa proposta era a questão do salário mínimo. Eles argumentaram que "na ausência de uma regulação, a competição entre as empresas tende à criação e à persistência, em certas atividades, de condições de emprego que constituem uma injúria à nação como um todo". Insistiram que um teto salarial, imposto pelo governo, e as condições de trabalho não eram, como Marx e Mill presumiram, inerentemente incompatíveis com o crescimento sem entraves da produtividade, de que dependiam os salários reais e os padrões de vida.[171] Alegavam que, com efeito, o custo das regulações para as empresas seria mais do que recompensado pela ocorrência de menos acidentes na indústria e por uma força de trabalho mais bem alimentada e mais ativa. Ainda assim, reconheciam que a grande expansão do poder governamental em relação à empresa privada ia muito além do que tinham em mente os líderes dos sindicatos, que desejavam principalmente liberdade de ação para lutar por salários mais altos e por melhores condições de trabalho.

A ideia mais ambiciosa de Beatrice sobre "uma nova forma de Estado" somente lhe ocorreu quase uma década mais tarde. No final de 1905, nos últimos dias do governo *tory* de Balfour, ela foi nomeada para uma comissão real que objetivava reformar as Leis da Pobreza. A comissão funcionou durante três anos, sob o novo governo liberal. Desde o início Beatrice divergiu dos demais componentes. Recorrendo à sugestão de Alfred Marshall, segundo a qual "a causa da pobreza é a pobreza", ela definiu o problema em termos mais absolutos que relativos. A desigualdade e, portanto, a pobreza, no sentido de ter menos do que os outros, ela raciocinava, é inevitável, mas isso não ocorre com a miséria, "a condição de ser privado de uma ou outra necessidade da vida, de tal modo que a saúde, a força e mesmo a vitalidade são tão prejudicadas que acabam por colocar a própria vida em perigo.[172] Eliminar a miséria impediria que a pobreza de uma geração passasse automaticamente para a geração seguinte.

A partir das experiências que viveu no East End, Beatrice podia pronunciar-se com autoridade sobre famílias nas quais "ora em um, ora em outros de seus membros feridas, indigestão, enxaqueca, reumatismo, bronquite e dores físicas se alternam quase sem cessar, acabando por se transformarem periodicamente em doenças graves e suas vidas são abreviadas por mortes prematuras"; ou sobre famílias nas quais o pai está desempregado, "e isso significa falta de comida, de roupa, de condições decentes de moradia"; ou sobre aqueles que não tinham condição de trabalhar: viúvas com filhos pequenos, idosos ou lunáticos.[173]

A sra. Webb discordava frontalmente do conceito de que a miséria podia ter suas raízes em um defeito moral. Em vez disso, ela apresentou uma lista de cinco causas que correspondiam aos principais grupos de indivíduos e famílias na miséria: os doentes, as viúvas com filhos pequenos, os idosos, as pessoas que padeciam de uma grande variedade de distúrbios mentais, desde a pouca inteligência até a loucura. O grupo mais perturbador, colocou Beatrice, era formado pelos mais sadios e robustos. Sua miséria era o resultado do desemprego e do subemprego crônico.

Ela deixou bem claro que a urgente necessidade de eliminar a miséria não se devia "a qualquer percepção de que as coisas estão piorando, mas devido ao fato de que nossos padrões, em todas as questões que dizem respeito à organização social, vêm se tornando cada vez mais elevados". Com isso, ela queria dizer que naquele momento as classes trabalhadoras tinham o direito de votar e que a Alemanha, a principal concorrente da Inglaterra no plano internacional, tinha adotado grande variedade de medidas visando ao bem-estar social.[174]

O problema da política existente na Inglaterra era que ela proporcionava alívio somente às pessoas suficientemente desesperadas para procurá-lo e nada fazia para impedir a miséria e a dependência. Conforme Beatrice observou, "todas essas atividades da Lei de Autoridade dos Pobres, objetivando aliviar a miséria do trabalhador que ganha por tarefa, nada fizeram para impedir esse tipo de trabalho" ou aquela lei não "impediu que homens e mulheres ficassem desempregados ou afastasse a iminente aparição de doenças [...] de mortes desnecessárias, incapacitando os trabalhadores vitimados por acidentes na indústria ou a desumana destruição de sua saúde, devido às péssimas condições sanitárias dos locais onde viviam ou a doenças industriais evitáveis".[175]

Queria que o governo, na medida do possível, parasse de realizar atividades assistencialistas e se empenhasse em eliminar os motivos da pobreza. "A própria essência da Política de Prevenção consiste no fato de que aquilo que precisa ser proporcionado, em cada um dos casos, não é o alívio, mas sempre o tratamento, apropriado a cada necessidade."[176] Ela jamais questionou se o governo e seus funcionários sabiam como tratar "a doença da vida moderna" ou se ele se preocupava com seu custo. Sua ambiciosa visão de um "Estado do bem-estar social" que se propusesse mais a prevenir do que a aliviar a pobreza chocava-se inevitavelmente com os objetivos mais limitados dos demais membros da comissão. Coerente com o que planejou o tempo todo, recusou-se a assinar o relatório da comissão. Em vez disso, ela e Sidney passaram os primeiros nove meses de 1908 inserindo sua visão em um documento intitulado *The Minority Report* [O relatório das minorias], que Beatrice convenceu outros três membros da comissão a assinar. O "grande documento coletivista" deles, como o denominava,[177] imaginava um sistema que abrangesse todo um ciclo de vida, objetivando "garantir a todos, em escala nacional, um mínimo de vida civilizada [...] ao alcance de todos, sem distinção de sexo e de classe, e com isso queremos dizer suficiente nutrição e educação quando se é jovem, um salário suficiente, quando se goza de saúde, tratamento em caso de doença e meios de subsistência modestos, porém, garantidos, para os idosos e os incapacitados".[178]

Beatrice admitiu que a ideia seria considerada utópica por outros reformistas e significava um repúdio a um governo tradicional e limitado. Ela acreditava que, em contraste com o Estado socialista, o Estado do bem-estar social era perfeitamente compatível com o livre mercado e a democracia. Apresentava o Estado do bem-estar social como o próximo estágio da evolução natural do Estado liberal. No entanto, o conceito de que o bem-estar básico dos cidadãos era responsabilidade do Estado e de que o governo era obrigado a garantir um padrão mínimo de vida a cada cidadão que não tivesse meios de obtê-lo por si próprio não significava apenas um distanciamento do ideal de Estado mínimo, elaborado por Spencer. A ideia de Beatrice rompia com toda uma tradição de liberalismo do governo de Gladstone, que prometeu igualdade de oportunidades mas deixou os resultados a cargo do indivíduo e do mercado, e ia muito além de tudo aquilo que estava sendo discutido por todos naquela época, com exceção do contingente socialista.

"Pode representar uma diferença tão grande para a sociologia e a ciência política quanto aquilo que *A origem das espécies* representou para a filosofia e a história natural", previu seu amigo George Bernard Shaw, ao resenhar *The minority report*. "É, ao mesmo tempo, algo grande, revolucionário, sensato e prático, exatamente o que se deseja para atrair e inspirar a nova geração." Ele prosseguiu: "Seu direito de viver e o direito da comunidade de manter sua saúde e eficiência têm de ser encarados como algo totalmente independente dos proveitos comerciais de qualquer patrão". Tais objetivos se situavam muito além do conceito de Marshall relativo à produtividade e ao salário. "Essa ideia é uma célula do organismo social e sua saúde deve ser mantida caso se deseje manter a saúde do organismo."[179]

Pertencem a muitos autores ideias como salário mínimo e padrões mínimos de lazer, seguridade social e saúde em todos os locais de trabalho, rede de segurança, postos de trabalho, a luta contra o desemprego cíclico, diminuição do prazo de realização de grandes projetos governamentais — basicamente todo o conceito de que não são somente as condições que produzem a pobreza crônica ou aquela condição mais extrema que Beatrice denominava miséria, algo evitável. Para superá-la o governo precisaria adquirir novas competências. Ninguém, entretanto, expressava essas ideias tão claramente, tão sistematicamente e, com frequência, tão diretamente aos "mendicantes de propostas práticas". Ninguém encontrava a frase que faria com que as mudanças revolucionárias parecessem uma evolução e mesmo uma inevitabilidade.

Fazer com que uma mudança radical pareça uma evolução é algo que se deve ao talento de Beatrice. No entanto, até ela se surpreendeu com a rapidez com que ideias que ela e Sidney julgavam utópicas, na década de 1890, pareciam práticas ou pelo menos politicamente corretas, uma década mais tarde. Decorridos alguns anos, ao rememorar *Industrial democracy*, ela observou com certa satisfação: "O que, de fato, vem caracterizando a história social do presente século é a adoção, inconfessada e muitas vezes perfunctória, tanto na administração como na legislação, da política do salário mínimo nacional, formulada neste livro".[180]

O ano de 1908 foi de vital importância para o novo governo liberal. Devido ao desemprego e ao aumento da militância sindical, uma avassaladora maioria liberal no Parlamento e o "problema social" no topo da agenda política, ocorreu uma "disputa desordenada de novas ideias construtivas", escreveu Beatrice em seu diário. O reservatório de conceitos dos Webb transbordava. "Acontece que agora mesmo temos muitas ideias a transmitir, daí as solicitações que nos fazem", prosseguiu Beatrice, muito feliz. "Todo político conhecido quer ser 'orientado.'" É realmente muito engraçado. Parece totalmente irrelevante se são conservadores, liberais, ou se militam no Partido Trabalhador — todos, sem exceção, tornaram-se mendicantes de propostas práticas.[181] Isso justificava uma ostentação, ela decidiu, e encomendou um novo vestido de baile.

"Winston entendeu o esquema Webb", exultou Beatrice em novembro de 1908, observando que eles "tinham renovado seus contatos". Agora que Churchill estava à altura do desafio, podia ser classificado como alguém "capacitado, brilhante, muito acima de um mero frasista", conforme Beatrice registrou em seu diário.[182]

Durante os dois primeiros anos do governo liberal comandado por Herbert Henry Asquith, as reformas propostas por Churchill foram um pouco mais que retóricas. Apesar de seu triunfo eleitoral em 1906, os liberais não conseguiram fazer seu programa avançar muito, por exemplo reintroduziram certas medidas de proteção aos sindicatos. O impasse foi solucionado em abril de 1908, quando Churchill, então com 33 anos, sucedeu a Lloyd George como presidente do Escritório de Comércio, o que significava uma nomeação em nível de gabinete. Beatrice achou essa troca "excitante".[183] O cargo, que combinava com muitos dos deveres do Departamento do Trabalho e Comércio, dos Estados Unidos, implicava imensas responsabilidades: registro de patentes, regulação das empresas, marinha mercante, ferrovias, arbitração em conflitos trabalhistas, aconselhamento ao Ministério das Relações Exteriores sobre questões relativas ao comércio. O biógrafo de Lloyd George assinala que as responsabilidades do presidente se limitavam a garantir "o funcionamento harmonioso e ordenado do capitalismo".[184] Churchill, porém, passou a usar o cargo para introduzir reformas sociais radicais. Um de seus amigos daquela época observou: "Ele só pensa nos pobres que acaba de descobrir. Acha que foi convocado pela divina providência para fazer algo por eles. 'Por qual motivo sempre consegui me safar, em situações em que estive a um passo da morte, a não ser pelo fato de que devo realizar algo a favor deles?', indagava Churchill".[185]

No decorrer dos dois anos seguintes, Churchill e Lloyd George, agora chanceler do erário, formaram uma parceria que deu fim para sempre "à antiga tradição de Gladstone no sentido de se concentrar em questões políticas libertárias e deixar que 'a condição dos pobres' se resolvesse por si mesma".[186] O novo presidente do Escritório de Comércio não esperou para assumir o cargo e passou uma noite inteira escrevendo ao primeiro-ministro uma longa carta, na qual assinalava qual seria a política que tinha em mente. Após um resumido floreio retórico — "Atravessando golfos de ignorância, vejo os delineamentos de uma política que denomino o Padrão Mínimo —",[187] Churchill definiu seu mínimo com relação a cinco elementos, que alistou como suas prioridades legislativas: seguro-desemprego, seguro-saúde, educação compulsória até os dezessete anos, empregos públicos na construção de estradas e reflorestamento realizados pelo Estado, no lugar de assistência aos pobres, e nacionalização das ferrovias.

A recessão que sobreveio ao pânico de 1907 evidenciou a aplicabilidade das propostas de Churchill. O emprego entre os trabalhadores sindicalizados, que era de 5% no final de 1907, dobrou um ano depois. Alfred Marshall havia demonstrado que o aumento do desemprego costumava ser causado pelo declínio da atividade comercial e industrial. Agora Beatrice demonstrava que, por sua vez, o desemprego era uma grande causa da pobreza. Não existia, entretanto, consenso sobre a intervenção ou não do governo. Churchill pretendia desafiar a sabedoria convencional. Consciente de que aquilo que pretendia ultrapassava de longe o que o primeiro-ministro Asquith tinha em mente, recomendou com insistência ao governo liberal que seguisse o exemplo da Alemanha e adotasse o seguro-desemprego e o seguro-saúde: "Digo: introduzam uma boa fatia da política de Bismarck nas bases de nosso sistema industrial e aguardem com a consciência tranquila as consequências, quaisquer que sejam".[188] "Ele, em definitivo, está apostando no sucesso de uma ação estatal construtiva",[189] exultou Beatrice, concluindo que "Lloyd George e Winston Churchill são os melhores quadros do Partido Liberal".[190] Ela apreciava "a capacidade de Churchill de avaliar e executar rapidamente novas ideias, ainda que mal compreendesse sua filosofia subjacente".[191]

Todo o esforço em prol da reforma acabou sendo prejudicado pela luta dos liberais em se opor ao veto da Câmara dos Lordes. É digno de nota o quanto eles conseguiram aprovar, observa William Manchester: "Antes da ascendência de Churchill e Lloyd George, fracassaram todas as tentativas legislativas de proporcionar alívio aos destituídos".[192]

Beatrice Webb perdeu a batalha da seguridade social, muito menos dispendiosa do que a prestação direta de atendimentos. Mas acabou vencendo a guerra do Estado do bem-estar social. Ela e Sidney delinearam os fundamentos lógicos da "assunção, por parte do Estado, da responsabilidade por um número cada vez maior de atendimentos, administrados por uma classe cada vez mais ampla de pessoas qualificadas e financiados pelo crescente aparato do Estado".[193] O *Minority Report* foi uma das primeiras descrições do moderno Estado do bem-estar social. Lorde William Beveridge, autor do Plano Beveridge, de 1942, que trabalhou como pesquisador para o *Minority Report*, reconheceu mais tarde que seu projeto para o Estado do bem-estar social, após a Segunda Guerra Mundial, "originou-se daquilo que todos nós assimilamos dos Webb".[194]

4. A cruz de ouro: Fisher e a ilusão monetária

> *Essas pessoas tão queridas, sempre iniciando suas novas experiências com grande empenho; sempre se levando muito a sério; acreditando realmente que estão ficando cada vez melhores, cada vez mais sensatas, certas de que estão enriquecendo cada vez mais todo ano, todo mês, todo dia... Oh! Que ótimo, senhora Webb, que ótimo!*
>
> H. Morse Stephens[1]

"Viajar para os Estados Unidos... quando poderiam ir para a Rússia, a Índia ou a China. Mas que gosto!", zombou um conhecido do casal, pertencente ao Partido Tory, quando Beatrice e Sidney anunciaram que embarcariam para Nova York na primavera de 1898.[2] Como estava implícito no comentário depreciativo, os Webb viajariam não como turistas, mas como pesquisadores sociais. Ainda assim, Beatrice partiu para as compras, em busca de "sedas e cetins, luvas, roupas de baixo, peles e tudo aquilo que uma mulher sóbria de quarenta anos pode querer para inspirar aos americanos e aos colonizadores um verdadeiro respeito pelos requintes do coletivismo".[3] Como ia excursionar pelo laboratório social do mundo, era sua intenção deslumbrar seus habitantes.

The Americanization of the world [A americanização do mundo] tornou-se um sucesso de vendas somente um ou dois anos mais tarde, mas os Webb certamente estavam familiarizados com as colocações de seu autor, William Stead, editor da *Pall Mall Gazette*. Stead tinha a convicção de que o futuro econômico da Inglaterra estava amarrado ao de sua ex-colônia. Suas economias estavam mais entrelaçadas do que no século XVIII, quando os Estados Unidos eram domínio inglês, ou do que na década de 1860, quando a União bloqueou os portos do Sul durante a Guerra de Secessão, o que provocou em Lanchashire a terrível fome, dita do algodão. No último quartel do século XIX, mesmo não se levando em conta as preferências imperiais, a Inglaterra importava mais matéria-prima dos Estados Unidos do que de suas próprias colônias.[4] O termo "invasão americana" foi criado por jornalistas ingleses mais de meio século antes que os franceses o ressuscitassem na década de 1960.[5]

Queixava-se um jornal londrino em 1902:

> O cidadão médio desperta pela manhã ao som de um despertador americano; levanta-se de seus lençóis da Nova Inglaterra, passa creme de barbear de Nova York, escanhoa-se com aparelho de barbear yankee. Veste meias da Carolina do Oeste, calça botas de Boston, ajeita seus suspensórios de Connecticut, enfia no bolso seu relógio de Waterbury e senta-se à mesa para o café da manhã... Ao terminar, sai apressado, toma um trem elétrico fabricado em Nova York até a estação de Shepherds Bush, onde sobe num elevador yankee e toma outro trem, também americano, em direção ao centro da cidade. É claro que em seu escritório tudo é americano. Senta-se numa cadeira giratória de Nebraska, diante de uma escrivaninha de tampo corrediço de Michigan, põe sua correspondência em dia numa máquina de escrever de Syracuse, assinando as cartas com uma caneta-tinteiro de Nova York, seca a tinta com um mata-borrão da Nova Inglaterra. As cópias das cartas são arquivadas em pastas manufaturadas em Grand Rapids.[6]

William Gladstone, o primeiro-ministro liberal, havia muito previra que os Estados Unidos conquistariam a supremacia comercial em detrimento da Inglaterra, algo inevitável. "Enquanto avançamos com espantosa rapidez", ele observou em 1878, "os Estados Unidos passam por nós a galope"[7]. Em 1870, tomando como referência o padrão de vida médio, a renda nacional per capita era 25% mais elevada na Inglaterra. Nos trinta anos seguintes, entretanto, a medida mais básica da capacidade produtiva de uma economia e o determinante fundamental do nível médio de salários, a renda nacional per capita do trabalhador, quase que duplicou nos Estados Unidos.[8] Um dos motivos foi que os cidadãos britânicos investiam mais da metade de sua poupança anual nos Estados Unidos, mais do que em seu próprio país e muito mais do que os países europeus vizinhos.[9] Os ganhos proporcionados por esses investimentos constituíam um acréscimo à renda nacional da Inglaterra, qualquer que fosse o ano, ao passo que tais investimentos capacitavam as empresas americanas a se modernizarem. Outro motivo: os Estados Unidos eram o destino escolhido por mais da metade de todos os britânicos e por uma fração ainda maior de imigrantes irlandeses, quase 8 milhões de homens, mulheres e crianças, ao longo de três décadas. Em contraste, o Canadá atraiu menos de 15% de imigrantes britânicos, mesmo que sua cultura parecesse mais "inglesa".[10] A renda média e o padrão de vida convergiram na década de 1890, levando Gladstone, o primeiro-ministro inglês, a referir-se à Inglaterra e aos Estados Unidos como um "momentoso" exemplo "para a humanidade, pela primeira vez na história das instituições livres e em escala gigantesca".[11]

A velocidade com que os Estados Unidos passaram de uma sociedade agrária, predominantemente rural, a uma sociedade predominantemente industrial e urbana, tornando-se o símbolo global do sucesso econômico, provocou espanto. Quando Alfred Marshall percorreu o país em 1875, a agricultura e, em menor medida, a mineração constituíam as principais fontes da renda americana. À época da visita dos Webb, os salários e os lucros do setor manufatureiro tinham crescido três vezes mais do que os da agricultura. Entre 1880 e 1900, a renda anual gerada pelas maiores indústrias americanas quadruplicou. A renda proveniente das gráficas e das editoras multiplicou-se cinco vezes; o maquinário e o malte para uísque, quatro vezes; ferro, aço e vestuário masculino, três. A eletrificação, a refrigeração, novas técnicas de fazer cigarros, moagem, destilarias e outros maquinários, indústrias inteiramente novas, baseadas em produtos derivados do petróleo e do carvão, a expansão das ferrovias, a ligação telegráfica com virtualmente cada comunidade causaram uma revolução na escala, na estrutura e no alcance das empresas americanas. Surgiam Remington (1816), Singer (1851), Standard Oil (1870), Diamond Match (1881) e American Tobacco (1890). Chegou a era da produção e da distribuição em massa e da administração científica — em suma, a era dos grandes negócios.[12]

Beatrice e Sidney estavam mais interessados nas estruturas do governo americano do que no desempenho de sua indústria e comércio. Sua primeira parada foi em Washington, uma escolha infeliz, dado que a capital estava tomada pela febre das guerras. Um levante em Cuba, a repressão espanhola, o afundamento em Havana do *Maine*, navio da Marinha americana, atribuído à Espanha, incitaram um vigoroso movimento popular a favor da intervenção militar. O sentimento popular acabou vencendo a oposição do mundo empresarial, dos líderes religiosos e do presidente republicano, William McKinley. Beatrice e Sidney se incluíam entre os mais de mil espectadores na ala dos visitantes da Câmara dos Deputados quando o presidente McKinley anunciou sua mudança de opinião. Beatrice ficou estarrecida com a Câmara e nada impressionada com o Senado. Teve uma opinião mais favorável em relação a Teddy Roosevelt, subsecretário da Marinha, um dos mais destacados proponentes da guerra. Durante um almoço, achou sua conversa "deliciosamente picante", quando ele narrava histórias de vida numa fazenda do oeste, embora se decepcionasse pelo fato de ele passar a maior parte do tempo "expelindo sangue e trovão", além de parecer totalmente indiferente ao governo local, tema de seu próximo livro com Sidney.[13]

Nova York também não agradou a Beatrice.

> Barulho, barulho, nada além do barulho... Nesta cidade nossos sentidos ficam perturbados, nossos ouvidos ensurdecem, nossos olhos se cansam diante da pressa constante; nossos nervos e músculos são chacoalhados nos bondes; nos trens você não fica sozinho por um minuto sequer, independentemente de viajar na primeira ou na segunda classe; as portas se abrem e se fecham ruidosamente, os passageiros sobem e descem; garotos vendendo jornais, doces, frutas, bebidas, entram e saem, insistem que demos uma olhada em sua mercadoria ou nos forçam a repeli-los com indelicadeza; os cobradores abrem e fecham as janelas, acendem e desligam o gás; o sino toca constantemente e, de vez em quando, um apito, que se parece mais com uma buzina de nevoeiro do que com um apito, avisa a chegada do trem.[14]

Ela não compartilhava o amor à tecnologia e à mobilidade que essa tecnologia implicava, tão do agrado de Marshall e dos americanos. Deixavam-na indiferente não apenas os trens e os arranha-céus, mas também "os telefones perfeitamente construídos, as estenógrafas competentes, os elevadores expressos, todo tipo de sinais elétricos". Era forçada a reconhecer "a capacidade 'executiva', penetrante e devoradora, do povo americano", mas a atribuía à fácil aceitação, por parte dele, do "autointeresse pecuniário como único motivo impulsor". Beatrice se convenceu rapidamente de que o pouco tempo dedicado à atenção ("a impaciência") constituía a maior falha do caráter nacional e sentiu-se inclinada a pensar que a velocidade das viagens, das comunicações e da vida americana em geral — "o barulho, a confusão, a rapidez, a afobação" — não passava de energia desperdiçada. "Todo esse gosto por recursos mecânicos nos parece um sintoma da falta de inclinação dos americanos a refletir de antemão", ela comentou.[15] Ao contrário do que Marshall fizera, Beatrice não estabelecia conexões entre a "energia nervosa" e o zelo de administrar, organizar e fazer com que as coisas funcionassem ou entre o amor ao risco e a inovação ou mobilidade social.

Quando Beatrice e Sidney viajaram para o oeste, algumas semanas depois, sua primeira parada foi em Pittsburgh. Na Carnegie Steel, a "máquina enorme de produção de riqueza", que acabou se tornando a U.S. Steel, Beatrice ficou impactada diante da amplitude com que a tecnologia substituíra a mão de obra. Henry Clay Frick ciceroneou-a na aciaria de Homestead, Pensilvânia. Contou-lhe que a Carnegie Steel triplicara sua produção, reduzindo a folha de pagamento de 3400 para 3 mil assalariados no espaço de poucos anos. Ela assim a descreveu:

> Centenas de oficinas repletas do mais novo e potente maquinário. O lugar parecia estar quase despovoado por seres humanos. Os grandes mecanismos, guindastes e fornalhas se debatiam e arquejavam sem a ajuda do homem, segundo parecia. Apenas de vez em quando se via um homem trancado numa pequena cabine, que oscilava entre o chão e o teto do galpão, acionando uma espécie de máquina elétrica através da qual milhões de cavalo-vapor eram postos em movimento e direcionados... Pelo que entendemos, os grandes avanços tecnológicos que possibilitaram descartar a força de trabalho haviam sido realizados nos últimos dez anos, em grande parte mediante o uso da energia elétrica para fazer funcionar um novo maquinário automático. Os vagonetes, que substituíram a mão de obra ao transportar grandes blocos de aço para dentro e para fora da fábrica; o maquinário automático, graças ao qual um único homem, balançando num braço que se movia, abria a porta da fornalha, levantava e puxava a massa de aço, jogando-a no vagonete; o abastecimento automático das fornalhas com sucata de aço, também operado por um único homem, tudo isso foi introduzido nos últimos seis anos.

Beatrice, com grande acuidade, atribuiu o sucesso da Carnegie Steel menos às "inovações mecânicas" e à disposição dos fabricantes de aço em qualquer parte do mundo, do que a uma administração e organização superiores. Notou que todos os proprietários eram membros ativos de empresas privadas, que se mostravam "generosas para com todos os que realizavam trabalhos intelectuais", proporcionando-lhes "elegantes residências [...] viagens à Europa e infindáveis regalias em casa".[16]

A cidade, por outro lado, era

> um verdadeiro inferno [...] que combina a fumaça e a sujeira da pior parte da região com o imundo sistema de esgotos da mais arcaica cidade italiana. As pessoas são um bando de gente esquecida por Deus [...] alojamentos grudados um no outro [...] absurdas estruturas de madeira espremidas entre prédios de escritório de vinte andares, ruas estreitas e congestionadas, com bondes percorrendo-as a uma velocidade de quase quarenta quilômetros por hora — tudo isso somado, é um lugar dos mais diabólicos, com o mais corrupto de todos os governos americanos corruptos.[17]

Beatrice presenciou aquilo de que tinha sido prevenida por Charles Philip Trevelyan antes de sua chegada: Andrew Carnegie, a quem ela denominava "o réptil", e outros poderosos industriais de Pittsburgh poderiam ter "doado um ou dois parques, uma biblioteca ou mais de uma", mas deixaram a cidade "abandonada e precária".[18] De Pittsburgh, Beatrice apressou-se em ir a Chicago, Denver, Salt Lake City e San Francisco. Quando tomou o navio para o Havaí, a caminho da Nova Zelândia e da Austrália, estava convencida de que o resto do mundo tinha muito pouco a aprender com a experiência social dos Estados Unidos.

Antes de partir de Nova York, Beatrice havia procurado inúmeros educadores e economistas. Com a única exceção de Woodrow Wilson, mais tarde presidente da Universidade Princeton, os acadêmicos americanos lhe causaram uma impressão desfavorável. Após um almoço na Universidade Columbia, ela comparou um professor de economia "a um professor de uma escola de ensino médio" e descreveu o campus universitário como "algo entre um hospital e a Politécnica de Londres". A Universidade Yale não passava de uma "universidade pequena, bonitinha e convencional". Em relação ao economista que se tornaria o autor do Ato Antitruste Sherman, resmungou que, "a julgar por sua aparência, modos e maneira de se exprimir, eu o teria tomado por um gerente dinâmico e empreendedor de alguma loja de uma cidade do Ocidente".[19]

Irving Fisher, o mais novo professor da Faculdade de Economia de Yale, não era de modo algum medíocre ou desinteressante. A inteligência transparecia em seu olhar, seu aperto de mão era firme, tinha o porte e o físico de um atleta e seu rosto, belo, possuía algo de adolescente. Aos trinta anos, era o único teórico americano da economia que Cambridge, o resto da Inglaterra e a Europa continental levavam a sério. Alfred Marshall e Leon Walras, o economista francês, o consideravam um gênio.[20]

O nome de Fisher era uma homenagem a Washington Irving, o autor de *The legend of sleepy hollow* [A lenda do vale adormecido]. Nascera em Saugerties, comunidade agrária do Vale do Hudson, em Nova York, dois anos após o fim da Guerra de Secessão. Seu avô era fazendeiro e seu pai, George Fisher, era um pastor evangélico esclarecido. Sua mãe, outrora aluna de George Fisher, era uma criatura dedicada e resoluta. Quando Irving tinha um ano de idade, ofereceram a seu pai, que se formara havia pouco na Escola de Teologia de Yale, um púlpito em Peace Dale, Rhode Island.

Peace Dale era uma versão menor, mais pitoresca daquela cidadezinha imaginária da Nova Inglaterra onde transcorre *Os embaixadores*, o romance de Henry James. A exemplo de Woollett, Massachusetts, a localidade onde Irving Fisher passou a infância era próspera, paternalista e saturada do evangelismo da Nova Inglaterra. Seu mais importante cidadão e benfeitor era Rowland Hazard III, um quaker, que herdara os moinhos criados por seu pai e fundou uma companhia química. Hazard era considerado um patrão progressista, pois instituiu participação nos lucros para seus empregados. Ao transferir para os filhos a administração de seus negócios, iniciou nova carreira como reformista político. Uma de suas filhas, Caroline, acabou sendo presidente do Wellesley College. Hazard construiu a igreja congregacional e convidou George Fisher para ser seu primeiro pastor. Graças ao patrocínio de Hazard, Irving cresceu em um presbitério de onde se avistava o Atlântico, entre "gente de fala simples" e "mente honesta".[21]

Quando Irving tinha treze anos, seu pai deixou abruptamente a congregação e a família para uma viagem de um ano à Europa, onde visitou grandes universidades e cidades com catedrais famosas. Ao retornar, o espírito de desassossego o levou a assumir a temperança com grande zelo e logo provocou acirradas controvérsias entre seus paroquianos. Quando seu rebanho se recusou a apoiá-lo, ele se demitiu e mudou-se com a família para uma casa modesta em New Haven, Connecticut, onde Irving foi matriculado numa escola pública. Durante dois anos a família Fisher dependeu do apoio de parentes para se manter.

Quando George Fisher encontrou finalmente um novo púlpito, eles tiveram de ir para o limite de Missouri com Kansas, a quase 2 mil quilômetros de distância. Missouri, escreveu Alfred Marshall em 1875, "era repleto de pântanos, negros, irlandeses, febres, flores selvagens e luxuriantes, bem como de abundantes colheitas de... milho" e St. Louis era uma cidade singularmente "pouco saudável".[22] No entanto, nem o calor nem a umidade impediram a chegada de ondas de migrantes do oeste, atraídos pela alta dos preços do trigo e por terras que se valorizavam. Cameron, Missouri, era uma mistura de armazéns, depósitos de forragem, algumas ruas largas com amplas residências e pelo menos umas doze igrejas. No outono de 1883, quando George Fisher partiu de New Haven, sua expectativa era trazer a esposa e o filho mais novo na primavera seguinte. Irving, então com dezesseis anos, foi com o pai até St. Louis, onde iria morar com a tia paterna e o marido dela, professor da Universidade de Washington. Fisher providenciara para que o rapaz concluísse os estudos numa escola preparatória de elite. Tinha a fervorosa esperança de que seu bem-dotado primogênito ingressaria na Universidade Yale e que ali estudaria para se tornar pastor evangélico.

Quando George Fisher prosseguiu sua viagem, pai e filho se separaram pela segunda vez na vida. Tinham a esperança de visitar-se, mas a distância entre Cameron e St. Louis — mais ou menos quinhentos quilômetros — era grande demais, com a agravante de que, durante o inverno, era preciso enfrentar neve e um frio rigoroso. No fim do primeiro inverno em Cameron, George Fisher queixava-se de um estranho cansaço, febre constante e uma indisposição cada vez maior. Eram os sintomas clássicos da tuberculose, o que logo se positivou. Em maio, George, que estava muito doente, empreendeu a longa viagem de volta para o leste. Juntou-se a sua esposa e ao filho caçula em Nova Jersey, onde residia outro cunhado, um médico que hospedou a família e cuidou do doente, que se encontrava em estado grave. Irving ficou em St. Louis. George Fisher fazia questão de que o filho terminasse os estudos ali e seguisse para a universidade. Irving formou-se com distinção, ganhou uma bolsa para a Universidade Yale e foi ao encontro de seus pais e do irmão em 1884. Seu pai estava à beira da morte. Deixou uma viúva desprovida de recursos, um menino de dez anos e Irving, de dezessete anos.

O pesar de Fisher aliou-se à decepção, pois quase teve de adiar sua entrada na faculdade e talvez até desistir dela. Sua única perspectiva era regressar a Missouri e procurar emprego numa fazenda que pertencia à família de um colega de classe, onde tinha trabalhado no verão anterior.

Descobriu-se que George Fisher havia investido quinhentos dólares em Peace Dale, um legado destinado à educação de Irving. Se este morasse com a mãe e o irmão em um apartamento de três quartos próximo de Yale, ela poderia alugar um quarto para outro estudante e ele poderia dar aulas particulares. Juntando a bolsa ao legado paterno, seria o suficiente para Irving matricular-se em Yale, conforme havia sido planejado no outono de 1884.

J. Willard Gibbs, um dos "homens eminentes" de Yale, observara que, se um dia as massas governassem o mundo, elas então precisariam de muita instrução. Poucas carreiras, naquela época, requeriam estudos universitários e o sacrifício de pagar anuidades durante quatro anos estava ao alcance de apenas 1% a 2% de jovens estudantes. No entanto, por volta da década de 1880, um número crescente de rapazes provindos de cidadezinhas do interior, "desejosos de escapar das inferioridades da infância", começou a encarar a faculdade como uma promissora estratégia de fuga. Na nova economia industrial e urbana dos Estados Unidos, oportunidades para engenheiros, contadores e guarda-livros, advogados e professores, para não mencionar administradores de novas empresas, multiplicavam-se com suficiente velocidade para tornar-se algo mais do que a habitual e maçante "tarefa de ganhar dinheiro". Seria um caminho longo, incerto e árduo, para quem desejasse alcançar posições de destaque.[23]

Um rapaz pobre mas ambicioso como Fisher tinha sorte, pois dinheiro de família era um trunfo tão comum entre os alunos de Yale que seu valor social era enormemente depreciado. A popularidade e a fama requeriam proezas a ser executadas por um atleta, um orador, um debatedor, alguém muito espirituoso ou mesmo um erudito. Fisher participou da equipe de remo, deixou os professores admirados por ocasião de um concurso de debates — a Exibição dos Calouros —, conquistou prêmios cobiçados de matemática e de outras matérias e formou-se em primeiro lugar.[24] O ápice de sua carreira ocorreu quando ele foi convidado para ser membro de uma sociedade secreta de elite chamada Caveira e Ossos.

Muriel Rukeyser, a poeta e biógrafa de Gibbs, observa que aquela era a "temporada das jovens ciências" nos Estados Unidos.[25] A década de 1880 presenciou uma explosão de atividade científica no país e um crescente interesse popular pela ciência. Charles Darwin, Herbert Spencer e Alfred Russel Wallace, o descobridor independente da evolução por meio da seleção natural, tornaram-se nomes familiares; proliferaram zoológicos e museus de história natural; nasceu o romance de ficção científica. *Looking backward: 2000-1887* [Olhando para trás: 2000-1887], de autoria de Edward Bellamy, que propunha aos leitores situar-se em Boston no ano de 2000, descrevia uma era dourada de fonógrafos, cartões de crédito e rádios.[26] Novas sociedades profissionais, publicações científicas e laboratórios brotavam como cogumelos após a chuva, enquanto nas universidades o enfoque mudava: no lugar de instruir os jovens em estudos clássicos, agora a formação era direcionada para disciplinas científicas e técnicas. A ponte do Brooklyn, inaugurada no ano em que Fisher terminava o ensino médio, simbolizava o poder da ciência em transformar a sociedade. O surgimento de grandes empresas, de fortunas empresariais, e o papel das ferrovias no crescimento econômico estimularam o interesse por se encontrarem novos "instrumentos de dominação".[27] Na imaginação popular, a ciência era encarada cada vez mais como um meio de enriquecer e, ao mesmo tempo, veículo para a resolução da miríade de males sociais, como a doença, a pobreza e a ignorância.

Gibbs foi físico, químico e matemático, o primeiro a aplicar a segunda lei da termodinâmica à química. A função do cientista, declarou certa vez, era "encontrar o ponto de vista a partir do qual o tema surge em sua maior simplicidade".[28] Ele era um grande propugnador da "matematização" da ciência. A matemática era uma língua franca bem como um instrumento de análise e, assim sendo, poderia promover a troca global de ideias entre os cientistas, exatamente como o latim fizera durante séculos entre os botânicos e os anatomistas. Gibbs quase nunca se manifestava durante as reuniões de professores, mas no fim de um tumultuado debate — poderia a matemática ser um substituto do grego ou do latim, a fim de atender os requisitos de Yale quanto às línguas clássicas? — ele se levantou, pigarreou educadamente e, enquanto se retirava da sala, ouviram-no murmurar: "A matemática *é* uma linguagem".[29]

Quando Fisher estava para se bacharelar, pensou em tornar-se matemático, porém desejava mais do que isso. "Quero conhecer a verdade sobre a filosofia e a religião."[30] Rejeitara a ideia de tornar-se pastor evangélico e não seguiria o exemplo de seu melhor amigo de St. Louis, Will Eliot. Em diferentes momentos pensou em direito, ferrovias, funcionalismo público e ciência. "Quanta coisa quero fazer! Sempre sinto que não tenho tempo para realizar o que desejo. Quero ler muito", escreveu para Eliot. "Quero escrever bastante. Quero ganhar dinheiro!"[31] Fisher acabou optando pela "ciência da riqueza".

Costumava-se descrever a economia na Era do Progresso como algo inteiramente divorciado da evolução inglesa em direção ao coletivismo e ao Estado do bem-estar social. Com exceção de alguns assim chamados institucionalistas, como Thorstein Veblen, críticos da sociedade comercial, imagina-se que a economia acadêmica foi dominada pelo darwinismo social, que defendia o laissez-faire, os ricos, e queria espezinhar os pobres.

As coisas não eram tão simples assim. Virtualmente cada membro fundador da Associação Econômica Americana obtivera sua formação e sua visão de mundo em Berlim, Göttingen ou Munique e compartilhava os valores da "escola histórica" alemã, a qual, em oposição à economia inglesa, condenava explicitamente a competição sem entraves e era a favor do Estado do bem-estar social. Arthur Hadley, que lecionava economia política em Yale, certa vez referiu-se maliciosamente aos economistas americanos como "uma corporação grande e influente, engajada em ampliar as funções do governo".[32] O Departamento de Economia de Yale não constituía exceção, a não ser por seu membro mais notório, William Graham Sumner. Ao opinar que os rótulos políticos contemporâneos — conservadores versus liberais, esquerda versus direita — se adequavam muito mal aos intelectuais do século XIX, se é que se adequavam, o historiador Richard Hofstadter certa vez formulou uma pergunta retórica relativa a Sumner: "Será que em toda a história do pensamento existiu um conservadorismo tão profundamente progressista?".[33] Pastor episcopal e filho de um trabalhador inglês imigrante, Sumner foi economista político e o primeiro sociólogo americano. Austero, satírico, cabelos grisalhos, cortados rente, Sumner era um autodidata, aprendeu sozinho "duas línguas escandinavas, alemão, espanhol, português, italiano, russo e polonês", quando tinha quase cinquenta anos e transformou "New Haven numa espécie de púlpito social-darwinista", devido a suas posições libertárias. Os contemporâneos descreveram suas aulas como "dogmáticas", sua postura era "frígida" e sua voz soava como se fosse de "ferro".[34] No entanto, sua fala apaixonada e a destemida defesa de opiniões contrárias fizeram dele o lente mais popular de Yale.

Sumner era grande admirador de Charles Darwin e de Herbert Spencer. Levantava objeções não apenas ao inchaço do governo mas também às atividades da maioria das instituições de caridade particulares. Sua economia era profundamente malthusiana, o que equivale a dizer muito pessimista, e, a exemplo de Malthus, Ricardo e Mill, ele rejeitava todos os planos de apressar a evolução da sociedade, considerando-os sem o menor efeito, uma estupidez, enviesados ou "negociatas". No entanto, a exemplo dos pensadores econômicos que admirava, não defendia de modo algum o status quo. Pastor episcopal, Sumner tanto podia condenar a guerra como o bem-estar social, defender greves ou o direito do banqueiro Andrew Mellon a seus milhões e elogiar as mulheres operárias ao mesmo tempo que elogiava o livre-comércio. Quando o reitor de Yale, recorrendo a fundamentos teológicos, tentou proibir que ele usasse os *Principles of sociology* de Spencer como texto, Sumner ameaçou demitir-se. Por ocasião da visita dos Webb, Sumner encolerizou os ex-alunos republicanos de Yale, que pediram sua exoneração pelo fato de ele condenar publicamente a Doutrina Monroe e a guerra hispano-americana.

De acordo com o filho de Fisher, Irving Norton Fisher, o pai matriculou-se em todos os cursos dados por Sumner. Ele abordava a economia como um matemático ou como um cientista experimental e, a certa altura, descreveu-se a seu amigo Eliot como "seu frio amigo matemático e analítico".[35] Não muito tempo depois que Sumner o introduziu na matéria, Fisher concluiu que muita coisa poderia ser realizada por alguém formado para pensar como um cientista, isto é, friamente, analiticamente, matematicamente.

Quando Fisher consultou Sumner sobre o tópico de uma dissertação, na primavera de 1890, os interesses pessoais desse último se deslocavam da economia política clássica para a "ciência da sociedade". Tendo ido a fundo em seu extraordinário ímpeto de aprender novas línguas, ocupado em coletar dados etnográficos, Sumner desejava colocar a sociologia num patamar mais rigoroso. Nesse sentido, sugeriu a Fisher que escrevesse sua tese de doutorado sobre a economia matemática, tema ao mesmo tempo novo e que se situava além da capacidade técnica da maioria de economistas mais velhos, incluindo a si próprio. Emprestou a Fisher um livro de autoria de William Stanley Jevons, um dos pioneiros de um novo método que envolvia cálculos para analisar as escolhas dos consumidores, focalizando mudanças marginais.

O impulso no sentido de tornar seus respectivos campos mais científicos incitava jovens humanistas ambiciosos a se envolverem com o conhecimento científico, usando-o como um instrumento especial. O psicólogo e filósofo William James, que havia acabado de chegar da Europa, escreveu a um amigo naquele ano: "Parece-me que talvez tenha chegado o tempo de a psicologia começar a ser uma ciência".[36] Fisher já considerava a matemática a moeda global ideal que encorajava o intercâmbio de ideias. Animava-o a perspectiva de fortalecer os fundamentos teóricos da economia política, conforme Gibbs fizera no campo da química:

> Antes que um engenheiro tenha a capacidade de construir a ponte do Brooklyn ou de pronunciar-se sobre ela depois de construída, torna-se necessário estudar a matemática, a mecânica, a teoria do desgaste e a curva natural de uma corda pendente etc. etc. Do mesmo modo, antes de aplicar a economia política ao custo das ferrovias, ao problema dos trustes, à explicação de alguma crise atual, é melhor desenvolver, em geral, a teoria da economia política.[37]

Darwinistas sociais extremados e seus opositores socialistas identificavam a competição como uma característica da economia moderna, comparando as operações dos mercados às leis da selva. Fisher, porém, a exemplo de Marshall, estava mais impressionado com o alto grau de interdependência e cooperação entre os agentes econômicos — famílias, empresas, governos — e o grande número de canais através dos quais determinada causa produzia seu efeito final.

De vez em quando Fisher ia de New Haven a Nova York e, em várias ocasiões, visitou a Bolsa de Valores. Tinha em mente as operações do mercado relativas a títulos quando leu os livros que Sumner lhe dera. Chamou-lhe a atenção o fato de que os economistas tomaram emprestado à ciência mais antiga da física boa parte de seu vocabulário, o que lhe pareceu evidente. Eles falavam de "forças", "fluxos", "inflações", "expansões" e "contrações". Porém, tanto quanto era de seu conhecimento, ninguém tentara elaborar um modelo atual do processo que resultasse no "belo e intricado equilíbrio que se manifesta nos intercâmbios de uma grande cidade, mas do qual as causas e os efeitos se situam num plano muito distante".[38]

Marshall concebeu a economia moderna como uma "máquina de análises" e recorreu a gráficos para detectar os efeitos das influências externas sobre cada mercado. Fisher decidiu construir um modelo matemático de uma economia inteira. Queria ter condições de verificar como um mercado "calculava" os preços que equacionavam a oferta e a demanda. Yankee prático, desejava um modelo que pudesse fornecer soluções numéricas e não apenas símbolos matemáticos. Tão logo começou a estruturar seu modelo, Fisher resolveu levar seu projeto um passo adiante e construir um análogo físico das equações na forma de uma máquina hidráulica. Isso provavelmente só teria ocorrido a alguém que tivesse passado centenas de horas num laboratório, realizando experiências físicas tediosas e repetitivas. Fisher pediu a Gibbs que lesse seu texto. Gibbs estava muito mais capacitado do que Sumner para apreender o que ele estava tentando realizar.

No modelo de Fisher, cada coisa depende de tudo o mais. A quantidade de mercadorias que cada consumidor deseja depende da quantidade de outras mercadorias que ele queira. Fisher reconheceu que sua máquina hidráulica, uma engenhoca volumosa, com suas cavidades, válvulas, alavancas, balanças e recipientes, aplicava-se "imperfeitamente, na melhor das hipóteses", às bolsas de valores de "Nova York ou Chicago", mas de modo algum estava se desculpando por isso. "Suposições ideais são inevitáveis em qualquer ciência", escreveu o candidato a doutorado em sua tese. "Os fisicistas jamais explicaram plenamente um único fato no universo, apenas se aproximaram de uma explicação. O economista não pode ter a esperança de fazer algo melhor."[39]

Aquela maravilhosa máquina hidráulica permitia visualizar os elementos cujo inter-relacionamento produzia preços. Possibilitava também que uma pessoa "usasse o mecanismo como instrumento de investigação" relativa a interconexões complicadas e distantes. Por exemplo, era possível ver como um choque externo na oferta e na procura de determinado mercado afetava todos os preços e quantidades produzidos em dez mercados inter-relacionados, alterava os preços e as quantidades em todos os mercados e modificava as rendas e a escolha de produtos adquiridos por vários consumidores. A máquina de Fisher foi precursora dos modelos de simulação e previsão contendo milhares de equações desenvolvidos na década de 1960, que podiam rodar em computadores velozes e que hoje os alunos de graduação usam para calcular em um notebook a renda nacional bruta de um país. Infelizmente a posteridade não conheceu o modelo original de Fisher e um modelo substituto, construído em 1925 quando o primeiro foi destruído, a caminho de uma exposição.

Fisher escreveu sua tese de doutorado durante o verão de 1890. Demonstrou seu entusiasmo pelos métodos matemáticos, incluindo um levantamento exaustivo e uma bibliografia. O economista Paul Samuelson qualificou "Mathematical investigations in the theory of value and prices" ["Investigações matemáticas na teoria do valor e dos preços"] "a mais importante tese de doutorado sobre economia que alguém um dia escreveu".[40] Ao ser publicada, o *Economic Journal*, fundado por Alfred Marshall e outros membros da recém-inaugurada Associação Econômica Britânica, saudou-a como obra escrita por um gênio. Ao resenhá-la, Francis Ysidro Edgeworth, professor de Oxford e um dos fundadores da economia matemática, opinou: "No mínimo antevemos para o doutor Fisher aquele grau de imortalidade pertencente a alguém que aprofundou o embasamento da pura teoria da economia".[41] Na terceira edição de seus *Principles*, Marshall, que podia ser muito parcimonioso ao reconhecer as contribuições de outros acadêmicos, incluiu não apenas uma, porém três lisonjeiras referências à "Investigations" de Fisher, considerando-a "brilhante" e colocando seu autor em pé de igualdade com "alguns dos mais profundos pensadores da Alemanha e da Inglaterra".[42]

A descrição da realidade econômica feita por Fisher, sobretudo sua percepção da interdependência e da causação mútua, afetou o modo como ele pensava a respeito de muitos outros temas. Pouco antes da defesa e da aprovação de seu doutorado, leu uma comunicação no Clube de Ciência Política de Yale, propondo a criação de uma organização internacional que representasse todas as nações do mundo e dedicada à resolução pacífica de conflitos internacionais. De acordo com a historiadora Barbara Tuchman, essa comunicação inspirou mais tarde a formação da Liga de Reforço da Paz, a qual, por sua vez, recebeu os créditos por estimular o interesse do presidente Wilson em formar a Liga das Nações.[43]

No início da década de 1890 nos Estados Unidos, a explosão dos setores de ferrovias, mineração e agricultura, ocorrida após a Guerra de Secessão, declinara e muito, expondo a instável natureza de boa parte das finanças. O pânico de 1893 e o colapso do mercado de ações foram seguidos da pior depressão que os Estados Unidos conheceram até aquela data. As cartas de Fisher a seu amigo Will Eliot não fazem a menor menção àquelas calamidades, repetindo um procedimento de Jane Austen, cujos romances não contêm referências às guerras napoleônicas. Possivelmente suas motivações se assemelhavam às daquela autora: ele estava todo voltado para o amor, o namoro e o casamento.

Fato muito característico, Fisher adiava o retorno a Peace Dale, cenário de sua felicidade quando criança, até o dia em que pudesse aparecer naquela cidadezinha coroado de louros, como um herói. Quando foi embora de lá tinha treze anos e era profundamente infeliz. Ao regressar, podia gabar-se de "uma carreira brilhante em Yale, como vencedor de prêmios, orador da turma, instrutor* e agora professor de matemática".[44] A exemplo do herói de um romance vitoriano, seu objetivo era conquistar uma herdeira — ou, como se tratava dos Estados Unidos, a filha do patrão. O modo como aquilo aconteceu foi simplesmente providencial. Não foi preciso nada mais do que uma troca de olhares para Irving se apaixonar por uma coleguinha de infância: Margaret Hazard, ou Margie, como era chamada.

Margie Hazard foi muito favorecida por uma criação cercada de cuidados, tinha temperamento sereno e era de uma meiguice sem par. Sua irmã era a intelectual e Margie, a criativa, a maternal. A fé que depositava em Irving era total e inabalável. Ela era uma rica herdeira, ao passo que ele não possuía nem um vintém. Ainda assim tinha plena convicção de que era a mais feliz de todas as mulheres. Casaram-se em junho de 1893 e toda a população de Peace Dale esteve presente, testemunhando a cerimônia e participando das festividades. Os votos foram lidos por nada menos do que três pastores e o bolo de noiva pesava 25 quilos. Numa época em que a cada dia se noticiava a falência ou a quebra de um banco, algumas pessoas ficaram escandalizadas diante daquela exibição de consumismo. Logo em seguida os recém-casados foram para Nova York, subiram a bordo de um transatlântico e navegaram em direção à Europa, numa lua de mel que durou um ano.[45]

"Todos os americanos instruídos em algum momento vão ou acabam indo para a Europa", notou acidamente Ralph Waldo Emerson. Os ricos faziam o *grand tour* obrigatório das capitais; os intelectualmente ambiciosos, o *grand tour* das universidades.[46] Ziguezagueando de trem pela Inglaterra e pela Europa

---

* Na hierarquia universitária americana, professor de grau inferior ao de professor assistente. (N. T.)

continental em 1893 e 1894, Fisher verificou ser possível virtualmente trocar ideias com cada membro proeminente da fraternidade de economistas, diminuta, mas em crescimento. Seu "livrinho [...] abriu um pequeno caminho" para ele através da Europa, proporcionando-lhe acesso instantâneo a uma fraternidade de pensadores da economia. Almoçou em Viena com Carl Menger, o fundador da economia austríaca. Em Lausanne, Suíça, jantou com Leon Walras. Vilfredo Pareto, um aluno brilhante de Walras, foi ao encontro deles e Fisher ficou chocado quando a sra. Pareto acendeu um cigarro, no momento em que o chá foi servido. Deu uma parada em Oxford para uma conversa com o pouco loquaz e distraído Ysidro Edgeworth e fez uma peregrinação a Cambridge para prestar homenagem a Alfred Marshall, cujo livro *Principles*, publicado pouco antes, consolidara sua posição de líder mundial da teoria econômica.

Apesar do ritmo exaustivo de suas viagens, Fisher ainda assim dispunha de muito tempo para comparecer às palestras do matemático Henri Poincaré em Paris e do físico alemão Hermann Ludwig von Helmholtz em Berlim. Quando o norte da Europa ficou frio demais para sua mulher, que engravidara, contratou um estudante para fazer anotações para ele e levou-a para a Riviera francesa. Excursionando sozinho pelos Alpes, teve uma epifania ao contemplar as águas deslizando pelos rochedos e se precipitando numa pequena cavidade. "Ocorreu-me subitamente que, enquanto contemplava a cavidade, com a água entrando e saindo dela, a distinção básica necessária para diferenciar o capital e a renda era substancialmente a mesma que a distinção entre a água, naquela cavidade, e o fluxo para fora dela."[47] No final de uma palestra que Fisher deu em Oxford, Edgeworth disse a Margie, que fora ao encontro do marido: "O professor Fisher voa alto".[48]

À época em que Fisher e sua esposa retornaram a New Haven e foram morar numa mansão estalando de nova, inteiramente mobiliada, providenciada pelos Hazard, os humores da nação não eram dos melhores, longe disso. Em 1895 mais de quinhentos bancos tinham quebrado. Quinze mil companhias declararam bancarrota. O desemprego atingia um em cada sete trabalhadores.[49] O fogo ainda crepitava nas fornalhas, as gigantescas fábricas de tecido ainda se mantinham, as vastas ferrovias ainda eram capazes de transportar carga e nas pradarias ainda se via o dourado do trigo e do milho. No entanto, em meio àquela festa em potencial, havia uma espécie de carestia e penúria. "Em minhas lembranças jamais tive notícias de tanta gente morrendo de fome, como vem acontecendo nos últimos meses", disse certo reverendo T. De Witt Talmadge a sua congregação. "Notaram nos jornais quantos homens e mulheres, aqui e acolá, foram encontrados mortos? A autópsia constatou que a causa da morte foi a fome."[50]

A ira do povo em relação aos "homens do dinheiro" se espalhava por todos os lugares. James J. Hill, o fundador da Estrada de Ferro Great Northern, escreveu a um amigo que "ultimamente as pessoas do país estão voltando suas mentes para as questões sociais [...]. Durante dez anos só se falou de 'ferrovias, monopólios e consórcios', mas agora se trata daqueles que nada têm contra aqueles que têm algo".[51] Naquele ano um melodrama de autoria de Charles T. Dazey, intitulado *The war of wealth* [A guerra da riqueza], estreou na Broadway.

A depressão agravou conflitos sociais e políticos que vinham de longe. Eles não ocorriam basicamente entre as classes: apesar da greve de 1894 na Pullmann, o número de greves diminuía a cada ano. Havia conflitos entre regiões, entre os representantes de diferentes indústrias, entre pequenas e grandes empresas. Os trabalhadores das minas de prata do oeste culpavam Washington pelo colapso dos preços do metal. Os fazendeiros atribuíam seus problemas com as dívidas aos banqueiros do leste e aos impiedosos monopólios das ferrovias. Eles eram os mais irados em meio a todo o eleitorado. A prosperidade não fizera caso deles e a quebradeira os levava ao desespero. Em meio a um geral rebaixamento dos preços, os do trigo, milho e açúcar caíram em média duas ou três vezes mais do que outros preços. Todo o mundo ligado à agricultura se afogava em dívidas, oprimido pelas taxas de juros e aterrorizado diante da perspectiva de execução de hipotecas.

A campanha presidencial de 1896 tornou-se um referendo sobre a direção econômica da nação. O democrata Grover Cleveland, que ocupava uma posição de relevo, foi repudiado por seu próprio partido. William Jennings Bryan, de 36 anos, candidato lançado pelos democratas, prometeu a seus eleitores do oeste que "nacionalizaria as estradas de ferro, eliminaria as tarifas e, acima de tudo, os livraria da tirania financeira". Qualificou os banqueiros do leste "a gangue de especuladores mais inescrupulosa de toda a face da terra", o "monopólio do dinheiro".[52] Seus críticos retrucaram, chamando-o de anarquista, um

Benedict Arnold,* um anticristo, "um demagogo falastrão, piegas".[53] Seu adversário republicano, escolhido a dedo por James J. Hill e outros magnatas, era William McKinley.

Seis semanas antes da eleição, Bryan já tinha pregado Wall Street numa cruz de ouro ao levar sua campanha presidencial até as portas de uma das Jericós do poder do dinheiro. Na Universidade Yale, no primeiro dia do semestre de outono, "O Grande Plebeu" encarou mil alunos de graduação e professores. Vaias e gritos de entusiasmo acolheram aquele belo homem barbudo, de cabelos revoltos e escuros, que usava um chapéu de feltro preto e uma gravatinha estreita.

"O tema predominante" da eleição de 1896, ele declarou, era a questão, aparentemente obscura, relativa ao padrão monetário da nação. Em tom grave e profundo, voz ligeiramente rouca, Bryan investiu contra "um padrão-ouro que mata de fome todo mundo, com exceção de quem troca o dinheiro e de quem o possui". A adoção do ouro pelo ato de 1873, banindo a livre cunhagem da prata, ocasionou uma escassez de dinheiro que, segundo ele, foi muito mais prejudicial à agricultura, o maior empreendimento da nação, do que qualquer intervenção da natureza. "Se você tornar o dinheiro escasso, você o tornará caro", disse Bryan ao auditório. "Se você tornar o dinheiro caro, você rebaixará o valor de tudo e quando os preços estiverem em queda sobrevirão tempos difíceis."[54]

De acordo com Bryan, o único modo de reanimar a economia era fazer com que o dinheiro voltasse a baratear, isto é, amarrando o dólar a um padrão menos restrito do que o ouro e "que permita à nação crescer". Ele acusou McKinley e os "democratas do ouro" que o apoiavam de tentarem obstinadamente restaurar a prosperidade dando continuidade às desastrosas políticas do "dinheiro sólido", defendida pelo primeiro. No quarto ano da depressão, McKinley e os clubes que seus apoiadores fundaram e que defendiam o padrão-ouro estavam mais preocupados com a inflação e com o mercado financeiro de Londres do que com o sofrimento nos Estados Unidos. O que era ruim para o agricultor era ruim para a nação, incluindo os pequenos homens de negócios, os profissionais, os operários de fábricas e... os alunos de Yale. Se o padrão-prata conseguisse arruinar os homens de negócios "com rapidez maior do que

---

* Benedict Arnold (1741-1801): general americano, revolucionário e traidor (*Merriam-Webster's Collegiate Dictionary*, 11ª ed., 2004, p. 1468). (N. T.)

o padrão-ouro os arruinou, então, meus amigos, a situação ficará de fato muito ruim", declarou Bryan, acrescentando: "o partido político que é a favor do padrão-ouro defende, em substância, a continuação de tempos difíceis".[55]

Quando ele aludiu ao Partido Republicano, os estudantes começaram a gritar, escarnecer e vaiar McKinley. Bryan impacientou-se, o que não era característico dele: "Acostumei-me de tal modo a conversar com jovens que ganham a própria vida", ele disse com voz alterada, "que dificilmente sei qual linguagem adotar para me dirigir àqueles que desejam ser conhecidos não como criadores da riqueza mas como distribuidores da riqueza que alguém criou".[56] Um estudante do segundo ano recordou o que Bryan disse em seguida, palavras que mais tarde ele negou ter pronunciado: "Noventa e nove por cento de cem alunos desta universidade são filhos de ricos ociosos". O termo "noventa e nove por cento" exerceu o efeito da disparada de um tiro no início de uma corrida: "Noventa e nove! Nove, nove, noventa e nove", gritou em coro a turma de 1899, até Bryan sair do palco, indignado, deixando os adeptos do padrão-ouro na posse de seu templo.[57] No dia seguinte o *New York Times* dava destaque para a manchete: "YALE SE RECUSOU A OUVIR. Aplausos zombeteiros e uma banda de música — tudo isso foi demais para o rapaz. Ele falou apenas durante vinte minutos e retirou-se furibundo".[58]

"Creio que nunca fiquei tão *moralmente* mobilizado como em relação à 'loucura da prata'", confidenciou Irving Fisher numa carta a seu amigo Will Eliot.[59] "A ciência social é muito imatura [...] e se passará muito tempo antes que ela alcance o 'estágio terapêutico'."[60]

Fisher saíra pouco antes do Departamento de Matemática de Yale, indo para o Departamento de Economia Política, em grande parte devido ao desejo de "estabelecer contato com os dias atuais", embora achasse, em particular, que seus novos colegas "eram extremamente presunçosos" e confiantes de que sabiam como remediar os males do mundo. Estava tão em forma como nunca, mantinha-se saudável praticando regularmente esportes como corrida, remo, natação e era dotado de uma energia sem par. A única marca da passagem do tempo era a cegueira do olho esquerdo, infeliz consequência de um acidente quando jogava squash.[61]

Fisher tinha poucas convicções políticas, mas se deu conta de que, como professor, "espera-se que eu tenha uma opinião".⁶² Preveniu que uma reforma equivocada provavelmente acarretaria consequências muito negativas. Sumner expressara profundas dúvidas sobre medidas populistas em um panfleto intitulado *The absurd effort to make the world over* [O absurdo esforço de reformar o mundo].⁶³ Por ocasião da depressão que se seguiu ao pânico de 1893, Fisher escreveu a seu amigo Will:

> No que se refere à reforma social, sinto que o esforço dos filantropos no sentido de aplicar cedo demais uma terapia possivelmente resultará em mais mal do que bem. O melhor que um propugnador pode fazer é trabalhar contra o espírito de que "algo precisa ser feito" e rogar que esperemos pacientemente até saber o suficiente para fundamentar nossas ações. Nesse meio-tempo deve-se confinar o empenho dos filantropos aos estreitos limites em que ele provou ser bem-sucedido, sobretudo a educação [...]. Há tantas reformas específicas a serem realizadas — o governo das cidades, a eliminação do vício, a educação — que os batalhadores em prol da humanidade não precisam e não devem falar, até coisas "pequenas" serem feitas, através de amplos esquemas que beneficiarão a "sociedade".⁶⁴

Fisher não seguiu o próprio exemplo, conforme se verificou. Por ocasião de um encontro da Associação Econômica Americana, em 1895, ele ficou escandalizado com "o modo excessivamente despreocupado" com que alguns de seus colegas se dispunham a "intrometer-se na questão da moeda" e fez uma crítica aguda à argumentação em favor do padrão-prata. "O efeito de um duplo padrão — o padrão-ouro e o padrão-prata —, caso a prata seja o metal mais barato, deverá ser uma depreciação da moeda... Um sistema cuja reivindicação ao reconhecimento se baseia em considerações de justiça não tem desculpas quando começa praticando tão feroz injustiça. Os homens honestos devem encarar com horror a proposta de reintroduzir uma proporção de 15½ para 1." Não foi de surpreender que sua fala tenha atraído a atenção das forças que se opunham a Bryan. Fisher deixou-se recrutar pelo comitê financeiro do Clube de Reforma de Nova York e pela campanha anti-Bryan.⁶⁵

Como o dinheiro se tornou a questão primordial da campanha presidencial de 1896 é fato que requer algumas explicações. Historicamente o dinheiro tinha sido encarado como algo poderoso, desejável, muito possivelmente um mal, e misterioso, como as calamidades naturais ou as epidemias. Os juros eram tratados tradicionalmente com hostilidade, tanto pelos cristãos como pelo islã. As crises financeiras — as quedas das bolsas, a insolvência dos bancos, a hiperinflação — despertaram a raiva popular em relação aos banqueiros. Esses temas eram envoltos em mitos, superstição e emoções.

Nas décadas de 1880 e 1890, ambos os lados do debate popular mitificavam o metal de sua escolha e demonizavam seus adversários. O especulador desonesto tornou-se uma figura obrigatória de ficção nos anos 1880 e seu caminho foi aplainado pelos nibelungos na ópera de Richard Wagner *O anel dos Nibelungos* e pelo personagem Auguste Melmotte no romance de Anthony Trollope *The way we live now* [O modo como vivemos agora]. O historiador Harold James comenta:

> As histórias que o século XIX relatou sobre o mundo global apoiavam-se no antigo conceito do pecado original. O remédio que muitos pensadores da época proviam para a ilegitimidade do sistema era um eco muito preciso do pensamento de Lutero, mas numa vertente secular. Necessitava-se uma forte autoridade pública para sobrepujar o legado daquele pecado. Existia uma comunidade natural que fora desmantelada pela cobiça, mas o Estado poderia criar sua própria ordem e sua própria comunidade, canalizando assim as forças destrutivas do capitalismo dinâmico. Semelhante estratégia seria a única maneira de evitar a crise apocalíptica profetizada por um Marx, um Wagner ou um Lorde Salisbury.[66]

Os economistas americanos sempre estavam mais obcecados pela "questão do dinheiro" do que seus colegas ingleses. Isso, porém, era em grande medida um acidente da história, que resultava parcialmente de uma antiga e persistente desconfiança americana em relação ao poder federal e em parte da decisão de emitir moeda inconversível durante a Guerra de Secessão, permitindo que ele fosse resgatado pelo ouro vinte anos mais tarde. O mais constrangedor é que o pânico financeiro, a quebra de bancos, crises e depressões ocorreram com perigosa frequência. O inglês Bagehot, que escrevia sobre finanças, observou em 1873:

> É da maior importância assinalar que nossa organização industrial é sujeita não apenas a acidentes externos irregulares, mas também a mudanças internas

regulares; essas mudanças tornam nosso sistema de crédito muito mais delicado em certos momentos do que em outros; é a recorrência desses eventos periódicos que deu origem ao conceito segundo o qual os pânicos acontecem de acordo com uma regra fixa — mais ou menos a cada dez anos temos de enfrentar um deles.[67]

Diante de um fatalismo tão tradicional, parece inteiramente plausível que um jovem cientista idealista protestasse, afirmando que o verdadeiro problema consistia no fato de que a moeda não havia sido suficiente ou rigorosamente estudada e que uma melhor compreensão do papel da moeda nas questões econômicas minimizaria decisões irracionais e conflitos desnecessários.

Em sua tese de doutorado, publicada em 1892, Fisher comentou que "a moeda, que é usada para medir o valor e, portanto, afeta toda percepção dos valores econômicos, é pouco estudada. O mistério que rodeia a moeda está na raiz de muitos equívocos e erros de cálculo". Embora a tese enfocasse como os preços eram "computados" por meio da interação da oferta e da demanda, Fisher tratou a moeda acima de tudo como uma unidade de medida. O padrão-ouro era um mecanismo primitivo para manter seu valor. No entanto, quando ainda escrevia sua tese, ele desenvolveu uma análise potencialmente melhor. Viu que seria possível estabilizar os preços amarrando o valor do dólar, com relação ao ouro, a um índice de preços do consumidor. Fisher enxergava o equilíbrio como um ponto de referência e as desordens monetárias como fonte de instabilidade. Em *Mathematical investigations*, ele enfatizou que "a condição estática ideal presumida em nossa análise, na realidade, *jamais* será alcançada", o que o convenceu de que "os pânicos evidenciam uma falta de equilíbrio".[68]

O juro é o preço que quem dispõe de economias cobra para deixar que outros usem seu capital, o que é um serviço real e valioso. O valor do capital, por sua vez, é determinado por expectativas da parte dos poupadores e dos investidores sobre o fluxo futuro dos pagamentos dos juros. A inflação e a deflação produzem grandes e arbitrárias mudanças na renda e são os efeitos do valor flutuante do padrão da moeda — mais um padrão elástico do que um padrão constante. Elas não são conspirações de demagogos e de multidões nem de banqueiros de Wall Street.

Tendo ingressado na economia através dos debates monetários que dominavam a política americana nas décadas de 1880 e 1890, Fisher preocupava-se basicamente com justiça para os devedores e credores e em evitar conflitos sociais, exacerbados por mudanças inesperadas no valor da moeda. Enquanto medida prática, era difícil para um negociante distinguir entre uma mudança no preço de seu produto e um aumento ou queda dos preços, ajustando seus contratos de acordo com isso. Os cidadãos que não compreendiam que o valor da moeda corrente não era fixo tendiam a culpar bodes expiatórios — a costa leste dos Estados Unidos, os judeus, os estrangeiros — pela inflação ou deflação.

O país seguiu a Inglaterra, a Alemanha e a França ao adotar o padrão-ouro, um sistema no qual a moeda de cada país está atada a uma quantidade fixa de ouro e a quantidades fixas de outras moedas. Pense-se nisso como uma única moeda universal, cuja existência é uma grande conveniência para quem se dedica à exportação e à importação. Fazendeiros de Kansas que vendiam trigo para comerciantes ingleses queriam dólares para pagar seus trabalhadores, o transporte ferroviário, os fornecedores de sementes, e assim por diante. Portanto, os comerciantes ingleses eram obrigados a comprar dólares com libras. Eles sabiam, obviamente, que uma libra sempre poderia ser trocada por cinco dólares e, do ponto de vista do importador, isso era o que havia de melhor.

Infelizmente fixar taxas de câmbio não significava, como muitos supunham, que o valor da moeda com relação aos bens internos fosse constante. Com efeito, enquanto os Estados Unidos amarravam o dólar a certa quantidade de ouro, o poder interno de aquisição do ouro e portanto do dólar flutuou até 50% ou 100%. Na década de 1880 o valor do dólar elevou-se abruptamente, como resultado da escassez mundial de ouro, ocasionando deflação nos preços e um tumultuado debate entre aqueles que queriam manter o padrão-ouro e os que desejavam retornar ao padrão-prata.

Os fazendeiros americanos, que tendiam a especular a terra e usar hipotecas para financiar a aquisição de terras, eram devedores declarados. Argumentavam que manter a paridade do ouro havia restringido o fornecimento de dinheiro, fazendo com que as taxas aumentassem e os preços das colheitas e o rendimento das fazendas caíssem. Isso significava que se tornavam necessárias mais toneladas de trigo ou milho ou mais fardos de algodão para liquidar ou prorrogar uma dívida que o fazendeiro ou o banco previram quando a hipoteca foi contraída. Fisher tinha algum conhecimento de primeira mão da agricultura da região oeste, graças a sua amizade com os filhos de fazendeiros de Missouri durante os dois anos que residira em St. Louis e ao fato de ter trabalhado em suas fazendas durante as férias de verão, quando estudava.

O movimento a favor do padrão-prata atingiu o apogeu durante a campanha presidencial de William Jennings em 1896, o mesmo ocorrendo com a defesa de Fisher em relação ao padrão-ouro. Sua monografia *Appreciation and interest* [Valorização e juros] acabara de ser publicada. Para ele, a questão girava em torno da justiça distributiva. Fisher reconheceu que os "adeptos da prata" tinham razão ao alegar que a deflação enriquecera os credores às custas dos devedores. Mesmo assim, a argumentação para adotar o padrão-prata tinha suas falhas. Na realidade, ele argumentou, taxas de juros declinantes contrabalançavam o aumento do valor real de suas dívidas. O mercado remunerava... Bryan perdeu a eleição. A ironia é que, exatamente na ocasião de seu discurso "A cruz de ouro", descobertas de jazidas de ouro e outras ocorrências acarretaram uma explosão no fornecimento desse metal e uma expansão monetária que terminaram com a deflação das décadas de 1880 e 1890 sem que os Estados Unidos abandonassem o padrão-ouro.

Aos trinta anos, Irving Fisher era autor de vários livros e monografias, um fator de ascensão no mundo acadêmico, e pai de uma família que crescia. Era mais forte, belo e enérgico do que aos vinte anos. Andava de bicicleta, caminhava e levantava peso. A natação era seu esporte preferido e não deixava que nada o deixasse fora da água durante o verão, nem mesmo as águas frias do litoral do Maine ou a ansiedade de Margaret.

Em agosto de 1899, Fisher nadava nos arredores da casa de verão da família e quase se afogou. Nas semanas seguintes sentiu grande cansaço, ficou febril e entrou em depressão, sintomas que evocavam os sinais iniciais da doença que vitimara seu pai. Pouco depois de seu trigésimo quarto aniversário e sua promoção ao cargo de professor em período integral, ele recebeu uma sentença de morte, na forma do diagnóstico de tuberculose.

A tuberculose era a aids do século XIX, escreve a historiadora Katherine Ott. Quando o século XX estava para começar, uma em cada três mortes, nas grandes cidades, se devia à tísica e os adultos eram a maioria das vítimas da "praga branca". A progressão da doença era algo terrível, e as taxas de cura, depressivamente baixas. As vítimas temiam a perda de emprego e o ostracismo que se seguiam inevitavelmente a um diagnóstico positivo. Um homem escreveu que, quando o médico comunicou que ele estava tuberculoso, sentiu-se liquidado, pois o diagnóstico poderia muito bem ser seguido pela frase "Deus tenha piedade de sua alma".[69] Fisher lembrou-se de seu pai moribundo, todo encolhido, esquelético, totalmente surdo, que mal falava, incapaz de engolir qualquer coisa, a não ser pequenos goles de leite. Ele permaneceu naquele estado penoso durante várias semanas e quando morreu tinha apenas 53 anos.

A maioria dos tratamentos exigia repouso, ar fresco e uma dieta nutritiva. A "cura pelo poder da mente" punha a culpa da doença nas pressões da vida moderna e coincidiu com um grande entusiasmo por tudo que fosse japonês ou chinês. Seus adeptos recomendavam com insistência às pessoas que assumissem a responsabilidade por sua própria saúde e que "acalmassem seus pensamentos tumultuados, de modo que pudessem conectar-se com o poderoso e invisível poder de Deus, com a humanidade ou com alguma outra força".[70] Estava-se em plena era do pensamento positivo. Numa palestra que fez em um colégio para meninos, Fisher explicou sua filosofia pessoal:

> Toda a grandeza deste mundo consiste em grande parte no controle da mente. Napoleão comparou sua mente a uma cômoda. Abria uma das gavetas, examinava seu conteúdo, fechava-a e abria outra. Segundo se conta, o sr. Pierpont Morgan exercia o mesmo controle [...]. Aquilo que denominamos a vida de um homem é simplesmente o fluxo da consciência, a sucessão de imagens que ele permite que se apresentem à sua mente [...]. Está em nosso poder direcionar e escolher de tal forma o fluxo de nossa consciência que nosso caráter se moldará de acordo com aquilo que desejarmos.[71]

No decorrer dos seis anos seguintes Fisher lutou para recuperar a saúde, a energia e sua boa disposição. Passou quase meio ano no sanatório Adirondack em Saranac, Nova York. O hospital era dirigido pelo dr. Edward L. Trudeau e obedecia ao modelo do sanatório alpino descrito pelo romancista alemão Thomas Mann em *A montanha mágica*. As crianças foram morar com os avós e Margie acompanhou Fisher a Saranac. Compraram um casaco de pele e um exemplar do longo poema *Snow-bound* [Preso na neve], de autoria de John Greenleaf Whittier, para o ler em voz alta. "Os médicos esperam que eu me recupere totalmente, mas leva tempo", escreveu Fisher a Will Eliot em dezembro de 1898. "Sento-me na varanda, o termômetro marca dez graus abaixo de zero e a neve se acumula. Descubro que a tinta congela e então escrevo com lápis."[72]

Em janeiro de 1901, o médico comunicou que Fisher estava curado, porém ele levou mais três anos para recuperar a energia de outrora.

Sobreviver à tuberculose despertou o pregador latente que existia em Fisher. Tornou-se um cruzado a favor da saúde pública e advogou uma vida saudável e o controle da mente, ao qual acreditava dever sua recuperação. O triunfo sobre a tuberculose convenceu Fisher de que o extraordinário, assim como a duplicação da expectativa média de vida, no ano 2000, era algo possível. Ao conhecer o dr. John Harvey Kellog, o defensor do "estilo biológico de vida", Fisher contou-lhe que estava "numa busca, não como a de Ponce de León, que desejava encontrar a fonte da juventude, mas à procura de ideias que possam nos ajudar a prolongar a juventude e aproveitá-la".[73] Influenciado por Kellog, realizou experiências com dietas vegetarianas, usando atletas de Yale como voluntários, candidatou-se ao cargo de secretário da Smithsonian Institution e se empenhou pela criação de um departamento de saúde. Em 1908, após o assassinato do presidente McKinley, seu sucessor, Theodore Roosevelt, o mais jovem presidente dos Estados Unidos, nomeou Fisher para integrar a Comissão Nacional de Conservação. O conceito de conservação "tem seu centro de gravidade em nosso senso de obrigação para com a posteridade". "É difícil para nós, nos Estados Unidos", ele anotou, "gozarmos plenamente do presente, nos darmos conta de que estamos dissipando a substância que pertence a futuras gerações."[74]

Em 1906, ano do terremoto de San Francisco, Fisher declarou o *Homo economicus*, o homem econômico, um defunto e o laissez-faire, uma ideologia morta. Dirigindo-se ao plenário da Associação Americana para o Avanço da Ciência, ele qualificou a aceitação da regulamentação do governo e as medidas a favor do bem-estar como "a mudança mais notável por que passou a opinião econômica durante os últimos cinquenta anos".[75] A experiência, disse ele, provou que estavam errados os princípios básicos da teoria liberal, segundo os quais os indivíduos eram os melhores juízes do autointeresse e que a busca desse autointeresse produziria o máximo bem para a sociedade. A regulamentação do governo e os movimentos voluntários de reformas não eram prejudiciais, mas necessários. Com efeito, prosseguiu, eles já tinham feito muito para preservar o ambiente natural e melhorar a saúde pública. Declarou que, se tivesse de escolher entre o extremo liberalismo de Sumner e o socialismo, optaria por esse último, enumerando muitas instâncias em que aquilo que é bom para o indivíduo não é bom para a sociedade e que, portanto, o laissez-faire não é uma política correta.

The nature of capital and income [A natureza do capital e da renda], publicado em 1906, refletiu a crescente compreensão, por parte de Fisher, do capital como um fluxo de futuros serviços e de interesse pela conservação. Ele estava convicto de que a interdependência econômica, acentuada pela urbanização, especialização econômica e globalização, implicava maior necessidade de dados, educação, coordenação e intervenção por parte do governo. Argumentava que a preocupação com o futuro exigia prevenção e conservação. Sua experiência com a doença conferia uma urgência ainda maior a suas preocupações com a eficiência econômica e a prevenção do desperdício. Perry Mehrling, um historiador do pensamento econômico, afirma que Fisher foi influenciado por John Rae, um contemporâneo de Adam Smith, no sentido de definir os "benefícios", incluindo lucros, aluguéis e salários, como o valor do fluxo de serviços obtidos mediante as máquinas, a terra e o capital acumulado no passado. Eram todas as reformas propostas por Fisher, observa Mehrling, desde o aumento da expectativa de vida à prevenção de depressões, guerras e aumento da riqueza nacional.[76]

Nos dias de hoje os economistas falam de racionalidade, exterioridades e falhas do mercado. Fisher falava de ignorância e de falta de autocontrole. Em chave mais radical, argumentava que, mesmo quando os indivíduos se comportavam de maneira totalmente racional, o efeito combinado de suas ações poderia reduzir o bem-estar coletivo. "Não apenas é falso afirmar que os homens, quando deixados a sós, sempre agirão em favor de seus interesses, mas é falso dizer que, quando eles agirem assim, servirão melhor a sociedade."[77] Um tipo especial de ignorância, ele explicou, dizia respeito a tratar o presente como se ele constituísse a norma. Julgava que a expectativa de vida não alcançara nem a metade do que poderia ser. A produtividade também se encontrava no mesmo patamar. Sua percepção mais original foi a de que a mente nos prega peças. Denominava isso a ilusão monetária. Para Fisher a inflação e a deflação — ambas mudanças no nível dos preços — eram um mal, pois induziam as pessoas a tomar decisões negativas. No nível da economia, a ilusão monetária significava que levaria muito tempo para que comerciantes, industriais e consumidores se ajustassem às mudanças de preços e taxas de juros.

Ele chegou a duas conclusões a partir do reconhecimento de que o *Homo sapiens* não era o *Homo economicus*, máquina calculadora hiper-racional. Em primeiro lugar, havia grande necessidade de estabelecer a educação compulsória. Em segundo lugar, havia uma necessidade ainda maior de regular o comportamento individual, fosse através de prevenção de incêndios em moradias ou da proibição de jogos, álcool e outras drogas: "Não é verdade que pais ignorantes são justificados ao impor seus conceitos de educação a seus filhos; daí decorre o problema do trabalho infantil, que, em vez de se preocupar somente com o indivíduo, como se pensava antes, tem relações importantes e abrangentes com a sociedade como um todo".[78]

Fisher foi muito mais longe do que Marshall ao assinalar os limites do modelo competitivo. Quanto a isso, ele antecipou todo um conjunto de teorias econômicas surgidas após a Segunda Guerra Mundial. "Mesmo quando a intervenção governamental é impraticável ou desaconselhável, ainda assim existirão bons motivos para tentar melhorar as condições através da influência de uma classe sobre outra. Daí decorrem agitações sociais."[79]

Mesmo que todo mundo fosse perfeitamente racional, a busca do autointeresse não implicaria necessariamente acréscimo a resultados socialmente desejáveis. "A ação individual jamais resultará em um sistema de criação de parques urbanos ou mesmo em qualquer sistema útil de abertura de ruas", ele declarou. Em consequência, rejeitava privatizar a oferta de dinheiro, como Spencer advogava, ou "a sugestão, ainda mais surpreendente, de que a função de polícia do governo deve ser deixada a particulares, de que a organização policial deve ser simplesmente um comitê voluntário de vigilância, algo como os antigos corpos de bombeiros, hoje fora de moda, e que a rivalidade entre eles garantiria um atendimento melhor do que aquele que hoje se obtém através da polícia do governo!".[80]

A doença de Fisher foi seguida de uma extraordinária explosão de criatividade. No espaço de cinco ou seis anos ele exprimiu ideias que tinham germinado no seu exílio forçado, durante o qual ele se interessou pela filosofia hinduísta e por práticas de meditação:

> Ontem, quando o sol se punha, sentei-me como um indiano, não pensando em nada, mas sentindo a serenidade e o poder do universo... Aquelas impressões subconscientes de três anos ou mais de depressão, receio e preocupações permanecem

em minha mente, mas espero que permanentemente enterradas. Foi mediante muita disciplina e autossugestão que acabei expulsando os demônios. Preciso confessar que o que mais me perturbava depois do primeiro ano foi o medo... O otimismo não é questão de saber que o mal existe nem do que podemos esperar do futuro. Um homem pode acreditar que o mundo é um lugar de infelicidade, que a terra gelará e morrerá, que ele será acometido pela dor, perderá amigos, a honra, a saúde e ainda assim ser otimista.[81]

O ano de 1907 foi de instabilidade no mercado financeiro. Fisher se apressava em finalizar um novo livro, The rate of interest [A taxa de juros], ao qual deu o subtítulo de Its nature, determination and relation to economic phenomena [Sua natureza, determinação e relação com o fenômeno econômico].

Pela primeira vez ele expressou sua teoria relacionada com uma falta de previsão: períodos de especulação e de depressão são o resultado da desigualdade da previsão. "O pânico sempre é o resultado de condições não previstas, e entre essas condições, e, parcialmente, como resultado de outras condições não previstas, temos a escassez do dinheiro disponível para empréstimos."[82]

Se a inflação e a deflação fossem corretamente previstas, explica Perry Mehrling, as taxas de juros no mercado financeiro se ajustariam instantânea e perfeitamente. Se os emprestadores esperassem que o nível dos preços subisse, eles pediriam a quem solicitasse empréstimo que pagasse uma taxa de juros proporcionalmente maior. Se esperassem que o nível de preços caísse, se disporiam a aceitar uma taxa de juros proporcionalmente menor. Obedecendo ao mesmo raciocínio, se quem pedisse um empréstimo esperasse uma inflação mais alta, se daria conta de que pagar nominalmente taxas de juros mais elevadas não afetaria sua real taxa de retorno. Se quem tomasse um empréstimo esperasse a deflação, ele perceberia que teria condições de pagar uma taxa nominal de juros proporcionalmente menor. Em resumo, se as previsões fossem corretas, mudanças no nível dos preços não teriam efeito algum sobre o emprego ou sobre o rendimento real. O problema, claro, é que uma percepção tão perfeita é algo impossível: "Seu fracasso [em prever corretamente a deflação] resulta numa inesperada perda para o devedor e um ganho inesperado para o credor".[83]

Agora Fisher revertia sua posição anterior, segundo a qual mudanças no valor do dinheiro exercem um efeito negligenciável na atividade econômica real. Decidiu que, afinal de contas, as taxas de juros não se ajustavam tão suavemente ou completamente para compensar os efeitos de mudanças no poder aquisitivo do dólar. Assim sendo, preços estáveis são necessários para um sistema monetário justo e transparente:

> Os defensores do duplo padrão estavam parcialmente corretos ao colocar que a classe dos credores se beneficiava durante o período de preços em queda nas décadas de 1875 a 1895. A situação vem sendo exatamente o oposto durante as décadas de 1896 a 1906. Não devemos cometer o erro, entretanto, de presumir que o enriquecimento da classe dos devedores durante a última década compensa o empobrecimento dessa mesma classe durante as duas décadas anteriores, pois a composição das classes sociais muda rapidamente. Também não devemos cometer o erro de presumir que a classe dos devedores é composta daqueles que são mais pobres. O devedor típico de hoje é o acionista e o credor típico é o debenturista.[84]

Sob o padrão monetário prevalecente, o dólar americano foi fixado com relação ao *peso* do ouro, mas não com relação ao *valor* do ouro ou ao poder aquisitivo. Isso garantia que o poder aquisitivo do dólar, em nível doméstico, subiria e cairia com a oferta e a procura de dinheiro. A maioria das pessoas, mesmo os mais experientes investidores e empresários, encarava o dólar como uma medida de valor e achava difícil ou impossível detectar ou prever mudanças no valor. A inflação e a deflação eram nocivas porque os investidores, os consumidores e os homens de negócio não tinham condição de prevê-las perfeitamente ou até de aferir com precisão sua magnitude no presente e no passado recente. Decisões tomadas na base de expectativas incorretas resultavam necessariamente em decisões de investimento falhas e, do ponto de vista da economia como um todo, excesso de investimento em algumas áreas e pouco investimento em outras: "um desperdício imprudente, em relação ao qual deverão ocorrer dias de ajuste de contas, na forma de crises comerciais".[85]

Examinemos o que aconteceu em um período de sessenta anos. Charles Dickens, Henry Mayhew e Karl Marx descreveram um mundo no qual as condições materiais que haviam condenado o homem à pobreza desde tempos imemoriais tornavam-se menos fixas e mais maleáveis. Em 1848, Karl Marx mostrou como a competição levou a produzir mais com os mesmos recursos, argumentando porém que não havia de modo algum meios de converter os aumentos da produção em salários maiores e em melhor padrão de vida.

Então, na década de 1880, Alfred Marshall descobriu que um mecanismo de competição inteligente encorajava os proprietários de negócios a introduzir melhorias constantes na produtividade, que se acumulavam *ao longo do tempo* e, simultaneamente, os obrigavam a distribuir os ganhos na forma de salários mais altos ou de preços menores, também ao longo do tempo. Enquanto a produtividade determinasse os salários e os padrões de vida, as pessoas poderiam alterar as condições materiais no plano individual e coletivo, ao se tornarem mais produtivas.

Beatrice Webb inventou o Estado do bem-estar social, bem como demonstrou sua vocação de pesquisadora social. O sociólogo Mill argumentou que um Estado do bem-estar social acabaria por absorver todo o rendimento dos impostos, e Marx insistiu que essa colocação era uma ilação falsa. Beatrice Webb, por outro lado, mostrou que a miséria era evitável e que, ao se proporcionar educação, saneamento básico, alimentos, atendimento médico e outras formas de assistência aos pobres, a produtividade do setor privado e dos salários aumentaria, em nível mais elevado do que o resultante da cobrança de impostos. Em outras palavras, ajudar os pobres a se tornarem mais instruídos, mais bem alimentados e menos sujeitos a doenças muito provavelmente elevaria o crescimento econômico, e não o travaria.

Irving Fisher foi o primeiro a se dar conta de quão poderosamente o dinheiro afetou a economia real, e defendeu a ideia de que o governo poderia aumentar a estabilidade econômica administrando melhor o dinheiro. Ao apontar com precisão um motivo para os males aparentemente opostos da inflação e da deflação, ele identificou um instrumento em potencial — o controle da oferta do dinheiro — que o governo poderia usar para moderar ou mesmo evitar explosões inflacionárias ou depressões deflacionárias.

5. A destruição criativa: Schumpeter e a evolução econômica

> *Um desenvolvimento histórico que normalmente levaria séculos para se realizar [foi] compactado em duas ou três décadas.*
>
> Rosa Luxemburgo, A acumulação do capital, 1913[1]

No dia 4 de novembro de 1907, notícias de dificuldades financeiras enfrentadas pela Knickerbocker Trust Company em Nova York causaram uma corrida à Bolsa de Valores de Londres. Investidores assustados, que procuravam segurança, assoberbaram o Banco da Inglaterra solicitando ouro em barra. Diante da ameaça de um escoamento desmedido de reservas, o banco reagiu elevando a taxa de juros que ele cobrava de outros bancos por empréstimos de curta duração. Em meio ao pânico, Joseph Alois Schumpeter e Gladys Ricarde-Seaver casaram-se tranquilamente em um cartório nas proximidades da estação de Paddington. Antes que a taxa de desconto atingisse 7% pela primeira vez em quarenta anos,[2] os recém-casados partiram para o Cairo, Egito.

Aos 24 anos, Schumpeter já era um homem do mundo. Nascera numa pequena cidade industrial, no que hoje é a República Tcheca, e era filho único do proprietário de uma fábrica de tecidos, cuja família estava no negócio havia três gerações. Após a morte prematura do pai, aos 34 anos, num acidente de caça, sua mãe, Johanna, que era e continuaria sendo a pessoa mais importante na vida de Schumpeter, decidiu fazer tudo o que estivesse a seu alcance para proporcionar um futuro brilhante ao filho de quatro anos. Em grande parte para o bem do menino, ela planejou mudar-se para Graz, uma agradável cidade universitária. Quando seu filho querido completou onze anos, ela casou com um general aposentado, trinta anos mais velho, e convenceu o marido a mudar--se para Viena, onde a família foi morar num luxuoso apartamento perto da Ringstrasse. Graças às conexões aristocráticas de seu padrasto, Schumpeter estudou numa antiga academia, Theresianum, que acolhia filhos de nobres. Lá, além da perícia na esgrima e na equitação, ele tornou-se fluente em nada menos de cinco línguas clássicas e modernas, fez amizades valiosas e adquiriu os modos requintados, os hábitos promíscuos e os gostos extravagantes de uma sociedade aristocrata. Sua educação elitista cobrou um preço no plano da emoção. O alter ego do jovem alpinista social era o solitário e aplicado estudioso, que lia textos de filosofia e sociologia. Numa escola onde "ser um pouco tolo" implicava uma linhagem aristocrática, sua inteligência e seu obsessivo hábito de trabalhar, característica de classe média, enfatizaram seu status de parvenu.[3] Baixo, magro, moreno, testa muito larga, olhos ligeiramente protuberantes, olhar penetrante, sua aparência exótica provocava dissimulados gracejos sobre suas origens do "leste" (leia-se *judaicas*). Ele compensava destacando-se na esgrima, na equitação, na desenvoltura verbal, e aprendeu a dissimular sua ansiedade adotando atitudes blasés, irônicas e mundanas.

Em 1901, Schumpeter, aos dezoito anos, formou-se no Theresianum em primeiro lugar e ingressou na Universidade de Viena, o primeiro passo em direção àquilo que ele e sua mãe esperavam ser uma rápida ascensão às mais rarefeitas alturas da sociedade. É bem verdade que a "primeira sociedade" de Viena limitava-se essencialmente ao imperador e a sua corte. No entanto, o ocupante de uma cátedra universitária ou de um posto no gabinete poderia frequentar a "segunda sociedade", onde os inteligentes e os capacitados misturavam-se com os aristocratas e os plutocratas. À época em que Schumpeter era aluno do primeiro ano de direito, ele já se imaginava o mais jovem professor universitário do império e o conselheiro econômico mais confiável do imperador.

A Viena da belle époque é descrita frequentemente pelos historiadores como uma sociedade decadente, complacente, ossificada, e o Império Austro-húngaro como irremediavelmente atrasado, em comparação com Inglaterra, França ou Alemanha. Oszkár Jászi denominou a Áustria-Hungria "um império derrotado, do ponto de vista econômico".[4] Carl Schorske descreveu sua burguesia como politicamente passiva.[5] Erich Streissler deplorava a ausência de espírito empresarial e a tendência dos filhos dos homens de negócios — Ludwig Wittgenstein, Franz Kafka, entre outros — a escolher as artes e não a indústria.[6] Em The Radetzky march [A marcha de Radetzky], romance publicado em 1932 sobre o declínio e a queda da monarquia dos Habsburgos, um aristocrata vienense, o conde Chojnicki, atribui o estado aparentemente moribundo do império ao fato de que "esta é a era da eletricidade, não da alquimia". Apontando para um candelabro feericamente iluminado, ele exclama: "No castelo de Franz Joseph eles ainda usam velas!".[7]

Na realidade, Viena deixava-se envolver pela modernidade. Já em 1883, dezenas de milhares de visitantes eram transportados em trens elétricos ao Prater, o vasto "parque do povo" à beira do Danúbio, onde testemunhavam a maior exibição de luz e força que o mundo jamais presenciara, a Exposição Internacional de Eletricidade. Seiscentos expositores, incluindo a Westinghouse e a GE americanas e a AEG alemã, além da Ericsson sueca, expunham quinze acumuladores, 52 caldeiras, 65 motores e 150 geradores elétricos. Na "sala telefônica de música" os visitantes podiam "ouvir a música e a cantoria de uma ópera sem precisar dar um passo".[8] Em outro espaço ouviam o último boletim de uma agência de notícias de Budapeste destinado aos assinantes de telefone. Os visitantes mais corajosos eram transportados num elevador hidráulico, de paredes de vidro, até o alto de uma rotunda, inundada de luz. Na cerimônia de abertura, o príncipe herdeiro Rudolf referiu-se orgulhosamente a um "oceano de luz" que irradiaria de Viena para o resto do mundo.[9]

Na corrida à eletrificação, Viena podia comparar-se favoravelmente com Londres. O serviço telefônico começou em 1881. Bondes substituíram ônibus puxados a cavalo em 1897. Em 1906, quando estreou a ópera *Die Elektriker*, os dez bairros centrais da cidade dispunham de eletricidade. "*Elektrokultur*" tornou-se o refrão dos empreendedores de Viena. Toda dona de casa sonhava com um dispositivo elétrico que pudesse eliminar a fuligem e a fumaça de sua cozinha. Os donos das fábricas desejavam estabelecimentos com iluminação elétrica e máquinas movidas a energia elétrica. Médicos como Sigmund Freud se mostravam dispostos a tentar o eletrochoque em seus pacientes. A avó de Ludwig Wittgenstein levou o primo dele, Friedrich Hayek, menino de seis anos, para dar uma volta em seu carro novo, movido a eletricidade.

Embora fosse verdade que o imperador Franz Joseph desdenhasse de elevadores e iluminação elétrica, seu filho, o príncipe herdeiro Rudolf, apoiava sem restrições a indústria moderna. A Áustria apresentava a quarta maior concentração de comércio e indústrias manufatureiras da Europa e produzia aço, têxteis, papel, produtos químicos e vagões. Viena funcionava como centro administrativo, financeiro e comercial de uma vasta região que fornecia às novas megalópoles da Europa alimentos, combustíveis e matéria-prima. A prosperidade econômica do final da década de 1870 e que se prolongou até meados da década de 1880 criou uma explosão na exportação do açúcar e dos têxteis, bem como na construção das ferrovias. No final da década de 1880 a eletrificação havia substituído as ferrovias como principal atrativo para novos investimentos.

A arquitetura de Viena refletia aspirações não somente imperiais mas também burguesas. O Ringstrasse, largo bulevar que rodeava os bairros centrais, com seu Parlamento ao estilo neoclássico e a Ópera barroca, suas mansões situadas no "Bulevar dos Barões", refletia o assombroso progresso dos tempos. Os luxuosos prédios de apartamentos ou Mietpalais, mais do que as *villas*, atraíam o novo rico, o parvenu, o alpinista social. Multiétnica, de classe média, decididamente monocultural, Viena era a cidade de escolha de refugiados do resto do império, sobretudo após 1867, quando os liberais do Gabinete promoveram a emancipação dos judeus junto com a modernização econômica. Muitos dos imigrantes recentes tornaram-se mascates ou proprietários de pequenas lojas. A maioria de seus filhos ingressava em profissões como direito ou medicina, que não exigiam estudos em escolas preparatórias de elite, ou então se interessavam por jornalismo, atividades bancárias ou arte, que dispensavam diplomas universitários. A preponderância dos judeus na medicina, no jornalismo, nas artes e nos bancos criava ressentimentos, sobretudo em épocas difíceis. Como observou um historiador: "O antissemitismo subia à medida que a bolsa caía".[10]

Os dados econômicos contradizem o estereótipo da decadência econômica. Não somente a velocidade da economia triplicou entre 1870 e 1913, em comparação com os quarenta anos anteriores, como a renda per capita dobrou em termos reais naquele período, mesmo com o aumento da população. É bem verdade que Viena padecia da mesma escassez crônica de habitação, esgotos, água potável limpa e ruas pavimentadas que se observava na Londres vitoriana. No entanto, o historiador da economia David Good cita "eloquentes" provas de que "os problemas do Império não se deviam ao fracasso econômico, mas ao sucesso econômico".[11]

Em 1901, quando Schumpeter iniciou seus estudos de direito na Universidade de Viena, esta se tornara um dos maiores centros de pesquisa da Europa no que dizia respeito a matemática, medicina, psicologia, física, filosofia e economia. Enquanto a economia alemã era dominada por uma "escola histórica", liderada por Gustav Schmoller na Universidade de Berlim, que desprezava a abstração e cultuava o Estado imperial, Carl Menger assegurou a Viena a posição de antípoda ideológico e intelectual de Berlim e líder continental em economia teórica.

O direito possuía um status mais elevado e conotava uma educação mais liberal nas universidades de fala alemã do que nas universidades inglesas ou americanas. Além dos cânones e do direito romano, Schumpeter matriculou-se em cursos de história, filosofia e economia. Logo ele decidiu que a economia, especialmente a teórica, lhe interessava mais do que o direito. Àquela altura Menger estava por demais idoso e enfermo para ensinar, mas a batalha intelectual que ele travara durante muito tempo contra a escola histórica agora era comandada por dois discípulos brilhantes, Eugen von Böhm-Bawerk e Friedrich von Wieser. Schumpeter participou de seus seminários, nos quais, devido a seu "distanciamento ponderado e científico" e a seus modos "cordiais",[12] sobressaiu de colegas de classe mais velhos, como Ludwig von Mises, um liberal proeminente, Otto Bauer e Rudolf Hilferding, dois dos mais destacados marxistas da Europa. No seu último ano na universidade, o jovem de 22 anos conseguiu publicar nada menos do que três artigos no mensário de Böhm-Bawerk voltado para a estatística. Ao formar-se em direito no início de 1906, ele já se havia identificado como firme partidário da teoria econômica moderna ou "economia inglesa", como era conhecida em Berlim, apesar de seus colaboradores austríacos, franceses e americanos, todos muito conhecidos. Sua primeira publicação, depois de formar-se, foi um longo e provocativo ensaio, "On the mathematical method in theoretical economics" [Sobre o método matemático na economia teórica].

Tendo declarado de que lado estava, Schumpeter iniciou o "grand tour" intelectual, tão apreciado pelos alunos formados em universidades do mundo de fala alemã. Ele entretinha a secreta ambição de reconciliar escolas de pensamento econômico adversárias. Com o objetivo de conhecer melhor a universidade mais importante do continente europeu, passou o semestre da primavera na Universidade de Berlim, onde contatou os principais representantes da Escola Histórica Alemã. Durante o verão foi para Paris, onde ficou durante várias semanas e ouviu as palestras do matemático Henri Poincaré sobre física. Seu último destino foi a Inglaterra, país que admirava, qualificando-a como "a apoteose da civilização do capitalismo" e onde a economia tinha sido estudada exaustivamente.[13]

Ao chegar a Londres no começo do outono, Schumpeter se pôs a viver aquela estranha vida dupla para a qual sua formação o havia preparado. Sua persona pública era a de um aristocrata gregário, ligeiramente empolado e amante dos prazeres. Ao considerar os modos, os costumes e as instituições inglesas "inteiramente compatíveis", ele aderiu à rotina dos círculos elegantes de Londres. Alugou um apartamento em Princes Square, perto do Hyde Park. Encomendou seus ternos no Savile Row. Mantinha um cavalo para suas cavalgadas diárias no Rotten Row. Passava as noites em teatros e jantares e nos fins de semana comparecia a festas nas casas de campo.

Sua outra persona, igualmente elegante, dividia a parte da manhã entre o austero recinto, deliberadamente plebeu, da Escola de Economia de Londres, e a sala de leitura, silenciosa e de pé-direito alto, do Museu Britânico, onde fazia questão de trabalhar sentado à mesma mesa em que o gordo e malvestido Marx escrevera *O capital*. Convencido de que os pensadores verdadeiramente originais tiveram suas melhores ideias antes de completarem trinta anos, e decidido a se situar o mais rapidamente possível na primeira fileira de sua projetada carreira acadêmica, Schumpeter, aos 24 anos, lutava contra os prazos que se impusera.

Antes de partir de Viena ele esboçou os temas de dois livros que pretendia escrever. No primeiro deles apresentaria a economia teórica ou "inglesa" a leitores alemães hostis e mal informados. O segundo seria reservado a uma contribuição. Cheio de confiança em si, esperava que ela provocasse uma revolução na teoria econômica. À semelhança da maioria dos intelectuais de sua geração, Schumpeter era fascinado pelas implicações, para a sociedade, da teoria da seleção natural, formulada por Darwin. Não seria irônico, pensava ele, que, enquanto a mudança constante era a marca distintiva dos tempos modernos, a teoria econômica ignorava o processo que estava tornando a economia mais produtiva, especializada e complexa? A evolução econômica era impalpável, como "certos processos naturais" a que Marcel Proust aludiu em *No caminho de Swan*. Eram "tão graduais que... mesmo que sejamos capazes de distinguir sucessivamente cada um dos diferentes estados, ainda assim seremos poupados da sensação de mudança".[14] Os economistas concordavam com o pressuposto de que a economia se clonava ano após ano, tornando-se marginalmente maior ao longo do tempo, mas permanecendo essencialmente imutável em relação a todas as outras particularidades. É verdade que, se os economistas quisessem analisar como uma pequena mudança em uma variável econômica afetava todas as demais, a teoria "estática" se adequava à realidade assim como um terno bem cortado. No entanto, a teoria existente se adequaria mal ou de modo algum se a mudança em questão fosse grande ou se a linha do tempo fosse longa demais para se poder ignorar com segurança as mudanças estruturais na tecnologia, na força de trabalho ou nas instituições. E, ao contrário das colocações dos economistas alemães, a história econômica não poderia pretender melhor desempenho. A ciência, ao contrário da história, era geral. A história preocupava-se com aquilo que aconteceu de fato, a ciência com aquilo que poderia ou não acontecer sob circunstâncias específicas. Era isso que tornava a ciência um instrumento de comando e de perícia. Se a economia viesse a ser uma ciência, ela também teria de ser geral.

Precisava-se de uma teoria do desenvolvimento econômico e aquele jovem recém-formado na universidade pretendia elaborá-la. A ambição de Schumpeter era substituir a teoria estática da economia pela teoria dinâmica, assim como Darwin pusera de lado a biologia tradicional a favor da biologia evolucionária. Como ele observou alguns anos mais tarde, sua ideia era "exatamente igual à ideia... de Karl Marx", que também tinha uma "visão da evolução econômica como um processo distinto, gerado pelo próprio sistema econômico".[15]

Pelo menos numa ocasião Schumpeter tomou o trem até Cambridge para aconselhar-se com Alfred Marshall. Então com 65 anos e saúde precária, Marshall ainda se recuperava de um confronto com Chamberlain, então secretário das Colônias, em torno da política inglesa de livre-comércio e estava na iminência de renunciar à sua cátedra em Cambridge. Ainda assim, ele ofereceu o café da manhã ao impetuoso rapaz em Balliol Croft e com tolerância o ouviu descrever seus planos de elaborar uma teoria da evolução econômica.

Schumpeter tinha plena consciência de que semelhante teoria tinha sido um dos sonhos não realizados de Marshall. Embora este tivesse tomado de empréstimo o instrumental da física para analisar o inter-relacionamento da oferta e da procura em determinados mercados, sempre insistira em que os fenômenos econômicos se assemelhavam mais estreitamente aos processos biológicos do que aos processos mecânicos. Ele criticara os economistas por pressuporem que as instituições, a tecnologia e o comportamento humano eram fixos. Na introdução à última edição de seu livro *Principles of economics* [Princípios da economia], ele observava que "a Meca de um economista se situa na biologia econômica".[16] No entanto, Marshall refreara-se de desenvolver uma teoria do desenvolvimento econômico conforme Schumpeter se propunha a fazer. Evidentemente o Oráculo Inglês expressou algum ceticismo ao longo de sua conversa, que durou uma hora, pois Schumpeter disse-lhe, ao se despedir, que seu encontro lhe dera a sensação de que ele "era um amante indiscreto, disposto a contrair um casamento aventuroso, enquanto o senhor é o tio benevolente que tenta convencer-me a desistir". Marshall respondeu com bom humor: "E é assim que deve ser, pois caso contrário o tio terá feito um sermão em vão".[17]

Possivelmente Schumpeter dava a entender que iria embarcar numa aventura de natureza mais pessoal. Estava tendo um caso com uma mulher doze anos mais velha. Gladys Ricarde-Seaver era inglesa, de classe alta, "espantosamente bela", filha de um "proeminente pastor anglicano", e crescera numa espaçosa *villa* à sombra da catedral de São Pedro, perto de Harrow. Embora os biógrafos concordassem em que não apuraram muito mais a respeito dela, incluindo sua idade, registros públicos sugerem com muita eloquência que ela era uma das "gloriosas solteironas" dos Webb e que levava aquela "vida de museu inglês". Aos 36 anos, não tendo se casado nunca, Ricarde-Seaver provavelmente conheceu Schumpeter na Escola de Economia de Londres, organização de que participavam mulheres como ela, interessadas no feminismo, na reforma social e na popular causa da eugenia, preconizada pelos fabianos. A decisão de casar foi súbita. Nem o noivo nem a noiva pareciam ter contado com a aprovação dos pais, se é que eles os notificaram. O irmão de Gladys foi a única testemunha na cerimônia civil realizada em Piccadilly. Embora a anglofilia e a perspectiva de uma aliança aristocrática possam ter motivado a impulsiva decisão de

Schumpeter, o receio de uma gravidez parecia ser um motivo plausível. Mais tarde Schumpeter deu a entender a amigos que Ricarde-Seaver se aproveitara de sua ingenuidade juvenil e, quando ela morreu, em 1933, deixou o que, àquela época, significava uma fortuna considerável para uma sociedade de controle da natalidade.[18]

Ao romper com sua regra pessoal contra o casamento antes da "década sagrada", Schumpeter forçou a questão de como ele se sustentaria. O fragmento de um romance encontrado em seus papéis após sua morte se desenvolve em torno de um aristocrata austríaco que desposa "uma jovem inglesa com um importante pedigree e absolutamente sem nenhum dinheiro", um indicativo de que a renda de Gladys, pelo menos àquela época, era modesta demais para sustentar os dois.[19] Conseguir o posto de professor na Áustria seria necessariamente algo tortuoso e incerto. Ele acalentou durante algum tempo o projeto de se tornar advogado em Londres, mas isso também levaria anos.

Naquele tempo jovens empreendedores com gostos requintados, rendas limitadas e esposas para sustentar iam para o Oriente, a fim de ganhar fortunas. Possivelmente Ricarde-Seaver tenha sugerido que o Cairo pudesse oferecer mais oportunidades financeiras do que Londres ou Viena para alguém que tinha formação jurídica mas não experiência. A inglesa do romance inacabado de Schumpeter "tinha certos conhecimentos que ela explorou resolutamente em favor de seu querido" e várias mulheres como Ricarde-Seaver estavam envolvidas com empreendimentos comerciais em larga escala, da América do Norte ao norte da África. Um tio dela, por exemplo, fora sócio de Cecil Rhodes e o primeiro engenheiro ferroviário a apoiar o esquema de Rhodes, a construção de uma estrada de ferro transcontinental ligando "a Cidade do Cabo ao Cairo".

Assim que a decisão foi tomada, os recém-casados não perderam tempo, e logo depois da troca de votos embarcaram para o Egito, imitando as andorinhas no inverno.

As viagens permitiram aos ingleses do tempo do rei Edward perceber que as mudanças estavam perturbando o ordenamento do mundo. Em um globo que se encolhia rapidamente, mesmo antigas civilizações como a do Egito não estavam imunes. Para alguém que até então pensava o desenvolvimento econômico como um fenômeno europeu, o Egito apresentava condições de desafiar o conceito relativo não tanto aos limites do crescimento, mas aos limites de quem poderia crescer. Se Schumpeter não tivesse ido para o Cairo, ele poderia muito bem ter merecido de W. W. Rostow, historiador do pensamento econômico, a injusta qualificativa de "um economista um tanto provinciano do mundo industrial adiantado".[20]

Por mais difícil que seja imaginar hoje, o Egito era a China do início do século XX. Anthony Trollope visitara o Cairo em 1859, a negócios que envolviam os Correios. Em *The Bertrams*, escrito quando voltava para a Inglaterra, ele comentou secamente:

> Homens e mulheres — ou melhor dizendo, cavalheiros e damas — há muito tempo, quando sentiam sinais de fraqueza no peito, costumavam ser enviados para o sul de Devonshire; depois disso, a Ilha da Madeira ficou na moda; hoje, porém, todos são despachados para o Grande Cairo. Esta cidade acabou ficando tão perto de nosso país que, em breve, ela deixará de ser benéfica.[21]

O assassinato dos mamelucos por ordem de Napoleão I, em 1798, deu início à conquista do Egito pelo Ocidente, mas a transformação do país, que deixou de ser um feudo otomano e ficou sob o domínio da Inglaterra, foi sobretudo obra de empresários, banqueiros e advogados na segunda metade do século XIX.

A Guerra de Secessão, nos Estados Unidos, e a resultante fome do algodão transformaram o Cairo numa mina de ouro às margens do Nilo. O dirigente do Egito, o quediva Ismail Pachá, aproveitou a oportunidade para transformar o país inteiro numa gigantesca fazenda de algodão, de propriedade do Estado. À medida que se intensificou o comércio com a Índia, ele enxergou nisso um modo de colher benefícios e daí a construção do canal de Suez. Colossais quantias de capital estrangeiro, principalmente na forma de empréstimos, foram direcionadas para o Egito. Na opinião de Rosa Luxemburgo, a revolucionária polonesa, o Egito era um microcosmo da "loucura" do imperialismo moderno:

> Um empréstimo, contraído sob duras condições, era seguido por outro. Os juros dos antigos empréstimos eram pagos com novos empréstimos e o capital fornecido por ingleses e franceses era recompensado pelas grandes solicitações ao capital industrial da França e da Inglaterra. Enquanto toda a Europa suspirava e estremecia diante da enlouquecida economia de Ismail Pachá, na realidade o capital

europeu fazia negócios no Egito numa escala única, fantástica — uma inacreditável versão moderna da lenda bíblica sobre os tempos das vacas gordas, sem paralelo na história do capitalismo.[22]

Evidentemente, para poder terminar o canal de Suez, as dívidas se acumularam e grande quantidade de outros projetos acabou se revelando insustentável. No espaço de seis anos o quediva faliu, viu-se forçado a vender 44% de sua participação no canal e foi obrigado a deixar que seu governo se submetesse àquilo que constituía essencialmente uma intervenção. Alguns historiadores especulam que, se ele tivesse investido com mais cautela e evitado as dívidas, o Egito poderia ter ingressado no século XX como outro Japão, embora menor.

O período de fato do protetorado inglês começou em 1883. Evelyn Baring, primeiro conde de Cromer, herdeiro de uma família de banqueiros e um dos maiores imperialistas de sua época, estava instalado no poder, à sombra do trono do quediva. A prioridade máxima de Baring era tornar o Egito solvente. Ele colocou funcionários ingleses na direção dos vários órgãos burocráticos do país, pagou juros sobre a dívida, equilibrou o orçamento e gastou o dinheiro remanescente na irrigação e na infraestrutura. Um acordo anglo-francês, assinado em 1904, prolongou indefinidamente o protetorado inglês, o que ocasionou uma explosão de investimentos ainda mais espetacular. Não muito maior do que a Holanda, o Egito atraiu tanto capital inglês quanto a Índia. No decorrer de três anos o valor nominal dos títulos egípcios quintuplicou e foram formadas mais de 150 companhias, com 43 milhões de libras de capital. Lorde Rathmore, diretor do Banco do Egito, descreveu a mania de especulação que se apoderou dos investidores: "As pessoas ficaram aparentemente loucas. Não sei qual outra palavra posso usar. Elas, pelo jeito, pensavam que cada companhia que fosse criada valia o dobro antes mesmo de começar a fazer negócios".[23]

Ainda assim o fluxo de capital estrangeiro estava transformando a economia feudal do Egito. O historiador Niall Ferguson aponta que, enquanto os antigos impérios cobravam tributos, os impérios modernos injetavam capital e promoviam o crescimento econômico. Em 1900, o setor manufatureiro do Egito consistia de duas fábricas de sal, duas fábricas de tecidos, duas cervejarias e uma fábrica de cigarros. A refinação do açúcar era de longe a indústria mais importante e empregava 20 mil trabalhadores. Em 1907, novas indústrias, como a do descaroçamento de algodão, azeite de semente de algodão e fabricação de sabão, contavam com 380 mil trabalhadores. Os salários acompanharam a alta dos preços do algodão e o sultão Hussein Kamel, que sucedera a seu pai como quediva, ficou maravilhado diante da rapidez com que os egípcios vinham adquirindo a cultura europeia. "Vi em nossas fábricas as máquinas mais complicadas sendo operadas por egípcios."[24]

A colônia estrangeira do Egito — expatriados, bem como judeus, coptas e gregos —, que ali se havia estabelecido três séculos antes, ajudou o país a tornar-se "quase o mais cosmopolita do mundo". O Cairo fervilhava de caçadores de fortuna, banqueiros, corretores e empresários, que investiam em turismo, ferrovias, bancos, açúcar e, é claro, no algodão. A agência de turismo Thomas Cook e Filho domesticou o Nilo e proporcionou aos turistas "um pedacinho do Oriente flutuando ao longo de um rio africano". John Aird & Company terminaram a construção da barragem de Assuã em 1902. Cecil Rhodes realizou seu sonho de construir uma ferrovia transcontinental na África. Nem todos os empreendimentos visavam ao lucro. J. P. Morgan, declarado "egiptólogo", foi apenas um dos vários milionários americanos, incluindo John D. Rockefeller, o fundador da Standard Oil, a financiar escavações arqueológicas ao longo do Nilo.

O Egito tornou-se o cartaz de propaganda do novo imperialismo. Ao se pronunciar em um clube do Partido Liberal em Londres, após sua aposentadoria, Baring gabou-se: "Tanto quanto eu saiba, a história não registra outros exemplos de um salto tão súbito da pobreza e da miséria para a afluência e o bem-estar como o que ocorreu no Egito".[25] Ele, claro, era um propagandista interessado. No entanto, uma crítica tão hostil ao imperialismo inglês como Rosa Luxemburgo não o contradisse.

Quando William Jennings Bryan, por três vezes candidato dos democratas à presidência, parou no Cairo em sua viagem de volta à Índia, em 1906, ele achou a cidade, à primeira vista, desconcertante e mesmo decepcionantemente moderna. No lugar de ruínas vetustas e "pitorescas maravilhas orientais", ele deparou com iluminação feérica, bondes elétricos, automóveis, pontes hidráulicas projetadas por Alexandre-Gustave Eiffel, água engarrafada e muitas edificações da altura dos minaretes. Não era mais dificultoso comprar uma cerveja Bass Ale gelada ou um exemplar do *Daily Mail* do que em Nova York ou Londres. O centro comercial, com suas lojas de departamento, que esbanjavam vidro e estruturas de ferro em sua construção, os hotéis de um luxo faraônico, a multiplicidade de bancos, as agências telegráficas e telefônicas davam ao Cairo a aparência de uma cidade europeia. Seus prédios de apartamento, com fachadas cor de pastel, bem belle époque, seus amplos bulevares e os cafés ao ar livre fizeram Bryan lembrar-se de Paris.[26]

Os cruzeiros no Nilo eram os preferidos pelos casais abastados em lua de mel, mas Schumpeter chegou ao Cairo tendo em mente questões mais urgentes do que ficar de mãos dadas com Gladys no convés do barco de uma companhia de turismo. Quando eles estavam a caminho do Egito, de trem até Marselha, de vapor até Alexandria e novamente de trem até o Cairo, notícias da crise financeira global os seguiram. Em cada capital que passava pela experiência de um colapso violento da Bolsa de Valores, a onda de corrida aos bancos e de falência bancária recebia diferentes nomes. Muitos homens de negócio assumiram que os problemas de sua comunidade eram o que havia de pior e que suas causas eram basicamente locais. Com efeito, sintomas idênticos surgiram em meia dúzia de países antes e depois do pânico em Nova York. Os elos de uma corrente que se estendia em torno do globo estavam se afrouxando.

No Cairo os problemas começaram quando Sir Douglas Fox & Partners, a firma de engenharia inglesa que construíra a primeira etapa da ferrovia transcontinental de Cecil Rhodes, tentou obter uma concessão para construir "um funicular que iria da base ao topo da pirâmide de Quéops". Talvez os deuses do além se ofenderam, escreveu o historiador de economia Alexander Noyes, ou então os investidores viram nessa proposta um indício de quão enlouquecida a especulação se tornara.[27] Em qualquer uma das duas hipóteses, o mercado egípcio de ações desabou. Corretores e homens de negócio não se preocuparam, considerando o declínio algo temporário. Passado um mês, um elegante baile a fantasia atraiu "uma multidão tão pitoresca, tão sequiosa de prazeres, tão disposta a se divertir" que não havia espaço para alguém se movimentar na pista de dança. Em abril, porém, o mercado afundou pela segunda vez e prosseguiu na trajetória descendente. Assim noticiou o *Economist* de Londres:

> Pilhas de ações estavam à espera de serem vendidas e o mercado dispunha de tamanha fartura de papéis que a oferta de um grupo de trinta ações dadas como caução em quaisquer transações não foi suficiente para manter as cotações. Em certos momentos tornou-se igualmente difícil comprar. Era fato muito sabido que inúmeras corretoras de pequeno porte enfrentavam grandes dificuldades e quando a crise se intensificou uma delas suspendeu os pagamentos.[28]

Ocorreu então o pânico em grande escala. Em questão de algumas semanas quase um quarto do valor das corretoras matriculadas na bolsa de valores do Cairo sumiu como uma miragem. O efeito sobre a explosão do mercado imobiliário foi imediato. A "grande escadaria de falsos valores", construída com dinheiro emprestado, desmoronou. Em maio, o boato de dificuldades enfrentadas por vários estabelecimentos bancários do Cairo provocou uma corrida aos bancos. "A diminuição total dos juros egípcios, além dos juros pagos pelo governo, ao que se diz representa cerca de 1 bilhão de dólares, desde o término da construção da barragem de Assuã", relatou o correspondente do *New York Times*.[29] E de nada ajudava o fato de a situação política tornar-se, nas palavras de um diplomata inglês de alto escalão, "simplesmente danosa", além de a agitação nacionalista ter passado a ser "intensamente virulenta".[30]

Baring e outros funcionários ingleses tentaram amenizar a situação na medida do possível. Repetindo o mantra convencional de que as depressões eram o equivalente econômico de uma abstenção, após uma bebedeira, eles insistiram que "no final, a crise será extremamente benéfica para o Egito e para as finanças egípcias, pois depurará as artérias financeiras de grande parte daquilo que não é saudável".[31] No entanto, quando o crédito secou completamente, o Banco da Inglaterra foi forçado a "enviar instantaneamente 3 milhões de dólares em ouro". Um egípcio muito conhecido expressou o arrependimento com que todos estavam familiarizados: "Agimos além de nossos meios, ao usarmos um capital que não nos pertencia".[32]

A quebra do Egito fazia parte de um fenômeno mundial, assim como o Cairo era o elo de uma corrente que se estendia de San Francisco a Santiago, de Londres a Bombaim, de Nova York a Hamburgo e Tóquio. Essa corrente tinha sido forjada não somente por navios, ferrovias e cabos telegráficos, mas também por faturas, papel-moeda, transferências bancárias e ouro. A explosão que parecia atingir unicamente os cairotas era, na verdade, quase universal. Como observou um banqueiro de Londres após o fato: "Iniciando-se em meados de 1905, ocorreu no mundo todo uma tensão no fornecimento de capital e nas facilidades de crédito, que se intensificou numa velocidade tão espantosa durante os dois próximos anos a ponto de bem antes de outubro de 1907 homens ponderados, em muitos mercados distantes uns dos outros, discutirem com sérias apreensões qual seria o resultado de tudo aquilo".[33] O acontecimento que precipitou a reação em cadeia ocorreu do outro lado do mundo. Além de nivelar praticamente a cidade, o grande terremoto e o incêndio de San Francisco, em 1906, resultaram em enormes solicitações às companhias de seguro de Londres. À medida que as companhias seguradoras se viram forçadas a vender libras a fim de comprar dólares, para atender a todos, a libra começou a cair com relação a seu preço em ouro. Com a finalidade de deter o escoamento do ouro, o Banco da Inglaterra elevou a taxa de descontos a 6% em outubro de 1906. O resultado foi um aperto no crédito para os emprestadores.

Sob o padrão-ouro, quando a Inglaterra espirrava os Estados Unidos se gripavam. O mercado de ações de Nova York despencou em março de 1907 e no mês de maio a atividade econômica começou a declinar. A recessão armou o cenário para o último e pior pânico bancário — o pânico de 1907 — com enfoque nos trustes de Nova York. O resultante congelamento do crédito forçou milhares de bancos e empresas em todos os Estados Unidos a declararem falência. Severas dificuldades econômicas prosseguiram durante mais de um ano e as condições mediante as quais os negócios se realizavam não se recuperaram amplamente até 1910. Na Inglaterra e na Europa continental a queda foi ainda mais profunda e prolongada. Por outro lado, no Cairo, o pânico de 1907 representou somente uma pausa.

Uma semana após tomarem o trem na estação de Paddington, Schumpeter e sua esposa sentavam-se no elegante terraço do legendário Shepheard's Hotel, que dava para a movimentada rua Al Kamel, onde abanavam seus mata-moscas, ouviam "centenas de diferentes ofertas dos guias e comerciantes"[34] e sorviam "a peculiar atmosfera colonial do Cairo" junto com os drinques que ali tomavam.[35] Jovens e belos, combinavam perfeitamente com um cenário cosmopolita no qual, conforme explicava o Traveler de Londres, "americanos, ingleses, alemães, russos se misturam com japoneses, indianos, australianos, sul-africanos, prósperos, bem vestidos e belos espécimes daquilo a que denominamos civilização".[36]

O colapso dos preços das ações e dos imóveis deixou em seu rastro montanhas de processos judiciais. Schumpeter ingressou em um escritório italiano de advocacia e logo representava homens de negócio perante o peculiar Tribunal Misto, uma relíquia da administração otomana no Egito. O prédio do tribunal dava para Ataba-el-Khadra, ponto de convergência de todos os bondes elétricos. Na praça mais barulhenta do Cairo somente se ouviam "a gritaria rouca dos mascates, o tilintar dos recipientes de cobre dos carregadores de água, as buzinas dos carros e as estridentes campainhas dos bondes [...] todo esse barulho era realçado pelas vozes de homens e mulheres em inflamados bate-bocas".[37]

Schumpeter descobriu que a prática da advocacia, embora lucrativa, mal exigia todo seu tempo. Ao deixar o tribunal, em vez de ir diretamente ao clube de campo, ele se refestelava em seu café preferido, pois o Cairo, assim como Viena, era uma cidade de cafés. Esses lugares, frequentados apenas por homens, serviam de local para jogar xadrez, de escritório, de salão literário e, cada vez mais, de sede de fundamentalistas islâmicos e de conspiradores anti-imperialistas. Sorvendo café turco e dando baforadas num *hookah* que circulava pelas mesas, como acontecia em Viena, Schumpeter escrevia com clareza e rapidez, sua pena deslizava sobre o papel.

"A economia alemã não sabe realmente do que trata a economia 'pura'", opinava o autor, então com 24 anos. Schumpeter pretendia que seu livro fosse um apelo aos críticos, especialmente aos economistas alemães, "para compreender, não para lutar; para aprender, não para criticar; analisar e descobrir o que é correto... não simplesmente aceitar ou rejeitar" a teoria econômica. O livro seria também uma refutação à visão, popular nas universidades alemãs, de que a economia teórica ou "inglesa" era uma disciplina moribunda.[38] Era bem verdade que "a economia, assim como a mecânica, nos proporciona um sistema estacionário e não é como a biologia, uma narrativa da evolução".[39] Ela não podia lançar luzes sobre o processo dinâmico que primeiro transformara a Inglaterra, em seguida a França, a Alemanha, a Áustria-Hungria e então o Egito. Porém esse vácuo na teoria econômica era uma argumentação para estruturar uma teoria nova e dinâmica, não para abandonar a economia teórica.

Schumpeter encerrou o capítulo final de seu livro — o futuro da economia — formulando duas perguntas: Seria possível provar a existência do desenvolvimento econômico no sentido de que o crescimento pode ser ligado mais a causas econômicas do que a causas demográficas, políticas ou outras causas externas? Seria possível estruturar uma narrativa plausível da evolução econômica, partindo do pressuposto de que os arranjos sociais existentes — o capitalismo e a democracia — persistiriam? Sua resposta a ambas as interrogações era eloquentemente afirmativa.

Schumpeter acabara de enviar seu texto de seiscentas páginas a uma editora alemã, no começo de março de 1908, quando vindo do sul o siroco começou a soprar, e ele foi atingido pela febre de Malta, uma infecção bacteriana, debilitante e muitas vezes fatal. A poeira onipresente, o calor abrasador e a ameaça de complicações convenceram-no de que estava na hora de regressar a Londres. Ele havia alcançado seu duplo objetivo ao vir para o Cairo. Além de terminar seu primeiro livro, se não ficou rico pelo menos contava com reservas financeiras. Adquiriu grande prática como advogado e teve sorte, pois caiu nas boas graças de uma das filhas do quediva, tornando-se administrador de seus investimentos. Ele foi bem-sucedido ao duplicar o rendimento das propriedades dela, conforme evocou mais tarde, e, ao supervisionar a reorganização de uma refinaria de açúcar, ganhou uma quantia considerável.[40] Em outubro de 1908 estava de volta a Londres, tratava-se na casa de seu cunhado e planejava o regresso a Viena.

Em fevereiro de 1909 ele estava suficientemente recuperado para fazer uma conferência "The essence of economic theory" [A essência da teoria econômica] na Universidade de Viena. Seu desempenho lhe valeu entusiasmadas resenhas e o título de Privatdozent. Algumas resenhas de seu livro foram mais restritivas, embora até os críticos ficassem bem impressionados. Para grande mágoa de Schumpeter, sua *alma mater* não lhe fez convite algum. No lugar de uma prestigiosa nomeação para lecionar numa das grandes capitais da Europa, ele teve de aceitar ser professor associado em uma remota cidade do império, não muito distante do local onde nascera.

Cernowitz era uma pequena cidade poliglota, habitada por gente de passagem, sua universidade era nova e sem grandes credenciais. Os moradores se distribuíam entre alemães protestantes, judeus que falavam alemão e católicos apostólicos romanos, muitos dos quais tinham chegado havia pouco e muitos que ansiavam por mudar-se para Viena, Paris ou Nova York. Em parte devido ao fato de que poucas pessoas tinham raízes profundas ali, nenhum grupo étnico ou religioso dominava os demais, se entregava a proselitismos ou tinha muito ímpeto de fazer algo que não fosse cuidar de suas lojas e negócios, além de passear no parque da cidade aos domingos. Schumpeter expressou seu constrangimento pelo fato de ter sido infiel a Gladys, por esnobar seus colegas e tomar algumas atitudes agressivas. Escandalizou a universidade ao comparecer despreocupadamente a reuniões vestido com trajes indianos. Em certa ocasião desafiou o bibliotecário da universidade para bater-se em duelo com ele.

Refletindo sobre os anos que passou no escritório de patentes de Berna, de 1902 a 1909, Albert Einstein observou que a solidão e a monotonia de sua vida no campo estimularam sua "mente criativa". Recomendou semelhantes períodos de isolamento forçado a outros eruditos empenhados em produzir obras geniais, aceitando empregos temporários como, por exemplo, vigia de farol. Isso daria tempo para a pessoa se dedicar a seus pensamentos e, é claro, a transpô-los para o papel. Eles também se livrariam das ideias de outras pessoas, que os dispersariam.

Cernowitz acabou sendo o tal farol para Schumpeter. Nos dois anos que passou lá, refinou tudo aquilo que tinha absorvido, observado, imaginado e pensado entre os 24 e os 26 anos, quando vivia no estrangeiro, e a combinação daí resultante acabou sendo *A teoria do desenvolvimento econômico*.

Para Schumpeter o processo de desenvolvimento não apenas implicava o fato de que a economia estava crescendo mas também que sua estrutura evoluía. Os trabalhadores se tornavam mais produtivos, suas indústrias se especializavam, seu sistema financeiro se sofisticava. Ele dava por certo que o objetivo de toda produção era "a satisfação das necessidades"[41] e que um padrão de vida em ascensão era o resultado do desenvolvimento. O desenvolvimento não era, porém, "o mero crescimento da população ou da riqueza". Uma nação com uma população que crescia rapidamente poderia produzir mais rendimentos sem elevar os salários médios ou aumentar o consumo. Impérios predatórios como o antigo Egito poderiam enriquecer a expensas de potências mais fracas sem alcançar níveis mais elevados de produtividade. Novos territórios, pouco povoados, poderiam ser opulentos sem ter desenvolvido a capacidade de especialização ou elevado grau de interdependência.

A capacidade de uma nação proporcionar a seus cidadãos um elevado padrão de vida dependia em primeiro lugar e acima de tudo de seu poder produtivo, que capacitava a economia a produzir cada vez mais usando os mesmos recursos, a exemplo do pote de aveia do conto de fadas dos irmãos Grimm. O rendimento por trabalhador duplicou ou triplicou durante seu período de vida útil, após quase estagnar ao longo de 2 mil anos, entre o nascimento de Cristo e o da rainha Vitória. Naquele mesmo espírito de Mark Twain, quando ele escreveu em 1897 que "o mundo avançou muito mais desde que a rainha nasceu do que nos 2 mil anos anteriores",[42] Schumpeter tratou o desenvolvimento econômico mais como um fato do que como uma possibilidade teórica. Em contraste, Malthus e Mill

> [...] viveram no limiar do mais espetacular desenvolvimento econômico jamais testemunhado. Enormes possibilidades amadureceram, transformando-se em realidades diante de seus próprios olhos. Mesmo assim, eles não enxergaram nada além de economias paralisadas, que lutavam com sucesso cada vez menos pelo pão diário. Ambos tinham a convicção de que o aperfeiçoamento tecnológico [...] fracassaria ao contrapor-se à lei fatal dos rendimentos decrescentes [...] e que uma situação estacionária [...] avizinhava-se.[43]

Já não era possível contestar, conforme ocorrera em 1848 ou mesmo em 1867, que o padrão de vida das pessoas comuns havia melhorado. Nos países ricos o consumo de alimentos, roupas, tabaco, carne e açúcar se elevara grandemente. Uma nutrição melhor se refletia nos dados demográficos. A mortalidade infantil começou a diminuir após 1845, a expectativa de vida, por ocasião do nascimento, se elevou após 1860 e o peso médio, que caíra entre 1820 e 1870, aumentou após essa última data. Os sem-teto e os mendigos começaram a desaparecer. "O processo capitalista, não por coincidência, mas em virtude de seu mecanismo, eleva progressivamente o padrão de vida das massas", escreveu Schumpeter. Até Alfred Marshall, normalmente cauteloso, insistiu em 1907 que "A lei dos rendimentos decrescentes é quase inoperante [...] exatamente agora".[44]

Se o desenvolvimento estivesse sendo causado principalmente pela globalização, conforme a hipótese de Marx, e as condições locais pouco importassem, os padrões de vida médios deveriam ter-se tornado mais semelhantes e não menos. No entanto, quem quer que houvesse morado pouco antes no Cairo bem como em Londres, Cernowitz e Viena tinha de surpreender-se com as enormes diferenças no nível e nas taxas de desenvolvimento econômico de diferentes países. Em 1820, o padrão de vida médio no país mais rico do mundo — continuava a ser a Holanda — era quase três vezes e meio superior ao das nações mais pobres da Ásia e da África. Em 1910, entretanto, a liderança dos mais ricos em relação aos mais pobres aumentara mais de oito vezes.[45] Essas diferenças quanto ao padrão de vida refletiam basicamente maiores desigualdades no poder produtivo do que no território, nos recursos naturais ou nas populações. Levando em conta qualquer quantidade de capital e de força de trabalho, as economias mais eficientes produziam muito mais que as economias menos eficientes.[46] Além disso, a produtividade de algumas economias crescia, em alguns exemplos, com a mesma rapidez de outras. Assim, a questão não era saber qual processo poderia aumentar a capacidade produtiva, multiplicando-a, no decorrer de duas ou três gerações, mas o motivo pelo qual o processo operava com velocidade maior em alguns países, mais do que em outros.

A resposta tradicional seria que o desenvolvimento de uma nação dependia de seus recursos. Schumpeter adotou o ponto de vista contrário. O que importava não era aquilo que uma nação possuía, mas o que ela fazia com o que tinha. Ele identificou três elementos locais da "vida industrial e comercial" que conduziam o processo: inovação, empreendedores e crédito. O traço distintivo do capitalismo, acreditava, era a "inovação incessante", o famoso "vendaval perene da destruição criativa".[47] Marx também observara que "a burguesia não pode existir sem revolucionar constantemente os instrumentos de produção", mas ele tinha em mente basicamente a automação das fábricas.[48] Schumpeter adotou uma visão mais ampla. "Inovação" — e com isso ele queria dizer a aplicação proveitosa de novas ideias mais do que a invenção per si — podia implicar muitos tipos de mudança: um novo produto, processos de produção, fonte de recursos, mercados ou tipo de organização.

Marshall, cujo lema era o de que a natureza não dava saltos, enfatizara o procedimento de melhorias contínuas, sempre em aumento, por parte dos administradores e dos trabalhadores especializados, que se acumulavam ao longo do tempo.[49] Schumpeter enfatizava saltos inovadores, teatrais, extremados e descontínuos. "Acrescentem sucessivamente tantos vagões quanto quiserem, nem por isso obterão uma ferrovia", ele insistiu, "a essência do desenvolvimento econômico consiste de um diferente emprego dos serviços existentes, relativos à força de trabalho e à terra."[50] No entanto, somente novas tecnologias não conseguiam explicar por que algumas economias estavam se desenvolvendo e outras não, visto que novas máquinas e métodos poderiam ser e estavam sendo transferidos globalmente. Em seu drama econômico, Marx descartara explicitamente qualquer papel para o indivíduo. Beatrice Webb queixou-se certa vez de que o "proprietário autômato" de Marx era guiado por forças sobre as quais não exercia controle algum, em relação às quais não tinha a menor percepção, perseguindo cegamente "o lucro, sem sequer ter consciência de qualquer desejo a ser satisfeito".[51] O enfoque de Schumpeter era o elemento humano. Para ele, o desenvolvimento dependia basicamente do empreendedorismo. Compartilhava a obsessão alemã do final do século com a liderança. Tendo ouvido Sidney Webb expor a teoria fabiana do talento hereditário como causa de rendas desiguais, ele acabou se interessando pelos textos de Francis Galton, primo de Darwin, e de Karl Pearson, professor da Escola de Economia de Londres, sobre o talento hereditário e o papel das elites.

O principal personagem da narrativa de Schumpeter era o líder visionário. A função de um empreendedor era "revolucionar o padrão da produção explorando uma invenção ou, de modo geral, uma possibilidade tecnológica ainda não tentada".[52] Isso poderia significar novos produtos, como carros ou telefones, o emprego do cianureto para extrair ouro das minas da África do Sul, novas organizações como os trustes, novos mercados como o Egito para vagões de trem e maquinário de descaroçar algodão ou novas fontes de fornecimento como a Índia, tendo em vista o algodão. Em contraste com o capitalista autômato de Marx ou o engenheiro proprietário de Marshall, o empreendedor se diferenciava pela vontade de "destruir velhos padrões de pensamento e ação", direcionando os recursos existentes para novos usos. A inovação significava superar obstáculos, a inércia e a resistência. Necessitavam-se qualificações excepcionais e homens excepcionais. "Executar um novo plano e agir de acordo com um plano rotineiro são coisas tão diferentes como construir uma estrada e caminhar por ela", escreveu Schumpeter.[53]

Seus empreendedores são motivados menos pelo amor ao dinheiro do que por um ímpeto dinástico — "o impulso e a vontade de fundar um império privado" —, bem como pela ânsia de dominar, lutar e obter o respeito dos outros. Havia finalmente "a alegria de criar, fazer com que as coisas se realizassem ou simplesmente exercer a própria energia e talento".[54] Embora Marx tivesse qualificado o burguês como um parasita, cujas atividades acabariam destruindo a sociedade, Schumpeter retomou e desenvolveu o conceito de Friedrich von Wieser, segundo o qual "o crescimento era o resultado da heroica intervenção de indivíduos [que] despontam como líderes em direção a novas paragens econômicas".[55] Ele não se cansava de enfatizar "o papel criativo da classe empresarial, que a maioria dos economistas 'burgueses' extremados ignorou com tamanha persistência". A ciência e a tecnologia não eram independentes, ele insistiu, mas "produtos da cultura burguesa", exatamente como "o desempenho dos negócios".[56] Embora muitos empreendedores amealhassem grandes fortunas, eles fizeram mais para eliminar a pobreza do que o governo ou as obras de caridade.

A despeito de sua energia, visão e natureza dominadora, o empreendedor podia prosperar apenas em certos ambientes. Direitos de propriedade, livre-comércio e câmbio estável eram importantes, mas a chave de sua sobrevivência era o crédito barato e abundante. Para levar adiante seus planos, argumentava Schumpeter, o empreendedor tinha de direcionar para seus projetos a terra, a força de trabalho e as máquinas, tal como eram usadas. Seus empreendedores são "banqueiros e outros agentes financeiros que mobilizam poupanças, avaliam projetos, administram o risco, monitoram os administradores, fazem bons negócios, redirecionam os recursos de velhos para novos canais".[57] É bem verdade que a peculiar dependência do setor financeiro em relação à confiança e ao crédito tornava-o vulnerável aos pânicos e às crises. Porém, sem mercados de crédito que funcionassem bem e um sistema bancário robusto, uma economia seria privada de taxas de juros baixas e do crédito abundante necessários para a inovação. O que distinguia as economias bem-sucedidas não era a ausência de crises e a baixa repentina dos preços, mas, conforme Irving Fisher também enfatizou, o fato de elas recuperarem amplamente o terreno perdido quando ocorria uma explosão dos investimentos.

As taxas de juros mais elevadas do mundo inteiro eram encontradas nos países mais pobres. Como escreve o historiador da economia David Landes: "Nesses países 'subdesenvolvidos', onde os raios civilizatórios do capitalismo ainda não haviam exercido suas misteriosas faculdades de esclarecimento, havia poucos bancos mas muitos agiotas, pouco investimento mas muito entesouramento, nenhum crédito mas muita usura".[58] No Egito, os empreendedores enfrentavam enormes obstáculos devido ao estado de atraso do sistema bancário local e às primitivas facilidades de crédito e câmbio. Os juros eram duas ou três vezes mais altos do que no Ocidente. Os melhores títulos pagavam juros de 10% a 20%. Enquanto isso, os camponeses pobres pagavam de 5% a 6% ao mês.

Tendo demonstrado que a teoria econômica havia sido delineada para um "sistema essencialmente sem desenvolvimento", Schumpeter foi bem-sucedido ao formular uma nova teoria para um sistema dinâmico, ao mesmo tempo que se reportava à teoria existente. Mostrou como uma economia podia produzir mais com os mesmos recursos, enquanto desenvolvia uma estrutura nova, mais especializada. Além disso, sua teoria implicava que qualquer nação poderia fazê-lo. Ao enfatizar o ambiente de negócios local, em vez dos recursos naturais, a teoria de Schumpeter sugeria que as nações construíam seus próprios destinos. Os governos que quisessem ver seus cidadãos prosperarem deveriam desistir de ambições territoriais e se concentrar em promover um clima favorável aos negócios — sólidos direitos de propriedade, preços estáveis, livre-comércio, impostos moderados e regulação consistente, em benefício dos empreendedores locais. Rendas em elevação e novos desejos proporcionariam tantas oportunidades para empreendimentos lucrativos quanto a abertura de novos territórios. Enquanto o comércio fosse possível, a inovação poderia contrabalançar as restrições relativas à população, ao território e aos recursos. Era uma narrativa um tanto equivocada, romântica e até heroica. A fórmula de Schumpeter visando ao sucesso econômico era otimista, apoiava-se na igualdade de oportunidades e era desprovida de beligerância.

Schumpeter terminou de escrever o texto de *A teoria do desenvolvimento econômico* em maio de 1911. Àquela altura estava de volta a Viena, hospedado no apartamento de sua mãe, ele aguardava notícias, a saber, se tinha sido escolhido para lecionar na Universidade de Graz, onde uma vaga se abrira. A cidade, onde ele passou parte da infância, era agradável, provinciana, e sua universidade não era especialmente notável. No entanto, apresentava a vantagem de estar a apenas duas horas e meia de trem da capital. O corpo docente não se mostrou dos mais receptivos, julgou sua produção "estéril, abstrata, formalista" e votou a favor de outro candidato. Somente uma intervenção do ministro da Educação, intermediada por seu mentor Böhm-Bawerk, conseguiu anular a decisão, o que veio ao encontro da ambição de Schumpeter, a saber, ser o mais jovem catedrático do império, aos 28 anos de idade.

Quando ele começou a lecionar em Graz, no outono de 1911, foi friamente acolhido pelos alunos, que boicotaram suas aulas. Seus colegas lhe dispensaram o mesmo tratamento. Tais atitudes nem de longe se compararam à frigidez com que foi acolhido seu livro *A teoria do desenvolvimento econômico*, editado naquele outono. Mais tarde ele testemunhou: "Foi recebido com universal hostilidade".[59] Até Böhm-Bawerk demonstrou-se profundamente crítico, a tal ponto que dedicou sessenta páginas para atacar o livro de Schumpeter no ano seguinte. O que mais o desencorajou foi o fato de que seu mentor foi um dos poucos economistas a resenhá-lo.

Quando Schumpeter recebeu o convite para passar o ano acadêmico de 1913-4 como o professor austríaco de intercâmbio na Universidade Columbia, ele aceitou com o maior entusiasmo. Gladys, porém, deixou bem claro que não pretendia acompanhá-lo. Seu casamento desandara logo no início, talvez porque uma feminista e fabiana inglesa e um príncipe vienense dificilmente seriam compatíveis ou simplesmente porque ambos, pelo menos segundo o testemunho de Schumpeter, eram promíscuos. Ao aceitar o fato de que o casamento tinha sido um equívoco, ele não fez o menor esforço para dissuadi-la. Em agosto de 1913 partiu sozinho de Liverpool, a bordo do *Lusitania*, enquanto Gladys retomava sua vida em Londres.

A estada de Schumpeter na Universidade Columbia foi um sucesso. Ele adorava Nova York, e, por sua vez, era adorado pelos americanos, encantados com sua brilhante conversa e muito surpreendidos com seus hábitos, como levar uma hora diária para fazer sua toalete. Um colega de Columbia qualificou sua aula inaugural na universidade como "um desempenho notável... e... muito inusitado... brilhante e profundo".[60]

O triunfo foi coroado por um comunicado do reitor da universidade, informando-o de que o colegiado havia votado concedendo-lhe um grau honorário. Choveram convites para ele realizar palestras em Princeton, Harvard e outras universidades. Irving Fisher convidou-o para ser seu hóspede em New Haven, no Dia de Ação de Graças. Durante o jantar eles conversaram sobre a possibilidade de uma guerra na Europa. Assim como o político inglês Norman Angell, Fisher estava convicto de que a integração tornava aquela possibilidade algo remoto. Agora muitas nações dependiam tanto do capital estrangeiro, disse ele, que elas já não podiam se dar ao luxo de se comportar mal. Schumpeter ouviu-o com muito ceticismo.

Antes de partir dos Estados Unidos, ele não resistiu à tentação de conhecer o país de trem, conforme Marshall fizera. Regressou a Viena somente em agosto de 1914.

SEGUNDO ATO:

TEMOR

Prólogo
A guerra dos mundos

> *O mundo procurará preservar-se o mais possível da destruição.*
> Irving Fisher, 1918[1]

"Sidney havia se recusado a acreditar na probabilidade de uma guerra entre as grandes potências europeias", comentou Beatrice Webb à margem do texto de seu diário, em 31 de julho de 1914.[2] Os investidores também não viam a Grande Guerra aproximar-se, a julgar pelo mercado de ações e de títulos, quase o tempo todo em alta. A guerra seria, com toda a certeza, um suicídio econômico e, portanto, impensável. Uma semana depois de a Alemanha invadir a Bélgica, George Bernard Shaw previu no *New Statesman*, sua publicação em conjunto com os Webb, que a guerra terminaria em algumas semanas. Webb observou no início de agosto que a guerra se assemelhava "a um terrível pesadelo que se apodera de todas as classes e ninguém é capaz de imaginar como esse desastre aconteceu".[3]

Para Beatrice Webb, a guerra era "um tempo de perplexidade e desolação". Seu capital político vinha diminuindo desde antes de 1914 e continuava a declinar. Esperava que ela e Sidney fossem convidados para exercer alguma atividade importante no governo de coalizão de David Lloyd George, cujos líderes eram liberais. Nenhuma oferta se materializou, e os Webb acabaram embarcando numa viagem, um tanto incoerente, ao redor do mundo. Quando finalmente Beatrice foi indicada para participar de uma comissão que estudaria a diferença salarial entre homens e mulheres, em 1918, ela se arrependeu quase imediatamente de ter aceitado. "Não tenho o menor interesse pelo assunto", lamentou. Estava por demais preocupada por temer "em que espécie de mundo viveremos quando a paz chegar".[4]

Professor em Cambridge, funcionário público, especulador, patrono das artes, John Maynard Keynes tinha aparência bastante comum e era muito rude. Ele compensava essas deficiências através da inteligência, uma voz sedutora e eficiência em questões práticas. Seus melhores amigos, que o chamavam de Maynard, eram artistas, escritores e críticos conhecidos coletivamente como "o Grupo de Bloomsbury". Contavam com ele para adquirir seus quadros, aconselhá-los sobre transações imobiliárias e investimentos em títulos e ações, discutindo, ao mesmo tempo, se ele era ou não um irremediável provinciano.

Quando a Grã-Bretanha declarou a guerra, em agosto de 1914, o Grupo de Bloomsbury imediatamente concordou com Shaw: a guerra era uma loucura e "beneficiaria apenas alguns poucos capitalistas".[5] Keynes se empenhou em reunir objetores de consciência, mas provocou mal-estar em seus amigos ao mudar de ideia. Deixou-os ainda mais preocupados ao aceitar o convite de David Lloyd George, chanceler do Tesouro, para trabalhar em sua equipe. Keynes argumentou que, embora a guerra fosse indubitavelmente um mal, sua presença no governo o atenuaria.

A tarefa do Tesouro não consistia somente em alcançar "o máximo de morticínio com o mínimo de despesas", mas também financiar a guerra sem prejudicar a moeda mais segura do mundo ou comprometer a supremacia da Grã-Bretanha como banqueiro do mundo.[6] À medida que a guerra se prolongava, a Grã-Bretanha emprestou enormes quantias a seus aliados europeus e viu-se obrigada a pedir emprestadas aos Estados Unidos quantias ainda maiores. Uma vez que os empréstimos eram colossais, escreve Robert Skidelsky, biógrafo de Keynes, "a dor de cabeça provocada pela dívida dos interaliados [...] tornou-se o principal motivo de irritação, incompreensões e altercações entre os países participantes da Aliança". Passados alguns meses, Keynes tornou-se o "funcionário encarregado de lidar com a questão dos empréstimos dos interaliados (leia-se americanos)".[7] A comunicação em Whitehall se dava através de memorandos, e Keynes era insuperável no manejo da pena. Sua energia, confiança e coragem, ao que parecia, nunca fraquejavam.

Um episódio ocorrido quase no fim da guerra demonstra a excepcional capacidade de Keynes em manter-se enfocado num contexto maior. No começo da primavera de 1918, os alemães surpreenderam os Aliados e irromperam violentamente no front do oeste. Dezenas de milhares de soldados alemães logo estavam acampados a poucos quilômetros de distância do Arco do Triunfo, e Paris era bombardeada noite e dia. Grandes obuses Bertha semeavam o terror a enormes distâncias, até em Londres. Se Paris caísse, raciocinavam ingleses ansiosos, então os alemães poderiam desembarcar em suas praias e bombardear os condados do sul.

Keynes estava empolgado demais devido a uma sugestão feita por um de seus amigos do Grupo de Bloomsbury para se permitir especulações tão preocupantes. O pintor e crítico Roger Fry lhe falou de uma extraordinária coleção de pintura modernista que iria ser posta à venda. Edgar Degas, que fora comerciante de obras de arte antes de dedicar-se em tempo integral à pintura, havia reunido centenas de telas de Manet, Corot, Ingres, Delacroix e outros artistas durante sua longa carreira e raramente saía de mãos abanando ao fazer suas compras. Aquele tesouro seria leiloado na Galeria Roland, em Paris, nos dias 26 e 27 de março.

Reconhecendo a oportunidade de salvar um testemunho da civilização que tanto amava e pela qual seu país estava lutando, Keynes não hesitou. Entrou imediatamente em contato com Sir Charles Holmes, diretor da Galeria Nacional, solicitando que ele fizesse um lobby no Gabinete de Guerra, para liberar 20 mil libras do fundo de guerra. Julgando que seus superiores do Tesouro reagiriam e desaprovariam tamanha extravagância numa época de sacrifício nacional, Robert Skidelsky relata que Keynes reformulou o esquema, apresentando-o como uma apólice de seguros no caso de default: "Mediante os acordos com o Tesouro francês temos o direito de realizar despesas governamentais na França em troca de nossos empréstimos a este país", começava o memorando que ele redigiu e encaminhou ao chanceler. Àquela altura da guerra a França devia à Grã-Bretanha quantias tão gigantescas que a possibilidade de obter juros sobre a dívida, sem levar em conta o principal dela, parecia muitíssimo remota. Seria muito melhor, argumentava Keynes, coletar "pinturas sem preço do que duvidosos títulos franceses".[8]

Alguns dias depois Keynes enviou ao pintor Duncan Grant, seu ex e atual amante de Vanessa Bell, um telegrama em tom triunfal: "Garantido dinheiro para aquisição quadros".[9] Enquanto isso, ele conseguiu fazer com que fosse convidado, junto com Sir Charles Holmes, para participar de uma conferência dos Aliados em Paris. Eles atravessaram o canal escoltados por "*destroyers* e um dirigível prateado, que vigiava do alto" e viajaram até Paris de trem.[10] Para despistar comerciantes de arte franceses e repórteres ingleses bisbilhoteiros, Holmes disfarçou-se com um bigode postiço e suíças. Ele e Keynes usaram nomes falsos. O estratagema foi tão bem-sucedido que, dois dias depois do encerramento do leilão, Keynes escreveu a sua mãe, tomado de entusiasmo: "Comprei para mim quatro quadros e, para a nação, mais de vinte".[11]

Ele voltou para a Inglaterra com uma natureza-morta de Cézanne — maçãs — e dois Delacroix, enquanto Sir Charles Holmes entregou à Galeria Nacional 27 desenhos e pinturas, incluindo uma natureza-morta de Gauguin e *Mulher com gato*, de Manet. Os preços estavam em queda diante da ameaça da ocupação alemã e Keynes sentiu-se especialmente satisfeito pelo fato de Holmes ter gastado apenas metade do orçamento. Quando ele regressou da França, Vanessa Bell escreveu a Roger Fry que "Maynard voltou inesperadamente bem tarde, ontem à noite, dizendo que o tinham deixado no começo da alameda... contou que esqueceu um Cézanne na calçada! Duncan foi até lá correndo e o trouxe".[12]

Anglófilo e monarquista constitucional, Schumpeter ficou horrorizado quando a Áustria e a Alemanha entraram na guerra como aliadas. Ao receber, em dezembro de 1914, a convocação para alistamento, solicitou imediatamente uma dispensa permanente, sob a alegação de que era o único professor de economia da Universidade de Graz. De acordo com seu biógrafo Robert Lorie Allen, tinha a esperança de ser nomeado para um cargo consultivo no governo e passou todo o tempo possível em Viena cultivando políticos de todos os partidos (ele era igualmente promíscuo em sua vida particular. Gladys anunciara sua intenção de permanecer para sempre na Inglaterra, embora não consentisse em se divorciar formalmente). Schumpeter, porém, se revelou radical demais para seu próprio partido, os conservadores socialistas cristãos, e conservador demais para os socialistas. Quanto mais a guerra durava, mais frustrado ele se sentia por estar "totalmente impedido de qualquer possibilidade de ser eficaz".

Tendo-se oposto à guerra, Schumpeter procurou fazer um lobby junto ao imperador e a seus conselheiros para que fosse celebrada uma paz em separado com os Aliados — o que, na realidade, Franz Joseph quase fez —, bem como contrair uma aliança com a Grã-Bretanha, depois da guerra. Na véspera da rendição, Schumpeter empreendia uma campanha pessoal em duas frentes: contra o conceito cada vez mais popular de uma união econômica e política ou "Anschluss" com a Alemanha no pós-guerra, e contra a atitude cada vez mais fatalista por parte da classe média austríaca em relação ao futuro da democracia e da empresa privada na Europa. Ele passou o último ano da guerra antevendo os problemas que o governo austríaco enfrentaria após o conflito.

Seis meses antes do armistício, durante uma conferência pública na Universidade de Viena, Schumpeter propôs um projeto para a recuperação econômica, terminada a guerra. A exemplo de Keynes, ele era um otimista. Em "A crise do Estado de impostos", texto baseado em sua conferência, ele argumentou contra a inevitabilidade do socialismo e previu que o Estado de bem-estar capitalista, que ele denominava Steuerstaat ou "Estado de impostos", sobreviveria à guerra. A crise que ele previa não resultaria no triunfo do socialismo, segundo argumentava, mas num vácuo entre as expectativas dos eleitores e sua disposição de pagarem impostos. O maior desafio de um governo democrático seria evitar deficits orçamentários crônicos e a inflação.

Todo jovem que tivesse passado pela experiência do triunfo da "brutalidade, crueldade e mendacidade" em detrimento da civilização presumia que esta última acabaria se reanimando e se recompondo.[13] No dia 31 de agosto de 1918, centenas de soldados aguardavam na plataforma de embarque de uma estação de trem, naquele local de férias nos Alpes onde o imperador havia declarado guerra à Sérvia, quatro anos antes. Um homem de muito belo aspecto — baixo, bem-arrumado, emanando energia nervosa, de traços bem-feitos, cabelos grisalhos, olhos azuis, frios, envergando um uniforme da K. u. K. — atravessou a multidão, em direção a um cabo jovem e magro. "Você não é um Hayek?", ele perguntou. "O senhor não é um Wittgenstein?", retrucou o rapaz.[14]

Os Hayek e os Wittgenstein pertenciam às principais famílias de Viena. Os primeiros eram funcionários de alto escalão e acadêmicos, os segundos, ricos industriais e colecionadores de arte. Friedrich von Hayek e Ludwig Wittgenstein eram primos, embora esse último tivesse idade suficiente para ser tio de Hayek. Nunca trocaram mais do que algumas palavras por ocasião das reuniões de família, mas ambos tinham se voluntariado com uma distância de algumas semanas um do outro, pois davam boas-vindas à guerra, em parte devido à esperança de que enfrentar a morte era algo que faria deles homens melhores. Ambos suportaram semanas em que estiveram à beira da fome, com roupas inadequadas, inexistência de abrigos, gripe, malária e tensões étnicas que se intensificavam cada vez mais. Ambos tomaram parte na desastrosa ofensiva de Piave, o gesto final e desesperado do desesperançado Exército austro-húngaro. Presenciaram seus camaradas de arma atravessarem a vau pântanos de água salobra infestados de mosquitos, segurando as espingardas acima da cabeça, até tombarem mortos. Ao contrário dos outros 100 mil membros do Exército, eles sobreviveram.

Hayek ansiava por regressar a Viena, para saber se o pedido de alistar-se na força aérea fora aceito. Wittgenstein se licenciara de sua unidade para ver um editor que se interessara pelo texto que ele carregava em sua mochila, o *Tractatus logico-philosophicus*, que logo seria reconhecido como uma das obras mais importantes da filosofia do século xx. Quando chegou o trem que ia para Viena, os dois se acomodaram no mesmo vagão e, enquanto rumavam em direção a leste, noite afora, eles conversaram.

Wittgenstein falava sem parar sobre Karl Kraus, cujo jornal antibelicista, *Die Fackel*, satirizava a mentirosa mídia austríaca e enfatizava "o dever do talento" no sentido de procurar dizer a verdade. Hayek sentiu-se perturbado diante do pessimismo de Wittgenstein em relação ao futuro, mas ao mesmo tempo ficou profundamente impressionado com "sua radical paixão pela verdade".[15] Ao chegarem a Viena eles seguiram caminhos separados. Por ocasião de outra guerra mundial, Hayek cumpriria com seu próprio dever à verdade escrevendo *The road to serfdom* [O caminho da servidão].

Frank Ramsey, um protegido de Maynard Keynes, era o melhor e o mais brilhante de uma geração jovem demais para lutar. Como ele, Ramsey pertencia a uma antiga família de Cambridge. Seu pai era diretor de uma faculdade e seu irmão mais novo tornou-se arcebispo de Canterbury. Grandalhão, desajeitado, muito inteligente, Ramsey ajudou a traduzir o *Tractatus* de Wittgenstein quando tinha apenas dezesseis anos. Aos dezenove escreveu uma crítica tão arrasadora à tese de Keynes sobre a probabilidade que este desistiu de qualquer cogitação de seguir uma carreira na matemática. Foi convocado para revisar *Principia mathematica*, a tentativa de Bertrand Russel e Alfred North Whitehead empreendida antes de guerra, com o objetivo de reduzir toda a matemática a alguns poucos princípios lógicos.

Ramsey tinha onze anos quando a guerra foi declarada e esta o radicalizou, como aconteceu com muitos meninos de sua escola. Ele deixou o diretor de sua faculdade preocupado ao ameaçar abandonar a matemática em favor da economia, que considerava mais apta a tornar o mundo um lugar melhor. Em vez de especializar-se em matemática ou em economia, Ramsey tornou-se filósofo e enriqueceu as duas disciplinas com ideias originais. Publicou apenas dois ensaios no *Economic Journal*, antes de sua trágica morte devida a uma operação malsucedida. Ambos se tornaram clássicos, conforme Keynes previu com muita acuidade.

Espírito livre, apaixonado por literatura, psicanálise e pelas muitas mulheres que o adoravam, Ramsey personificou a atitude de Keynes, segundo a qual, quaisquer que fossem as limitações da lógica formal, seria possível encontrar soluções imaginativas para problemas sociais. Quando ainda era aluno de graduação, ele mostrou-se indiferente ao conceito, ao que parece comprovado pela Primeira Guerra Mundial, de que forças impessoais, imensas, para além do controle humano, determinariam o futuro da sociedade. Por ocasião de uma palestra que realizou nos Apóstolos, uma sociedade secreta de Cambridge, à qual Keynes e Russell também haviam pertencido quando estudantes, Ramsey anunciou que a "vastidão do céu" não o intimidava. "As estrelas podem ser grandes, porém não pensam nem amam; e essas são qualidades que me impressionam muito mais do que o tamanho", ele disse, acrescentando: "Meu retrato do mundo é desenhado de acordo com a perspectiva, e não como o de um modelo em relação à escala. O segundo plano é ocupado por seres humanos e as estrelas são tão pequenas como três moedinhas de três *pennies*".[16]

Abalado diante do colossal desperdício de vida humana e de capital durante a guerra, Irving Fisher redobrou seus esforços a favor da saúde pública e da Liga da Paz, que se estabeleceria após o conflito. Entre 1914 e 1918 ele ajudou a fundar o Instituto de Prolongamento da Vida, cujo objetivo era promover melhores práticas quanto à higiene individual e, assim, ampliar "a preservação da saúde [...] e aumentar a vitalidade";[17] foi coautor de um livro campeão de vendas, How to live [Como viver], cujo tema era aquilo que hoje em dia seria chamado de bem-estar, e iniciou uma campanha a favor da proibição da venda de bebidas alcoólicas. Embora se mostrasse a favor da entrada dos Estados Unidos na guerra contra a Alemanha, deplorou os efeitos negativos da "eugenia", quando se enviou a nata da geração mais jovem para ser morta ou mutilada nos campos de batalha. Tornou-se presidente de um clube de trabalhadores que se empenhava pela promulgação de uma legislação voltada para normas de segurança, aumento automático dos salários acoplado ao custo de vida e seguro de vida universal. Por estranho que fosse, a guerra parecia mais fortalecer do que debilitar sua crença na ciência moderna e no aperfeiçoamento do homem.

Antes que a guerra terminasse, ele sofreu um golpe tremendo, que poderia ter levado um homem menos confiante a questionar se suas certezas eram justificadas. No fim da primavera de 1918, após meses de grande ansiedade, Fisher se viu diante da angustiante possibilidade de que sua filha Margaret, então com 24 anos, a quem era extremamente ligado e que havia acabado de noivar, pudesse ser declarada insana e sem cura. Logo após seu noivo ser promovido no Exército, ela começou a falar incessantemente sobre estranhos portentos, Deus, a imortalidade e a convicção de que seu noivo seria morto.[18] Quando ficou óbvio que ela começava a ouvir vozes e seu comportamento se tornou cada vez mais esquisito, Fisher levou-a para o asilo Bloomingdale, no norte de Manhattan. O diagnóstico — demência precoce — o deixou arrasado. Incapaz de aceitar que Margaret provavelmente não se recuperaria, ele reativou seus contatos com a comunidade médica, em busca de um diagnóstico mais esperançoso.

Fisher logo descobriu o médico Henry Cotton, diretor do Hospital Estadual de Nova Jersey em Trenton, que vinha divulgando a obtenção de extraordinários sucessos no tratamento da esquizofrenia. Psiquiatra proeminente e batalhando em prol da reforma da medicina, Cotton tinha a convicção de que as doenças mentais eram devidas a "infecções focais". O que o diferenciava de pesquisadores com visões semelhantes era a disposição de aplicar essa teoria a seus pacientes, mediante a agressiva remoção de dentes infeccionados, amídalas, cólon e órgãos reprodutivos. Alegava ter curado centenas de pacientes desenganados desde o início da guerra.

Era isso que Fisher, desesperado para salvar Margaret e verdadeiro crente nos milagres da medicina moderna, queria ouvir. Animado por ter encontrado alguém que prometia a cura, entregou a filha aos cuidados de Cotton em março de 1919. Quando o médico diagnosticou a "presença de um bacilo no cólon", Fisher acatou suas recomendações relativas ao tratamento. Cotton mandou extrair imediatamente dois dentes do siso de Margaret. Ela, porém, continuou apática, confusa, suspeitosa, e o médico extraiu o colo do útero. Antes e depois da cirurgia, ela foi inoculada com seus próprios bacilos de estreptococo e em setembro pela última vez. Mais tarde Cotton teve de reconhecer perante um auditório em Princeton que a paciente n.º 24 foi "um tratamento fracassado". Margaret morreu de septicemia em 19 de novembro de 1919, com 25 anos.[19]

Fisher ficou acabado. Mesmo assim, jamais questionou a sensatez do "tratamento" de Cotton ou sua conclusão de que a origem da psicose de Margaret e a causa indireta de sua morte foram o fracasso dos pais em lidar a tempo com os problemas de seus dentes do siso e sua tendência à constipação. Sua ilimitada fé na ciência médica não foi abalada. Ao contrário, a campanha de Fisher tornou-se mais frenética. Vivia repetindo para si mesmo que algum bem resultaria da dupla calamidade que era a morte de Margaret e a guerra. Em sua mente, ambas estavam inextricavelmente ligadas. Predisse que a sociedade entraria em "um período de preservação da vida" e recorreria à ciência para prolongar a vida e melhorar a saúde: "Durante algum tempo a guerra prejudicou boa parte do mundo, destruiu e mutilou grande parte daquilo que ela já havia prejudicado", disse. "O mundo procurará recuperar-se da melhor forma possível no que diz respeito a esse desastre."[20]

O desastre se estendia para além dos cálculos: 8 milhões e meio de mortos, 8 milhões de pessoas permanentemente incapacitadas, a maioria composta de jovens. Noventa por cento do Exército austro-húngaro e quase três quartos do Exército francês foram dizimados, feridos, presos ou desapareceram em combate. "O peso da guerra sobre nossa família se traduz em três rapazes mortos, quatro feridos, dois seriamente afetados, num total de dezessete sobrinhos diretos e sobrinhos por afinidade", registrou Beatrice Webb. "Todos os dias deparamos com mulheres tristonhas, que se movimentam com letargia, têm o ar perdido e ninguém ousa perguntar pelo marido ou pelo filho."[21]

A Primeira Guerra Mundial destruiu a globalização, desorganizou o crescimento econômico, cortou laços físicos, financeiros e comerciais, levou governos e negócios à falência e fez com que regimes fracos ou populistas recorressem a medidas desesperadas que supostamente impediriam revoluções, mas que frequentemente as apressavam. Quando a guerra terminou, os vitoriosos, bem como os vencidos, estavam prejudicados por dívidas colossais e sujeitos aos ataques nefastos da inflação e da deflação. A pobreza, a fome, a miséria, aqueles flagelos malthusianos, pareciam predominar mais uma vez. Em Londres e em Paris, bem como em Berlim e Viena, cidadãos das grandes capitais da Europa foram forçados a se dar conta de que eles e suas nações agora tinham ficado muito mais pobres. Virginia Woolf não conseguia deixar de entregar-se a pensamentos ansiosos sobre a guerra e seus efeitos devastadores. Em seu romance *The voyage out* [A viagem exterior], publicado em 1915, certa matrona do elegante bairro do West End, refugiada num abrigo, descobre que "afinal de contas ser pobre é o que há de mais comum e Londres é uma cidade de incontáveis pobres". Em *Mrs. Dalloway*, publicado uma década mais tarde, "a guerra terminou", exceto para vítimas como o suicida Septimus Smith, um veterano da classe trabalhadora, e para a empobrecida e enlouquecida socialista Doris Kilman, que continua a sofrer durante cinco anos. Em *Rumo ao farol*, a sra. Ramsey e sua família são assediadas pela ameaça da tuberculose, outro legado da guerra.

A guerra golpeou a legitimidade da propriedade privada, o livre mercado e a democracia, proporcionando ao mesmo tempo ímpeto para movimentos revolucionários violentos, de Moscou a Munique. "Em todos os lugares o povo se rejubila", observou ansiosamente Beatrice Webb no Dia do Armistício. "Em todos os lugares os tronos caem e os senhores de bens e propriedades tremem secretamente."[22] A partir de suas respectivas posições na Áustria e na Grã-Bretanha, Joseph Schumpeter e Maynard Keynes tentaram convencer seus compatriotas de que a cura política dependeria da recuperação econômica, bem como do desencorajamento a quaisquer ardores revolucionários perigosos. Reviver a economia mundial exigiria que os Aliados traçassem fronteiras políticas que fizessem sentido no plano econômico, argumentavam. Ainda segundo eles, o mais importante seria desistir da fantasia de que obter reparações de guerra dos perdedores compensaria suas próprias perdas. Ambos pleiteavam a estabilização das moedas nacionais, a retomada do fluxo de crédito e a eliminação das barreiras comerciais.

O filósofo Bertrand Russell se incluía entre os muitos intelectuais do Ocidente convictos de que "A Grande Guerra mostrou que existe algo errado em nossa civilização".[23] Sua reação inicial às notícias da revolução bolchevique foi de cauteloso otimismo. Estava preparado para acreditar que, se a Rússia soviética não era a terra prometida, seria pelo menos uma grande experiência futurista. Ao contrário, porém, de muitos outros que se deixavam dominar por suas esperanças e temores, ele decidiu reservar seus julgamentos enquanto não tivesse a oportunidade de examinar em primeira mão aquela nova sociedade que os revolucionários alegavam estar construindo.

6. Os últimos dias da humanidade: Schumpeter em Viena

A hora do socialismo ainda não soou.
Joseph Schumpeter, 1918[1]

Se a Áustria não era uma ruína patética [...] havia muito material, segundo pensei, com o qual reconstruir suas ruínas.
Francis Oppenheimer, representante do Tesouro Britânico[2]

Quando o armistício foi anunciado, em 11 de novembro de 1918, Beatrice Webb registrou que Londres explodiu "num pandemônio atordoante". Em Paris "as comemorações desenfreadas" se prolongaram até o nascer do sol. Até Berlim ficou "exultante" e seus cidadãos sentiram-se felizes por se livrar da guerra e da dinastia que os arrastara para ela.[3] Das quatro grandes capitais europeias, somente Viena permaneceu em silêncio. Uma enorme multidão soturna apinhou-se na Ringstrasse, em frente ao edifício do Parlamento. Alguns poucos soldados arrancaram a águia imperial de seus uniformes e forçaram outros a fazer o mesmo. A um quilômetro e pouco de distância, na Berggasse, Sigmund Freud, em seu consultório, anotou no diário: "Fim da guerra". Ele, significativamente, evitou a palavra "paz".[4]

A desintegração do multinacional Império Austro-Húngaro vinha sendo realidade havia semanas. Com uma população tão grande como a de Berlim, Viena de repente se viu a capital "de uma república mutilada e empobrecida" de 6 milhões de habitantes, um décimo do tamanho do antigo império. Após a sessão final do Parlamento imperial, na qual os legisladores arremessaram tinteiros e pastas na cabeça dos oradores, a Tchecoslováquia, a Hungria e a Iugoslávia se separaram, levando com elas muitas regiões de fala alemã. Em consequência, as fronteiras do leste e do norte agora se situavam bem perto da periferia de Viena.[5] Os novos vizinhos da Áustria contestavam até mesmo essas fronteiras e ameaçavam constantemente invadi-las. Nesse meio-tempo a Áustria não se encontrava em posição de defender-se ou mesmo de contra-atacar. Em 12 de novembro, quando o imperador e sua família partiram para o exílio e o novo governo republicano foi formalmente proclamado, o Exército austro-húngaro, de 4 milhões de homens, tinha sido completamente dissolvido. No intervalo entre a oferta de armistício, em novembro, e sua assinatura alguns dias mais tarde, centenas de milhares de soldados foram detidos em campos de prisioneiros de guerra italianos. Grande parte deles não encontraria o caminho de volta para casa durante muitos anos.

O violento incêndio revolucionário que fora ateado pela revolta e pela fome em São Petersburgo, em fevereiro de 1917, agora se espalhava para o Ocidente, em direção a Budapeste, Berlim e Viena. Dois marxistas dominavam o governo provisório da Áustria. Desde janeiro de 1918 muitos observadores deram como favas contadas a inevitabilidade de um *putsch* comunista. Uma semana depois do Ano-Novo, militantes nas fábricas da Daimler-Benz entraram em greve, em protesto pela redução, à metade, da ração de farinha de trigo. Meio milhão de homens e mulheres convocados pelas autoridades imperiais para trabalhar em fábricas de munição as abandonaram. Circulavam boatos de uma iminente revolta na Hungria e de uma revolução na Alemanha.

Viena agitava-se com o retorno das tropas derrotadas do Império Austro-Húngaro. Em *Os últimos dias da humanidade*, Karl Krauss, que satirizava a guerra, preveniu que hordas armadas, semifamintas, amarguradas, transformariam a Áustria num campo de batalha. "A guerra [...] será uma brincadeira de criança em comparação com a paz que não sobrevirá."[6] Centenas de milhares de homens, incluindo Friedrich Hayek, então com dezenove anos, tinham abandonado suas unidades, na planície de Veneza, juntando-se a um êxodo de massas "famintas, desorganizadas e indisciplinadas", em direção ao norte. Ao longo do caminho, trocavam cavalos, carros e peças de artilharia por comida, saqueavam lojas ou as incendiavam. No início de novembro aquela multidão tentava, espremendo-se, atravessar a única e estreita passagem, o Passo de Brenner, indo em direção a Innsbruck. Soldados armados confiscavam trens. "Tetos, plataformas, degraus de vagões, até as próprias locomotivas estavam entupidas de soldados", relatou um correspondente. "Visto à distância, cada trem se assemelhava a um enxame de abelhas enlouquecidas."[7] Centenas de soldados morriam quando os trens entravam em túneis e debaixo de pontes, e seus corpos se empilhavam nos dois lados das linhas ferroviárias.

Decididos a evitar a destruição da Áustria pela "anarquia sangrenta", os representantes do defunto império tentaram simplesmente manter os trens em funcionamento. Em determinado momento, relatou um empresário inglês, a linha de Trieste a Viena transportava entre 70 mil e 100 mil homens a cada vinte minutos ou pouco mais. Preocupados com a anarquia e a tomada do poder, os burocratas instalaram depósitos nos arredores de Viena, onde os soldados entregavam suas armas antes de entrar na cidade. Nesta os policiais continuavam a se apresentar, cumprindo seu dever. Após um incidente no qual alguns Guardas Vermelhos "liberaram" algum alimento e depósitos de armas, o governo social-democrático se apressou em recrutar operários desempregados para formarem uma milícia do povo. Graças a tais medidas, bem como ao incontrolável desejo dos soldados húngaros, tchecos e iugoslavos de voltar para casa o mais rapidamente possível, Viena permaneceu relativamente calma.

Os soldados que regressaram encontraram uma cidade sitiada. Entre todas as cidades europeias, Viena era a que apresentava o maior contingente de classe média e nela quase não havia combustíveis ou comida. Virtualmente desde o momento em que a nova república foi anunciada, nenhum bem manufaturado saiu da capital e nenhum suprimento de bife, leite, batata ou carvão a ela chegou. Desde 1683, quando Viena foi rapidamente cercada pelos turcos otomanos, ela nunca esteve tão apartada do mundo exterior. Viagens a Munique, Zurique ou à vizinha Budapeste se tornaram difíceis, quando não impossíveis. O correio funcionava precariamente. Os telegramas levavam duas ou três semanas para chegar a seu destino, se é que chegavam. Pacotes e encomendas vinham sem seu conteúdo ou simplesmente não apareciam. "Não deem dinheiro aos funcionários da alfândega ou aos ferroviários", avisou Freud a seus parentes na Inglaterra.[8]

Nem é preciso dizer que uma cidade de 2 milhões de habitantes precisava comprar alimentos em outros locais para poder comer. Antes da guerra, Viena e as províncias alpinas dependiam de importações daquelas partes do império onde não se falava alemão, das quais provinha quase toda a batata, leite, manteiga, um terço da farinha de trigo e dois terços da carne.[9] A Hungria, porém, suspendeu as exportações para a Áustria no meio da guerra. Agora os outros novos vizinhos do país, principalmente a Tchecoslováquia e a Iugoslávia, impunham bloqueios. Conforme explicou o alto-comissário britânico, "durante centenas de anos o comércio seguiu certos canais e as linhas de comunicação se desenvolveram de acordo com isso. Tais canais e linhas foram bloqueados subitamente [...]. O resultado disso são regiões onde se está morrendo de fome vizinhas de regiões onde os alimentos são supérfluos".[10]

A Áustria tinha muitas armas, sal, madeira e manufaturas para vender. A Tchecoslováquia possuía açúcar, batata, legumes e carvão; a Hungria e a Iugoslávia tinham leite. No entanto, apesar dos esforços do governo provisório no sentido de estabelecer acordos de permuta com os novos Estados, a política nacionalista e a ansiedade em torno das potenciais deficiências daquele mesmo governo impediram que as trocas acontecessem.

Isso não era tudo. Os Aliados anunciaram que o bloqueio imposto à Alemanha durante a guerra prosseguiria até que as potências centrais assinassem os termos da paz propostos pela vitoriosa Entente. Isso significava que o único país disposto a vender alimentos à Áustria nada tinha para vender. Herbert Hoover, que viera à Europa numa missão de averiguação para o governo americano, comentou amargamente: "Os pacificadores fizeram o melhor que podiam para tornar [a Áustria] uma nação desprovida de alimentos".[11]

O que tornou a situação incomensuravelmente pior foi o fato de que as províncias rurais da Áustria criaram um bloqueio informal de Viena. Várias delas ameaçavam unir-se à Alemanha ou à Suíça. Nos distritos rurais a guerra causara grandes estragos à agricultura doméstica. Não se podia plantar nos campos, já que os homens estavam ausentes. O gado, principal fonte de fertilizantes, foi abatido para fornecer carne aos militares. A política do governo de forçar os fazendeiros a vender alimentos com preços controlados acarretou menos plantio e mais açambarcamento. À medida que a carência de alimentos piorava, sobretudo no ano final da guerra, os distritos rurais começaram a agir independentemente, impondo interdições locais à exportação de alimentos, promulgando leis que proibiam a presença de turistas e organizando inspeções para impedir as pessoas de levarem alimentos para fora.

O novo governo herdara pesadas dívidas de guerra, mas não dispunha de reservas de ouro para com elas comprar alimentos para os cidadãos. Os governos da Hungria e da Tchecoslováquia se haviam apoderado das últimas reservas de ouro depositadas no Banco Central. Hoover chegou a Paris em meados de dezembro para estabelecer um programa de retomada do comércio de alimentos e, caso houvesse necessidade, oferecer ajuda nesse setor. Ficou chocado diante do estado das finanças da Áustria. "Os cidadãos, que pagavam impostos para sustentar o Exército e a burocracia, cindiram-se. O Estado, que pagava os salários do Exército e os ferroviários, estava falido."[12]

Uma séria escassez de alimentos ocorreu quase no início da guerra. Já em 1915 os leves e saborosos pãezinhos tinham sido substituídos pelos grosseiros Kriegsbrot e semanas sem abastecimento de carne se tornaram rotina. Tudo se tornou *ersatz*. Não apenas o pão era feito "de qualquer coisa, menos de farinha de trigo", escreveu Stefan Zweig, o romancista e jornalista austríaco, mas "o café era uma mistura de cevada torrada, água amarelada, cor de cerveja e de farelo cor de chocolate".[13] Os esforços de requisição e distribuição, por parte do governo, fizeram com que o fornecimento de alimentos se desviasse cada vez mais para o mercado negro. Apesar do fim das hostilidades, o abastecimento de Viena continuava a declinar. Ludwig von Mises, o mais destacado economista da Áustria, recordou que "em nenhum momento, durante os primeiros nove meses do armistício, Viena foi abastecida com alimentos por mais de oito ou nove dias".[14] Os entrepostos do governo, a única fonte legal de alimentos, tinham quantidades absurdamente pequenas de repolho em conserva e de "pão de guerra" para entregar a donas de casa que enfrentavam filas durante horas. O pão era racionado: 140 gramas por pessoa e por semana, menos de um quarto do consumo médio de antes da guerra. O mesmo acontecia com a carne: caíra a 10% do nível anterior à guerra. O leite não era racionado para crianças acima de um ano, mas um perito avaliou que o consumo médio de calorias diárias representava pouco mais de mil calorias, insuficientes para manter a vida por mais de algumas semanas.

As multidões nas ruas eram abatidas, apáticas e as crianças pareciam ter três anos a menos. "Agora estamos nos consumindo", escreveu Freud a um amigo. "Todos os quatro anos da guerra foram uma piada em comparação com a amarga gravidade destes últimos meses e, com toda certeza, dos próximos."[15] Franz Kafka, que trabalhava em uma companhia de seguros, escreveu um conto, "Ein Hungerkünstler", sobre a arte de morrer de fome. A tuberculose tornou-se comum nos bairros de classe média, de onde desaparecera virtualmente antes da guerra. No começo de 1920, a taxa de enterros que antes era de quarenta a cinquenta mortos por dia elevou-se a duzentos. Salten, crítico de teatro e romancista austríaco, mais conhecido graças a *Bambi* (1923), recorda "que quando as pessoas ouviam falar de leões, panteras, elefantes e girafas morrendo de fome em suas jaulas nos jardins zoológicos, elas pouco se importavam. Quantos seres humanos jaziam em suas camas, enfrentando os paroxismos da morte, emaciados, devastados pelo sofrimento, a caminho do amargo fim...".[16]

A própria cidade começava a debilitar-se. A população principiava a exibir os sintomas clássicos da inanição — cansaço, indiferença, passividade, alternados com acessos de manias. Apesar do influxo de soldados desmobilizados, funcionários governamentais dos tempos do império e milhares de judeus que fugiam dos pogroms no leste, a população de Viena, que se expandira rapidamente no início da década de 1900, era de prosperidade, encolhera e contava com centenas de milhares de habitantes a menos. À semelhança de um corpo privado de alimento que começa a absorver o próprio músculo, o país inteiro passou a viver às custas dos bens que acumulara. A certa altura o governo anunciou que a Áustria se dispunha a penhorar "o que quer que fosse" — castelos, palácios, reservas e pavilhões de caça, além de bens de propriedade dos Habsburgos.[17]

O sofrimento provocado pelo bloqueio de alimentos foi multiplicado pelo "bloqueio do frio". Uma semana após o armistício, já não havia carvão para aquecer apartamentos e os suprimentos para cozinhar duravam apenas uma semana. A ração semanal de combustível consistia de uma lâmpada de 25 watts por apartamento, uma vela e pouco mais do que uma xícara de óleo combustível. Até para os moradores de residências de classe média o banho e a lavagem de roupa se tornaram um luxo fora de seu alcance. As escolas, que já haviam sido fechadas devido à epidemia de gripe, agora anunciavam o Kaltferien, ou férias de inverno. As lojas precisavam fechar às quatro horas da tarde. Exigia-se que os cafés pedissem a retirada de seus frequentadores antes das nove horas.

As pessoas cortavam suas portas, arrancavam as cascas das árvores e dizimavam árvores nos parques da cidade. Áreas inteiras dos bosques de Viena ficaram desnudas. Desapareceram os postes telefônicos e as árvores que se alinhavam nos elegantes bulevares da capital. Cruzes de madeira foram tiradas dos cemitérios. Um visitante escreveu: "Toda a vida de Viena está assombrada pela falta de combustível".[18]

Die Arbeiter-Zeitung, periódico social-democrata, assinalou: "As pessoas precisam de lenha porque não dispõem de carvão, mas ela não pode ser remetida porque não existe carvão para as locomotivas".[19] De acordo com o historiador Charles Gulik, a república austríaca herdou 20% dos antigos operários do império, 20% da capacidade de geração de energia e apenas 1% do fornecimento de carvão. A falta de combustíveis significava que manufaturas, fornalhas, padarias, fábricas de tijolos, cal e cimento, além de usinas elétricas, tiveram de fechar, estrangulando a produção industrial, a construção de casas e a geração de energia. Metade das dezesseis indústrias de Viena, que empregavam mais de mil trabalhadores, fechou para sempre. Numa cidade pioneira da eletrificação, os apagões tornaram-se rotina, mesmo no dia de Natal. Os bondes, que dependiam da eletricidade, foram suspensos. O tráfego ferroviário se restringiu a trens de carga que transportavam alimentos. Por sua vez, os cortes de energia, a queda na fabricação de armas e a desmobilização continuaram a inflar as fileiras dos desempregados.

Na véspera do Natal de 1918, pouco antes da meia-noite, Thomas Cuninghame, que representara a Grã-Bretanha no ex-império dos Habsburgos, guiava através de uma das mais aristocráticas ruas de Viena, a Mariahilferstrasse. "Não se via sequer uma alma e as ruas estavam precariamente iluminadas", ele escreveu em seu diário. "A bela cidade antiga se tornara *Die Tote Stadt*."[20] William Beveridge, no primeiro dia após o Natal, se viu cercado por desesperadas donas de casa em um mercado, "alvoroçando-se em torno de nós, assemelhando-se a fantasmas no Hades e dizendo que queriam comida".[21] Uma das grandes capitais europeias parecia estar na iminência da morte.

A derradeira ambição de Joseph Schumpeter — tornar-se secretário de Comércio no último gabinete da monarquia — não dera em nada, algumas semanas antes do armistício. Desde então ele contemporizava em Graz, preparando sem muito entusiasmo suas aulas e palestras para o ano letivo da primavera. Na iminência da primeira eleição nacional e diante da possibilidade de que os social-democratas e o Partido Social Cristão, de direita, formassem um governo de coalizão, Schumpeter sondou a esquerda sobre a possibilidade de ser indicado ministro das Finanças. Liberal, na linha de Burke, que favorecia a máxima liberdade individual e a mínima intervenção estatal, ele, em geral, estava em bons termos com os socialistas. Os dois social-democratas que conduziam temporariamente o país eram antigos amigos de universidade. Otto Bauer, um judeu de classe média, que nutria simpatias pangermânicas, era líder do partido e secretário interino do Exterior. O corpulento Karl Renner, que dispensava cerimônias, décimo oitavo filho de um camponês da Morávia, era o chanceler. Embora ambos fossem marxistas, sua política tinha mais em comum com os fabianos do que com o bolchevismo. E, apesar da velha amizade, outra pessoa foi nomeada.

No começo do Ano-Novo apresentou-se uma oportunidade. Outro colega de universidade de Schumpeter, um socialista alemão que logo se tornou o primeiro ministro de Finanças da República de Weimar, escreveu-lhe de Berlim, fazendo uma proposta interessante. Ele não se juntaria a um grupo de luminares socialistas, que se reuniram em dezembro, com o objetivo de aconselhar o novo governo alemão em relação ao socialismo e, em particular, sobre a possível nacionalização da indústria do carvão?

Por mais estranho que pudesse parecer, os políticos socialistas, que agora cuidavam do bem-estar de 60 milhões de cidadãos, jamais haviam refletido seriamente em como uma economia socialista poderia operar. Marx proibira expressamente seus seguidores de entregar-se ao que ele descartava como uma "fantasia" utópica. Esse líder admitia apenas que tais saltos da imaginação fossem "um bom exercício mental".[22] No entanto, a crescente radicalização dos trabalhadores alemães forçava a questão. Desde o armistício, em novembro, ocorreram tumultos e greves, demandas salariais que beiravam a extorsão, intimidação física e "expropriações espontâneas" de empresas por parte de seus empregados. A classe trabalhadora alemã se sacrificara por mais de quatro anos e agora queria ser recompensada. Os partidos de esquerda vinham prometendo havia anos retirar o controle das mãos dos patrões e entregá-lo aos empregados. Contudo, agora que estavam no poder, eles tinham se dado conta de que nenhum governo conseguiria sobreviver, a menos que reativasse a produção. A tarefa da comissão era sugerir uma solução para o dilema.

Schumpeter aceitou o convite com entusiasmo. Percebeu que o caminho mais curto até Viena poderia passar por Berlim. Com os socialistas no poder, tanto na Áustria como na Alemanha, crescia a possibilidade de que as duas nações se fundissem, e Bauer, secretário do Ministério do Exterior da Áustria, era membro da comissão. Além disso, Schumpeter esperava que a comissão adotasse uma visão gradual. Mais tarde justificou sua disposição a envolver-se com um projeto socialista declarando: "Se alguém insistir em cometer suicídio, é melhor que um médico esteja presente".[23] Naquela época, porém, a maioria dos investidores, banqueiros e industriais não esperava que a comissão fizesse semelhante proposta. Eduard Bernstein, um proeminente socialista alemão, prevenira pouco antes: "Não podemos nos apoderar da riqueza das pessoas, pois nesse caso todo o sistema de produção ficará paralisado".[24] Bauer, que queria substituir diretores por representantes da administração, dos trabalhadores e dos consumidores, enfatizou que empresas socializadas e privadas funcionariam lado a lado "durante gerações".[25]

Schumpeter não perdeu tempo e solicitou uma licença na Universidade de Graz, que lhe foi prontamente concedida. A viagem a Berlim levou quatro dias, em vez dos dois habituais, e, quando ele chegou à capital prussiana, viu-se numa cidade que ninguém poderia descrever como uma cidade "morta", mesmo naqueles tempos desesperados.

Berlim, janeiro de 1919: a cidade foi poupada da ocupação pelos Aliados e emergiu da guerra estruturalmente intacta, embora empobrecida, com pouco suprimento e cara. Cada onda de soldados desmobilizados, amargurados, excitáveis e, àquela altura, viciados em violência, ameaçava apoderar-se dela. Qualquer fagulha poderia dar início a uma conflagração.

A explosão ocorreu entre o Natal e o Ano-Novo. Os espartaquistas comunistas convocaram uma greve geral e seguiu-se a guerra civil em ampla escala. Demonstrações de massa se estendiam da Alexanderplatz ao Reichstag. Os trens foram paralisados, os bancos se protegeram com barricadas, a universidade fechou, as lojas não atendiam mais ninguém. Os espartaquistas se apoderaram virtualmente de cada fábrica, usina elétrica, prédios governamentais, jornais e postos telegráficos. Tanques percorriam as ruas, e, depois que os revolucionários atiraram granadas nos soldados do governo e os metralharam, o chanceler alemão autorizou o uso de lança-chamas e artilharia pesada. Cidadãos aterrorizados lotavam as estações de trem, na vã tentativa de fugir. Albert Einstein, o mais famoso cidadão de Berlim, já se havia retirado para Zurique: "Aqui fico lendo o que está acontecendo em Berlim, sob um céu ensolarado e comendo chocolate", ele escreveu a um amigo.[26] Schumpeter, no entanto, apreciava estar no olho do furacão.

Os especialistas socialistas vinham se reunindo havia várias semanas no porão do Reichsbank, que deixara de ser tomado devido a um alerta de funcionários do governo, que o cercaram com barricadas. Apesar do caos e do derramamento de sangue, a comissão continuou a conduzir seus procedimentos como se fosse um seminário na universidade, com calma e deliberação, levando em consideração alternativas que iam da nacionalização ao laissez-faire e enfrentando questões práticas como se as empresas pudessem ser socializadas sem prejudicar os ganhos obtidos através da eficiência ou das inovações.

Schumpeter adotou aquela mesma atitude desdenhosa e cínica que já exibira no seminário de Bohm-Bawerk, na Universidade de Viena. "Não tenho a menor ideia se o socialismo é possível, mas se for é preciso sermos consistentes", ele dizia com irreverência. "Em todo caso, seria uma experiência interessante para tentar pelo menos uma vez."[27] Ele tratava a questão da nacionalização como um assunto técnico, evocou um banqueiro: "Se, no final da guerra, alguém quiser socializar grandes empresas, é preciso proceder de certo modo".[28]

Por fim, conforme se esperava, a comissão rejeitou o laissez-faire e o domínio estatal, ao estilo soviético, optando por uma combinação de domínio público e administração privada. Quando o relatório foi redigido, dois membros liberais da comissão se recusaram a assiná-lo e rascunharam um relatório minoritário. Schumpeter, porém, após seu nome ao relatório majoritário. Suas indicações à comissão causaram o exato efeito que ele esperava. Bem impressionados com sua atitude cooperativa e seus conhecimentos técnicos, Hilferding sugeriu insistentemente a Bauer que levasse em consideração Schumpeter para ministro de Finanças da Áustria. Quando o relatório da comissão foi publicado, no dia 15 de fevereiro, um dia antes das eleições parlamentares austríacas, a imprensa vienense já dava a entender que Schumpter seria convidado a participar do governo. Duas semanas mais tarde, Bauer regressava à capital da Alemanha para conversas secretas com o ministro das Relações Exteriores da República de Weimar, Ulrich von Brockdorff-Rantzau (a união com a Alemanha era a prioridade máxima de Bauer. Ele já havia convocado Robert Musil, o escritor, "encarregado oficialmente da tarefa de indexar o noticiário dos jornais [...]. Na realidade, tinha a incumbência de promover a união com a Alemanha em vários órgãos da imprensa"[29]). Àquela altura, "Schumpeter estava com pressa de partir", rememorou outro comissário.[30] Na véspera de outra greve geral e de tumultos sangrentos, ele se retirou de Berlim na companhia de Bauer.

Na nova coalizão, o posto de ministro das Finanças compensava tão pouco que não se encontrava político algum disposto a exercê-lo.

Como seria possível alguém impedir que a moeda de uma nação falida caísse, comprar alimentos no exterior sem dólares ou ouro, estruturar um orçamento se nenhuma variável, das fronteiras às reparações de guerra, estava sendo decidida pelos Aliados em Paris? Tão logo Renner sugeriu seu nome, o partido de Schumpeter, o conservador socialista cristão, apressou-se em aceitar. O partido não confiava necessariamente nele. Em uma cultura antissemita, o partido dos proprietários de terras e de aristocratas considerava Schumpeter um *Judenfreund* porque ele se associara aos Rothschild e a outros banqueiros e homens de negócio judeus. Ele demonstrara lamentável falta de lealdade ao partido ao bloquear a promoção de um parlamentar social-cristão, que ensinava na Universidade de Graz. Os socialistas, porém, consideravam Schumpeter, que era encarado como "uma espécie de gênio na ciência econômica", o homem mais indicado para ocupar-se das cambaleantes finanças da república.[31] Como o destino da Áustria dependia dos Aliados, raciocinavam Bauer e Renner, os sentimentos pró-ocidentais de Schumpeter e sua anterior oposição à guerra eram trunfos muito favoráveis, bem como sua experiência pelo fato de ter morado no exterior, ter recebido graus honoríficos nos Estados Unidos e ser fluente em inglês e francês.

Os panfletistas da esquerda e da direita rotularam instantaneamente Schumpeter de oportunista: "Como deve ser agradável o fato de possuir duas ou três almas numa só", liberal, conservador e socialista, iniciava o *Die Morgen*. Karl Kraus denominou-o "um professor que troca de convicções".[32] No entanto, o desejo de Schumpeter de participar do governo dificilmente mereceria descrédito. Se a novata república austríaca não conseguisse providenciar o pão, e também a paz, a democracia estaria condenada. Schumpeter tinha um plano de recuperação econômica. Para ele, tornar-se ministro numa época de revolução era uma oportunidade de salvar seu país da ruína.

Sob alguns aspectos o novo ministro das Finanças e a dona de casa vienense enfrentavam desafios semelhantes. Anna Eisenmenger, cujo extraordinário diário proporciona uma visão do que era a vida cotidiana naquela época catastrófica, tinha três opções para comprar alimentos e combustíveis para sua família: ganhar dinheiro, pedir emprestado ou vender seus pertences. Para manter os trens funcionando e os restaurantes populares que serviam sopa abertos, Schumpeter dispunha das mesmas escolhas. A fim de sobreviver, Anna Eisenmenger e sua família solicitavam pensões, alugavam quartos, trabalhavam para uma organização americana de assistência e, como último recurso, venderam a preciosa coleção de charutos, datada de antes da guerra, formada pelo dr. Eisenmenger. Schumpeter podia arrecadar impostos, adular banqueiros e persuadi-los a comprar títulos do governo, mergulhar fundo nas reservas monetárias e de ouro do país, caso elas existissem, e, se a situação apertasse, vender ativos pertencentes ao Estado.

É claro que, se um indivíduo tivesse de comprar algo importado ou mesmo viajar até a vizinha Genebra, ele precisaria dispor de moeda estrangeira. Se tivesse conta em algum banco suíço não haveria problemas. Foi o que fez Max von Neumann, banqueiro de Budapeste, que levou sua família, incluindo o filho John, a exilar-se temporariamente após o golpe comunista de Béla Kun. Se o cidadão não dispusesse de semelhantes reservas, a moeda estrangeira teria de ser ganha ou emprestada. Sigmund Freud e seus colegas psicanalistas aceitaram pacientes ingleses, como James Strachey e sua esposa, Alix, que lhes pagavam em libras. Anna Eisenmeger emprestou dólares de um primo dos Estados Unidos. A maior parte do tempo o indivíduo tinha de usar o *krone* para adquirir libras ou dólares.

Devido ao fato de que tanta coisa de que a Áustria necessitava para manter-se viva tinha de ser importada, o ministro das Finanças do país precisava dispor de moedas estrangeiras ou de ouro, tendo em vista essa finalidade. Caso isso não fosse possível, ele teria de arranjar um empréstimo estrangeiro ou esperar uma doação. Sua principal tarefa, porém, era defender o valor do *krone* perante outras moedas. Cada aumento do valor de troca do *krone* significaria que a Áustria poderia pagar menos pelo carvão ou pela carne de porco. Cada queda significaria que o país teria de pagar mais. Era por isso que as donas de casa ficavam do lado de fora das casas de câmbio "com o coração apertado", aguardando as últimas notícias sobre o valor do *krone*. Para o ministro das Finanças, o valor da moeda tinha consequências ainda maiores, pois ele também era responsável pelo orçamento do governo. Cada declínio no valor do *krone* fazia com que o deficit do governo aumentasse. A tarefa mais importante do ministro era impedir que a moeda entrasse em colapso. Em última análise, era um jogo de confiança. As pessoas tomavam dinheiro a alguém se acreditassem que com isso poderiam liquidar suas dívidas. O que lhes dava tamanha confiança era, é claro, o conhecimento de que tal procedimento lhes permitiria realmente saldar suas dívidas. Assim, cada ministro das Finanças tinha de ser obstinado, no que se referia à moeda corrente e caso não dispusesse de ouro ou de reservas de moeda estrangeira precisaria fazer malabarismos para controlar a situação.

Schumpeter, o mais jovem ministro das Finanças da história da Áustria, fazia seu primeiro discurso em um palácio de mármore escondido numa viela estreita, denominada Portal do Paraíso, no centro da cidade. Andava de um lado para outro, gesticulava, se exprimia na melhor pronúncia da academia onde estudara, o Theresianum, e sua fala se alternava entre a descontração e a paixão. Tinha consciência de que o sucesso na política moderna dependia da capacidade de um líder de "fascinar", "impressionar" e "motivar" o público. A estabilização econômica exigia "um governo popular e um líder dotado de credibilidade, vontade, poder, brilho e palavras em que a nação possa confiar".[33] Naquele recinto frio, um tanto lúgubre, repleto de funcionários do governo vestidos com solenes ternos escuros, ele irradiava energia, otimismo e esperança.

A guerra sobrecarregara todos os combatentes, incluindo a Grã-Bretanha e a França, com dívidas sem precedentes, mas o caso da Áustria era extremo. O governo imperial não ousara elevar os impostos durante a guerra. Como resultado, em 1919 as receitas obtidas com os impostos cobriam apenas dois terços dos gastos governamentais. O governo devia pagar elevados juros relativos à dívida de guerra, um desproporcional quinhão daquilo que foi herdado pela nova república austríaca. Ele também prometera auxiliar os desempregados, principalmente arcar com o custo de sustentar a milícia. Precisava pagar os funcionários do governo, incluindo os milhares que acorreram a Viena, provenientes das localidades que haviam pertencido ao antigo império. Tinha, finalmente, de fornecer subsídios alimentares para cobrir a diferença entre o preço pago pelo governo e o que era cobrado dos consumidores. O governo imperial presumira que a parte do leão das pesadas dívidas que vinha acumulando seria paga pelos perdedores. Isso, é claro, apenas adiou o dia do juízo final.

A maioria dos austríacos conseguia imaginar apenas duas alternativas: ou o país seria adotado pela Alemanha ou se tornaria um tutelado permanente da Entente. Otto Bauer era um entusiasta apoiador do Anschluss com a Alemanha. Também não via nada de errado com um pouco de inflação, considerando-a "um meio de animar a indústria e elevar o padrão de vida dos trabalhadores".[34] Os banqueiros e os industriais tendiam a apoiar uma aliança com a Entente. Compartilhavam os mais caros desejos dos funcionários do Tesouro britânico, em particular os de Maynard Keynes, no sentido de que "jamais se permitirá que a Áustria enfrente dificuldades insanáveis. A Entente colocará suas finanças em ordem. Tudo de que ela precisa é um vultoso empréstimo em libras".[35]

A visão de Schumpeter era diferente. Acreditava que uma Áustria depauperada dispunha de meios para se recuperar economicamente. Sua convicção mais profunda era que os recursos da nação importavam menos que aquilo que se fazia com eles. Enquanto os empresários tivessem condições de criar novas empresas, o sistema funcionaria com eficiência e não haveria muitas barreiras para que o comércio, a indústria e a sociedade pudessem se regenerar. Ele rejeitou o pressuposto muito adotado de que a viabilidade econômica dependia de vastos territórios, população numerosa e recursos naturais. Num extraordinário ensaio sobre a sociologia do imperialismo, escrito em 1919, tendo a Alemanha em mente, Schumpeter descreveu como o complexo militar-industrial do antigo Egito empobreceu o império devido ao estado de guerra crônico: "Criada por guerras que a exigiam, agora a máquina criava as guerras que ela exigia".[36] A Inglaterra se tornara um dos países mais ricos antes de adquirir um império. A Suíça, cuja renda per capita rivalizava com a da Grã-Bretanha, não era maior do que a Escócia. Antes da guerra, Viena foi o centro financeiro, comercial e de transportes da Europa central. Enquanto os Aliados ou seus vizinhos nada fizessem para impedir a Áustria de comerciar livremente ou impedir que o governo restaurasse sua credibilidade, ele não via motivo algum para objetar que Viena voltasse a assumir seu papel econômico anterior à guerra e, mais uma vez, conquistasse elevados padrões de vida, contanto que não fossem colocados obstáculos insuperáveis em seu caminho. "As pessoas dizem frequentemente que uma Áustria alemã não é viável", reconheceu Schumpeter, acrescentando com convicção: "Acredito em nosso futuro... Não devemos crer que um país, para sobreviver economicamente, tenha de possuir todas as matérias-primas essenciais no interior de suas próprias fronteiras. Os países vizinhos não podem existir sem nós ou sem nossa mediação financeira".[37]

Certamente a nação tinha de lidar com sua enorme dívida de guerra. Assinala o historiador Niall Ferguson que existem apenas cinco maneiras de aliviar semelhantes encargos: uma negação de jure da dívida, como Lenin fez em 1918 e Hitler em 1938; vários graus de negação da dívida, envolvendo mudanças em relação ao reembolso, baixando o valor do dinheiro com o qual a dívida é reembolsada (inflação) ou alcançando um crescimento econômico tão rápido que a renda sobe com mais velocidade que os pagamentos dos juros. Claro que a alternativa mais respeitável é simplesmente liquidar os débitos.

Como um reflexo de sua fé no fato de que a Áustria poderia ajudar a si própria, Schumpeter disse a seus ouvintes que favorecia energicamente a última opção. Seria o caminho mais rápido para recuperar a confiança dos investidores na credibilidade da Áustria e reavivar a produção. No entanto, nenhum governo do pós-guerra se sairia bem elevando os impostos pagos por agricultores, fazendeiros e a classe média no intuito de compensar os abastados detentores de títulos. Aumentar os impostos também desencorajaria o investimento exatamente quando a economia precisava desesperadamente de um aporte de capital. A solução preferida de Schumpeter era forçar os ricos a colaborar com o pagamento da dívida de guerra da Áustria arrecadando impostos sobre a propriedade. Com efeito, ele propunha pagar os ricos detentores de títulos com seu próprio dinheiro, apoderando-se de uma grande fatia de seus ativos, incluindo dinheiro em caixa, títulos e ações.

A engenhosidade do plano de Schumpeter, que refletia as prioridades definidas em seu tratado teórico *A crise do Estado de impostos*, consistia em que, à medida que a propriedade de empresas, fazendas e outros bens fosse reorganizada, ela permaneceria na mão dos particulares. Tributar a propriedade existente e não a renda futura oferecia uma vantagem a mais, isto é, encorajar os investidores a disponibilizar o capital destinado ao investimento e os homens de negócio a expandir a produção. Para reduzir o risco de que o governo inflasse a dívida, ao livrar-se dela, Schumpeter também propunha a criação de um banco central que, como o Banco da Inglaterra, fosse independente do Tesouro.

Ao mesmo tempo, ele favorecia estabilizar o *krone* em seu valor daquele momento, e não no nível de paridade de que essa moeda gozava antes da guerra. Tais medidas promoveriam a confiança dos investidores estrangeiros, nos quais Schumpeter depositava suas esperanças, e garantiria que os investimentos na Áustria seriam muito compensadores.

Para funcionar, o programa de recuperação de Schumpeter exigia duas condições: termos de paz que não impusessem obstáculos inesperados à renovação do comércio e um sólido esforço para arrecadar impostos suficientes que permitissem cobrir os gastos do governo. "No momento não temos condição de conseguir quaisquer créditos mesmo no exterior, pois os estrangeiros não depositam fé em nosso futuro", ele disse a sua equipe. Eliminar ou até reduzir radicalmente o deficit do governo exigiria medidas heroicas, como ele mesmo reconheceu. Schumpeter favorecia impostos sobre produtos considerados prejudiciais, "de evidente consumo", como a cerveja e os cigarros — uma indulgência proletária —, além de impostos sobre a venda de "alimentos de luxo, diversão de luxo, têxteis de luxo, lojas de luxo, salários de criados e roupas de luxo".[38] Era um plano que não se destinava a angariar amigos seja à esquerda ou à direita. Seu próprio partido se opunha decisivamente a taxar a propriedade, especialmente se isso incluísse fazendas. Os socialistas consideravam o imposto sobre cerveja um exemplo hilário da falta de maleabilidade política de Schumpeter.

No terceiro dia do exercício de Schumpeter como ministro das Finanças, o *krone* caiu em queda livre. As guerrilhas comunistas, lideradas por um ex-cabo do Império Austro-Húngaro, que fora treinado e armado por Moscou, circulavam em torno de Budapeste em caminhões ostentando bandeiras vermelhas. Uma guarda vermelha, composta de soldados austríacos desmobilizados, partiu imediatamente para a capital, no intuito de expressar sua solidariedade. De modo geral a vitória dos bolcheviques foi interpretada pelo fato de a Hungria ter-se jogado nos braços de Moscou, recusando-se a se submeter à Entente. Isso levou o primeiro-ministro britânico Lloyd George, que era um tanto inflexível quanto à questão das reparações de guerra, a fazer um alerta à Conferência da Paz. Enquanto a Entente, "não menos cansada, sangrando, abatida" do que os perdedores, estava determinada a fazer com que os alemães e seus aliados pagassem a reconstrução, os discípulos de Lenin se ocupavam em seduzir os alemães com promessas de uma "retomada", isto é, conforme Lloyd George explicou, de uma oportunidade de "livrar o povo alemão de sua dívida com os Aliados e com suas próprias classes endinheiradas", que haviam proporcionado ao Reich os recursos necessários para empreender a guerra. Se os Aliados insistissem em impor à Alemanha termos declaradamente duros, o resultado inevitável seria a dominação dos "espartaquistas dos Urais ao Reno".[39]

Como se fosse uma deixa para o que aconteceria, a lúgubre profecia de Lloyd George começou a se realizar. No dia 7 de abril, em Munique, um bando de anarquistas proclamou a República Bávara Soviética. Uma semana depois eles foram substituídos por revolucionários profissionais, emigrados russos que mantinham laços com a Internacional Comunista, os quais imediatamente instauraram o reino do terror. Um documento russo apreendido durante uma batida da polícia sugeria que o Exército de Lênin estava preparado para marchar até a Alemanha, pela Polônia, a fim de juntar-se aos insurrectos. Comentava-se em Paris que Viena, agora vizinha de duas capitais comunistas, seria a próxima pedra do jogo de dominó a cair. Durante um debate no Parlamento, em que se discutia se as tropas britânicas deveriam ser enviadas à Rússia para ajudar a derrotar os bolcheviques, Winston Churchill preveniu que "o bolchevismo é um grande mal, porém surgiu devido a grandes males sociais". Seis semanas mais tarde um oficial de cavalaria, o general Briggs, escreveu da Rússia a Churchill, solicitando o apoio britânico: "A morte à fome significa bolchevismo".[40]

Os emissários de Béla Kun apareceram nos bairros de trabalhadores de Viena e fizeram dramáticos pedidos de fornecimento de alimentos para os proletários — mas não para a burguesia — na futura República Soviética da Áustria. Pintaram quadros fantásticos da vida em Budapeste, dos preços dos hotéis de primeira classe, que agora custavam o mesmo que as mais simples tavernas, das famílias de operários que agora viviam como a realeza nos palácios confiscados e da igualdade social entre a burguesia e o proletariado. Em suas memórias, Bauer rememorou:

> Tão logo [Béla Kun] se deu conta de que não tínhamos a menor intenção [de proclamar a República Soviética da Áustria], ele empreendeu uma campanha contra nós. A embaixada húngara em Viena tornou-se um centro de agitação. Grande quantidade de dinheiro veio da Hungria para o Partido Comunista da

Áustria, o que não apenas serviu para fortalecer sua propaganda, mas também foi gasto com o objetivo de subornar indivíduos de confiança entre trabalhadores e soldados. A propaganda comunista procurava persuadir os trabalhadores de que havia na Hungria grandes provisões de alimentos, em quantidade suficiente para atender a todas as necessidades da Áustria.[41]

Para contrabalançar essa propaganda, Herbert Hoover enviou telegramas de Paris, onde estava sediado na avenue Montaigne, 51, instando seus auxiliares a pregar folhetos nos muros de Viena avisando que "qualquer perturbação da ordem pública impossibilitará o embarque de alimentos e levará Viena a enfrentar a mais absoluta fome".[42] Nesse meio-tempo ele montou operações de assistência, numa corrida contra o comunismo e a morte. Em Viena o governo ordenou que metade de um batalhão da milícia socialista, a Volkswehr, acampasse no pátio do prédio da Herrengasse, 7, onde o gabinete realizava seus encontros.

Temores de um golpe podem explicar o curioso incidente relatado pelo ministro do Abastecimento, Hans Loewenfeld-Russ. Aparentemente Schumpeter lhe telefonara no último dia de março, convidando-se para jantar, e pediu-lhe que também convidasse Ludwig Paul, o ministro dos Transportes. Assim que os três ficaram a sós, Schumpeter perguntou de chofre se, em caso de golpe, eles estariam dispostos a participar com ele do novo governo bolchevique. "Nem em sonhos", retrucou Paul com rispidez, no que foi apoiado por um indignado Loewenfeld-Russ.[43] Schumpeter imediatamente voltou atrás, declarando que ele também jamais cogitaria aderir a semelhante governo.

Quando Loewenfeld-Russ pediu a Schumpeter que explicasse por que motivo havia solicitado um encontro privado e feito uma pergunta tão peculiar, a resposta foi que ele estava simplesmente sondando os dois únicos membros do gabinete, além dele, que haviam sido indicados não pelo chanceler, mas por um partido político.

Provavelmente ele dizia a verdade. Mais ou menos naquela época, Cuninghame relatou que uma de suas fontes lhe submetera "um longo e detalhado relatório [...] um plano detalhado, elaborado pelo Partido Socialista, com o objetivo de implantar uma forma socialista de governo". De acordo com o informante de Cuninghame, tal governo seria um disfarce, "mais soviético na aparência do que na realidade".[44] Ao que se supunha, Renner e outros membros moderados do gabinete se prontificavam a aderir a essa astúcia, embora os membros mais à esquerda, como Bauer, se recusassem a ter qualquer tipo de envolvimento com essa proposta. Cuninghame recebeu instruções do Ministério das Relações Exteriores britânico para informar o ministro da Defesa austríaco que um governo bolchevique, embusteiro ou autêntico, significaria uma suspensão do fornecimento de alimentos e uma retomada do envio de armas para a Polônia, que atormentava a Áustria com demandas territoriais.

Enquanto a república austríaca oscilava entre a vida e a morte, o gabinete se mantinha reunido em permanência. As sessões se iniciavam horas após o fim de um dia de trabalho normal. Por volta do horário em que a ópera terminava, os quinze ministros e seus subsecretários iam de carro ou a pé até o Palais Modena, no número 7 da Herrengasse, uma das mais elegantes ruas de Viena, e que datava do fim da Idade Média. Ansiosos, sem dormir, passavam pelos mal-ajambrados guardas da Volkswehr, acampados no pátio, e subiam a imponente escadaria que levava aos aposentos outrora elegantes e bem iluminados, onde os imperadores se encontravam com seus conselheiros e onde Karl Renner estabelecera sua chancelaria. Eles precisavam tomar todo o cuidado para evitar tropeçar nas metralhadoras assestadas nas janelas e o frio e a umidade os forçavam a manter seus pesados casacos. Habitualmente os encontros se prolongavam até bem depois da meia-noite e o primeiro-ministro encomendava num restaurante vizinho uma ceia muito simples e um copo de cerveja para mantê-los animados.

No dia 17 de abril, mal os ministros começavam a definir uma agenda "inconcebivelmente longa", milhares de homens enraivecidos e esquálidos, "com fisionomias abatidas e tensas", caminharam ao longo da Ringstrasse, agora entupida de lixo, deixando para trás altos edifícios cujas janelas estavam hermeticamente trancadas e reuniram-se diante do Parlamento, a alguns poucos quarteirões de distância. Eram, em sua maioria, operários de fábrica desempregados e soldados desmobilizados, muitos dos quais mutilados ou com outros visíveis ferimentos de guerra. Infiltrados entre eles havia pequenos grupos de membros armados do Partido Comunista e agitadores estrangeiros. Decorridas algumas horas, eles conseguiram levar a multidão a um estado de ânimo suficientemente exaltado para invadir o prédio do Parlamento e incendiá-lo. Quando o tiroteio começou, o Volkswehr se apressou em intervir. Ao retomar o prédio, a "milícia do povo" matou cerca de cinquenta participantes e feriu várias centenas, segundo as primeiras notícias.

Um episódio chocou o público até mais do que o abortado *putsch*. No auge do conflito, um cavalo, montado por um policial, foi morto a tiros, na rua em frente ao Parlamento. Um grupo esfomeado o estraçalhou e apoderou-se de pedaços de carne sangrenta. Para os vienenses comuns, que adoravam os cavalos brancos do imperador do mesmo modo que os americanos adoravam campeões de beisebol, o incidente parecia provar que a civilização retrocedia inexoravelmente em direção à barbárie. Ninguém poderia ter ficado mais deprimido do que o ministro das Finanças recentemente empossado, o qual, mesmo em épocas de desespero, mantinha vários cavalos puros-sangues.

Em Budapeste, a opinião das ruas era que a revolução se tornava iminente em Viena, mas no meio da tarde a insurreição começou a se desfazer. Friedrich Adler, assassino do penúltimo primeiro-ministro da monarquia, solto havia pouco tempo, e popular político socialista, chegou para incitar todos à calma. Os próprios líderes comunistas não conseguiam chegar a um acordo sobre a proclamação de uma república soviética. No dia seguinte, os dirigentes dos conselhos dos trabalhadores decidiram convocar uma greve geral. Ellis Ashmead-Bartlett, o correspondente de guerra do *Daily Telegraph*, apressou-se em ir de Budapeste até a capital austríaca. "Em vez de encontrar Viena em chamas, deparei com a cidade absolutamente tranquila."[45]

O hotel Sacher, situado do outro lado da Ópera e famoso por seu voluptuoso bolo de chocolate, era, em Viena, o local preferido de encontro de diplomatas, espiões e contrarrevolucionários. Comentava-se que Madame Sacher fora ardente monarquista. Schumpeter almoçava lá com frequência. No dia 2 de maio, Sir Thomas Cuninghame descobriu Schumpeter numa das *salles privées* nos fundos do hotel, em companhia de outros quatro homens, incluindo Ellis Ashmead-Bartlett, o correspondente britânico que havia divulgado em primeira mão a mortandade na batalha de Gallipoli. Quase na metade da refeição, Cuninghame, que pelo visto ouvira dizer que Ashmead Bartlett estava na cidade, juntou-se a eles.

Ashmead-Bartlett tentava levantar dinheiro em benefício de cerca de 150 funcionários de alto escalão húngaros que perambulavam em Viena, por um lado aterrorizados diante da possibilidade de serem deportados e por outro ansiosos por organizar uma revolução contra Béla Kun. O problema era a absoluta falta de meios que possibilitassem alugar um trem, além daqueles recursos fornecidos pela simpatizante da causa, Madame Sacher. Von Neumann, o banqueiro de Budapeste, encontrava-se em Viena para ajudar a levantar fundos. Outros simpatizantes ricos temiam emprestar dinheiro, receando que o fato chegasse ao conhecimento do governo socialista da Áustria. Louis Rothschild, em quem os conspiradores depositavam suas esperanças, modificava diariamente as condições que impunha. Finalmente Cuninghame sugeriu que Ashmead-Bartlett procurasse Schumpeter, que os ingleses sabiam ser um decidido adversário da união com a Alemanha, à qual a Grã-Bretanha também se opunha.

O jornalista ficou bem impressionado com a inteligência, a vivacidade de Schumpeter e seu impecável domínio do inglês. Reparou que ele ainda não tinha quarenta anos e não manifestava nenhuma das cautelas típicas de quem atuava no Tesouro. "Discutimos o futuro da Áustria", ele recordou. Schumpeter declarou-se imediatamente a favor de uma monarquia constitucional, como a britânica, e concordou que "a única maneira de eliminar o perigo vermelho em Viena era acabar com o governo soviético na Hungria". Depois de declarar que forneceria aos revolucionários dinheiro do Tesouro, não fosse a necessidade de prestar contas de cada *krone* ao Parlamento, ele se ofereceu para garantir a Rothschild que, caso o banqueiro emprestasse o dinheiro, o Tesouro contemporizaria. "Boas notícias", comentou Ashmead-Bartlett, "pois isso anularia a principal objeção de Rothschild... isto é, o receio de ter de responder a perguntas embaraçosas feitas pelo governo austríaco."

Quando, porém, os monarquistas se apoderaram da embaixada húngara em Viena, no dia 4 de maio, eles desenterraram uma grande quantia em dinheiro — segundo se disse, 135 milhões de *kronen* e 300 mil francos suíços — destinado a fomentar a revolução em Viena. Assim, no exato momento em que as negociações com Rothschild prosperavam, Schumpeter enviou seu secretário para informar ao banqueiro. "Não haverá necessidade de ele fornecer o dinheiro, pois foi levantado através de outros canais."[46] Quando Béla Kun tentou recuperar aquela dinheirama e extraditar os aristocráticos representantes do governo, Schumpeter interveio a favor deles. Antes que o assunto prosseguisse, o governo de Béla Kun foi derrubado pelo direitista almirante Miklós Horthy e seus seguidores.

* * *

Ao longo das semanas seguintes o governo austríaco entregou-se a uma orgia de gastos. Os socialistas dominavam o governo de coalizão formado em março de 1919 por serem os únicos que podiam controlar desempregados, soldados, conselhos de trabalhadores e radicais. Ao argumentar que a maioria dos camponeses conservadores não permitiria uma revolução socialista e que qualquer *putsch* resultaria numa intervenção dos Aliados, Bauer pressionou para que fossem adotadas várias medidas em favor do bem-estar social. Conscientes de que disporiam de meios muito restritos para atuar, os socialistas conseguiram estabelecer as bases do Estado de bem-estar social austríaco no intervalo de poucas semanas. Somente em Viena, 60 mil inválidos e prisioneiros de guerra e funcionários do antigo império e suas famílias se registraram para obter assistência. Um ano mais tarde, um sexto da população era beneficiado pelos programas de bem-estar social e não produzia nenhum bem vendável.

Enquanto isso, goravam os esforços de Schumpeter no sentido de obter apoio para suas propostas relativas aos impostos. Nenhum empréstimo era concedido pelos Aliados. As reservas de ouro e de moedas fortes eram minúsculas. Restavam ao governo poucas escolhas, a não ser financiar seu deficit imprimindo mais dinheiro.

O governo procurou meios de transferir aquele fardo para o mundo empresarial através do que Bauer denominou "um extremo abuso dos direitos da empresa privada", concebido originalmente como uma regulação emergencial, que duraria apenas alguns meses. Em maio o gabinete promulgou um decreto exigindo que as grandes empresas aumentassem a contratação de empregados em 20%. Logo, seguiram-se outros decretos, obrigando os patrões a reconhecer os sindicatos e a dar férias pagas aos trabalhadores, proibindo demissões sem a aprovação do governo. Não é de surpreender que a lei resultou em profundo declínio da produtividade, queixas sobre o *Arbeitsunlust* ou absenteísmo e em mais uma queda das receitas obtidas através dos impostos.

Ainda assim o gabinete de Renner seguiu em frente com a socialização. Em meados de maio Otto Bauer anunciou um programa de nacionalização parcial das minas, fundições de ferro, usinas elétricas, florestas e madeira. Schumpeter levantou objeções: desde que o governo pusesse suas finanças em ordem e estabilizasse o *krone*, os empresários voltariam a investir e a se expandir. Depois de perder o apoio dos conservadores ao propor que os ricos arcassem com o fardo da dívida de guerra, ele foi abandonado por seus colegas socialistas quando alegou que socializar empresas privadas impossibilitaria atrair investidores estrangeiros e asfixiaria qualquer recuperação.

Os colegas social-democratas de Schumpeter tinham tão pouca confiança nele quanto seu próprio partido e, por trás, o chamavam de "vaidoso", "convencido" e "dissimulado". Os outros ministros usavam roupas em mau estado e sapatos com buracos nas solas. Schumpeter trajava-se como um banqueiro ou diplomata inglês. O corte de seus ternos era impecável. O lenço de seda e o relógio de bolso, de ouro puro, chamavam a atenção. As caricaturas publicadas nos jornais o retratavam invariavelmente usando calças muito apertadas, ao estilo indiano — *jodhpurs* —, botas de cano alto e chapéu de copas. Levava um chicotinho debaixo do braço, como se quisesse sugerir que pretendia castigar seu ministério, o gabinete e todo o país, pondo-o em ordem. Os outros ministros moravam em apartamentos modestos com suas desleixadas esposas. Separado de Gladys, aparentemente para sempre, Schumpeter pavoneava seu estilo de vida, mais apropriado a um homem solteiro. Alugava uma suíte no elegante hotel Astoria, na esquina do ministério, um apartamento na Strudlhofgasse e metade de um palácio que pertencia a um conde, onde oferecia chás e jantares a gente como os Rothschild, Wittgenstein e outros plutocratas, bem como a diplomatas estrangeiros, jornalistas e políticos. Aparecia frequentemente no ministério em vistosas carruagens puxadas a cavalo. Comia nos melhores restaurantes, bebia o mais fino champanhe francês e tinha a seu lado, com frequência, uma ou duas garotas de programa em seus braços ou sentadas a seu lado na carruagem. Era um estilo de vida muito superior ao salário de um ministro e obviamente Schumpeter estava contraindo dívidas com seus amigos ricos. Até seu antigo mentor Friederich von Wieser teve a impressão de que Schumpeter "não se importava realmente com a miséria geral" ou suspeitava que "tão logo sua vaidade deixe de satisfazê-lo... ele se afastará".[47] Schumpeter só piorava a situação ao fingir que era indiferente às críticas. Dizia aos repórteres: "Acreditam que quero continuar sendo ministro de um Estado que caminha para a falência?".[48]

O Anschluss, que Bauer considerava a única oportunidade de recuperação da economia — Schumpeter era o único membro do gabinete a se opor a ele —, constituía outra grande fonte de atritos. No final de maio, o correspondente local de *Le Temps* descobriu Le Docteur Schumpeter sentado à sua mesa no salão de baile. O suntuoso palácio barroco situado no coração de uma cidade famélica, as abóbadas decoradas com ouro em folha, os afrescos que iam do chão ao teto, glorificando os passados triunfos militares da Áustria, a suntuosidade em meio a anarquia e a derrota, impressionaram o repórter, que achou tudo aquilo extremamente irônico. E para ele foi demais se aproximar de Schumpeter, "o burguês do chicotinho", sentado em seu gabinete "aos pés" de um retrato a óleo de Ferdinand I.[49] Os leitores de *Le Temps* perceberiam que ali havia uma piada: o imperador austríaco, conhecido por sua impotência sexual e por sua fraqueza de espírito, tivera de abdicar em 1848, outro ano de revoluções. Semelhante destino parecia aguardar a débil e impotente república austríaca e seus ministros, até alguém como Le Docteur Schumpeter, resoluto, brilhante e notório libertino.

O governo austríaco tentava influenciar os termos de um tratado da paz, que seria ditado pela Entente, acenando com uma belicosa propaganda em prol do "direito de união com a Alemanha".[50] Quando *Le Temps* apareceu nas bancas citando Schumpeter, Bauer o acusou, na reunião seguinte do gabinete, de fazer secretamente um lobby com franceses e ingleses, para que proibissem a união daqueles dois países. Bauer queixou-se em seu memorando: "Os homens de Estado franceses tiveram condição de responder-nos que os cidadãos mais destacados da Áustria, os banqueiros e os magnatas industriais, asseguravam diariamente aos diplomatas da Entente em Viena que a Áustria não precisava da união e podia lidar muito bem com suas questões, contanto que as condições de paz fossem relativamente favoráveis".[51]

A acusação de Bauer era verdadeira em grande parte, pois Schumpeter vinha fazendo discursos contra o Anschluss. Ele também propôs a Henry Allize, que chefiava a missão militar francesa em Viena, a ideia de uma união com a França. Seu ponto de vista, de que o novo Estado austríaco poderia evitar a falência, se baseava na expectativa de que a França daria maior prioridade à implantação de um mercado comum na Europa central que não fosse dominado pela Alemanha. No final de junho, Schumpeter declarou publicamente ter esperança de que a Entente garantiria "uma distribuição equitativa do fardo" das dívidas de guerra e não insistiria no confisco dos ativos austríacos existentes na Tchecoslováquia, na Hungria e na Iugoslávia. Como ele argumentou, "no caso da Alemanha, os termos da paz foram redigidos para supervisionar a recuperação; no caso da Áustria, devem encorajá-la".[52]

No fim de maio, Schumpeter voltou a atacar a política do Anschluss numa "sensacional" entrevista concedida à publicação *Neues & Uhr Blatt*, prevenindo: "Nossa segurança repousa em nossos pacíficos intercâmbios com todos os Estados e especialmente com nossos vizinhos mais próximos".[53] Bauer escreveu-lhe uma carta indignada, mas, em vez de levá-la em consideração, Schumpeter tentou estruturar um acordo secreto com os ingleses. Confiou a Francis Oppenheimer, emissário de Keynes a Vienna, o rascunho de um plano "secreto" que envolvia o controle, por parte dos Aliados, das finanças e do Banco Central da Áustria, em troca de empréstimos de longo prazo. Conforme Oppenheimer relatou num telegrama a seu superior, no qual apoiava entusiasticamente o plano de Schumpeter, o ministro das Relações Exteriores da Áustria

> [...] não compartilha a opinião geral de que o Anschluss com a Alemanha seria a única possibilidade de salvação da Áustria. Ele queria, se isso fosse possível, uma sólida Comissão de Finanças dos Aliados que se encarregasse da Áustria nos moldes da administração financeira da Inglaterra no Egito, mas quaisquer que fossem as formas que o controle pudesse assumir, ele teria de salvaguardar o *amour propre* da Áustria. Ele insistiu que a adoção de uma moeda única em todos os Estados sucessores, com Viena na posição de banqueiro de todos eles, seria talvez o item mais importante do programa de recuperação da Áustria.

Oppenheimer acrescentou: "Só me resta dizer que foi um raro e afortunado privilégio tratar com um especialista tão talentoso, de mente tão aberta".[54] Os dois continuaram a encontrar-se com frequência. Entre outras coisas, Schumpeter tentava ativamente ajudar os ingleses a adquirir as companhias austríacas que controlavam a navegação no Danúbio. Conforme Oppenheimer informou a Keynes, "o doutor Schumpeter concordou em facilitar a transferência desta companhia e possivelmente de outras três para os ingleses em termos excepcionais para um pagamento à vista, prometendo que, se houvesse uma primeira recusa, seria aguardada a solução final, fosse ela positiva ou negativa".[55] Naturalmente nada permanecia em segredo em Viena por muito tempo. "Schumpeter prossegue com suas maquinações", escreveu Bauer a Renner. "No momento, não tomarei atitude alguma, mas após a conclusão do Tratado de Paz será inevitável forçá-lo a demitir-se".[56]

Tão logo os termos do Tratado dos Aliados foram apresentados aos alemães em Versalhes, no dia 7 de maio, a delegação austríaca, tendo à frente o primeiro-ministro Karl Renner, partiu de Viena para a França. No dia 2 de junho de 1919, após passar duas semanas esperando sentada no antigo castelo real em Saint-Germain-en-Lay, deleitando-se com o vinho e a comida francesa, a delegação tomou conhecimento dos termos da Entente para a Áustria. "Foi um documento terrível", evocou Otto Bauer. Grandes porções dos territórios de fala alemã da Áustria foram repartidas entre tchecos, iugoslavos e italianos. "As provisões econômicas foram igualmente duras... Eram simplesmente uma cópia do Tratado de Paz com a Alemanha."[57] O rascunho do Tratado de Saint-Germain reconhecia que o Império Austro-Húngaro se desfizera, mas penalizava unicamente a Áustria pelos crimes cometidos. Três milhões de austríacos de fala alemã teriam de viver sob o domínio da Tchecoslováquia. As propriedades privadas dos cidadãos austríacos seriam confiscadas. O governo austríaco deveria pagar reparações de guerra durante trinta anos. O golpe de graça, pelo menos do ponto de vista de Bauer: era expressamente proibida a união com a Alemanha.

Em Viena a reação foi um misto de choque e descrença. Schumpeter declarou a um repórter que "a motivação dos Aliados só pode ser a destruição da Áustria alemã".[58] Em 30 de junho, ele disse: "Não é fácil matar um povo. Em geral é impossível. Mas aqui estamos diante de um dos poucos casos em que isso se torna possível [...] o colapso fiscal acarreta inevitavelmente o colapso social".[59] Quando as bolsas estrangeiras tomaram conhecimento dos termos do tratado, o *krone* desvalorizou-se fortemente mais uma vez. Friederich Wieser, por ocasião de uma conferência realizada alguns meses depois em Londres sobre a assistência e a reconstrução, na qual Keynes se encontrava presente, disse que os mercados financeiros

> [...] declararam que não consideram a República Austríaca capaz de sobreviver com fronteiras como as fixadas pelo Tratado de Paz e com os pesados encargos a ela impostos. O austríaco que ama seu país fará tudo o que estiver a seu alcance

para mantê-la viva. Não é, porém, de surpreender que o mundo exterior, para quem sua existência é indiferente, a tenha declarado incapaz de se manter viva.[60]

Ao tratar a Áustria tão duramente quanto a Alemanha, os Aliados não apenas destruíram a viabilidade do novo Estado como também acabaram com o pouco que restava da credibilidade de Schumpeter. Ele se viu forçado a reconhecer que seu julgamento político era ingênuo. Conforme registrou em seu diário, ele era um homem desprovido de sensibilidade e intuição em relação à realidade política, "um homem sem antenas".[61]

O processo de morte política de Schumpeter passou por momentos muito difíceis. No dia 15 de julho, quando o gabinete se reuniu, Bauer lançou outra acusação a ele, a de sabotar a "socialização" dos recursos básicos das indústrias, tornando-se cúmplice da entrega de uma grande empresa madeireira e de mineração à companhia Fiat, da Itália, impossibilitando sua retomada pelo governo. Schumpeter tentou defender-se em vão, relatando uma série de transações com um operador da bolsa estrangeiro, chamado Kola, numa tentativa de obter ouro e moedas fortes para com elas defender o *krone*.[62] Passadas duas semanas, ele foi encarregado da humilhante tarefa de defender o plano do governo: vender ou hipotecar várias das "imortais obras de arte da nação", incluindo as raras tapeçarias de Gobelin do imperador. Não havia outra maneira de obter moedas estrangeiras para adquirir alimentos no exterior, argumentou Schumpeter, avisando secamente: "Este procedimento não poderá ser repetido com frequência". Solicitou com muito empenho aos legisladores um prazo final para apresentar o orçamento de seu ministério: "O maior problema do Estado seria atravessar os próximos três anos sem a falência do governo e sem nova emissão de moeda", declarou enfaticamente, sabendo que sua argumentação seria acolhida por ouvidos surdos.[63] Foi sua última aparição no Parlamento.

Em meados de outubro, completamente isolado e constantemente ridicularizado pelos órgãos da mídia, Schumpeter finalmente foi demitido. O modo e as circunstâncias em que isso ocorreu foram tão brutais que um jornal liberal acusou Renner de assassino da reputação alheia. Isso não representou o fim, pois várias de suas ações como ministro das Finanças resultaram em inquéritos, que duraram meses. O banqueiro Felix Somary observou que "Schumpeter não levava nada a sério" e atribuiu seus modos impassíveis à educação que ele recebera no Theresianum, "onde os alunos aprendiam a cultivar o autocontrole e a não demonstrar emoções em circunstância alguma. Era preciso dominar as regras do jogo de todos os partidos e ideologias, mas evitar compromissos".[64] No íntimo, porém, Schumpeter ficou abalado. Convenceu-se de que lhe faltava "a qualidade da liderança"[65] e sua humilhação pública tornou-se ainda mais penosa por ter decepcionado sua mãe, que nele depositava grandes esperanças. O fato de que os planos subsequentes de estabilização da Áustria, formulados pelos Aliados, foram estruturados a partir dos planos dele e de que o governo que o afastara foi julgado "incapaz de governar o país" não foi suficiente para atenuar o estigma do fracasso. Quando lhe perguntavam sobre suas experiências, ele raramente dizia algo mais do que: "Exerci o ministério numa época de revolução e garanto-lhe que não foi nenhum prazer".[66]

Em novembro, quando Wieser regressou de Londres, seus conhecidos ainda comentavam a queda de Schumpeter. Ele observou: "Ao que parece, Schumpeter está completamente arruinado perante todos os partidos. Até mesmo os jovens economistas, que o tinham como líder, o desconsideraram. Ninguém manifesta nenhuma expectativa em relação a ele".[67] Seus antigos admiradores o abandonaram. Depois de dois semestres letivos na Universidade de Graz, onde lambia suas feridas, Schumpeter fez o que muitos ex-funcionários do governo faziam. Passou a exercer atividades no setor privado.

Seu senso de oportunidade foi impecável. A destruição das esperanças da Áustria no futuro coincidiu com uma explosão do mercado de ações e com frenéticas operações na bolsa. Conforme evocou um observador,

> As cotações das ações começaram a adaptar-se de um dia para outro ao valor do dinheiro em queda. Os capitalistas procuravam preservar seu capital da depreciação investindo em títulos e letras de câmbio [...]. A bolsa de valores especulava na contínua desvalorização do *krone*. O valor de troca do *krone* diante de outras moedas caiu mais rapidamente do que o poder aquisitivo interno. Como resultado, os preços austríacos ficaram muito abaixo do nível dos preços do mercado mundial e grandes lucros poderiam ser obtidos com a exportação de produtos austríacos.[68]

Como tardia demonstração de reconhecimento, o Parlamento premiou Schumpeter sob a forma de uma licença bancária e em 1921 ele assumiu a presidência de um banco pequeno, mas antigo e altamente respeitado. Gastara todas as suas economias e pedira emprestado elevadas somas para poder levar um estilo de vida que estava muito acima dos meios de um professor e político. Então precisava ganhar dinheiro.

Na época em que Jane Austen viveu, "90% da humanidade" era condenada a trabalhar duramente por toda a vida. Uma geração mais tarde, Charles Dickens estava convicto de que "estamos caminhando na direção certa, para algum tipo de condição mais elevada da sociedade".

Henry Mayhew, o primeiro jornalista investigativo, quis saber se seria possível melhorar os salários e o padrão de vida da população pobre de Londres. Durante uma epidemia de cólera, ele percorreu as ruelas e os becos da cidade em busca de fatos, mas não conseguiu elaborar nenhuma teoria que contestasse a teoria pessimista da economia — a chamada "Triste Ciência" — sobre o destino do homem.

Para Friedrich Engels (à esquerda), a Londres vitoriana era uma espécie de Roma moderna, e, assim como o Juízo Final, inevitável e iminente.
Karl Marx (à direita), seu amigo e dependente financeiro, prometeu que revelaria a Lei do Movimento da sociedade moderna, mas acabou sofrendo de bloqueio de escritor. Ele nunca aprendeu inglês nem visitou nenhuma fábrica para compor O capital.

Matemático e missionário frustrado da classe média baixa de Londres, Alfred Marshall tinha como objetivo principal "fazer o homem tomar as rédeas", e sua mais profunda convicção era que o proletariado não era uma necessidade da natureza. Ele e sua esposa, Mary Paley, que estudou em Cambridge, se propuseram a transformar a economia numa bússola que indicasse à humanidade o caminho para sair da pobreza.

Beatrice Potter nasceu na classe dominante da Grã-Bretanha, mas ficou dividida entre desejos conflitantes: seguir a carreira de pesquisadora social ou tornar-se a esposa de um homem poderoso — o carismático e autoritário Joseph Chamberlain.

(à esquerda) Beatrice encontrou o par perfeito em Sydney Webb, homem inteligente, filho de um cabeleireiro de Londres. Juntos, criaram o conceito de "Estado do bem-estar social" e do "think tank" [grupo de estudos].
(à direita) Ex-conservador *tory* e "a nova voz tonitruante da esquerda", Winston Spencer Churchill adotou muitas ideias de Beatrice.

O maior pensador americano da economia do século passado foi um ianque engenhoso, abstêmio e sobrevivente da tuberculose. Com formação em matemática, mas ávido pelo "contato com o mundo real", Irving Fisher inventou o rolodex [fichário rotativo], o índice de preços ao consumidor e os modelos de previsão econômica. Por volta de 1920, Fisher (abaixo, à esquerda) era o principal oráculo econômico, guru da saúde e do bem-estar e analista de ações dos Estados Unidos, e sua fama já se igualava à de Alexander Graham Bell (à direita).

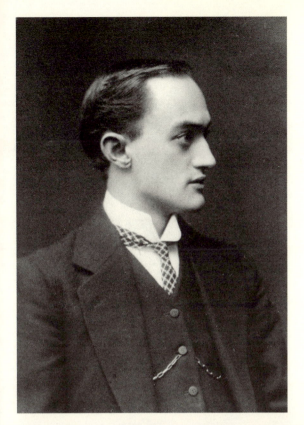

Durante um ano de pós-graduação em Londres, Joseph Alois Schumpeter procurou praticar equitação e esgrima, vestir-se e falar como um aristocrata vienense, tal como gostaria de ser considerado. Passava a maior parte do tempo no Museu Britânico, escrevendo um livro para demonstrar a necessidade da existência de uma teoria da evolução econômica que ele tencionava inventar.

Depois de se casar num ato impulsivo, Schumpeter partiu para o Egito, o milagre econômico da Belle Époque, para fazer fortuna como advogado e administrador de fundos. No Cairo, encontrou inspiração para sua obra mais importante, The theory of economic development [*A teoria do desenvolvimento econômico*].

Friedrich von Hayek se interessou por descobrir de que modo os mercados e a economia moderna funcionavam nas trincheiras da Primeira Guerra Mundial, onde lutou como cabo no Exército multinacional austro-húngaro. Durante a Segunda Guerra, Hayek obedeceu à exortação de Wittgenstein e escreveu The road to serfdom [*O caminho da servidão*], *um ataque devastador às economias do tipo comando-e-controle.*

O primo de Hayek, Ludwig Wittgenstein, engenheiro de aviação transformado em filósofo, conseguiu imprimir no jovem Hayek a ideia de que o dever do gênio era falar verdades incômodas, dizer o que ninguém dizia.

A Primeira Guerra Mundial destruiu os alicerces do milagre econômico do século XIX e levou governos à falência, tanto de países vencedores como de vencidos, deixando em seu rastro fome, hiperinflação e uma tempestade revolucionária que se alastrou dos montes Urais ao Reno.

Como ministro da Economia de uma nação mutilada, falida e faminta, Schumpeter (em pé, terceiro a partir da esquerda) tentou convencer os austríacos de que conseguiriam se recuperar economicamente sem se atirar nos braços da Rússia vermelha nem da ressentida Alemanha.

John Maynard Keynes (centro), o inteligente, ambicioso e autoconfiante herdeiro de uma das dinastias intelectuais da Inglaterra, definiu a "boa vida" como aquela que um cavalheiro londrino podia desfrutar, às vésperas da Primeira Guerra Mundial. Aqui ele aparece ao lado de Bertrand Russell (à esquerda) e Lytton Strachey.

Keynes colecionava artistas, escritores e, graças à sua genialidade especulativa, obras de arte. O grande amor de sua juventude foi o pintor Duncan Grant (à esquerda), que, tal como outros amigos de Keynes do Grupo de Bloomsbury, se recusou a servir na Primeira Guerra Mundial e insistiu com Keynes que fizesse o mesmo.

o Reino Unido dos tempos de guerra, Keynes se
rnou o homem-chave do Tesouro para conseguir
npréstimos dos Estados Unidos para a França e
utros aliados, mas renunciou depois que o Con-
lho dos Quatro se recusou a dar prioridade, no
ratado de Paz de Versalhes, à recuperação econô-
ica europeia no pós-guerra.

Em 1923, Hayek passou um ano de pós-douto-
rado em Nova York, onde conheceu Irving Fisher
e escreveu um artigo criticando a arrogância dos
reformadores monetários, que estavam certos de
que os bancos centrais podiam domar o ciclo
econômico controlando a oferta de moeda.

Com a crise do pós-guerra, Joan Robinson, filha de um general, foi atraída para a economia, por um marido herói de guerra e pelo famoso economista inglês John Maynard Keynes. Autoconfiante, ambiciosa e desenvolta como escritora, conseguiu se infiltrar no restrito círculo de discípulos de Keynes, todos homens, e desenvolveu uma teoria sobre como a ascensão das grandes empresas podia gerar preços mais altos, menos produção e menos emprego. Ela contou com a ajuda de seu amante, Richard Kahn, que servia de intermediário entre ela e Keynes.

Para surpresa e reprovação de seus amigos de Bloomsbury, Keynes casou-se com a bailarina russa Lydia Lopokova, que, com seu senso de humor hilariante, seu inglês macarrônico e sua falta de pretensão intelectual, se tornou o grande amor de sua vida.

Joseph Schumpeter e Irving Fisher defendiam receitas opostas para combater a Grande Depressão, mas uniram forças para promover o uso da matemática na economia.

Meses antes do Dia D, Franklin Delano Roosevelt apelou aos Aliados para que evitassem os erros cometidos após a Primeira Guerra Mundial e se concentrassem na recuperação econômica do pós-guerra.

O jovem Milton Friedman (com a esposa, Rose), um dos jovens keynesianos das legiões que apoiavam o New Deal, desempenhou um papel fundamental na Secretaria do Tesouro de Henry Morgenthau da época da guerra, dirigida, para todos os efeitos práticos, pelo brilhante mas desonesto Harry Dexter White. Keynes e White foram os criadores dos princípios do sistema monetário de Bretton Woods, que abriu caminho para a recuperação econômica do pós-guerra no Ocidente. Espião e influente agente soviético, White foi pego totalmente de surpresa quando Stálin se recusou a cooperar.

Paul Anthony Samuelson foi o keynesiano americano mais influente da era pós-Segunda Guerra Mundial. Com uma visão de mundo moldada pelo colapso do cinturão agrícola, da bolha imobiliária da Flórida e da Grande Depressão, modernizou a economia com a matemática, as ideias de Keynes e inúmeros conceitos originais. Muitos norte-americanos da geração do pós-guerra, incluindo John F. Kennedy, assimilaram a nova economia através do seu livro teórico e de sua coluna na revista Newsweek. Samuelson é considerado o mentor que inspirou o corte de impostos feito por Kennedy.

Joan Robinson, a mais famosa entre os discípulos ingleses de Keynes após a morte do economista, repudiou seus próprios brilhantes trabalhos iniciais. Ela se tornou um dos "intelectuais troféus" de Stálin e Mao, fazendo críticas ferozes à liderança americana na corrente principal da economia. Nesta foto, ela aparece, meio escondida, em Pequim com o dr. Chao Chi-ting, Roland Berger, Harold Spencer e S. G. Holmes, na assinatura do primeiro acordo comercial "Quebra-gelo", em julho de 1953.

Robinson insistiu com seu protegido, Amartya Sen, que em 1953 veio de Calcutá para o Trinity College, em Cambridge, para que desistisse "dessa bobagem de ética". Ela insistia em afirmar que democracia e bem-estar da população eram luxos que os países pobres não tinham condições de ter. Sen ignorou o conselho e foi trabalhar com a fome, a justiça econômica e o problema de transformar as opções individuais em opções sociais.

7. A Europa está morrendo: Keynes em Versalhes

> *A opinião dos especialistas está sendo ignorada.*
> *Keynes tem sido magnânimo demais em relação ao tratado com a Áustria.*
> *Ele anuncia que vai se demitir.*
>
> Francis Oppenheimer, 1919[1]

A situação de Viena não era única. Em janeiro de 1919 a fome e a pestilência causavam estragos de São Petersburgo a Istambul. Para ingleses e americanos que iam ao continente europeu a fim de inspecionar os danos, toda a Europa parecia estar na iminência da morte. Após uma viagem de dez horas do litoral a Lille, no leste da França, um observador anotou em seu diário que não se lembrava de ter visto "ser humano algum que não fosse conectado com o Exército... ou quaisquer animais... ou qualquer coisa viva, com exceção de pastagens ou casas desabitadas". Em Ypres, na Bélgica, onde haviam ocorrido os piores combates, "as cores dos tijolos e da pedra se desbotam; mato e musgo começam a despontar entre as ruínas".[2]

Oito semanas depois da assinatura do armistício, a retomada das condições de paz revelou-se impossível. O bloqueio prosseguia. Os Aliados não ousavam desistir tão cedo de sua mais eficiente arma contra a Alemanha. Continuavam a ser travados combates de que participavam milhares de soldados e dúzias de pequenas guerras irrompiam. Ainda ocorriam pogroms, expulsões e assassinatos em massa. Oito milhões e meio de homens perderam a vida. Quase o mesmo número ficou fisicamente incapacitado ou psicologicamente prejudicado. Toda uma geração de crianças da Europa central — os *Kriegskinder*, ou crianças da guerra — crescia mal alimentada e abaixo do tamanho.

Terminada a guerra, a perspectiva de uma "era universal" e de suas conquistas econômicas parecia tão irreal quanto um sonho. Além da assustadora perda de vidas e de bens, os canais de comércio e de crédito, anteriores à guerra, estavam em ruínas. Em todos os lugares surgiam barreiras às exportações e às importações. Aqueles que possuíam algo para vender frequentemente se mostravam relutantes em desfazer-se dele em troca de papel-moeda, emitido por governos falidos; grande parte dos negócios começou a ser feita na base do escambo. Vencedores e perdedores haviam se comprometido até o pescoço com hipotecas, para poder empreender a guerra mais custosa de toda a história, exaurindo não apenas suas reservas mas também seus limitados poderes de cobrança de impostos. Já em 1916 a França, a Alemanha e a Rússia não dispunham dos meios resultantes do imposto de renda. Agora não havia crédito para alimentar a população, pôr as fornalhas para funcionar, recuperar as fábricas destruídas ou financiar o comércio que se renovava. A ameaça da bancarrota tanto quanto a sede de vingança faziam com que governos periclitantes se decidissem a determinar que alguém pagasse a conta.

David Lloyd George, primeiro-ministro da Grã-Bretanha durante a guerra, escreveu a Woodrow Wilson: "O mecanismo econômico da Europa está emperrado".[3] Tudo dependia da retomada da economia, mas os dirigentes dos países vitoriosos reunidos em Paris pareciam incapazes de prestar atenção a esse fato. Em todo caso, era essa a lúgubre visão que se tinha do terceiro andar do suntuoso hotel Majestic, próximo da Place d'Étoile, onde se hospedava a delegação inglesa e onde Maynard Keynes, estrela em ascensão do Tesouro, rascunhava uma carta para Vanessa Bell, garantindo-lhe que ela "realmente se divertiria com as incríveis complicações da psicologia, da personalidade e das intrigas que tornam a iminente catástrofe da Europa um passatempo tão magnífico".[4]

Keynes chegara ao hotel Majestic no dia 10 de janeiro, a época mais úmida e deprimente do ano. Havia um mês que o presidente Woodrow Wilson se encontrava em Paris e o primeiro-ministro Lloyd George chegaria um dia depois. A cidade, que conseguira evitar a invasão das tropas do kaiser, apesar dos pesados bombardeios, agora se tornara uma zona ocupada. Filiais do American Express brotavam como cogumelos. Gigantescas prensas tipográficas inglesas rosnavam no Champ de Mars. Sedans negros, transportando diplomatas e desbotados veículos militares congestionavam as ruas, enquanto homens e mulheres jovens, envergando uniformes de cerca de 27 países, se acotovelavam nas calçadas. Segundo tudo indicava, o mundo inteiro estava em Paris.

Um mini-White Hall e uma mini-Casa Branca se organizaram à beira do rio Sena. Winston Churchill, ministro dos Armamentos, como sempre acompanhado por Eddie Marsh, seu fiel secretário, revezava-se entre ambas. No extremo da Champs-Elysées estavam o presidente Woodrow Wilson e uma equipe de consultores que incluía Bernard Baruch, o financista, John Foster Dulles, conselheiro da equipe americana, e Felix Frankfurter, assistente do secretário de Guerra. As delegações trouxeram suas próprias frotas de carros e aviões, implantaram suas próprias redes telefônicas e telegráficas e operavam seus próprios trens.

Keynes não pertencia ao círculo íntimo de Lloyd George. Em consequência, enquanto o primeiro-ministro e sua amante, Frances Stevenson, estavam instalados num pequeno e luxuoso apartamento, Keynes hospedava-se no hotel Majestic com os demais integrantes da delegação britânica. O estabelecimento, que vinha sendo reformado desde o armistício, tinha seu próprio médico, uma atendente para o contingente feminino da delegação e um plano de segurança elaborado pelos detetives da Scotland Yard, o qual, segundo se supunha, evitaria o vazamento de decisões. Como resultado, era fácil sair do hotel, mas "extremamente difícil entrar nele", rememorou Harold Nicolson, um diplomata britânico da delegação, casado com a escritora Vita Sackville-West e velho amigo de Keynes. O hotel "estava atulhado, do porão ao sótão, de artigos provenientes de nossos hotéis das províncias. Em consequência, a comida era de uma variedade anglo-suíça", acrescentou Nicolson.[5] Por mais estranho que pudesse parecer, ninguém pensou em substituir os funcionários franceses do vizinho hotel Astoria, onde a delegação britânica tinha seus escritórios e mantinha seus mapas e documentos confidenciais.

As pessoas mais extraordinárias circulavam pelo hotel Majestic. Ho Chi Minh, o futuro líder dos Viet Cong, lavava pratos na cozinha. T. E. Lawrence, mais conhecido como Lawrence da Arábia, era encontrado frequentemente na recepção, assim como o dramaturgo Jean Cocteau e Marcel Proust, "muito alvo, a barba por fazer, franzino, com casaco de pele e luvas brancas". Nicolson descreveu seus encontros:

> Ele me faz perguntas. Posso contar-lhe como o Comitê funciona? Digo: "Bem, em geral nos encontramos às dez da manhã, dispomos de secretárias...". "Não, não, o senhor está indo depressa demais. Recomece. O senhor entrou no carro oficial. Desceu no Quai d'Orsay. Subiu as escadas. Entrou na sala. E então? O que foi que aconteceu? Seja preciso, meu caro, seja preciso!" Conto-lhe tudo: a cordialidade reinante; os apertos de mão; os mapas; o ruído dos papéis sendo folheados; o chá servido na sala ao lado; os bolinhos de amêndoa. Ele ouve, encantado, e me interrompe de vez em quando: "Seja mais preciso, meu caro, vá devagar".[6]

A quantidade de jornalistas era maior do que a de diplomatas. Frederick Maurice, um ex-general de divisão, estava em Paris designado pelo jornal londrino *Daily News*. Quase derrubara o governo ao acusar o primeiro-ministro de ter mentido ao Parlamento em relação à força das tropas britânicas, quase no fim da guerra. Sua filha predileta, Nancy, também se encontrava em Paris e havia acabado de ser contratada como secretária do general de divisão Edward Louis Spears, casado, de meia-idade, conservador, que no futuro haveria de se tornar marido dela. Nancy era uma daquelas incontáveis assistentes cujos uniformes cáquis inspiraram muitas canções levemente pornográficas. Sua irmã mais nova, Joan, precoce garota de quinze anos, que estudava na Escola Feminina St. Paul, em Londres, e não dava indícios de que se tornaria uma das mais famosas pensadoras de economia do século, daria tudo para também estar em Paris. Teve de se contentar com os empolados e irregulares relatos que Nancy enviava à mãe delas.

Maynard Keynes era considerado "um dos homens mais influentes que agiam nos bastidores" em Paris. Até seus críticos reconheciam que ele "tinha ideias claras, era seguro de si e sua memória era infalível".[7] Queixava-se, com razão, do excesso de trabalho, mas seus companheiros de jantares reparavam em sua "insuperável capacidade digestiva" e sua queda pelo champagne. Aos 36 anos, Keynes ainda era magro e esbelto como um estudante. O nariz arrebitado e os lábios carnudos lhe valeram o apelido de Tromba nos tempos de colégio, e ele tinha a aparência de alguém, como comentou depreciativamente Lady Ottoline Morrell, uma das amantes de Bertrand Russell, que "só pensava em trabalhar, ser famoso, exercer influência, mando e ser admirado".[8] A arrogância de Keynes podia causar atritos, seus modos eram estarrecedores e se trajava com desleixo. No entanto, o brilho de seus olhos, seus traços expressivos e a aura de confiança o tornavam atraente. Os homens e as mulheres achavam irresistível sua voz melodiosa.

Nascido em 1883, no mesmo ano que Schumpeter, Keynes era o filho predileto de uma família de acadêmicos de Cambridge, muito unida e bem-sucedida, muito integrada e algumas vezes ligada pelo casamento a outras dinastias intelectuais, como a dos Darwin, Ramsey, Maurice, Stephen e Strachey. Seu pai, Neville Keynes, havia sido professor de filosofia moral e íntimo amigo de Alfred Marshall. Sua mãe, Florence, que se tornou prefeita de Cambridge em 1932, participava ativamente da política local e de atividades filantrópicas. Eram pais atentos e afetuosos de Keynes e de seus dois irmãos mais novos.

Reconhecido como um gênio na adolescência, Keynes foi preparado virtualmente desde o berço para ser membro da Universidade de Cambridge. Neville Keines encorajou seu talentoso filho a estudar matemática. Após formar-se com distinção em Eaton, em 1902, e obter notas altas para Cambridge, Keynes ganhou uma bolsa e matriculou-se numa das mais antigas faculdades da universidade, King's College. A publicação de *Principia ethica*, de autoria do filósofo G. E. Moore, no final do primeiro ano de Keynes, foi para ele o grande acontecimento de sua iniciante carreira estudantil, ainda mais porque o autor era ex-membro dos Apóstolos, fraternidade que servia como elo entre gerações de intelectuais de Cambridge. O propósito de *Principia ethica* era definir em que consistia uma boa vida. Seu objeto de crítica era a preocupação da sociedade vitoriana com a luta pela vida, ganhar dinheiro e obedecer às regras. Ao rejeitar os valores utilitários e o moralismo da geração de Alfred Marshall, bem como seus costumes sexuais, Moore desposava uma espécie de individualismo e esteticismo radicais, temperados pela Regra de Ouro — fazer aos outros o que desejamos que nos façam. "Nada importava, com exceção dos estados da mente, os nossos e, é claro, os das outras pessoas, mas principalmente os nossos", recordou Keynes em 1938. "Esses estados não se associavam a ações, realizações ou consequências. Consistiam de estados atemporais, apaixonados, de contemplação e comunhão."[9]

Reflexões como essa não ofereciam pistas sobre a dedicação de Keynes a velejar, à equitação, ao tênis, sua paixão pelo debate público, seu engajamento no Partido Liberal ou às prestigiosas sociedades estudantis, intelectuais ou sociais, de que ele participou ou que liderou. Seus estudos na faculdade evidenciaram que ele era um líder natural e um intelecto brilhante. Embora raramente dormisse antes das três da madrugada, formou-se com distinção na véspera de seu vigésimo quarto aniversário. Na presunção de que seguiria os passos do pai, havia se preparado para o exame final na área de matemática, denominado Tripos. Em 1905, a rainha das ciências era significativamente mais difícil de dominar do que quando Marshall obtivera o segundo lugar. O décimo segundo lugar, alcançado por Keynes, não era de todo mau, porém não foi o suficiente para ele ingressar no King's College. Para dar uma ideia do que era a competição, o grande teórico da aritmética G. H. Hardy, mais conhecido como autor de *The mathematician's apology* [A argumentação do matemático], ainda aguardava sua nomeação para lecionar na universidade, após ser qualificado em quarto lugar no Tripos, em 1900.

Keynes decidiu espairecer e foi excursionar pelos Alpes com um exemplar de *Principles of economics*, de Marshall. Regressou a Cambridge no outono, suficientemente motivado para comparecer às conferências de Marshall, enquanto se preparava para prestar os exames de admissão ao serviço público. "Marshall vive me pressionando para eu me tornar um economista profissional e escreve observações lisonjeiras sobre meus ensaios", ele escreveu a seu íntimo amigo Lytton Strachey. "Você acha que existe alguma coisa por trás disso? Duvido."[10]

Mesmo assim, Keynes começou a pensar no assunto e achou que talvez gostasse de "dirigir uma ferrovia ou organizar um consórcio ou pelo menos motivar os investimentos dos particulares".[11] Descartada uma contratação pela universidade, Keynes direcionou suas vistas para o Tesouro, mas um segundo lugar no exame do serviço público resultou em um exílio temporário no Escritório das Colônias, onde foi designado para executar uma tarefa que dizia respeito à rúpia indiana. Ao contrário da personagem Cecily, de *The importance of being earnest* [A importância de ser prudente], de Oscar Wilde, Keynes achou fascinante a questão da rúpia. Adotou o conceito de que a moeda — qualquer moeda — era um indicativo do estado da economia de uma nação e, como os países eram interconectados através do comércio e dos investimentos, esse conceito também se aplicava à economia mundial.

Todo mundo se dispunha a aceitar libras inglesas em troca de bens ou serviços, mas nem todos manifestavam a mesma boa vontade em relação à rúpia. O valor do dinheiro, quer se expressasse por moedas de ouro, balanços de um banco ou gigantescas mós esculpidas pelos antigos micronésios, dependia estritamente da disposição das pessoas a aceitá-lo. Assim, a moeda de uma nação tinha de refletir a confiança do mundo em suas perspectivas econômicas, solvência e disposição de honrar suas promessas. Nesse sentido, a moeda era como um pulso, um sinal vital que podia assinalar tudo, desde uma doença ou ferimento até uma reação momentânea de excitação ou medo. O desafio de um médico consistia em descobrir as causas de um pulso acelerado antes que o paciente entrasse em estado de choque ou formular um diagnóstico correto de alguém que aparentemente gozava de boa saúde. Se o paciente se encontrasse a milhares de quilômetros de distância e fosse impossível obter mais detalhes sobre seu estado, então o desafio seria muito maior. Graças a sua agilidade mental, à habilidade em detectar conexões e ao dom da síntese, Keynes não apenas gostava de enfrentar semelhantes quebra-cabeças mas era especializado em diagnósticos.

Keynes desempenhou seus deveres oficiais em relação à rúpia com tamanha facilidade que lhe sobrou muito tempo para escrever um tratado sobre a probabilidade, mediante o qual tinha a esperança de obter uma contratação na faculdade. Tinha também livres as noites e os fins de semana, quando se dedicava a sua vida social. Morava em Londres, onde alugou um apartamento no número 46 da Gordon Square, local meio suspeito e muito na moda. As vizinhas do andar de cima eram as irmãs Stephen, belas, intimidantes, extremamente talentosas, futuramente Vanessa Bell e Virginia Woolf. Keynes dava-se especialmente bem com Vanessa, uma pintora que gostava de fofocar e tinha a boca suja. O diário das atividades sexuais de Keynes, tão meticulosamente detalhado como as agendas em que anotava suas despesas e seus triunfos no golfe, indica que sua vida amorosa também florescia. Em contraste com o período de 1903 a 1905, quando não houve parceiro sexual algum, em 1911 foram oito e em 1913, nove. Incluíam-se entre eles amantes e amigos de toda a vida: Duncan Grant, Lytton Strachey e J. T. Sheppard, homossexual assumido, reitor-adjunto do King's College.[12] Ele raramente deixava de comparecer aos almoços de domingo em Cambridge, sua cidade natal, com o numeroso clã dos Keynes.

Depois de seus vinte anos, Keynes tornou-se um especialista em moedas obscuras. Ao refletir sobre elas habituou-se a pensar holisticamente na economia, em vez de enfocar isoladamente o "comércio", a "mão de obra" ou a indústria. Isso lhe ensinou como chegar a conclusões evidentes a partir de uma série de indicadores e aguçou sua sensibilidade em relação a ações governamentais que exerciam efeitos sistêmicos, semelhantes aos da Lua sobre as marés, e não apenas efeitos sobre determinada indústria ou grupo. Em 1908, entretanto, já não estava no Departamento da Índia. Arthur Pigou, o sucessor da cátedra de Alfred Marshall em Cambridge, e o pai de Keynes se ofereceram para sustentá-lo durante um ano, enquanto ele terminava seu tratado. Quando, em 1909, a escrita do tratado chegou ao fim e ele não conseguiu obter a ambicionada posição no King's College — essencialmente uma licença para orientar alunos e ser admitido à mesa de jantar do corpo docente —, Marshall financiou pessoalmente um ciclo de conferências a serem realizadas por Keynes em Cambridge. Àquela altura os professores do King's College o elegeram para ser um deles.

No primeiro comunicado a seus pais após ingressar como calouro no King's College aos dezoito anos, Keynes anunciou: "Dei uma boa examinada neste lugar e cheguei à conclusão de que ele é bastante ineficiente".[13] Assinala seu biógrafo Robert Skidelsky que as instituições variariam ao longo da vida de Keynes, porém jamais a visão que ele tinha a respeito delas e mesmo do mundo, tal como o encarava. Elas eram muito mal geridas e precisavam de uma administração mais competente. Embora dado a explosões de "descontrolada raiva",[14] especialmente quando se confrontava com a estupidez, Keynes, no todo, era mais exasperado do que violento, mais impaciente do que exageradamente exigente. Diferenciava-se de seus amigos do Grupo de Bloomsbury por não desdenhar, como os artistas, do sucesso mundano ou das pessoas no poder. À semelhança de Winston Churchill, o qual confessava a sua esposa que "quando tudo tende à catástrofe e ao colapso, eu me mantenho interessado, entrosado e feliz",[15] Keynes sentia-se mais revigorado do que deprimido diante dos problemas mundiais e não conseguia reprimir seus impulsos no sentido de tornar um pouco melhor aquilo que era bom ou de atenuar, ainda que levemente, aquilo que era mau.

Sua reação à guerra foi uma mescla característica de patriotismo, oportunismo e pragmatismo. Quando a Grã-Bretanha declarou guerra à Alemanha, em 1914, ele não sabia o que pensar. Otimista incorrigível, compartilhava a visão geral de que os combates terminariam alguns meses ou mesmo algumas semanas mais tarde. A primeira vez que o chanceler do erário, David Lloyd George, solicitou seus conselhos foi antes da irrupção da guerra. Keynes passou um dia inteiro tentando convencer Lloyd George de que ele não deveria submeter-se às pressões dos banqueiros da City para suspender a convertibilidade do ouro em relação à libra até que isso se tornasse absolutamente necessário. O otimismo de Keynes excedia evidentemente o dos banqueiros.

Ele foi recrutado formalmente pelo Tesouro em janeiro de 1915 e destacado para o setor de finanças voltadas para a guerra. A convocação ao Exército, introduzida em 1916 para homens entre dezoito e 41 anos, facilitava a situação de Keynes, pois então fazia parte da máquina de guerra britânica. Pelo menos meia dúzia de seus mais íntimos amigos e ex-amantes eram pacifistas que decidiram não lutar. Pressionavam-no constantemente para que abandonasse a cumplicidade com uma guerra que ele professava desprezar. Em certa ocasião Keynes encontrou um bilhete debaixo do prato, quando jantava: "Caro Keynes: por qual motivo você ainda está no Tesouro? Seu, Lytton".[16] Enquanto integrasse a equipe do Tesouro, Keynes não corria o risco de ser convocado, já que o Exército dispensava homens que "estivessem exercendo um trabalho de importância nacional". Sob intensa pressão de seus amigos para que se posicionasse contra a guerra, Keynes ameaçava constantemente demitir-se e em fevereiro de 1916 alarmou seus pais, indo ao extremo de solicitar formalmente o status de objetante de consciência. Deixou claro, no documento, que objetava mais à coerção da convocação do que à guerra, isto é, baseava-se em motivos mais libertários do que pacifistas. Após informar a junta de convocação de que estaria por demais ocupado no Tesouro para se apresentar à audiência, sua solicitação foi rejeitada e ele não deu prosseguimento à questão. Seus amigos acabaram por perdoar-lhe, sobretudo depois que ele começou a recorrer a suas ligações com o governo para protegê-los sempre que isso fosse possível. Ainda assim a maioria dos biógrafos anteriores a Skidelsky considerou o episódio tão potencialmente nocivo à reputação de Keynes que o abafou, assim como tinham evitado mencionar sua homossexualidade.

A tarefa de Keynes era ajudar o Tesouro a tomar emprestados dólares dos americanos nos termos mais favoráveis possíveis, ao mesmo tempo que emprestava libras aos franceses e a outros aliados europeus da Grã-Bretanha nos termos mais lucrativos, protegendo o valor da libra esterlina nas bolsas estrangeiras. Recorrer em situações de emergência a moedas pouco valorizadas, como as pesetas espanholas, foi outro de seus deveres, o que lhe proporcionou uma experiência direta e prática como corretor de moedas estrangeiras e o viciou no jogo arriscado mas excitante de apostar na valorização de uma moeda e na queda de outra. Escreve Skidelsky que, em última análise, todas as questões relativas às finanças da guerra — e muitas delas relacionadas às finanças do pós-guerra — passavam pelas mãos de Keynes.

Mais para o fim da guerra, quando se intensificou a esperança de que seus custos assustadores pudessem ser ressarcidos pela Alemanha, Keynes se viu cada vez mais envolvido no vexatório debate sobre as reparações. Lloyd George, que se tornara primeiro-ministro de uma coalizão governamental no fim de 1916, solicitou ao Tesouro uma estimativa de quanto os alemães poderiam pagar. Dava como certo que "os especialistas do Tesouro naturalmente já se dispuseram a garantir alguma fonte de renda, que reduziria o esmagador fardo da taxação mediante o pagamento de juros sobre nossa gigantesca dívida de guerra, em benefício das duas próximas gerações".[17] Outras considerações incumbiram a Keynes, que foi destacado para redigir minutas sobre a posição dos papéis do Tesouro. Quando ele encaminhou seu relatório sobre as reparações de guerra ao chefe do Tesouro, Austen Chamberlain, filho de Joseph Chamberlain, em 14 de dezembro de 1918, foi como se tivesse caído uma bomba.

Uma comissão de reparações de guerra dos Aliados, chefiada por um ex-governador de Nova York, Evans Hughes, já havia recomendado que os alemães deveriam pagar 40 bilhões de dólares. Isso significava quase um terço dos gastos dos Aliados durante a guerra. Keynes chegou à conclusão de que o máximo que se conseguiria da Alemanha seria 3 bilhões ou 15 bilhões de libras, menos do que a quantia que a Grã-Bretanha e a França deviam aos Estados Unidos. Ao assinalar que as cifras da comissão dos Aliados eram o dobro da estimativa do valor das reservas de ouro, títulos, frota marítima, matéria-prima, fábricas e maquinário da Alemanha, Keynes preveniu que estabelecer quantias muito elevadas quanto às reparações de guerra era algo que acabaria prejudicando os interesses econômicos britânicos, ao aumentar o risco de que aquele país não reconhecesse a dívida e não a pagasse.

O relatório provocou furor. A maioria dos ingleses achava que, como a Alemanha havia começado a guerra, ela deveria arcar com seus custos. Afinal de contas, como frisava Lloyd George, o fardo tinha de ser carregado por alguém. Os rendimentos obtidos com os impostos, antes da guerra, não teriam sido suficientes para pagar juros sobre a dívida de guerra. A dívida nacional da França decuplicara e a dívida britânica quadruplicara desde 1914. Se os alemães não pagassem, então britânicos e franceses inocentes teriam de arcar com impostos mais altos a fim de ressarcir aquela dívida. Um dos motivos pelos quais o eleitorado britânico se mostrava tão envolvido com a questão era o fato de que quase 40% da população devia ao governo. O comércio e a indústria britânicos também eram favoráveis à cobrança das reparações de guerra. Queriam que as firmas alemãs, e não a indústria britânica, fossem taxadas a fim de pagar a dívida.

Keynes se recusou a voltar atrás e insistiu que a cifra de 3 bilhões de libras era provavelmente alta demais. Durante os exaltados embates que ocorreram no Tesouro, ele manteve sua posição, atendo-se às estimativas mais baixas. Lloyd George começou a se referir a ele como "o Puck da economia", uma alusão ao personagem de Shakespeare, intrigante e que pronunciou a frase imortal: "Meu Deus, como esses mortais são tolos!".[18]

Enquanto os jornalistas, políticos e o público se fixavam na quantia que a Alemanha deveria pagar, Keynes concentrou sua atenção em como a indenização seria obtida. O método mais fácil era o mais antigo, aquele planejado pela Alemanha a fim de obter reparações da Grã-Bretanha, França e Bélgica, caso ela tivesse triunfado no front ocidental. Era o método proposto pela Comissão Hughes e privaria a Alemanha de suas propriedades públicas e particulares portáteis, desde certificados de ações e reservas de ouro a navios e maquinário. Keynes era favorável à segunda alternativa, a de deixar mais ou menos intacta a existente riqueza da Alemanha, fornecer-lhe matéria-prima e impor uma tributação anual sobre seus futuros ganhos de exportação. "Restabelecendo para o país condições de elevada rentabilidade", explicou Keynes, os Aliados poderiam "obrigá-la a explorar esse produto sob condições de servidão durante muitos anos".[19]

De acordo com Skidelsky, Keynes foi a Paris com um duplo objetivo, não facilmente reconciliável, isto é, reanimar a economia europeia sem prejudicar as perspectivas de exportação da Grã-Bretanha. Eram necessárias duas condições para que essa estratégia funcionasse: o pagamento de uma indenização relativamente baixa por parte da Alemanha e a disposição dos americanos de perdoar a dívida de guerra britânica. Era a única maneira de a Alemanha evitar pesados excedentes comerciais — exportar mais do que importava para obter libras ou francos. Assim, a Grã-Bretanha teria condições de não encarar a dura competição com as exportações alemãs. Keynes se recusou a desencorajar-se diante do fato de que nenhuma parte de seu plano era remotamente aceitável pelo público americano, francês e britânico, algo que os políticos por eles eleitos não poderiam ignorar.

Dez dias após a rendição dos alemães, Keynes vangloriou-se, em carta escrita a sua mãe: "Fui nomeado para exercer o principal cargo, no que se refere às questões financeiras da Conferência da Paz".[20] Ele exagerava. Seu papel formal na conferência dizia respeito à assistência e não à complicada política das reparações de guerra. Sua tarefa imediata seria ajudar Herbert Hoover a estruturar os arranjos financeiros necessários para que a Europa transitasse da guerra para a paz, especialmente quanto ao fornecimento de alimentos.

O armistício exigia a continuidade do bloqueio da Alemanha e da Áustria, mas permitia exceções quanto a remédios e alimentos. Subsequentemente os franceses impuseram o direito de retenção do ouro remanescente, das moedas fortes e de outros ativos líquidos da Alemanha, argumentando que deviam ser postos de lado para as reparações de guerra. Com suas contas congeladas, a Alemanha não podia comprar alimentos e se via diante da lenta morte à fome. Keynes estava decidido a superar os obstáculos colocados pelos franceses.

Decorridos poucos dias de sua chegada à França, ele se pôs a caminho de uma "extraordinária aventura" na Alemanha. Foi convidado a participar de uma equipe de especialistas em finanças americanos e franceses, reunidos em Trier, antiga cidade à beira do rio Mosel, na tripla fronteira da França, Alemanha e Luxemburgo, onde Karl Marx crescera. Próxima do quartel-general do marechal francês Ferdinand Foch e no momento ocupada pelo Exército americano, Trier fora escolhida como local de renegociação do armistício de novembro. Embora curiosos por verificar "o estado de inanição em que as crianças talvez se encontrassem", os especialistas dos Aliados mal saíram do trem durante três dias, a não ser para fazer algumas compras, como papel-moeda do tempo da guerra e outras lembranças.[21] Na primeira noite eles organizaram uma roda de bridge, da qual Keynes participou quase o tempo todo.

A missão de Keynes dizia respeito às finanças e também à questão dos alimentos. À semelhança de Hoover, sentia-se consternado com o bloqueio, e, assim como o presidente Wilson, tinha a convicção de que "enquanto a fome continuasse a atormentar, os alicerces do governo continuariam a desmoronar".[22] Sua presença em Trier era ostensiva, no sentido de que tinha de encontrar meios de fazer com que trens abarrotados de alimentos se dirigissem à Alemanha. As coisas não eram tão simples assim, fato típico de todas as negociações empreendidas durante a Conferência da Paz. Colocando outra questão como assunto inteiramente fora de pauta, os Aliados estavam decididos a se apoderar da marinha mercante alemã, ancorada ao largo da cidade de Hamburgo, mas estavam meio perdidos em relação a como realizar o que se propunham. Por ocasião do armistício eles não estipularam a rendição dos navios e mandar sua marinha apoderar-se deles seria um ato politicamente insensato. Assim, ocorreu aos líderes dos Aliados que a crise de alimentos poderia proporcionar uma oportunidade conveniente para levar os alemães a estabelecer um acordo. Seria tarefa de Keynes convencê-los de que "navios em troca de alimentos [...] era uma troca razoável". Como ele reconheceu mais tarde, havia um blefe nessa proposta, sem falar da dificuldade de deixar bem claro a financistas "aturdidos, amedrontados, com os nervos em frangalhos e até famintos" "qual era a verdadeira situação".

Em Trier, Keynes observava com curiosidade os financistas alemães, vestidos como agentes funerários, aproximar-se do trem onde a comissão de especialistas se hospedava. Eles andavam "com rigidez e pareciam estar bem pouco à vontade", "como se tivessem sido fotografados ou filmados". Depois de subirem no vagão, não estenderam a mão, apenas se inclinaram, muito empertigados. Sua aparência era melancólica, "todos estavam muito abatidos, contraídos, com uma expressão de cansaço no olhar, como alguém que tivesse levado um profundo golpe na bolsa de valores".[23]

O presidente do Reichsbank parecia "um guarda-chuva velho e quebrado". O "furtivo" representante do Ministério das Relações Exteriores "tinha o rosto todo retalhado, como se tivesse se batido num duelo de espadas". O porta-voz era a terceira figura, "homem bem baixo, de aparência muito asseada, muito bem vestido, trajava uma camisa de colarinho alto que parecia mais limpo e branco do que um colarinho comum", "seus olhos nos fitavam com intensidade, havia neles extraordinário pesar, mas parecia um animal acuado". Tratava-se de Carl Melchior, um banqueiro judeu de Hamburgo. Era um liberal, crítico do uso de torpedos na guerra e sócio do banqueiro Max Warburg, que possuía amplas conexões nos Estados Unidos.

Keynes falou em primeiro lugar e perguntou se todos entendiam inglês. Em seu memorando, Max Warburg descreveu a fisionomia de Keynes como uma máscara desprovida de expressão, mas observou que sua voz e a formulação das perguntas transmitiam simpatia. Quando chegou a vez de Melchior falar, "ele se exprimiu num inglês quase perfeito, persuasivo e tocante". O banqueiro recorreu a argumentos engenhosos para solicitar um empréstimo, enquanto Keynes se empenhou "claramente e com frieza" em comunicar a ideia de que um empréstimo era algo fora de questão, no plano político.[24] Eles conseguiram chegar a um acordo: os alemães entregariam imediatamente 5 milhões de libras em ouro e ativos sólidos em troca de leite e manteiga, mas não passaria disso.

Quando Keynes voltou a encontrar-se em Trier com os alemães, um mês depois, surgiu um impasse em relação à troca de navios por alimentos. Os alemães estavam resolvidos a reter seus navios durante o tempo que fosse possível, pois consideravam-nos o melhor trunfo nas negociações de paz que se avizinhavam e se mostravam decididos a não se desfazer deles assim sem mais nem menos. Além disso, tinham a impressão de que os Estados Unidos se disporiam a disponibilizar os fundos necessários para a aquisição das primeiras remessas de alimentos — grande parte deles consistiria do excedente americano de carne de porco.

Ao término do segundo encontro, os alemães declararam que a importação de alimentos em grande escala não poderia ser financiada sem um empréstimo. Se esse empréstimo da parte dos Aliados fosse politicamente impossível, conforme Keynes indicou, então eles não entregariam os navios. Se as negociações fracassassem e a Alemanha não conseguisse obter alimentos, ninguém conseguiria impedir "que toda a Europa fosse inundada pelo bolchevismo".[25] As negociações tinham chegado a um impasse, que só poderia ser resolvido pelos Quatro Grandes, os líderes dos Estados Unidos, Grã-Bretanha, França e Itália, mas eles estavam envolvidos com a decisão relativa ao número de membros da delegação do Brasil e avaliavam propostas dos "coptas, armênios, tchecos e sionistas". T. F. Lawrence, o ostensivo intérprete do Emir Faisal, da Árábia Saudita, aproveitou-se da decisão deste último — a de citar várias passagens do Alcorão — para propor um esquema de governos árabes nos antigos territórios otomanos.[26]

O encontro seguinte de Keynes com Melchior realizou-se no início de março em Spa, Bélgica, no ex-quartel-general do alto-comando alemão, em meio a colinas cobertas de pinheiros, "longe das cidades famintas e das multidões enraivecidas".[27] No entanto, mais uma vez as conversas não levaram a lugar algum. Keynes se desesperava, pois se haviam passado dois meses desde a primeira reunião em Trier, sem nenhum progresso sobre a liberação do ouro para pagar os alimentos. Ele intuiu que Melchior poderia estar se sentindo da mesma maneira e pediu permissão para sondá-lo. Keynes passou pelos mal-humorados funcionários do banqueiro e o surpreendeu sozinho. Mal conseguindo controlar sua excitação, perguntou-lhe se poderiam ter uma conversa particular. Ele recordou o fato:

> Melchior parecia ter ficado intrigado com minha presença... Tentei transmitir-lhe o que sentia, como acreditávamos em seus prognósticos pessimistas, como estávamos impressionados, não menos do que ele, com a urgência de começar a distribuir víveres, como eu acreditava pessoalmente que meu governo e o governo americano estavam realmente determinados a resolver a situação da melhor forma possível... mas se eles, os alemães, mantivessem a atitude tomada naquela manhã seria inevitável um adiamento fatal; eles precisariam chegar a uma resolução sobre a entrega dos navios.[28]

Melchior prometeu fazer o que estivesse a seu alcance, mas acenou com poucas esperanças. "A honra, a organização e a moralidade da Alemanha estavam desmoronando; ele não via saída em lugar algum; suas expectativas eram que a Alemanha entraria em colapso e a civilização se debilitaria; precisamos fazer o que pudermos, porém forças obscuras nos avassalam."[29] Os encontros de Keynes com Melchior confirmaram seu pessimismo sobre as consequências devastadoras da guerra. Em vista dos motins ocorridos em Berlim e em outros locais da Alemanha, não era de surpreender que ele compartilhasse os temores de Melchior, de que a Alemanha sucumbiria ao bolchevismo caso os termos do Tratado de Paz fossem excessivamente onerosos.

Tornou-se óbvio, na noite seguinte, que os esforços de Melchior não resultaram em nada e que o novo governo alemão em Weimar estava cavando a própria fossa. Em certos momentos Keynes parecia mais ansioso do que os alemães em relação à ameaça de uma revolução e o gélido ritmo das negociações. Não podia ter certeza de que as reservas alimentares da Alemanha fossem tão escassas como os britânicos pensavam. Convencido de que se fazia necessário um gesto extremo para superar aquele impasse, Keynes propôs uma ruptura pública e convenceu a equipe de especialistas a regressar a Paris no meio da noite, de modo que os alemães, ao despertar pela manhã, não encontrassem mais ninguém. Em Paris, Keynes certificou-se de que seu estratagema foi bem-sucedido, pois chamara a atenção dos Quatro Grandes. Lorde Riddell, um magnata da imprensa e secretário da imprensa da Inglaterra durante a guerra, escreveu em seu diário, em 8 de março de 1919:

> O Conselho decidiu abastecer os alemães, contanto que entreguem seus navios e paguem os alimentos com letras de câmbio, bens ou ouro. Os franceses se opuseram decididamente a isso. Lloyd George disse-me mais tarde que os franceses estão agindo com muita insensatez e, caso não tomem cuidado, levarão os alemães a aderir ao bolchevismo. Contou-me que tinha atacado violentamente Klotz, o ministro das Finanças francês, afirmando que, se fosse implantado um Estado bolchevista na Alemanha, seriam erigidas três estátuas — uma para Lênin, uma para Trotski e a terceira para Klotz. Este não deu nenhuma resposta... Os americanos ficaram contentes... Todo o mundo empresarial britânico e americano é a favor do levantamento do bloqueio e insiste em um acordo o mais breve possível com a Alemanha, para que assim o mundo possa voltar a trabalhar.[30]

Quatro dias depois Keynes estava num trem em direção a Trier, na companhia do almirante britânico Rosslyn Wemyss, a quem os Quatro Grandes encarregaram de entregar o ultimato aos alemães. Os franceses lavraram um tento: os alemães teriam de concordar incondicionalmente em entregar os navios antes que fossem comunicados sobre os alimentos. "O senhor acha que pode cuidar para que eles não provoquem dificuldades desnecessárias?", perguntou o almirante a Keynes. Assim, mais uma vez, ele teve um encontro a sós com Melchior e comunicou-lhe que, caso os alemães só concordassem se não houvesse condição alguma, então se estaria diante de um *quid pro quo*. "Pode garantir-me que Von Braun agirá de acordo com nossa proposta?", perguntou Keynes, referindo-se ao chefe da delegação alemã. Melchior fez uma pausa antes de "voltar a contemplar-me com seu olhar solene. 'Sim', ele respondeu, 'não haverá dificuldades quanto a isto'". No dia seguinte todo mundo seguiu fielmente seu texto: "Agora tudo está acertado e os trens começam a transportar alimentos para a Alemanha".[31]

Com dificuldade consideravelmente menor, Keynes também convenceu os Aliados a aprovarem um empréstimo para pagar as remessas de alimentos da Grã-Bretanha para a Áustria no início de 1919. Após aquele pequeno triunfo, ele providenciou a instalação dos alemães no castelo de Villete, nos arredores de Paris. Foi elaborado um plano para contatar financistas de muitos países a fim de discutir a reconstrução. No entanto, Keynes haveria de visitar o castelo apenas uma ou duas vezes. Não muito depois que os alemães ali se acomodaram, a Conferência da Paz deixou de lado a questão da reconstrução e envolveu-se com o tema das reparações de guerra.

"Durante a Conferência da Paz, em Paris, a questão das reparações provocou mais dificuldades, disputas, suscetibilidades feridas e adiamentos do que qualquer outra cláusula do Tratado", escreveu mais tarde Thomas Lamont, representante do Tesouro americano.[32] Harold Nicolson observou que a conferência fora descrita frequentemente como um duelo entre as forças das luzes e das trevas — Wilson versus George Clemenceau, da França, os radicais versus a paz proposta por Wilson, Keynes versus Klotz —, mas na realidade "não foi tanto um duelo como uma confusão geral".[33]

Os Aliados estavam em total desarmonia entre si. O presidente Wilson se opunha a sobrecarregar os alemães com o custo total da guerra. Era razoável exigir que a Alemanha pagasse pelos danos infligidos por seu Exército, argumentou o presidente, mas isso era tudo. Havia também a complicada questão de definir quanto e durante quanto tempo caberia aos países vitoriosos compartilhar os encargos impostos à Alemanha. Quando Lloyd George sugeriu que os pagamentos cessassem após trinta anos, Clemenceau rebateu, afirmando que eles deveriam prolongar-se durante mil anos, caso isso fosse necessário. Até março de 1919 os Aliados não tinham chegado a um acordo. Os franceses exigiam 25 bilhões de libras e os Estados Unidos se recusavam a aprovar qualquer quantia acima de 5 bilhões ou 6 bilhões de libras. A cifra oficial britânica era 11 bilhões de libras. No começo de março, Keynes sugeriu finalmente que a quantia total das reparações de guerra fosse paga à margem do tratado. Essa solução acabou sendo adotada.

Lloyd George, contrariado com os constantes vazamentos para a imprensa, sugeriu que apenas os Quatro Grandes se reunissem. Assim, a segunda metade da Conferência da Paz, desde meados de março até meados de maio, se realizou no "apertado estúdio" de Woodrow Wilson. Inicialmente a sós, com exceção de um intérprete, os chefes de Estado de Reino Unido, França, Itália e Estados Unidos — David Lloyd George, Georges Clemenceau, Vittorio Orlando e Woodrow Wilson — sentavam-se em torno de uma lareira em cadeiras estofadas, recordou Nicolson, "com mapas desdobrados no chão e para estudá-los eles, algumas vezes, se viam obrigados a ficar de quatro. Conseguiram finalmente produzir com esforço a derradeira versão do acordo".[34]

Abril revelou-se como o mês mais cruel de todos. À medida que o tempo esquentou, a antiga atmosfera festiva de Paris de repente tornou-se frenética. Confirmaram-se as reservas que muitos dos participantes tinham em realizar a conferência em Paris: percevejos nas camas, encanamentos medievais, preços exorbitantes eram as menores dessas restrições. A imprensa se tornara agressiva. "O constante clamor dos jornais, a estridência de seus ataques pessoais aumentaram de volume", observou o diplomata britânico Harold Nicholson. "O efeito cumulativo de toda aquela gritaria nas portas da Conferência produz um efeito de todo prejudicial e exasperou os nervos."[35] Lloyd George se viu obrigado a enfrentar uma rebelião no Parlamento, pois os conservadores receavam que ele não estivesse sendo suficientemente duro com a Alemanha. Clemenceau se tornou a *bête noire* da imprensa francesa, convicta de que ele estava sendo manobrado pelos ingleses e americanos. Vittorio Orlando abandonou a conferência. Woodrow Wilson ficou terrivelmente doente, com intoxicação alimentar ou gripe. Em maio as dissensões entre os Quatro Grandes se tornaram tão extremadas que em certa ocasião Wilson se viu forçado a intervir fisicamente, separando Lloyd George de Clemenceau.

A conferência dentro da conferência não só eliminou os representantes de países menores como também pôs de escanteio especialistas como Keynes. Os Quatro Grandes tomaram decisões de longo alcance e às pressas, sem quase nenhuma contribuição externa. O presidente Wilson refletiu durante alguns minutos sobre o pleito dos britânicos em relação às dívidas antes de rejeitá-lo sumariamente. O primeiro-ministro britânico consultava Keynes "quando queria esquivar-se de seus compromissos", observou o biógrafo de Lloyd George, mas "jamais pensou em seguir seus conselhos".[36] Após dias que duravam 24 horas, subindo e descendo de automóveis precários e correndo de uma sala superaquecida para outra, Keynes jantava frequentemente com Jan Smuts, um sul-africano, membro do Gabinete de Guerra britânico, engajado proponente da Liga das Nações e da reconciliação com a Alemanha.

> O pobre Keynes senta-se muitas vezes a meu lado, à noite, após um bom jantar, e reclamamos do mundo e do dilúvio que está por vir... Em seguida rimos e por trás de nossas risadas esconde-se a terrível previsão de Hoover: 30 milhões de pessoas que deverão morrer, a menos que haja alguma intervenção de grande porte. Em seguida pensamos que as coisas não são realmente tão ruins assim; algo de bom acontecerá e o pior não ocorrerá.[37]

Em 7 de maio de 1919, Herbert Hoover, pessoa autêntica, sem meias palavras, que chocava muitos europeus por o considerarem gratuitamente combativo em seus tratos do dia a dia, descia a Champs-Elysées antes do raiar do sol. As luzes dos postes ainda brilhavam e a avenida estava deserta. Ele caminhava lentamente, de cabeça baixa, como um pugilista após ser derrotado. Os generais franceses, delegados à Conferência da Paz, gostavam de demorar-se na leitura do *Times* de Londres e na degustação da geleia de frutas inglesa durante o café da manhã. Assim, Hoover ficou surpreendido ao enxergar duas figuras familiares, de chapéu-coco, que atravessavam o bulevar caminhando em sua direção. Keynes e Smut conversavam animadamente e sem parecer que percebiam sua presença. O que aqueles dois estavam fazendo ali aquela hora?

Quando chegaram suficientemente perto para reconhecê-lo, eles também se mostraram surpreendidos. Em seguida os três se deram conta do que estava acontecendo. Cada um deles tinha se levantado próximo das quatro da manhã, quando o rascunho do Tratado de Paz, que acabara de ser impresso, foi entregue em seus quartos por um mensageiro. Antes disso nenhum deles tinha lido o tratado em sua integridade, embora Keynes, com desalento cada vez maior, tivesse lido parte do rascunho em 4 de maio. Apesar do conhecimento que tinham do assunto e do cinismo de Keynes e Smuts quanto aos procedimentos, eles ficaram chocados. Todos se sentiam descrentes, enraivecidos e com terríveis premonições. Após aquela quase demonstração de telepatia, Hoover, Keynes e Smuts começaram a falar ao mesmo tempo. "Concordamos que era terrível."[38]

No decorrer de duas semanas o incorrigível otimista mudou de seu quarto no hotel Majestic e alugou um apartamento com cozinheira e copeiro, à beira do Bois de Boulogne. Demorava-se na cama, deprimido demais para levantar, quando o primeiro-ministro o convocou. Em 14 de maio, sentindo-se "um cúmplice de toda esta maldade e loucura", Keynes tomou a decisão de demitir-se. "O Tratado é um insulto, é impossível e não pode proporcionar nada além do infortúnio", ele escreveu para a mãe, a Duncan Grant e a outras pessoas.[39]

A derradeira intervenção de Keynes foi um protesto contra "o assassinato de Viena".[40] As negociações relativas à Áustria haviam sido adiadas enquanto os termos do tratado com a Alemanha não se definissem de vez. Keynes recebia regularmente relatórios de Francis Oppenheimer, o emissário do Tesouro, que vinha mantendo constantes contatos com Joseph Schumpeter, que, por sua vez, fornecia dados sobre os ativos e os rendimentos dos impostos austríacos. Em 29 de maio, Keynes enviou um memorando a Lloyd George intercedendo para que a Áustria não pagasse nenhuma reparação de guerra. No dia 30, ele compareceu a um encontro da comissão de reparações austríaca, quando obteve uma grande concessão, a desistência de um pedido de reparação no valor de 10 bilhões de coroas de ouro. Citando chocantes estatísticas sobre crianças que morriam de tuberculose e desnutrição, Keynes obteve um sucesso parcial, ao modificar um pedido dos franceses de que a Áustria lhes entregasse suas vacas leiteiras.

Ele concordou com as virulentas críticas de um jornal vienense ao tratado:

> Nunca a substância de um tratado de paz atraiçoou tão grosseiramente as intenções que, segundo se proclamava, guiaram sua elaboração, conforme ocorre com este Tratado... no qual cada cláusula está permeada de falta de compaixão e de impiedade, em que não se detecta traço algum de simpatia humana, que se opõe a tudo aquilo que liga um homem a outro, que é um crime contra a própria humanidade, contra um povo sofredor e torturado.[41]

Embora devesse saber que era uma causa perdida, Keynes continuou a pleitear, perante Bernard Baruch, que o Tesouro americano endossasse "meu Grande Esquema de pôr todo mundo em condições de caminhar com suas próprias pernas".⁴² Lloyd George convocou um encontro especial da delegação britânica e prometeu que recusaria o avanço do Exército britânico na Alemanha ou a participação da Marinha britânica para reforçar o bloqueio do país com a finalidade de obter mudanças de última hora no tratado. No entanto, como Keynes previu numa carta a sua mãe, era tarde demais para grandes gestos. Os franceses estavam furiosos e o presidente Wilson, que deveria ter-se mostrado solidário, desconfiava cada vez mais das intenções dos britânicos. Vetou a proposta de Lloyd George tão peremptoriamente como tinha rejeitado um mês antes a proposta de Keynes de perdoar a dívida. Lloyd George não levou o caso adiante, possivelmente devido a um relatório confidencial, em que o gabinete alemão já havia decidido secretamente assinar o tratado. Mesmo assim ele predisse com pessimismo: "Teremos de refazer tudo daqui a 25 anos, o que nos custará três vezes mais".⁴³

Quando a Alemanha assinou o Tratado de Versalhes, no dia 28 de junho, já fazia quase um mês que Keynes regressara à Inglaterra. Repousou durante algum tempo em Charleston, Virginia, e na casa de campo de Vanessa Stephen, onde passava longas horas arrancando furiosamente ervas daninhas, a fim de se distrair. No dia 5 de junho enviou uma carta de demissão a Austen Chamberlain, o chanceler do erário. Naquele mesmo dia escreveu também a Loyd George. "A batalha está perdida. Deixo que duas almas gêmeas [o juiz lorde Sumner e o financista lorde Cunliffe, chefe da comissão inglesa de reparações] se regozijem com a devastação da Europa e saboreiem aquilo que recai sobre o cidadão britânico que paga impostos."⁴⁴

Austin Robinson, filho de um ministro anglicano, piloto de guerra e estudante de Cambridge, datou sua "conversão à fé nos economistas" em outubro de 1919, quando assistiu a uma das últimas aulas de Keynes naquele semestre.⁴⁵ Perante numerosa plateia, Keynes leu algumas páginas de seu ensaio semifinalizado sobre o tratado de paz. Robinson ficou muito tocado com "a óbvia profundidade de sua dedicação aos problemas do mundo e seu ódio à incapacidade de evitar desastres previsíveis".⁴⁶ Para a geração de Robinson, que queria descartar a guerra e fazer algo para curar suas feridas, pareceu uma autêntica revelação a argumentação de Keynes no sentido de que aperfeiçoar a economia era essencial para prevenir futuras guerras. A Robinson muito impressionou a convicção de Keynes de que as ideias importavam tanto, se não mais, do que a competição econômica e os interesses políticos.

Keynes começara a escrever assim que voltou a Cambridge vindo de Paris. O tema de seu *The economic consequences of the peace* [As consequências econômicas da paz] foi inspirado numa inteligente observação da amante de Jan Smuts: "A senhora Gillet, referindo-se à Liga da Lei Antitrigo, fez lembrar a Smuts que a reforma econômica antecedeu a reforma das franquias no século XIX, e 'agora parece que, do mesmo modo, as questões políticas e territoriais não serão resolvidas enquanto o mundo econômico não for endireitado'". Smuts relatou essa observação a Keynes, que declarou "como ela era verdadeira e que jamais havia pensado nesses termos".[47] Margot Asquith, a divertida esposa do ex-primeiro-ministro, sugeriu a Keynes que ele incluísse em seu livro retratos das principais personalidades. Em agosto, a editora Macmillan concordou em publicar o livro, mas Keynes teve de assentir em pagar os custos da impressão. Felix Frankfurter, de quem ele se tornara amigo em Paris, providenciou uma edição americana.

Keynes fulminou o tratado, afirmando que era uma absoluta traição por parte da geração mais velha dos líderes políticos. Não apenas os Quatro Grandes nada haviam feito para recuperar a economia europeia anterior à guerra como não tinham levado seriamente em consideração a necessidade de fazê-lo. Eles simplesmente partiram do pressuposto de que a reconstrução e a reconstituição de laços partidos aconteceriam espontaneamente.

> O Tratado não inclui provisões para a reabilitação econômica da Europa, nada que faça com que os Impérios Centrais derrotados passem a adotar uma política de boa vizinhança, não inclui nada que estabilize os novos Estados da Europa, nada que recupere a Rússia; não promove nada que solidifique a solidariedade econômica entre os próprios Aliados; não se tomou providência alguma em Paris para restaurar as desordenadas finanças da França e da Itália, nem para ajustar os sistemas do Velho e do Novo Mundo...
>
> É extraordinário que os problemas fundamentais de uma Europa que morre de fome e se desintegra perante nossos olhos constituíssem uma questão impossível de despertar o interesse dos Quatro Grandes. As reparações de guerra foram sua principal incursão no campo econômico e eles as colocaram como um problema de teologia, política, trapaças eleitorais e sob todos os demais

pontos de vista, excetuando o futuro econômico dos Estados cujo destino está nas mãos deles.

Um tratado radical, "caso seja levado a efeito, deverá prejudicar ainda mais, quando na verdade deveria recuperar, a delicada e complicada organização, já abalada e prejudicada pela guerra, por meio da qual os povos europeus poderão empregar-se e viver".[48]

The economic consequences of the peace é um escrito extraordinariamente desalentador, levando Leonard Woolf a apelidar seu autor de Keynessandra. "Na Europa continental a terra arqueja e ninguém se conscientiza de seus estrondos", escreveu Keynes. "Lá, não se trata apenas de uma questão de extravagâncias ou de 'problemas com a mão de obra', mas de vida e morte, de fome e existência, das temíveis convulsões de uma civilização moribunda." Parte do desalento de Keynes se devia a seu conceito de que "não foi somente a guerra que tornou a Europa mais pobre". Em retrospecto, ele agora encarava a prosperidade anterior à guerra como um logro:

> Presumimos que algumas das vantagens mais peculiares e temporárias fossem naturais, permanentes, confiáveis e formulávamos nossos planos de acordo com isso. Apoiados nesses alicerces precários e falsos, traçamos esquemas visando à melhoria social, estruturamos nossas plataformas políticas, prosseguimos com nossas animosidades e ambições pessoais e, em grande medida, promovemos, mas não atenuamos, os conflitos civis na família europeia.

Os padrões de vida não poderiam continuar a elevar-se durante muito mais tempo, sustentou Keynes. A prosperidade da Europa não se fundamentara no "inventivo mecanismo da competição", num ambiente favorável aos empreendedores e às finanças, mas num acidente histórico feliz que removera temporariamente certos limites ao crescimento. Graças ao grande excedente exportável de alimentos dos Estados Unidos, a Europa tinha sido capaz de nutrir-se sem muitos gastos.

O problema, escreveu Keynes, era que os grãos americanos não podiam permanecer baratos quando o consumo dos Estados Unidos equivalesse à demanda. Ele retomou uma colocação de Arthur Jevons, talentoso contemporâneo de Marshall, o qual predisse em 1870 que o declinante fornecimento de carvão haveria de estrangular o crescimento econômico da Grã-Bretanha. No lugar dos combustíveis, para Keynes a coerção maior era exercida pelo trigo. Reconheceu que, no mundo como um todo, não haveria escassez de trigo. No entanto, para aumentar o fornecimento no futuro, ele argumentou, seria preciso que a Inglaterra oferecesse um preço real mais elevado. Em suma, a lei dos rendimentos decrescentes finalmente se reafirmaria, exigindo que a Europa disponibilizasse cada vez mais bens e serviços para obter a mesma quantidade de pão.

As agourentas previsões de Keynes acabaram se revelando pessimistas demais. A economia da Europa recuperou-se em curto prazo, a despeito da devastação provocada pela guerra e pelas imperfeições do Tratado de Paz. A longo prazo — começando pela Grande Depressão e continuando após o término do século xx — os alimentos ficaram mais baratos em relação aos salários. A previsão política de Keynes, de que "a vingança... não claudicará" e que "então nada poderá adiar por muito tempo a guerra civil final entre as forças da reação e as desesperadoras convulsões da revolução", foi muito mais prudente.

A Primeira Guerra Mundial e suas consequências delimitaram as prioridades intelectuais de Keynes e estruturaram seu pensamento sobre a economia, opina Skidelsky. Henry Wickham Steed, editor do *Times* de Londres, assim caracterizou as ideias de Keynes: "uma revolta da economia contra a política".[49] Keynes reivindicava a importância de algo com que os generais e primeiros-ministros tinham superficial familiaridade: como o mundo moderno ganhava a vida e o fato de que ganhá-la era um pré-requisito, quando não uma garantia da paz.

Keynes avaliava quanto a economia global, sobretudo a economia europeia, se especializara, quanto cada parte dela dependia das demais, quanto estava sujeita a mudanças psicológicas e, consequentemente, a facilidade com que a paralisação de determinada economia poderia contaminar as economias restantes. Ele ainda não havia identificado as alavancas de uma política, os instrumentos de uma capacitação que possibilitariam aos governos exercer maior controle sobre a própria trajetória econômica. Começava, porém, em relação a uma "economia do todo" e nas consequências da ação e da inação governamental.

A guerra aprofundara sua desconfiança na sabedoria convencional e o desiludira em relação ao conceito de que o progresso era automático. No todo, era uma lição brutal sobre o poder destrutivo de governos que ignoravam obstinadamente as realidades econômicas. O milagre econômico vitoriano produzira o rápido crescimento da capacidade produtiva e uma significativa elevação dos padrões de vida, mas esse milagre dependeu de certas ações governamentais — a difusão do livre-comércio, o fortalecimento do padrão-ouro, seguir as regras da lei, bem como uma competição sem restrições. Tendo absorvido essa lição, Keynes não podia conceber como um governo podia ignorar suas responsabilidades no sentido de voltar a instaurar a prosperidade.

Em meados de outubro, Keynes encontrava-se no continente europeu com a finalidade de participar de uma conferência internacional de banqueiros. "Jamais existiu uma transação comercial tão grande como o Tratado de Paz", observou Max Warburg, sócio de Carl Melchior.[50] Seu irmão Paul, o financista americano, esperava organizar os créditos comerciais, financiados em sua maior parte por bancos de seu país, e assim a Alemanha poderia importar matéria-prima. Keynes resolveu então enviar um telegrama a Melchior convidando-o para vir a seu encontro. Três dias depois ambos passeavam pelos canais de Amsterdam debaixo da chuva, conversando sem restrições pela primeira vez e encantados ao constatar como "era extraordinário encontrar-se sem impedimentos".[51]

Após demitir-se da delegação alemã, em protesto antes da assinatura do Tratado de Paz e depois de rejeitar duas vezes a oferta de se tornar o ministro das Finanças da República de Weimar, Carl Melchior voltou a seu banco em Hamburgo. Contou a Keynes que o presidente alemão traíra a intenção da Alemanha de assinar o tratado, comunicando-a antecipadamente a um agente do governo britânico. Melchior tinha certeza de que essa informação confidencial levara Lloyd George a abandonar seus esforços de modificar o tratado. Depois do almoço, Keynes convidou Melchior e Walburg a irem ao quarto do hotel onde se hospedava, onde leu em voz alta seu capítulo sobre o presidente Wilson. Keynes retratou o líder americano como alguém que despertara as esperanças do mundo e as traiu:

Com que curiosidade, ansiedade e esperança procuramos vislumbrar um indício das características e do comportamento de um homem que, originário do oeste, traria o remédio que curaria as feridas da antiga parenta de sua civilização e firmaria para nós os alicerces do futuro.

A desilusão foi tão completa que alguns daqueles que haviam depositado nele sua total confiança mal ousavam se referir ao fato. Seria verdade?, perguntavam àqueles que regressaram de Paris. Seria o Tratado tão ruim como parecia? O que foi que aconteceu com o presidente Wilson? Que fraqueza ou que infortúnio tinham levado a uma traição tão extraordinária, tão indesejada?

Wilson podia pregar altissonantes sermões sobre seus Catorze Pontos, mas faltava-lhe

o equipamento intelectual que teria sido necessário para lidar com sutis, perigosos e eloquentes oradores, a quem um tremendo confronto de forças e personalidades projetou no primeiro plano como mestres triunfantes, no jogo veloz do toma-lá--dá-cá, face a face no Conselho.[52]

Warburg, que desprezava o presidente, dava risadinhas enquanto Keynes lia aquele trecho, porém Melchior ouvia solenemente e parecia estar a ponto de chorar.

Quando os banqueiros se reuniram, Keynes solicitou-lhes com instância que apoiassem uma redução nas reparações de guerra, o cancelamento das dívidas de guerra para com os Aliados e um empréstimo internacional para a Alemanha. Ele e Warburg redigiram um apelo à Liga das Nações e conseguiram a assinatura de doze participantes do encontro. Assim, a primeira de muitas tentativas de revisar o Tratado de Versalhes foi delineada antes que secasse a tinta com que ele seria redigido.

Ao preencher a cota diária de mil palavras "para o impressor", sete dias por semana, Keynes já havia acumulado 60 mil palavras em outubro. À medida que terminava os capítulos, ele os remetia a várias pessoas, incluindo sua mãe, Frances, e Lytton Strachey. Todo o mundo editorial parecia dedicar-se à publicação de livros sobre o Tratado de Paz. O livro de Keynes foi o primeiro da fornada, sendo lançado duas semanas antes do Natal. Na Páscoa, 100 mil exemplares tinham sido vendidos na Inglaterra e nos Estados Unidos. As "desculpas" de Keynes ao Grupo de Bloomsbury por ter aderido à guerra foram aceitas com afabilidade. Lytton Strachey, cujo livro *Eminent Victorians* [Vitorianos eminentes] foi a sensação literária de 1918, denominou a argumentação de Keynes algo "esmagador" e predisse que "ninguém poderia ignorá-la".[53] Embora resmungando que Keynes fora muito indiscreto, Austen Chamberlain confessou a sua mulher que o livro era "escrito com brilho" e lhe proporcionara "maliciosos prazeres".[54] Todos os que resenharam o livro se excederam em elogios ao estilo de Keynes e muitos leitores se convenceram de que seria impossível para a Alemanha cumprir o tratado.

O livro de Keynes levou uma controvérsia que fervia a fogo baixo até o ponto de fervura. Alguns críticos declararam que a Alemanha tinha condição de pagar muito mais do que Keynes afirmara. Outros o qualificaram como politicamente alienado. Uma das sugestões menos lisonjeiras afirmava que o autor era "um intelectual desumanizado", devido a sua falta de engajamento. Como era de prever, o ataque do Partido Tory a Keynes questionava sua lealdade, sugerindo que ele talvez merecesse ser condecorado com a Cruz de Ferro da Alemanha. O historiador A. J. P. Taylor resumiu sucintamente — mas não injustamente — a mensagem contida em *The economic consequences of the peace*: "Devem ser tomadas precauções em relação às queixas dos alemães, mas não em relação à agressão por eles praticada".[55] O capitão Paul Mantoux, tradutor de *Os Quatro Grandes*, atacou o livro pelo motivo de que Keynes "jamais estivera presente em qualquer um dos encontros [dos Quatro Grandes]".[56] A crítica mais comum era simplesmente a de que Keynes não fora preciso. Wickham Steed, editor do *Times* de Londres, notou que

> Se a guerra nos ensinou uma lição primordial foi a de que os cálculos dos economistas, banqueiros e homens de Estado do setor financeiro que apregoavam a impossibilidade da guerra porque ela não compensaria, não passaram de perigosa insensatez. A Alemanha foi à guerra porque ela compensou em 1870-1 e porque acreditava que ela voltaria a compensar.[57]

Os autores americanos das resenhas suspeitaram que Keynes promovia os interesses britânicos sob o disfarce do altruísmo para com a Europa. O sociólogo

Thorstein Veblen o repreendeu por "ter interpretado mal"[58] Woodrow Wilson. Por ocasião do primeiro aniversário do tratado, o *New York Times* qualificou *The economic consequences of the peace* "um livro muito irado", considerando que "na medida em que a opinião dos americanos mudou, ela desconfia de toda a Europa e deseja romper com confusões geradas no exterior".[59] Bernard Baruch expressou a posição do governo ao declarar que Keynes desejava que "os Estados Unidos pagassem, em vez da Alemanha".[60]

Hoje alguns historiadores aceitam que as críticas de Keynes ao presidente Wilson foram injustas e consideram por demais partidária sua condenação dos franceses. Afirmam que as reivindicações de reparação de guerra por parte dos britânicos eram menos justificáveis do que as dos franceses. Por outro lado, Margaret MacMillan, autora de *Paris 1919: Six months that changed the world* [Paris 1919: Seis meses que mudaram o mundo], além de outros relatos sobre a Conferência da Paz, demonstra que a opinião de Keynes, de que os Aliados violaram com estardalhaço seu contrato com a Alemanha e que eles deveriam ter permitido que os vencidos negociassem alguns elementos da paz, é amplamente aceita hoje. Poucos discordam da principal observação de Keynes, a de que nenhuma paz baseada em alicerces econômicos tão pouco sólidos poderia durar.

Não é de surpreender que *The economic consequences of the peace* tenha transformado Keynes num herói em Viena e Berlim. Excertos, traduções, novas edições sobrecarregaram as gráficas. Visto que nenhum teto sobre a quantidade das reparações de guerra foi fixado pelo tratado, fazia pleno sentido a visão de que Keynes não apenas expressava o pleito da Alemanha mas se encontrava na posição de influenciar as opiniões. Joseph Schumpeter, o ex-ministro das Finanças da Áustria, denominou o livro "uma obra-prima".[61]

8. A rua sem alegria: Schumpeter e Hayek em Viena

> *A alternância entre a prosperidade e a quebradeira é a forma que o desenvolvimento econômico assume na era do capitalismo.*
>
> Joseph Schumpeter[1]

A década de 1920 quase sempre é observada num espelho retrovisor e julgada unicamente como o preâmbulo, quando não a causa da Grande Depressão, da ascensão do fascismo e do triunfo do bolchevismo. Segundo se supõe, ela foi para o Ocidente uma era de decadência, ilusão, falsa prosperidade e falsas crenças. Vista, porém, pelos olhos de quatro indivíduos — Joseph Schumpeter, Friedrich Hayek, John Maynard Keynes e Irving Fisher — foi uma era tão inventiva, excitante e autenticamente progressista como qualquer outra no século passado.

Keynes e Fisher tornaram-se oráculos econômicos. Prosperaram financeiramente e o mais importante é que criaram uma nova riqueza intelectual. Os violentos surtos inflacionários e deflacionários que se seguiram à Primeira Guerra Mundial os convenceram de que o mercado livre e a democracia não poderiam sobreviver durante muito tempo coexistindo com essas patologias e enfocaram seu pensamento nas causas sistêmicas. Assim como o médico de *O doente imaginário* de Molière, eles direcionaram sua atenção de partes individuais do corpo econômico para seu sistema circulatório. Concluíram que a inflação e a deflação, situadas em polos opostos, segundo parecia, eram sintomas da mesma doença subjacente, e que o sistema monetário e a criação do crédito eram sua fonte e seu mecanismo de transmissão.

Solucionar o problema imediato de como reanimar os entrelaçados setores da economia mundial, alguns dos quais se encontravam numa situação terminal, era algo que requeria uma nova estruturação. Fisher e Keynes alimentavam a esperança de que os violentos surtos de prosperidade e depressão pudessem ser evitados. Não acreditavam mais, ao contrário de Marshall, que altas e baixas resultassem de choques externos e fortuitos ou, a exemplo de Marx, que elas eram intrínsecas à economia de mercado. Em vez de atos da natureza, as alternâncias extremas eram desastres provocados pelo homem, capazes de ser obstados. Fisher, Keynes e Hayek buscaram instrumentos de intervenção, confiantes em sua existência, que poderiam ser acionados para funcionar, mesmo que os ingleses e os americanos estivessem dispostos a acreditar na discrição dos funcionários governamentais, ao passo que a Áustria, produto de uma história nacional mais trágica, insistia em que os governos deviam se sujeitar a regras. Apenas Schumpeter poderia ser descrito como um fatalista, tanto por seu temperamento e por suas tragédias pessoais como por suas convicções intelectuais.

Quando Schumpeter foi demitido no outono de 1919, a crise final da Áustria entrava em um estágio agudo. Diante de um deficit que não parava de crescer e por demais receoso de tumultos populares para impor medidas de austeridade, o governo de Karl Renner, às voltas com problemas de caixa, emitia cada vez mais moeda com que pagar suas contas. Ludwig von Mises, presidente da Câmara de Comércio, descreveu o "incessante zumbido" das impressoras do Banco Central: "Elas funcionam sem parar, dia e noite... [Enquanto isto], grande número de empresas industriais está ocioso; outras funcionam em turno parcial; unicamente as impressoras que produzem notas operam com capacidade máxima".[2] Quanto mais *kronen* o governo emitia, mais diminuto era seu poder aquisitivo. O chefe de polícia de Viena reclamou que "toda emissão reduz o valor do *krone*".[3] Devido ao efeito do valor de troca do *krone* e como a Áustria importava grande parte daquilo que constituía suas necessidades diárias, a taxa de câmbio em queda fez com que os preços internos subissem, numa espiral incontrolável. A ironia é que os sociais-democratas davam boas-vindas à inflação, julgando-a estimuladora da economia, e não desconfiavam da rapidez com que ela desembocaria na prostração e na ruína política, como qualquer episódio provocado por manias.

Inicialmente o crédito fácil e os preços em elevação pareciam fazer com que a economia paralisada desse algumas demonstrações de vida. Os investimentos, as exportações, os empregos reanimaram-se, enquanto a inflação reduzia drasticamente o custo real dos empréstimos e o *krone* em queda possibilitava aos exportadores austríacos enfrentar vantajosamente seus concorrentes estrangeiros. No entanto, os sócios comerciais da Áustria começaram a impor tarifas a suas exportações, o comércio teve dificuldade em repor seus estoques e o desemprego voltou a aumentar.

Enquanto isso, a inflação passou do trote a meio galope para galope desenfreado. Apesar da constante renegociação dos contratos com os sindicatos, um trabalhador que ganhava cinquenta *kronen* uma semana antes da guerra passou a ganhar quatrocentos *kronen* no final de 1919. Entretanto, seu novo salário permitia-lhe comprar apenas um quarto de alimentos, carvão e vestuário, em comparação com o antigo salário. Em vez de um aumento oito vezes maior do salário, na realidade agora ele sofria um corte de 75%. No prazo de um ano ele precisaria mais do que o salário de oito semanas de trabalho para comprar um terno barato e um par de botas.[4] Os funcionários públicos e os pensionistas descobriram que seu rendimento semanal não lhes permitia comprar mais do que dois ovos ou pães. Isso foi apenas o começo. Em determinado momento Freud, que pensava em mudar-se para Berlim, queixou-se: "Já não se pode viver aqui e os estrangeiros que precisam da análise não querem mais vir".[5] Em outubro de 1921, os preços aumentavam em média a uma taxa de mais de 50% a cada mês, o que significava o início de uma hiperinflação. Em outubro de 1922, o nível dos preços duplicara em relação ao ano anterior.

A inflação liquidou toda a poupança da classe média e minou sua fé em um governo democrático, escreve o historiador Niall Ferguson. "Todos nós perdemos 19%-20% do que tínhamos em dinheiro vivo", escreveu Freud a um amigo.[6] Notas bancárias sem valor criaram um sentimento universal de que todos tinham sido trapaceados. Em *O colecionador invisível*, de Stefan Zweig, um entendido em arte, cego, acredita que sua coleção de desenhos e gravuras de antigos mestres está intacta. Na realidade, sua família dispôs dela, substituindo-a por papel pergaminho. Anna Eisenmenger escreveu em seu diário "que se sentia traída enquanto contemplava as notas de mil *kronen* que me sobraram, ao lado de meus cartões de racionamento, na gaveta da escrivaninha... Será que elas não compartilharão o destino dos cartões de comida, caso o Estado não consiga cumprir a promessa impressa em cada nota?".[7] À medida que naufragava a confiança no *krone*, o comércio diário revertia ao sistema de escambo. Muitos camponeses e lojistas se recusavam a receber dinheiro vivo. Para a classe média isso significava trocar um piano por um saco de trigo, cinquenta charutos de antes da guerra por seis quilos de carne de porco, trinta quilos de toucinho, um relógio de ouro com corrente ou, como foi o exemplo de Freud, um artigo escrito para um jornal por alguns sacos de batata.

Até que as prateleiras ficassem vazias, era possível comprar de tudo numa loja vienense, incluindo seu conteúdo inteiro, por algumas libras ou dólares. *La peine des hommes: Les chercheurs d'or*, romance publicado em 1920 pelo jornalista francês Pierre Hamp, retrata uma cidade do interior, povoada de aproveitadores, que se abatem sobre Viena como aves de rapina. Salzbach, o herói, os acusa de transformar a miséria em ouro.[8] Havia grandes pechinchas em terras agriculturáveis, minas, ferrovias, embarcações, usinas elétricas, fábricas e bancos da Áustria. À medida que o *krone* se depreciava, tudo isso se tornava disponível a preços de liquidação caso o comprador pagasse em libras, dólares ou qualquer outra moeda forte. A presença estrangeira fazia com que a ira popular se acumulasse e foi um dos motivos pelo qual o negócio com Kola, que envolvia a compra, pela Fiat, da siderúrgica Alpine Montan, continuou a atormentar Schumpeter muito depois de ele deixar o governo.

Enquanto veteranos de guerra rondavam dezenas de restaurantes no elegante Ring à espera de migalhas, a nova classe de milionários bebia champanhe e jantava guloseimas "iguais em qualidade e quantidade àquelas obtidas em Londres".[9] Era aquele mesmo chocante contraste entre os novos-ricos e os novos-pobres, que revoltara o jovem Adolf Hitler antes de a guerra tornar-se mais extremada. Pedintes, mendigos e refugiados pareciam estar em todos os lugares. O ressentimento popular se direcionava aos atravessadores, os que se aproveitavam da guerra, os estrangeiros e especialmente os judeus. Cada aumento no preço dos alimentos era seguido de demonstrações contra o crescente custo de vida e por explosões de violência. Em dezembro de 1921, uma grande multidão quebrou vitrines de lojas, atacou hotéis e saqueou mercearias. Um visitante de Viena escreveu a sua esposa que, "ao lado da exasperação causada pelo contínuo aumento dos preços, há uma sensação de intenso ressentimento e ódio contra todos aqueles que ganharam dinheiro com os infortúnios da Áustria, os *Schiebers*, especuladores do mercado cambial e gente como eles, 'em sua maioria judeus'".[10]

A inflação transformou Viena numa cidade bagunçada, de valores invertidos. Em *A rua sem alegria*, filme dirigido por Georg Pabst em 1925 e estrelado por Greta Garbo, funcionários públicos idosos se acotovelam em apartamentos escuros, sem calefação, os vizinhos espionam uns aos outros, donas de casa infringem a lei, moças de boa família tornam-se prostitutas e cidadãos morigerados transformam-se em maníacos especuladores da bolsa. Títulos, apólices e ações de confiança tornaram-se garantia de proteção contra a desvalorização. Pessoas que nunca investiram em algo que não fossem títulos do governo de repente aplicavam o que havia sobrado no mercado de ações, onde eram obtidos grandes lucros.

Em seu diário, Anna Eisenmenger relata um diálogo com o gerente de seu banco, o qual revela a impotência da classe média diante da febre especulativa que atacava toda a população:

"Se, quando eu sugeri, a senhora tivesse comprado francos suíços, agora não teria perdido três quartos de sua fortuna."

"Perdido?", exclamei horrorizada. "Por quê? O senhor acha que o *krone* não vai se recuperar?"

"Recuperar?", disse o homem, rindo... "O *krone* vai afundar, com toda a certeza."

"Vamos até minha sala por alguns instantes." Lá ele começou a explicar-me que a monarquia foi obrigada a emitir bônus de guerra e que a subscrição desses bônus era frequentemente compulsória. Isso ocorreu porque o Estado já tinha gastado todas as suas reservas de ouro e não sobrara dinheiro para levar a guerra adiante. Mediante o dinheiro obtido com a subscrição dos bônus, a guerra prosseguiu, mas não havia praticamente cobertura alguma para as notas que circulavam no momento.

"Faça o seguinte teste: pegue uma nota de vinte *kronen*, que é garantida por lei, e tente obter, digamos, vinte *kronen* de prata em troca dela", disse o gerente, segurando uma nota de vinte *kronen*... "Agora a senhora me entenderá que hoje é bom ter uma casa ou [terras] ou cotas numa indústria, mina ou algo dessa espécie, mas é melhor não ter dinheiro algum, pelo menos não ter dinheiro austríaco ou alemão. Compreende o que estou querendo dizer?"

"Sim, porém meus títulos são do governo. Com toda a certeza não pode haver nada mais seguro do que isto."

"Mas minha cara, onde se encontra o Estado que garantia esses títulos para a senhora? O Estado morreu."[11]

O diálogo terminou com o gerente aconselhando a sra. Eisenmenger a aplicar seu dinheiro em ações. Foi o que ela fez, como inúmeros outros vienenses.

Embora sua carreira política aparentemente tivesse chegado ao fim e ele se visse forçado a retomar suas atividades docentes na Universidade de Graz, Schumpeter ainda tinha amigos nas altas esferas. Para compensá-lo por sua ignominiosa demissão, conservadores no Parlamento premiaram-no com uma carta bancária no ano seguinte. Ele poderia vendê-la, usá-la ou simplesmente guardá-la. Como havia menos de duas dúzias de bancos de investimentos em Viena e muitos sócios, no setor bancário, estavam desesperados por levantar capital, vendendo cotas ao público, a licença para iniciar um banco tinha muitos interessados em potencial. A dádiva do Parlamento a Schumpeter foi comprovadamente de um valor considerável.

Em 23 de julho de 1921, Schumpeter foi eleito presidente do M. I. Biedermann, o mais antigo banco de investimento de Viena, no dia em que ele se tornou público. Ele tinha 29 anos. Em troca do uso da carta e de sua assinatura em cambiais bancárias e outros papéis, Schumpeter conseguiu um magnífico escritório, um salário anual de 100 mil *kronen* (cerca de 250 mil dólares de hoje) e ações em número suficiente para torná-lo o segundo acionista do banco. A maior compensação era uma linha de crédito praticamente ilimitada para investir em sua conta.

O senso de oportunidade de Schumpeter foi perfeito. A Liga das Nações finalmente costurava um pacote de auxílio à Áustria que tinha notável semelhança com o recém-nascido plano de Schumpeter, em 1919. Em troca de um empréstimo de emergência, o governo prometia adotar disciplina monetária e fiscal, criar um novo banco central, impedido de financiar os deficits do governo comprando letras de câmbio do Tesouro, equilibrar seu orçamento ao demitir 100 mil funcionários públicos, tapar brechas por onde os impostos poderiam escapar e, quando a dívida externa da Áustria diminuísse, alcançando determinado nível, retornar ao padrão-ouro. Boatos sobre o iminente acordo e o anúncio simultâneo de que a Comissão de Reparação dos Aliados renunciava a suas reivindicações em relação à Áustria bastaram para deter o declínio do país e a inflação passou de 1000% a 20% antes mesmo que os protocolos fossem assinados no mês de agosto.[12]

A febre especulativa não diminuiu, em vez disso transferiu-se para as ações de primeira linha. À medida que o mundo empresarial emitia ações em vez de tomar empréstimos com juros, os bancos acolhiam com sofreguidão os novos certificados de ações. Logo eles eram os maiores acionistas do mundo empresarial austríaco. De acordo com o historiador C. A. Macartney,

> os bancos austríacos, excetuando-se, como sempre, alguns poucos, conservadores e de reputação bem-estabelecida, não limitaram seus investimentos devido a considerações relativas à segurança. Quanto a esse pormenor, as coisas corriam tão bem como aconteceu em relação ao câmbio. A própria indústria, incluindo o que nela havia de mais respeitável, se tornara especulativa. Ela passou em grande parte para as mãos dos bancos, suas ações foram usadas tendo em vista os objetivos mais improváveis.[13]

Como era de esperar, Schumpeter deixou as operações bancárias nas mãos daquela pessoa capacitada, que fora durante muito tempo diretor do Biederman e tornou-se um administrador financeiro e um capitalista especulador. Muito em breve começou a fazer grandes investimentos em várias empresas, algumas vezes em sociedade com um conhecido que estudara com ele no Theresianum. Alguns meses depois ele era diretor do Banco Kauffman, de uma fábrica de porcelana e de uma subsidiária do setor de química de uma multinacional alemã.[14]

Negociar, comprar, vender era algo embriagador. Schumpeter poderia trajar-se como o presidente de um banco, como registrou maliciosamente a imprensa vienense, mas seu estilo de vida era tão extravagante como o de um lorde. Ele ainda tinha grandes dívidas pessoais a pagar, para não falar dos impostos atrasados. Desistiu da suíte no hotel e de alugar a metade do palácio, mas oferecia jantares elegantes em seu apartamento e gastava prodigiosamente com suas amantes, cavalos e roupas. Não dava a menor importância a sua reputação e ainda menos a seu dinheiro. Um sócio nos negócios advertiu-o sobre o fato de aparecer em público com prostitutas e ele reagiu "subindo e descendo... por um dos principais bulevares do centro da cidade... com uma atraente prostituta loira sentada num joelho e uma prostituta morena sentada no outro".[15]

No início de 1924 Schumpeter achava que seus empreendimentos financeiros estavam "na mais perfeita ordem"[16] e que sua linha de crédito no Banco Biedermann estava calçada em títulos de primeira linha. Ocorreu então a espetacular queda da Bolsa de Viena, no dia 9 de maio de 1924. Entre o café da manhã e o jantar, três quartos do valor de "títulos altamente negociáveis" que constituíam as cauções pessoais de Schumpeter dissolveram-se no ar.[17] Durante os dias frenéticos que se seguiram, ele foi forçado a vender, num mercado em queda, suas ações mais valorizadas. Devido a uma aposta equivocada contra o franco francês, o Banco Biedermann teve grandes perdas com moedas estrangeiras. Para levantar fundos, os diretores do banco, inclusive Schumpeter, foram obrigados a vender grande quantidade de cotas do Biedermann a uma subsidiária do Banco da Inglaterra. Durante o verão, várias empresas de Schumpeter faliram, o que o obrigou, como diretor, a compensar os acionistas. Seu sócio dos tempos do Theresianum revelou-se, se não um trapaceiro, pelo menos culpado de realizar negócios escusos, e assim Schumpeter foi indiciado em vários processos, bem como num inquérito criminal que se arrastou durante anos.

A combinação de insolvência pessoal e de um sócio comercial suspeito foi demais para os investidores britânicos do Banco Biedermann, que insistiram na demissão de Schumpeter. Ele assim o fez, em setembro de 1924, em meio a acusações, por parte da mídia, de que tinha usado suas conexões bancárias para prestar favores a um ministro do governo. Àquela altura nada havia sobrado de seus milhões. Os diretores do banco concederam-lhe um pagamento final, equivalente ao salário de um ano, mas suas dívidas eram muito maiores e ele não tinha a perspectiva de recuperar suas perdas. A crise financeira desembocou numa recessão prolongada. Vários bancos de grande porte e centenas de firmas industriais e comerciais faliram. Finalmente o Banco Biedermann foi liquidado, embora todos os investidores fossem reembolsados, por mais incrível que pudesse parecer. Ludwig von Mises chamou outro economista para ir até a janela de seu escritório e, apontando para a Ringstrasse, símbolo da era liberal de Viena, disse em tom melancólico: "Talvez ali crescerá mato, porque nossa civilização chegará ao fim".[18]

Se os inimigos de Schumpeter o julgaram com dureza, não o condenaram com a mesma severidade que ele aplicou a si mesmo. Recorreu a uma passagem do Inferno de Dante — *Il gran rifiuto* ou "a grande recusa" —, frase que conota ao mesmo tempo uma oportunidade perdida e uma falha quanto ao sangue-frio, para descrever a década desde o início da guerra, o que equivalia, mais ou menos, a seus trinta anos. Aos 41 anos, ele tinha mais motivos de arrependimento que de confiança no futuro.

A depressão não durou muito tempo. A necessidade de se defender e de encontrar meios de ganhar dinheiro energizaram Schumpter. No final daquele *annus horribilis* ele encontrou um motivo para voltar a sorrir. Assim como a maioria dos dom-juans, havia se enamorado e mesmo perdidamente inúmeras vezes, mas nunca amara de verdade. Annie Reisinger o desarmou porque era jovem, vulnerável e pertencia à classe trabalhadora. Tinha 21 anos e era filha do zelador do prédio onde sua mãe morava. Ele a conhecia desde que ela era criança. Quando Annie tinha dezoito anos, Schumpeter quis namorá-la, mas sem sucesso. Ela ficou mais assustada com sua reputação de mulherengo do que com o fato de ele ser uma figura pública e ter o dobro da idade dela. Voltou a encontrá-la no Natal, quando ela visitava sua mãe. Era mais bela, feminina e senhora de si do que ele se lembrava. No estado de prostração em que ele se encontrava, muito apreciou sua falta de pretensões intelectuais, sua alegria e suas boas disposições.

Schumpeter estava sozinho e magoado. Ela se recuperava de um envolvimento infeliz com um homem casado. Ambos viviam um momento delicado. Schumpeter começou a projetar um romance. Cortejava-a diariamente, levava-a à ópera, a bailes, restaurantes, e passavam fins de semana no campo. Enviava-lhe flores e lhe dava presentes caros. Quando a pediu em casamento, ajoelhou-se a seus pés.

A mãe de Schumpeter mordeu a língua, por mais contrariada que ficasse diante da perspectiva de ter como nora a empregada de uma loja. Um homem tão notório quanto sem vintém dificilmente teria condições de contrair aquele casamento brilhante que a sra. Schumpeter ambicionava para o filho. Além do mais, ele ainda estava legalmente casado com a primeira mulher. Desde que se separaram, em 1913, Schumpeter nunca mais viu Gladys, que voltara a assinar seu nome de solteira. Nunca ficou claro se ela havia se recusado a levar em consideração o divórcio e ou se ele simplesmente não se preocupara com isso. O fato era que ainda estavam legalmente casados e que Gladys, caso o desejasse, poderia impedir seu casamento ou processá-lo por bigamia. Felizmente para Schumpeter o governo socialista da Viena Vermelha havia liberalizado as leis do divórcio e um funcionário amigo concedeu-lhe uma dispensa para que ele pudesse desposar Annie. Ela superou as próprias apreensões e a de seus pais e foi em frente.

Enquanto isso, os amigos de Schumpeter procuravam meios de fazer com que ele retomasse a carreira. Apesar de seus reveses na política e na atividade bancária, sua reputação como um brilhante teórico da economia sobrevivera. Era bem verdade que ele fizera inimigos em Viena e Berlim, que boicotariam sua contratação para as universidades daquelas cidades, mas muitos outros amigos no exterior, inclusive na Universidade de Tóquio, tinham o maior interesse em aceitá-lo. Finalmente a universidade de Bonn, a primeira das que reprovaram Marx, ofereceu-lhe a cadeira de finanças públicas. "Schumpeter é um gênio", declarava um de seus apoiadores, em carta dirigida ao Ministério da Cultura em Berlim. O missivista assinalou que as universidades alemãs estavam completamente defasadas em relação à economia contemporânea e Schumpeter transformaria Bonn em importante centro de economia teórica.

"Bonn conquistada!", telegrafou Schumpeter a sua noiva em tom triunfal, em outubro de 1925, ao saber que havia sido escolhido no lugar de seu rival vienense, Von Mises. De certo modo e para sua própria surpresa ele sentiu-se ansioso por assumir logo. Embora sua disciplina fosse finanças públicas, prometeram-lhe que ele poderia lecionar a teoria pura. No início de novembro, ele e Annie se casaram na presença de apenas duas testemunhas, antes de realizar uma excursão pelas luxuosas estações de água do norte da Itália. Chegaram a Bonn pouco antes do início do semestre da primavera.

Schumpeter e sua esposa logo se tornaram o casal mais glamoroso de Bonn. Num gesto grandioso, típico dele, Schumpeter alugou uma imponente mansão dando para o rio Reno, onde o Kaiser Guilherme morou nos tempos de estudante. Quando Annie compareceu ao primeiro chá dos professores da faculdade, Schumpeter inventou uma nova identidade para ela. Em vez de filha de um zelador, que trabalhara como caixa de banco em Viena e babá em Paris, ele apresentou-a como a filha mimada de uma proeminente família vienense, educada em um requintado internato francês. As dívidas esmagadoras de Schumpeter obrigaram-no a exercer atividades adicionais como jornalista e conferencista, mas todos os que o conheciam concordavam que ele estava mais feliz do que nunca. Além do mais, Annie esperava o primeiro filho deles.

O idílio não duraria muito tempo. A morte súbita de sua mãe, em meados de junho, foi um grande golpe para Schumpeter. Durante a maior parte da vida ela tinha sido "o grande fator humano" e ele se referia frequentemente a "sua incondicional ligação com ele, sua ilimitada confiança nela".[19] Duas semanas após regressar de seu enterro em Viena, ele sofreu uma segunda e terrível perda, ao presenciar a "terrível morte" de Annie durante o parto.[20] O bebê, um menino, viveu menos de quatro horas.

O fiasco do Banco Biedermann e a perda das duas únicas pessoas que lhe eram próximas deixaram cicatrizes permanentes em Schumpeter. Não precisaria mais que uma década para liquidar suas dívidas e jamais teve a oportunidade de reconstruir sua fortuna. Seis anos depois ele escreveu uma carta, enviada de Cingapura:

> Não existe verdadeira liberação. Não consigo livrar-me das más recordações e das premonições [...] erros, fracassos, dificuldades etc. e o ano de 1924 jamais surge diante de meus olhos como quando estou num belo barco, aparentemente seguro em um calmo oceano. O sentimento de decadência, intelectual e física, muitas vezes se condensa em pressentimentos de morte.[21]

Ainda assim, Schumpeter continuava incrivelmente otimista em relação ao futuro do capitalismo. O economista Israel Kirzner observou que as indagações que motivavam pesquisas sobre os ciclos de negócios na década de 1920 eram as seguintes: O capitalismo pode funcionar?[22] Pode sobreviver uma economia baseada na propriedade privada e no livre mercado? Karl Marx acreditou que o pânico e as baixas repentinas eram gerados pelo sistema econômico e acabariam por destruí-lo. Alfred Marshall adotara a visão oposta, atribuindo as recessões a choques fortuitos, que se originavam fora da economia. Schumpeter não tirava Marx da cabeça ao encarar o ciclo dos negócios como algo intrínseco, porém essencialmente benigno. "A prosperidade é associada comumente ao bem-estar social e a recessão a um padrão de vida em queda. Em nosso modo de ver isso não é assim e existe até uma implicação de que ocorre o contrário."[23]

Apesar das frequentes crises e das depressões desde 1848, ele assinalava, a produção e os padrões de vida se elevaram muitíssimo. O crescimento aconteceu aos arrancos porque as inovações "não são distribuídas uniformemente ao longo do tempo [...] mas surgem descontinuamente em grupos ou em pequenos contingentes, se é que surgem".[24] A inovação gerou imitadores, outra explosão de investimentos, e rodadas secundárias de inovação. Então os investimentos se reduziram e os bens de consumo inundaram o mercado, ocasionando a baixa dos preços e a elevação dos custos. O aperto dos lucros resultou em recessão.

Deslocamentos constantes constituíam o lado negativo da inovação, da produtividade em alta e de padrões de vida mais elevados. Na teoria do desenvolvimento econômico, elaborada por Schumpeter, altas repentinas eram seguidas de baixas — "tempestades perenes de destruição criativa" —, mas a economia era inerentemente estável. Se o sistema estava em perigo, a ameaça se originava na política. Marx e Engels enxergavam as recessões como indícios de fracasso e fontes de instabilidade. Schumpeter adotava a visão oposta. Como o ciclo produzia desenvolvimento, as depressões eram saudáveis, um modo de suprimir empresas ineficientes e forçar as companhias a cortar custos e racionalizar suas operações. A morte das empresas e das indústrias era tão inevitável quanto a morte dos seres humanos. Nada durava, observou Schumpeter: "Nenhuma terapia pode obstruir permanentemente o grande processo social e econômico mediante o qual os negócios, as posições individuais, as formas de vida, o valor cultural e os ideais imergem na escala social e finalmente desaparecem". A morte, porém, também criava espaços para uma nova vida. O crescimento exigia talento administrativo, mão de obra e outros recursos que possibilitassem o deslocamento de velhas para novas indústrias. Assim, se as nações almejassem o progresso, teriam de aceitar quedas bruscas. Gostassem ou não, ele costumava dizer, "o padrão de altas repentinas e baixas é a forma que o desenvolvimento econômico assume na era do capitalismo".[25]

Inovações tão grandes como a eletricidade ou tão pequenas como uma pasta de dente são "basicamente responsáveis" pelas "prosperidades" recorrentes que revolucionam o organismo econômico e as "recessões" recorrentes, devidas ao "impacto desequilibrador dos novos produtos ou métodos". As recessões causaram enorme sofrimento — desemprego crescente, salários em declínio, perdas, quebras de bancos —, mas não duraram muito tempo. "Os fenômenos que se julgam desagradáveis são temporários", escreveu Schumpeter, ao passo que "o fluxo de bens se enriquece, a produção é parcialmente reorganizada, diminuem os custos da produção, e aquilo que inicialmente parece ser um lucro empresarial aumenta finalmente as rendas reais e permanentes das outras classes sociais".[26] Ele insistiu no fato de que a mudança constante era um requisito da estabilidade econômica, assim como o movimento é necessário para manter uma bicicleta em bom funcionamento.

Em Bonn, Schumpeter entregou-se à escrita de dois livros, cultivou um grupo de estudantes talentosos, escreveu dezenas de colunas para jornais, passou centenas de horas no circuito das palestras e conferências para grupos empresariais alemães. Ele justificou sua atividade compulsiva como necessária para pagar suas assustadoras dívidas, mas usou-a como um anestésico. O diário ao qual confiava seu magoado coração todas as noites era pouco mais do que um catálogo de arrependimentos e autorrecriminação. Desde o enterro da mãe ele nunca mais voltou a Viena.

No outono de 1927, dois anos após a morte de sua mãe e de Annie, Schumpeter aceitou um convite para lecionar na Universidade Harvard e foi para os Estados Unidos pela segunda vez. Talvez não tivesse ficado tão empolgado como aconteceu em 1912, mas ficou muito surpreendido com a opulência, a energia e o otimismo reinantes no país. Alguns especialistas em finanças davam avisos sobre uma bolha especulativa no mercado de ações. Em um ensaio escrito na primavera de 1928, Schumpeter reconheceu que uma alta poderia muito bem ser seguida de uma queda nos preços das ações e por um período de elevado desemprego e de rendimentos em decréscimo. Concluiu, porém: "As instabilidades, que surgem do processo de inovação, tendem a ajustar-se e não continuam a acumular-se". Assim, explicava, o capitalismo era "economicamente estável e até ganhava em estabilidade".[27]

Um jovem alto, de cabelos escuros, modestamente trajado, vagamente parecido com Leon Trotski, sentava-se na principal sala de leitura da Biblioteca Pública de Nova York, onde examinava exemplares amarelados do *New York Times*. Procurava relatos dos meses finais da guerra relativos ao Exército austro--húngaro. Repetidas vezes seus olhos azuis, por trás dos óculos de aros de metal, arregalaram-se, movidos pela surpresa. Como era surreal ter vindo de tão longe para tomar conhecimento de que tudo aquilo que ele julgava saber sobre um episódio ocorrido em sua própria vida não passava de ficção.

Por mais céticos que os vienenses fossem em relação à imprensa austríaca, Friedrich von Hayek, primo de Ludwig Wittgenstein e antigo cabo do Exército de seu país, ficou chocado. Até então ele acreditava, conforme a mídia austríaca divulgava, que a ofensiva de Piave fora um jogo estratégico ousado, que fracassou devido a vários erros. No entanto ficou bem claro, segundo o relato do *Times*, que os correspondentes de guerra americanos e ingleses consideravam unanimemente que a derrota das forças austro-húngaras era absolutamente certa algumas semanas antes da ofensiva. Em outras palavras, 100 mil vidas foram desperdiçadas e Hayek poderia muito facilmente ter sido uma das vítimas.

Em agosto de 1918, Hayek tinha sido levado de roldão por um Exército em desintegração, numa caótica retirada da Itália através dos Alpes. Quando finalmente chegou a Viena, ele já tinha desistido do antigo sonho de tornar-se diplomata e matriculou-se na Universidade de Viena, onde estudaria direito. Mais tarde atribuiu seu interesse pelas ciências sociais à guerra e especialmente à experiência de ter servido em um Exército multinacional. Como uma sociedade poderia harmonizar desejos e interesses em competição sem recorrer a uma coerção ao estilo militar? Como indivíduos de diferentes línguas, culturas e educação podiam comunicar-se e participar de ações comuns? O disfuncional comando do Exército austro-húngaro obviamente não tinha encontrado as respostas, mas a condução da guerra proporcionara a Hayek tempo suficiente para leituras realizadas nas trincheiras. Entre os livros que leu e releu havia dois grossos volumes sobre economia política.

Na Universidade de Viena, que funcionava precariamente devido à falta de carvão, luz ou comida, Hayek fez boa amizade com outro veterano de guerra, um estudante de direito, de nome Herbert Furth, que havia sido gravemente ferido em Piave. Furth era filho de um conselheiro da prefeitura de Viena e da primeira sufragista da Áustria. Apresentou Hayek a um requintado grupo de estudantes de esquerda, pertencentes a famílias judias assimiladas e relativamente abastadas. Furth e seus amigos frequentavam o Café Landtmann, em frente à Ópera, e debatiam marxismo e psicanálise. Filhos de advogados, acadêmicos e empresários, surpreenderam Hayek por serem consideravelmente mais cosmopolitas e seguros de si do que outros jovens de sua idade. Ele rememorou que "aquilo que acontecia no mundo intelectual da França e da Inglaterra era para eles algo tão familiar quanto aquilo que sucedeu no mundo de fala alemã". Por intermédio deles, Hayek descobriu Bertrand Russell e H. G. Wells, Proust e Croce, e assimilou o conceito de que "uma autêntica dedicação às coisas do espírito não significa ser nada prático na arte de progredir na vida".[28]

Depois da guerra, a política estudantil na Universidade de Viena passou a ser dominada por um virulento nacionalismo católico e por um comunismo violento. Hayek e Furth, que se consideravam socialistas fabianos, achavam ambos repulsivos. Ansiosos por criar uma alternativa, empreenderam ainda no primeiro semestre de estudos a organização de um grupo moderadamente socialista, a Associação dos Estudantes Democráticos.

Hayek participou das aulas de Friedrich von Wieser, o economista que fora o último ministro de Finanças da monarquia e o mais competente porta-voz internacional da Áustria. Leu os escritos de pensadores econômicos austríacos, como Carl Menger e Eugen von Böhm-Bawerk. No entanto, como se poderia esperar de uma cidade que contava com 10 mil cafés, grande escassez de apartamentos e um excesso de intelectuais desempregados, a formação mais importante de Hayek aconteceu naqueles cafés frequentados por seus colegas. No terceiro ano, Hayek e Furth organizaram um seminário quinzenal que, por caçoada, denominaram Geist-Kreis. Geist tanto pode referir-se ao Espírito Santo como aos espíritos seculares, até demoníacos, que se manifestam em sessões espíritas. O grupo, que congregava vinte e poucos estudantes, discutia temas culturais, de peças de teatro ao positivismo lógico, e incluía os economistas Oskar Morgenstern, Gottfried Haberler e Fritz Machlup, o filósofo Erich Voegelin e o matemático Karl Menger, filho de Carl Menger, bem como historiadores, musicólogos, historiadores da arte e críticos de literatura.

Hayek doutorou-se em direito na primavera de 1922, no auge da hiperinflação, e empregou-se imediatamente como funcionário público de baixo escalão em um escritório de atendimento a reivindicações da guerra. A exemplo da sinecura de Einstein, quando trabalhava no escritório de patentes da Suíça, o trabalho de Hayek lhe exigia muito pouco tempo, o que lhe permitiu realizar um segundo doutorado em ciência política. Um amigo comentou que tendo um salário que subiu de 5 mil *kronen* para 1 milhão de *kronen* no espaço de nove meses, como aconteceu com Hayek, "isso podia moldar a mente de uma pessoa".[29] É provavelmente um exagero, mas pode-se afirmar com certeza que o explosivo aumento de seu salário e um poder aquisitivo que se encolhia cada vez mais chamaram sua atenção para o papel do dinheiro, assim como dormir sentado à sua mesa de trabalho, no escritório de patentes de Berna, direcionou Einstein à teoria da relatividade especial. Embora Hayek preferisse colecionar velhos livros a investir em ações, ele se pôs a sonhar de olhos abertos, pensando que um dia poderia tornar-se presidente do Banco Central da Áustria.

Outro acontecimento chamou a atenção de Hayek. A "socialização iluminista"[30] dos bolcheviques, em 1919, e a ameaça do governo de Renner de nacionalizar indústrias-chave levantaram questões extremamente urgentes para os intelectuais vienenses de esquerda: poderia o socialismo funcionar? Poderia fornecer bens? O planejamento era factível? O sociólogo alemão Max Weber já havia ponderado o assunto e dissera um candente "não".[31] Otto Bauer, ministro das Relações Exteriores, e Joseph Schumpeter disseram "sim", mas no caso desse último o "sim" era limitado às "circunstâncias corretas".[32]

Àquela altura o mentor e superior de Hayek, o economista liberal Ludwig von Mises, instaurou um debate, situando-o em um novo patamar intelectual. Em um ensaio provocativo, "Die Gemeinwirtschaft", ou "A economia coletiva", Mises reformulou as observações anteriores, direcionando o enfoque para a informação. Ele partia da premissa de que a economia se assemelhava a um computador, máquina para resolver um problema matemático. Ponderava que faltavam a uma economia planejada centralmente as informações necessárias para reduzir o número de dados desconhecidos ao número de equações e, portanto, ela não dispunha de meios para calcular os preços que colocavam em equilíbrio a oferta e a procura.

Mises admitia que os planejadores conseguiam elaborar uma lista de bens de consumo e de serviços, mas e daí?, perguntou. Como as autoridades garantiriam a si mesmas que o valor, digamos, de um automóvel, adquirido por um consumidor, seria igual ou ultrapassaria o valor da mão de obra do aço, da borracha e de outros recursos que precisavam ser sacrificados para produzi-lo? Como poderiam saber que um carro vale mais para os consumidores do que um ônibus fabricado com os mesmos recursos?

Para elaborar tais cálculos em uma economia de mercado, disse Mises, as empresas e os consumidores recorrem a dados relativos aos preços. Tomemos como exemplo o custo de fabricar um carro que corresponde mais ou menos à quantia que os consumidores se dispõem a pagar por ele. Para calcular o custo, adicionam-se as horas de trabalho, a quantidade de aço e borracha, a divulgação do produto, a distribuição e outros componentes, multiplicando-os por seus preços, e soma-se tudo. Para calcular o valor que o consumidor lhe atribui, toma-se o preço de venda e multiplica-se por um, para um carro. Faz sentido fabricar carros? Se o custo for menor que sua renda, você poderá fabricá-lo. Se fabricá-lo custa mais do que as pessoas estão dispostas a pagar, então será preciso reconsiderar a questão.

O problema de substituir planejadores pelos mercados, argumentou Mises, é que sem mercado já não existem preços de mercado usados para elaborar cálculos. Não se pode simplesmente levantar alguns desses cálculos? Talvez, mas, se ninguém está produzindo para os mercados ou comprando desses mercados, eles não podem ter preços de mercado. Não refletem as preferências subjetivas dos consumidores que procuram um bem ou os cálculos das empresas que decidem quando fornecerão um bem e se em tempo real. Esses cálculos não proporcionam as informações necessárias para um consumidor tomar decisões racionais. Ele não tem como saber se está obtendo o máximo de seus recursos ou se os está desperdiçando incautamente.

O debate sobre a socialização e o conceito de Mises sobre os mercados como calculadores e transmissores da informação provocaram grande impressão em Hayek. Ele o inspirou a escrever um estudo sobre o controle governamental da renda. Para muitas famílias o grave problema da escassez de moradias, outro resíduo da guerra, estava se tornando uma questão premente, tanto quanto o problema de falta de comida e de empregos. Em 1922, os social-democratas, entre eles o pai de Furth, decidiram fixar os aluguéis em níveis quatro vezes inferiores aos que vigoravam antes da guerra. Como o índice de preços do consumidor havia aumentado cem vezes desde janeiro de 1921, eles, sem querer, estavam decretando uma virtual dispensa de pagamento de aluguéis. Era uma estratégia no mínimo esquisita para pôr fim ao problema da falta de moradia. Assim que o controle começou a se efetivar, cessaram novas construções, os prédios pareceram ficar mais dilapidados, a superpopulação e os sem-teto aumentaram. A intenção era proteger os pobres, mas aquele erro crasso impediu as pessoas de se mudarem, criou mais desigualdade e reduziu as poupanças disponíveis para investimentos.[33]

Hayek aproveitou a oportunidade de passar o ano acadêmico de 1923-4 na Universidade de Nova York, em Greenwich Village, como assistente de pesquisa de Jeremiah Whipple Jenks, um especialista em moedas na Comissão de Reparação dos Aliados. Seus modos e sua aparência confirmavam os preconceitos de Beatrice Webb em relação aos americanos. Quando Hayek chegou a Nova York com apenas alguns dólares no bolso, ficou pasmo ao ser comunicado que Jenks partira para a Universidade Cornell, onde também lecionava.

Jenks regressou a tempo de dispensar Hayek do emprego de lavar pratos num restaurante da Sexta Avenida. Além de pesquisar dados para Jenks, Hayek seguiu cursos na Universidade de Nova York, começou a escrever um livro sobre como bens essenciais, tais como maquinário e prédios de fábricas, eram precificados, e terminou um longo artigo no qual analisava o desempenho do Federal Reserve no espaço de dez anos. Encontrou-se com Irving Fisher, a quem Schumpeter encaminhara uma carta de apresentação. Assistiu às conferências de Wesley C. Mitchell e John Bates Clark na Universidade Columbia, líder, nos Estados Unidos, das pesquisas sobre ciclos comerciais.

O principal motivo de Hayek para ir a Nova York era aprender o quanto pudesse sobre o pensamento dos americanos em relação às altas e às depressões. Interessava-lhe menos se envolver com a questão abstrata de saber se o capitalismo poderia funcionar do que verificar se as previsões econômicas poderiam dar certo. Seria possível prever como os rendimentos e os preços se comportariam seis meses ou um ano depois, isto é, com suficiente precisão para permitir que as autoridades monetárias lidassem com a incipiente inflação ou deflação, antecipando-se no tempo? Não eram indagações puramente acadêmicas por parte de Hayek. Von Mises, que o recomendara a Jenks, conversara com Hayek a respeito de iniciar um programa de pesquisas sobre o ciclo de negócios e realizar previsões econômicas na Câmara de Comércio de Viena.

Hayek muito teria apreciado a oportunidade de permanecer em Nova York por mais um ano, mas, quando a Fundação Rockefeller o informou de que sua bolsa tinha sido renovada, ele já estava de volta à Europa. No fim de maio de 1924 regressara a Viena, retomando seu insosso emprego no escritório de reparações de guerra, infeliz e deprimido. Antes de partir apaixonara-se por sua prima Helene Bitterlich, que trabalhava no mesmo escritório como secretária. Quase a pediu em casamento antes de viajar para Nova York, o que acabou não fazendo. Estava furioso consigo próprio. Em sua ausência ela tinha casado com outro homem.

Sua tristeza dissipou-se um pouco quando ele recebeu um convite de

Mises para participar de um seminário particular, "o centro mais importante de discussão sobre a economia em Viena e talvez em toda a Europa continental". Integrado por uma dúzia ou mais de ex-membros do Geist-Kreis, o grupo incluía o economista Steffi Braun, os filósofos Felix Kaufman, Alfred Schutz e Fritz Schreier e o historiador Friederich Engel-Janosi. A primeira comunicação que Hayek apresentou ao seminário foi sua análise sobre o controle dos aluguéis em Viena.

Von Mises vinha tentando obter um cargo para Hayek na Câmara de Comércio. Não conseguiu e levantou dinheiro suficiente para criar um instituto independente de previsões econômicas, pondo Hayek à frente dele. O Instituto Austríaco de Pesquisa sobre Ciclos de Negócios foi estruturado a partir de organizações acadêmicas e particulares que Hayek visitara nos Estados Unidos e ele tornou-se seu primeiro diretor. Assim, aos trinta anos, se viu encarregado de um instituto de pesquisas que mantinha laços com organizações estrangeiras semelhantes e publicava previsões mensais para um público internacional, embora sua equipe constasse de duas datilógrafas e um único funcionário.

Em 1928, Hayek apresentou à Universidade de Viena o livro que escrevera em Nova York, *A teoria monetária e o ciclo de negócios*, com o qual procurava "habilitar-se" àquela instituição. Lionel Robbins, jovem liberal da classe trabalhadora, que se encontrava na Escola de Economia de Londres e procurava aliados intelectuais, presenciou a palestra de Hayek intitulada "O paradoxo de poupar" e ficou tão bem impressionado que lhe perguntou se ele tinha algum interesse em ir a Londres. Robbins também expressou seu interesse pelas últimas previsões do instituto. Escrevendo no boletim de 1929, Hayek previa que as taxas de juros em nível mundial não cairiam até que o mercado de ações americano entrasse em queda. "A alta não se sustentará e a queda ocorrerá daqui a alguns meses", ele preveniu.[34]

9. Os mecanismos imateriais da mente: Keynes e Fisher nos anos 1920

O mundo desperta gradualmente para o fato de seu próprio aperfeiçoamento. A economia política já não é uma ciência sombria.

Irving Fisher, 1908[1]

Deveríamos ser levados a controlar e reduzir o assim denominado "ciclo dos negócios".

Irving Fisher, 1925[2]

A Primeira Guerra Mundial adiou a necessidade, para Keynes, de firmar-se numa carreira. Em certo momento ele achou que gostaria de dirigir uma ferrovia, mas as ferrovias já não eram tão atraentes como antes da guerra. A atividade de tomar empréstimos, emprestar e trabalhar no setor de seguros foi transformada pela flutuação das moedas, pesadas dívidas de guerra, a urgente necessidade de créditos e a vexatória questão das reparações. Outrora uma atividade pouco popular, embora misteriosa, as finanças se tornaram a indústria que mais crescia ou, segundo os céticos, um gigantesco cassino.

Oswald "Foxy" Falk, um corretor da bolsa a quem Keynes levara para o Tesouro durante a guerra, apresentou-o à City, a Wall Street de Londres. Um ano mais tarde, Keynes ocupava o posto de presidente de uma companhia de seguros.

Ele desconhecia tudo a respeito de seguros ou a necessidade de diversificar um portfolio de investimentos. Uma companhia de seguro de vida "deveria operar com apenas um investimento, que precisaria mudar diariamente",[3] ele opinou durante a primeira reunião do conselho. O fato de o conceito de Fisher, relativo à ligação entre o risco de um investimento e sua taxa de retorno, não ter ocorrido a Keynes é um indício de quanto essa formulação era nova. A exemplo de tantas ideias que parecem óbvias demais para exigir uma descoberta, a ideia de que pôr todos os ovos numa mesma cesta é algo arriscado, de modo geral, era algo tão pouco compreendido como a teoria da relatividade de Einstein.

Keynes não se limitou de modo algum a dirigir a companhia de seguros. O colapso do padrão global do ouro, com suas taxas de câmbio fixas — algo como um único mundo de moedas —, durante a guerra e sua substituição por taxas de câmbio flutuantes criaram um verdadeiro paraíso para os especuladores do câmbio exterior. Quando sua própria especulação em francos, dólares e libras prosperou, conforme ocorreu no outono de 1919 e na primavera de 1920, Keynes conseguiu adquirir quadros de Seurat, Picasso, Matisse, Renoir e Cézanne. "É claro que se trata de uma questão arriscada, mas Falk e eu, ao constatarmos que nossa reputação dependia disso, pretendemos proceder com muita cautela", garantiu Keynes a seu pai, que, como muitos amigos do filho pertencentes ao Grupo de Bloomsbury, confiou-lhe vários milhares de libras para que ele as investisse. Talvez para o modo como Keynes pensava — "ganhando ou perdendo, esse jogo de apostar alto me diverte" — o sinal de alarme devesse ter soado.[4]

Empolgado com o que vinha acontecendo, Keynes levou Duncan Grant e Vanessa Bell a uma movimentada viagem pela Europa na primavera de 1920. Eles visitaram Bernard Berenson, o historiador de arte americano que promoveu os pintores da Renascença. Na *villa* I Tatti, pertencente a Berenson, Keynes e Grant fingiam passar um pelo outro, divertindo-se com isso, o mesmo não acontecendo com seu anfitrião. A maior parte do tempo era, no entanto, dedicada às compras. Até Keynes, que tendia a fechar a mão quando se tratava de pequenas quantias, comprou dezessete pares de luvas de couro. Em março, quando Joseph Schumpeter estava para se entregar a seu próprio jogo de apostas em Viena, Keynes decidiu investir em dólares, por conta de sua companhia de seguros. Os preços aumentavam com maior rapidez na Grã-Bretanha e até mais na Europa do que nos Estados Unidos, ele raciocinou, e assim a libra certamente enfraqueceria em relação ao dólar. Sua lógica era perfeitamente fundamentada, mas seu senso de oportunidade nem tanto. Mal ele regressou a Londres, o franco, o marco e a lira começaram a se valorizar perversamente em relação ao dólar. Quando aquilo que era básico voltou a prevalecer, Keynes estava arruinado. Mediante uma alquimia invertida, seus lucros, no valor de 14 mil libras, se transformaram numa perda de mais de 13 mil libras. O surpreendente é que a confiança dos investidores em seu talento não esmoreceu. Seu pai e seus amigos tinham a convicção de que ele em breve recuperaria as próprias perdas e as dos demais. Seu corretor concordou em reativar sua conta se ele depositasse nela 7 mil libras. O mais espantoso é que aquelas notáveis demonstrações de fé foram justificadas. No fim de 1924, Keynes era um homem rico.

Depois de seu sucesso como autor de um livro muito bem acolhido, Keynes voltou-se para o jornalismo a fim de ajudar a sustentar o estilo de vida ao qual vinha se acostumando. Escreveu para o *Manchester Guardian*, o *Evening Standard*, de Londres, pertencente a lorde Beaverbrook, e para o americano *New Republic*. De acordo com seu biógrafo, Robert Skidelsky, a carreira de Keynes no mundo editorial lhe proporcionou um terço de sua renda durante a década de 1920 e atingiu seu ponto máximo quando ele se tornou o editor de *New Statesman*, um semanário de esquerda fundado pelo casal Webb e por George Bernard Shaw. Peter Clark, outro de seus biógrafos, observou que "desfechar ataques de pensamento contra quem não pensava" evidenciou a notável amplitude dos talentos de Keynes.[5]

Em 1922, seus temas preferidos eram o dinheiro e as transações bancárias. Antes da Primeira Guerra Mundial, a economia monetária era mais ou menos uma obsessão americana. No entanto Fisher, virtualmente o único teórico americano da economia a ser levado a sério em Cambridge, convenceu Keynes de que o dinheiro exerce um efeito muito mais poderoso sobre a economia "real" do que o concedido pelas teorias aceitas.[6] Já em 1913, uns dois anos antes de eles se conhecerem na cerimônia de coroação de George V, por ocasião de uma palestra para um grupo de empresários de Londres, Keynes replicou a opinião de Fisher de que a chave das altas e das depressões era "a criação e a destruição do crédito".[7] As desordens econômicas que se seguiram à guerra pareciam sustentar a argumentação de Fisher.

Em 1923, Keynes estava tão animado com as novas ideias, que veiculou o que vinha pensando em *A tract on monetary reform* [Um tratado sobre a reforma monetária]:

As flutuações do valor do dinheiro ocorridas desde 1914 se deram numa escala tão grande que constituem, com tudo aquilo que elas envolvem, um dos acontecimentos mais significativos da história econômica do mundo moderno. A flutuação do padrão, fosse ele ouro, prata ou fiduciário, não foi apenas de uma violência sem precedentes, mas impôs-se a uma sociedade mais dependente da organização econômica do que em qualquer época anterior, partindo do pressuposto de que o padrão do valor seria moderadamente estável.

Keynes tentou demonstrar que a inflação e a deflação dificultavam para investidores e empresários calcularem os efeitos das decisões e, em grau muito maior do que o público aprovaria, tomarem decisões distorcidas, com o objetivo de poupar ou investir. Ele também se esforçou por transmitir uma colocação mais geral, sobre a qual estava inteiramente de acordo com Fisher: "Precisamos libertar-nos da profunda desconfiança que existe em relação a permitir que a regulação do padrão do valor seja tema de uma decisão deliberada. Não podemos mais deixar [as coisas entregues à natureza]". O mal da inflação era que ela distribuía arbitrariamente a riqueza existente, jogando um grupo de cidadãos contra outro e, finalmente, minando a democracia. O mal da deflação era que ela retardava a criação de novas riquezas, ao destruir empregos e rendimentos.

Não há necessidade de pesarmos um mal em comparação com outro. É mais fácil concordar que ambos os males precisam ser afastados. O capitalismo individualista dos dias de hoje, precisamente porque incumbe a poupança ao investidor e a produção ao empregador, presume uma mensuração estável do valor e não pode ser eficiente, talvez até não consiga sobreviver sem isso.

Keynes enfatizou repetidas vezes sua principal mensagem, a de que existia um remédio: "O remédio consiste [...] em controlar a tal ponto o padrão do valor que, quando ocorrer algo que, deixado a seu bel-prazer, gere uma expectativa de mudança no nível geral dos preços, obrigará a autoridade controladora a tomar providências a fim de frustrar essa expectativa". O fracasso em fazer do dinheiro o "tema de uma decisão deliberada" provocaria um vácuo perigoso, no qual "um conjunto de medidas populares — subsídios, tabelamento dos preços e aluguéis, repressão aos aproveitadores e a lucros abusivos — acabaria se tornando o menor dos males".

A mais famosa frase de Keynes — "a longo prazo todos estaremos mortos" — consta do Tratado no seguinte contexto: "Esse longo prazo é um guia enganoso para os atuais negócios. A longo prazo todos estaremos mortos. Os economistas se impõem uma tarefa por demais fácil, por demais inútil se, em tempos tempestuosos, a única coisa que têm a nos dizer é que, quando a intempérie passar, o oceano voltará a se acalmar".[8] Mais tarde Schumpeter e outros críticos interpretaram a frase de Keynes no sentido de que ele era indiferente às consequências inflacionárias do estímulo fiscal ou monetário de curto prazo. Fica, no entanto, bem claro que, naquele trecho, ele combatia a crença de que a inflação e a deflação se curariam sem um controle ativo. Sua argumentação era que as nações tinham de fazer escolhas deliberadas entre dois objetivos desejáveis, porém incompatíveis. Ele tomou essa ideia emprestada a Fisher, a quem denominou "o pioneiro da estabilidade dos preços em oposição à estabilidade do câmbio".[9] Num mundo em que o capital circulava livremente através das fronteiras, os países tinham de escolher, por um lado, entre preços estáveis para suas importações e exportações e, por outro, entre preços estáveis para seus bens e serviços produzidos domesticamente. Não poderiam ter ambos. Precisariam escolher. Keynes não deixou pairar dúvidas sobre a escolha que favorecia. A estabilidade dos preços internos era de uma importância fundamental para evitar elevadas taxas de desemprego e transferências de riqueza socialmente destrutivas.

A Primeira Guerra Mundial provocou estragos no padrão-ouro. Desde 1875 o governo britânico garantia que seis libras podiam ser trocadas no Banco da Inglaterra por uma onça-*troy* de ouro e incumbia ao banco cuidar para que o fornecimento de libras não crescesse mais velozmente ou mais lentamente que a taxa necessária para manter aquela paridade. Quando outros países aliavam suas moedas ao ouro, o efeito, claro, era fixar a taxa de câmbio entre todas as moedas "fortes" ou moedas ligadas ao padrão-ouro. Por exemplo, desde que o governo dos Estados Unidos determinou que trinta dólares podiam ser trocados por uma onça-*troy* de ouro, uma libra passou a equivaler a cinco dólares. Em outras palavras, conforme observou o economista Paul Krugman, o padrão-ouro do século XIX operava quase como uma única moeda mundial, regulada pelo Banco da Inglaterra.

Quando irrompeu a guerra, um país combatente após outro desertou do padrão-ouro para poder comprar armas e alimentar seus exércitos. Terminada a guerra, a cúpula dos políticos britânicos e seus chanceleres do Tesouro apregoaram o retorno o mais breve possível ao padrão-ouro. Nenhum político apoiou mais vigorosamente o padrão-ouro vigente antes da guerra do que Winston Churchill, que voltara a se filiar ao Partido Conservador e fora nomeado chanceler do Tesouro por Stanley Baldwin, o líder do novo governo *tory*.

No dia 17 de março de 1925, Keynes participou de um profético jantar com Churchill, durante o qual tentou convencer o chanceler de que a libra seria excessivamente supervalorizada se fosse adotada a paridade de antes da guerra. Uma libra forte beneficiaria a indústria financeira britânica, mas por outro lado incapacitaria as antigas indústrias exportadoras — especialmente os têxteis e o carvão —, o que resultaria em desemprego em massa. Era uma colocação que ele e Irving Fisher vinham fazendo havia muito tempo nos órgãos da imprensa. Keynes não foi bem-sucedido. Como Churchil declarou mais tarde, referindo-se a uma promessa de campanha, em 1918: "Não se trata de uma questão econômica; é uma decisão política".[10]

"As consequências econômicas do sr. Churchill", nome que Keynes deu a um panfleto que escreveu alguns meses depois, era mais ou menos aquilo que ele, Fisher e outros opositores tinham previsto. Antecipando a nova política de elevar em 10% o valor de troca da libra no exterior, em dezembro de 1924 o Banco da Inglaterra elevou a taxa de descontos de 4% para 5%, um ponto acima da taxa de Nova York. O objetivo era estimular a demanda pela libra, atraindo para Londres fundos americanos de curto prazo. À medida que taxas de juros mais elevadas extinguiram o fluxo de novos créditos e a libra forte desencorajou a demanda de exportações, a indústria pesada britânica contraiu-se abruptamente e o desemprego no norte da Inglaterra disparou. Keynes atribuiu o colapso ao fato de Churchill não ter seguido seu conselho.

Aqui se faz necessário voltar rapidamente no tempo. Tendo sido bem-sucedido em planejar como ganharia a vida e onde gastaria suas energias, Keynes começou a pensar mais em como gostaria de viver. Estava quase com quarenta anos e sentia falta de algo. Durante boa parte de 1921 e 1922, considerou-se "casado" com Sebastian Sprott, um dos belos estudantes que conheceu quando lecionava em Cambridge. Teve também outros casos. Nenhuma dessas ligações se comparou à intensidade de seu relacionamento com Duncan Grant uma década antes, mas elas também intensificaram sua insatisfação. Era um lembrete de que por variadas razões, incluindo o fato de a homossexualidade ser ilegal e socialmente inaceitável, tais relacionamentos jamais lhe proporcionaram um companheiro com o qual pudesse compartilhar sua vida, cada vez mais pública, rica e variada.

Keynes sempre foi feliz no seio de sua família. A maioria de seus amigos do Grupo de Bloomsbury era casada, vivia com alguém, formava lares, tinha filhos. Esperavam mais ou menos que ele fizesse o mesmo, mas sua escolha — uma bailarina russa de corpo voluptuoso, engraçada, com muito senso de humor mas desprovida de interesses intelectuais óbvios — inicialmente os divertiu mas em seguida os deixou horrorizados. Keynes conheceu Lydia Lopokova, que dançava papéis cômicos, na noite da estreia dos Ballets Russes. A apaixonada ligação teve início em maio de 1921, quando ele encontrou uma desculpa para instalá-la no apartamento do andar de cima do seu, pertencente a Vanessa Bell, que ainda não desconfiava de nada. Quatro anos mais tarde, em 3 de agosto de 1925, eles se casaram em Londres, numa cerimônia ostentosa e com uma grande multidão do lado de fora. Antes de casar, Keynes comprou uma casa de campo, Tilton, no condado de Surrey, onde ele andava com roupas de tweed, inspecionava porcos e trigais e se comportava como um senhor rural.

Keynes passou a lua de mel na Rússia, convidado pela família de sua mulher, em São Petersburgo, na época Leningrado, e, em seguida, em Moscou, como hóspede do governo soviético. Ao lado de vários outros professores de Cambridge, representou a universidade por ocasião do bicentenário da Academia Russa de Ciências. A agenda de Keynes, tratado como pessoa de grande importância, incluiu visitas ao Ministério de Planejamento Econômico e ao banco estatal, a encenação de *Hamlet* em russo, o balé e intermináveis banquetes. Escreveu a Virginia Woolf, confessando que seus anfitriões "o deixaram constrangido, ao condecorá-lo com uma medalha cravejada de diamantes". Quando, após a viagem, ele e Lydia foram para a propriedade de Surrey, ela constatou que Keynes tinha trocado seus trajes de tweed por uma camisa bordada, *à la* Tolstói, e um gorro de pele de Astrakhan. Mais tarde ela resumiu para amigos de ambos as impressões de Keynes sobre a Rússia:

> Espiões por toda parte, nenhuma liberdade de manifestação, cobiça por dinheiro, gente vivendo amontoada [...] balé respeitado, no momento a melhor exposição de Cézanne e Matisse jamais montada. Infindáveis procissões de comunistas de cartola, preços exorbitantes, mas acompanhados de champanhe, a melhor culinária da Europa, banquetes que começam às oito e terminam às duas e meia da madrugada [...] o imenso luxo dos antigos trens imperiais; comendo nos serviços de jantar do czar.

Como sempre, ele exibia sua verve de jornalista, entrando em detalhes, dando falsas notícias e caindo em deliciosas contradições, mas também usou sua capacidade de análise para distinguir a aparência da realidade. Os outros convidados especiais partiram de Moscou incrivelmente impressionados com o trabalhador soviético, relativamente bem alimentado, bem vestido e bem alojado, o qual, aparentemente, jamais recearia ficar desempregado, conforme ocorria com seus companheiros do Ocidente. Keynes, no entanto, podia explicar a seus leitores do *New Republican* que o "milagre" econômico soviético era algo dúbio. O trabalhador urbano típico vivia, com efeito, melhor do que antes da guerra. Gozava "de um padrão de vida mais elevado do que o rendimento justifica", relatou Keynes. No entanto, seis em sete cidadãos soviéticos eram pequenos lavradores, explorados ainda mais desumanamente do que nos tempos do czar:

> O governo comunista consegue mimar (falando comparativamente) o trabalhador proletário, a quem dedica cuidados especiais, é claro, mas explorando o camponês... O método oficial de explorá-lo não é tanto por meio da taxação, embora o imposto sobre a terra seja um item importante do orçamento, mas através da política de preços.

Moscou podia pagar os trabalhadores urbanos duas ou três vezes mais do que os trabalhadores rurais ganhavam, recorrendo ao simples expediente de forçá-los a vender suas colheitas ao governo a preços muito abaixo daqueles praticados pelo mercado mundial. Isso resultou não somente no rebaixamento dos padrões de vida da maioria dos russos mas também na ruína da economia. A produção das fazendas, "a verdadeira riqueza da nação", estava em queda, sua renda se esgotava e ocorria um êxodo rural incontrolável. Moscou e São

Petersburgo estavam repletas de sem-teto, em situação ilegal, e apresentavam taxas de desemprego próximas de 20% ou 25% acima do zero apregoado pelos meios oficiais. "A renda real do camponês russo não é muito mais da metade do que costumava ser e o trabalhador da indústria russa padece com o desemprego e com excesso de gente como jamais aconteceu", concluiu Keynes.[11]

Embora tenha aconselhado seus anfitriões soviéticos a reverter sua ruinosa política, ele admitiu que a economia soviética não era "tão ineficiente a ponto de ser incapaz de sobreviver", apesar do "baixo nível de eficiência" e de padrões de vida pouco elevados. Keynes não contradisse a previsão de Grigory Zinoviev, o dirigente mais graduado após Stálin, segundo a qual passados dez anos "o padrão de vida será mais elevado na Rússia do que era antes da guerra, mas em todos os outros países será mais baixo",[12] embora essa declaração fosse motivada pelo fato de ele ter apreensões em relação ao Ocidente. Talvez porque a família de sua esposa estava sendo perseguida em São Petersburgo ou, o que é mais provável, porque se sentisse mais consternado com a ineficiência, a feiura e a estupidez do que com a crueldade, Keynes não aderiu ao conceito de que a Rússia soviética detinha a chave da salvação do Ocidente:

> Como posso adotar uma crença que, ao preferir a lama à limpeza, exalta o grosseiro proletariado acima do burguês e da intelligentsia, os quais, sejam quais forem seus defeitos, são o que a vida tem de mais qualificado e certamente contêm as sementes de todo o progresso humano? Mesmo que precisássemos de uma religião, como poderíamos encontrá-la no turvo refúgio das livrarias comunistas?

Ao pôr a nu seus preconceitos, que também eram os do Grupo de Bloomsbury, ele atribuía a "lama" e o "refúgio" a "alguma bestialidade da natureza dos russos — ou da natureza dos russos e judeus quando, como acontece agora, eles são aliados".[13] Quando o editor do *New Republic* pediu a Keynes que eliminasse essa frase insultuosa, pensando na reação nos leitores americanos, ele se recusou a fazê-lo.

No final de 1925 e início de 1926, Keynes ficou momentaneamente desligado de questões financeiras. Ao lado de todo o país, sentiu-se mobilizado por um grave conflito entre os magnatas do carvão e as mineradoras, além da ameaça de uma greve nacional. A primeira vítima de uma libra mais forte foi a decadente indústria carvoeira da Grã-Bretanha, já prejudicada por excesso de capacidade, tecnologia ultrapassada, custos elevados e administração inepta. Após um desacordo entre as mineradoras e os sindicatos em relação a cortes salariais, o governo conservador tentou ganhar tempo, subsidiando o pagamento dos mineiros. Quando, porém, os subsídios estavam para terminar, o desacordo prosseguiu e a greve começou. Os amigos de Keynes pertencentes ao Partido Liberal não acreditavam, ao contrário dos conservadores, que uma greve seria o primeiro passo em direção à revolução. Ainda assim, eles apoiaram o governo, insistindo em que semelhante ação seria ilegal, inconstitucional e um ataque à democracia. Keynes, que simpatizava com os mineiros, a quem não se deveria culpar pelas decisões de Churchill, após muito ponderar apresentou propostas que incluíam um meio-termo. Em troca de os sindicatos aceitarem um corte relativamente modesto nos salários e as mineradoras fecharem seus poços menos eficientes, o governo continuaria a fornecer subsídios e todo mundo sairia ganhando.

Era um pensamento por demais otimista. A greve geral, em maio de 1926, que duraria dez dias, acabou se prolongando. Os mineiros deixaram de trabalhar durante seis meses, até que a fome os forçou a voltar ao trabalho e eles tiveram de aceitar os termos que haviam rejeitado. Enquanto isso o Partido Liberal rachou em dois. Keynes acabou ficando do lado de Lloyd George, sua antiga Nêmesis, que atacou a linha dura do governo, e contra seus antigos amigos daquele partido. Entre os novos amigos de Keynes incluía-se Beatrice Webb, com quem já almoçara algumas vezes. Ela atribuiu a seu recente casamento o fato de ele ter ficado do lado dos mineiros:

> Até então ele não tinha me atraído. Considerava-o arrogante e não suficientemente paciente para fazer descobertas sociológicas, mesmo que se dispusesse a isso. Mas... penso que seu casamento de amor com aquela fascinante bailarina russa despertou suas simpatias emocionais para com a pobreza e o sofrimento.[14]

A antipatia que Keynes sentia pelo rebanho, quer se tratasse de ricos banqueiros, sindicatos, cultura proletária ou patriotismo exibicionista, o tornou inadequado para a política, refletiu Beatrice Webb com discernimento, embora achando que ele seria valioso como ministro do Gabinete.

Em setembro, Keynes estava em Berlim, onde apresentou um relatório informal sobre a greve geral e realizou uma palestra formal sobre "O fim do laissez-faire". Na Universidade de Berlim, uma numerosa e animada plateia o acolheu com um entusiasmo que não costumava dispensar a ingleses. Seu ataque ao Tratado de Paz de Versalhes, a condenação à tomada do Ruhr pelos franceses e o apoio à redução das reparações de guerra e aos pacotes de empréstimos estrangeiros o tornaram um herói na universidade. O plano mais recente e importante, o Plano Dawes, reduziu drasticamente o montante das reparações devidas pela Alemanha e abriu as comportas para a enorme invasão de empréstimos estrangeiros, em sua maioria americanos. Nadando em dinheiro, um ímã para imigrantes e visitantes estrangeiros, a República de Weimar estava em plena era dourada. Keynes achou a atmosfera daquela babilônia alemã quase leviana.

Esteve com seu amigo Carl Melchior, que também se casou naquele meio-tempo, e encontrou-se com Albert Einstein pela primeira e única vez em sua vida. Sua reação a eles teve um toque de desprezo pelo dinheiro, típica de seus amigos do Grupo de Bloomsbury, e foi marcada pela paranoia de que a cultura alemã estava sendo posta em perigo por uma cultura alienígena. "[Einstein] era judeu... e meu caro Melchior também", ele refletiu.

> No entanto, se eu morasse lá, sinto que poderia tornar-me antissemita. O prussiano pobre é simplório demais para apreciar outro tipo de judeu além daquele que, na sua imaginação, não passa de demônio, com pequenos chifres, tridentes e rabos... Não é agradável ver uma civilização submetida às garras dos judeus impuros, detentores de todo o dinheiro, poder e inteligência. Sou mais a favor das bem fornidas Hausfraus e das Aves Errantes.[15]

Sua peculiar e momentânea identificação, mais propiciatória do que solidária, com as massas compactas, lentas, pesadonas, opostas aos demônios espertos que ele preferia, reflete seu temor à multidão, tema que expressou numa linguagem menos objetável na palestra "A morte do laissez-faire". "Os governos das democracias correm o risco de ter de enfrentar a violência caso sejam suficientemente incautos para deixar à chance e ao acaso as circunstâncias econômicas de seus cidadãos."

Keynes continuou a lecionar em Cambridge durante a década de 1920. Um estudante, ao evocá-lo, achava-o "mais parecido com um corretor da bolsa do que um catedrático, um citadino que passava prolongados fins de semana no campo".[16] Não obstante, quando ele realizava palestras, conferências e dava aulas, seu encanto e fama atraíam muita gente. Nas noites de segunda-feira um clube de economia política, que só admitia pessoas mediante convite, reunia-se em seus aposentos no King's College, atraindo estudantes inteligentes e professores assistentes ambiciosos.

"Levantemo-nos e ajamos, usando nossos recursos ociosos para aumentar nossa riqueza", disse Keynes a uma assembleia de políticos do Partido Liberal no dia 27 de março de 1928. "Quando cada homem e cada fábrica estiverem ativos, então chegará o momento de declarar que não precisamos de mais nada."[17] À época da greve geral, Keynes presumiu que novas teorias sobre o controle do ciclo dos negócios, propostas como solução para o problema do desemprego na Grã-Bretanha, poderiam propiciar uma alternativa às elevadas tarifas, defendidas pela direita, e aos impostos exorbitantes defendidos pela esquerda. Lloyd George, o novo aliado de Keynes, planejava ativamente um retorno à política e corria no encalço de uma nova filosofia. Keynes considerou a possibilidade de candidatar-se pelo Partido Liberal, representando a Universidade de Cambridge, mas acabou descartando a ideia, após alguns dias angustiantes. Em vez disso, tornou-se o arquiteto de políticas que Lloyd George defendeu na primavera de 1929. Em outras palavras, os germes de *A general theory of employment, interest and money* [Uma teoria geral do emprego, dos juros e do dinheiro], de autoria de Keynes, despontaram durante uma campanha política.

Keynes considerava a instabilidade, mas não a desigualdade, a grande ameaça ao capitalismo. As inesperadas altas e baixas não tinham a menor relação com o trabalho duro, a frugalidade e as boas ideias, mas não o abismo existente entre os ricos e os pobres — era isso o que ele queria dizer com iniquidade. "As mais violentas interferências na estabilidade e na justiça, às quais o século XIX se submeteu [...] foram precisamente aquelas ocasionadas pelas mudanças no nível dos preços", ele escreveu, repercutindo Irving Fisher. Assim, "o primeiro e mais importante passo [...] é estabelecer um novo sistema monetário".[18] Ao contrário de Beatrice Webb, Keynes rejeitava a política da guerra de classes, já que era excessivamente elitista. As classes trabalhadoras "assumem a aparência de ser contra alguém mais bem-sucedido, mais hábil, mais industrioso e mais parcimonioso do que a média das pessoas", resmungou. "É um partido de classe e esta classe não é minha classe... Posso ser influenciado por aquilo que me parece ser justiça e bom senso, mas a luta de classes me encontrará do lado da burguesia educada."[19]

Lloyd George, a quem Keynes tachara de "o diabo encarnado", se viu forçado a demitir-se em 1922 por prestar favores em troca de contribuições para campanhas, por ser mulherengo e devido a uma série de condutas pouco éticas. No entanto, o "bruxo galês" manteve seu domínio sobre o Partido Liberal e sobre Keynes. Sem trabalho durante quase toda a década de 1920, ele transformou sua propriedade campestre, Churt, num centro de pensamento econômico, dedicando suas energias, tempo e os fundos de um partido que ele controlava à estruturação de um programa liberal. Ele não planejava um retorno baseado num plano de combate ao desemprego. Keynes foi o principal economista da campanha.

Depois de 1919, o desemprego na Grã-Bretanha jamais caiu abaixo da marca de 1 milhão, crescendo ano após ano até chegar a 10% em 1929. Àquela altura a Inglaterra ainda precisava recuperar-se totalmente dos danos provocados pela Primeira Guerra Mundial. O volume das exportações britânicas encolheu, mesmo quando o comércio global se expandia. Em 1913, a Grã-Bretanha era o principal país exportador do mundo; em 1929 passou para o segundo lugar, atrás dos Estados Unidos.[20] Suas exportações consistiam, na maior parte, de produtos como carvão, ferro, aço, têxteis, navios, num momento em que os consumidores, em nível mundial, queriam mais petróleo, produtos químicos, carros, filmes e outros produtos das novas indústrias. Além do mais, as médias nacionais ocultavam uma profunda defasagem entre o próspero sul da Inglaterra e o norte industrial, cronicamente deprimido, revivendo aquele antigo conceito, que evocava a fome dos anos 1840, segundo o qual a Grã-Bretanha se dividia em duas nações apartadas, uma rica e outra pobre.

No dia 25 de setembro de 1927, Keynes fez parte de um grupo de catorze professores convocados por Lloyd George para um encontro íntimo em Churt, onde "tentariam estruturar os alicerces de um novo radicalismo".[21] Keynes foi coautor de um inquérito de Lloyd George, intitulado "O futuro industrial da Grã-Bretanha", que este financiou com 10 mil libras. Ele foi lançado em fevereiro de 1928 e em breve foi apelidado de *Livro amarelo*, devido à cor da capa. Embora Keynes tivesse escrito a H. G. Wells que esperava nunca mais "se envolver com uma coautoria nessa escala", ele reconheceu que a publicação era "um esforço bastante sério de elaborar uma lista de coisas na esfera político-industrial que são praticáveis e sensatas".[22]

O relatório proporcionou a Keynes sua primeira oportunidade de aprender algo sobre empreendimentos industriais, em oposição a empreendimentos financeiros. Ele disse aos candidatos liberais que o caminho que levava à prosperidade nos negócios não era balizado apenas pela tecnologia e pelas finanças, mas também pela ameaça de bens em estoque e não vendidos. Os negócios de grande porte tinham evoluído naturalmente e precisavam ser aceitos como tal. Não se tratava exatamente do endosso às corporações gigantes, oferecido por Schumpeter, mas era nitidamente antissocialista.

"Podemos superar o desemprego" — tal era o lema dos liberais durante a campanha de 1929. No dia 1º de março, Lloyd George fez um apelo dramático para reduzir o desemprego e levá-lo a proporções "normais" no prazo de um ano.[23] O cerne de sua proposta era um programa de obras públicas, destinado a reativar rapidamente a economia. Partia-se da suposição de que maior crescimento geraria rendas provenientes de impostos, que permitiriam a implantação de estradas, redes de esgoto, linhas telefônicas, rede elétrica e novas moradias, ao passo que o seguro-desemprego seria usado para pagar os trabalhadores. Três semanas mais tarde, Keynes reforçou o apelo de Lloyd George lançando um panfleto intitulado "A promessa dos liberais poderá ser cumprida?". Depois que o Tesouro reagiu, afirmando que os empregos, nas obras públicas, simplesmente substituiriam os empregos no setor privado, Keynes lançou um segundo panfleto: "Poderá Lloyd George cumprir a promessa?".

> O fato de muitos trabalhadores, ora desempregados, receberem salários, em vez do seguro-desemprego, significará um aumento do poder aquisitivo, o que proporcionará um estímulo ao comércio. Além disso, maior atividade comercial contribuiria para ajudar a aumentar os negócios, pois as forças da prosperidade, a exemplo daquelas que atuam na depressão, operam mediante um efeito cumulativo.[24]

Skidelsky assinala que essa colocação era o germe da ideia de um multiplicador. Desenvolvido dois anos antes por um dos belos rapazes de Keynes, Richard Kahn, o conceito era o de que aumentar em um dólar os gastos governamentais geraria mais do que um dólar em gastos privados, visto que o aumento inicial do consumo levaria a mais contratações e aumentaria a renda, levando a outro aumento, embora menor, dos gastos, e assim por diante.

Confiante como nunca antes da eleição geral do dia 30 de maio, Keynes apostou que os liberais conquistariam cem cadeiras. Na realidade, ganharam apenas 59, o que pôs fim à carreira política de Lloyd George. Perder a aposta custou 160 libras a Keynes, quantia atenuada em parte pelas dez libras que ele ganhou de uma aposta com Winston Churchill. A campanha também o forçou a reescrever largos trechos de seu *Tratado sobre o dinheiro*. O verão de 1929 foi idílico e ele o passou escrevendo, participando da filmagem de uma cena de balé, com a duração de cinco minutos, para um dos primeiros filmes britânicos falados, *Dark red roses* [Escuras rosas vermelhas], jogando tênis e tendo encontros com o representante do governo para obras públicas, Oswald Mosley, uma estrela em ascensão no Partido Trabalhador, que se tornaria fascista nos anos 1930. O único motivo de irritação foi o melancólico desfecho das especulações de Keynes com commodities. Havia muito ele aplicava em borracha, trigo, algodão e estanho, mas em 1928 o mercado o desfavoreceu obrigando-o a liquidar parte de seu portfolio de ações para cobrir as perdas.

Irving Fisher comprou seu primeiro carro movido a gasolina em 1916. O último e mais luxuoso dos modelos de Fisher, um Detroit, precisava ser levado até uma garagem toda noite para recarregar e não podia desenvolver velocidade superior a quarenta quilômetros por hora. Agora Fisher, que viajando de trem percorria milhares de quilômetros todo ano, enfrentava a estrada com um automóvel sequioso de gasolina e novo em folha, um Dodge. A maioria dos trechos das estradas entre Nova York e Boston não era pavimentada, apresentava buracos que podiam engolir uma roda ou causar danos ainda piores, mas para Fisher o carro novo "possibilitava vistas quase ilimitadas".[25] Durante a década de 1920, Fisher comprava um carro sem uso a cada dois anos mais ou menos e fazia negócios cada vez mais lucrativos, enquanto sua fortuna e a fortuna do país prosperavam. No final da década, além de um Lincoln, ele tinha um La Salle

conversível e um Stearns-Knight novo em folha, a réplica americana do Rolls-
-Royce inglês. Seguindo o exemplo de Jay Gatsby, ele era servido por um chofer
irlandês.

Em 1929, uma em cada cinco famílias americanas possuía um carro. Conforme Fisher previu em 1914, a guerra deixou os Estados Unidos na posição da maior e mais forte economia do mundo. Ao contrário do que sucedeu na Grã-
-Bretanha e na França,

> [...] a Primeira Guerra Mundial não causou perdas econômicas incontroláveis; em certas ocasiões proporcionou vantagens econômicas e sociais. Ainda mais, demonstrou a todas as potências combatentes que estava nas mãos dos governos a formulação de políticas estratégicas e econômicas que, até certo ponto, poderiam determinar se uma guerra seria ou não motivo de ganhos ou perdas, no plano econômico. Esses governos não eram os desesperançados prisioneiros das circunstâncias.[26]

Graças à produção e às exportações para o Reino Unido e a Europa, durante a guerra, os Estados Unidos superaram a Inglaterra no que se referia ao rendimento anual, em 1918.[27]

No lugar de um colapso, conforme ocorreu na Alemanha e na Áustria, ou em vez de ser fortemente pressionada pelas autoridades monetárias, como foi o caso da Grã-Bretanha, a recuperação americana em relação à recessão do pós-
-guerra iniciou-se em 1921 e se manteve. Houve duas recessões em meados da década, cada uma durou mais de um ano, mas foram tão suaves que a maioria dos americanos, com exceção dos agricultores, não se deu conta delas. Durante todo o período de 1921 a 1929, a economia se expandiu a uma taxa média de 4% ao ano, enquanto a taxa média de desemprego foi de menos de 5%. Em 1929, a economia era 40% maior, e a renda per capita, 20% mais alta do que em 1921, notável desempenho para qualquer país, em qualquer década, e que desde então raramente a ele se igualou.[28]

No entanto, as médias dificilmente transmitem as mudanças convulsivas que novas formas de energia possibilitaram. Elas inauguraram um novo modo de viver. Instauraram a nova era do automóvel, a casa nos subúrbios, a Califórnia, o petróleo, o telefone, os jornais diários, as cotações do mercado de ações, geladeiras, ventiladores e iluminação elétrica, o rádio e o cinema, a mulher trabalhadora e as famílias menores, a sindicalização declinante e os shopping centers. O conceito de aposentadoria, até então desconhecido, foi encampado por homens que tinham chegado aos sessenta anos. "Administração científica" e "taylorismo" se tornaram termos empregados insistentemente nas empresas, depois que Louis Brandeis argumentou, com sucesso, que as ferrovias não precisavam aumentar seus preços para pagarem salários maiores, desde que organizassem o trabalho de acordo com princípios formulados pioneiramente por Frederick Winslow Taylor. A RCA e a AT&T eram a Microsoft e o Google da época. Enquanto isso, a antiga economia das fazendas, minas de carvão, fábricas de sapato e de artigos de lã — aquelas grandes fontes da riqueza americana no século XIX — começou a envelhecer.

O navio a vapor, a estrada de ferro, o telégrafo explodiram os limites da mobilidade e da comunicação para a geração de Alfred Marshall. O automóvel e o telefone fizeram o mesmo para a geração de Fisher, mas de um modo que individualizava as viagens e a interação a longa distância. Fisher entusiasmou-se por ter ficado livre de horários rígidos, do mesmo modo que Beatrice Webb exultou pelo fato de percorrer quilômetros sem chofer quando teve sua primeira bicicleta. A produção em massa possibilitou a propriedade em massa do carro, rádio, telefone, ventilador, geladeira e casa pré-fabricada, e tudo isso, por sua vez, tornou atraente e ao alcance de muitos morar nos subúrbios. Os consumidores punham as mãos em instrumentos de controle que lhes permitiam discar números, ligar interruptores e sentar-se no banco do motorista.

Embora Beatrice Webb se recusasse terminantemente a guiar um carro, e Geoffrey Keynes certa vez denominasse seu irmão um "motorfóbico, antimotores, escarnecedor de todas as formas de automobilismo",[29] Fisher personificava a ligação amorosa dos americanos com os carros e também com todo tipo de aparelho. Em março de 1922, após discursar pela primeira vez numa estação de rádio, ele encomendou dois rádios. Escreveu a seu filho dizendo que "foi talvez o maior público que já tive". Ele disse "a um público a quem eu não podia ver, ouvir ou acreditar em sua existência" que programas transatlânticos, irradiados pouco antes, tornavam "o mundo inteiro vizinho".[30] Não muito tempo depois que um piloto da força aérea americana, rapaz de 25 anos, de nome Lindbergh, voou em um aeroplano monomotor e sem escalas de Long Island a Paris, em 1927, Fisher, que se encontrava na capital francesa, aproveitou-se do novo serviço telefônico transatlântico para manter uma conversa de nove minutos com sua esposa em Rhode Island, com sua mãe em Nova Jersey e com seu genro em Ohio. Irving Jr. recorda que Fisher "não tirava o olho do segundo ponteiro do relógio".[31] Àquela altura Fisher lidava com a maior parte de sua correspondência comercial por telefone, a maioria de seus escritos era processada pelo Dictaphone e, quando estava com pressa, isto é, quase sempre, ditava diretamente a uma datilógrafa sentada diante de uma máquina de escrever Olivetti. Havia muito seu escritório invadira todo o terceiro andar de sua mansão em New Haven, e por ele se espalhavam fichários e mesinhas com máquinas de escrever. Sua equipe incluía de oito a dez "mulheres selecionadas" que usavam telefones com bocais de vidro e datilografavam em meio ao zumbido de uma máquina de ozônio, instalada para revigorar a atmosfera do escritório.

Fisher passava a maior parte do tempo atuando a favor da Liga das Nações, das restrições à imigração, da conservação do meio ambiente e das reformas públicas da saúde, incluindo o seguro universal. Ele vivia de acordo com os mesmos preceitos. Todo o último andar de sua casa era ocupado por um ginásio e a "garagem era onde ele mantinha seu carro na melhor forma possível". Ele era obcecado por uma dieta saudável e vitaminas, e também por equipamentos esportivos. Seu ginásio era repleto de bastões, halteres, aparelhos para levantar peso, um barco para remar a seco, uma lâmpada ultravioleta, uma cadeira vibratória, que seus filhos achavam parecida com uma cadeira elétrica, além de "um exótico mecanismo para aplicar massagens ritmadas".[32] Em 1929, Fisher dispunha de um médico pessoal em tempo integral e de um treinador em sua lista de pagamentos.

Ele defendeu repetidas vezes que a história era má guia para o potencial humano. Numa palestra realizada em 1926 para um público voltado a questões de saúde,[33] Fisher argumentou que os seres humanos não tinham alcançado o limite da longevidade, assim como não tinham alcançado o limite do consumo. O verdadeiro limite, disse ele, era cem. Assinalou que em 1931 a expectativa de vida de um menino inglês seria quase vinte vezes maior do que em 1871.[34] Outra observação igualmente importante: sete, em cada dez pessoas, gozavam de saúde suficiente para aproveitar a vida e dedicar-se a um dia de trabalho. Em contraste, no fim da guerra, seis pessoas em dez tinham passado da categoria de "enfermos" a "arruinados fisicamente" e daí a inválidos, "em precárias condições de vida".[35] Ele predisse que a expectativa média de vida aumentaria de 58 para 82 anos no ano de 2000, o que se revelou correto.[36]

A fé de Fisher no aperfeiçoamento do homem e as ilimitadas possibilidades oferecidas pela ciência e pela livre empresa corriam paralelas à explosão dos anos 1920:

> O mundo desperta gradualmente para o fato de seu próprio aperfeiçoamento. A economia política não é mais a "ciência sombria", a qual ensina que salários de fome são inevitáveis devido ao crescimento malthusiano da população, mas agora ela se volta seriamente e com esperança para os problemas da abolição da pobreza. Do mesmo modo a higiene, a mais jovem dos estudos biológicos, repudiou a ultrapassada doutrina de que a mortalidade é uma fatalidade e que deve cobrar um sacrifício regular e inevitável ano após ano, tendo em vista sua atual taxa. No lugar dessa crença fatalista contamos agora com a confiante declaração de Pasteur: "O homem dispõe do poder de livrar-se de toda doença parasitária".[37]

Fisher foi um dos fundadores e primeiro presidente da Sociedade Americana de Eugenia. A aplicação da genética ao casamento, à saúde e às práticas da imigração deixara de ser unicamente uma causa defendida pelos fabianos. É claro que a reprodução seletiva dos seres humanos tem sido praticada pela maioria das sociedades e sob variadas formas, desde o infanticídio em Esparta até os ocultos rituais de acasalamento da aristocracia britânica. No final da era vitoriana os avanços médicos e científicos e o espírito de reforma conferiram prestígio e imensa popularidade à eugenia. Um dos amigos mais íntimos de Richard Potter, Francis Galton, primo de Charles Darwin, é considerado o pai dessa ciência. O major Leonard Darwin, filho de Charles Darwin, fundou a Sociedade Internacional de Eugenia em 1911. Beatrice e Sidney Webb, além dos mais proeminentes fabianos, incluindo George Bernard Shaw e H. G. Wells, foram entusiásticos eugenistas. Keynes, que foi vice-presidente e membro do conselho da Sociedade Britânica de Eugenia, bem como tesoureiro de sua filial de Cambridge, considerava a eugenia "o mais importante, significativo e, diria mais, autêntico ramo da sociologia".[38] A eugenia era uma causa bipartidária. Conservadores como Arthur Balfour, o primeiro-ministro conservador de 1902 a 1903, Winston Churchill, Lorde Beveridge, que arquitetou o Estado de bem-estar social britânico após a Segunda Guerra Mundial, os escritores Leonard Woolf e Virginia Woolf, as feministas Victoria Woodhull e Margaret Sanger, todos foram adeptos da eugenia.

É preciso ser justo: a eugenia dificilmente significava, em 1910 ou em 1920, o papel que passou a assumir na década de 1970, após ser desacreditada por sua associação com o genocídio nazista e com Jim Crow. O "espírito geral" do primeiro congresso internacional, realizado em Londres em 1912, ao qual Fisher compareceu, era "conservador".[39] Ele e Keynes eram libertários e Fisher em particular era um antirracista que se comprometeu a "eliminar [...] a raça, o preconceito, bem como outros preconceitos antissociais, que formam a base da Ku Klux Klan".[40] Isso posto, Fisher e a Sociedade Americana de Eugenia foram forças poderosas que atuaram nos bastidores da lei de imigração de 1924, a qual objetivava não apenas, conforme Fisher ponderou, "opor-se à imigração de contingentes extremamente despreparados, como aqueles que foram introduzidos em nossa população por iniciativa de instituições públicas da Europa",[41] mas que tinha também como finalidade reduzir radicalmente toda a imigração proveniente do sul e do leste da Europa.

Fisher tinha enfocado os efeitos nocivos da inflação e da deflação sobre os devedores e os credores, a arbitrária redistribuição da riqueza que elas causavam e os "remédios nocivos" que os governos adotavam em favor das vítimas, mas que, "como os remédios da medicina primitiva, são frequentemente fúteis e prejudiciais".[42] Ele ainda não ligara as flutuações do nível dos preços a altas e baixas no emprego e na produção e muito menos lhes atribuía um papel básico. Com efeito, do índice remissivo de seu *Principles of economics*, publicado em 1922, não constam os termos "explosão", "depressão" ou "desemprego".

A breve porém aguda recessão de 1920-1 levou Fisher a direcionar sua atenção para aquilo que o governo poderia fazer, com o objetivo de lutar contra o desemprego. Em 1895, o governo federal dos Estados Unidos não dispunha de meios, nem era sua responsabilidade administrar o nível da atividade econômica. Sua atuação era pouca em relação à economia. Os impostos constituíam meios de financiar atividades governamentais, sobretudo militares, e as tarifas eram um modo de ajudar indústrias específicas. A criação do dinheiro foi incumbida aos bancos, e, com a adoção do padrão-ouro, no século xix, seu ritmo passou a ser estritamente governado pela taxa de crescimento da oferta mundial de ouro.

Agora os Estados Unidos dispunham de um banco central, o Federal Reserve, criado em 1913, bem como de um poder mais discricionário para influenciar o nível da atividade econômica, encorajando ou desencorajando a criação e o empréstimo do dinheiro. A gravidade dos momentos de recessão convenceu Fisher de que, ao tentar eliminar a inflação dos tempos da guerra, o Fed puxou o freio com excessivo rigor e durante demasiado tempo. A angústia que recordava a década de 1890 e se apoderava dos agricultores, bem como dos operários de fábricas, convenceu-o também de que o maior mal associado a preços instáveis era seu efeito sobre a produção e o desemprego. Essas causas, que se estendiam da criação do dinheiro à criação de empregos, tornaram-se o foco das pesquisas de Fisher durante os anos 1920.

As preocupações de Fisher deslocavam-se gradualmente para altas e baixas, bem como para o papel que o dinheiro desempenhava na estabilidade ou na volatilidade da economia. Ele suspeitava de que a flutuação no fornecimento do dinheiro e do crédito não apenas causava a inflação e a deflação, mas também era responsável pelas altas e baixas da atividade econômica e do desemprego. Acabaria convencendo-se de que uma melhor administração monetária poderia levar a uma "diminuição das flutuações cíclicas".[43]

Em acréscimo a uma constante produção de artigos acadêmicos, Fisher passava cada vez mais tempo escrevendo para jornais. A exemplo de Keynes e dos Webb, sabia que a melhor maneira de ver suas ideias adotadas pelos formuladores da política governamental era agir indiretamente, como alguém de fora. Artigo após artigo, ele fez o que estava a seu alcance para convencer o público de que a inflação e o desemprego tinham uma causa monetária comum. Admitiu que qualquer conexão entre o sistema bancário e "uma questão tão intensamente humana como o programa de desemprego" surpreenderia a maioria das pessoas como algo um tanto forçado. Era bem verdade que os comentaristas tinham reconhecido a ligação entre um declínio geral do nível médio de preços e um aumento do desemprego, por ocasião da grave recessão do pós-guerra, ocorrida nos Estados Unidos e na Grã-Bretanha. Do mesmo modo, os surtos inflacionários eram associados a movimentos ascendentes na produção e na contratação da mão de obra. No entanto, as teorias do "ciclo dos negócios" — a alternância de altas e baixas na produção e no emprego — não faziam a menor menção a mudanças no nível dos preços, e outros pesquisadores não conseguiam encontrar uma correlação entre os preços e o emprego.

Como Fisher descobriu, outros previsores não detectaram a ligação empírica entre os preços e o emprego. Eles confundiram o nível dos preços com mudanças no nível — uma distinção que ocorreu a Fisher quando ele excursionava nos Alpes suíços —, e foi um erro comparável a confundir a velocidade com que a água enche uma banheira com sua profundidade nessa banheira. Conforme Fisher expôs, outros analistas "não se deram conta da nítida distinção entre preços altos e preços em ascensão e, do mesmo modo, entre preços baixos e preços em queda. Em suma, eles esmiuçaram o nível dos preços mas não a rapidez com que mudavam".[44] Um dos motivos da confusão foi que não havia boas aferições sobre a velocidade com que o nível dos preços estava mudando, no plano da economia. Fisher dedicou a maior parte da década de 1920 a desenvolver e publicar medidas precisas relativas aos preços, que pudessem ser usadas para prognosticar a atividade econômica e permitir que o público acompanhasse as mudanças ocorridas no poder aquisitivo do dólar.

Fisher estava convencido de que, uma vez corretamente identificados os ciclos econômicos, aqueles que se dedicavam a prognósticos seriam capazes de "prever as condições mediante as quais os negócios operavam de maneira verdadeiramente científica [...] do mesmo modo como se prevê o tempo". Ele escreveu em 1926 que, "por exemplo, a teoria monetária deveria nos ajudar a analisar e prever o nível dos preços". Presumiu que, uma vez que o Banco Central pudesse prever os preços com exatidão, ele impediria oscilações antecipadas dos preços e, a partir disso, eliminaria ou pelo menos moderaria altas e depressões. Para Fisher, os meios ditavam os fins. "Deveríamos ser levados a controlar e reduzir o assim denominado ciclo dos negócios", em vez de atribuir "uma espécie de natureza fatalista" às depressões e às altas, argumentou.[45]

Em meados da década de 1920, Fisher acrescentou o ciclo dos negócios à lista de males econômicos que, longe de não poderem ser tratados, dariam rapidamente lugar a novas curas: "A ideia de que isso seja inevitável e imprevisível é inteiramente falsa. Ao contrário, as causas, quanto ao principal, são bem conhecidas, e agora sabemos em elevado grau como impedir a intensidade dessas febres e calafrios no universo dos negócios".[46] Ele atribuiu sua confiança ao aparente sucesso do Federal Reserve na obtenção de uma "trabalhosa estabilização do dólar", citando os esforços do Banco Central no sentido de impedir períodos de especulação. "Como um meio de impedir substancialmente o desemprego, estamos capacitados para estabilizar o poder aquisitivo do dólar, libra, lira, marco, coroa e muitas outras unidades monetárias."[47] À semelhança de Keynes, Fisher insistiu no fato de que um câmbio estável constituía basicamente uma questão que dizia respeito à sociedade. "Se nossa vasta superestrutura de crédito precisa livrar-se de quedas periódicas", ele escreveu, "então precisaremos encarar a atividade bancária como algo que é mais do que um negócio particular. Ela é um grande serviço público."[48]

Em 1925, em um pequeno artigo para o boletim do Sanatório de Battle Creek, Fisher explicou "por que prefiro ser o empregado de um sanatório a ser milionário".[49] Entretanto, embora existissem muitas coisas que ele valorizava acima do dinheiro, no íntimo sempre desejou igualar-se um dia a sua esposa, em termos financeiros. A primeira de suas invenções para realizar seu potencial nas atividades comerciais foi produto de sua impaciência. Ter de folhear cada uma das fichas de arquivo era algo que o deixava quase enlouquecido, tamanha sua frustração, e assim ele inventou um engenhoso dispositivo que mantinha as fichas bem ordenadas e as deixava visíveis para o usuário. Fisher tentou convencer vários fabricantes de equipamentos para escritório que seu inteligente dispositivo era a solução perfeita para a guarda de registros, cada vez mais volumosos, das atividades empresariais modernas, e de que as companhias encampariam qualquer produto que lhes permitisse organizar e armazenar registros com maior eficiência. Inicialmente o Rolodex padeceu do mesmo destino de outras invenções. O inventor se viu forçado a bancar sua invenção, usando o próprio dinheiro, ou melhor, o dinheiro de sua esposa. Fisher instalou uma fabriqueta em Nova Jersey, cuja equipe consistia de seu irmão, um carpinteiro e um ajudante. O capital da firma era um empréstimo de 35 mil dólares, concedido por Margaret. Um ano após a guerra, a Index Visible precisava de uma fábrica de três andares para abrigar suas operações, bem como de um escritório de vendas no edifício Times, em Nova York, localizado na rua Nassau, no centro de Manhattan. O primeiro grande cliente de Fisher foi a New York Telephone, o que ajudou a firma a obter um saldo credor em 1925. Aproveitando as circunstâncias favoráveis do momento, Fisher operou uma fusão com seu principal concorrente para formar o núcleo da Remington Rand. Àquela altura ele investira um total de 148 mil dólares em sua firma e respaldava as ações ordinárias da Index Visible com 660 mil dólares em dinheiro, um pacote de ações preferenciais, títulos, opções e dividendos, além de participar do conselho da nova entidade, a Rand Kardex. Mais tarde ele confessou a seu filho que triunfar mediante seus próprios esforços foi um de "seus desejos reprimidos, desde que me casei. A iniciativa de inventar ofereceu-me a oportunidade única que vislumbrei de ganhar dinheiro sem grande sacrifício de tempo".[50] Aos cinquenta anos, Fisher realizou seu sonho, tornando-se muitas vezes milionário.

Enquanto isso, as previsões econômicas se realizavam. A prosperidade criou um mercado para essas previsões. Fisher começou a escrever uma coluna sobre economia na publicação de um sindicato. Começou também a publicar um índice semanal do Poder Aquisitivo do Dinheiro, uma das várias medidas de preços que o governo americano acabou adotando. Não se passou muito tempo, ele implantou o Index Number Institute, e enviava pelo correio dados de preços de vendas por atacado a dezenas de jornais, a partir de seu escritório, em sua residência situada na Prospect Street, número 460, em New Haven. Depois de vender a Index Visible, Fisher transferiu sua empresa de previsões e de operação de dados para o prédio do *New York Times*. Seus índices e tabelas começaram a ser publicados em *Philadelphia Inquirer*, *Journal of Commerce*, *Minneapolis Journal*, *Hartford Courant* e outros jornais.

Sempre perspicaz e interessado em aplicar suas ideias ao mundo real, Fisher, durante a guerra, começou a indexar à inflação o salário dos funcionários de seu escritório. Ele foi provavelmente o primeiro patrão a conceder um ajuste anual explícito, automático, ao "custo de vida". A ironia é que a experiência lhe ensinou que a indexação não era uma solução prática para os problemas criados pela inflação e pela deflação. Ele explicou:

> Durante o tempo em que o custo de vida aumentava, os empregados da Index Visible deram muitas boas-vindas ao polpudo recheio de seu envelope de pagamento, relacionado ao "alto custo de vida". Eles achavam que seus salários estavam aumentando, embora lhes fosse explicado cuidadosamente que seus salários reais continuavam os mesmos. No entanto, tão logo o custo de vida caiu, eles se ressentiram diante da "redução" daquilo que ganhavam.[51]

Fisher citou a reação de seus empregados como prova da onipresente "ilusão do dinheiro". Também teve o palpite de que os negociantes da Wall Street estavam tão sujeitos quanto qualquer datilógrafo a serem induzidos ao erro pela falsa percepção de que o valor de sua própria moeda era estável enquanto o preço de bens e serviços ou de outras moedas subia e caía. O retorno total de

10% sobre uma ação poderia parecer um investimento excepcional, mas com uma inflação na casa dos 11%, o investidor, na verdade, estaria perdendo dinheiro. Fisher apostou que os investidores e os sindicatos investiriam em um padrão que lhes permitisse avaliar suas "reais" taxas de retorno ou se uma oferta de pagamento significava ou não um aumento "real".

O interesse pela estabilização monetária levou Fisher a se interessar também pelos números dos índices e agora ele se voltava para o estudo do retorno das ações. O mercado de ações americano entrou em colapso em 1921, quando o Federal Reserve aumentou as taxas de juros a fim de conter a inflação que vinha dos tempos da guerra, mas os preços das ações subiram muitíssimo no ano seguinte. Em meados de 1929 os preços das ações eram três vezes maiores em termos nominais do que em 1921 e mais ou menos dezenove vezes tão altos como depois do pagamento dos impostos sobre os lucros das empresas.[52] As ações da Remington Rand de Fisher eram estimadas dez vezes em termos reais, entre 1925 e 1929.

Já em 1911, Fisher argumentara que um portfolio diversificado de ações era um investimento melhor, a longo prazo, do que títulos. O valor dos títulos refletia apenas a capacidade do governo de saldar sua dívida e sua disposição de resistir à inflação. Por outro lado, as ações poderiam captar os efeitos dos ganhos de produtividade do setor privado, seus lucros e, assim, continham um potencial de alta muito maior. Depois da explosão dos anos 1920, Fisher ficou cada vez mais obstinado. Em 1927, ele se tornou o mais proeminente promotor da Nova Economia e pedia emprestadas centenas de milhares de dólares para investir. Levava, porém, alguns sustos. Certa vez, quando regressava de uma viagem a Paris e Roma, durante o outono daquele ano, sua secretária o aguardava no porto de Nova York. Uma baixa do mercado a forçara a usar 100 mil dólares da conta do agente dele para reembolsar empréstimos bancários de curto prazo. Um mês mais tarde, entretanto, Fisher incentivava Irving Jr. a "arriscar metade de seus atuais títulos e ações para tomar empréstimos caucionados por eles e recorrer a procedimentos de empréstimos para comprar mais. Dentro de seis meses ou um ano você provavelmente os venderá, mediante um adiantamento substancial, e então diversificará".[53]

Em agosto de 1929, o desemprego era de 3%. O ritmo da inovação foi retomado após a guerra. Mais patentes foram registradas nos dez anos anteriores do que no século passado. Não foi de surpreender que uma comissão nomeada por Herbert Hoover, o presidente recém-eleito e ex-dirigente do esforço americano para erradicar a fome na Europa depois da Primeira Guerra Mundial, concluísse que "Nossa situação é auspiciosa. Nosso ímpeto é notável".[54] Quando investidores como Roger Babson, que só investia na baixa, preveniram que os preços das ações tinham subido rápido demais, Fisher contestou, afirmando que eles não estavam desalinhados aos lucros obtidos pelos investidores. Em outra ocasião, fez uma lista dos motivos pelos quais os lucros provavelmente continuariam a subir: as fusões estavam aumentando as economias de escala e diminuindo os custos da produção; as companhias estavam gastando mais em recursos humanos; a reciclagem aumentava; o gerenciamento tornava-se mais científico; os automóveis e melhores estradas ampliariam a eficiência dos negócios; o crescimento do sindicalismo patronal pressagiava menos disputas no setor industrial.

Em 1929, Fisher era diretor da Remington Rand, investia em meia dúzia de novas empresas e estava à frente de uma agência de previsões bem-sucedida. No intervalo passou a maior parte daquele ano revisando sua obra-prima de 1907, *The theory of interest* [A teoria dos juros]. Refletindo sobre uma das mais espetaculares altas da história do mercado de ações dos Estados Unidos, Fisher atribuiu a oscilação do preço das ações a uma explosão da inovação desde a guerra, o que resultou no crescimento de oportunidades de investimentos lucrativos. Ele entregou seu texto em setembro e começou imediatamente a trabalhar em um livro sobre ações. Estava agendado para encontrar-se com um grupo de funcionários que trabalhavam com empréstimos no hotel Taft, em New Haven, no dia 29 de outubro. Duas semanas antes, o jornal *New York Times* noticiou que o professor Irving Fisher, da Universidade Yale, declarara em confiança aos membros da Associação dos Agentes de Compras que os preços das ações tinham atingido "aquilo que parece ser um nível permanentemente elevado".[55]

10. Problemas com o magneto: Keynes e Fisher durante a Grande Depressão

> *Homens e mulheres do mundo inteiro encaravam seriamente e discutiam com franqueza a possibilidade de que o sistema ocidental da sociedade poderia sucumbir e parar de funcionar.*
>
> Arnold J. Toynbee, 1931[1]

Assim que acordava em sua residência londrina, Keynes passava meia hora na cama, lendo as páginas de finanças dos jornais e conversando ao telefone com seu corretor na bolsa e com outros contatos que tinha na City. No entanto, suas pesquisas diárias não detectaram os primeiros sinais da crise da bolsa americana, ocorrida em outubro de 1929. Uma dotação do King's College, de que ele era tesoureiro, diminuiu em um terço, e seu portfolio pessoal foi ainda mais atingido. Robert Skidelsky explica que o problema não estava no fato de Keynes ter muitas ações americanas. Na realidade, havia muito ele investia em borracha, algodão, estanho e trigo, na expectativa de que a prosperidade americana elevaria os preços das commodities, e ele agiu em conformidade, fazendo grandes empréstimos. Quando os preços das commodities começaram a enfraquecer em 1928, Keynes se viu obrigado a vender a maioria de suas ações em um mercado em queda, a fim de cobrir as posições de suas commodities. No fim de 1929, seu lucro líquido passara de 44 mil libras a menos de 8 mil libras.[2] A experiência o converteu em investidor de valores, convencendo-o de que "o método correto de investir é aplicar somas bastante grandes em empresas de que se tenha algum conhecimento e em cuja administração se confie plenamente".[3]

Diante da calamidade financeira e das esperanças irrealizadas, Keynes manteve seu otimismo habitual. Tinha certeza de que as autoridades monetárias americanas inaugurariam "uma época de dinheiro barato" com a finalidade de deter uma grave recessão.[4] Três almoços com o primeiro-ministro Ramsey MacDonald, cujo partido — o Trabalhista — derrotou amplamente os representantes do Partido Tory e o candidato de Keynes, o liberal Lloyd George, na eleição geral de 1929, convenceram-no de que o novo governo rejeitaria aquilo que Churchill denominou "o dogma ortodoxo do Tesouro".[5]

A panaceia tradicional do Tesouro para as crises financeiras era reafirmar a retidão da política fiscal, equilibrando as finanças do governo, enquanto o Banco da Inglaterra elevava as taxas de juros para defender o valor do ouro e da libra esterlina. Prevalecia o raciocínio de que recuperar a confiança do mundo empresarial e dos investidores seria o caminho mais curto para a recuperação. Qualquer tentativa por parte do governo no sentido de atuar em último recurso como empregador resultaria em menos contratações pelas empresas privadas. O *tory* Winston Churchill, chanceler do erário, que deixava o cargo, reiterou diante do Parlamento: "Quaisquer que possam ser as vantagens políticas e sociais, muito poucos empregos adicionais e nenhum emprego adicional permanente poderá, enquanto regra geral, ser criado mediante empréstimos e gastos estatais".[6] Keynes confiava no fato de que, se os trabalhistas encampassem as propostas dos liberais visando aos gastos com obras públicas e à diminuição das taxas de juros, seus efeitos sobre o deficit governamental e o valor em ouro da libra esterlina seriam catastróficos. No mês seguinte, julho, ele foi convidado para presidir o Conselho de Aconselhamento Econômico, a "equipe econômica" do primeiro-ministro Ramsey MacDonald, o que confirmou suas expectativas otimistas.[7] "Caí novamente nas boas graças do poder", ele jactou-se, num bilhete endereçado a Lydia.[8]

Keynes tinha certeza de que o dinheiro mais fácil estabilizaria a economia. O desemprego poderia aumentar durante vários meses, ele escreveu numa coluna do *Times* de Londres, mas, enquanto as taxas de juros caíssem ainda mais rapidamente do que os preços, o investimento empresarial reagiria positivamente e o preço das commodities, além dos rendimentos do setor agrícola, se recuperaria. Ele também depositava fé no ativismo do novo presidente americano, Herbert Hoover, que contrastava com a passividade de Calvin Coolidge. Hoover nomeara o enérgico Eugene Isaac Meyer, presidente do Federal Reserve e futuro editor do *Washington Post*, além de anunciar um programa de projetos federais voltados para o setor habitacional e de rápida execução. O bem-sucedido ex-executivo do setor da mineração e czar da ajuda alimentar à Europa convidava mandachuvas para participarem de debates livres na Casa Branca, onde seriam formuladas novas ideias. Algumas semanas depois da crise da bolsa, seu secretário do Tesouro, Andrew Mellon, compareceu ao Congresso para solicitar um corte de 1% nos impostos das empresas e dos contribuintes.[9] Como sempre, Keynes sentiu-se suficientemente confiante para apoiar suas previsões mediante investimentos. Em setembro de 1930, narra Skidelsky, ele comprava mais uma vez grandes quantidades de ações de algodão indiano e americano.

As opiniões de Keynes eram mais solicitadas do que nunca, e ele usou as colunas que escrevia para jornais, as palestras radiofônicas e os cinejornais para promover o ativismo monetário e, por meio dele, lutar contra as baixas repentinas. Em 1930, escreveu um longo artigo para *The Nation* que começava assim: "O mundo tem sido lento em se dar conta de que este ano estamos vivendo à sombra de uma das maiores catástrofes econômicas da história moderna". No intuito de combater a resignação, ele usava todo e qualquer fórum público para desacreditar a narrativa popular, que qualificava as altas e as baixas como meros episódios de uma peça de teatro medieval, os famosos autos edificantes. Negava terminantemente o conceito de que as recessões constituíam o castigo inevitável e os bem acolhidos corretivos à extravagância, imprudência e cobiça. Keynes dizia a seus leitores: "Nós nos envolvemos em uma desordem colossal pelo fato de depararmos com a necessidade de controlar uma máquina delicada, cujo funcionamento não entendemos".[10]

Em outras palavras, o problema era técnico. Para Keynes as depressões, assim como os desastres automobilísticos, eram o resultado de acidentes e de erros crassos de política. Elas envolviam perdas permanentes da produção que, assim como o tempo, jamais poderiam ser recuperadas e constituíam puro desperdício. Más colheitas, furacões, guerras e outros imprevistos algumas vezes desencadeavam situações penosas, mas a origem da maioria das recessões estava nas decisões incorretas ou erráticas tomadas pelos formuladores da política econômica. Isso significava que, em princípio, os reveses poderiam ser minimizados ou então previstos. Keynes mostrava-se disposto a refutar o conceito de que as altas, mais do que as baixas, constituíam um problema. Alguns anos mais tarde ele replicou uma das colocações de Schumpeter em *A teoria do desenvolvimento econômico*: "O remédio correto para o ciclo dos negócios não deve ser localizado na abolição das altas, o que nos manterá permanentemente em semideclínio, mas na abolição do declínio, o que nos manterá permanentemente em situações de quase prosperidade".[11] Ele insistia que, ao contrário das acusações dos moralistas, o declínio significava que os ganhos econômicos do passado tinham sido fantasmagóricos. Referindo-se à explosão dos investimentos nos anos 1920, Keynes escreveu que "aquilo não foi um sonho. O que sucede agora é um pesadelo, que se dissipará quando a manhã chegar, pois os recursos da natureza e os estratagemas dos homens são tão férteis e produtivos como sempre foram... Não nos enganamos anteriormente".[12]

A economia estava padecendo de uma queda mecânica, para a qual existia um conserto (relativamente) fácil. Keynes escreveu em uma de suas colunas que não existia nada de mais profundamente errado com o motor econômico do que aquilo que ele denominava "magneto", ou desencadeador de problemas.[13] Os produtos tinham caído tanto, que os fazendeiros e os empresários não conseguiam vendê-los pelo preço que lhes custara produzi-los. Assim, não lhes restava escolha, a não ser reduzir drasticamente a produção e o investimento, deslanchando outro ciclo de desemprego e fazendo com que os preços caíssem ainda mais. Para romper com esse círculo vicioso, tudo o que as autoridades monetárias tinham a fazer era diminuir as taxas de juros, criando mais moeda, até que os empresários tivessem condição de aumentar os preços e constatar que valia a pena voltar a investir. Keynes estava convencido de que ganhos mais rápidos poderiam afastar algo pior do que uma recessão.

Ele recorreu a analogias automotivas para assinalar, conforme Skidelsky expôs, que catástrofes imensas podiam ter causas triviais e soluções igualmente triviais. Para muitos, porém, sua mensagem parecia ser contraintuitiva e mesmo leviana. O eminente matemático e marxista G. H. Hardy ridicularizava o conceito de soluções mecânicas para problemas científicos profundos: "Somente um leigo desprovido de sofisticação pode imaginar que os matemáticos fazem descobertas girando a manivela de certa máquina milagrosa".[14] Ao mesmo tempo Keynes tranquilizava seus leitores afirmando que uma vez diagnosticado corretamente o problema, existia uma solução, se ao menos as autoridades tivessem *convicção* para agir:

> Uma ação decidida por parte do Federal Reserve Bank dos Estados Unidos, do Banco da França e do Banco da Inglaterra poderá fazer muito mais do que a maioria das pessoas, que, ao confundirem os sintomas e agravarem as circunstâncias da própria doença, acabarão confiando prontamente nessa mesma ação [...]. Estou convencido de que a Grã-Bretanha e os Estados Unidos, ao adotarem o mesmo pensamento e ao agirem em conjunto, poderiam fazer com que a máquina voltasse a funcionar e dentro de um prazo razoável, caso fossem energizados pela convicção relativa àquilo que estava errado. Pois é principalmente a falta de convicção que paralisa hoje as ações das autoridades dos dois lados do canal da Mancha e do Atlântico.

A falta de convicção era em parte ou mesmo inteiramente de natureza intelectual. Keynes atribuiu a magnitude da catástrofe ao fato de que "não existem exemplos na história moderna de uma queda tão grande e rápida de preços, a partir de cifras normais, como a que ocorreu no ano passado".[15] Ele sabia que antigas teorias não podiam ser refutadas somente por meio de fatos. Eram necessárias teorias novas. Com a finalidade de dar maior suporte à sua edição, Keynes apressou a remessa, à gráfica, de seu *Tratado sobre o dinheiro* em dois volumes e acabou de escrever o prefácio em meados de setembro de 1930.

O enfoque do *Tratado* era a possibilidade de controlar o ciclo dos negócios estabilizando os preços. Quando o investimento excedia a poupança, o resultado era a inflação. Quando ocorria o inverso, os resultados eram a queda do nível dos preços, a produção em baixa e o desemprego em alta — em outras palavras, uma recessão. Assim, as depressões poderiam ser curadas ao se encorajarem os gastos e desencorajar a poupança, exatamente o oposto do remédio que tradicionalistas como Churchill exaltavam. "Pois a máquina que conduz o empreendimento não é a frugalidade, mas o lucro", argumentou Keynes, perguntando retoricamente: "As Sete Maravilhas do Mundo foram construídas na base da frugalidade? Duvido".[16]

Sua mensagem era que, se a deflação levava os fazendeiros, a indústria de mineração e os empresários a diminuírem a produção, as autoridades possuíam os instrumentos de cura. Em seu livro *Stabilizing the dollar* [Estabilizando o dólar], publicado em 1921, Irving Fisher argumentou que o Banco Central não poderia controlar a quantidade de moeda e crédito manipulando a taxa de juros. Ao elevar as taxas quando a inflação ameaçava e ao diminuí-las quando a deflação surgia no horizonte, o Banco Central poderia restringir ou encorajar o investimento, dependendo se ele queria estimular ou diminuir a atividade econômica. Ao controlar o investimento, as autoridades monetárias poderiam mantê-lo alinhado à poupança e os preços alinhados aos custos. Era o que Keynes acreditava em 1931, quando ainda estava confiante de que uma ação planejada para diminuir as taxas de juros terminaria com a queda.

Como Skidelsky observa, Keynes não conseguiu avaliar a ortodoxia econômica dos políticos socialistas. Mesmo que o desemprego elevado tivesse dominado as preocupações de todos durante pelo menos nove anos, os trabalhistas ainda não tinham elaborado um programa próprio para atacá-lo. Beatrice Webb constituía uma exceção. Crítica declarada da visão do Tesouro, ela havia se manifestado contra a "contabilidade do Tesouro" e o balanço do orçamento anual em seu controvertido documento *Minority Report*, de 1909.[17] Em épocas de euforia, ela argumentou, o governo devia elevar os impostos sobre a riqueza e criar um excedente. Em tempos de penúria devia financiar obras públicas, mesmo que isso significasse um deficit orçamentário. No entanto, em 1930, ela se convenceu de que o desemprego era intrínseco ao capitalismo. Ignorando o fato de que o desemprego nos Estados Unidos foi, em média, de 5% durante a maioria dos anos 1920, Beatrice Webb concluiu que ele não poderia ser eliminado até que a indústria privada fosse nacionalizada.[18]

A maioria dos membros do gabinete trabalhista seguiu à risca e com a mesma rapidez a visão do Tesouro, conforme Winston Churchill fizera. Um ministro escreveu ao primeiro-ministro: "O capitão e a tripulação de um grande navio sofreram um encalhe, por ocasião da maré vazante; nenhum empenho humano conseguirá fazer com que ele volte a flutuar até que, no curso da natureza, a maré comece novamente a encher". MacDonald respondeu que "a carta expressa exatamente meu modo de pensar".[19] Cortar benefícios e elevar os impostos parecia mais prudente do que aderir às radicais medidas de estímulo, advogadas por Keynes e Fisher.

No fim de 1930, o conselho de orientação dos economistas propôs uma miscelânea de políticas convencionais e radicais: cortar os benefícios concedidos aos desempregados, adotar uma tarifa de 10% sobre as importações, implementar "um grande programa de obras públicas" com a finalidade de criar postos de trabalho para os desempregados.[20] Eles rejeitavam explicitamente a visão de que qualquer acréscimo às folhas de pagamento do governo apenas deslocaria os empregos privados. "Não aceitamos a opinião de que realizar aquelas obras deverá causar necessariamente qualquer desvio da mão de obra na indústria."[21] No entanto, o gabinete trabalhista, do qual Sidney Webb participava como ministro das Colônias, adotou apenas a primeira medida e rejeitou as tarifas e as obras públicas.

No início de 1931, narra Skidelsky, as finanças de Keynes estavam em situação tão crítica que ele tentou vender dois de seus mais valiosos quadros, incluindo *Desabillé*,[22] de Matisse. Não encontrou compradores, mesmo estabelecendo um preço mínimo.

No verão de 1929, Irving Fisher não apenas se exibia em seu carro Stearns-Knight mas contemplava com satisfação uma equipe de pedreiros e pintores reformar a casa que ele e Maggie tinham em New Haven. O melhor de tudo, confidenciou a seu filho Bill, é que as despesas estavam sendo custeadas por ele, e não com o dinheiro de sua esposa.

Aos sessenta anos, Fisher estava em boa forma e tinha aparência muito distinta, com seus cabelos brancos, barba sempre bem escanhoada e olhar pensativo, que não indicava que ele era cego de um olho. Havia tomado pesados empréstimos para obter vantagens das ações da Remington Rand que lhe couberam pela venda da Index Visible. Quatro anos depois da venda da Index Visible à Remington Rand, o valor de seu portfolio de ações multiplicara-se dez vezes. Seu Instituto de Índice das Cifras, ainda situado no edifício New York Times, havia criado um serviço de atendimento aos assinantes tendo em vista os índices das ações. Fisher escrevia uma coluna semanal para investidores, publicada em jornais de todo o país a cada segunda-feira. Perante o olhar do público, ele era identificado não apenas com a Lei da Proibição e a moda da vida saudável, mas também com a explosão do mercado de ações e o otimismo da Nova Era em relação à economia.

À medida que interrogações sobre a durabilidade da alta desse mercado se acumularam em 1929, Fisher descartou os calamitosos avisos de corretores de ações que operavam na baixa, como Roger Babson, assinalando a notável combinação de pouca inflação e crescimento rápido, que tinham caracterizado a década. "Testemunhamos aquilo que, provavelmente, constitui a maior expansão da história, em qualquer período semelhante ao nosso, da renda real de um povo",[23] escreveu. Em meados de outubro, de acordo com o *New York Times*, Fisher predisse que o mercado de ações estava posicionado para "subir bastante daqui a alguns meses".[24]

Após a queda, ele não se convenceu de modo algum de que uma recessão seria inevitável. Escreveu o seguinte, em janeiro de 1930:

> A queda do valor dos papéis constituiu em grande parte uma transferência da riqueza e não a destruição da riqueza física [...]. Os planos físicos não são deterioráveis [...]. A redistribuição da propriedade das empresas confinou-se a uma pequena porcentagem da população e, em consequência, exercerá pouco efeito sobre o poder aquisitivo da grande massa de consumidores.[25]

Sua competidora, a Sociedade Econômica de Harvard, concordou que a repetição da severa recessão de 1920-1 não estava no horizonte. Dias após a queda, os previsores da Harvard informavam seus assinantes: "Acreditamos que a presente recessão, tanto no que se refere às ações como aos negócios, não é precursora de uma depressão nestas áreas".[26]

Fisher não perdeu muito tempo lamentando suas perdas, em vez disso direcionou sua atenção para escrever um ensaio sobre o post-mortem da crise. Escreveu boa parte de *The stock market crash — and after* [A crise do mercado de ações — e o que vem depois] em novembro e dezembro de 1929. Ele defendeu seu otimismo de que os preços das ações se recuperariam, frisando que então constituíam ganhos de apenas onze pontos, abaixo da média histórica de longo prazo, e que "era uma taxa baixa demais, tendo em vista as expectativas de maior rapidez da alta da taxa de lucros no futuro". Fisher rejeitava a explicação comum, de que a culpa era dos inflados preços das ações, argumentando que "entre dois terços e três quartos da alta do mercado de ações, entre 1926 e setembro de 1929, foram justificados" por lucros e ganhos de produtividade, conclusão confirmada por alguns analistas recentes. Ao mesmo tempo, explicou que investidores como ele tinham sido seduzidos por uma combinação de taxas de juros baixas e elevados retornos, o que os levou a tomar empréstimos em excesso: "Quando novas invenções proporcionam a oportunidade de ganhar mais do que a atual taxa de juros, sempre há uma tendência a tomar empréstimos com taxas baixas, a fim de obter lucros maiores proporcionados pelos investimentos". No lugar de preços de ações artificialmente altos, o problema era a abusiva tomada de empréstimos:

> Os investidores se viram confrontados, por um lado, com maravilhosas oportunidades de ganhar dinheiro e, por outro, com baixas taxas para empréstimos. Podiam tomar emprestado por muito menos do que esperavam lucrar. Em suma, as especulações nos momentos de alta e de queda são explicadas em grande parte pelo financiamento sem base de expectativas bem fundamentadas.[27]

Fisher continuou a prever a recuperação do mercado de ações e a negar que a crise tivesse tornado a depressão algo inevitável. Frisou que a atividade econômica tinha começado a declinar antes da queda do mercado de ações e previu uma recessão típica. Insistiu que enquanto as empresas não sucumbissem diante da adversidade e do desânimo, diminuindo a produção e despedindo seus empregados, a economia real continuaria a enfrentar a tempestade. Mês após mês durante o ano seguinte, Fisher sustentou que uma virada estava para acontecer. Assim como Keynes, confiava na competência e na determinação de Hoover.

Durante vários meses o otimismo de Fisher pareceu plausível. Em abril de 1930, o mercado de ações voltou ao nível que havia atingido no início de 1929. Os preços não caíam com a mesma rapidez e o desemprego não se elevava com a mesma velocidade de 1921. Com efeito, em junho de 1930 a taxa de desemprego era de 8% e, em 1921, 12%. As taxas de juros eram extremamente baixas. Entretanto, como observam Milton Friedmann e Anna Schwartz em sua magistral *History of the United States, 1867-1960*, em vez de uma recuperação antevista, havia uma palpável "mudança no caráter da contração".[28]

Uma queda ainda maior dos preços industriais prejudicou quaisquer benefícios obtidos por quem havia tomado empréstimos contando com taxas de juros mais baixas. Bilhões de ativos se evaporaram, numa onda de quebras de bancos, no outono de 1930 e no verão de 1931. Até quando Fisher se viu obrigado a admitir a gravidade da depressão, ele insistiu que o mercado e a economia se firmavam. O otimismo, o excesso de confiança e a teimosia o traíram, e, como tantos outros que esperavam que a maré mudasse, ele manteve seu portfolio de ações. Se tivesse adotado a cautelosa fórmula de Herbert Hoover e saldado seus empréstimos bancários enquanto as ações da Remington Rand chegavam a 58 dólares em 1928 e 1929, Fisher ainda assim teria uma fortuna oito ou dez vezes maior. Mesmo que tivesse vendido suas ações um ano após a crise, ainda assim estaria numa situação confortável. No final de 1930, cada ação da Remington Rand valia 28 dólares. Em 1933, elas caíram para um dólar. Em abril de 1931, o lucro líquido encolheu e passou a pouco mais de 1 milhão de dólares. Em agosto ele se viu forçado a fechar o Index Number Institute e despedir sua equipe de economistas e estatísticos. Como se isso não fosse suficientemente arrasador, o IRF o processou exigindo uma quantia de 75 mil dólares, relacionada à venda de ações da Remington Rand em 1927 e 1928. Ele se viu obrigado a pedir um empréstimo a sua cunhada Caroline Hazard, diretora aposentada do Wellesley College, que acabou direcionando a administração desse empréstimo a seu advogado e a dois sobrinhos.

A recriminação pública e o ridículo somaram-se ao desgaste e à humilhação da ruína financeira. O ex-presidente da Associação Econômica Americana atacou Fisher no *New York Times* pelo fato de ele "insistir sempre que tudo estava bem e falar de prosperidade, de uma nova era e do aumento da eficiência da produção como justificativa para os elevados preços das ações".[29] O jornal também noticiou que "o secretário Mellon, o ex-presidente Coolidge e o professor Irving Fisher, de Yale, foram citados ontem como os indivíduos mais responsáveis 'por continuar e ampliar a mania'" da especulação que precedeu a crise de Wall Street.[30] Quando o presidente executivo de uma companhia em que Fisher fizera pesados investimentos foi indiciado por fraude, ele abriu um processo. A publicidade em torno desse fato manchou ainda mais sua reputação. Seu filho recorda ter ouvido dois desconhecidos discutir os chocantes detalhes do caso, revelados diariamente no *New York Times*. "Puxa vida, supunha-se que ele soubesse todas as respostas e veja só como ele acabou se queimando."[31]

Em vez de manter seu curso, a queda da economia acelerou e espalhou-se por todo o globo. A produção industrial dos Estados Unidos ficou abaixo do nível de 1929, e o desemprego chegou a 16%. O tom dos comentários foi de pânico. Em meados do ano, os jornais se referiam à "Grande Depressão".[32] Fisher confessou que "o acontecimento econômico do decorrer da vida de todos nós" seria "um enigma" durante os anos vindouros.[33] Ele e Keynes enxergaram a situação a partir de um ângulo equivocado, mas Fisher perdeu a credibilidade perante o público.

* * *

    Keynes e Fisher passaram a primeira semana de julho de 1933 no Meio-Oeste, castigado pela seca. Duas dúzias de especialistas em finanças se encontraram na Universidade de Chicago para discutir a resposta do governo àquilo que estava sendo denominado a Grande Depressão. Keynes elogiou a administração do governo Hoover por cortar impostos e eliminar um pacote de projetos no setor da construção, entre eles a Barragem Hoover. Cumprimentou o Federal Reserve, que cortou as taxas de juros em níveis recordes, a fim de impedir a deflação. "A depressão tem de ser combatida pela elevação dos preços e não pelo corte dos preços", ele declarou a jornalistas.[34] Ainda estava convencido de que baixar as taxas de juros seria suficiente para pôr um fim à recessão, mas era suficientemente prudente para reconhecer que o fato de não pôr todos os ovos na mesma cesta — "atacar o problema numa frente ampla, tentando simultaneamente recorrer a todos os meios plausíveis"[35] — faria sentido econômico e político numa situação que ninguém anteviu.

    Keynes presidiu uma mesa-redonda em torno da questão "É possível a governos e bancos centrais fazer algo com o objetivo de remediar o desemprego?".[36] O corpo docente da Universidade de Chicago, integrado por conservadores do Meio-Oeste no que dizia respeito a questões fiscais, apoiou ainda assim a administração do governo Hoover por promover maiores gastos governamentais e facilitar o acesso ao dinheiro. Keynes não foi o único a ter a percepção de que o fracasso em atender a expectativas quanto à demanda — os meios e os desejos das famílias e dos empresários no sentido de gastar — provocava recessões. A solução seria o governo compensá-los por isso. Os docentes da Universidade de Chicago eram decididamente mais entusiastas do que Keynes sobre o programa de obras públicas e a iniciativa de emprestar dinheiro ao mundo empresarial, que era o programa de Hoover. Keynes tinha menos confiança na capacidade organizacional dos funcionários públicos americanos, em oposição aos funcionários públicos britânicos.

    Após regressar a Londres, Keynes emprestou seu nome ao *Report of the Committee on Finance and Industry* [Relatório do Comitê sobre Finanças e Indústria], documento do Partido Trabalhista, redigido por lorde Hugh Macmillan, que propunha que a Grã-Bretanha, os Estados Unidos e a França se juntassem num esforço comum para expandir o crédito através de inúmeros meios, incluindo o cancelamento das dívidas de guerra, empréstimos de emergência e a remoção de obstáculos aos sindicatos. Resultou em nada a tentativa dos trabalhistas no sentido de recuperar a confiança na libra, ao propor um corte de 70 milhões de libras nas despesas, além de 70 milhões de aumento de impostos. Em agosto de 1931, o governo trabalhista se dividiu quanto à política proposta pelo Escritório de Aconselhamento Econômico, e Ramsay MacDonald demitiu-se do cargo de primeiro-ministro. Algumas semanas depois, o colapso do maior banco austríaco, o Kreditanstalt, desencadeou uma crise financeira no continente europeu e uma corrida à libra britânica, enquanto os investidores europeus aumentaram freneticamente o dinheiro em caixa, tirando a libra esterlina de suas contas em Londres. O Banco da Inglaterra reagiu, mais do que duplicando a taxa de descontos, elevando-a a 6%.

Em setembro de 1921, a Grã-Bretanha finalmente deu o passo que Fisher e Keynes vinham advogando o tempo todo, desvalorizando a libra em 30% e suspendendo os pagamentos em ouro. Em vez de manter as taxas de juros no nível de setembro, a fim de impedir uma saída ainda maior de ouro e das reservas em moedas fortes, além de defender o valor em ouro da libra — medida que teria forçado mais uma rodada de corte de investimentos e de empregos —, o Banco da Inglaterra baixou a taxa de 6% para 2%, na primeira metade de 1932.[37] Em um telegrama congratulatório enviado ao primeiro-ministro MacDonald sobre a "ruptura do padrão-ouro", Fisher assegurou-o de que a medida "não era motivo de vergonha".[38]

Keynes mostrava-se otimista. Vanessa Bell escreveu a sua irmã Virginia Woolf em outubro, depois que ela e Duncan Grant foram assistir a um filme em Londres:

> De repente Maynard apareceu na tela, imensamente grande [...] piscava, ofuscado pela luz dos refletores, falava com certo nervosismo e comunicava ao mundo que agora tudo ficaria bem. O destino resgatou a Grã-Bretanha de uma situação quase sem esperança, a libra não entraria em colapso, os preços não subiriam muito, o comércio se recuperaria, ninguém deveria temer o que quer que fosse. No clima em que vivemos quase se pode acreditar nisso.[39]

Era tarde demais para o governo trabalhista. As eleições gerais, realizadas em outubro, resultaram em vitórias tanto para os *tories* como para os liberais.

Ramsay MacDonald manteve o posto de primeiro-ministro, mas os conservadores controlavam mais uma vez a política econômica.

Apesar de seus reveses financeiros, de uma reputação arranhada e da idade que chegava, Fisher, aos 65 anos, parecia mais energizado do que deprimido pela calamidade econômica. Em 1932 publicou extraordinário número de comunicações científicas e de artigos de jornal. Prodigalizou conselhos à presidência Hoover e ao Federal Reserve, solicitando a outros economistas que fizessem o mesmo. Seu principal objetivo era convencer o presidente Hoover de que os Estados Unidos abandonassem o padrão-ouro, se não de jure, pelo menos de facto, propondo que o Federal Reserve nada faria para impedir que o valor externo de troca do dólar caísse. Fisher reuniu-se com os banqueiros do Federal Reserve e os instou a adotar um programa agressivo: adquirir títulos dos bancos e do público, a fim de injetar dinheiro no sistema bancário. Para sua frustração, "os homens do Federal Reserve acharam que seria mais 'seguro' se eles esperassem!", ele se queixou mais tarde. "Essa espera, na minha opinião, fará com que o país arque com a maior parte da depressão."[40]

Em janeiro de 1932, Fisher compareceu a um segundo encontro de especialistas em finanças na Universidade de Chicago. Dessa vez, ele redigiu um telegrama, instando o presidente a permitir que o deficit orçamentário federal aumentasse, a direcionar reservas para o sistema bancário, cuja situação era de precariedade, a reduzir drasticamente as despesas e a cancelar dívidas com os interaliados. Trinta e dois proeminentes economistas das universidades de Chicago, Wisconsin e Harvard assinaram o documento, no qual Fisher frisou que a Suécia, o Japão e a Grã-Bretanha estavam se recuperando, após abandonarem o padrão-ouro no ano anterior. Os signatários refletiam o quanto a visão de Fisher e Keynes sobre a crise tinha conquistado adeptos, ao enfatizar sua natureza global, suas causas monetárias, previsões de sua trajetória futura e a necessidade de uma intervenção monetária consentânea. Por outro lado, a visão deles ainda era minoritária. No mesmo mês, dois professores assistentes de Harvard, Harry Dexter White e Lauchlin Currie, publicaram um manifesto semelhante. Denominando a depressão uma "calamidade internacional", eles insistiam que o governo fizesse mais do que ajudar as vítimas e se concentrasse em impedir que a queda piorasse:

Diante do problema das reparações de guerra, do aumento da crise econômica em toda a Europa, da progressiva má distribuição das reservas de ouro, da crescente perda de confiança nos bancos, das barreiras cada vez maiores ao comércio, das desordens na Espanha, Índia e China, as perspectivas de recuperação num futuro próximo não são encorajadoras [...]. Em vista [...] do fracasso, por parte do governo, de adotar outras medidas que não sejam paliativas, cabe aos economistas a responsabilidade de recomendar ações que apressarão a chegada de uma recuperação.

Ao advogar gastos públicos elevados, os dissidentes de Harvard se referiam em tom derrisório "a economistas que acreditam que a trajetória da depressão não pode ser refreada, que as mudanças políticas e econômicas estão além do controle humano".[41] Pelo visto, aqueles economistas incluíam todo o corpo docente de Harvard — os professores de elevada titulação. A terceira assinatura do manifesto também era de um auxiliar de ensino.

Em 1932, a profundidade e a natureza global da depressão tornavam-se claras e Herbert Hoover estava a caminho de tornar-se "o homem mais odiado dos Estados Unidos". Bombardeado por conselhos conflitantes, o presidente adotou um pacote de políticas inconsistentes para combater o desemprego em alta. Sob ataques por ter cortado impostos e aumentado os gastos, enquanto o deficit orçamentário continuava a subir, Hoover reverteu a trajetória, aumentando os impostos e cortando os gastos. Os banqueiros, os empresários e a comunidade econômica se recusaram a apoiar medidas tão pouco convencionais. Após um encontro com um subsecretário do Tesouro, Fisher escreveu a Maggie: "Disse-lhe que ele e Hoover deviam escolher algum caminho e seguir imediatamente por ele!".[42] Na verdade, não existia consenso, em todos os setores, em relação ao que o governo devia fazer. Grande parte dos governos reagiu à queda dos preços, da produção e dos rendimentos dos impostos tentando equilibrar seu orçamento. O efeito do aumento dos impostos e dos cortes nas despesas foi piorar a queda e promover o declínio ainda maior dos preços. Os pânicos bancários criaram pesados compromissos para os governos. Assim, como assinala o historiador Harold James, a ação dos governos, especialmente a do governo americano, ajudou a espalhar a deflação e a depressão, tornando a Grande Depressão verdadeiramente global.

Qualquer esperança de que 1932 seria como 1923, quando a economia americana se reergueu, após a brusca recessão de 1920-1, logo se dissipou. Em vez de se recuperar, a queda da economia se acentuou. Em 1933, as ações estavam sendo vendidas a um quinto de seu valor de 1929, enquanto os preços no varejo caíram 30%. A produção e a renda nacional encolheram um terço. Vinte e cinco por cento da força de trabalho estava desempregada, o que era um número extraordinário. As mortes por suicídio subiram enormemente, como seria de esperar. Uma das poucas notícias positivas era que os americanos, no todo, estavam ficando mais saudáveis, viviam mais tempo e tinham menor risco de morrer antes do tempo. Aparentemente a prosperidade dos anos 1920, com sua pletora de oportunidades para o trabalho e o consumo, não deixou de ser uma bênção.

Quando Keynes e o jornalista americano Walter Lippmann participaram de seu primeiro programa radiofônico e transatlântico em tempo real, em julho de 1933, Franklin Delano Roosevelt estava empossado na Casa Branca. Lippman concluiu a transmissão com uma observação calculada para convencer seu entrevistador:

> Pode ocorrer que no presente estágio do conhecimento humano não estejamos equipados para entender uma crise tão grande e tão inusitada... Em nenhum lugar, no mundo todo, surgiu um profeta de quem se possa dizer que seus ensinamentos são abrangentes, inspiradores e suficientes... É também uma crise do entendimento humano e nossos fracassos mais profundos não tiveram origem na malevolência, mas em erros de cálculo.[43]

Muitos historiadores da economia concordam com o fato de que ninguém previu a Grande Depressão na base de qualquer depressão anterior, mas ninguém poderia prevê-la fundamentado em qualquer teoria existente.[44] Em retrospecto, os estudiosos modernos culpam o Federal Reserve pelos erros básicos, a queda da confiança e do gasto por parte dos consumidores e das empresas e a onda de vendas, nos mercados em queda, provocada por investidores cada vez mais em pânico. Porém, como observou David Fettig, do Federal Reserve Bank de Minneapolis,

Finalmente, se a Grande Depressão foi realmente uma história, ela apresenta todos os ingredientes de um mistério sobrecarregado de suspeitas e desconfianças a serem solucionadas, mesmo quando conhecemos seu fim; é aquele tipo de história que lemos e relemos e cada vez que o fazemos surge outra explicação. Agora, pelo menos.[45]

Para aqueles que têm uma inclinação científica, estar espetacularmente errado é, com frequência, o mais poderoso estímulo para novos pensamentos. No final de 1932 ficou claro que a teoria de Keynes e Fisher, segundo a qual a estabilidade dos preços constituía uma condição suficiente para a estabilidade econômica — isto é, o pleno emprego —, era imperfeita ou, no mínimo, faltava-lhe alguma variante fundamental. Nenhum dos dois tinha uma explicação verdadeiramente satisfatória para a magnitude do colapso da economia entre 1929 e 1933. Sem dispor de uma teoria abrangente que explicasse a razão da crise, nenhum governo teria a confiança de empreender uma ação vigorosa e consistente. Assim, Keynes e Fisher foram levados a examinar seus pressupostos anteriores e a investigar forças que entenderam mal ou que não levaram em conta.

Fisher julgou ter descoberto a variável que faltava: a dívida. Inicialmente propôs uma nova teoria que explicasse a magnitude do colapso econômico, ao enfatizar a interação tóxica da dívida excessiva e da deflação rápida, por ocasião de um encontro de economistas em Nova Orleans. "O superinvestimento e a superespeculação são muitas vezes importantes", disse-lhes, "mas teriam resultados bem menos sérios se não fossem realizados com dinheiro emprestado."[46] Os níveis das dívidas públicas e privadas tinham explodido desde a Primeira Guerra Mundial, não somente nos Estados Unidos, mas no mundo inteiro.[47] As famílias americanas assumiam dívidas para comprar carros, bens de consumo e casas, enquanto os governos europeus ainda deviam quantias astronômicas, que vinham dos tempos da guerra.

A queda inicial do preço das ações foi suficiente para abalar a confiança de empresas e famílias enormemente endividadas, o mesmo acontecendo com os bancos, que se apressaram em liquidar suas dívidas e sanear seus balancetes. Isso levou a uma onda inicial de vendas provocadas por vendas aflitivas — "vender não porque o preço é suficientemente alto para convir, o que é a característica normal do ato de vender, mas porque os preços estão tão baixos que assustam"[48] —, além de maiores declínios dos preços das ações, o que por sua vez levou os depósitos bancários a se contraírem. À medida que a oferta de dinheiro encolheu, os preços começaram a cair, afetando a todos.

A deflação, enquanto queda do nível geral dos preços, deveria em princípio elevar a renda real, ao aumentar o poder de compra de um salário nominal. À medida que caem os preços de tudo, da gasolina aos sapatos, aumenta o poder aquisitivo do salário. Em seu livro publicado em 1911, *The puchasing power of money* [O poder aquisitivo do dinheiro], Fisher demonstrou que os preços em queda também poderiam deprimir a renda. O valor real de um empréstimo de mil dólares é mil dividido pelo nível médio de preços. Se os preços declinam, o valor real da dívida aumenta, empobrecendo os devedores e enriquecendo os credores. Segue-se um segundo efeito, ocasionado pela redistribuição da renda dos devedores, em benefício dos credores. Os devedores tendem a gastar mais e poupar menos sua renda do que os credores, motivo pelo qual tomam um empréstimo. Ao fazê-lo, seus gastos caem mais do que o aumento dos gastos dos credores.

Se todos esperassem que os preços cairiam no futuro, argumentou Fisher, as companhias relutariam em tomar empréstimos para investir em novas fábricas e em equipamento, pois teriam de reembolsar os bancos mais tarde, com dólares mais valorizados. À medida que as empresas reduzissem drasticamente seus planos de investimento, os gastos com bens essenciais cairiam, bem como as rendas dos produtores desses bens e as dos trabalhadores. Com a diminuição da renda, a demanda por dinheiro e a taxa nominal de juros também cairiam. No entanto, a taxa nominal de juros cairia menos do que o nível dos preços, e assim a taxa real de juros subiria mais. Em ambos os casos, preços em queda levariam a uma diminuição da produção e a maior desemprego.

A perspectiva de Fisher era que o esforço das empresas para se livrarem das dívidas acabaria resultando no aumento do peso que essas dívidas representavam em termos reais, um dramático exemplo de ações benéficas para um indivíduo, mas prejudiciais no todo. Até empresas que não tinham dívidas enfrentariam problemas se os preços que podiam cobrar por seus produtos caíssem mais rapidamente do que o custo da mão de obra e as matérias-primas. A contração dos lucros resultaria inevitavelmente em demissões e cortes na produção. Fisher enfatizou que a tentativa racional por parte de bancos e indivíduos de resolverem suas próprias dificuldades reduzindo suas dívidas tinha o efeito perverso de fazer com que as coisas piorassem.

Fisher já chegara à conclusão de que a causa imediata da crise foi "o colapso do sistema de crédito submetido ao peso daquelas dívidas".[49] Entre 1929 e 1933, três pânicos bancários eliminaram bilhões no setor dos negócios, da agricultura e dos ativos pessoais, o que equivaleu a um terço da oferta de dinheiro da nação. No entanto, o Federal Reserve começou a elevar a taxa de juros no outono de 1931 e nada fez para socorrer o sistema bancário, alegando que eliminar bancos ineficientes significava preparar o terreno para a recuperação. Fisher pôs a culpa nas dívidas de guerra que se arrastavam, na tarifa Smoot-Hawley e na ausência de um líder forte no Federal Reserve. Benjamin Strong, que quando presidente do Federal Reserve Bank em Nova York dominou o Federal Reserve, tinha profundos conhecimentos das transações bancárias e mantinha relações próximas com o dirigente do Banco da Inglaterra. Fisher tinha certeza de que sua morte, ocorrida em 1928, privou o Banco Central americano, relativamente pouco testado, de uma vigorosa liderança e de credibilidade internacional, exatamente quando essa liderança se tornava mais necessária. Ele declarou aos jornais que "o efeito da crise econômica poderia ter sido atenuado 'pelo menos 90%' se os bancos do Federal Reserve tivessem seguido a política de estabilização do ex-presidente Benjamin Strong, da agência de Nova York".[50]

O otimismo de Fisher, de que uma compreensão maior possibilitaria a prevenção e a atenuação das depressões, não se justificou:

> A principal conclusão deste livro é que as depressões, em grande parte, são evitáveis e que isso exige uma política bem definida, na qual o Federal Reserve System deve desempenhar um papel importante. Não se deve perder tempo em opor-se às medidas práticas necessárias para libertar o mundo de um sofrimento tão desnecessário, que perdura desde 1929.[51]

A julgar pelas manchetes dos jornais do início dos anos 1930, a sabedoria popular enxergava a economia através de uma lente bíblica: as recessões eram fruto do pecado. Quando os bons tempos duravam muito, as empresas e os indivíduos mandavam a precaução às favas e se comportavam mal. As recessões — períodos em que a produção, o emprego e a renda se contraíam, em vez de se expandirem — ocorriam quando as empresas privadas e as famílias corrigiam excessos do passado, abandonavam os maus investimentos e voltavam a comportar-se com moderação. As recessões, segundo essa visão, eram lamentáveis, porém constituíam corretivos necessários, tal como um programa de desintoxicação para um alcoólatra. Quando elas ocorriam, o governo tinha de impedir que a confiança das empresas e do consumidor fosse ainda mais atingida, equilibrando o orçamento e descartando uma política financeira leniente. Foi, é claro, a plataforma em que se apoiou a campanha de Franklin Delano Roosevelt.

O grupo de especialistas que colaboravam com Roosevelt se compunha de conselheiros que atuaram durante a campanha, oriundos da Universidade Columbia, e incluía Adolph Berle, professor de direito e especialista em governo corporativo, Rexford Tugwell, economista especializado no setor agrícola, e Marriner Ecles, um milionário do oeste. Seus membros não confiavam em economistas radicais como Keynes e Fisher, manifestando quase a mesma desconfiança nos trabalhistas britânicos, considerando-os adeptos da inflação, pouco melhores do que William Jennings Bryan e os partidários do padrão-prata da década de 1890. Era uma colocação injusta. Fisher e Keynes advogavam que o Tesouro e o Banco Central deixassem de direcionar sua atenção para a taxa de câmbio, apoiada no padrão-ouro, e que, em vez disso, seu alvo fosse o nível global de preços. Em outras palavras, queriam que as autoridades monetárias das economias mais importantes deixassem suas taxas de câmbio depreciar, enquanto impediam a deflação dos preços internos. Para a equipe de Roosevelt, isso constituía algo distinto, mas não comportava uma diferença. Tugwell rememorou: "Acreditávamos, no fundo do coração, em dinheiro sólido".[52] A seu modo, os conselheiros de Roosevelt eram tão conservadores em questões financeiras e tão ligados à visão do Tesouro quanto o Partido Trabalhista britânico.

David Kennedy descreve o funcionamento do cérebro de Roosevelt como "uma prolífica loja de curiosidades, cujo estoque se abastecia continuamente com retalhos intelectuais adquiridos a esmo [...] aberta a todas as quantidades e a todas as impressões, fatos, teorias, panaceias e personalidades [...] particularmente a heréticos que pregavam a inflação, como o professor Irving Fisher, da Universidade Yale".[53] Tugwell recordou: "Todos os velhos esquemas para baratear o dinheiro aparentemente ainda estavam vivos e havia muitos esquemas novos. Franklin Delano Roosevelt queria saber tudo a respeito deles. Nós nos sobressaltávamos e lhe transmitíamos as informações".[54]

O apelo da inflação tinha natureza política. Dois terços do Partido Democrata consistiam de fazendeiros do sul e do oeste, encurralados entre as dívidas e os preços declinantes das colheitas, e eram contrários ao padrão-ouro. Por outro lado, a perspectiva da inflação inspirava mais temor a banqueiros e empresários do que se poderia supor num ano em que o nível médio dos preços caíra mais de 10% e um terço dos bancos da nação declarou default. As lembranças das violentas inflações durante e após a Primeira Guerra Mundial e as deflações que se fizeram necessárias para curá-las ainda eram recentes demais para serem ignoradas. Roosevelt se mostrava especialmente hostil à cooperação internacional para combater a depressão.

Desprovidos do hábito de pensar como os matemáticos, os conselheiros de Roosevelt acharam contraintuitivo o conceito de que grandes perturbações poderiam ter causas triviais. Eles se mostravam mais inclinados a atribuir a depressão às tradicionais nêmesis do Partido Democrático: a desigualdade de renda, os monopólios e, conforme Fisher fizera, a tarifa Smoot-Hawley. O próprio Roosevelt sentiu-se intrigado diante de teorias populares sobre a superprodução e o subconsumo, as quais atribuíam a depressão à riqueza excessiva ou à pobreza excessiva. Numa palestra realizada em maio de 1932, na Universidade Oglethorpe, em Atlanta, o então candidato censurou o que havia de "fortuito" e o "gigantesco desperdício" da economia americana, junto com a "duplicação supérflua dos meios produtivos", conclamando a que se pensasse "menos no produtor e mais no consumidor". Ele também previu que a economia americana se aproximava de seus limites e que "nossa economia não se expandirá no futuro no mesmo ritmo com que se expandiu no passado".[55]

David Kennedy observa que o discurso de Roosevelt no Commonwealth Clube de San Francisco, em 23 de setembro de 1932, refletiu "o ecletismo e a fluidez" dos conceitos do candidato:

> Um mero construtor de mais fábricas industriais, um criador de mais sistemas ferroviários, um organizador de mais empresas correm o risco de ser mais um perigo do que uma ajuda. Acabaram-se os dias do grande promotor ou do titã financeiro, a quem concedíamos tudo, se ele apenas construísse ou desenvolvesse algo.

Por mais extraordinário que pareça, numa época em que um terço da nação passava por privações, Roosevelt culpou a depressão mais por excesso que por escassez da produção:

> É mais sóbrio e menos dramático administrar recursos e fábricas que já se encontram à nossa disposição, procurar restabelecer os mercados estrangeiros para o excedente de nossa produção, enfrentar o problema do subconsumo, ajustar a produção ao consumo, distribuir a riqueza e a renda mais equitativamente.[56]

Naturalmente os conselheiros de Roosevelt tinham sua própria agenda política. Berle divulgou o conceito de que a crise criou uma oportunidade única para se promoverem reformas sociais de grande porte. Kennedy assinala que o programa de recuperação econômica, carro-chefe da campanha de Roosevelt, "era difícil de distinguir de muitas das medidas que Hoover, embora com má vontade, tinha adotado: ajuda à agricultura, promoção da cooperação industrial [fixação dos preços], empréstimos às empresas, apoio aos bancos e um orçamento equilibrado".[57] A primeira proposta orçamentária que Roosevelt enviou ao Congresso cortava o orçamento federal muito mais do que Hoover ousara fazer.

Keynes e Fisher consideravam voluntariosa e arriscada a ênfase do candidato nas reformas do bem-estar social antes que a economia do país se estabilizasse. Poucas semanas antes da posse de Roosevelt, Keynes enviou uma carta ao presidente, prevenindo contra misturar reformas de longo prazo com o programa de recuperação. Advogava "operações de mercado com a finalidade de reduzir as taxas de juros a longo prazo".[58] Fisher instou Roosevelt a anunciar o abandono do padrão-ouro no dia de sua posse, argumentando que isso "reverteria a presente inflação da noite para o dia e nos colocaria no caminho que conduz a novos picos de prosperidade".[59] No final de 1933, Keynes escreveu uma carta aberta para Roosevelt, publicada no *New York Times*, reiterando sua posição. "Mesmo uma reforma sensata e necessária poderá... impedir e complicar a recuperação. Pois ela abalará a confiança do mundo empresarial e enfraquecerá seus motivos para agir."[60] Fisher compartilhou as reservas de Keynes sobre o New Deal:

> É uma estranha mistura. Sou contra as restrições às áreas medidas em acres e à produção, mas muito a favor da reflação. Aparentemente Franklin Delano Roosevelt

as considera semelhantes, meramente duas maneiras de elevar os preços! Porém, uma delas muda a unidade monetária para devolvê-la à normalidade, ao passo que a outra promove a escassez da comida e da roupa, quando tanta gente está morrendo de fome e seminua.[61]

A única exceção à continuidade das políticas de Hoover foi de grande porte: a decisão de Roosevelt de abandonar o padrão-ouro. Foi o passo que Keynes e Fisher recomendavam de uma forma ou de outra desde a crise de 1929. Em termos práticos, abandonar o padrão-ouro significava que o Federal Reserve não aumentaria as taxas de juros para impedir a queda da taxa de câmbio do dólar em relação à libra e a outras moedas estrangeiras. Os primeiros a se beneficiarem seriam os fazendeiros e as mineradoras, visto que um dólar mais barato significava que seus produtos agrícolas e seu minério se tornavam mais competitivos no exterior. Em segundo lugar, seriam beneficiadas as empresas e as famílias que faziam empréstimos para comprar casas ou realizar melhorias fundamentais. Depois de Roosevelt anunciar que os Estados Unidos abandonariam o padrão-ouro em 19 de abril de 1933, Keynes elogiou o presidente por "estar magnificamente correto". Mais uma vez Fisher deixou que suas esperanças aumentassem. Escreveu a Maggie: "Agora tenho certeza — na medida em que se possa ter certeza de alguma coisa — de que vamos nos livrar rapidamente da depressão".[62] Dessa vez o prognóstico de Fisher foi correto. A economia americana reagiu um mês depois da posse de Roosevelt, marcando o início de uma recuperação. Por outro lado, a esperança de Fisher de que suas finanças poderiam melhorar não se realizou. Recorrer a sua cunhada foi a menor das humilhações por que ele passou. Se a Universidade Yale não tivesse comprado sua residência em New Haven, deixando-o morar nela sem pagar aluguel, ele teria de entregá-la. A casa de veraneio dos Fisher no litoral foi dada a Caroline Hazard, que em seu testamento perdoou o restante da dívida. Sem a renda dos dividendos, Fisher teve de sustentar-se com o que ganhava lecionando.

Keynes encontrou-se pela primeira vez com Roosevelt às 5h15 da tarde, no dia 28 de maio de 1934. Após reuniões com membros do gabinete, conselheiros, burocratas da NRA e outros funcionários, que duravam da manhã até o pôr do sol, ele finalmente conseguiu conversar com o presidente durante uma hora.

Mais tarde Keynes relatou a Felix Frankfurter, agora conselheiro de Roosevelt, ter-lhe afirmado que, se o governo aumentasse o estímulo federal, passando de 300 milhões por mês para 400 milhões, os Estados Unidos teriam uma recuperação satisfatória.[63] O presidente disse que manteve "uma boa conversa com Keynes e que gostou imensamente dele", mas queixou-se de que ele falava como um "matemático".[64] No dia seguinte o *New York Times* publicou mais uma carta aberta de Keynes ao presidente, elogiando o New Deal e pedindo que os gastos com o deficit fossem do montante de 8% do produto interno bruto. "Isso", ele prometeu,

> poderia aumentar direta ou indiretamente a renda nacional pelo menos três ou quatro vezes [...]. Em geral a maioria das pessoas subestima enormemente o efeito de determinado gasto de emergência, por não levar em consideração o Multiplicador — o efeito cumulativo do aumento das rendas individuais, pois os gastos feitos com esse aumento melhoram as rendas de um conjunto maior de receptores, e assim por diante.[65]

Na noite seguinte, em companhia de Fisher e Schumpeter, Keynes compareceu a um jantar na Nova Escola de Pesquisa Social, em Nova York.[66] Em sua fala, ele expôs sua teoria sobre os gastos com obras públicas, financiados pelo deficit, inclusive seu conceito de que o efeito cumulativo de um dólar desses gastos poderia ser muito maior do que um dólar. Enquanto Fisher jamais abandonou sua convicção de que a Grande Depressão era o resultado de erros monetários crassos, de que, "entre todas as medidas tentadas, as políticas monetárias foram as mais bem-sucedidas" e de que "a única recuperação certa e rápida se dará através de meios monetários", Keynes passou claramente por uma crise de fé no poder do estímulo monetário.[67] Fisher apenas ouviu, mantendo um silêncio intrigante. "Sua comunicação foi interessante, mas para mim e acredito que para todos foi um tanto obscura e nada convincente", ele escreveu para Maggie. "Ele é muito hábil ao responder a perguntas e objeções, mas pareceu não chegar a lugar algum."[68]

À medida que a Grande Depressão prosseguia, a fé de Keynes na eficácia da política monetária declinava ainda mais. No momento em que *A treatise on money* [Um tratado sobre o dinheiro] foi lançado, ele começou a elaborar a teoria das causas do desemprego. Os estudantes de Cambridge foram sua primeira plateia. Conforme expôs num artigo publicado na *American Economic*

Review, em dezembro de 1933, o ponto principal da nova teoria era que "podem surgir circunstâncias — e elas surgiram recentemente — quando nem o controle da taxa de juros de curto prazo nem o controle da taxa de juros de longo prazo são eficazes, com o resultado de que o estímulo direto pelo governo se torna uma medida necessária".[69]

Numa depressão grave, os preços caíram ainda mais rapidamente do que as taxas de juros. Assim, reduções das taxas nominais não impediram as taxas reais de subir. Uma vez que as taxas nominais caíram a zero, não havia nada mais que o Banco Central pudesse fazer para tornar os empréstimos mais baratos ou mitigar o peso das dívidas e, assim, pôr fim à depressão, o que teria consequências políticas incalculáveis, aquilo que Keynes denominou "A armadilha da liquidez". Conforme ele observou certa vez, "a incapacidade de fazer com que a taxa de juros baixasse provocou a queda de impérios".[70] Uma vez que a política monetária se tornava ineficaz, a única opção para escorar a demanda era pôr o dinheiro nas mãos daqueles que pudessem gastá-lo.

> Todos os ensinamentos anteriores [...] ou foram irrelevantes ou então injuriosos. Não apenas fracassamos em entender a ordem econômica sob a qual vivemos, mas a interpretamos mal, a ponto de adotarmos práticas que atuam com extrema dureza em nosso detrimento, de tal modo que nos sentimos tentados a curar os males devidos à nossa incompreensão recorrendo a uma destruição ainda maior na forma de uma revolução.[71]

Keynes terminou a primeira redação de *A general theory of employment, interest and money* em 1934, após regressar dos Estados Unidos. Começou a fazer o texto circular no início de 1935. Escreveu a George Bernard Shaw que acreditava "estar escrevendo um livro sobre teoria econômica que muito revolucionará — suponho que não imediatamente, mas ao longo dos dois próximos anos — o modo como o mundo reflete sobre os problemas econômicos".[72]

A inovação de *A general theory* era demonstrar que, em épocas de profundas depressões, a política monetária não funcionaria. Os economistas alicerçados em modelos clássicos assemelhavam-se a

> [...] geômetras euclidianos em um mundo não euclidiano, os quais, ao descobrirem através da experiência que linhas retas, aparentemente paralelas, frequentemente

se encontram, censuram essas linhas por não se manterem retas, como se isso fosse o único remédio para as infelizes colisões que estão ocorrendo. Na verdade, não existe remédio algum, exceto desfazer-se do axioma das paralelas e elaborar uma geometria não euclidiana. Algo semelhante se exige hoje na economia.

Algumas vezes as inovações de Keynes têm sido mal interpretadas. Não é que os governos devessem gastar mais em tempos difíceis ou incorrer em deficits numa economia frouxa. Beatrice Webb, Winston Churchill e Herbert Hoover encamparam os gastos deficitários antes de Keynes. Não é também o caso de que um comportamento sensato, por parte de um indivíduo, possa ser causa do próprio fracasso, se todo mundo pensar da mesma forma. Também não se mantém a proposição clássica de que o excesso de oferta ou a insuficiência da demanda sempre podem ser remediados por uma queda dos salários ou da taxa de juros:

> Diante da lógica dos acontecimentos, muitos de nós fomos forçados a entender que a economia do sistema como um todo se diferencia profundamente da economia do indivíduo; aquilo que é um comportamento economicamente sensato por parte de um indivíduo pode ser ocasionalmente algo suicida, se for seguido por todos os indivíduos de uma coletividade; a renda de uma nação é apenas a contrapartida dos gastos dessa nação. Se todos nós restringirmos nossos gastos, isso significará restringirmos nossas rendas, o que, por sua vez, é seguido por mais restrições quanto aos gastos.[73]

Como assinalou o economista Herbert Stein, Keynes formulou uma pergunta muito diferente daquela feita por Hayek e Schumpeter. Ao explicar as depressões com relação aos crescimentos anteriores, os economistas austríacos tentavam imaginar como a economia tinha chegado àquele ponto. Keynes estava menos interessado na gênese das quedas do que no enigma mais básico: como o alto desemprego e o afrouxamento da capacidade podiam persistir durante tanto tempo numa economia de livre mercado, sem restrições à competição.

Não apenas o desemprego deveria ser temporário, sob pressupostos econômicos padrão, mas isso ocorreu de modo geral. Na máquina hidráulica de Fisher, bem como nos modelos econômicos formulados por Marx, Marshall e Schumpeter, uma colheita deficitária, uma guerra, uma inovação ou algum outro "choque" poderiam provocar um desequilíbrio temporário entre a oferta e a demanda, que poderia resultar em desemprego, caso esse desequilíbrio fosse suficientemente grande em relação ao tamanho da economia. Nesse caso, a competição entre os trabalhadores e entre os líderes deveria rebaixar os salários e as taxas de juros, até que contratar e investir voltassem a ser algo lucrativo.

A Lei de Say, a qual estabelecia que a oferta cria sua própria demanda, sempre foi considerada datada em meados do século XIX. Baseada no truísmo de que cada compra cria uma renda equivalente, a lei presumiu que a renda era obtida de modo exclusivo e, assim, podia ser gasta. No entanto a poupança constituía, claro, um motivo importante, e mesmo na era vitoriana a poupança das famílias da classe trabalhadora era significativa. Tão logo se reconheceu a possibilidade de se gastar menos do que se ganhava, a Lei de Say tornou-se obsoleta.

Escreve Skidelsky que Keynes, em essência, desviou seu olhar do equilíbrio que o saneamento dos mercados proporcionaria. Em vez disso, ele opinou que os fluxos monetários, como a renda, determinariam outros fluxos, como o consumo. A negação do equilíbrio entre a oferta e a demanda era algo que Schumpeter simplesmente não conseguia engolir. Assim, o que tornava a *General theory* tão radical era a prova apresentada por Keynes de que era possível para uma economia de livre mercado estabelecer situações nas quais trabalhadores e máquinas permaneceriam ociosos durante períodos prolongados; de que havia depressões que, ao contrário de depressões comuns, não eram breves e não terminavam espontaneamente, como resultado da queda dos preços e das taxas de juros, ou em casos extremos as economias de livre mercado tendiam naturalmente à estagnação, mesmo quando havia trabalhadores ociosos e máquinas disponíveis. Em depressões como essas, descongelar os fluxos do crédito por meio de uma política monetária não fornecia um estímulo suficiente, porque mesmo juros de 0% não poderiam tentar os empresários a tomar empréstimos enquanto os preços caíam e não havia motivos para pensar que a demanda se recuperaria. O único meio de ressuscitar a confiança dos empresários e fazer com que o setor privado voltasse a gastar era cortar os impostos e deixar que as empresas e os indivíduos mantivessem uma fatia maior de suas rendas; assim, poderiam fazer gastos. Ou, melhor ainda, fazer com que o governo gastasse mais dinheiro diretamente, pois isso garantiria que 100% desse dinheiro seria mais gasto do que poupado. Se o setor privado não pudesse ou não quisesse gastar, então caberia ao governo fazê-lo. Para Keynes, o governo tinha de se preparar para agir como gastador, em último recurso, assim como o Banco Central agira como emprestador, em último recurso.

James Tobin pontuou que Fisher esteve perto de elaborar os elementos de uma teoria geral em seu livro *A theory of interest* [Uma teoria dos juros], publicado em 1930. Ele tinha uma teoria sobre o investimento e a poupança e como a produção e os preços são determinados no curto prazo. Em *Booms and depressions* [Altas e depressões], de 1932, ele abordou o papel da dívida nas quedas que se autorreforçavam. Porém, ao contrário de Keynes, Fisher jamais combinava esses componentes separados em um único modelo unificado que mostrasse como as taxas de juros, o nível dos preços, a produção e, portanto, o emprego eram determinados.

Como costuma acontecer com novas doutrinas, a maioria das medidas preconizadas por Fisher e Keynes não foi adotada nem pelo Reino Unido nem pelos Estados Unidos, com exceção do abandono do padrão-ouro. Ainda assim na Grã-Bretanha o pior chegou ao fim em agosto de 1932, quando a economia começou a expandir-se lentamente. A economia do Japão cresceu nos seis anos anteriores a 1937. Na Alemanha, onde o colapso da economia foi tão grave como nos Estados Unidos, o desemprego desapareceu virtualmente em 1936. Keynes notou a amarga ironia do fato de que a Alemanha nazista e a Itália fascista alcançavam o pleno emprego realizando enormes gastos deficitários, dando o calote em suas dívidas externas e permitindo que suas moedas se depreciassem. O mesmo acontecia com o Japão imperial. É claro que o objetivo desses governos era desfechar a guerra e zerar suas dívidas explorando suas vítimas.

Nos Estados Unidos, entretanto, a depressão voltou a mostrar suas garras em 1937 e com uma vingança, ao que parece em grande parte devido a erros crassos por parte da administração e especialmente do Federal Reserve. Em 1936, após três anos de recuperação, o presidente Roosevelt elevou os impostos e cortou gastos de programas do New Deal, como o WPA. Antigos bônus pagos aos veteranos da Primeira Guerra Mundial em junho de 1936 elevaram brevemente o deficit federal, mas depois os gastos federais caíram muito. Enquanto isso, o Ato de Seguridade Social, de 1935, criou um imposto sobre a folha de pagamento que se iniciou em 1937. Essas duas intempestivas medidas fizeram com que o orçamento federal se equilibrasse virtualmente no final de 1937.

Logo no início da depressão, o Federal Reserve permaneceu passivo diante de um sistema bancário traumatizado e dos mercados de crédito. O Ato Bancário de 1935 conferiu ao Fed autoridade para mudar as exigências quanto às reservas. Entre agosto de 1936 e maio de 1937, o Federal Reserve, preocupado com o crescente excesso das reservas e as pressões inflacionárias, duplicou abruptamente as exigências quanto às reservas. À medida que as reservas em excesso caíram, o mesmo ocorreu com o acúmulo da moeda. De maio de 1937 a junho de 1938, a economia dos Estados Unidos se contraiu em um quinto, a produção industrial reduziu-se em um terço e o desemprego, que caíra a 10%, subiu, chegando a 13%. A taxa oficial, que excluía empregos governamentais temporários, elevou-se de 13% a quase 20%. O mercado de ações também declinou, o que acabou por completar a ruína financeira de Fisher.

Keynes, que fizera grandes investimentos nas ações americanas deprimidas em 1936 e os manteve após a crise de 1937, recuperou suas perdas e ainda mais. O coração, porém, lhe falhou. Ele desmaiou em seu escritório, em Londres, e o diagnóstico foi uma doença cardíaca potencialmente fatal. Keynes retirou-se da vida pública para sempre, segundo parecia. Irving Fisher continuou a falar e a escrever, porém jamais estabeleceu com a presidência Roosevelt as relações que tivera com a presidência Hoover. Sua reputação pública ficou tão danificada quanto seu portfolio de ações.

As predições de Hayek e Schumpeter de que não fazer nada levaria a uma recuperação também não deram resultado e ambos ficaram intelectualmente isolados e cada vez mais desanimados com o declínio econômico e o crescente extremismo político na Alemanha e na Áustria.

No entanto, nenhum economista, lá ou em qualquer outro lugar, possuía no início de 1930 uma teoria satisfatória que explicasse a crise global em cascata. Na ausência dessa teoria, os economistas ingleses se dividiram rapidamente em dois campos rivais: um grupo intervencionista, liderado por Keynes e o Círculo de Cambridge, que incluía os discípulos comunistas de Keynes, a saber Piero Sraffa, Joan Robinson e Richard Kahn, e no outro campo um grupo de jovens "liberais" da Escola de Economia de Londres, liderados por Lionel Robbins, que tinha trinta anos. Um dos poucos economistas britânicos proeminentes que era filho de mineiro ou mantinha fortes laços intelectuais com a economia do continente europeu, Robbins passara um tempo considerável em Viena com Ludwig von Mises e seu círculo. Não apenas julgou convincentes as colocações de Mises por ocasião de um debate sobre a viabilidade do socialismo, mas também compartilhou o desalento desse último sobre a trajetória aparentemente inexorável em direção à intervenção governamental nas economias da Grã-Bretanha e dos Estados Unidos.

Robbins ressentia-se da dominação de Cambridge e de Keynes na economia inglesa. Considerava Keynes, com quem se desentendeu profundamente sobre o protecionismo quando trabalhava no Escritório de Aconselhamento Econômico de Ramsey MacDonald, um oportunista político e um intelectual dado a bravatas. A ambição de Robbins — o que não deixava de ser irônico — era transformar a Escola de Economia de Londres, fundada e patrocinada pelos fabianos, no contrapeso liberal ao coletivismo de Cambridge. Em busca de potenciais aliados políticos, Robbins localizou o austríaco Hayek, de 31 anos, protegido por Von Mises, e o convidou para ir à Escola de Economia de Londres realizar uma série de conferências em janeiro de 1931. Hayek, que dirigia em Viena seu instituto de pesquisa sobre o ciclo dos negócios e trabalhava numa compacta história da política monetária, impressionou Robbins ao prever corretamente, na primavera de 1929, o colapso da explosão americana, quando outras eminências faziam previsões otimistas: "A euforia terminará daqui a alguns meses".[74] Mais tarde Hayek recordou ter dito que "não havia esperança de uma recuperação na Europa até que as taxas de juros caíssem, e elas não cairiam até que a explosão americana entrasse em colapso, o que provavelmente aconteceria alguns meses mais tarde".[75]

Mises e Hayek tinham desenvolvido uma teoria que explicava as depressões como resultado da excessiva criação de dinheiro e de taxas de juros baixas demais por ocasião das altas precedentes, que levaram a uma grande e equivocada aplicação do capital ou, conforme Robbins argumentou, a "investimentos inapropriados estimulados por expectativas equivocadas".[76] Hayek opinou que a teoria explicava a Grande Depressão, que segundo ele "era devida à má administração monetária e à intervenção do Estado operando num meio em que a força essencial do capitalismo já tinha sido minada pela guerra e pela política".[77]

Se fosse verdade que o excesso de investimentos durante as altas — e não o baixo investimento durante a recessão, conforme a contestação de Keynes — era a causa da queda, então o que se fazia necessário era simplesmente "tempo para efetuar uma cura permanente, mediante o lento processo de adaptar a estrutura da produção" — em outras palavras, esperar até que o excesso de capacidade fosse absorvido ou eliminado e que novos investimentos voltassem a se realizar. "A criação da demanda artificial", argumentou Hayek, em nada contribuiria para desfazer a aplicação equivocada do capital e, portanto, levaria apenas a outro surto inflacionário e a outra queda, conforme acontecera em 1921, quando a Áustria foi atingida por uma hiperinflação.

As conferências de Hayek na Escola de Economia de Londres provocaram "sensação", de acordo com Robbins. "Ao mesmo tempo difíceis e excitantes [...] elas transmitiam erudição e invenção analítica." William Beveridge, o diretor da instituição e reconhecidamente o pai do Estado de bem-estar inglês, ficou tão bem impressionado com aquele austríaco "alto, enérgico, reservado", que lhe ofereceu prontamente um posto de ensino vago. Hayek tinha escrito uma ácida resenha sobre *Treatise on money*, de Keynes, e participou de um debate de alto nível com seu autor e seus discípulos. A expressão grave de Hayek, sua cortesia, sua reserva, que indicava algum pesar íntimo, muito agradaram à plateia inglesa. Sua expressão enigmática, o destemor e a recusa ascética de prescrever curas fáceis lembravam a seus ouvintes o primo dele, Ludwig Wittgenstein. Hayek encontrou novos e críveis argumentos a favor das políticas liberais tradicionais relativas à moeda sólida, do respeito aos direitos de propriedade e da visão de que as recessões se curavam por si.

O livro *The great depression*, publicado em 1934, de autoria de Lionel Robbins, constituiu uma habilidosa aplicação da teoria de Hayek às altas e às quedas do período do entreguerras (décadas mais tarde, em sua autobiografia publicada em 1971, *Autobiography of an economist*, Robbins renegou aquele livro e confessou que "preferiria que o esquecessem"[78]). Hayek apoiou a campanha pública empreendida por Robbins para se opor às propostas de Keynes. Junto com Robbins e outros professores da Escola de Economia de Londres, ele assinou um documento apoiando uma política orçamentária equilibrada, em 1932.[79]

A estrela de Hayek não brilhou durante muito tempo. Em 1935, Beatrice Webb, referindo-se a "Robbins e Companhia" — o "Companhia" era Hayek —, declarou que "eles e seu credo são desviantes, sem influência e mesmo relevância para a atual situação do mundo".[80] Beatrice tinha razão. Quando *General theory*, de Keynes, foi lançado no ano seguinte, o debate havia terminado e os economistas profissionais passaram a encampar a visão keynesiana, que, de acordo com um dos amigos de Hayek, "adequava-se melhor às épocas de deflação e de desemprego do que a temperança monetária de Hayek".[81]

Àquela época, Hayek foi menos combatido do que inteiramente posto à margem. Ao especular sobre o fracasso de Hayek de atacar *General theory* através dos meios impressos, Bruce Caldwell, editor de seus livros, arrisca o palpite de que ele simplesmente não foi convidado para resenhar a publicação de Keynes. Críticas aos primeiros escritos de Hayek, formuladas por seus adversários, seus ex-defensores e seus aliados políticos, prevalecem na literatura econômica. Keynes referiu-se a seu livro *Prices and production*, publicado em 1931, como "assustadoramente confuso",[82] e Milton Friedman descreveu a si mesmo como "um enorme admirador de Hayek, *mas não por causa de seus escritos sobre economia*".[83] Não se passou muito tempo e os contatos de Hayek com Keynes se limitaram a sua paixão comum por livros encontrados em antiquários.

Depois de três períodos como professor visitante, Schumpeter mudou-se de vez para Harvard, em 1932. Seus motivos para deixar a Alemanha tiveram menos a ver com o extremismo político da direita e da esquerda — foi fraco o desempenho dos nazistas na eleição de 1932 — do que com seu fracasso em obter uma cátedra em Berlim e o desejo de evitar casar-se com Mia Stöckel, durante muitos anos sua amante. A Alemanha foi para ele um lugar de exílio, irrevogavelmente associada às maiores tragédias e decepções de sua vida, incluindo a morte de sua amada segunda esposa, Annie, e de sua mãe.

Um duro golpe foi a publicação do *Treatise on money*, de Keynes, o que convenceu Schumpeter, que vinha escrevendo seu livro sobre as origens monetárias do ciclo dos negócios, de que seu projeto era "inútil". Ele disse a um de seus alunos: "Agora a única coisa que me resta a fazer é jogar fora o texto sobre a moeda".[84] Sua reação sugere que suas ideias coincidiam com as de Keynes e Fisher, e ele se deu conta de que tinha pouco a acrescentar. Caso contrário, Schumpeter certamente teria apreciado a oportunidade de criticar a teoria de Keynes, contrastando-a com sua própria teoria.

A depressão de Schumpeter aprofundou-se com o espantoso colapso da economia alemã após a Sexta-Feira Negra. Os investidores americanos se apressaram em liquidar seus títulos e ações estrangeiros e os comerciantes americanos reduziram drasticamente suas importações de grãos alemães. Então a produção industrial alemã caiu 40% e o desemprego subiu para mais de 30%.[85] Na Alemanha, a depressão foi ainda mais profunda do que nos Estados Unidos

— na realidade, mais profunda do que em qualquer outra economia de grande porte.

Vinte anos antes, em meio a outra crise econômica global, Schumpeter e Keynes se manifestaram a favor de semelhantes reações. Agora Schumpeter definia sua posição, em contraste com a de Keynes. Por ocasião do encontro anual da Associação Econômica Americana, em dezembro de 1930, ele atraiu a atenção da mídia ao sugerir que não existia nenhuma cura política palatável para a depressão.[86] Joseph Dorfman, o historiador da economia, atribuiu essa reação às "sombrias perspectivas" de Schumpeter, que surpreenderam a muitos nos Estados Unidos que as consideraram "uma útil contraposição ao otimismo característico da tradição anglo-americana".[87]

A insistência de Schumpeter de que a expansão monetária se destinava ao fracasso intensificou-se ao longo do tempo, o que é um tanto surpreendente, especialmente quando se considera seu elogio à decisão do Japão de abandonar o padrão-ouro em 1931. Certamente a teoria de Schumpeter sobre o ciclo dos negócios enfatizava outras causas que não a monetária, muito mais do que as teorias de Keynes e Fisher, particularmente no que se referia às consequências das novas tecnologias, químicas e mecânicas, que estavam revolucionando a agricultura e a pecuária. Schumpeter também acreditava que a "destruição criativa" de empresas ou indústrias obsoletas constituía precondição para o crescimento da produtividade e dos padrões de vida no longo prazo. Mas será que ele acreditava menos em tudo isso em 1919? Seu extremo fatalismo surpreendeu pelo menos alguns de seus alunos e colegas diante do que havia nele de novo.

Schumpeter participou dos esforços de encontrar trabalho para os economistas judeus que estavam sendo perseguidos pelo novo governo de Hitler. Ele formou "um comitê [com o economista americano Wesley Clair Mitchell] para cuidar de alguns daqueles cientistas alemães que estão sendo dispensados de suas cátedras pelo atual governo devido a sua fé ou raça hebraica". Numa carta escrita pouco depois de Hitler tornar-se chanceler do governo de coalização da Alemanha, em março de 1933, mas antes da criação da ditadura nazista, Schumpeter exprimiu sua crescente infelicidade e sentimento de isolamento:

> No intuito de evitar o que seria um equívoco muito natural, permita-me declarar que sou cidadão alemão, mas não sou judeu e não tenho ascendência judaica.

> Também não sou expoente do atual governo alemão, cujas ações parecem ser um tanto diferentes para alguém que teve a experiência do regime que o precedeu. Minhas convicções conservadoras tornam impossível para mim compartilhar a quase unânime condenação que o ministério de Hitler enfrenta no mundo em geral. É simplesmente por um sentido de dever para com homens que foram meus colegas que estou tentando organizar ajuda para eles, o que lhes possibilitaria dar prosseguimento a seu trabalho científico, caso necessitassem.[88]

Schumpeter deve ter absorvido algumas das novas atitudes que Hayek manifestou na Escola de Economia de Londres quando ali realizou uma série de conferências sobre a depressão. Ao chegar a Harvard um ano depois, onde ficaria para sempre, "ele passou a dar conselhos o tempo todo", conforme comentou sardonicamente seu aluno Paul Samuelson. Schumpeter organizou um seminário informal com colegas que pensavam como ele, "os Sete Sábios", que se encontravam semanalmente. O grupo, que incluía Wassily Leontief, o economista e matemático nascido na Rússia, acabou publicando um manifesto a favor do laissez-faire e que atacava o New Deal.

> A recuperação somente será sólida se vier por si, pois qualquer renovação devida meramente a estímulos artificiais deixa intacta uma parte da atuação das depressões e acrescenta a um mal digerido elemento de desajuste novos desajustes que, por sua vez, precisam ser liquidados, ameaçando assim os negócios com outra crise, que virá logo adiante. Nossa história em particular proporciona um pressuposto contra medidas curativas que funcionam por meio do dinheiro e do crédito. Pois o problema não é fundamentalmente de dinheiro e de crédito; além disso, essa espécie de política é particularmente apta a manter e intensificar o desajustamento e a gerar problemas adicionais no futuro.[89]

Quando *General theory* de Keynes surgiu, Schumpeter, que anteriormente mantinha as mais cordiais relações com ele e simpatizava com suas colocações, escreveu uma resenha singularmente mal-humorada: "O conselho (todo mundo sabe qual é o conselho que o senhor Keynes dá) pode ser bom. Para a Grã-Bretanha de hoje possivelmente é. Essa visão pode merecer um elogio, pois expressa vigorosamente a atitude de uma civilização em decadência".[90]

11. Experiências: Webb e Robinson nos anos 1930

> *A União Soviética oferece um contraste brilhante com o resto do mundo.*
>
> Walter Duranty, *New York Times*, 20 de julho de 1931[1]

> *Duas experiências em larga escala estão sendo realizadas no mundo de hoje — o capitalismo americano e o comunismo russo.*
>
> Beatrice Webb, abril de 1932[2]

A aparente impotência dos governos ocidentais diante de uma calamidade econômica global parecia confirmar a tese exposta em *The decay of capitalist civilization* [A decadência da civilização capitalista], livro de autoria dos Webb publicado em 1923. Ao interpretar a surpreendente derrota eleitoral dos trabalhistas mais como "uma vitória dos financistas americanos e britânicos" do que como um repúdio à vacilante reação do governo à crise, Beatrice Webb perdeu o pouco da fé que lhe restava na "inevitabilidade do gradualismo",[3] conceito elaborado pelos fabianos. Inicialmente hostil ao regime bolchevique, via a União Soviética como a única nação que "estava aumentando os recursos materiais e melhorando a saúde e a educação de seu povo". Um tanto impulsivamente, ela decidiu fazer daquela "nova ordem social" o tema do próximo *magnum opus* dela e de Sidney.[4]

Uma semana após a eleição geral que implicou a demissão de Sidney do cargo que ele ocupava no gabinete, no dia 27 de outubro de 1931, Beatrice, então com 78 anos, perguntava a si mesma: "Como vamos passar nossa velhice?".[5] Duvidava dispor de suficiente energia para viajar à Rússia, onde realizaria pesquisas, embora o motivo que a impulsionava era meramente dotar seu relato de "vivacidade".[6] Ela já tinha adotado o ponto de vista de que a experiência soviética estava funcionando, o mesmo não acontecendo com a experiência ocidental, e declarou que "sem dúvida, estamos do lado da Rússia".[7] Antes da partida do casal a bordo do vapor *Smolny*, Beatrice "redigiu um resumo do imenso livro que ela e Sidney escreveriam ao regressar".[8]

Stálin não previra a depressão mundial, assim como Fisher e Keynes, mas aproveitou a oportunidade para recrutar simpatizantes e aliados. Viajantes proeminentes eram ainda mais valorizados do que os membros mais comuns do partido e foram feitos esforços extraordinários para cultivá-los. Uma falange de guias oficiais, intérpretes e motoristas estava à espera dos Webb em Leningrado e os ciceroneou ao longo de uma cansativa excursão de dois meses a fábricas, fazendas, escolas e clínicas, para inspecionar aquilo que Beatrice Webb agora denominava uma "nova civilização".[9]

Em Londres, os convites para jantares, consultas políticas e entrevistas para jornais terminaram após a derrota do Partido Trabalhista. Na Rússia, "parecemos ser um novo tipo de realeza", observou Beatrice com prazer.[10] Hoje sabemos que, enquanto os Webb eram levados para todo lado em limusines e trens especiais, Stálin transformava a Ucrânia num gigantesco campo de concentração. Moscou vinha vendendo grãos ao Ocidente em troca de maquinário, mas o colapso dos preços mundiais dos grãos significava ter de duplicar a tonelagem, tendo em vista a exportação. O ditador soviético era, no plano econômico, tão analfabeto que certa vez, devido à falta de moedas de pequeno valor para o troco, mandou fuzilar muitos caixas de bancos. Ele exigiu que metade da safra colhida no país fosse destinada à exportação. A fome, inevitável, custou ao menos 6 milhões de vidas, um quarto da população rural, que já tinha sido dizimada pela coletivização forçada.

Ao regressar à Inglaterra, Beatrice Webb juntou sua voz às negativas que vinham de Moscou. Ela se apoiava nos testemunhos dos correspondentes ocidentais na capital soviética, a exemplo de Walter Duranty, do *New York Times*, que insistiu: "Não há fome nem inanição, não há possibilidade de que isso ocorra".[11] Duranty, porém, não se afastara de Moscou e apenas reproduzia os desmentidos do governo. Depois que Malcolm Muggeridge, correspondente do *Manchester Guardian*, casado com sua sobrinha, foi à Ucrânia para verificar com seus próprios olhos o que estava acontecendo, Beatrice se recusou a acreditar em sua perturbadora descrição de camponeses esfomeados e de abusos por parte do governo. Ela julgou os relatos de seu sobrinho "histéricos", sugeriu que o comunismo soviético se tornara o alvo inocente "dos complexos do pobre Malcolm" e que existia em sua natureza "um poço de ódio". Beatrice convidou Ivan Maisky, o novo embaixador soviético, e sua esposa para um fim de semana e sentiu-se "reconfortada" diante de sua afirmação de que não havia fome na União Soviética.[12] No livro *Soviet communism: A new civilization* [Comunismo soviético: Uma nova civilização), publicado em 1935, ela insistiu: "o que a União Soviética enfrentou de 1929 em diante não foi a fome, porém uma ampla e geral greve dos camponeses, em resistência à política de coletivização".[13]

Bertrand Russell, que criticava os Webb por "venerarem o Estado" e pela "indevida tolerância a Hitler e Mussolini", ficou ainda mais consternado diante da "adulação absurda" que eles manifestavam em relação ao governo soviético.[14] O historiador Robert Conquest aponta a ingênua fé do casal nas estatísticas oficiais, sua inclinação a depreciar certos relatos e sua ignorância da história: "Eles não possuíam base alguma de conhecimentos e muito menos 'tato' em relação aos grandes impérios escravagistas da história, às seitas milenaristas do século XVI e aos conquistadores da Ásia medieval".[15] Keynes provavelmente foi quem mais acertou ao apontar a real fonte da paixão dos Webb pela União Soviética ao declarar o comunismo uma religião "que contém um apelo ao ascético que existe em nós".[16] Em sua oitava década de vida, Beatrice Webb encontrou uma nova fé. Muggeridge queixou-se: "Não se podia mudar sua opinião por meio de fatos".[17]

Embora manifestasse "um irremediável desprezo pelo Partido Trabalhista oficial",[18] Keynes era um liberal à moda antiga, como Russell. Equiparou a União Soviética à Alemanha fascista e desprezava Stálin, prevendo em 1937 que "um eventual acordo entre ele e a Alemanha de modo algum é algo fora de questão, se caso isso lhe convier".[19] Ao ser convidado para participar de comemorações do octagésimo aniversário de Beatrice Webb, ele declarou que "a única sentença que me veio espontaneamente à mente foi que 'a senhora Webb, não sendo uma política soviética, conseguiu sobreviver à idade de oitenta anos'".[20]

Keynes estava inclinado a ver os jovens comunistas e os colegas de seu círculo em Cambridge como amadores, cujo fanatismo não passava de uma excentricidade inofensiva ou de uma fase momentânea. Não via por que a ideologia deveria interferir na amizade ou na pesquisa e admirava o idealismo e a coragem deles. Em 1939 chegou a declarar que, "fora da fileira dos liberais, não existe ninguém na política dos dias de hoje que valha mais do que seis pence, com exceção da geração do pós-guerra de intelectuais comunistas abaixo dos 35 anos". Embora iludidos, eles eram um "material magnífico", bom demais para ser desperdiçado.[21]

Joan Robinson, que se tornaria a mais famosa entre os discípulos de Keynes em Cambridge, pertencia quase certamente à categoria de "intelectuais comunistas" que Keynes tinha em mente ao declarar que os membros da geração mais jovem eram "o que temos de mais próximo dos cavalheiros ingleses nervosos e não conformistas que participaram das cruzadas, fizeram a Reforma, lutaram durante a Grande Rebelião, conquistaram para nós nossas liberdades civis e religiosas e humanizaram a classe trabalhadora no século passado".[22] Os modos sobranceiros de Joan Robinson, seu empenho, seus instintos combativos vinham do berço. Quando era solteira, Joan Violet Maurice pertencia a uma longa linhagem de oficiais militares, reitores de universidade, funcionários públicos e dissidentes. Sua mãe, a indomável e perpetuamente jovial lady Helen Marsh, era beneficiária de uma pensão criada pelo Parlamento em 1812, após o assassinato de seu ancestral, o primeiro-ministro Spencer Perceval. Seu bisavô F. D. Maurice, famoso radical a quem Alfred Marshall conhecera no Clube Grote, preferiu desistir de sua cátedra em Cambridge a concordar em "acreditar na condenação eterna".[23] Seu pai, o major-general Frederick Maurice, sacrificou a carreira militar ao acusar publicamente o primeiro-ministro Lloyd George de mentir durante a Primeira Guerra Mundial, e acabou se tornando correspondente de guerra, historiador militar, diretor de duas faculdades de Londres e autor de dezenove livros. Eddie Marsh, tio materno de Joan Robinson, foi durante muito tempo secretário particular de Winston Churchill. Ele dedicava seu tempo livre a escrever má poesia e promover a obra de jovens escritores e artistas, entre os quais Rupert Brooke, Siegfried Sassoon e Duncan Grant. A família de Joan, declarou seu marido Austin, era "um tanto assustadora".[24]

Assim como Beatrice Webb, Joan Robinson teve de se reinventar. Apesar de seu impressionante pedigree, da soturna e imponente mansão familiar e dos estudos realizados numa elegante escola particular, ela foi mais preparada para apoiar a carreira de um marido do que para dedicar-se à própria carreira. Aos catorze anos já era sonhadora, afeiçoada aos livros e introvertida. O mundo de sua imaginação lhe parecia mais vívido do que o mundo que a rodeava. Escrevia constantemente: ensaios, contos, poesia. Queria contar com um auditório que a ouvisse declamar seus poemas na Tribuna dos Poetas, em Hyde Park.

O caso Maurice, que ocupou o Parlamento em 1918, foi uma fonte de orgulho e também de dor. Até pelos padrões eduardianos, o major-general Maurice era um pai arredio e distante. Todas as emoções, ele acreditava, eram egoístas. Quando se viu forçado a deixar o Exército, escreveu a seus filhos "estar convencido de que faço o que é correto e, assim sendo, nada mais importa a um homem", acrescentando que era isso que Cristo queria dizer quando recomendou a seus seguidores que abandonassem seus pais e filhos por amor a ele. Seu genro Austin Robinson observou: "Ele encarava qualquer coisa que fosse irrelevante para suas preocupações como nada além de sombras refletidas em um muro".[25] Certa ocasião, Nancy, a irmã de Joan, estava atrás de seu pai numa pista de esqui quando escorregou numa ponte e ficou dependurada de cabeça para baixo sobre um desfiladeiro. Um instrutor de esqui que passava por lá naquele momento a salvou.

Apesar das inúmeras ligações de sua família com Cambridge, Joan foi a única das irmãs Maurice a estudar numa universidade. A educação superior ainda era considerada supérflua para uma jovem inglesa de classe alta. A aposentadoria forçada de seu pai poderia ter tornado os estudos universitários da filha uma despesa além de suas possibilidades, se Joan, teimosa como o major-general quando queria algo, não tivesse ganhado uma bolsa. Ela matriculou-se no Girton College, a mais antiga instituição feminina de Cambridge, cuja pretensa arquitetura medieval e distância das faculdades dos homens levaram o filósofo C. S. Lewis a compará-la ao castelo de Otranto, do romance de Horace Walpole.[26]

Como aluna da St. Paul's School for Girls durante a dolorosa e prolongada recessão de 1920-1, Joan se dedicara ao trabalho voluntário em uma instituição de Londres. Quando foi a Cambridge no final do verão de 1922, a recessão entrava em seu terceiro ano. Com o desemprego atingindo a casa de dois dígitos e os acalorados debates políticos, Joan decidiu desistir da história, sua disciplina preferida em St. Paul's, e em vez disso dedicou-se à economia. Como observou Marjorie Turner, uma biógrafa sua, a pobreza e o desemprego eram falhas de uma sociedade na qual ela e sua família ocupavam uma posição privilegiada e ela sentiu-se obrigada a entendê-los.

Cambridge, nos anos 1920, pode ter-se assemelhado a um exuberante subúrbio de Bloomsbury, por onde T.S. Eliot, Roger Fry, G. E. Moore e John Maynard Keynes flanavam, mas para as alunas de graduação seus frutos eram proibidos. Incontáveis regras limitavam o intercâmbio intelectual com os gênios ali residentes, fossem eles professores assistentes ou estudantes. A regra que lhes proibia trajar becas como as dos homens, por ocasião de conferências, impondo-lhes o uso de vestidos e chapéus, era apenas um dos muitos lembretes diários de seu status inferior. Quando Bertrand Russell foi agendado para dar aulas no Newnham College, o segundo mais antigo destinado às mulheres, as autoridades em pânico inicialmente pensaram em cancelar o convite e em seguida emitiram um comunicado, proibindo qualquer aluna de "acompanhá-lo da sala de aula até a porta".[27] Joan e outras alunas de Arthur Pigou, um eminente economista que substituíra Alfred Marshall, só podiam entregar seus ensaios na guarita do porteiro, enquanto aos alunos era permitido levá-los diretamente à sala do professor, onde eram convidados a permanecer para uma conversa. A Union, onde Keynes, então aluno de graduação, aperfeiçoara sua capacidade de debatedor, enfrentando futuros primeiros-ministros, era de acesso proibido às mulheres, com exceção da galeria do andar de cima. O mesmo se dava com a Conversazione Society de Cambridge, também conhecida como Apóstolos, onde o filósofo Frank Ramsey, que tinha exatamente a mesma idade de Joan Robinson, chamou a atenção de seus futuros mentores Keynes e Russell. O Monday Political Economy Club, o berçário de Keynes frequentado por futuras estrelas, era aberto aos homens, mas somente mediante convite, e não às mulheres.

Em vez de ser encaminhada a um dos olímpicos tutores de Cambridge, Joan ficou sob a orientação da elegante filha de um perfumista de Nova York. Ainda na casa dos vinte anos, Marjorie Tappan estudara economia na Universidade Columbia, embora não haja registros de que ela se tivesse doutorado naquela instituição, conforme alegava. Durante dois anos ela participou da equipe econômica americana que atuou na Conferência da Paz, em Paris. Joan a detestou. É difícil saber se seu ressentimento se devia ao fato de que Marjorie Tappan era uma americana rica, cuja família se dedicava ao comércio, ou simplesmente porque ela não era uma das estrelas de Cambridge. A única coisa que parece ter tirado Joan do sério era o hábito de Marjorie de segurar uma comprida piteira enquanto fumava, gesticulando com ela ao falar com os alunos.

Joan frequentou as aulas de Arthur Pigou sobre teoria econômica e as aulas menos frequentes de Keynes sobre questões econômicas atuais, mas seus trabalhos de graduação ofereciam poucas indicações quanto a seu futuro. "A bela e a fera", apresentado à Sociedade Marshall durante seu terceiro ano em Cambridge, era um pastiche encantador, prova de que ela sabia escrever e tinha bom entendimento dos *Principles of economics*, de Alfred Marshall. No entanto, em comparação com os problemas que alguns de seus colegas do sexo masculino estavam resolvendo, foi apenas um texto imaturo. Frank Ramsey, o protegido de Keynes, havia publicado um ensaio demolidor sobre a teoria da probabilidade elaborada por seu protetor, uma crítica rigorosa ao *Tractatus* de Wittgenstein e um artigo para o *Economic Journal*, de Keynes, mostrando que uma panaceia econômica imensamente popular, o esquema do crédito social de Douglas, baseava-se em premissas equivocadas.

Apesar de alguns sucessos iniciais, a carreira de Joan Robinson como aluna de graduação terminou em lágrimas. Ela se apresentou à primeira fase do exame final de Cambridge em 1924 e à segunda fase no ano seguinte. Em ambas não obteve as primeiras classificações, o que eliminou qualquer esperança de obter um posto de ensino na universidade. Isso, para ela, foi "uma grande decepção".[28] Anos depois, ela ainda se inquietava de "ser tão malformada".[29] Mortificada, voltou para Londres, onde passou o outono e o inverno num "estado muito infeliz", morando num "quarto imundo" no East End e trabalhando em um escritório governamental de atendimento à habitação.[30] Sentia-se tão deprimida que pediu ao pai que investigasse várias possibilidades nos Estados Unidos, entre elas uma bolsa em Radcliffe, faculdade muito semelhante a Harvard. Porém, na primavera, ela decidiu optar pela carreira tradicional oferecida às mulheres: o matrimônio. Na véspera da greve geral de maio de 1926, Joan se encontrava em Paris com sua irmã Nancy, fazendo compras para a cerimônia de casamento.

Seu noivo tinha 32 anos, era bem-apessoado e professor de Cambridge. Filho de um modesto pastor protestante, Austin Robinson recebeu uma condecoração durante a Primeira Guerra Mundial, quando piloto de avião, e ficou tão entusiasmado com as conferências de Keynes, realizadas em 1919, sobre o Tratado de Paz de Versalhes, que se bandeou dos estudos clássicos para a economia. Brilhante, eficiente, profundamente dedicado ao trabalho, foi convidado por Keynes para participar do Clube de Economia Política, que se reunia nas noites de segunda-feira, formou-se em primeiro lugar em economia política e foi eleito professor do Corpus Christi College. Quando Joan cursava o segundo ano, ele já dava aulas sobre economia monetária. Eles haveriam de se tornar um casal somente após Joan trocar Cambridge por Londres.

Austin era arrebatado, Joan era mais fechada e recusou seu primeiro pedido de casamento. Ele era bonito, inteligente, respeitado, bom e, pelo visto, não se deixava intimidar pelo desejo expresso de Joan para dedicar-se a uma ocupação que lhe desse dinheiro. Na vida ousada que ela imaginava para o futuro, o que faltava a Austin era um certo colorido. Doze anos mais tarde, quando Stevie Smith, um dos muitos conhecidos literários de Joan, convidou-a para sugerir o enredo de um romance, ela lhe propôs a história de uma jovem dividida entre dois amores, um deles um rapaz convencional, que tem um bom emprego e lhe promete uma "vida ortodoxa", a qual ela "se força a querer".[31] Era o início pouco promissor de um casamento.

"Quero desesperadamente permanecer em Cambridge", confessou-lhe Austin depois que eles ficaram noivos.[32] No entanto, apesar do patrocínio de Keynes, a perspectiva de ele obter uma posição universitária assalariada ali ou em qualquer outro lugar da Inglaterra estava longe de ser boa. Simplesmente não havia uma abertura acadêmica. Quando Joan soube através do pai de um amigo que o velho marajá de Gwalior, Índia — um anglófilo que insistiu em dar a seus filhos o nome de George e May, além de importar tutores de Cambridge —, tinha deixado um herdeiro com dez anos de idade e com urgente necessidade de se educar, ela pressionou Austin para se candidatar ao posto. Enquanto eles aguardavam que se abrissem oportunidades profissionais na Inglaterra, Joan assinalou para Austin que na Índia ele ganharia muito mais do que qualquer professor em seu país.

Os recém-casados acabaram passando os dois primeiros anos de vida conjugal numa antiga cidade da Índia com "ruas largas, balcões lindamente esculpidos, portas e janelas de treliça, mesquitas e templos, antigos e novos palácios",[33] situada na principal estrada entre Delhi e Bombaim. Embora Joan fosse muito ligada a sua família, para o casal foi esplêndido ficar sozinho. A vida em Gwalior consistia de cavalgar de manhãzinha com os lanceiros e o marajá menino, ter aulas de hindi na hora do almoço, jogar tênis, ler jornais e comparecer a coquetéis no clube, antes do jantar. Com uma equipe pessoal de doze criados, incluindo cinco jardineiros, Joan sentiu-se com tempo suficiente para lecionar um curso de economia numa escola secundária local. Ocupou-se com um ensaio solicitado a Austin sobre a possível futura contribuição da Índia aos rendimentos dos impostos britânicos. No intervalo, pensava em como poderia ajudar o marido a obter um leitorado permanente na Universidade de Cambridge e que trabalho ela poderia fazer. Dorothy Garratt brincou com Joan, dizendo que, se ela não tivesse desposado o filho de um pastor, "provavelmente estaria esfregando tampas de sanitários numa colônia de leprosos ou bordando casulas para curas".[34] A certa altura, Joan pensou em abrir uma empresa de importação de artesanato indiano.

O contrato de Austin na Índia deveria expirar no fim de 1928 e Joan voltou sozinha para Cambridge no mês de julho. Sua ideia era entregar pessoalmente o ensaio que ela e Austin tinham escrito em conjunto e recorrer a suas conexões para possibilitar o regresso dele. Ela era e sempre seria uma empreendedora e persistente promotora de contatos. Menos de dois anos depois, em maio de 1930, Austin foi nomeado professor da universidade em período integral e em caráter permanente. Até então, enquanto ele escrevia seu primeiro livro, o casal viveu de sua considerável poupança. Somente depois que o futuro de Austin ficou garantido, dizem os biógrafos de Joan, é que ela começou a enfocar seriamente sua própria carreira.

A Índia e o casamento fizeram-na recuperar sua autoconfiança intelectual, e Austin lhe possibilitou o acesso à comunidade universitária. O sucesso de seu marido e sua amizade com luminares como Keynes eram gratificantes. Sem poder contar com uma bolsa de estudos numa faculdade, ela pagou a taxa de cinco libras para obter o diploma de mestre e divulgou que estaria disponível para dar aulas particulares a estudantes de graduação por uma soma modesta. Não podia deixar de perceber que ainda se encontrava do lado de fora, que era uma espectadora, em vez de participante de uma festa intelectual. Jantares com a cúpula da universidade, reuniões nas salas dos professores e clubes lhe eram inacessíveis, por ela ser mulher.

Tudo mudou nos meses que se seguiram à queda do mercado de ações americano. Dois acontecimentos foram fundamentais.

Enquanto esperava que Austin conseguisse sua nomeação para o ano acadêmico de 1929-30, Joan participou de um seminário onde tomou conhecimento de um desafio teórico que preocupava alguns dos discípulos de Keynes em Cambridge. O seminário foi organizado por Piero Sraffa, um economista brilhante, mas neurótico, autodidata e comunista, que fugira da Itália de Mussolini em 1927. Ele chamou a atenção de Keynes ao publicar um artigo que preconizava a renovação da teoria econômica, a fim de que ela refletisse os elementos de monopólio presentes no mundo empresarial moderno: a ascensão das grandes corporações, as marcas registradas e a publicidade. Os economistas assumiam a existência de mercados competitivos, dotados de grande número de compradores e vendedores que comercializavam produtos idênticos. Sob tais circunstâncias, uma única firma não poderia influenciar o preço pelo qual ela vendia sua produção, do mesmo modo que um fazendeiro não podia influenciar o preço do trigo ou o proprietário de uma mina não podia influenciar o preço da prata. No entanto, as empresas modernas imitavam os monopólios e despendiam grandes quantias para influenciar os preços. Sraffa argumentou que isso invalidava o princípio racional da competição, especificamente o fato de que uma economia de livre mercado produzia o máximo de produção a um custo mínimo e abria as portas para a intervenção governamental. O que se precisava era de uma teoria. Ele e muitos outros já estavam trabalhando várias abordagens.

Joan Robinson também se tornou amante do "discípulo preferido" de Keynes, Richard Kahn, um belo judeu ortodoxo de olhos negros que passou a ser seu aliado e companheiro de trabalho. Kahn era tão bem-dotado que Keynes o convocou para ajudá-lo a revisar *A treatise on money*, embora ele tivesse menos de um ano de experiência no campo da economia. Para Joan era excitante interagir com homens cujo intelecto ela podia admirar, pois era superior a seu próprio intelecto.[35] Ela começou a dizer a Austin que ele era um mero cavalo a puxar um arado, enquanto Sraffa era um tigre, e ela se dispunha a passar por cima da imaturidade, do narcisismo e da disfunção de Kahn. Estava começando a tomar consciência de um jogo maior e queria tornar-se uma jogadora.

Austin sugeriu um tema para o desafio de Sraffa quando ele, Joan e Kahn almoçavam um dia. Com a ajuda e o apoio de seu amante de meados de 1930 até o início de 1933, ela aceitou o desafio. Joan e Kahn desenvolveram uma teoria para mostrar como a publicidade, a marca registrada e a inovação dos produtos poderiam levar indústrias competitivas — isto é, indústrias com muitos compradores e vendedores e sem barreiras que impedissem sua entrada — a se comportar como monopólios. Em vez de minimizarem os preços para os consumidores e maximizarem a produção e o emprego, elas usavam seu poder de mercado para lograr os consumidores e obter lucros extraordinários, deprimindo os empregos e abaixando os salários. No contexto da Grande Depressão, Joan Robinson se surpreendeu elaborando uma explicação de como, mesmo sob circunstâncias ideais, a economia de livre mercado tendia ao desemprego, ao excesso de capacidade industrial e à estagnação a longo prazo.

À medida que sua confiança aumentava, o mesmo acontecia com sua ambição. Em março de 1931 ela informou a Kahn: "Agora estou namorando a ideia de produzir um livro completo com todo este material... Não sou eu quem está criando este livro. É uma associação entre Austin mais eu".[36] Como um general que comanda seu exército, Joan designava tarefas: Austin escreveria a introdução, Kahn colocaria os problemas e escreveria um anexo matemático, e ela redigiria o esboço do livro. Passados seis meses, ela pediu a Dennis Robertson, colaborador muito considerado de Keynes e especialista em teoria das empresas, que escrevesse um prefácio. Disse-lhe ter escrito cinco capítulos e delineado mais dez. Aslanbeigui e Oakes observam que Joan "planejava claramente publicar o livro apenas com seu nome".[37] Durante o ano e meio seguinte, ela e Kahn trabalharam intensamente no livro e logo Joan o denominava seu "pesadelo".

Enquanto isso, sua colaboração com Kahn possibilitou-lhe frequentar o círculo íntimo de Keynes. Na primeira metade de 1931, esse último se via às voltas com as críticas feitas a *Treatise on money*, sobretudo as de Hayek, e elaborava algumas das ideias que amadureceriam em *The general theory*. Entre janeiro e maio um grupo de jovens economistas de Cambridge, incluindo Sraffa, Kahn e Austin, que se autodenominavam "O Circo", atuou como caixa de ressonância de Keynes. Joan participava dos encontros semanais e começou a enviar anotações a Keynes por intermédio de Kahn. "Keynes parecia interpretar o papel de Deus num auto medieval de edificação", recordou outro participante. "Ele dominava a encenação, mas raramente aparecia no palco. Kahn era o Anjo Mensageiro que trazia mensagens e problemas de Keynes para o Circo e que voltava aos Céus com o resultado de nossas deliberações."[38] Para Joan era uma extraordinária oportunidade de obter acesso aos últimos pensamentos de Keynes, enquanto ele tentava entender a pior crise econômica da história moderna. Ao mesmo tempo ela aperfeiçoava sua própria capacidade de análise.

Não ficou claro se seu novo status ajudou-a a obter seu primeiro posto formal, embora temporário, de professora na universidade. Em todo caso, ela foi nomeada auxiliar de ensino. Um de seus alunos daquele ano recordou-se de Joan como uma mulher "jovem, vigorosa e bela". Descreveu assim suas aulas: "Ela se dirigia a nós em termos abstrusos... Eu entendia pouca coisa, mas ficava enfeitiçado".[39]

Apesar das novas solicitações, o texto de Joan estava quase completo em outubro de 1932. Àquela altura qualquer hesitação por parte dela para reivindicar a autoria do texto já havia desaparecido, escrevem seus biógrafos.[40] Marido, mulher e amante, ao que tudo indica, se comunicavam cinco vezes por dia através do correio de Cambridge do mesmo modo que os casais modernos trocam e-mails. Joan remeteu um bilhete a Austin em tom triunfal:

> Descobri do que meu livro trata. Foi uma revelação súbita, que só me ocorreu ontem. O que tenho sido, o que fiz e até onde fui é o que Piero diz que é preciso ser feito, em seu famoso artigo. Reescrevi toda a teoria do valor, começando pela empresa como monopolista. Eu costumava pensar que estava proporcionando instrumentos para que algum gênio os usasse no futuro e durante o tempo todo eu mesma dei cabo da tarefa.[41]

Até então Joan se considerava estritamente uma professora. "Eu me sentia assim: 'Tenho de dizer a essas pessoas o que os economistas pensam', e agora sinto que sou uma economista e posso dizer-lhes o que eu penso."[42] Ela comunicou a Kahn que "AR" a encontraria "uma mulher mudada. Recuperei meu autorrespeito". Joan não deixou a menor dúvida de que agora ela se considerava a primeira entre iguais, uma pensadora original, um talento precursor: "Você, Kahn e eu temos nos ensinado economia intensamente nestes dois últimos anos. Fui eu, porém, quem enxergou a grande luz e o livro é meu". É difícil deixar de perceber a alegria por ter levado a melhor sobre os outros dois.

Enquanto isso, Kahn se apaixonava por Joan. Em 1931 eles estavam tendo um caso tumultuado, marcado por rupturas e reconciliações, o que alarmava demais Keynes, que temia pela carreira de seu protegido e deixava Joan nervosa, pois um escândalo poderia prejudicar seu próprio e iminente sucesso acadêmico. Austin tinha ido à África passar seis meses e Joan insistiu com Khan para que ele também partisse de Cambridge a fim de curar-se da "doença do amor". Ele decidiu visitar os Estados Unidos durante um ano. Sozinha, sob grande tensão e sentindo que estava à beira de um esgotamento, Joan trabalhava febrilmente para terminar seu livro. Enquanto ela revisava o texto, Kahn estava na Universidade de Chicago promovendo o livro, tentando convencer um aluno de doutorado e futuro espião soviético, Frank Coe, a incluir, em sua tese, as análises de Joan, até então inéditas. Então Kahn detonou uma bomba. Edward Chamberlin, um jovem professor de Harvard, estava para publicar um livro, *The theory of monopolistic competition* [Uma teoria da competição monopolista], que coincidia com as teorias de Joan Robinson e as precedia pelo menos seis meses. Em fevereiro Kahn visitou Harvard, onde propôs fazer uma palestra um dia antes do lançamento do livro de Chamberlin. Quando declarou que a teoria e as técnicas analíticas de Joan Robinson eram superiores, Chamberlin, que estava presente, não conseguiu dar uma resposta convincente. "Sinto um prazer maligno ao saber que Chamberlin não é bom", Joan escreveu a Kahn em 2 de março de 1933, em resposta a seu relato sobre o enfrentamento. Acrescentou que "incluiria uma pequena nota" em seu prefácio, esclarecendo que não conhecia nada do trabalho de Chamberlin. Chegou a pensar em pedir a Keynes que lhe permitisse resenhar o livro de Chamberlin para o *Economic Journal*, mas se deu conta de que, "pensando melhor, isso seria negativo" e que ela poderia "lidar com ele algum tempo depois de lançar meu livro".[43]

Para decepção de Joan, Keynes "não estava muito interessado na teoria da competição imperfeita" e recusou a se convencer de que o monopólio era uma causa muito importante de quedas periódicas na demanda.[44] Após prevenir seus editores da Macmillan de que eles provavelmente não achariam o livro empolgante, ainda assim Keynes os incitou a publicá-lo. *The economics of imperfect competion* [A economia da competição imperfeita] foi lançado no outono de 1933. O livro de Joan Robinson alcançou um sucesso crítico instantâneo, obtendo inúmeras e respeitosas resenhas, algumas até superlativas. Schumpeter, que já a havia denominado "um de nossos melhores homens",[45] aceitou instantaneamente a sugestão de Kahn, para promover o novo livro dela. Ao resenhá-lo, Schumpeter elogiou a "originalidade" de Joan e concluiu que o livro lhe conferia "reivindicar uma liderança e talvez até um primeiro lugar" entre os teóricos da economia naquela área, colocando-a adiante de Kahn, Sraffa, bem como de Chamberlin.[46]

Joan gozava de enorme vantagem em relação a Sraffa e Kahn. Ambos padeciam de um grave bloqueio ao escrever, e Sraffa ficava a tal ponto prejudicado pela extrema ansiedade que não conseguia realizar palestras e conferências. Ela, por outro lado, era excelente oradora e escritora. Uma vez que descobrisse ter algo a dizer, era uma das mais prolíficas em sua disciplina. Uma vez terminada a revisão final de seus originais, começou a escrever uma série de artigos e resenhas.

Menos de um ano depois da publicação de *Imperfect competition*, Joan teve seu primeiro bebê. "Como você faz bem tudo", observou em tom efusivo sua amiga Dorothy Garratt, em maio de 1934. "Uma descoberta na economia e uma menina."[47] Joan sentiu-se animada com seu *succès d'estime*. No mês de setembro, quando Kahn foi a Tilton para trabalhar no novo livro de Keynes, ela lhe escreveu, perguntando-lhe sem rodeios: "Será que Maynard gostaria que eu escrevesse um prefácio para seu novo livro, mostrando sob quais aspectos suas ideias mudaram?".[48] Visto que a maioria de suas interações com Keynes se dava através de Kahn ou por cartas, a sugestão de Joan era atrevida, ainda mais quando se levava em conta o fato de que Kahn era o único membro do Circo que prestara uma contribuição original (o multiplicador) à nova teoria de Keynes. Mesmo assim, não havia a menor dúvida de que ela ganhara o respeito de Keynes como economista. Alguns anos mais tarde, ele reconheceu que Joan Robinson "pertencia, sem dúvida, à primeira meia dúzia" de economistas de Cambridge, um grupo que incluía Pigou, Sraffa, Kahn e o próprio Keynes.[49]

Andrew Boyle, o jornalista escocês que, em 1979, desmascarou Anthony Blunt como o quarto membro do notório grupo de Cinco Espiões Soviéticos em Cambridge, alega que Joan Robinson era membro fundadora da primeira célula comunista daquela universidade. Segundo se supunha, a célula tinha sido organizada por Maurice Dobb, o professor de economia que, logo, recrutaria seus alunos, e foi sucedido mais tarde pelo espião Kim Philby, em 1931.[50] No entanto Boyle, que se correspondia com Joan, não oferece indicações nesse sentido. Geoffrey Harcourt, que conheceu Joan quase no fim da vida dela, data seu envolvimento com Stálin — sua "radicalização", conforme ele afirma — em 1936.[51]

Naquele ano as posições de Joan se encontravam inquestionavelmente em violento estado de refluxo. Quando resenhou *The theory and practice of socialism* [A teoria e a prática do socialismo], de autoria de John Strachey, em meados de 1936, ela criticou a argumentação do autor de que o planejamento central, ao estilo soviético, era a cura para a Grande Depressão. Ela não qualificou a lógica de Strachey "um insulto à minha inteligência", conforme Keynes fizera, mas o reprovou por introduzir falhas na teoria econômica preponderante, o que acarretaria defeitos fatais ao sistema econômico. "Não podemos aceitar a recomendação de rejeitá-la unicamente porque seus economistas falaram coisas insensatas a respeito dela", contestou Joan com sarcasmo.[52]

Seis meses depois, Joan parecia ter passado por uma conversão. Ela descreveu o capitalismo como "um sistema que permite à demanda efetiva cair numa população subalimentada, excessivamente numerosa, que enfrenta o desemprego, por meio de planos que restringem a produção e não pode oferecer ajuda a áreas atingidas pelo infortúnio, excetuando as encomendas de armas". O dogma marxista podia ser "ultrassimples", ela reconheceu, mas pelo menos não reprimia "o bom senso". Joan, com efeito, encarava o marxismo como uma vacina eficaz "contra a sofisticação da economia do laissez-faire".[53]

Em maio de 1936, seus amigos, os Garratt, apresentaram Joan Robinson a um casal que visitava Cambridge, procedente de Aleppo, Síria, o cenário de *Assassinato no expresso do Oriente*, livro de grande sucesso de autoria de Agatha Christie. A inglesa Dora Collingwood era pintora de paisagens, cujo pai foi um destacado arqueólogo, artista e secretário de John Ruskin, o historiador da arte. Seu marido, Ernest Altounyan, era um médico anglo-armênio. Dorothy Garratt o descreveu como "uma pessoa muito estranha, mas atraente. Ele vivia em um nível emocional que me fez sentir muito suburbana". Altounyan tinha quarenta e poucos anos, era míope, grisalho, mas tinha "uma bela fronte e nariz",[54] voz insinuante e todo tipo de amigo romântico, incluindo Arthur Ransome, os filhos desse autor e T. E. Lawrence, mais conhecido como Lawrence da Arábia. Este havia morrido pouco antes em um acidente de moto, e Altounyan disse a Joan que esperava encontrar um editor do poema épico de sua própria autoria que comemorava a amizade deles. Joan se ofereceu para lê-lo e enviar ao tio. Altounyan ficou muito bem impressionado e agradecido. Eles começaram a trocar bilhetes. No fim do mês, ele escrevia confidencialmente que ela era "de longe a coisa mais encantadora que me aconteceu na Inglaterra" e que conhecê-la foi "embriagante".[55]

Altounyan gostava de dançar, e uma de suas filhas disse que "ele tentou viver toda a sua vida como uma espécie de dança, sentindo-se deprimido e frustrado quando o impediam de fazê-lo". Ele era também bipolar. De Aleppo ele começou a enviar a Joan compridas e divagantes cartas de amor. Joan, enquanto isso, revisava o poema de Altounyan. Eddie Marsh, Keynes e alguns outros amigos literários opinaram que o poema era horrível, mas Joan persistiu até finalmente convencer o editor da Cambridge University Press a publicá-lo.

No dia 12 de março do ano seguinte, um mês depois da publicação do poema de Altounyan, Joan embarcou no expresso do Oriente, na Victoria Station. Estava grávida de dois meses, viajava sozinha e se assemelhava ao personagem Mary Debenham, do romance de Agatha Christie: "Havia uma espécie de fria eficiência no modo como ela se servia do café da manhã e pedia ao camareiro que lhe servisse mais café, o que revelava um conhecimento do mundo e das viagens... Ele julgou que ela era aquele tipo de jovem que sabia cuidar de si mesma com perfeita desenvoltura aonde quer que fosse. Ela tinha equilíbrio e eficiência".[56] Joan encontrou-se com Altounyan em Aleppo antes de prosseguir em direção a Jaffa e Tiberius, na Palestina.

Encontrou-se com ele a sós pela segunda vez no dia 14 de abril, ao regressar. Vendo-o rodeado por uma família desordenada e infeliz, ela pode ter começado a pensar que o encanto de seu amante tinha sido em grande parte fruto de sua imaginação. Foram publicadas muito poucas resenhas do poema dele, intitulado *Ornament of honor* [O ornamento da honra]. O *Palestine Post* declarou-o um "Tennyson menor".[57] Quando Joan voltou a Cambridge, o antigo ménage à trois com Austin e Richard Kahn voltou a ser o eixo emocional de sua vida. "Em outra era, ela estaria montada num camelo, percorrendo o deserto", observou certa vez o economista Frank Hahn. "Parte de sua personalidade era simplesmente a recusa de alguém pertencente à classe alta que se opunha a seguir o rebanho; havia nela a necessidade de distinguir-se do rebanho."[58]

Um ano depois do nascimento de seu segundo bebê e semanas depois de Hitler invadir a Tchecoslováquia, Joan passou por um grave surto de mania. Permaneceu durante muitos meses em um sanatório. Quando saiu, Austin tinha sido designado para realizar um trabalho ligado à guerra, em Whitehall, o que ocasionou uma separação física entre eles. Um por um, todos os colegas dela foram alistados. Kahn também teve de deixar Cambridge. Foi enviado ao Cairo e passou a maior parte da guerra lá. Joan Robinson permaneceu em Cambridge.

12. A guerra dos economistas: Keynes e Friedman no Tesouro

> *Na Guerra retrocedemos e passamos da*
> *Era da Abundância à Era da Escassez.*
> John Maynard Keynes, 1940[1]

A irrupção da guerra proporcionou a Hayek e a Keynes a oportunidade de se reconciliarem. Ambos esperavam que a guerra pudesse ser evitada, mas nenhum dos dois tinha ilusões sobre a aceitação das ofertas de "paz" por parte de Hitler. Ambos esperavam e acreditavam que os Estados Unidos entrariam na guerra. Caso contrário, quando a Alemanha sofresse um colapso, afirmou Hayek, "a civilização da Europa será destruída".[2] Ambos encaravam a guerra como uma defesa, não apenas da Grã-Bretanha, mas do Iluminismo do século XVIII. Por ocasião de um espetáculo beneficente no Teatro de Artes de Cambridge, que objetivava levantar dinheiro para os refugiados, em dezembro de 1940, Keynes comunicou à plateia que havia mil alemães em Cambridge. "Agora", ele disse, existiam "duas Alemanhas":

> A presença, entre nós, de alemães no exílio [...] é um sinal de que há uma guerra, não entre nacionalidades e imperialismo, mas entre duas maneiras opostas de vida [...]. Nosso objetivo, nessa luta enlouquecida e inevitável, não é conquistar a

Alemanha, mas convertê-la, trazê-la de volta ao redil histórico da civilização ocidental, cujos alicerces institucionais são [...] a Ética Cristã, o Espírito Científico e o Governo da Lei. Somente amparada por esses alicerces é que a vida pessoal pode ser vivida.[3]

Quando a blitz começou, no verão de 1940, Keynes e Hayek já se correspondiam havia meses e tratavam da transferência da Escola de Economia de Londres para Cambridge, da ajuda aos acadêmicos judeus que fugiam da Europa controlada pelos nazistas e dos esforços para obter a soltura de colegas estrangeiros, tratados como inimigos, após as semanas de pânico que se seguiram à queda da França, em junho de 1940. Em outubro, Keynes conseguiu aposentos e alguns privilégios para Hayek no King's College. Nos prolongados fins de semana que Keynes continuava a passar em Cambridge, eles frequentavam G. David, um antiquário que vendia velhos livros na esquina do Teatro de Artes de Cambridge, e trocavam informações sobre seus achados.

O mais surpreendente foi que a guerra colocou Keynes e Hayek do mesmo lado do debate em torno da política econômica. Durante a maior parte da década de 1930, Hayek descartou as propostas de Keynes para combater a Grande Depressão com dinheiro facilitado e gastos deficitários, julgando-as "propaganda da inflação", chegando certa vez a referir-se em particular a seu rival como "inimigo público".[4] No entanto, em 1939, Hayek louvava Keynes em artigos de jornal. Para grande pesar de seus amigos e discípulos de esquerda, a guerra transformara Keynes num defensor da inflação.

O que aconteceu? As circunstâncias haviam mudado. A Grã-Bretanha praticamente dissolvera seu Exército e a força aérea após a Primeira Guerra Mundial, e contrapor-se à Alemanha de Hitler exigiria grande aumento de gastos governamentais, a partir de 1937. Em parte devido ao temor de que elevar os impostos agravaria o desemprego, que ainda se situava no patamar de 9%, e em parte porque o rearmamento era impopular, o governo do primeiro-ministro Neville Chamberlain optou por não elevar os impostos e em vez disso emitiu IOUS* na forma de debêntures. Assim, antes mesmo de a guerra ser declarada, a dívida nacional da Grã-Bretanha tinha alcançado alturas vertiginosas. O

---

* Documento com as letras IOU, determinada quantia, uma assinatura, e que é dado como um reconhecimento de dívida (*Merriam-Webster's Collegiate Dictionary*, 11ª ed., 2004, p. 660). (N. T.)

primeiro orçamento da guerra, publicado em setembro de 1939, projetou um deficit de 1 bilhão de libras ou estonteantes 25% da renda nacional anual da Grã-Bretanha.

Os enormes gastos deficitários tiveram um efeito dramático. A economia acelerou, sobretudo no sul da Inglaterra, onde portos e bases estavam sendo ampliados e se construíam fábricas de armas. Era essa a cura que Keynes advogara em 1933 e que parecia corroborar sua *General theory*.

Seria possível esperar que Keynes tivesse ficado satisfeito com o fato de que o Tesouro, o qual resistira teimosamente a seguir seu conselho no final dos anos 1920 e início dos anos 1930, finalmente se tivesse tornado "keynesiano". Em vez disso, escreve Skidelsky, ele ficou cada vez mais preocupado, desaprovando o que estava acontecendo. Ao incorrer numa pesada dívida e imprimir dinheiro para manter baixas as taxas de juros, o governo estava semeando as sementes da futura inflação. Como a guerra era certa, as coisas só poderiam piorar. Keynes negou que estivesse mudando de opinião. As circunstâncias é que haviam se modificado. Em 1933, a taxa de desemprego era de 15%; em 1939 estava abaixo de 4%, caía e os industriais se queixavam da escassez de mecânicos especializados e de engenheiros. Keynes inventou a economia da abundância para lidar com uma maciça escassez da demanda, durante uma depressão. Agora ele aplicava a mesma lógica à condição oposta, isto é, um excesso de demanda durante a guerra.

Após a Primeira Guerra Mundial, as inflacionárias finanças de guerra e o fardo de pesadas dívidas resultaram num caos político e econômico. Keynes expôs o "Plano Keynes" em dois artigos publicados no *Times* de Londres, em meados de novembro de 1939.[5] Para tapar um buraco de 400 milhões a 500 milhões de libras, que havia entre os gastos e as receitas obtidas com impostos, ele propôs um tributo sobre a renda, que duraria na guerra. O dinheiro seria reembolsado depois da guerra, possibilitando a Keynes, como aconteceu com Schumpeter em 1939, denominar seu imposto "poupança forçada". Skidelsky assinala que os artigos, publicados alguns meses depois de *How to pay for the war* [Como pagar pela guerra], ilustravam "o conceito de Keynes sobre o orçamento como um instrumento de política econômica".[6] Um dos endossos mais calorosos se deveu a Hayek, que secundou as propostas de Keynes numa coluna do *Spectator*, seguida de uma nota: "É reconfortante saber que concordamos tão completamente sobre a economia da escassez, mesmo que divirjamos em relação a quando ela se aplica".[7]

***

Como Keynes sabia muito bem, ele vivia com os dias contados. Um grave ataque cardíaco, em 1937, o forçou a aposentar-se prematuramente e ele foi morar em sua propriedade de Tilton. Dois anos de cuidados por parte de Lydia, um milagroso remédio alemão e as enlouquecidas esperanças da Alemanha de conquistar o mundo lhe proporcionaram a oportunidade de um terceiro ato final.

Na véspera da Batalha da Grã-Bretanha, a tentativa de Hitler de destruir a Real Força Aérea em solo, Keynes estava de volta ao Tesouro "sem deveres de rotina e sem horário de trabalho", mas "participando de comissões e de vários comitês de alto escalão".[8] O primeiro-ministro Winston Churchill, a última celebridade da Grã-Bretanha, prestou pouca atenção a como a guerra contra Hitler seria financiada e atenção ainda menor aos arranjos da economia no pós--guerra. Isso se tornou a grande tarefa de Keynes, que assumiu o papel de fato de chanceler do erário, que coube a Churchill durante a Segunda Guerra Mundial. Quando Keynes escreveu seu apaixonado desabafo sobre o Tratado de Versalhes em 1919, ele avisou que "a vingança, ouso prever, não dará tréguas" se acaso os vitoriosos insistissem em empobrecer os vencidos. Skidelsky escreve que, após se provar o quanto ele estava tragicamente correto, "o objetivo fundamental" de Keynes era que os "Aliados se desempenhassem melhor do que da última vez".[9]

Depois que o surpreendente colapso da França deixou a Grã-Bretanha enfrentando sozinha a máquina de guerra alemã, a obsessão do Tesouro e, portanto, a de Keynes tornou-se levantar dinheiro para continuar lutando. Embora a tática de Hitler, de conquistas em série, não exigisse que a Alemanha pusesse sua economia em total pé de guerra, a Grã-Bretanha não dispunha do luxo de desfechar uma guerra limitada. Enquanto agressor, Hitler podia decidir quando atacar e sua estratégia da Blitzkrieg se autofinanciava, pois espoliar suas vítimas pagava os gastos militares. A escolha da Grã-Bretanha se limitava a duas opções: uma delas era aceitar a oferta de "paz" por parte de Hitler, o que significava compartilhar o ignóbil destino da França. Enquanto o antigo mentor político de Keynes, Lloyd George, se preparava para tornar-se o marechal Pétain do rei Edward e a esquerda mantinha vigílias a favor da paz, essa opção não era acolhida pelo eleitorado britânico. A outra escolha era abandonar a prudência fiscal e desfechar uma guerra total, sem levar em consideração as consequências do pós-guerra. Embora Keynes não duvidasse de que essa escolha era correta, ele jamais deixou de imaginar maneiras mais inteligentes de atenuar quaisquer consequências negativas. Estava novamente "interessado, animado e feliz".[10] Escreveu a um amigo: "Muito bem, aqui estou executando um trabalho semelhante, no mesmo lugar e para uma semelhante emergência".[11]

A partir de agosto de 1940, Keynes passou dezoito horas por dia à sua escrivaninha e, com muita frequência, no porão do Tesouro. A exemplo de Hayek, que insistiu em permanecer em Londres, indo para Cambridge somente durante a primeira fase dos bombardeios, Keynes ignorou o perigo, descartou a possibilidade de uma invasão alemã e manteve a esperança de que seus livros e quadros sobreviveriam. Como era alguém de dentro, com acesso aos "mais recônditos segredos", bem como ao chanceler, cuja sala era vizinha à dele, Keynes dispunha de meios muito mais amplos de moldar a política financeira da Grã-Bretanha do que durante a Primeira Guerra Mundial. Nem a meia-idade, nem o status de celebridade, nem os problemas cardíacos tinham atenuado sua impaciência com os calouros do King's College ou a fúria que ele exprimiu em *The economic consequences of the peace*. "Para um carpinteiro com martelo, tudo parece um prego", diz um antigo ditado. Para Keynes, tudo parecia um problema que ele estava mais qualificado para resolver do que as pessoas incumbidas dessa responsabilidade. Ele se metia com questões que iam de tarifas a impostos sobre a cerveja e muitas vezes se equivocava, despertando ressentimentos. Certa vez enviou a Richard Kahn, então atuando no Egito, um plano para reorganizar todo o sistema de transportes do Cairo.

Conforme ocorrera na guerra anterior, tornou-se tarefa de Keynes fazer com que os americanos aumentassem os gastos. No começo de maio de 1941, antes da entrada dos Estados Unidos na guerra e no auge da controvérsia com esse país sobre o fornecimento de *destroyers* que escoltassem remessas de armas para a Grã-Bretanha, Keynes passou onze semanas em Washington como enviado do governo britânico. Era sua terceira visita aos Estados Unidos — tais visitas eram "consideradas uma doença séria, seguida de uma convalescença"[12] —, só que dessa vez ele desistiu de seu meio preferido de transporte transatlântico, o navio *Queen Mary*, e voou pela Pan American. Os submarinos alemães percorriam o Atlântico norte, afundavam os navios britânicos num ritmo de sessenta por mês, e voar era mais seguro, embora não necessariamente mais rápido, devido aos horários erráticos. Quando Keynes desembarcou no aeroporto La Guardia, onde os repórteres o aguardavam, primeiramente declarou como seria bom se houvesse a possibilidade de voos diários entre Londres e Nova York, e, em seguida, partiu para o ataque aos isolacionistas americanos.

Uma vitória alemã significaria que os laços dos Estados Unidos com o Velho Mundo seriam permanentemente cortados. "A economia americana não poderia funcionar de modo algum apoiada em sua atual base. É impossível pensar nisso." Nem todo mundo apreciou sua palestra. O arqui-isolacionista senador Burton Wheller, de Montana, desdenhou. "O povo americano se ressente do fato de que esses estrangeiros estejam tentando nos envolver com a guerra dando-nos conselhos gratuitos sobre como governarmos nosso país, quando fracassaram miseravelmente no deles."[13] O senador quis dizer com isso que a Grã-Bretanha não conseguia pagar suas dívidas. Tendo convertido sua economia devido à guerra total, a Grã-Bretanha era forçada a pagar equipamentos importados com moedas fortes, até quando se evaporou sua capacidade de obter essas moedas através das exportações. Quando lorde Lothiam, o embaixador da Grã-Bretanha, declarou: "Muito bem, rapazes, a Grã-Bretanha quebrou. O que queremos é o dinheiro de vocês", o Tesouro dos Estados Unidos se recusou a acreditar que o Império Britânico possivelmente não dispunha de ouro.[14]

No entanto, a antipatia dos americanos em sacrificar os recursos do Tesouro e as vidas, após a Primeira Guerra Mundial, era tão forte que os Estados Unidos apoiaram o desarmamento unilateral num período em que a Alemanha, a Rússia e, segundo tudo indicava, os britânicos e os franceses voltavam a se armar. Embora os Estados Unidos mantivessem a maior força naval do mundo, seu Exército era "uma força esquelética" de 200 mil homens e toda a força aérea consistia de 150 aviões de combate. Em 1940 os Estados Unidos gastavam menos de 2% de sua renda anual com a defesa, e toda venda de armas a governos estrangeiros era restringida por lei. A Lei Johnson, de 1934, tinha como alvo específico a Grã-Bretanha. Proibia a venda de armas a qualquer país que tivesse declarado default em relação às dívidas contraídas durante a Primeira Guerra.

A queda da França e a quase destruição da força expedicionária britânica em Dunquerque, em junho de 1940, provocaram uma profunda reconsideração. Mesmo em um ano eleitoral já não era possível negar que a Alemanha, sobretudo por ter feito uma aliança com a União Soviética, representava uma séria ameaça em potencial aos Estados Unidos. Hitler, que implementava um grande programa de fabricação de *destroyers* e aviões e atormentava o *Caudillo de España*, Francisco Franco, para permitir bases americanas no oeste da Espanha, tinha em vista os Estados Unidos. O Congresso aprovou rapidamente cerca de 4 bilhões de dólares para gastos com munição e colocou como objetivo alistar 2 milhões de homens até o fim de 1941.

Contudo, o rearmamento foi descrito como algo destinado estritamente "à defesa do hemisfério".[15] A imensa maioria dos eleitores estava convencida de que os britânicos não conseguiriam evitar a derrota. O historiador Alan Milward chama a atenção para o fato de que a decisão americana de voltar a se armar tornava mais plausível aquela desalentadora perspectiva, o que não deixava de ser uma ironia. A Grã-Bretanha havia encomendado cerca de 2,4 bilhões de dólares em armamentos para fabricantes americanos de armas de defesa, quantidade suficiente de navios, aeroplanos e caminhões para manter suas fábricas em atividade durante anos. Ela corria o risco de ter suas encomendas prejudicadas pelas encomendas americanas.

A Lei de Empréstimo e Arrendamento foi a inspirada estratégia de Franklin Delano Roosevelt para manter os Estados Unidos fora da guerra, ao mesmo tempo que mantinha a Grã-Bretanha nela. Ao contrário de Joseph Kennedy, seu embaixador em Londres, e de muitos de seus mais próximos conselheiros, o presidente julgava que mediante apoio adequado dos Estados Unidos a Grã-Bretanha poderia e iria triunfar. A declaração de Churchill, "jamais nos renderemos", durante a evacuação de Dunquerque, convenceu Roosevelt de que "não haveria negociações entre Londres e Berlim" daquele tipo que pediam grupos contrários à guerra, do Partido Comunista ao Primeiro Comitê dos Estados Unidos, passando por dois membros do Gabinete de Guerra britânico e pelo embaixador Kennedy.[16]

Armar os britânicos era reavivar a economia americana e diminuir o desemprego. O único problema era que o fluxo de armas não poderia prosseguir nos termos americanos — pague e leve —, pois a Grã-Bretanha já não conseguia obter dólares mediante as exportações, conforme Churchill explicou a Roosevelt em sua "carta de um pedinte", à espera de ser enviada até a reeleição do presidente, em novembro de 1940.[17] A resposta de Roosevelt foi dada por ocasião de uma entrevista à imprensa, quando ele disse aos jornalistas que "a melhor e imediata defesa dos Estados Unidos é o sucesso da Grã-Bretanha em defender-se".[18] Ele não cogitava de não relembrar aos americanos os benefícios de suprir a Grã-Bretanha. Roosevelt ilustrou a questão por meio de uma parábola: se a casa de seu vizinho estiver pegando fogo e se você tiver uma mangueira, não tentará vendê-la a ele; emprestará a mangueira e lhe dirá que a devolva, após extinguir o fogo. "O que estou procurando fazer [...] é tentar nos livrar do tolo e velho signo do dólar", disse ele.[19] Os Estados Unidos remeteriam à Grã-Bretanha quantos armamentos e provisões ela necessitasse, pagos pelos contribuintes americanos, em troca da promessa dos britânicos de pagar em espécie quando a guerra fosse vencida. Numa "conversa ao pé da lareira", transmitida pelo rádio em 29 de dezembro, na noite em que os bombardeios aéreos alemães reduziram a escombros o distrito financeiro de Londres, Roosevelt declarou: "Temos de ser o grande arsenal da democracia".[20]

A proposta exigia a aprovação do Congresso, pois Roosevelt solicitava uma dotação inicial de 7 bilhões de dólares. Os opositores argumentaram que a Lei de Empréstimo e Arrendamento inevitavelmente arrastaria os Estados Unidos à guerra, ao provocar o ataque da Alemanha. Outros acenaram com o espectro de que as armas enviadas à Grã-Bretanha cairiam nas mãos dos nazistas, após sua inevitável derrota. No entanto, a proposta do presidente prevaleceu e o Congresso aprovou a medida em 10 de março de 1941, com uma cláusula que proibia a Marinha de enviar seus navios à zona de guerra.

Churchill comemorou a Lei de Empréstimo e Arrendamento "como o ato mais desprovido de sordidez da história de qualquer nação" e, com efeito, a nova disposição assinalou o início de uma procissão de 50 bilhões de dólares em navios, aviões e alimento de fábricas e fazendas americanas e a suspensão da tradicional prática americana de tratar empréstimos a aliados estritamente como um negócio. É claro, porém, que havia dificuldades, e Keynes estava decidido a aplainá-las.

A disputa que ocorreu entre a Grã-Bretanha e os Estados Unidos exatamente um dia depois de a Casa Branca enviar a Lei de Empréstimo e Arrendamento ao Congresso deveu-se ao fato de que a lei abrangeria apenas pedidos feitos após entrar em vigor e não aqueles feitos anteriormente. Churchill afirmou que o pagamento à vista em relação a pedidos passados "já tinha minguado nossos recursos".[21] Quando se queixou de que "não seremos apenas esfolados, mas sugados até os ossos", ele se referia a uma condição particularmente onerosa.[22] Para provar que precisava realmente de ajuda, supunha-se que a Grã-Bretanha exaurisse todas as suas reservas de dólares antes de recorrer à Lei de Empréstimo e Arrendamento — na verdade, pagaria a construção de fábricas americanas que iriam produzir armas para ela. Isso significava entregar as decrescentes reservas de ouro do país. Os Estados Unidos chegaram a enviar um *destroyer* à Cidade do Cabo, na África do Sul, para recolher 50 milhões de dólares de ouro em barra que Londres mantinha ali por questões de segurança. Os britânicos também foram solicitados a vender num mercado fraco ações que tinham de companhias americanas e de subsidiárias americanas de empresas britânicas. Nas semanas que antecederam a Lei de Empréstimo e Arrendamento, o representante do Tesouro britânico em Nova York, que estava liquidando o portfolio de ações de seu país a um ritmo de 10 milhões por semana, detectou uma manobra para obter vantagens comerciais após a guerra.

Keynes, sempre otimista, estava convencido de que os Estados Unidos jamais deixariam de se manifestar, se a Grã-Bretanha se transformasse em outra França de Vichy, mas fracassou em avaliar o quanto os americanos se empenhavam em não entrar na guerra. É claro que a Lei de Empréstimo e Arrendamento era destinada a reconciliar aqueles objetivos. Muito distanciado de sua promessa durante as eleições ("Disse antes e repetirei quantas vezes for preciso: nossos rapazes não serão enviados para combater em quaisquer guerras estrangeiras"[23]), Roosevelt garantiu repetidamente ao Congresso que os Estados Unidos não combateriam, a menos que fossem atacados. Seus críticos à direita e à esquerda o acusaram de manobrar secretamente a fim de criar provocações, mas provas recentes mostram que, até Pearl Harbor, o presidente continuava esperando que poderia evitar entrar na guerra. "Talvez esteja chegando o momento em que os alemães e os japoneses façam alguma tolice que nos levará a intervir", ele disse a seus auxiliares. "Quanto a isso, o perigo é eles darem um passo em falso."[24] Um indício muito claro de que Roosevelt sabia do que falava foi o fato de que, quando Keynes chegou a Washington, os americanos monitoravam códigos por meio do Enigma, um dispositivo fornecido em abril pelos ingleses, segundo os quais não se deveria perseguir os submarinos alemães, mas *evitá-los*.[25]

Keynes acusou os Estados Unidos de "nos tratar pior do que julgamos apropriado tratar o mais humilde e menos responsável país dos Bálcãs", e argumentou que os britânicos tinham de se empenhar para "manter recursos suficientes que nos permitam agir com independência".[26] A questão era limitar a dependência da Grã-Bretanha em relação à Lei de Empréstimos e Arrendamento e, assim, o controle dos americanos sobre a balança de pagamentos britânica. Keynes foi a Washington como enviado pessoal do chanceler a fim de tentar melhor financiamento para os pedidos feitos antes da aprovação da Lei de Empréstimos e Arrendamento. Seu alvo era reabastecer as reservas britânicas em um montante de até 600 milhões de dólares. Acumular reservas de caixa recorrendo à Lei de Empréstimos e Arrendamento era precisamente aquilo a que os americanos se opunham.

O encontro inicial de Keynes com o secretário do Tesouro de Roosevelt, Henry Morgenthau, foi um desastre. Seus modos condescendentes e professorais irritaram o secretário. Sua proposta de que o Tesouro dos Estados Unidos devolvesse 700 milhões de dólares relativos a empréstimos feitos antes da aprovação da Lei de Empréstimos e Arrendamento ia contra a garantia dada pelo presidente ao Congresso de que a lei se aplicaria unicamente a empréstimos futuros. Keynes esteve com Roosevelt duas vezes, a segunda delas em 1941, depois que a Alemanha rompeu o pacto com Stálin e invadiu a União Soviética. Ele conseguiu levantar um empréstimo que possibilitou à Grã-Bretanha adiar a venda de seus ativos a preços vis e ofereceu como garantia propriedades britânicas; além disso, concordou com o pagamento de uma pesada taxa de juros.

O keynesianismo se manteve durante os dois primeiros anos da guerra. A remodelação das Forças Armadas, que implicou grandes deficits financeiros, conseguiu aquilo que esforços anteriores para combater a Grande Depressão jamais alcançaram: acabar com os grandes resíduos de desemprego que ocorriam no final dos anos 1930. Após o aparente fracasso da política monetária de restaurar o pleno emprego, esse fato chamou a atenção dos jovens economistas como uma demonstração convincente de que a economia funcionava do modo como Keynes afirmou em *General theory*. Em 1941, keynesianos que se identificavam como tal se espalhavam pela burocracia dos tempos de guerra, em Washington, como um enxame de abelhas em torno do mel.

Um acontecimento que era ao mesmo tempo uma previsão, logo no início da guerra, conferiu imediata credibilidade aos jovens keynesianos que trabalhavam na burocracia do governo. A maioria dos empresários que prestavam consultoria para o Escritório de Produção do Governo estava convencida de que a capacidade produtiva da economia era "muito limitada" e demonstrava ceticismo de que a produção de armas e de equipamentos pudesse realizar-se com a velocidade que o presidente desejava. Os keynesianos do Escritório de Administração de Preços não concordaram. Por ocasião de uma das viagens de Keynes a Washington, perguntaram ao líder qual era sua opinião. Keynes mostrou sua desenvoltura em fazer rápidas estimativas a partir de apenas alguns poucos fatos. "Bem, de quanto foi a produção real de 1929 em relação a 1914?", perguntou. "Temos aí um período de quinze anos e, desde 1929, passaram-se doze anos. É um incremento de 12/15. Penso que seria uma meta razoável."[27] Os keynesianos do Escritório de Administração de Preços eram da mesma opinião. Keynes raciocinava assim: o fato de que, após a Primeira Guerra Mundial, a década de 1920 tenha sido um longo período de baixo desemprego constituía um bom indicativo de quão rapidamente a economia *poderia* crescer quando a demanda não era deprimida. Como disse um dos membros da equipe do Escritório de Administração de Preços: "A ala keynesiana do serviço público dos Estados Unidos foi justificada".[28]

Em 1941, os keynesianos dominavam quatro agências do New Deal: o Sindicato Nacional dos Fazendeiros, a Associação de Planejamento Nacional, o Escritório do Orçamento e o Escritório de Planejamento dos Recursos Nacionais. Havia também um grupo no Tesouro. Alguns poucos haviam ascendido suficientemente na presidência Roosevelt para poder influenciar a política econômica, entre eles John Kenneth Galbraith, chefe do Escritório de Administração de Preços, Marriner S. Eccles, presidente do Federal Reserve, Lauchlin Currie, um dos seis assistentes administrativos de Roosevelt, e Harry Dexter White, chefe de fato da equipe do secretário do Tesouro, Henry Morgenthau. Se antigos adversários agora descobriam que podiam fazer causa comum com Keynes, alguns de seus fãs mais ardorosos de Washington ficaram desolados. Por ocasião de um jantar na casa de Currie, vários jovens tentaram convencer Keynes de que seu plano era a receita errada para os Estados Unidos. A taxa oficial de desemprego ainda era de dois dígitos e algumas indústrias continuavam a não operar com plena capacidade. Cortes nas despesas, aumento de impostos e outras medidas de austeridade somente agravariam a situação e poderiam abortar a recuperação muito antes de a economia atingir o pleno emprego. Acontece que Keynes tinha razão e ele não voltou atrás. Ainda assim fez uma concessão: "Os jovens que trabalham no serviço público e os jovens consultores chamam minha atenção, pois são extremamente capacitados e vigorosos". Achava, porém, "aquele tipo judeu muito valente e talvez um pouco exibido demais".[29]

Criado numa fazenda do Canadá, John Kenneth Galbraith se portava e falava como um lorde inglês, e gostava de dizer que as ideias de Keynes chegaram a Washington pela Universidade Harvard.[30] Seria, porém, mais preciso afirmar que elas também chegaram através da Universidade de Wisconsin, da Universidade Columbia, da Universidade da Cidade de Nova York, do MIT, da Universidade Yale e, não poucas vezes, da Universidade de Chicago.

Milton Friedman, que havia acabado de defender seu doutorado em Chicago, não compareceu com Keynes ao jantar na casa de Currie, mas em 1941 o futuro líder da retomada monetarista anti-keynesiana da presidência Reagan era um dos mais brilhantes jovens keynesianos do Tesouro. E ele fez de tudo, mais do que a maioria de muitos economistas, para tornar o keynesianismo praticamente factível nos Estados Unidos.

Filho de judeus húngaros que se estabeleceram no Brooklyn na década de 1890, Friedman nasceu pouco antes da Primeira Guerra Mundial. Cresceu no andar de cima da loja dos pais, na rua principal de Rahway, pequena cidade fabril no Estado de Nova Jersey, à beira da ferrovia que ligava Nova York a Filadélfia, e cuja principal reivindicação à fama era o fato de que George Merck mudara sua fábrica de produtos químicos para lá em 1903. Friedman cresceu vendo os pais labutarem sem ser bem-sucedidos em um negócio após outro, incluindo uma sorveteria. Quem sustentava a família era sua mãe, pois seu pai morreu de angina aos 49 anos, quando Friedman tinha quinze anos. No ginásio ele leu *Este lado do paraíso*, o romance de F. Scott Fitzgerald cujo protagonista, Amory Blaine, tem "personalidade, charme, magnetismo, porte, o poder de dominar todos os homens contemporâneos, o dom de fascinar todas as mulheres". Friedman media menos de um metro e sessenta, usava óculos, era pobre e, se isso significava que a semelhança com Blaine não era perfeita, ele pelo menos podia cultivar a característica que este mais prezava: "No plano mental, completa e inquestionável superioridade".[31]

No mundo de Friedman isso significava tornar-se um contador. O campeão de debates no ginásio matriculou-se na Universidade Rutgers, e não em Princeton, com a intenção de tornar-se exatamente isso. A Grande Depressão e um jovem auxiliar de ensino, Arthur Burns, futuro presidente do Federal Reserve, o dissuadiram de estudar ciências contábeis e o encaminharam para a economia. Para conseguir manter-se, o jovem Friedman vendia fogos de artifício, preparava outros estudantes para os exames e escrevia manchetes para o jornal estudantil. Ao se formar, em 1932, ele fez uma excursão campestre antes de se matricular no outono na Universidade de Chicago, onde o corpo docente era "cínico, realista e negativo" em relação a reformas, mas no íntimo reformista, e o fato de ele ser um judeu de classe baixa não constituía empecilho para sua aceitação.[32] No fim do primeiro ano, Friedman já tinha conhecido Rose Director, a irmã mais nova de um de seus professores, levara-a para visitar a Feira Mundial, em Chicago, e estava apaixonado por ela.

Três anos mais tarde, quando terminou suas tarefas acadêmicas e já tinha gastado toda sua poupança, o New Deal foi "um salva-vidas".[33] Durante todo o verão de 1935, ele esperou em vão uma oferta de trabalho, mas a quantidade de postos acadêmicos era ínfima e o antissemitismo tornava remota a possibilidade de uma contratação. Se um de seus professores não tivesse conseguido para ele um emprego como pesquisador em Washington, ele poderia muito bem ter abandonado a carreira que escolheu e se voltar para a contabilidade. No entanto, seu entusiasmo pelo New Deal era real — o conservador irmão de Rose testemunhou que Friedman "tinha inclinações muito fortes pelo New Deal"[34] — e ele se dispôs a participar do "nascimento de uma nova ordem" que prometia todo tipo de mudanças sociais.[35]

Seu novo patrão, o Comitê de Recursos Nacionais, era uma das doze "agências de planejamento" criadas durante a primeira presidência Roosevelt. O "planejamento" gozava naquela época de grande aceitação. Propostas de estabelecer metas de produção agrícola, preços em um punhado de indústrias e salário mínimo tinham suas raízes, não em uma doutrina econômica stalinista, mas nas plataformas dos fabianos e dos trabalhistas britânicos. Na prática, porém, os planejadores do New Deal se empenhavam sobretudo em estruturar cômputos sobre a renda nacional e prever a produção e o emprego futuros. John Maynard Keynes vinha insistindo nos governos da Grã-Bretanha e dos Estados Unidos para que criassem um sistema de cálculos da renda nacional análogo aos balanços anuais de uma empresa, relativos a seus rendimentos. Sem dispor de dados confiáveis sobre o montante anual da produção de uma economia, quanta renda ela gerava na forma de salários, lucros, juros e renda, ou sobre o quanto e em que as famílias, as empresas e o governo gastavam, o governo e o empresariado operavam no escuro. Não havia meios de detectar o desequilíbrio entre a produção e a demanda ou de aferir sua magnitude. Recorrendo unicamente a calculadoras de mesa, estruturar relatórios sobre a renda nacional era um projeto que exigia muito trabalho e consumia muito tempo. Foi assim que nasceu um sólido programa de obras públicas destinado a estudantes de graduação em economia. Herbert Stein, um dos colegas de classe de Friedman em Chicago, certa vez avaliou que a quantidade de economistas em Washington passou de meros cem, em 1930, a 5 mil, em 1938.[36]

Friedman teve a incumbência de reunir a primeira grande base de dados sobre os consumidores e suas compras. Embora o trabalho que isso exigia fosse puramente estatístico, mais tarde ele atribuiu a essa experiência alguns de seus melhores escritos, incluindo sua "hipótese da renda permanente", citada quando ele ganhou o prêmio Nobel em 1976. Ela explica, entre outras coisas, por que os consumidores gastam uma fração menor dos cortes temporários dos impostos ou dos ganhos inesperados do que aquilo que gastam com cortes permanentes de impostos ou com outros futuros acréscimos a sua renda.

Dois anos mais tarde, quando a recuperação econômica, que se iniciou em 1933, ainda estava longe de se completar e começou a trilhar o caminho inverso, Friedman trocou Washington por Nova York, onde foi trabalhar no Escritório Nacional de Pesquisa Econômica. Lá ele se juntou a uma equipe reunida por Simon Kuznets, um professor da Universidade Columbia, que estruturava o primeiro e completo conjunto de cômputos da renda nacional para os Estados Unidos. Além de preencher lacunas sobre os dados, a tarefa de Friedman era criar estimativas detalhadas sobre a renda dos profissionais autônomos.

Durante sua pesquisa ele ficou abalado ao descobrir que, apesar do grande afluxo de médicos judeus emigrados depois que Hitler subiu ao poder, em 1933, o número de licenças para que eles praticassem sua profissão não havia aumentado em cinco anos. Furioso com o poder de grupos profissionais de impedir pessoas de fora de entrar em seu campo de trabalho, ele escreveu uma crítica acerba ao que estava acontecendo. Friedman sentiu na própria carne a violência do poder quando a publicação desse seu estudo foi adiada durante três anos pelo conselho diretor do Escritório Nacional de Pesquisa Econômica, que tinha ligações com a indústria farmacêutica. Nesse meio-tempo se pôs a imaginar por que se incomodava tanto. "O mundo está caindo aos pedaços [...] e ficamos nos preocupando com os meios, os desvios-padrão e a renda profissional", ele escreveu em 1938 a sua noiva, a irmã mais nova de Aaron Director. "Porém o que mais nos resta fazer?"[37]

Naquele verão ele se casou com Rose Director, pessoa tão mordaz, enérgica e conservadora quanto o irmão dela. Quando Friedman regressou pela segunda vez a Washington, no outono de 1941, já havia defendido seu doutorado e sobreviveu graças a um insuportável posto acadêmico na Universidade de Wisconsin, onde o posicionamento era, de modo geral, pró-neutralidade e antissemita. O jovem casal consolou o pensamento de que mais cedo ou mais tarde os Estados Unidos teriam de entrar na guerra. Quando Hitler atacou seu aliado soviético, os Friedman ficaram contentíssimos de ir para Washington, onde os aguardavam importantes tarefas ligadas à guerra. Durante o verão, Friedman havia escrito um ensaio, "Tributar para impedir a inflação", com um professor de finanças públicas da Universidade Columbia, que o recrutou para trabalhar na Divisão de Pesquisa sobre o Imposto, pertencente ao Tesouro. Na primeira viagem que Friedman fez para Washington ele trabalhou na área de estatística. Dessa vez, porém, exercia um papel mais influente na estruturação de uma política.

Após Dunquerque, diante da crescente possibilidade de que os Estados Unidos pudessem ser arrastados para a guerra, a presidência Roosevelt ficou preocupada com as despesas que isso acarretaria. A economia dos Estados Unidos já estava se direcionando para a ajuda aos aliados europeus e estava para ser aprovado um projeto de estruturação do setor bélico. Um efeito indesejado dessas medidas foi o ressurgimento da inflação. Entre 1940 e 1941, os preços para os consumidores deram um salto de 5%, o maior aumento ocorrido num ano, desde 1920. Embora pouco preocupante diante dos padrões atuais, isso foi suficiente para ressuscitar lembranças desagradáveis da inflação que se seguiu à Primeira Guerra Mundial e dos protestos contra o custo de vida, junto com a grave recessão que ocorreu e que foi vista como sua consequência direta.

Durante a Primeira Guerra, a renda dos impostos tinha coberto dois terços das despesas de Washington. O resto foi financiado pela emissão de títulos. Uma inferência racional era a de que o governo tomava empréstimos para preencher a lacuna entre os rendimentos públicos e as despesas, o que era razoável mas equivocado. A maior parte do "empréstimo" foi uma forma disfarçada de imprimir mais papel-moeda. O Federal Reserve, criado pouco antes, solicitou com instância aos bancos comerciais a ele associados que emprestassem a seus correntistas dinheiro para que com ele comprassem bônus de guerra. Para aumentar proporcionalmente suas reservas os bancos, por sua vez, solicitaram empréstimos ao Banco Central

> descontando os empréstimos no Federal Reserve, isto é, pedindo empréstimos ao Federal Reserve para os quais os títulos do governo serviam como caução. O resultado foi que enquanto [...] a moeda corrente e os depósitos no Federal Reserve [...] aumentaram em 2,5 bilhões de dólares [...] apenas um décimo disso representava compras diretas de títulos do governo; o resto consistia de créditos estendidos aos bancos membros.[38]

O resultado da enorme expansão da oferta de dinheiro foi uma retomada da inflação. Para fazendeiros, empresários do setor de mineração e investidores do setor imobiliário, a inflação tinha significado uma vertiginosa ampliação da prosperidade ocorrida durante a guerra. Quando, porém, o Federal Reserve aumentou as taxas de juros, os preços no atacado caíram 44% e a prosperidade transformou-se numa queda perversa. Esse estado de coisas impulsionou a candidatura do republicano Warren Harding à Casa Branca, cujo slogan de campanha era "Um Retorno à Normalidade". Para os funcionários administrativos do Tesouro, comandado pelos democratas, evitar a repetição de semelhante desastre tornou-se prioridade absoluta após a Segunda Guerra Mundial.

Quando os Friedman se mudaram para seu apartamento próximo do Dupont Circle, a curta distância do prédio do Tesouro, Harry Dexter White, o desabusado assistente do secretário da instituição, resmungou que as coisas não iam muito bem. "As coisas estão escapando de seu controle", ele disse entre dentes a Galbraith, após um encontro sobre o problema da inflação. "Você precisa se mexer."[39] O secretário já havia ordenado que a Divisão de Impostos preparasse uma reestruturação do sistema de impostos federais. Virtualmente todo o debate em Washington sobre o combate à inflação dizia respeito à relativa eficácia do controle dos preços e salários versus a taxação. A presidência Roosevelt acabou encampando ambos.

O controle seletivo dos preços para evitar "a espiral dos preços, o crescente custo de vida, os aproveitadores e a inflação" já estava em efeito desde abril de 1941 e o Escritório de Administração de Preços foi criado para administrá-los.[40] Após Bernard Baruch declarar a um comitê do Congresso: "Não acredito em fixar os preços pouco a pouco. Penso que, em primeiro lugar, é preciso estabelecer um teto para toda a estrutura de preços, incluindo salários, renda e preços agrícolas... e então ajustar em separado as tabelas de preços para cima ou para baixo, caso houver necessidade",[41] foram concedidos ao Escritório de Administração de Preços plenos poderes para fixar os preços e os salários na maioria das indústrias.

O Tesouro e o Escritório de Administração de Preços inicialmente discordaram das estimativas dos impostos, pois um dos argumentos de Baruch em favor de maior autoridade sobre as empresas foi que, ao concedê-la, isso reduziria a necessidade de aumentar os impostos. Porém, uma vez decretada a Regulamentação Geral dos Preços Máximos, em 1942, as duas agências governamentais tiveram condição de entrar em acordo sobre os impostos. A primeira grande missão de Friedman foi avaliar o quanto os impostos teriam de subir para conter a inflação.

Em 7 de maio de 1942, durante seu primeiro comparecimento a um comitê do Congresso, Friedman propôs 8,7 bilhões de dólares de impostos adicionais, declarando que "essa era a menor quantia consistente com uma bem-sucedida prevenção da inflação".[42] Seguindo o raciocínio de Keynes em defesa do plano Keynes, de 1940, Friedman enfatizou que, com a demanda do governo e das famílias indo para as alturas, tornava-se essencial restringir os gastos do consumidor a fim de impedir uma situação na qual mais dinheiro era despendido com uma produção fixa de bens de consumo. Conforme ele disse ao comitê, um tanto empoladamente: "A taxação é a mais importante de todas essas medidas; a menos que seja implementada com rapidez e austeridade, as outras medidas sozinhas não serão capazes de impedir a inflação". Entre essas medidas, menos fortes, Friedman enumerou "o controle e o racionamento dos preços, o controle do crédito ao consumidor, a redução dos gastos governamentais e as campanhas em favor dos bônus de guerra".[43] Em nenhum momento mencionou a política monetária. Rememorando em 1953 sua atuação durante a guerra, Friedman atribuiu suas recomendações à "índole keynesiana da época",[44] mas ele se incluía entre os discípulos americanos de Keynes e continuaria a sê-lo até o final da década de 1940.

Fiel a suas convicções keynesianas, Friedman estava inclinado a encarar o imposto de renda como "mais eficaz para impedir uma subida inflacionária de preços e [...] uma melhor distribuição dos custos da guerra" do que o imposto sobre as vendas, que, claro, era regressivo.[45] Naquele verão ele ajudou a desenvolver uma proposta para o imposto sobre o consumo, em grande parte como medida para evitar a elevação do imposto de renda. White, que ficou muito envolvido com a ideia de taxar os gastos em vez da renda, propôs combinar o imposto sobre o consumo com a sugestão de Keynes, de contas de poupança compulsórias, que só poderiam ser resgatadas após a guerra. Após uma tempestuosa reunião do Tesouro, que terminou com o voto de dezesseis a um contra o plano, Morgenthau decidiu respaldar White e encaminhou a proposta ao Congresso. A rejeição já era esperada. Esse contratempo foi o primeiro dos desafios que Friedman teve de enfrentar, seguido de outros: fazer com que a legislação fosse cumprida, escrever discursos para seus superiores e, finalmente, comparecer à Colina do Capitólio para testemunhar perante comitês do Congresso.

Sem dúvida, o fundamental para qualquer plano sobre impostos era sua *arrecadação*. Antes de 1942, o imposto de renda incidia sobre a renda do ano anterior e era pago em quatro prestações quadrimestrais. Era responsabilidade do contribuinte comparecer com dinheiro, quando havia imposto a pagar. Isso não colocava problemas, quer para o contribuinte, quer para quem arrecadava os impostos, enquanto a taxação fosse baixa e somente uma pequena fração da população pagasse. Em 1939, menos de 4 milhões de restituições foram efetuadas e o total arrecadado foi menos de 1 bilhão de dólares, cerca de 4% da renda tributável. A renda dos Friedman os situava entre os 2% das famílias americanas que estavam no topo da pirâmide, mas o casal pagava apenas 119 dólares de imposto, menos do que 2% de sua renda tributável. Eles não tinham o menor problema em efetuar um único pagamento no dia 15 de março, data-limite para a quitação de impostos federais antes de 1955. Se a revisão proposta fosse adotada, teriam de pagar algo em torno de 1704 dólares, ou 23% de sua renda tributável. Era óbvio que, se o Tesouro quisesse arrecadar mais impostos, teria de encontrar um meio de proceder à arrecadação no momento em que a renda era gerada e não apenas um ano depois.

A solução era arrecadar o imposto na fonte. O Tesouro arrecadava impostos dos patrões quando eles pagavam os salários de seus trabalhadores. Quem auferia outros tipos de renda — juros, dividendos, dinheiro ganho por autônomos — devia pagar a cada quatro semestres impostos sobre a renda obtida naquele ano, na base de estimativas antecipadas e confiáveis, feitas pelo contribuinte. Uma grande diferença entre a sistemática adotada pela Alemanha e pela Grã-Bretanha, que durante anos praticaram a arrecadação de impostos na fonte, foi que o pagamento seria tratado como algo aproximativo e sujeito a ajustes posteriores. A única oposição séria se deveu ao IRS,* que antevia "um fardo quase insuperável" para os arrecadadores de impostos, uma oposição superada quando se determinou que os funcionários daquele órgão visitassem as empresas para estudar as práticas de suas folhas de pagamento, de modo que a mecânica da retenção pudesse ser elaborada tendo em mente essas práticas.[46]

Friedman estava de volta à Colina do Capitólio. Dessa vez ele aprendeu uma lição: ser objetivo e manter as coisas num nível de simplicidade. Quando começou a responder a uma pergunta formulada por Tom Connally, senador do Texas, ele pigarreou e disse: "Existem três motivos. O primeiro...". Connaly o interrompeu. "Meu jovem, um bom motivo é o suficiente", disse o senador, que usava uma camisa de gola alta, sua marca registrada, no lugar da habitual gravata-borboleta.[47] O secretário do Tesouro, "homem de escassa capacidade intelectual", na opinião de Friedman, sempre insistia que seus assessores explicassem os problemas em termos que um aluno de ensino fundamental "como minha filha Joan" pudesse entender, mesmo após Joan entrar para a faculdade.[48]

Em seu despacho semanal na embaixada britânica, Isaiah Berlin, o historiador das ideias, reportando-se ao novo projeto de arrecadação de impostos, denominou-o "uma lei sobre impostos de dimensões sem precedentes" e anunciou que a expectativa seria arrecadar 7,6 bilhões de dólares.[49] No dia 22 de agosto ele escreveu, tomado de excitação, que "a nova lei afetará mais cidadãos do que qualquer lei jamais aprovada pelo Congresso".[50] Pela primeira vez os Estados Unidos dispunham de um imposto de renda com amplas bases. Uma família de quatro pessoas, com renda de 3 mil dólares, não devia imposto em 1939, mas devia 275 dólares em 1944; uma família com renda de 5 mil dólares, que pagava 48 dólares de imposto, passou a pagar 755 dólares; uma família com renda de 10 mil dólares teve seu imposto elevado de 343 dólares para 2245 dólares. O imposto de renda arrecadado em 1939 era pouco maior do que 1% da

---

* Internal Revenue Service (Serviço Interno do Fisco). (N. T.)

renda pessoal; em 1945, a cifra se elevou a pouco mais de 11%. Morgenthau enviou a proposta ao Congresso no início de 1942 e o Ato do Pagamento de Impostos Correntes foi apresentado ao Senado em 3 de março de 1942.

O efeito mais duradouro dos esforços de Friedman, durante a guerra, foi criar "uma enorme e poderosa máquina de elevação de rendimentos".[51] Tão poderosa era essa máquina, observou Herbert Stein, que os rendimentos subiriam com mais rapidez do que o produto interno bruto durante décadas após a guerra, devido à interação entre o crescimento econômico e as progressivas taxas de impostos. À medida que as rendas aumentavam, mais e mais pessoas passavam a integrar as categorias mais elevadas de contribuintes. Essa dinâmica garantia que os governos do pós-guerra podiam manter o aumento de seus gastos ao mesmo tempo que cortavam ocasionalmente as taxas de impostos sem incorrer em pesados deficits. Além disso, a retenção tornava a arrecadação menos penosa.

Era possível então manipular os impostos a fim de estabilizar a economia. Antes da guerra, notou Stein, os impostos representavam uma fração muito pequena da renda nacional, tendo em vista o objetivo de estimular ou restringir a economia. O mais importante é que grandes oscilações na arrecadação de impostos se tornaram automáticas. Quando a economia se retraía, os rendimentos obtidos com impostos caíam; quando a economia prosperava, ocorria o oposto. Assim, o estímulo keynesiano tornou-se automático durante as recessões, e a restrição keynesiana passou a ser automática nos momentos de prosperidade. A ironia foi que Friedman, o futuro santo padroeiro dos impostos baixos e da diminuta intervenção governamental, durante a era Reagan, tornou isso factível.

13. Exílio: Schumpeter e Hayek na Segunda Guerra Mundial

> *A história, enquanto segue sua trajetória, para nós não é história. Ela nos leva a um território desconhecido e raramente podemos ter um vislumbre do que vem adiante.*
>
> Friedrich Hayek, *The road to serfdom*, 1944[1]

Para Keynes e para muitos de seus discípulos que foram convocados para defender seu país, a guerra foi uma época de intenso engajamento, de extraordinários desafios intelectuais e de uma influência sem precedentes. Para Schumpeter e Hayek, a Segunda Guerra Mundial foi um tempo de inatividade imposta, de isolamento e de exílio. No plano intelectual eles não gozavam de favor. Na qualidade de emigrados não foram solicitados para participar dos esforços de guerra. Foram relegados a bibliotecas de universidades, povoadas por velhos, estrangeiros, inválidos de guerra e mulheres. Não podiam regozijar-se com a inevitável vitória dos Aliados sem também lamentar o sofrimento e a devastação do lado do inimigo.

Como testemunhas e vítimas do colapso do Império Austro-Húngaro após a Primeira Guerra Mundial, eles tinham como imaginar possibilidades que aqueles que atingiram a maioridade nos Estados Unidos e na Grã-Bretanha não podiam e não conseguiam idealizar. Keynes não apenas estava decidido de que, após a guerra, os Aliados não cometeriam os mesmos erros, conforme ocorreu em 1919, mas também confiava em que sua voz seria ouvida e seu ponto de vista prevaleceria. Tinha 56 anos quando a Grã-Bretanha declarou guerra ao Eixo e estava em posição de influenciar governos e a opinião pública de um modo como não poderia ter feito aos 36 anos. Era líder de uma revolução no pensamento econômico que contava com muitos participantes, era de fato o chanceler do erário, o principal negociador financeiro britânico em Washington e um dos arquitetos do sistema monetário do pós-guerra.

Schumpeter era atormentado por um sentimento de fracasso pessoal, estava deprimido pelas catástrofes que assoberbavam a Europa e o Japão e sentia-se distanciado do fervor em prol da guerra. Tornou-se cada vez mais isolado de seus colegas e alunos da Universidade Harvard. Expressou sua amargura diante do fato de que os americanos condenavam categoricamente a Alemanha e o Japão, ao mesmo tempo que tratavam a União Soviética como uma aliada. Como resultado, ele chamou a atenção do FBI, que o investigou durante mais de dois anos.

Para Schumpeter, o triunfo dos partidos socialistas de direita e de esquerda na Europa, após a Primeira Guerra Mundial, provou que apenas o sucesso econômico não era garantia da sobrevivência de uma sociedade. Acreditava que capitalismo e democracia eram uma mistura instável. Empresários bem-sucedidos conspirariam com políticos para barrar a entrada de novos rivais, os burocratas do governo reprimiriam a inovação por meio de impostos e regulamentações, intelectuais hostis atacariam as falhas morais do capitalismo, ao mesmo tempo que teceriam louvores a regimes totalitários e até mesmo, de vez em quando, proporcionariam secreta ou abertamente auxílio e reconforto para inimigos jurados do Ocidente. Seu temor de que a sociedade burguesa estava cavando sua própria sepultura, conforme Marx predissera, transformou-se em certeza.

Em vez de participar dos esforços de guerra, como outros expatriados austríacos nos Estados Unidos, Schumpeter, aos 56 anos, escreveu suas premonições em um livro que o evidencia como o grande irônico que ele era. Publicado em 1942, quando a fé na livre empresa minguava no Ocidente, *Capitalism, socialism and democracy* era um encômio disfarçado de oração fúnebre, que desafiava a conclusão de Keynes de que o capitalismo, desde suas origens, estava destinado ao fracasso. Quaisquer que fossem suas limitações — crises financeiras, depressões, embates sociais —, pertencia à natureza do capitalismo fornecer bens àquelas "nove partes da humanidade" que tinham sido escravizadas e empobrecidas ao longo da história. "A máquina capitalista é em primeiro e em último lugar uma máquina de produção em massa", Schumpeter afirmou cheio de confiança, num momento em que o produto interno bruto mal se recuperava da Grande Depressão.[2]

Graças a essa máquina, ele escreveu um trecho citado com frequência: as modernas trabalhadoras jovens podiam se permitir comprar meias caras demais para qualquer mulher, até para rainhas, um século antes. Se a economia dos Estados Unidos fosse crescer tão rapidamente em meio século após 1928 como crescera meio século antes, Schumpeter observou que a economia do país seria 2,7 vezes maior em 1978 do que em 1928, o que, da parte dele, acabou sendo um erro crasso, já que suas estimativas foram baixas. Ele não estava predizendo aquele desfecho — na verdade foi o oposto —, mas apenas impressionava os leitores com o poder do "engenhoso mecanismo".

Ao argumentar que a competição era um dispositivo social engenhoso para promover o gênio criativo e aumentar o padrão de vida, Schumpeter profetizou prontamente a falência do sistema. A sua própria pergunta retórica — "O capitalismo pode sobreviver?" —, ele respondeu: "Não. Penso que não pode".[3] O empreendedor, aquela força criativa no sucesso do capitalismo, estava sob ataque, assim como a ideologia do liberalismo econômico, não apenas na União Soviética mas no Ocidente. Conforme comentou o autor de uma resenha, Schumpeter "previu o triunfo do socialismo, mas passou a elaborar uma das mais apaixonadas defesas do capitalismo como sistema econômico jamais escritas".[4]

Sem dúvida o sentimento de que as oportunidades para indivíduos extraordinários estavam encolhendo refletiu a meia-idade de Schumpeter e suas tendências depressivas. Ele era perseguido por pensamentos de morte e receios de que tivesse se tornado pouco mais do que um anacronismo. Em Harvard, suas ideias foram cada vez mais consideradas antiquadas, bem como suas maneiras corteses e seu modo de se expressar cheio de floreios. Ele escreveu em seu diário que "se necessitava de uma nova economia", mas não se sentia à altura de criá-la. Numa declaração que revelava inconsciente ironia, ele acrescentou: "Eu não carrego pesos".[5]

Quando Friedrich Hayek e sua família se mudaram para Londres, no outono de 1931, ele tinha expectativas de regressar a Viena. Passados dois anos, reconheceu que seu exílio provavelmente seria permanente. Durante muitos anos Hayek ocupou a posição de chefe do campo econômico liberal em seu país de adoção. Entretanto, ao tornar-se cidadão britânico, em 1938, seus discípulos o tinham abandonado. John Hicks, um destacado keynesiano, lembrou em 1967: "Dificilmente se recorda de que houve uma época em que as novas teorias de Hayek eram as principais rivais das novas teorias de Keynes".[6]

O sentimento de isolamento intelectual, por parte de Hayek, foi intensificado pelos lúgubres acontecimentos na Áustria. Muito antes de Hitler marchar em direção a Viena e declarar o *Anschluss* em 1938, os antigos colegas de Hayek, incluindo Ludwig von Mises, que fora demitido de um posto universitário, começaram a mudar-se para o exterior a fim de escapar do crescente antissemitismo. Em 1935, ele escreveu a Fritz Machlup, um membro judeu de seu antigo seminário *Geist-Kreis*, que o informara da decisão de continuar permanentemente nos Estados Unidos. Na qualidade de judeu, Machlup tivera poucas escolhas. Hayek concordou, mas acrescentou que "a emigração em massa de intelectuais de Viena e especialmente o fim de nossa escola de pensamento econômico magoam-me profundamente".[7] No ano seguinte escreveu: "A velocidade da rendição intelectual e a corrupção que reina na política, para não falar das finanças, são assustadoras".[8]

Alguns dias após a marcha, em Viena, das tropas de Hitler, acolhidas por uma multidão entusiasmada, Hayek entrou em contato com seus amigos do *Geist-Kreis*, que lhe contaram histórias horríveis sobre as detenções, as brutalidades e os tiroteios da Gestapo. Naquele ano ele solicitou e conseguiu a cidadania britânica. Atacou o regime nazista através de seus escritos e condenou o antissemitismo. Envolveu-se com esforços para ajudar colegas judeus da Europa continental a emigrarem.

O malogrado casamento de Hayek era um acréscimo a sua infelicidade. Vinha pressionando sua esposa por um divórcio que ela recusava. Além disso, nunca deixara de amar sua prima Helene Bitterlich. Vira-a em agosto de 1939, pouco antes de a notícia do pacto celebrado entre Stálin e Hitler assinalar a inevitabilidade da guerra e a impossibilidade de voltarem a se encontrar enquanto a guerra não terminasse.

Quando finalmente a guerra irrompeu, o isolamento de Hayek se transformou numa reclusão virtual. Mal tinha chegado aos quarenta anos, era uma década mais jovem do que Keynes e sentia-se velho. Entre outras coisas, perdeu completamente a audição de um ouvido. Sua surdez resumia quanto ele se sentia desligado de seu antigo mundo e do mundo que adotara. Permanecera em Londres durante as primeiras seis semanas da blitz para mostrar sua lealdade à Grã-Bretanha e sua indiferença ao perigo, mas finalmente foi forçado a transferir a Escola de Economia de Londres, então reduzida a algumas poucas alunas e a ele, para Cambridge, onde a escola permaneceu enquanto a guerra durou. Sua esposa e filhos foram para o campo, seu velho aliado Lionel Robbins foi para Whitehall e cada um de seus demais colegas se dispersou, indo realizar trabalhos ligados à guerra.

The road to serfdom [O caminho da servidão] foi a contribuição de Hayek ao esforço de guerra dos Aliados. Ele o denominou "um dever que preciso cumprir".[9] Durante algumas semanas após a declaração da guerra, ele alimentou muitas esperanças esperando uma nomeação para o Ministério da Propaganda. Importunou lorde Macmillan, à frente do Ministério, com memorandos sugerindo possíveis estratégias para os programas radiofônicos dos alemães. "Tenho tempo livre e estou ansioso por disponibilizar minha capacidade para o melhor uso possível. Acredito, após cuidadosa reflexão, que ela esteja ligada a um trabalho que envolva a propaganda."[10] Logo, porém, tornou-se óbvio que, pelo fato de ser estrangeiro, ele não participaria de tarefas ligadas à guerra. Amargurado, Hayek resignou-se a dirigir mais ou menos sozinho o periclitante departamento da Escola de Economia de Londres.

Magoado e frustrado, flertou com a ideia de juntar-se a seus amigos nos Estados Unidos. "Eu... me ressinto desta total reclusão",[11] ele escreveu a Machlup. Mesmo assim, quando Machlup abordou o assunto numa carta seguinte, ele descartou qualquer sugestão para cair fora. "Desisti de qualquer cogitação sobre ir embora [...] enquanto, de algum modo, precisarem de mim aqui. Afinal de contas, é meu dever."[12] Quando, em 1940, a Nova Escola lhe ofereceu lecionar temporariamente, ele enviou um telegrama, recusando o convite em termos concisos, quase desdenhosos.[13] Mais tarde escreveu a outro amigo: "Invejo um pouco sua oportunidade de fazer algo ligado à guerra — quando ela terminar serei provavelmente o único economista que jamais teve essa chance e *nolens, volens*, venho sendo o mais puro entre os teóricos puros".[14] Como sempre, quando enfrentava uma decepção, ele direcionou seu foco para o futuro. "Segundo tudo indica, perdi muito cedo a capacidade de gozar tranquilamente do presente e o que tornou a vida interessante para mim foram meus planos para o futuro. Minha satisfação consistia em grande parte de ter realizado o que planejei fazer e minha mortificação se deveu sobretudo a não ter levado adiante outros planos que idealizei."[15]

O paradoxo foi que os três anos seguintes se tornaram alguns dos mais produtivos de sua vida. "Neste verão... trabalhei mais do que em qualquer outro período semelhante."[16] Em certa altura, enquanto as bombas caíam, Hayek escrevia nada menos do que três livros. Logo ele também preenchia as páginas do *Economica*, publicação da Escola de Economia de Londres e praticamente sem outros colaboradores. "Até agora os bombardeios têm sido um fracasso abjeto", escreveu ao chegar a Cambridge. "O que me levou a sair de Londres foi simplesmente o desconforto de uma casa vazia e as frequentes viagens."[17] Ainda assim, como medida de precaução, ele remeteu pelo correio a amigos nos Estados Unidos capítulos de seu novo livro, "para mantê-los em segurança".

Em janeiro de 1941, Hayek aludiu explicitamente pela primeira vez a sua ambição de escrever um livro que objetivava atingir um grande público, a exemplo de *The economic consequences of the peace*, de Keynes: "Preocupo-me acima de tudo em expor com maior amplitude e simplicidade temas que abordei em meu livro *Freedom and the economic system* [A liberdade e o sistema econômico], e quando terminá-lo talvez possa ser vendido por seis *pennies*, como os livros da editora Penguin".[18] Ele devia esse livro a seus semelhantes: "Como não posso fazer nada para ajudar a ganhar a guerra, minha preocupação é, em grande parte, relativa a um futuro mais distante, e, embora minha visão a esse respeito seja extremamente pessimista — e muito mais do que em relação à própria guerra —, estou fazendo o pouco que posso para abrir os olhos das pessoas".[19]

Ele trabalhou o texto de *The road to serfdom* durante dois anos e meio, do Ano-Novo de 1941 a junho de 1943. "Trabalho muito lentamente", queixou-se a determinada altura, "e com meus atuais interesses, tal como se apresentam no momento, divididos entre áreas tão diferentes, terei de viver muito para levar a cabo o que gostaria de fazer."[20]

Hayek começou *The road to serfdom* invocando a história, sua relevância para o presente e sua própria história, a de viver em duas culturas:

A história, enquanto segue sua trajetória, para nós não é história. Ela nos leva a um território desconhecido... Seria diferente se nos fosse dado viver uma segunda vez... No entanto, embora a história jamais se repita e porque nenhum acontecimento é inevitável, podemos, em certa medida, aprender com o passado a fim de evitar a repetição do mesmo processo.

Dirigindo-se diretamente ao leitor, Hayek descreve uma vigorosa sensação de déjà-vu. A trajetória em direção ao coletivismo na Inglaterra o levava a recordar o que acontecera em Viena, como consequência da Primeira Guerra Mundial. "As páginas que se seguem são o produto de uma experiência tão parecida quanto possível, a de viver duas vezes no mesmo período ou, pelo menos, de contemplar duas vezes uma evolução de ideias muito semelhante." Ele expressou a convicção, compartilhada por antigos observadores da sociedade inglesa, desde Engels e Marx até Schumpeter, de que

> ao mudar-se de um país para outro, alguém pode algumas vezes contemplar duas vezes fases semelhantes de desenvolvimento intelectual. Então os sentidos se tornam particularmente aguçados. Quando este alguém ouve pela segunda vez opiniões expressadas ou medidas defendidas com as quais ele já deparou há vinte ou 25 anos, elas assumem um novo significado. Elas sugerem senão a necessidade, pelo menos a probabilidade de que os acontecimentos sigam uma trajetória parecida.[21]

Que opiniões, quais medidas, que obras ele tinha em mente? Entre os livros recentes um deles, com certeza, era *Mein Kampf* [Minha luta], de Adolf Hitler, cujo texto integral foi editado pela primeira vez em inglês em 1939. Outro livro, editado em 1936, foi *Soviet communism: a new civilization*, de autoria do casal Webb, no qual os autores defendem com muita convicção o planejamento central, e que Hayek resenhou para o *Times*, na edição de domingo. Embora, no plano político, Hayek estivesse muito distanciado de ambas as publicações, ele, sem dúvida, também pensava na *General theory* de Keynes.

O livro de Hayek era uma defesa dos mercados e da competição, exposta em relação à moderna economia da informação:

> Precisamos encarar o sistema de preços como um mecanismo de comunicar a informação, caso queiramos entender sua real função [...]. O fato mais significativo

sobre esse sistema é a economia do conhecimento por meio da qual ele opera ou quão pouco os participantes precisam saber para serem capazes de executar a ação correta.[22]

O livro também era um aviso. Herbert Spencer foi o primeiro a acautelar que infringir a liberdade econômica levaria a infringir a liberdade política. Ludwig von Mises, o mentor de Hayek, tinha identificado o Estado do bem-estar como um cavalo de Troia, "meramente um método de transformar a economia de mercado, passo a passo, em socialismo... O que resulta é o sistema de planejamento total, isto é, um socialismo do tipo que o plano Hindenburg objetivou para a Alemanha, durante a Primeira Guerra Mundial". Hayek, porém, de modo algum advogava o laissez-faire. Na verdade, ele repudiava muito explicitamente a negligência econômica, ainda que moderada:

> Resta, finalmente, o problema supremamente importante de combater as flutuações gerais da atividade econômica e as recorrentes ondas de desemprego em larga escala que as acompanham. Isso constitui, sem dúvida, um dos mais graves e urgentes problemas de nossa época. Embora sua solução exija muito planejamento no bom sentido, não requer ou pelo menos não precisa requerer aquele tipo especial de planejamento que, de acordo com aqueles que o advogam, substituirá o mercado. Muitos economistas esperam que o derradeiro remédio possa ser encontrado no campo da política monetária, que não envolveria nada incompatível até mesmo com o liberalismo do século XIX. Outros, é bem verdade, acreditam que se pode esperar um verdadeiro sucesso somente a partir de uma bem estruturada agenda de obras públicas, empreendidas em muito grande escala. Isso poderia levar a restrições muito mais sérias da esfera competitiva e, ao realizarmos experiências nessa direção, teremos de observar cuidadosamente nossos passos, caso queiramos evitar que toda a atividade econômica se torne progressivamente mais dependente do direcionamento e do volume dos gastos governamentais.[23]

Mais tarde, por ocasião de um discurso pronunciado nos Estados Unidos, ele declarou que "é preciso parar de argumentar contra e a favor da atividade governamental como tal [...]. Não podemos argumentar seriamente que o governo não deveria fazer nada".[24]

No início de 1943, Machlup enviou vários capítulos de *The road to serfdom* a editoras americanas. As primeiras respostas não foram encorajadoras:

> Duvidamos francamente que possamos garantir sua venda e sinto pessoalmente que o professor Hayek se situa um pouco fora da corrente do atual pensamento, tanto aqui como na Inglaterra [...]. Se, no entanto, o livro for publicado por mais alguém e se tornar sucesso de vendas na área que não a da ficção, atribuam minha recusa a um desses erros de julgamento que todos nós cometemos.[25]

A editora Harper's descartou o livro, julgando-o "forçado" e "prolixo".[26]

Em junho de 1943, Hayek finalmente assinou um contrato com a editora Routledge para a publicação do livro no Reino Unido. Somente em fevereiro de 1944, pouco antes de o livro ser lançado na Inglaterra, ele tomou conhecimento de que a editora Chicago Press tinha decidido aceitá-lo.

TERCEIRO ATO:
CONFIANÇA

Prólogo
Nada a temer

Em 11 de janeiro de 1944, havia dias que Franklin Roosevelt estava de cama, gripado. Exausto devido aos encontros dos Três Grandes no Cairo e em Teerã, ele sofria de hipertensão, doença cardíaca (ventrículo esquerdo) e bronquite aguda. Qualquer uma delas poderia matá-lo, e ele estava debilitado demais para fazer sua costumeira viagem à Colina do Capitólio, onde pronunciaria sua mensagem anual, o Estado da União.[1] Ao saber que os jornais não podiam imprimir o texto completo de seu discurso, que ele enviara ao Congresso, Roosevelt insistiu em dirigir-se diretamente ao povo americano numa "conversa ao pé da lareira" transmitida pelo rádio. O desembarque na Normandia — o Dia D — estava a meses de distância e os Estados Unidos estavam envolvidos numa luta de vida e morte no Pacífico, mas o presidente instou o país a olhar para além da guerra: "Agora é nosso dever formular os planos e determinar as estratégias que nos permitirão gozar de uma paz duradoura".[2]

O presidente insistiu repetidas vezes que os alicerces de uma paz duradoura não eram somente a derrota de regimes de bandidos mas também implicavam a elevação dos padrões de vida. A segurança econômica era a suprema responsabilidade dos governos democráticos. Roosevelt estava decidido a não repetir os erros cometidos pelos Aliados após a Primeira Guerra Mundial, os quais, segundo ele acreditava, tinham ajudado a provocar a guerra atual. Sustentando que o Estado de bem-estar social e as liberdades individuais caminhavam passo a passo, ele preveniu: "As pessoas que sentem fome e não têm emprego são a matéria com que se fazem as ditaduras". O presidente exortou o Congresso a apoiar a recuperação econômica do pós-guerra tanto no país como no estrangeiro. Sua principal proposta, no plano doméstico, foi uma "Carta de direitos econômica", isto é, garantias governamentais relativas a empregos, assistência médica e pensões para idosos.[3]

A fala mais radical de toda a presidência Roosevelt, diz seu biógrafo James MacGregor Burns, "ressoou como um ruído abafado numa Câmara metade vazia".[4] O Congresso tinha uma maioria republicana e as referências do presidente ao desemprego e à fome pareceram não ter ressonância junto aos milhões de americanos reunidos em torno do rádio. Quando Keynes chegou a Washington poucos meses depois, ele constatou que "neste continente a guerra é uma era de imensa prosperidade para todo mundo".[5] Não apenas os anos de guerra tinham se transformado numa das melhores épocas, como também 60% da população declarou a pesquisadores da opinião pública que "se sentia satisfeita com as coisas como eram *antes* da guerra".[6]

A própria guerra foi responsável por isso. Mesmo antes de 1939 receios cada vez maiores em relação à guerra tinham resultado num grande influxo de ouro aos Estados Unidos, pois investidores da Europa e da Ásia procuravam um porto seguro para suas poupanças. Como resultado, os bancos americanos estavam abarrotados e as taxas de juros permaneceram próximas do zero. Desde 1939 os gastos do governo federal se elevaram de 5% do produto interno bruto para 50%, muito mais rapidamente do que os rendimentos dos impostos, apesar dos grandes aumentos de renda, dos lucros sobre os impostos e da imposição do novo imposto sobre a folha de pagamentos, em benefício da Seguridade Social. Isso significava despesas deficitárias numa escala que superava em muito as políticas fiscais antidepressão do primeiro governo de Roosevelt.

A combinação de enormes despesas deficitárias com o acidental estímulo monetário, vindo do exterior, resultou numa explosão. Tendo 11 milhões de homens e mulheres nas Forças Armadas, com fábricas, minas e fazendas operando a toda a carga, a taxa oficial de desemprego passou de 15%, no fim de 1939 — 11%, contando os trabalhadores a serviço "temporário" do governo —, a bem abaixo de 2%, no fim de 1943. Graças ao concorrido mercado de trabalho, a folha de pagamento das fábricas subiu 30% após a inflação. Depois de quatro anos de guerra, a família americana média consumia mais e não menos do que em 1939.

Os Estados Unidos forneciam aviões, navios e tanques intensificando a produção e não apertando os cintos. A produção anual da economia ou produto interno bruto estava crescendo a uma taxa anual de 14%, três vezes tão rapidamente como nos "loucos anos 1920", quando o presidente declarou com mau humor: "Esta nação foi divertir-se na montanha-russa e a diversão terminou numa queda trágica".[7] É claro que os americanos não podiam ter carros novos, geladeiras ou casas, mas depositavam tamanha confiança em que o dólar manteria seu valor de antes da guerra que se dispunham a economizar quase um quarto de seu salário para adquirir aqueles bens após a guerra. Não podiam também fazer as longas viagens de carro que tanto apreciavam. No entanto, tinham condições de comprar mais roupas, alimentos, bebidas alcoólicas, cigarros e revistas, ouvir mais rádio e discos, assistir a mais filmes e competições esportivas. O contraste com a Grã-Bretanha, onde o consumo per capita caíra 20%, era extraordinário. Como sabem os leitores do romance de Elizabeth Jane Howard, *Cazelet chronicles*, a vida dos cidadãos ingleses estava complicada, devido a anos de escassez de moradias, vestuário, carvão, gasolina e muitos alimentos. E a austeridade não terminou com o armistício. Em 1946, o governo trabalhista se viu forçado a cogitar em segredo se imporia o racionamento do pão. O último controle foi eliminado somente em 1954.

Embora estivesse claro que o sistema econômico americano dificilmente enfrentaria dificuldades, o presidente e seus conselheiros temiam que a prosperidade dos tempos da guerra não durasse. Entre "as verdades econômicas que acabaram sendo aceitas como um axioma", indicou Roosevelt em sua fala à nação, incluía-se a de que seria necessário um novo New Deal para impedir que a Grande Depressão voltasse com tudo quando os combatentes regressassem ao país. "Um retorno à assim denominada normalidade dos anos 1920", após a guerra, significaria que "nos rendemos ao espírito do fascismo em nossa pátria",[8] preveniu o presidente, em tom melodramático.

A posição de Roosevelt refletia apenas um lado de um acalorado debate entre os keynesianos e os não keynesianos. Quanto mais otimistas o público e os empresários ficavam em relação às perspectivas do pós-guerra, mais os discípulos americanos de Keynes se preocupavam com o fato de que a economia poderia sofrer outro abalo. Os gastos públicos encolheriam com a desmobilização.

Alvin Hansen, um conselheiro do Federal Reserve, algumas vezes denominado "o Keynes americano", anteviu "um colapso após a guerra: desmobilização das Forças Armadas, fechamento das indústrias de defesa, desemprego, deflação, quebra de bancos, tempos difíceis".[9] Paul Samuelson, consultor da principal agência de planejamento do pós-guerra, preveniu a presidência para que não se tornasse complacente em relação ao desemprego. "Não resolvemos esta questão antes da guerra e nada do que aconteceu desde então nos garante que o desemprego não voltará a aumentar." Hansen e Samuelson tinham pouca fé em que os empresários e os consumidores mantivessem o mesmo ímpeto. Conforme argumentou Samuelson: "Se um homem ficar sem automóvel durante seis anos, isso não quer dizer que ele vai sair por aí comprando seis automóveis".[10] Tendo concluído a partir do que havia ocorrido na década de 1930, que o empresariado era tímido demais para investir e que a política monetária era uma arma pouco eficaz para combater as recessões, os keynesianos estavam convictos de que a única solução era reduzir os cortes nos gastos públicos diminuindo o ritmo da desmobilização e aumentando os gastos com a infraestrutura.

Os anti-keynesianos também se preocupavam com a estagnação, mas era uma preocupação de uma espécie diferente e provinha de um diferente setor. Schumpeter preocupava-se com a perspectiva de um crescimento econômico, mas no longo prazo. Receava que a economia não mais obteria ganhos quanto à produtividade e aos padrões de vida, não devido a uma demanda inadequada, mas por causa da política do governo. Num artigo publicado em 1943, ele concordou que "todo mundo sente medo de uma estagnação, após a guerra", mas ponderava que os temores populares eram um tanto exagerados:

> Encarada como um problema puramente econômico, a tarefa da reconstrução poderá muito bem acabar revelando-se mais fácil do que a maioria das pessoas acredita [...]. Mas, em todo caso, as carências das famílias empobrecidas serão de tal modo urgentes e calculáveis que, após a guerra, qualquer queda que possa ser inevitável rapidamente dará lugar a um sólido movimento de reconstrução. Os métodos capitalistas já deram provas de estar à altura de tarefas muito mais difíceis.[11]

A real ameaça ao crescimento no pós-guerra, acreditava Schumpeter, estava nas políticas antiempresariais, embutidas no New Deal. Ele e Hayek receavam que os governos, depois que a guerra fosse vencida, dessem prosseguimento ao controle da produção e da distribuição, como agiram nos tempos da guerra, incluindo o controle dos preços e dos salários, o financiamento do deficit e os impostos altos. Tais esforços, cuja intenção era evitar a estagnação, poderiam muito bem provocar esse mesmo resultado. A isso Schumpeter denominou "o capitalismo na tenda de oxigênio".[12] Hayek se preocupava menos com a possível perda do dinamismo do que com a perda da liberdade. Enquanto o presidente acautelava que "um retorno à normalidade" seria equivalente a uma vitória do fascismo, Hayek afirmava que dar prosseguimento ao controle da produção e da distribuição, praticado durante a guerra, acabaria resultando numa radical restrição tanto aos direitos econômicos como aos direitos políticos. Seus temores acabaram se revelando mais realistas para o Reino Unido e para a Europa do que para os Estados Unidos, onde virtualmente todas as agências do tempo da guerra foram fechadas a partir de 1945.

À parte a vitória militar, a maior prioridade de Franklin Roosevelt era não incidir nos erros cometidos pelos Aliados após a Primeira Guerra Mundial, que, conforme ele acreditava, tinham conduzido à atual guerra. Ele chamou a atenção para os diálogos mantidos entre os Três Grandes, relativos aos planos financeiros, comerciais e políticos do pós-guerra, os quais já estavam sendo implementados em janeiro de 1944, como um exemplo de como agir melhor que da última vez. Ao atacar o "isolacionismo de avestruz" de "espíritos de porco" que atuavam nos bastidores, os quais encaravam com desconfiança os diálogos e os entendimentos, Roosevelt atacava aqueles que encaravam a prosperidade no resto do mundo como uma ameaça aos interesses econômicos americanos. Em Teerã ele obteve o compromisso de Stálin em relação a uma nova Liga das Nações. O "supremo objetivo do futuro" era a segurança coletiva, insistiu o presidente, incluindo "a segurança econômica, a segurança social, a segurança moral" para "a família das nações". Após colocar os agressores sob controle militar, "um padrão decente de vida para todos os homens, mulheres e crianças de todas as nações" seria essencial para a paz. "Libertar-se do medo está eternamente ligado a libertar-se das carências."[13]

Não houve discordância entre os keynesianos e os anti-keynesianos sobre a necessidade de uma cooperação internacional. Quanto a essa questão, eles mantinham um diálogo aberto desde 1919. Poucos acreditavam que um ambiente econômico global favorável surgiria espontaneamente. Os blocos de comércio bilateral do período do entreguerras eram estruturados para possibilitar à União Soviética e à Alemanha nazista distanciarem-se da economia mundial. Até Hayek, que devido a sua experiência e temperamento era mais cético quanto ao potencial de uma intervenção governamental positiva, estava convencido de que as democracias eram capazes de maior competência do que haviam demonstrado uma geração antes. Os governos tinham de planejar e cooperar ativamente para assegurar a retomada do comércio mundial, a resolução das dívidas de guerra, a estabilização das moedas, e dessa vez havia um consenso em torno dessas questões.

Na Europa, entretanto, parecia rósea demais a visão de Franklin Roosevelt: um mundo no qual as grandes potências enfocariam o crescimento econômico em vez de uma agressão expansionista. Em 9 de março de 1944, Gunnar Myrdal, à frente de uma das comissões suecas de planejamento do pós-guerra, emitiu um prognóstico consideravelmente sombrio. Esse jovem economista passou parte da guerra viajando pela América do Sul, onde divulgou seu estudo clássico sobre relações raciais, *An American dillema: The negro problem and modern democracy* [Um dilema americano: O problema do negro e a democracia moderna], antes de regressar a sua Suécia natal, que manteve seu status de nação não beligerante, apesar de ter fornecido recursos à máquina de guerra alemã, em 1942.

Myrdal encarava o futuro através de uma lente muito mais escura. Temia que a autarquia, a estagnação econômica e o militarismo — aquelas mesmas patologias que tinham ajudado a gestar uma segunda conflagração global no espaço de uma única geração — não tivessem sido derrotados, apesar de quatro anos de esforços, sacrifícios e sofrimentos sem precedentes. O sonho de uma única comunidade mundial — as Nações Unidas — ligada pelo comércio, pelas moedas conversíveis e pela lei internacional era uma ilusão perigosa, argumentou Myrdal. Descartando o "excesso de otimismo" dos economistas americanos, ele predisse que a presente prosperidade dos tempos da guerra se transformaria numa depressão mais grave do que a Grande Depressão e o desemprego em massa. Uma depressão nos Estados Unidos repercutiria necessariamente no mundo inteiro, especialmente na Suécia e em outros países que dependiam das exportações para pagar as importações de que necessitavam para sobreviver como economias modernas. O caos econômico desencadearia inevitavelmente uma epidemia de greves, de inquietação civil, e alimentaria rivalidades nacionalistas, exatamente como condições econômicas semelhantes operaram antes da guerra. Prosseguia uma tendência geral ao militarismo e à autarquia,[14] semelhante àquela que prevaleceu no período do entreguerras. Em particular, o mundo se dividiria inevitavelmente entre três grandes impérios em competição — o russo, o britânico e o americano — à medida que os interesses econômicos e políticos conflitantes dos Três Grandes suplantassem a meta comum dos Aliados, que era derrotar o Eixo. No contexto da distopia global de Myrdal, o novo imperialismo não seria apenas opressivo mas também inerentemente instável.

Este, claro, é o mundo de *1984*. George Orwell, que terminou seu romance distópico em 1948, retratou um mundo retalhado em três impérios — a Oceania, a Eurásia e a Ásia Oriental — engalfinhados numa permanente Guerra Fria. Emparelhadas demais para ganhar ou perder, as superpotências usam as ameaças externas para justificar um governo totalitário e a estagnação econômica. O herói do romance — um joão-ninguém chamado Winston Smith, que "exibe lampejos de uma coragem *à la* Churchill" — toma conhecimento de que "a divisão do mundo em três grandes superpotências era um acontecimento que poderia ter sido previsto — e foi — antes de meados do século XX".[15] A ironia é que a pessoa que encarava o pesadelo com mais satisfação que temor era Stálin. Roosevelt regressara de Teerã convencido de que os líderes aliados compartilhavam um interesse comum, uma vez derrotado o inimigo, de criar uma estrutura que possibilitasse a todos os países do mundo enfocar o crescimento econômico. Ele garantiu aos americanos que "todos os nossos aliados aprenderam graças à experiência — uma amarga experiência — que o verdadeiro desenvolvimento não será possível caso eles se apartem de seus propósitos por repetidas guerras ou mesmo por ameaças de guerra".[16]

Na realidade, Stálin tinha a convicção de que seus aliados capitalistas eram inerentemente incapazes de cooperar durante muito tempo e, uma vez derrotado seu inimigo comum, a busca de lucros logo faria com que os Estados Unidos e a Grã-Bretanha pulassem na garganta um do outro. No seu modo de pensar, a guerra anglo-americana era uma "inevitabilidade".[17] Nesse caso, ele poderia obter ajuda e territórios de seus aliados, à espera de que uma iminente crise provocasse uma guerra e levasse seus cidadãos a apoiar partidos pseudopolíticos, cuja lealdade primeira era para com Moscou.

Por que Stálin ignorou as abundantes evidências em contrário? De acordo com John Lewis Gaddis, o mais destacado historiador americano da Guerra Fria, Stálin era um autêntico prisioneiro da primitiva teoria econômica de Lênin, baseada numa falsa analogia entre a competição econômica e a guerra. No lugar da crença de Roosevelt, a de que o crescimento em um país mais beneficiaria do que prejudicaria seus parceiros comerciais, Stálin estava convicto de que o comércio, assim como a guerra, era um jogo no qual o ganho de um dos lados era a perda do outro. Com efeito, Lênin acreditara que a guerra era meramente uma forma mais agressiva de competição econômica.

Na *General theory*, Keynes expressou sua crença de que as ideias importam: "Loucos numa posição de autoridade, que ouvem vozes no ar, destilam sua exaltação de algum escriba acadêmico de alguns anos atrás".[18] Graças em boa parte às ideias de Keynes, Hayek e de seus seguidores, aqueles que ocupavam uma posição de autoridade não eram nem loucos nem escravos de relíquias bárbaras. Estavam decididos a evitar semelhantes pesadelos.

14. Passado e futuro: Keynes em Bretton Woods

> *As doenças econômicas são altamente contagiosas. Daí se segue que a saúde econômica de cada país constitui tema de preocupação para todos os seus vizinhos, próximos e distantes.*
>
> Franklyn Delano Roosevelt, mensagem aos delegados reunidos em Bretton Woods[1]

Keynes descreveu sua viagem transatlântica com Lydia no *Queen Mary*, em meados de junho de 1944, poucas semanas antes da conferência monetária internacional de Bretton Woods, New Hampshire, "como um momento extremamente tranquilo mas também extremamente atarefado".[2] Viajava na companhia de Friedrich von Hayek e agora seu íntimo amigo Lionel Robbins, além de doze agentes governamentais britânicos. Keynes presidiu mais de treze encontros a bordo e teve papel de destaque na escrita de dois "rascunhos de bordo" sobre as duas principais instituições que administrariam os acordos monetários do pós-guerra: o Fundo Monetário Internacional e o Banco Mundial.[3] Nos momentos de folga, ele se estirava numa espreguiçadeira no convés e lia livros. Junto com uma nova edição da *República*, de Platão, e uma biografia de seu ensaísta preferido, Thomas Babington Macaulay, ele leu *The road to serfdom*, de Hayek.

Em contraste com seus discípulos mais doutrinários, Keynes era um gênio capaz de defender, em pensamento, duas verdades opostas: "Moral e filosoficamente", ele escreveu numa longa carta a Hayek, "eu me vejo de acordo com virtualmente tudo o que você escreveu; e não apenas de acordo, mas é um acordo que me envolve profundamente". Hayek pode não ter sido bem-sucedido "em demarcar satisfatoriamente a linha entre a liberdade e o planejamento",[4] e, assim sendo, não poderia ser um guia útil para percorrer o "caminho do meio" na elaboração de uma política, mas ele articulava valores que Keynes considerava essenciais para "levar uma boa vida".[5] Robbins ponderou: Keynes, "tão radical no que diz respeito a temas puramente intelectuais, em temas relativos à cultura é um verdadeiro conservador, *à la* Burke".[6]

Keynes afirmou que Hayek se precipitava demais ao descartar a possibilidade de que algum planejamento era compatível com a liberdade, particularmente se tal planejamento fosse feito por alguém que compartilhasse seus valores: "Atos perigosos podem ser praticados com toda segurança numa comunidade que pensa e sente corretamente qual seria o caminho que conduz ao inferno, caso tais atos fossem executados por aqueles que pensam e sentem de modo errado".[7] Ele queria dizer com isso que uma guerra econômica desfechada por Churchill ou Franklin Roosevelt provavelmente não conduziria a um Estado totalitário, embora as guerras empreendidas por Stálin e Hitler tivessem desembocado naquela situação.

Keynes e Lydia foram levados às Montanhas Brancas de New Hampshire por um trem especial. O hotel Mount Washington, em Bretton Woods, era uma *grande dame* da virada do século com a intenção de evocar *grandes dames*, como o hotel Majestic de Paris, onde Keynes se hospedou no fim da última guerra, só que tinha 350 quartos com banheiro, um salão de baile, uma piscina coberta e um pátio plantado com palmeiras, além de venezianas de cristal Tiffany. Porém, o estabelecimento, um pouco maltratado e cujos dias de glória tinham ficado para trás, estava mal preparado para acolher 730 delegados de 44 países aliados. "As torneiras escorrem o dia inteiro, as janelas não abrem nem fecham, o encanamento desentope e volta a entupir, e ninguém pode ir a lugar algum", Lydia escreveu à sogra. O casal estava instalado numa enorme suíte, vizinha à do secretário do Tesouro, Henry Morgenthau. Ao contrário da viagem de navio, a conferência era "um manicômio", observou Lydia, "e a maioria das pessoas trabalham mais do que é humanamente possível".[8]

Roosevelt enviara os convites para a conferência e Morgenthau atuava como anfitrião titular, mas os principais arquitetos, planejadores e contatos eram seu assistente Harry Dexter White e Keynes. Os principais delegados tinham ideias e interesses divergentes e, em muitos casos, agendas ocultas. O hotel estava repleto de espiões. Os delegados não tinham autoridade para assumir compromissos em nome de seus governos, mas os organizadores da conferência reconheceram que eles teriam de garantir uma recuperação econômica, e ela não poderia acontecer sem cooperação. Eles compartilhavam a determinação expressa por Roosevelt em seu discurso sobre o Estado da União no sentido de não repetir os erros cometidos após a Primeira Guerra Mundial e de adotar uma abordagem global, multilateral, "ao estilo Nações Unidas". O próprio fato da realização da conferência refletia uma redefinição radical e uma ampliação das responsabilidades dos governos. Assim como Washington, Londres e Paris agora aceitavam a responsabilidade de manter elevados os níveis de emprego em seus próprios países, virtualmente cada governo do Ocidente aceitou alguma medida de responsabilidade para também manter o emprego em alta nas economias de seus parceiros de comércio.

As características da nova ordem refletiam uma visão compartilhada em relação ao que não deu certo da última vez e uma convicção de que fazer com que as coisas chegassem a bom termo possuía ramificações que eram mais do que econômicas. Roosevelt, Churchill, Keynes e seus discípulos americanos acreditavam que as patologias econômicas — a inflação e o desemprego — haviam produzido o fascismo e debilitaram fatalmente muitas democracias. Acreditavam com igual convicção que a fragmentação da economia global que antecedeu a Primeira Guerra, causada pelas frenéticas tentativas de cada nação de isolar-se da crise econômica que se espalhou pelo mundo inteiro, e o resultante declínio no comércio mundial foram parcialmente responsáveis pela guerra mundial. A rivalidade econômica poderia conduzir à guerra. Conforme explicou Cordell Hull, o secretário de Estado americano:

> Um comércio sem restrições harmonizou-se com a paz; elevadas tarifas, barreiras comerciais e competição econômica desleal concatenaram-se com a guerra [...]. Se pudéssemos conseguir um fluxo de comércio mais livre [...] de tal modo que

cada país não sentisse ciúmes mortais de outro e se os padrões de vida de todos os países pudessem se elevar [...] poderíamos ter uma razoável chance de alcançar uma paz duradoura.[9]

A grande inovação dos anos 1920 e 1930 — a economia do todo, desenvolvida por Fisher, Keynes e, em menor grau, Schumpeter e Hayek — ensinou que aquilo que era bom para uma nação poderia facilmente ser mau para todas as demais. Desvalorizar a moeda, erguer barreiras comerciais e impor controles sobre a remessa de capitais poderiam ser eficazes para reduzir deficits da balança de pagamentos, deter o fluxo de ouro para o exterior e elevar as rendas do governo. Porém, se todo mundo adotasse as mesmas táticas, o resultado acabaria sendo o empobrecimento e o desemprego em escala universal.

Nos anos 1930, o comércio mundial caiu pela metade e o comércio prosseguiu sobretudo no interior de certos blocos, como o da libra esterlina, no Império Britânico, o da esfera soviética e o bloco de comércio bilateral, estruturado pelo dr. Hjalmar Schacht, ministro da Economia de Hitler. Agora se reconhecia que manter a livre empresa funcionando globalmente exigia a mão visível do governo. De certo modo, enfatiza o biógrafo Robert Skidelsky, as novas disposições arquitetadas por White e Keynes eram keynesianismo aplicado globalmente.

O objetivo da conferência de Bretton Woods era reavivar o comércio mundial, estabilizar as moedas e lidar com as dívidas de guerra e os mercados de crédito, então congelados. A guerra deixou grande parte do mundo dramaticamente mais pobre, e os países precisavam ter a capacidade de retomar o caminho da prosperidade. No sentido mais amplo, a recuperação implicava reedificação e reconstrução, regressar à globalização anterior a 1913 mas sem retomar o pressuposto do período que antecedeu a Primeira Guerra Mundial, segundo o qual o maquinário econômico funcionava automaticamente. Para o Ocidente, isso significava aprender com o passado a fim de evitar os erros do período do entreguerras — a lição que os marxistas alegavam que os capitalistas não conseguiam aprender — e restaurar a perdida credibilidade moral e material. A estabilidade econômica era a chave da estabilidade política e o crescimento econômico era a condição necessária, quando não suficiente, para a sobrevivência do Ocidente a longo prazo. As sociedades modernas não poderiam sobreviver se esse engenhoso mecanismo funcionasse mal ou quebrasse, do mesmo modo que as grandes cidades não conseguiriam sobreviver sem eletricidade ou trens.

Ao contrário dos pensadores britânicos que se batiam pelo livre-comércio nos anos 1840, nem Keynes nem Fisher (nem Schumpeter e Hayek) acreditavam numa tendência automática em direção à paz e ao progresso como tantos assumiram com tamanha efusão durante a Belle Époque. Os governos tinham de intervir; a cooperação internacional era necessária. Nenhum sistema era autorregulador ou gerado espontaneamente, conforme se deu por certo antes de 1914. Para criar um sistema tornava-se necessária a participação da única superpotência que ainda existia no Ocidente e a dos impérios europeus, outrora poderosos, mas agora rebaixados. A alternativa era impensável. White sugeriu que semelhante fracasso levaria mais uma vez à guerra: "A ausência de um elevado grau de colaboração econômica entre as nações líderes [...] resultará inevitavelmente em guerra econômica que será apenas o prelúdio e a instigadora de uma guerra militar em escala ainda mais vasta".[10]

Em outras palavras, White e Keynes compartilhavam os temores de George Orwell, Gunnar Myrdal, Schumpeter, Hayek e muitos outros, mas não eram nem escravos do determinismo econômico nem radicalmente suspeitosos do governo. Não estavam preparados para acreditar que os governos agora não poderiam ser convencidos a evitar a depressão e a guerra ao estabelecerem uma estrutura comum de cooperação. Acreditavam que os governos democráticos poderiam aprender com os erros do passado e rejeitavam o conceito marxista da necessidade histórica e o pressuposto tradicional da rivalidade entre as Grandes Potências. Certamente não compartilhavam a convicção de Stálin, de que a guerra fazia parte do DNA do capitalismo.

O verdadeiro teste, claro, não era se o Ocidente poderia aprender com a história, mas se ele, mediante a ajuda de seu engenhoso mecanismo, aprenderia as lições *corretas*.

Em 1944, a Inglaterra lutava por sua vida a qualquer preço, mesmo que isso significasse perder boa parte de seu império, cooperar com a União Soviética e ficar num segundo plano diante dos Estados Unidos, que se afirmavam cada vez mais. Todas as visões britânicas do mundo do pós-guerra, exceto por uma pequena fração de comunistas, tinham em comum a prioridade de manter os americanos envolvidos com a Europa.

No fim da Primeira Guerra Mundial, os Estados Unidos já eram a maior e mais rica economia do mundo, mas não eram uma superpotência. No fim da Segunda Guerra eram a única superpotência. Como sucessivas presidências americanas aprenderam, maior riqueza e poder acabam envolvendo mais do que menos interdependência. Ao terminar a Primeira Guerra Mundial, a argumentação de Woodrow Wilson a favor do contínuo engajamento dos Estados Unidos com os negócios europeus não teve a menor receptividade. Em 1944, a argumentação de que o mundo tinha de se tornar seguro para os Estados Unidos já não parecia algo forçado. O ataque a Pearl Harbor abalou de uma vez por todas a ilusão americana de que dois oceanos poderiam proteger o país de ameaças relativas à segurança vindas do exterior.

De acordo com o historiador John Gaddis, as prioridades de Roosevelt durante a guerra eram apoiar os Aliados, já que, sozinhos, os Estados Unidos não conseguiriam derrotar o Japão e a Alemanha nazista; assegurar a cooperação dos Aliados na estruturação dos acordos no pós-guerra, pois nenhuma paz duradoura seria possível sem a participação soviética; garantir uma abordagem multilateral à segurança e impedir outra Grande Depressão. Finalmente, como os Estados Unidos eram uma democracia e os políticos deviam acatar a opinião pública, Roosevelt estava empenhado em convencer o povo americano de que o retorno ao isolacionismo do pré-guerra era algo impensável.

No hotel Majestic em Paris, em 1919, Keynes se incluiu entre as centenas de conselheiros técnicos que manifestavam poucas esperanças de ser ouvidos e muito menos esperança de estruturar um desfecho. No hotel Mount Washington, em 1944, ele era um *pooh-bah*,* para empregar a expressão preferida de Lydia. Os Aliados tinham aprendido com a experiência. Agora admitiam que a paz dependia da retomada econômica. Em 1918, tal pressuposto tinha sido compartilhado por poucos — entre eles Schumpeter, Keynes e Fisher —, mas dificilmente pelos líderes das nações vitoriosas ou por seu eleitorado.

A situação de falência da Grã-Bretanha e sua dependência financeira dos Estados Unidos significavam que os americanos determinariam em grande

---

* Pessoa que se encontra numa posição elevada ou que exerce grande influência (*Merriam--Webster's Collegiate Dictionary*, 11ª ed., 2004, p. 964). (N. T.)

parte o desfecho, embora sob uma aparência de cooperação. Por seu lado, embora Morgenthau, secretário do Tesouro, ocupasse nominalmente o cargo, seu representante, Harry Dexter White, era o único com "pleno conhecimento da questão" que podia "impedir um voto relativo a qualquer tema que ele não queira que seja votado".[11] White orquestrava tudo, desde conferências de imprensa até ordenar que os comunicados fossem datilografados e distribuídos.

Keynes, o que era característico dele, quase não se deu ao trabalho de disfarçar o fato de que estava enfiando suas opiniões goela abaixo do comitê sobre os bancos que ele presidia. Morgenthau teve de se dirigir à suíte de Keynes "e solicitar que, por favor, agisse mais devagar, falasse mais alto e pusesse mais ordem em seus papéis".[12] Skidelsky frisa que se Keynes não era aberto, pelo menos era eficiente e que sua pressa em discutir rapidamente a programação refletia a exaustão e uma crescente determinação de partir o quanto antes. Ele pronunciou o discurso final num banquete e, ao chegar, todos os presentes se levantaram esperando que ele sentasse à cabeceira da mesa.

"A União Soviética é um país que está chegando, a Grã-Bretanha é um país que está indo embora", Harry White disse a Keynes a certa altura de suas longas e dificultosas negociações.[13] Como assinala Skidelsky, Keynes de vez em quando ficava intrigado com a obsessão de White pela Rússia e, com frequência, sentia-se indignado com a hostilidade dele para com a Grã-Bretanha. Ele aparentemente não desconfiava que seus discípulos americanos mais influentes — e muitas vezes seus adversários na mesa de negociação — passavam segredos do governo para a União Soviética e ajudavam os soviéticos a espionar a ele e outros delegados. No grupo de economistas que White trouxe para Bretton Woods havia uma dúzia ou mais de funcionários da Divisão de Pesquisa Monetária do Tesouro que eram informantes dos agentes da KGB.*

A aliança dos tempos da guerra, o heroísmo e o sacrifício dos soviéticos ao derrotarem os alemães, o papel dos comunistas europeus na resistência, tudo isso explica por que as primeiras revelações de que os soviéticos haviam montado uma operação de espionagem em larga escala pareceram inicialmente

---

* Komitet gosudarstvennoï bezopasnosti (Comitê de Segurança do Estado) (*Merriam-Webster's Collegiate Dictionary*, 11ª ed., 2003, p. 685). (N. T.)

inacreditáveis e, mais tarde, tão chocantes. O mais perturbador era a confiança depositada pelos soviéticos numa quinta-coluna de cidadãos americanos, que evocava a estratégia nazista, extremamente bem-sucedida, de se apoiar numa rede de simpatizantes na Europa. A imagem recentemente retocada da União Soviética explica não apenas por que Roosevelt e Truman mostravam lentidão em aceitar que a Segunda Guerra Mundial seria seguida por uma Guerra Fria, mas também aquilo que hoje parece inescrutável: como alguns dos funcionários mais brilhantes e mais competentes se dispuseram a atuar como espiões e apologistas de um regime estrangeiro e por que a maioria deles aparentemente não se arrependia disso. Agiram como agiram pelo bem da "humanidade".

Jamais, nos piores momentos da Grande Depressão, o Partido Comunista dos Estados Unidos da América (CPUSA) alcançou sequer remotamente o status de um movimento político de massa e muito menos um status de independência. A participação partidária atingiu o auge em 1944 — cerca de 80 mil seguidores —, e a grande maioria afastou-se em menos de um ano. O partido exerceu escassa influência em alguns poucos bairros da Bay Area, Boston e Nova York, além de alguns sindicatos. Em alguns casos os espiões eram pobres ou economicamente inseguros e muitas vezes eram os primeiros da família a frequentar uma universidade. Muitos se disfarçavam sob a capa do antissemitismo e do esnobismo. A ascensão de Hitler e Franco, com sua ameaça explicitamente anti-intelectual e militarista à civilização, conferiu ao partido algum prestígio nas universidades. Lutar contra a Grande Depressão tornou-se um movimento político, como o dos Direitos Civis nos anos 1950 e 1960. Assim como os físicos do Projeto Manhattan se viam como parte do esforço de guerra, elaborar previsões no Tesouro fazia parte da luta para derrotar o fascismo.

Nos anos 1930, Lauchlin Currie foi auxiliar de ensino na Universidade Harvard e coautor de vários manifestos do New Deal com seu melhor amigo, Harry Dexter White. Em 1939 tornou-se um dos seis assistentes administrativos da equipe do presidente Roosevelt e logo o aconselhava em relação a questões momentosas, como mobilizar a economia para a guerra, o orçamento dos tempos da guerra, e disponibilizar a Lei de Empréstimo e Arrendamento para a China. Currie organizou os Tigres Voadores. Foi ele quem praticamente cuidou da Lei de Empréstimo e Arrendamento para os chineses e participou intimamente das negociações de empréstimos dos Estados Unidos para a Grã-Bretanha e para a Rússia, bem como dos entendimentos que resultaram na conferência de Bretton Woods. Provas eloquentes, recolhidas em fontes independentes, mostram que Currie e White não foram vítimas inocentes de sujas manobras políticas contra o New Deal e certamente não foram vítimas do macarthismo. As acusações contra eles foram formuladas por duas fontes independentes e corroboradas por cabogramas interceptados e decodificados pelo governo dos Estados Unidos muito antes de o senador Joseph McCarthy desfechar suas sensacionais acusações. Tudo isso foi confirmado décadas mais tarde, com base em material procedente dos arquivos da KGB.

A acusação contra Currie foi a de que ele, possivelmente por ordem do presidente, pressionou o OSS* a devolver aos soviéticos mensagens cifradas e a suspender as operações de decodificação. A prova contra Harry Dexter White foi particularmente danosa. De acordo com dois de seus biógrafos, David Rees e R. Bruce Craig, Whittaker Chambers, editor da revista *Time* e ex-agente do GRU,** o serviço secreto da União Soviética, que forneceu ao assistente do secretário de Estado, em 1939, o nome de outros agentes soviéticos, revelou que White e Currie eram agentes. Chambers entregou cópias de um documento do Tesouro que White lhe confiara para encaminhar ao GRU. Suas acusações foram confirmadas independentemente por dois ex-agentes pelo menos. Um cabograma datado de 1944, entregue por Nathan Gregory Silvermaster, diz respeito a uma oferta à esposa de White para ajudar a pagar as taxas da faculdade onde a filha do casal White estudava. Dois outros cabogramas documentam discussões não autorizadas entre White e um general da KGB, Vitaly Pavlov, incluindo uma realizada em 1941, enquanto eles almoçavam num restaurante de Washington.

Embora Moscou os valorizasse como espiões, a verdadeira importância de Currie e White estava na influência que ambos exerciam. Eles ocupavam posições de grande suscetibilidade, abrangência e autoridade, tomavam iniciativas e promoviam medidas que podem ou não ter atendido aos interesses de seu governo, mas que, em definitivo, tinham a intenção de promover os interesses da União Soviética. A ironia é que nenhum dos dois tinha a menor pista sobre as intenções dos soviéticos tanto quanto os mais ingênuos políticos americanos. Ao contrário de Roosevelt e Truman, cujas posições mudaram drasticamente

---

* Office of Strategic Services (Escritório de Serviços Estratégicos). (N. T.)
** Glavnoie rasvedyvatel'-noe upravlenie (Principal Diretório do Serviço Secreto) (*Merriam-Webster's Collegiate Dictionary*, 11ª ed., 2004, p. 552). (N. T.)

após a conferência de Yalta em 1945, aqueles homens dúplices, calculistas e duros reagiram como se fossem amantes enganados e incompreendidos quando Stálin os fez passar por bobos.

A geração que ingressou na economia durante ou como consequência direta da Grande Depressão apegou-se à mensagem contida em *The general theory of employment, interest and money* com a sofreguidão de homens prestes a se afogar que se agarram numa boia. Keynes era seu herói e eles eram seus discípulos — isto é, discípulos intelectuais. O rótulo "keynesiano" não implicava apoio às medidas preconizadas por Keynes, muito menos à sua filiação política. Alguns eram conservadores, no plano da política, e alguns, particularmente na Europa, eram socialistas. A maioria deles se encaixava no espectro definido pelos partidos mais relevantes. O fato de alguns terem atingido posições de poder e influência, usando tais posições para executar tarefas ocultas, devido a sua lealdade a um regime totalitário, diz muito a seu respeito e a sua época, mas muito pouco sobre as ideias keynesianas e ainda menos sobre o homem Keynes — exceto, talvez, que, como todo mundo, ele não podia imaginar como homens tão inteligentes podiam ser tão estúpidos ou tão maus.

15. De volta da servidão: Hayek e o milagre alemão

> *Nunca é demais afirmar — de qualquer modo não se afirma com a necessária frequência — que o coletivismo não é inerentemente democrático e que, ao contrário, concede a uma minoria tirânica poderes com que os inquisidores espanhóis jamais sonharam...*
>
> *Como a maioria das pessoas prefere e muito contar com a regulamentação do Estado a enfrentar depressões e desemprego, a caminhada em direção ao coletivismo poderá muito bem prosseguir, caso a opinião popular se manifeste sobre essa questão.*
>
> George Orwell, resenha a *The road to serfdom*, 1944[1]

Em 31 de março de 1945, Isaiah Berlin divulgou, em seu despacho semanal de Washington, que "o *Reader's Digest*, que, como se sabe, é a voz do Grande Negócio, imprimiu uma compilação da notória obra do professor Hayek" e que "a iminente chegada do professor é ansiosamente aguardada por aqueles que se opõem a Bretton Woods, os quais esperam que ele recorra à artilharia pesada".[2]

A viagem transatlântica de Hayek, "num lento comboio", durante o tempestuoso mês de março, foi consideravelmente menos agradável do que a de Keynes, no mês de junho anterior, mas, ao desembarcar no cais do porto de Nova York, ele foi acolhido pelo flash das câmeras e por uma multidão de repórteres.

Três mil pessoas compareceram à Universidade de Nova York para ouvir sua primeira palestra e nas seis semanas seguintes — quatro semanas a mais do que ele planejou permanecer nos Estados Unidos — sua agenda de palestras, programas de rádio e entrevistas à imprensa foi tão apertada que ele mal teve tempo de encontrar, tarde da noite, seu velho amigo Fritz Machlup, o qual vinha enviando fielmente a Hayek pacotes de alimentos, nozes, ameixas, arroz e coisas que tais desde 1943.

A imagem de "A voz do Grande Negócio" transformou Hayek instantaneamente em celebridade. A primeira página do *New York Times*, com uma resenha de seu livro pelo escritor Henry Hazlitt, do *Newsweek*, fez o resto. O sensacional sucesso de *The road to serfdom* ocorreu num momento oportuno. Na primavera de 1945, a conferência de Yalta, concluída pouco antes, e a iminente derrota da Alemanha nazista pelo Exército Vermelho tinham direcionado a opinião pública americana para os acordos do pós-guerra e, em particular, para as futuras relações entre os Estados Unidos e a União Soviética. Entre as questões apresentadas ao Congresso incluía-se uma lei sobre o comércio, um vultoso empréstimo à Grã-Bretanha e, claro, a ratificação do acordo monetário global endossado em Bretton Woods no mês de julho. Tudo isso eram iniciativas da presidência, às quais os republicanos se opunham vigorosamente. Embora a maioria das referências do livro de Hayek dissesse respeito à Alemanha nazista e não à União Soviética de Stálin, sua mensagem antiestatista tinha ressonância entre os oponentes do New Deal. Como Berlin predisse, os conservadores americanos ficaram em estado de êxtase e foram correndo abraçar o professor vienense. Hayek, entretanto, revelou-se um garoto-propaganda pouco confiável. Em seu despacho seguinte, Berlin anunciou, com uma ponta de ironia, que a Associação dos Banqueiros Americanos hesitava em se opor ao Tratado de Bretton Woods, graças "um tanto curiosamente" a certo professor Hayek, que, "por ocasião de um encontro com influentes banqueiros de Nova York, ao qual compareceram Winthrop Aldrich e vários sócios do Banco Morgan, bem como o senhor Herbert Hoover e outros, argumentou apaixonadamente a favor de Bretton Woods".[3]

Um mês depois, regozijou-se Berlin, "o professor Friedrich von Hayek, em quem os economistas *tories* deste país depositavam tanta esperança, fundamentada nas posições dele, indubitavelmente contrárias ao New Deal, revelou-se um aliado muito constrangedor para todos eles, pois sua paixão pelo livre-comércio não o torna menos hostil às tarifas e monopólios".[4]

Sem que seus padrinhos republicanos tivessem conhecimento do fato, Hayek começara a animar-se com Franklin Roosevelt antes da guerra. "Imagino que Roosevelt saiba o que faz", ele escreveu a Machlup, e que a "Mensagem ao Congresso sobre a Concentração do Poder Econômico", enviada pelo presidente em 1938, determinou "uma profunda revisão de minhas opiniões sobre ele".[5] Hayek de modo algum sentiu-se intimidado pelo desconforto e pelo constrangimento daqueles que o apoiavam. Em sua última noite em Washington, Albert Hawkes, senador republicano de Nova Jersey, ofereceu-lhe um jantar. Enfastiado e decepcionado com os argumentos abstratos de Hayek e sua prosa sem floreios, outro senador pediu sua opinião sobre uma questão pendente, relativa à legislação sobre o comércio. Hayek respondeu glacialmente: "Cavalheiros, se têm alguma compreensão de minha filosofia, devem saber que uma coisa que defendo acima de tudo é o livre-comércio no mundo inteiro. O programa de comércio recíproco pretende expandir o comércio mundial e eu, naturalmente, sou favorável a essa medida".

Marquis Childs, colunista do *Washington Post*, que participava do jantar, divulgou jubilosamente que "a temperatura da sala caiu pelo menos dez graus, pois o Partido Republicano tinha decidido opor-se ao prolongamento do programa de comércio". O processo de resfriamento prosseguiu quando, um pouco mais tarde, Hayek repetiu que, embora não apreciasse muitas das colocações do Acordo Monetário de Bretton Woods, era favorável a ele. A alternativa a um acordo como aquele, declarou, era "por demais desagradável para ser levada em consideração".[6]

O Congresso aprovou o Tratado de Bretton Woods em julho. O Parlamento britânico esperou até dezembro, recusando seu apoio até Washington finalmente acender a luz verde para um empréstimo de 8,8 bilhões de dólares à Grã-Bretanha, o qual Keynes tanto se empenhara em obter. Foi feita a escolha entre a autarquia versus a globalização, o livre-comércio versus o protecionismo. Os russos chocaram a presidência Roosevelt e seus próprios partidários ao se recusarem a assinar o tratado. George Kennan, o diplomata que arquitetou a Doutrina Truman, rememorou o fato:

Em canto algum de Washington as esperanças de uma colaboração após a guerra com a Rússia foram mais elaboradas, mais engenhosas ou mais tenazmente perseguidas — pode-se dizer quase ferozmente — do que no Departamento do Tesouro. Finalmente, com a incompreensível indisposição de Moscou de aderir ao Banco e ao Fundo, o sonho parecia ter ficado abalado e o Departamento de Estado comunicou à embaixada, em tom de leve inocência, o angustiado grito de atordoada surpresa que pairou sobre o teto da Casa Branca, vindo do Departamento do Tesouro, do outro lado da rua. Como explicar semelhante comportamento por parte do governo soviético? O que estaria por trás dele?[7]

Em contraste com Churchill, Roosevelt e Truman tinham considerado Stálin muito como Neville Chamberlain considerou Hitler antes de 1938: um governante com queixas legítimas e escopos limitados, que faria acordos e os honraria se fossem cumpridos adequadamente. Eles davam por certos a rivalidade entre as grandes potências e os conflitos comerciais, mas presumiam que os Estados Unidos e os soviéticos tinham um interesse comum em garantir que esses conflitos ocorressem num plano de cooperação. No entanto, a visão de que se poderia negociar com Stálin começou a se desfazer antes mesmo da morte de Roosevelt, provocada por uma hemorragia cerebral em 12 de abril de 1945, duas semanas após Hayek chegar aos Estados Unidos. A abrupta recusa do ditador em juntar-se ao Fundo Monetário Internacional e ao Banco Mundial foi uma das decisões que levaram a uma reconsideração radical, começando com o famoso "Longo telegrama" enviado em fevereiro de 1946 ao secretário de Estado por George Kennan, o segundo representante mais graduado da embaixada dos Estados Unidos em Moscou, no qual ele descrevia uma União Soviética que, com efeito, assemelhava-se aos impérios totalitários da imaginação de George Orwell.

Keynes e Hayek nunca solucionaram amplamente seu prolongado debate sobre quanto e qual tipo de intervenção governamental na economia é compatível com uma sociedade livre. Ainda assim, Keynes endossou *The road to serfdom* e indicou Hayek, no lugar de sua discípula Joan Robinson, para fazer parte da Academia Britânica. Quando finalmente o coração de Keynes falhou, em 21 de abril de 1946, Hayek escreveu a Lydia que ele "foi um dos grandes homens a quem jamais conheci e por quem eu sentia ilimitada admiração".[8]

No início de 1947, a esperançosa visão de Keynes, a de um único mundo, estava arruinada pela metade. Uma após outra, a Polônia, a Hungria e a Romênia caíram sob o domínio soviético. Churchill havia pronunciado seu discurso sobre a Cortina de Ferro. Truman anunciou que os Estados Unidos "apoiariam povos livres que estão resistindo às tentativas de subjugação por minorias armadas ou por pressões externas [...] basicamente através de ajuda econômica e financeira, essencial à estabilização e a processos políticos bem-ordenados".[9]

Hayek tinha evitado regressar a Viena no fim da guerra. Seus amigos mais próximos ou morreram ou partiram para o exílio. Após a conferência de Yalta, Stálin adiou a ida do Exército Vermelho a Berlim para tirar proveito daquilo que ele considerava uma valiosa barganha. Depois de pesados bombardeios aéreos e violentos combates numa rua após outra, Viena caiu em poder dos russos. Alguns de seus mais belos edifícios não passavam de escombros. Fornecimento de água, eletricidade, tubulações de gás foram destruídos. Abandonados pela polícia e por outras autoridades locais, os moradores indefesos eram aterrorizados por bandos de criminosos. As primeiras tropas soviéticas mostraram alguma moderação para com a população civil, mas a segunda leva a chegar à cidade entregou-se, durante seis frenéticas semanas, a estupros, saques e violência.

Durante a guerra, Hayek sonhou em recriar seu seminário *Geist-Kreist* na Europa continental como um modo de demonstrar que as ideias do Iluminismo europeu ainda estavam vivas: "O velho liberal que adere a uma crença tradicional devido meramente à tradição [...] não apresenta muito interesse para nosso objetivo. Precisamos é de pessoas que tenham encarado os argumentos apresentados pelo outro lado, que se opuseram a eles e lutaram para conquistar uma posição a partir da qual possam enfrentar criticamente as objeções e justificar suas visões".[10] Em sua segunda visita aos Estados Unidos, o conservador Fundo Volker se ofereceu para patrocinar uma conferência cujo objetivo seria fundar uma comunidade de liberais que tivessem um pensamento homogêneo. Hayek compareceu ao primeiro encontro da Sociedade Mont Pélerin na Suíça, numa colina da qual se avistava o lago Léman, em Genebra, no dia 10 de abril de 1947. A maioria dos participantes eram emigrados europeus, vindos dos Estados Unidos ou da Grã-Bretanha, incluindo Karl Popper, Ludwig von Mises e Fritz Machlup. Um contingente da Universidade de Chicago incluía Milton Friedman e Aaron Director. Henry Hazlitt, do *Newsweek*, e Johan Davenport, do *Fortune*, também estavam lá. Aqueles individualistas reunidos não conseguiram chegar a um voto unânime a favor da instituição da propriedade privada, mas assentiram no que dizia respeito ao princípio da liberdade individual. Concordaram prontamente que a organização não publicaria livros ou periódicos, não se engajaria em atividades políticas ou emitiria opiniões, mas rejeitaram a proposta de Hayek de que seu nome fosse Sociedade Acton--Tocqueville após Frank Knight, da Universidade de Chicago, objetar que eles estariam homenageando "dois aristocratas católicos apostólicos romanos".[11] Ludwig von Mises criou tumulto durante um debate sobre a distribuição de renda, acusando alguns de alimentarem simpatias socialistas. Walter Eucken, um economista da Alemanha, contou que comeu pela primeira vez uma laranja, o que não fazia desde antes do início da guerra. Após três dias de discussões que cobriam temas abrangentes surgiu a ameaça de que tudo terminasse sem uma declaração de princípios. Então Lionel Robbins, um veterano de incontáveis comitês, conseguiu redigir um texto que todos assinaram, com exceção de Maurice Allais, da França. Argumentou que "a liberdade de pensamento e expressão está ameaçada pela difusão de crenças que, ao reivindicarem o privilégio da tolerância, quando elas se encontram numa posição minoritária, procuram apenas conquistar uma posição de poder que lhes permita suprimir e obliterar todas as visões que não sejam as suas".[12] O documento enfatizava a livre empresa, a oposição ao fatalismo histórico, a obrigação das nações e dos indivíduos a serem guiados por códigos morais e, acima de tudo, o apoio à completa liberdade intelectual.

Assim que a conferência terminou, Hayek viajou para Viena. A condição da cidade e de seus habitantes era muito pior do que ele tinha sido capaz de imaginar. Durante a ocupação pelos quatro aliados, por três anos, a capital estava tão maltratada, desmoralizada e escura como apareceria em *Terceiro homem*, filme com roteiro do romancista inglês Graham Greene, no qual se destacava uma fala imortal, acrescentada por seu diretor e ator principal, Orson Welles: "Na Itália, durante trinta anos sob os Bórgia houve guerras, terror, assassinatos, derramamento de sangue, e eles produziram Michelangelo, Leonardo da Vinci e a Renascença. Na Suíça houve amor fraterno, quinhentos anos de democracia, paz e o que foi que eles produziram? O relógio de cuco".[13]

Os russos ainda estavam presentes nos subúrbios da zona leste e eram temidos e desprezados pelos vienenses. Hayek protestou, declarando que os Aliados estavam tratando a Áustria "muito pior do que a Itália e quaisquer outros países que aderiram voluntariamente à Alemanha". As autoridades da ocupação aplicavam essencialmente a mesma linha de conduta adotada na Alemanha, o que significava que virtualmente toda atividade econômica, com exceção do mercado negro de Harry Lime, foi banida. Hayek se queixou: "Os austríacos têm sido impedidos de se ajudar mutuamente a sair de uma posição econômica desesperada".[14]

Graças a uma daquelas coincidências que parecem multiplicar-se em tempos extraordinários, Hayek mais uma vez encontrou-se por acaso com seu primo Ludwig Wittgenstein, num trem que ia de Viena a Munique. Wittgenstein parecia mais desanimado e rabugento do que nunca. Havia passado a maior parte do tempo no setor russo, onde o Exército Vermelho usou como estábulo e garagem a casa que Wittgenstein tinha planejado e construído para uma de suas irmãs. Ele tinha sido grande admirador dos bolcheviques e chegou a pensar seriamente em imigrar para a Rússia nos anos 1930.[15] Agora, pensou Hayek, o filósofo se comportava como se tivesse se encontrado com os russos "em carne e osso pela primeira vez e isso abalou todas as suas ilusões".

A visita de Hayek a Viena foi seguida de uma viagem, organizada pelo Conselho Britânico, a meia dúzia de cidades alemãs. Ele deparou com Colônia, incluindo sua grande catedral, "absolutamente arrasada pela guerra; parecia não haver sobrado cidade, apenas grandes pilhas de escombros. Para fazer minha palestra, tive de subir uma ruína e descer até um grande buraco". Em Darmstadt ele teve "minha mais comovente experiência como conferencista de uma universidade", escreveu a Machlup:

> Naquela época não tinha a menor ideia de que os alemães soubessem o que quer que fosse a meu respeito e fiz uma palestra para uma plateia tão apinhada que os estudantes não conseguiam entrar e ela foi realizada num enorme anfiteatro. Descobri então que as pessoas faziam circular cópias datilografadas de *The road to serfdom* em alemão, pois o livro ainda não havia sido publicado no país.[16]

O primeiro pensamento de Hayek ao regressar a Londres, o que era típico dele, foi organizar, através de um comitê, uma coleta de livros publicados desde 1938 e que a censura e a guerra mantiveram fora do alcance dos acadêmicos austríacos e alemães. Quando o ano terminou, o comitê já havia reunido cerca de 2500 exemplares, que, com grande dificuldade, foram enviados a Viena.

* * *

Em 1947 a questão de como lidar com a Alemanha ainda não havia sido resolvida. Keynes, White e seus respectivos governos se engajaram num debate dificultoso, que se iniciara poucas semanas antes do Dia D, havia três anos. White era um agressivo advogado da desindustrialização da Alemanha, enquanto Keynes era favorável à integração e à recuperação econômica. Keynes tomou conhecimento do Plano Morgenthau pelos jornais algumas semanas mais tarde, em julho de 1944. O Tratado de Versalhes, que ele atacou repetidas vezes ao longo dos anos 1920 e que culpava por outra guerra mundial, foi punitivo, porém era uma tentativa dos vitoriosos de fazer com que a Alemanha pagasse os custos da guerra. O Plano Morgenthau objetivava que a Alemanha, uma economia moderna, regredisse a seu Estado pré-industrial do século XVIII. O plano tinha duas linhas de força, observou Keynes em carta dirigida a John Anderson, o chanceler do erário. Estava sendo proposto num momento de encarniçados combates e de perdas horrendas, quando medidas extremas, até mesmo o genocídio, tinham se tornado aceitáveis. Não deixava de ser um plano, porém. O Departamento de Estado e o Departamento de Guerra não dispunham de algo que fosse tão coerente.

Keynes não se manifestou, pois não se poderia permitir o distanciamento de Morgenthau ou White, e ele percebeu instantaneamente esse fato. Tranquilizou sua consciência predizendo que o plano jamais seria aprovado pelo Congresso, no que estava correto. Quando Eisenhower assumiu o controle do sul da Alemanha em 1945, o Plano Morgenthau tinha sido arquivado. No entanto, a falta de uma visão positiva ou de uma contraproposta concreta deixou um vácuo, e o fato de Keynes não se pronunciar ainda tinha consequências. Na ausência de um plano positivo, "os princípios de Morgenthau e os homens de Morgenthau" governaram a Alemanha durante três anos. Já no início de junho de 1945, Austin Robinson, que se encontrava numa missão de investigação para o Tesouro, comunicou a Keynes que ele se sentia "mais preocupado com o sistema econômico, completamente paralisado, do que com os danos físicos". Ele não encontrou "jornais [...] nem telefones que operam a longa distância e poucos meios de comunicação de qualquer espécie". Em vez disso, "a Alemanha citadina se encontra em ruínas, as fábricas estão arrasadas, suas casas foram consumidas pelo fogo ou bombardeadas e sua vida morreu. A Alemanha agrícola ainda é vigorosa, a atividade prossegue normalmente nos campos [...] ressente-se apenas de incentivos para vender alimentos às cidades, que têm tão pouco a oferecer em troca".[17]

A recusa de permitir uma retomada da atividade econômica na Alemanha teve duas consequências que as autoridades americanas não previram. A primeira delas foi que o colapso da economia alemã impediu o resto da Europa de recuperar-se. A segunda foi que o custo da ocupação foi às alturas para os pagadores de impostos americanos e britânicos. De acordo com estimativas conservadoras, as etiquetas dos preços multiplicaram-se por três. Austin Robinson preveniu Keynes de que, se os russos "ou possivelmente apenas os franceses" obtivessem muito em virtude das reparações de guerra, a Grã-Bretanha "teria de tomar providências e pagar as importações para alimentar e manter nossa zona com meios suficientes para impedir a fome e o desastre".[18] Tendo testemunhado o mesmo fenômeno após a Primeira Guerra Mundial, Keynes respondeu imediatamente: "Pelo amor de Deus, é preciso que não tenhamos de pagar as reparações *desta* vez".[19]

Os Estados Unidos acabaram adotando o Plano Marshall. Com a Europa faminta e correndo o risco de ingressar no campo comunista, o Plano Marshall foi o herdeiro natural da conferência de Bretton Woods e o compromisso da Grã-Bretanha e dos Estados Unidos de criar instituições capazes de promover o crescimento e a estabilidade entre as economias do mundo livre. A mudança do nacionalismo para uma perspectiva global na economia fez assim parte de novas percepções sobre a segurança e a estratégia diplomática e militar do pós-guerra. A ideia de que o colapso econômico produziu regimes totalitários impulsionou a resolução dos americanos no sentido de restaurar a saúde econômica da Europa, o que se tornou mais urgente quando ficou claro, em 1947, que ela não estava se recuperando por seus próprios esforços. Tal recuperação era do interesse das empresas americanas, bem como uma condição necessária para a autodefesa da Europa. Os fundamentos lógicos das propostas de Truman ajudaram a convencer os líderes empresariais a aceitar vultosos gastos governamentais em ajuda e com as Forças Armadas em tempo de paz.

Embora a Alemanha obtivesse relativamente pouca ajuda do Plano Marshall, sua recuperação foi tão vigorosa que logo foi rotulada de Wirtschaftswunder, ou milagre econômico. Durante os três anos subsequentes à reforma da moeda, em 1948, a produção per capita subiu em média 15% a cada ano. Em 1950, apesar da destruição da guerra e da remoção do maquinário pelos russos, ela atingia 94% do nível do pré-guerra.

O que aconteceu? O ministro das Finanças Ludwig Erhard atribuiu o Wirtschaftswunder à introdução de uma nova moeda e à supressão do controle dos preços em 1948. "Talvez mais do que em qualquer outra economia", ele recordou, "a alemã vivenciou as consequências econômicas e supraeconômicas de uma política econômica e de comércio sujeita aos extremos do nacionalismo, da autarquia e do controle governamental. Aprendemos a lição." A liberalização "despertou impulsos de empreendedorismo. O trabalhador mostrou-se pronto para trabalhar, o comerciante disposto a vender e a economia... disposta a produzir. Até então existia uma recompensa para a estagnação. O comércio exterior movimentava-se languidamente, numa estrutura providenciada pelas instruções dos Aliados. Havia falta de bens, existia uma demanda geral por suprimentos e no entanto o impulso econômico estava ausente".[20]

Para Hayek, o fato de a Alemanha ressurgir das cinzas era ao mesmo tempo uma reafirmação de sua fé no livre mercado, no livre-comércio e na moeda sólida e a esperança de que a civilização liberal europeia que ele amava afinal de contas não estava condenada à extinção.

Quando recebeu um convite para ensinar na Universidade de Chicago, Hayek demitiu-se da Escola de Economia de Londres, divorciou-se e se casou com aquela que era sua amante havia tanto tempo. Entregou-se a sua paixão por colecionar livros antigos e por biografias e escreveu um encantador relato da parceria de John Stuart Mill com Harriet Taylor. Passou a lua de mel refazendo a famosa peregrinação de Mill de Londres a Roma.

A transformação de Hayek em queridinho dos conservadores americanos teve vida curta. Ele desprezava a maioria dos políticos americanos, todos os automóveis e praticamente tudo o mais sobre a vida nos Estados Unidos, incluindo a ausência de um sistema universal de saúde e de pensões bancadas pelo governo. Com saudades da Europa e como já não era bem-vindo à Escola de Economia de Londres, acabou indo lecionar na Universidade de Salzburgo.

Em 1974, a Academia Sueca de Ciências tirou Hayek da obscuridade concedendo-lhe o prêmio Nobel por "sua penetrante análise da interdependência dos fenômenos econômicos, sociais e institucionais". A ironia é que ele compartilhou o prêmio com o socialista sueco Gunnar Myrdal. Alguns anos mais tarde sua *Constitution of liberty* [Constituição da liberdade] tornou-se a bíblia da retomada conservadora de Margaret Thatcher. No início da década de 1990, o colapso da União Soviética e a difusão das reformas do livre mercado na Europa do leste e na Ásia o tornaram um herói entre os conservadores do mundo inteiro.

16. Instrumentos de competência: Samuelson vai a Washington

> *Não me importa quem escreve as leis da nação ou estrutura seus tratados, contanto que eu possa escrever seus manuais de economia.*
>
> Paul Samuelson[1]

Paul Anthony Samuelson, o anônimo mentor do relatório do governo ao qual o presidente Roosevelt se referiu em sua "radical" mensagem anual do Estado da União, passou momentos agradáveis durante os primeiros meses em que se reformulava a economia para apoiar os esforços de guerra, em meio a entediados estudantes de engenharia e produzindo infindáveis cálculos para o Exército no Laboratório de Radiação do MIT.[2] Já em 1940, Lauchlin Currie, o consultor econômico de Roosevelt, havia sugerido ao presidente que não era cedo demais para os Estados Unidos começarem a planejar a era do pós-guerra. O presidente concordou e Currie prontamente convocou alunos recém-formados e bem-dotados para trabalharem no Escritório de Planejamento dos Recursos Nacionais, a primeira e única agência de planejamento do país, dirigida por Frederic A. Delano, tio de Roosevelt. Samuelson, um *wunderkind** de 27 anos, que defendera pouco antes seu doutorado na

---

* Criança prodígio. Em alemão, no original. (N. T.)

Universidade Harvard e era professor assistente no MIT, logo se tornou dirigente de um grupo de uns vinte economistas e de uma turma de alunos de graduação da Universidade John Hopkins, cuja tarefa consistia em calcular possíveis trajetórias para a economia do pós-guerra e propor soluções para potenciais problemas.[3] Para tranquilizar seus superiores de que a nova economia keynesiana não era mais subversiva do que um ramo da contabilidade, Samuelson fazia questão de usar uma viseira com pala verde por ocasião dos comunicados da Casa Branca.

Na manhã seguinte ao Dia do Trabalho, em 1944, pela primeira vez em quase um ano, aquele soldado raso do enorme exército de consultores de guerra da presidência Roosevelt estava de volta a Washington. Baixo, magro, de cabelo cortado rente, Samuelson viera de Boston no trem noturno. Elegantemente trajado, de gravata-borboleta, ele procurou antigos colegas e ex-alunos, que pululavam na capital, para onde tinham sido recrutados temporariamente, e que lhe contaram novidades e fofocas.

Samuelson conseguiu "farejar pequenos cortes na produção de guerra".[4] Cada escritório que ele visitava estava entupido de calculadoras de mesa, pilhas desordenadas de pastas e relatórios orçamentários. Agora que o fim da guerra era certo, a atenção de Washington se desviava dos problemas ligados à produção de guerra para a questão de como lidar com a economia em tempos de paz. Centenas de burocratas se ocupavam em calcular o montante de despesas militares que poderiam ser remanejadas, quantos recrutas poderiam ser dispensados, quanto tempo demoraria para converter a produção de tanques em produção de automóveis. A primeira rodada de reduções estava programada para começar naquele outono, talvez não coincidentemente durante a campanha da eleição presidencial, em 1944, que opunha o presidente ao republicano Thomas E. Dewey, governador de Nova York, cargo outrora exercido por Roosevelt. Aconteceu, porém, que o avanço dos Aliados na Europa, naquele outono, ocasionou o adiamento dos projetos, que seriam retomados somente no início de 1945.[5]

Apesar do tempo abafado e da umidade opressiva, Samuelson verificou que, em Washington, o ânimo dos "peritos", bem como do Congresso, era inesperadamente otimista. No dia anterior, o *New York Times* dera a manchete: "O desenvolvimento após a guerra é quase certo".[6] Samuelson ficou estarrecido. Os problemas em potencial eram assustadores: 11 milhões de homens e mulheres estavam no Exército e 16 milhões — quase um terço da força de trabalho

— operavam nas fábricas de defesa. Em 1943, o governo federal gastou mais de 60 bilhões de dólares — quase a metade da renda anual da nação — e quase sete vezes mais do que fora gasto em 1940. Quanto mais Samuelson procurava enxergar o que viria depois da guerra, mais ele se preocupava.

Seu estado de ânimo coincidiu com o de outros keynesianos, que davam por certo que a economia americana poderia beneficiar-se do aumento da produção, da eficiência e da elevação da renda per capita, ano sim, ano não. Tinham, porém, menos certeza de que se poderia confiar em que as empresas e as famílias gastariam mais do que poupariam os lucros e os salários gerados por toda aquela atividade. Cada vez mais Samuelson adotava a visão de que a tendência da economia à estagnação não era necessariamente uma doença passageira provocada por erros da política monetária ou por choques externos, sendo antes uma doença crônica. David M. Kennedy, o historiador da economia, observa que o conteúdo e as conclusões do relatório de Samuelson para o NRPB* se apoiavam em duas fontes. Uma delas era a opinião de Keynes, expressa em seu panfleto *Como pagar pela guerra*, de 1940, sobre as precárias perspectivas da economia britânica do pós-guerra, privada da grande e constante infusão de gastos governamentais.[7] A outra fonte era a dos conselheiros keynesianos da presidência, sobretudo Currie, White e Alvin Hansen, professor de Harvard que prestava consultoria para o NRPB e o Federal Reserve. Foi ele quem arregimentou os estudantes de graduação e os auxiliares de ensino do conservador departamento (o "proletariado lumpen", como Samuelson gostava de dizer) para o keynesianismo. Kennedy chama a atenção para o fato de que os discípulos americanos de Keynes eram ainda mais pessimistas do que seu líder. Em 1938, no ano em que Hansen chegou a Harvard, vindo do Meio-Oeste, ele publicou um livro, *Full recovery or stagnation* [Total recuperação ou estagnação], no qual já antevia um futuro sombrio após a guerra.

Samuelson, que escrevia com a mesma rapidez e animação com que falava, iniciou uma segunda e estelar carreira no jornalismo, com uma provocativa série, em duas partes, para o *New Republic*, "sobre a crise econômica que está chegando".[8] Seu tom era enérgico, mas não fatalista. Sugerindo que o problema, apesar de calamitoso, era contornável, ele recomendou as mesmas providências incluídas no relatório que apresentou em 1942 ao NRPB: reduzir a desmobilização e

---

* Nation Resources Planning Board (Escritório de Planejamento dos Recursos Nacionais). (N. T.)

manter elevadas as despesas do governo. A série de Samuelson irradiava confiança e se reportava àquilo que Chester Bowles, do New Deal, observou um dia: "Presenciamos a última de nossas grandes depressões pela simples razão de que o público é suficientemente sensato para saber que não deve permitir uma nova depressão".[9]

Samuelson era filho do êxodo judaico da Rússia para os Estados Unidos, da prosperidade do Meio-Oeste proporcionada pela Primeira Guerra Mundial e da afluente década de 1920. Nasceu em Gary, Indiana, em 1915, fato a que atribuiu mais tarde seu gosto pela economia e pela especulação do mercado que duraria a vida inteira. Gary ainda não fazia parte da Grande Chicago. Era uma pequena cidade fabril, com enormes usinas siderúrgicas e moradias novas em folha, que se estendiam pelas pradarias, e envolta por uma especial atmosfera de fuligem, fumaça e dinheiro. Durante a Primeira Guerra Mundial, as usinas siderúrgicas funcionavam noite e dia. Seus operários, a maioria deles imigrantes, trabalhavam doze horas por dia, sete dias na semana. Quando os operários adoeciam, eles procuravam a farmácia, em vez de se consultarem com um médico, para evitar o gasto de um dia de salário. Frank Samuelson estava numa posição favorável, pois era um dos poucos farmacêuticos da cidade. Judeu de primeira geração, conversava em russo e polonês com seus fregueses.

Nas horas vagas ele também se dedicava à especulação imobiliária, a exemplo do típico nativo do Meio-Oeste que dispunha de dinheiro, fosse ele emprestado ou poupado. A prosperidade ocasionada pela guerra beneficiou a economia agrícola e o preço dos grãos foi parar nas alturas. Os fazendeiros, que nunca tinham estado em situação tão favorável, pediam dinheiro emprestado e adquiriam mais terras e maquinário. Durante vários anos eles e Frank Samuelson, que investia em propriedades no centro de Gary, prosperaram. A exemplo de Gopher Prairie, a cidade fictícia de *Main street* [Rua principal], de Sinclair Lewis, Gary era repleta de empreendedores como Frank Samuelson e suas descontentes esposas, que desprezavam a cidade devido a sua feiura e se irritavam com seus maridos devido ao isolamento em que viviam, pois a viagem até Chicago demorava um dia inteiro. Bastante vaidosa e "uma grande esnobe", Ella Lipton Samuelson ora provocava seu marido, ora o desprezava. Mulher de temperamento imprevisível e um imenso desejo de tornar-se uma chapeleira famosa, ela queria muito ter filhas. Em vez disso teve três filhos, os quais entregou um por um a pais de criação, não muito depois que eles tinham idade suficiente para andar.

Com dezessete meses, Paul Samuelson, um bebê loiro, de olhos azuis, foi enviado para Wheeler, Indiana, lugarejo situado numa encruzilhada, numa fazenda com intermináveis trigais, desprovida de eletricidade, encanamento na sede, telefone ou automóvel. Mais tarde ele disse: "Durante minha infância virtual, eu presenciei em primeira mão o desaparecimento de uma economia baseada no cavalo, a chegada do encanamento às casas e a iluminação elétrica. Depois disso, as ondas de rádio e a televisão deixaram um blasé".[10] Ele só voltou a ver a mãe quando estava em condições de ingressar no jardim de infância.

O abandono materno pode causar frieza e indiferença, mas também pode criar o anseio por ligações e o desejo de agradar. No caso de Samuelson aconteceu um pouco de cada coisa. Sua mãe de criação foi a primeira de muitas mulheres de sua vida que o adoraram, desde esposas e secretárias a filhas e cães. Ao contrário de sua mãe, ela era boa, afetuosa, acolhedora e ótima cozinheira.

Quando Paul, aos cinco anos, voltou para casa, o armistício tinha sido assinado e o novo Federal Reserve estava fechando a torneira do crédito, num esforço para reverter a inflação dos tempos da guerra. Na Inglaterra e na França, os maiores mercados do trigo americano, os bancos centrais faziam o mesmo. Em questão de meses o preço dos grãos caiu pela metade, as siderúrgicas ficaram ociosas, os bancos quebraram um após outro. "Falências de bancos não eram um fenômeno estranho e pouco familiar na minha região de Indiana", recordou Samuelson. "As fazendas que foram hipotecadas e estavam amplamente equipadas quando a prosperidade trazida pela guerra chegou ao auge foram duramente atingidas pela queda dos preços dos grãos. E, assim, os bancos rurais quebraram." Inevitavelmente o preço das terras entrou em colapso, assim como a segurança financeira da família Samuelson.

A recuperação econômica que se iniciou em meados de 1921 pouco fez para reativar a combalida economia agrícola ou as finanças da família. Durante quatro anos Frank Samuelson viu sua farmácia, outrora próspera, definhar. Finalmente no verão de 1925, seduzido por deliciosas visões de invernos temperados e de esplendores tropicais — laranjeiras no jardim —, e cansado dos constantes resmungos de sua esposa, Frank entregou as chaves da farmácia ao novo proprietário. O casal foi de carro até Miami, juntando-se a dezenas de milhares de outras famílias, por ocasião da grande corrida às terras na Flórida. Elas pareciam ser uma aposta segura: dando um sinal de 10%, quando os preços dobravam isso significava um lucro de 1000% em relação ao investimento original. Pouco importava que as "terras de sonho" se situassem "a meio caminho entre pinheirais e pântanos".[11]

Quando seus pais foram embora de Gary, Samuelson, com dez anos, e seu irmão Harold, com doze anos e meio, voltaram para Wheeler, onde sempre passavam o verão. Quando se aproximava o Dia do Trabalho foram chamados pelos pais. Os meninos viajaram de trem, de Chicago a Miami. Samuelson recordou que, logo ao desembarcar do trem, vira não sua mãe nem seu pai, mas "homens com calções presos à altura do joelho, vendendo e comprando terras nas ruas".[12]

Em meados de 1925, a febre imobiliária tinha se espalhado em direção ao norte, até Jacksonville, uma sonolenta cidadezinha agrícola próxima do oceano Atlântico, a mais de quinhentos quilômetros de Miami. Ela também atraiu um vigarista que já gozava de má fama, chamado Charles Ponzi, que vendia terrenos por dez dólares que, na realidade, situavam-se a 95 quilômetros de Jacksonville e eram minúsculos. Em 1926, a crença de que as ruas da Flórida eram pavimentadas com ouro começava a se desvanecer e o influxo de novos compradores diminuiu. Os preços caíram, o que foi inevitável. Ocorreram então dois furacões e aquilo que parecia ser uma perpétua prosperidade tornou-se uma queda. Frank Samuelson perdeu a maior parte do dinheiro que lhe restava e teve de aguentar mais reprovações da mulher. "Ela não se controlava muito", disse Paul sobre a mãe, que gostava de repetir a história das insensatas apostas do marido, muito após sua morte prematura, aos 48 anos, devido a uma doença cardíaca. A natureza do problema econômico da família estava clara mesmo para um menino de dez anos.

Dois anos depois, os Samuelson regressavam ao Meio-Oeste, indo morar no South Side, em Chicago, que era e continua sendo um enclave de classe média, espremido entre o lago Michigan e um gueto afro-americano. A economia da cidade prosperava mais uma vez. O mau cheiro dos currais, onde o gado ficava à espera de ser abatido, misturava-se com a névoa das usinas siderúrgicas de Gary, que sobrevoava o lago. Paul ingressou no liceu Hyde Park e juntou-se ao resto da região, que estudava o mercado de ações diariamente, muitas vezes com seu professor de matemática.

O culto a F. Scott Fitzgerald, autor de *O grande Gatsby*, estava no auge. Samuelson escreveu para a revista literária do liceu contos nos quais os personagens eram jovens mundanos e cínicos, que se apaixonavam e se desapaixonavam num estalar de dedos e pronunciavam frases pretensamente originais como "pelo amor de Mike, Pat, Pete e os outros sete apóstolos, cale a boca!".[13] Morando com uma mãe que "não parava de gritar", ele elaborava fantasias como, por exemplo, fugir para uma faculdade do leste, "com uma capela branca, com torre", situada "numa tranquila cidadezinha rodeada de verde".[14] Quando ele se formou no liceu em 1931, aos dezesseis anos, a Grande Depressão se espalhava pelas ruas principais de todos os Estados Unidos, como uma longa noite de inverno. Ir estudar numa faculdade do leste já não estava em seus planos, se é que tivesse sido uma possibilidade real. Assim, Samuelson matriculou-se na Universidade de Chicago em janeiro de 1932, escolheu a matemática como área de concentração e continuou a morar em casa.

Viver no Meio-Oeste oferecia vantagens inesperadas. Muito longe de ser o lugar atrasado que Samuelson temia, Chicago fervilhava, era repleta de atividades intelectuais e políticas e um lugar de encontro para economistas desejosos de que Washington fizesse algo mais do que combater a depressão. Mescla de nativos do Meio-Oeste, conservadores no plano fiscal e liberais seguidores de Burke, originários da Europa central, o corpo docente da Universidade de Chicago estava alarmado e frustrado com a ineficiente resposta de Washington à crise e ansioso por aconselhar uma abordagem mais ativista.

Através de seu tutor, quando calouro, Samuelson ficou sabendo "que John Maynard Keynes, o mais importante economista do mundo", passou o verão anterior lecionando na universidade.[15] Seu primeiro professor de economia foi Aaron Director, "um economista muito seco, seguro de si e reacionário", futuro cunhado de Milton Friedman, e que exerceu "um grande impacto" sobre Samuelson. A primeira aula de Director, sobre a teoria da população de Malthus, despertou seu interesse duradouro pela economia, ele afirmou mais tarde. Outro professor foi Jacob Viner, um canadense de origem romena que gozava da reputação de ser o mais exigente da Universidade de Chicago na hora de dar notas. Depois da posse de Roosevelt, ele se tornou um dos conselheiros mais próximos do secretário do Tesouro, Henry Morgenthau, e colocou no Federal Reserve, nas agências do New Deal e no Tesouro dezenas de alunos seus. Íntimo amigo de Schumpeter e Hayek, Viner tornou-se um dos mais enfáticos e influentes críticos da *General theory of employment, interest and money*, de autoria de Keynes. Concordava com Keynes sobre a política e a necessidade de praticar gastos deficitários para combater a inflação. Julgava, entretanto, que a teoria de Keynes de modo algum era "geral", mas era válida apenas no curto prazo e insatisfatória, caso fosse aplicada por períodos mais longos.

Durante o primeiro mês de Samuelson em Chicago, a universidade promoveu uma conferência, na qual Irving Fisher, o mais famoso e, simultaneamente, o mais notório de todos os economistas americanos, e que contou também com muitos outros especialistas em finanças, debateu como a presidência Hoover deveria combater a depressão. Director e Viner assinaram o telegrama enviado por Fisher ao presidente, incitando-o a deslanchar um agressivo plano de estímulo.

Quando, três anos mais tarde, Samuelson decidiu que seria melhor economista que matemático e ganhou uma bolsa para o curso de doutorado, ele escolheu Harvard, e não Chicago. A presença de Edward Chamberlin, que publicara pouco antes o inovador *The theory of monopolistic competition*, era uma atração, mas sair de casa e a fantasia de "uma tranquila cidadezinha, rodeada de verde", não passavam de um engodo. Ao chegar a Cambridge no terceiro ano da recuperação da economia, durante a presidência Roosevelt, Samuelson descobriu rapidamente que os professores mais titulados de Harvard, embora politicamente à esquerda dos professores de Chicago, eram muito mais conservadores.

Um estudante canadense que assistira às aulas de Keynes em Cambridge chegou a Harvard durante o primeiro semestre de Samuelson, no outono de 1936. Robert Bryce escreveu uma pequena monografia, na qual resumiu as ideias de Keynes expostas no *General theory*, que ainda não havia sido publicado. Ele enfatizou os gastos públicos para combater o desemprego, mas não explicou com suficiente amplitude qual era a teoria subjacente. Samuelson, que não considerava o ativismo fiscal uma ideia nova ou unicamente "keynesiana", sentiu-se um tanto intrigado diante daquela controvérsia. Como, porém, a economia estava se recuperando, ele deu por certo que o New Deal era responsável por isso e acreditou que Keynes formulou uma teoria nova, rigorosa, internamente consistente, explicando como essa recuperação ocorria. "No fim, perguntei a mim mesmo por que recuso um paradigma que me capacita a entender a virada promovida por Roosevelt, de 1933 a 1937."[16]

Quando Nicholas Kaldor, um marxista-keynesiano e conselheiro do Partido Trabalhista, fez uma visita à universidade em 1936, ele compareceu a uma palestra, achando que iria ouvir uma brilhante exposição feita por um astro do mundo acadêmico. "Parabéns, professor Chamberlin", disse, antes de fazer uma pergunta ao palestrante. Na realidade o "professor" era Samuelson, aluno do primeiro ano de graduação. Ele também se inscreveu no curso dado pelo matemático Edwin Bidwell Wilson, o último discípulo de Willard Gibbs em Yale. Samuelson e Schumpeter, que o adotou instantaneamente como seu protegido, eram a metade da classe. Seguiu também outro curso, dado por Wassily Leontief, brilhante emigrado russo e futuro prêmio Nobel. O economista japonês Tsuru Shigeto, o melhor amigo de Samuelson no curso de graduação, recorda: "Leontief, como todos sabiam, não era muito eloquente e com frequência recorria à lousa, onde desenhava duas linhas que se cruzavam, e começava a falar: 'Vejam, neste ponto de intersecção...'. Nesse momento Paul intervinha: 'Sim, este é o ponto de intersecção...', mas não conseguia completar a frase, pois Leontief imediatamente aprovava: 'É isso mesmo. Você está entendendo o que quero dizer'. Leontief e Paul se conheciam, mas ambos não revelavam o fato e o resto da classe se iludia".[17]

No ano seguinte, Samuelson tornou-se o primeiro aluno da área de economia a ser eleito para a Sociedade dos Bolsistas, notável instituição de Harvard, inspirada na tradição universitária inglesa. Ela exigia que os jovens estudantes de diferentes disciplinas suspendessem seus estudos de graduação por três anos, durante os quais se dedicariam a... pensar. Logo Samuelson se encontrou na companhia de Willard Van Orman Quine, da área de logística; George Birkhoff, futuro presidente da Sociedade Americana de Matemática; Stanislaw Ulam, que deu origem ao projeto Teller-Ulam, destinado às armas termonucleares; e outros extraordinários talentos do campo da matemática.

Um ambiente em que se respirava inteligência e que oferecia desafios intelectuais não substituía uma família. Passado um ano, Samuelson já se havia casado com uma colega de Wisconsin, Marion Crawford. Terminou seu doutorado em 1940, aos 25 anos. Marion também já era doutora, e o jovem casal teve seu primeiro filho.

Como tantos jovens que alcançaram a maioridade durante a Grande Depressão, Samuelson tinha pressa. Horrorizava seus amigos europeus ao ouvir a *Nona sinfonia* de Beethoven fora de ordem, para minimizar o tempo perdido em ouvi-la em sua vitrola que tocava discos de 78 rotações. Com a esperança de obter um contrato permanente para lecionar em Harvard, ele mergulhou em sua tese de doutorado, que Marion datilografava. Ao entregá-la, tinha como título *Foundations of economic analysis* [Alicerces da análise econômica]. Ela se inspirava em parte no lamento de Schumpeter, quando, em 1931, ele se reportou à crise na teoria econômica, e apresentava certa semelhança com a tese de doutorado de Fisher. A tese de Samuelson era um ambicioso ataque à teoria econômica da época e recorria "à simples aritmética e à lógica" para demonstrar quanto a teoria podia ser reduzida a proposições mais simples e fundamentais. "Senti como se estivesse abrindo meu caminho na selva com um canivete", ele afirmou mais tarde. "Meu texto era um emaranhado de contradições, sobreposições e confusões."[18]

Foundations conseguiu aquilo que *Principia mathematica*, de Bertrand Russell, e *Mathematical foundations of quantum mechanics* [Bases matemáticas da mecânica quântica], de John von Neumann, procuravam realizar e aquilo que, em 1890, *Principles of economics*, de Marshall, realizou. Herbert Stein, do New Deal, formado pela Universidade de Chicago, ofereceu a mais intuitiva explicação do sucesso de Samuelson ao comparar seu texto à economia pré--Fisher e pré-Keynes: se as pessoas não tinham trabalho, era preciso proporcionar-lhes empregos. Se as pessoas estavam desempregadas, era preciso examinar algum componente do sistema — digamos a oferta de dinheiro ou a percentagem da tributação — partindo do pressuposto de que isso afetaria algo situado no limite desse sistema: o emprego. Era a implicação prática da nova "economia do todo" ou macroeconomia. Era isso que havia de novo nas teorias econômicas de Fisher e Keynes.[19]

A ênfase nas ligações entre as diferentes partes da economia e nos efeitos indiretos e secundários explica por que a nova macroeconomia se apoiava na matemática. Não se pode analisar um sistema integrado sem a matemática. Debater se seu emprego na análise dos problemas econômicos é positivo ou negativo é algo que aflora de tempos em tempos, assim como o debate sobre o uso dos computadores para provar teoremas matemáticos. Os economistas, assim como engenheiros, físicos nucleares e compositores, são peritos em resolver problemas. Se trabalham num problema ao qual antigos instrumentos não se adaptam, tentam novos recursos. É bem verdade que a geração mais antiga raramente percebe a questão e muitas vezes acha impossível dominar novas técnicas, mas para a geração de Samuelson, que atingiu a maioridade durante a Grande Depressão e a Segunda Guerra Mundial, a colocação de Willard Gibb, de que a matemática é uma linguagem, parecia perfeitamente natural. O receio de que o uso da matemática fizesse com que outras linguagens se tornassem obsoletas acabou se revelando um exagero. John von Neumann, um dos vários matemáticos que exerceram grande impacto sobre a economia, era capaz de fazer traduções do alemão para o inglês em tempo real e citar Dickens de cor. A virtuosidade verbal de Samuelson era ainda mais pronunciada.

Provavelmente não foi acidental que *Foundations* tenha se configurado como um produto dos anos 1930, uma década extraordinariamente inovadora. Samuelson, que prestou exames gerais no fim de seu primeiro ano em Harvard, usou seus três anos como bolsista, no período acadêmico de 1937 a 1940, para estruturar a essência de *Foundations of economic analysis*, que "não teve um momento definido de concepção", conforme ele recordou. "Gradualmente, entre 1936 e 1941, o texto evoluiu."[20] Quando ele defendeu seu doutorado, conta-se que Schumpeter se voltou para Leontief e perguntou: "E então... fomos aprovados?". Porém, como tantas ideias e invenções daquela era fértil, *Foundations* ficou fora do mercado devido à Segunda Guerra Mundial. Ao contrário de *Theory of games and economic behavior* [A teoria dos jogos e do comportamento econômico], de autoria de Neumann e Oscar Morgenstern, a tese de Samuelson não contou com defensores influentes ou patrocinadores ricos. Na verdade, Harold Burbank, o dirigente do Departamento de Economia de Harvard, foi tão hostil a ela — é difícil dizer se devido a uma aversão à matemática ou aos judeus — que mandou inutilizar as provas tipográficas e insistiu em que Samuelson fosse contratado apenas como professor temporário. Quando finalmente *Foundations* foi editado, em 1947, a receptividade foi muito calorosa, pois a guerra fizera com que o emprego de novas técnicas e instrumentos parecesse algo natural. Samuelson ganhou a medalha John Bates Clark, equivalente à medalha Fields, concedida ao melhor matemático com menos de quarenta anos. Schumpeter qualificou *Foundations* uma obra-prima e escreveu a seu ex-aluno: "Se eu ler seu livro à noite, a excitação interfere em meu repouso noturno".[21]

Os temores dos Estados Unidos em relação à economia do pós-guerra tinham raízes na crença de que a guerra, e não o New Deal, era a responsável pela recuperação econômica. Enquanto os britânicos se preocupavam acima de tudo em impedir uma explosão da inflação quando recompensassem a população por seus enormes sacrifícios, a apreensão, para a maioria dos americanos, era o retorno da inflação, quando Washington cortasse as despesas militares e milhões de soldados fossem desmobilizados.

O Escritório de Planejamento dos Recursos Nacionais, precursor do Conselho de Consultores Econômicos do presidente Roosevelt, estava encarregado de planejar a transição econômica para os tempos de paz. Everett Hagen, coautor, com Samuelson, do relatório do NRPB, era responsável por apresentar as previsões consensuais da presidência. Em meados de 1944 ocorreu em Washington uma profunda divisão entre os especialistas da economia. Os seguidores do New Deal tendiam a ser otimistas em relação às perspectivas do pós-guerra e os keynesianos tendiam ao pessimismo. Samuelson admitiu que uma vultosa reposição de estoques possivelmente aconteceria no fim da guerra, pois o mundo empresarial substituía equipamentos gastos, fazia novos investimentos e os consumidores davam passos semelhantes. Ele achava, porém, que toda aquela movimentação não duraria muito, prejudicada pelos pesados cortes no setor militar.

A desmobilização ocorreu mais rapidamente do que Samuelson esperava, mas a crise que ele predisse não se materializou. Após uma aguda mas breve recessão em 1947, a economia recuperou-se rapidamente. O início da Guerra Fria fez com que a presidência Truman gastasse centenas de milhões de dólares com o arsenal nuclear dos Estados Unidos, no mesmo momento em que os dispêndios com as forças convencionais em terra minguavam. O que Samuelson não conseguiu antever foi a magnitude da demanda acumulada por parte dos consumidores, ansiosos por casas, carros, aparelhos e outros bens cobiçados pela classe média, além da poupança que tinham nos bancos. Sua previsão, constrangedoramente equivocada, retardou a difusão do keynesianismo no mundo acadêmico, conforme ele sempre acreditou. Enganar-se desastrosamente no início de uma carreira era, de certo modo, uma experiência salutar para alguém que detestava cometer erros e que raramente os cometia. Isso deixou Samuelson mais cético em relação a previsões econômicas e mais cauteloso quanto às afirmações que ele fazia sobre as políticas que favorecia ou às quais se opunha.

A desmobilização tornou-se uma bonança para as faculdades americanas, o MIT* e seus embrionários departamentos de economia. A única lei relativa à economia que o Congresso aprovou após a exortação de Roosevelt, em 1944, dizia respeito aos combatentes. Essa medida exerceu, porém, um grande e duradouro efeito sobre a economia do pós-guerra. Na Grã-Bretanha o governo trabalhista estruturou o bem-estar social, que atenderia o cidadão desde o berço até a sepultura, no intuito de compensar seu povo pelos sacrifícios a que ele foi submetido durante a guerra. A Lei dos Direitos dos Combatentes foi a contrapartida americana. A única oposição séria, assinala David Kennedy, partiu da *alma mater* de Samuelson e Friedman, a Universidade de Chicago, e de seu notório reitor, o qual preveniu: "As faculdades e as universidades se verão convertidas em selvas pedagógicas repletas de marginais".[22] O MIT, que não oferecia programa de graduação em economia, assumiu uma posição mais pragmática.

A Lei dos Direitos dos Combatentes foi aprovada em junho de 1944, antes do início da desmobilização. Samuelson começava a livrar-se de suas obrigações, que ele achava tediosas, no Laboratório de Radiação e empreendia novos projetos. Levou em consideração mas acabou rejeitando uma oferta de escrever um texto, assinado por outro, sobre a história do Projeto Manhattan. Enquanto isso, à medida que os ex-combatentes afluíam a Cambridge, sua carga horária aumentou exponencialmente. Em 1945, Ralph Freeman, diretor de seu departamento, propôs que ele escrevesse um manual de economia para engenheiros. "O MIT está ansioso para que eu volte e assuma um projeto muito necessário, do qual somente eu posso dar conta", ele escreveu ao Exército, que ainda solicitava seu tempo, acrescentando que "está se aproximando o dia em que não será mais do interesse nacional converter um bom economista num matemático medíocre".[23]

Todos os novos alunos do MIT tinham de se inscrever na disciplina de economia, outro sinal da mudança dos tempos. O problema, conforme Friedman confidenciou a Samuelson, para quem aquilo dificilmente seria uma novidade, era que "todos eles a odiarão". Um dia depois do ataque dos japoneses a Pearl Harbor, apenas um único professor se encontrava em seu escritório, no Departamento de Economia de Harvard, quando Basil Dandison, um vendedor da editora McGraw-Hill, o procurou. Ele mencionou ao professor que a editora procurava alguém que pudesse escrever um manual sobre economia e lhe

---

* Massachusetts Institute of Technology. (N. T.)

falaram de um jovem e brilhante astro que se havia bandeado para a Faculdade de Engenharia, num lugar afastado da Universidade de Cambridge. Quando o Japão se rendeu, Dandison e o astro do MIT já tinham chegado a um acordo. "Achei que o livro venderia muito bem", rememorou Dandison. O autor, muito esperto, recusou um adiantamento e insistiu em receber 15% sobre o preço da capa, algo inusitado no mundo editorial.[24]

Samuelson achou que poderia dar conta do manual durante o verão, desde que o Laboratório de Radiação o dispensasse, mas em 1945 ele concordou em ser um dos três ghost-writers de Vannevar Bush, um engenheiro do MIT e fundador da Raytheon, que chefiava um grupo de planejamento do pós-guerra e fora incumbido por Roosevelt de produzir um relatório sobre pesquisa e desenvolvimento, *Science: the endless frontier*[25] [Ciência: a interminável fronteira]. *Economics: an introductory analisis* só foi terminado em abril de 1948, embora os estudantes de engenharia do MIT tomassem conhecimento dele por meio de textos mimeografados.

Em *God and man at Yale: The superstitions of "Academic Freedom"* [Deus e o homem em Yale: As superstições da "Liberdade Acadêmica"), a sensação editorial de 1951, seu autor, então com 25 anos, William F. Buckley Jr., desfechou uma pesada acusação a sua *alma mater*. "A influência da economia ensinada em Yale", ele afirmou, era "inteiramente coletivista", a antítese dos valores do empreendedorismo caros aos ex-alunos da universidade. Como prova, ele citava os textos adotados em Economia 10, o curso introdutório a que assistia, em média, um terço dos alunos de Yale.[26] Um dos textos mais controvertidos era *Economics: An introductory analysis*, de Samuelson. Acusando-o de glorificar o governo, de competição degradante e de iniciativa individual, Buckley mostrou-se irritado com sua "típica loquacidade... e seu charme, mais apropriado a um ator de novela".[27] Sentiu-se particularmente irritado com a sugestão do autor de que as grandes fortunas e heranças eram suspeitas.

Eram inúmeras as blasfêmias de *Economics* e poucas as reverências à sabedoria tradicional.[28] No lugar da "mão invisível" de Adam Smith, para descrever a economia privada Samuelson invocava a imagem de "uma máquina desprovida de um volante".[29] Em vez de tratar o governo como um mal necessário, Samuelson o denominava uma necessidade moderna, "na qual as complexas condições econômicas da vida precisam de coordenação e planejamento social",[30] acrescentando enfaticamente: "O homem moderno já não é capaz de acreditar 'que o governo governa melhor quando governa o mínimo'".[31] A disciplina monetária imposta pelo padrão-ouro, anterior à Primeira Guerra Mundial, foi enfaticamente descartada por tornar "cada país escravo e não senhor de seu próprio destino".[32] Samuel trata o equilíbrio orçamentário como uma obsessão fora de moda, garantindo aos alunos que "não existem razões financeiras ou técnicas pelas quais uma nação fanaticamente viciada em gastos deficitários não deveria persistir na prática de tal política durante o resto de nossa vida e mesmo depois dela".[33]

Economics era a obra de um jovem que se dirigia diretamente a outros jovens:

OLHE BEM NO HOMEM A SUA DIREITA

E NO HOMEM A SUA ESQUERDA...

O primeiro problema da economia moderna: as causas da... depressão; a prosperidade, o pleno emprego e elevados padrões de vida. Não menos importante é o fato, que se pode detectar com clareza na história do século XX, de que a saúde política de uma democracia se liga, de maneira fundamental, à bem-sucedida manutenção de um alto nível de empregos e de oportunidades de sobrevivência. Não é exagerado afirmar que a ampla criação de ditaduras, o que resultou na Segunda Guerra Mundial, nasceu em boa parte da falência do mundo em atender adequadamente a esse problema econômico básico.[34]

Samuelson, ao apreender o espírito de época da intervenção governamental e da democracia em ascensão, pressagiou: "O modo capitalista de vida está sob julgamento".[35] A organização de seu livro refletiu um novo conjunto de prioridades. Samuelson começa explicando como a renda nacional é produzida, distribuída, gasta, e como as decisões governamentais relativas a impostos e despesas afetam a economia privada. Há, no livro, "temas importantes para compreender o mundo econômico do pós-guerra", bem como "temas que as pessoas acham muito interessantes". Ao inverter a ordem habitual, ele colocou a macroeconomia em primeiro lugar, incluindo temas tradicionais, como a teoria da empresa e da escolha do consumidor, que consta da segunda metade do livro. Ciente do novo interesse por investir, criado pela poupança durante a guerra e pelas aquisições de títulos do governo, além da necessidade de manter ativos os engenheiros, Samuelson incluiu um capítulo sobre as finanças pessoais e o mercado de ações.

Em essência, Samuelson integrava a nova economia keynesiana à teoria econômica herdada de Marshall, enquanto seguia o exemplo deste último, inserindo suas próprias percepções e técnicas. Na quarta edição de *Economics*, ele denominou sua abordagem "síntese neoclássica".[36] Marshall e Schumpeter tinham enfatizado o crescimento da produtividade como o impulsor básico dos ganhos relativos aos padrões de vida. A isso Samuelson acrescentou "a importância de impedir o desemprego em massa".[37]

Ele descreveu as implicações da nova teoria ao invocar *Alice no País das Maravilhas*. No mundo do pleno emprego — em outras palavras, um mundo de escassez e de substituição, no qual inexistia almoço gratuito e conseguir algo a mais significava desistir de outras coisas — aplicavam-se as antigas regras, talvez reformuladas com maior precisão na linguagem da matemática. No mundo keynesiano da abundância e de quase pleno emprego, coisas impossíveis como obter algo em troca de nada se tornavam possíveis. O melhor exemplo é o "paradoxo da frugalidade".[38] Numa economia de pleno emprego, se as famílias pouparem uma fração maior de suas rendas, a quantidade total da poupança se eleva. Numa depressão, poupar mais reduz a quantidade total das economias, pois cortar gastos faz com que a produção e as rendas — e, portanto, as poupanças — caiam. Não havendo pleno emprego, "tudo se inverte". O mesmo se aplica à frugalidade do governo.

A Grande Depressão foi a paralisação não de um único mercado mas da coordenação entre os mercados, porém Samuelson não cunhou o termo "macroeconomia", que hoje se refere à efetiva demanda das famílias, das empresas e do governo, da quantidade total de desemprego, da taxa de inflação. Se havia uma mensagem que Samuelson esperava que os estudantes incorporassem era a de que a política monetária não funcionava mais. A Grande Depressão era prova disso, ele afirmou: "Hoje poucos economistas consideram a política monetária do Federal Reserve uma panaceia para o controle do ciclo dos negócios".[39] As ideias do Federal Reserve pareciam tão datadas quanto a moda das melindrosas dos anos 1920. O mesmo se poderia dizer de Irving Fisher, que morrera no ano anterior, ou mesmo do Keynes anterior a 1933.

* * *

Qualquer impressão de que o grande sucesso de *Economics* no mundo universitário estudantil implicava a adoção dos novos economistas por parte de Washington é incorreta. Apesar da nostalgia que hoje se manifesta em relação aos anos 1950, essa década se notabilizou por três recessões, uma das quais foi séria, e, quando ela chegava ao fim, pelo desemprego relativamente elevado. Os historiadores algumas vezes subestimaram a urgência com que Truman e, mais tarde, Eisenhower encararam a necessidade de equilibrar o orçamento federal e, em particular, de cortar os gastos militares. Eles também confundiram algumas vezes a retórica da Guerra Fria, empregada por Truman, com compromissos de apoiar palavras com recursos. No entanto, conforme Herbert Stein explica, Truman propôs cortes vultosos não apenas em 1945, mas também em 1946, 1947 e 1948. O Plano Marshall constituiu a exceção, e não a regra.

Como explicar o abismo entre a teoria e a prática? Um dos fatores foi a prudência fiscal. Truman tinha a convicção de que uma defesa forte se apoiava numa economia saudável e atribuía a vitória dos Aliados em grande parte à capacidade dos Estados Unidos de desempenhar seu papel de arsenal da democracia. Para Truman, que era um conservador do Meio-Oeste no plano fiscal e econômico e que, em todos os casos, estava lidando com um congresso republicano, a prioridade máxima era pôr um ponto final na elevação das dívidas de guerra eliminando o deficit anual do governo federal. Além do mais, como demonstrou a total falta de defesa dos Estados Unidos em 1940, não havia tradição no país de um grande contingente de militares em tempo de paz. Após a derrota da Alemanha, a pressão pela desmobilização foi irresistível e a subsequente proposta de Truman no sentido de uma convocação universal em tempos de paz foi derrotada estrondosamente. Assim, em acréscimo à necessidade de projetar o poder globalmente, a fim de defender os Estados Unidos, havia a necessidade de fazê-lo com poucos recursos.

A revolução keynesiana obteve adesão somente na década de 1960. Entre todos os alunos de Samuelson, nenhum foi mais importante do que John F. Kennedy, que, pouco antes da eleição presidencial de 1960, convidou seu ex-professor a dar um seminário para ele na residência de sua família em Hyannis Port, no Cape Cod. "Eu esperei uma refeição suntuosa", Samuelson declarou mais tarde, bem-humorado. "Serviram-nos salsicha e feijão."

No todo, o temperamento frio, calculista e cauteloso de Kennedy agradou a Samuelson. O novo presidente era difícil de ser influenciado, e uma vez que tomasse uma resolução não cedia um milímetro. Apesar de um grande deficit orçamentário, Kennedy propôs um grande corte nos impostos para recuperar a vagarosa economia e as abissais taxas de aprovação de que ele gozava. "O pior deficit nasce de uma recessão", ele declarou à nação num discurso televisionado, acrescentando que cortar as percentagens de tributação tanto para os indivíduos como para as empresas era "o passo mais importante que podemos dar para impedir outra recessão".

O corte dos impostos, promovido por Kennedy em 1963, aprovado depois do assassinato do presidente, foi um enorme sucesso. Em 1970, o presidente Nixon insistia que "agora, todos somos keynesianos", mas o corte de impostos foi o ponto máximo que a teoria de Keynes atingiu no que se referia à administração do ciclo de negócios. Samuelson opinava que, mais do que uma teoria rival, o keynesianismo foi derrubado pela estagflação — a perversa combinação de desemprego, inflação e produtividade em processo de estagnação que afetou as economias mais ricas do mundo nas décadas de 1970 e 1980. No entanto, no final dos anos 1950 e início dos anos 1960, Milton Friedman já estruturava uma grande contestação ao paradigma reinante, que provinha da Universidade de Chicago, e desafiava o conceito de que o governo poderia recorrer a qualquer combinação de desemprego e inflação que lhe aprouvesse esbanjando o orçamento governamental. Ao retomar o legado de Irving Fisher e a teoria de que a oferta de dinheiro determina o nível da produção econômica, reinterpretando a Grande Depressão como um colossal fracasso de administração monetária, Friedman convenceu inicialmente os jovens economistas e, mais tarde, o presidente Jimmy Carter, de que afinal de contas a moeda contava e este nomeou Paul Volker para domar o monstro da inflação. Friedman e Samuelson nunca mais voltaram ao governo, pois ambos confiavam que poderiam exercer um impacto maior ensinando ou escrevendo do que participando da equipe de um presidente ou do Federal Reserve.

17. A grande ilusão: Robinson em Moscou e Pequim

> *É difícil, nos dias que correm, ensinar teoria econômica, pois agora temos países socialistas e países capitalistas.*
>
> Joan Robinson, 1945[1]

Moscou, em abril, ainda está gelada e a neve não derreteu, mas o dia escurece lá pelas nove da noite e velhas camponesas, vendendo buquês de mimosas, de repente aparecem nas esquinas. Na primavera de 1952, não muito tempo depois de Churchill anunciar que a Grã-Bretanha possuía a bomba atômica, Joan Robinson contemplava as cúpulas douradas do Kremlin, achando que seu coração poderia explodir. A visão era ao mesmo tempo familiar e estranhamente irreal. "Olho sem parar", ela escreveu em seu diário, "e me ponho a imaginar se aquilo que vejo está ali realmente e se sou realmente eu quem está contemplando aquilo."[2]

Mais tarde, no gigantesco Salão das Colunas, Joan mal ouvia os bombásticos discursos, resoluções de paz e saudações "fraternas" das "mulheres da Escócia". Sua mente estava tomada pelas impressões da nova sociedade lá fora: o mercado dos agricultores, com suas pilhas rosadas de raízes, tubérculos e legumes; as reluzentes mercearias, com presuntos, queijos e salsichas de plástico nas vitrines (não porque, como na Inglaterra, tudo aquilo estava em falta, mas para evitar o desperdício de alimentos exibindo-os numa vitrine); as creches onde as mães que trabalhavam deixavam seus filhos bem vestidos e bem alimentados; os pequenos estabelecimentos onde roupas usadas podiam ser recicladas ("Mas que boa ideia!"); o padrão "sueco" de ordem e de limpeza pública, mas sem a melancólica atmosfera escandinava. Quanto contraste com a suja, dilapidada e tristonha Londres![3]

Joan Robinson deleitava-se com a generosidade de seus anfitriões, tão pródiga que quase dava a impressão de que o dinheiro tinha sido realmente abolido pela primeira grande potência socialista. Quatrocentos e setenta delegados participantes da Conferência Econômica Internacional, patrocinada pelo governo soviético, estavam sendo tratados nababescamente.[4] Hospedavam-se num hotel "repleto de escadarias de mármore, candelabros, colunas de malaquita", suficientemente luxuoso para qualquer sultão.[5] As viagens de Praga, Tchecoslováquia, eram gratuitas. Cada delegado recebia, como ajuda de custo, mil rublos para gastar com vodca, peles e caviar, em lojas especialmente abastecidas. Uma frota de cem limusines, com motoristas uniformizados, estava sempre à disposição de todos, embora Joan se inclinasse a tentar o metrô e os bondes, apesar da ausência de indicações nas ruas e de ela não falar russo.[6] As melhores acomodações, na ópera e no balé, eram sempre reservadas para os delegados. Em contraste com as rações inglesas de batatas e salsichas misturadas, que tinham gosto de pão ensopado, em Moscou os jantares eram "fabulosos". Até o ato tão prosaico de comer lembrava o que significava ser uma Grande Potência que "chegava" e não aquela que "se retirava". Depois de uma festa, Joan quase conseguiu ver "o continente se estendendo diante de mim, assim como o conviva de um jantar vitoriano deve ter visualizado as rotas marítimas do mundo, percorridas pelos acepipes que cobriam sua mesa".[7]

Independentemente do "luxo oriental", Joan Robinson enfatizou que seus anfitriões russos demonstravam "eficiência nórdica" na realização da conferência. Quinhentos intérpretes, tradutores, datilógrafas, mensageiros e outros atendentes, mais de um por delegado, estavam à disposição dos visitantes. Joan confiava em que "todos os intérpretes, carros e guias não estavam lá para vigiar nossos movimentos, mas para nossa conveniência". A promessa de se abster de propaganda declarada foi observada escrupulosamente (o *Times* divulgou que os russos tinham até removido os retratos de Stálin, em tamanho natural, normalmente dependurados em qualquer ambiente público).[8] Na Moscou pós-racista, exultou Joan, "você pode dar um chega para lá num oriental inoportuno exatamente como faria com um inglês".[9] Ali havia uma realidade em relação à qual o Ocidente estava em contradição.

Em vez de sombrias previsões sobre o futuro do Ocidente, Robinson alimentava um otimismo panglossiano sobre o Oriente. A conferência foi um Bretton Woods socialista, uma Nações Unidas do socialismo. O recinto da conferência estava "eficientemente equipado" com dispositivos de tradução simultânea que pareciam concretizar as esperanças dos delegados de uma economia global unificada e de um entendimento global.[10] Houvera um racha na economia mundial, devido a uma Guerra Fria que Robinson, como a maioria dos outros delegados, presumia ter sido instigada pela nova superpotência imperialista, os Estados Unidos. Lorde Boyd Orr, chefe da delegação britânica que contava com 23 membros, falou pela maioria dos delegados quando convocou o Ocidente e o Oriente a "romperem a Cortina de Ferro por meio de vagões repletos de bens de que o Ocidente necessita e de vagões transportando do Ocidente bens excedentes de que o Oriente necessita".[11] Delegado após delegado insistiu que, se "barreiras artificiais", como a recente proibição dos americanos de exportações estratégicas para o bloco soviético, fossem removidas, o pingo-d'água que era o atual comércio entre o Ocidente e o Oriente se transformaria numa torrente capaz de eliminar os males econômicos, desde o desemprego na indústria têxtil da Grã-Bretanha até a pobreza crônica da Índia. Um delegado dos Estados Unidos tinha certeza de que acordos comerciais resultariam "numa reação em cadeia espiritual que promoveria a igualdade entre os homens" e eliminaria a possibilidade de um holocausto nuclear.

Após uma semana em Moscou, Robinson decidiu que Stálin não era um ditador, mas um pai solícito, embora rígido e um tanto distante. Recordava uma história que achava especialmente tocante: um velha cozinheira que servira uma família de Moscou antes da guerra foi posta para trabalhar numa fábrica, numa cidade rural, após a invasão nazista. Quando a guerra terminou, a família da patroa teve permissão de regressar a Moscou, mas a velha criada foi deixada para trás. "Após tentar em vão os canais regulares", anotou Joan em seu diário, "ela escreveu a Stálin [...] explicando que não se adaptava ao trabalho da fábrica, que toda sua aldeia fora exterminada e que não tinha amigo algum no mundo, a não ser sua antiga patroa." De acordo com Joan, "ela obteve uma permissão três semanas depois".[12]

Robinson partiu de Moscou mais certa do que nunca de que a Guerra Fria era um equívoco enraizado na paranoia americana e não nos planos soviéticos. Seu livro *Conference sketchbook* [Esboços sobre a Conferência], publicado logo após seu regresso a Cambridge, concluía serenamente: "Através de cada poro transpira minha convicção de que os soviéticos não têm o menor desejo de salvar nossas almas, seja pelas palavras, seja pela espada". Sem aludir explicitamente à imposição do domínio soviético na Europa oriental, Joan tinha plena convicção de que os soviéticos estavam motivados pelo temor a um cerco por parte do Ocidente: "Se pelo menos por uma vez eles obtivessem a certeza de que nós os deixaremos em paz, eles se sentiriam felizes em nos deixar ir para o inferno de nosso próprio jeito", ela garantiu a seus leitores. "Se nossos comunistas locais pensam diferentemente, estão redondamente enganados."[13]

Joan Robinson retratou-se não como uma peregrina na nova Meca socialista, mas como uma observadora objetiva, como alguém que conta a verdade. Insistiu que ela e os outros participantes da conferência não eram "delegados de quem quer que fosse, mas uma miscelânea de indivíduos" conscientes "da importância de se dizer a exata verdade sobre tudo o que vimos aqui".[14] Entretanto, não esperava necessariamente que acreditassem nela e escreveu a Richard Kahn: "Estamos nos preparando para enfrentar toda a sujeira que será jogada em nós quando voltarmos".[15] Em vez de sujeira, suas palestras sobre a sociedade soviética na Universidade de Cambridge atraíram uma numerosa e decente plateia quando ela voltou. "Mas o que nos diz da suposta conspiração de médicos judeus para assassinar Joseph Stálin?", perguntou um aluno de graduação, com sotaque americano. Joan não deixou por menos: "E o que você nos diz dos linchamentos no sul de seu país?".[16]

Àquela altura, Joan Robinson estava a caminho de se tornar uma das integrantes do bloco comunista *Parade-Intellektuellen* ou intelectuais-troféu, um papel exigente mas compensador, que envolvia viagens anuais à custa do governo, prestigiosas fotos ao lado de potentados, uma conta de banco em Moscou e uma rede de amigos consistindo em grande parte, se não exclusivamente, de *apparatchiks* do governo, comunistas ocultos e espiões.

Os leitores do *Sketchbook* ficariam muito surpresos se soubessem que aquela narradora atenta, uma Alice que revirou o País das Maravilhas socialista, era, na realidade, uma das organizadoras da conferência de Moscou. Joan foi um dos dois membros britânicos do Comitê Iniciador, embora insistisse ter aposto sua assinatura meramente como um favor a seu "velho amigo Oskar Lange", um economista polonês, que se dedicava ao planejamento central e colaborava com a KGB. O Ministério das Relações Exteriores britânico estava convencido de que ela "tinha plena consciência" das origens da conferência e os outros membros do comitê fizeram comentários sobre suas "opiniões radicais",[17] que se harmonizavam com as do outro delegado britânico, Jack Parry, um membro do Partido Comunista da Grã-Bretanha (CPGB) e empresário. Alec Cairncross, que fazia parte da legação britânica em Moscou, comunicou que originalmente a conferência havia sido concebida como "parte do plano de paz dos comunistas" e deu por certo que o principal motivo de Stálin ao acolher a conferência era político, especificamente "marcar uma posição diante dos Estados Unidos e seus aliados europeus".[18] Os economistas que dela participaram, incluindo Lange, Jurgen Kuczynsky, Piero Sraffa e Charles Madge, eram quase todos membros ou simpatizantes do partido.

Isso não significa que Joan Robinson tivesse uma percepção mais profunda do que Harry Dexter White sobre o verdadeiro teor do pensamento de Stálin. Por exemplo, ela desconhecia inteiramente o fato de que Stálin, algumas semanas antes, repudiara toda a premissa da conferência. Através de observações distribuídas ao Comitê Central no começo de fevereiro, ele atacou o conceito de uma coexistência pacífica e de uma convergência com o Ocidente, que constituíam o evangelho de alguém que, como Joan, defendia a existência de um mundo único. Stálin acusou os comunistas soviéticos, que apregoavam a reconstituição de uma única economia global, de serem enganados pelo afluxo de cooperação internacional, durante e imediatamente após a guerra. O principal legado da Segunda Guerra Mundial, avisou Stálin, foi a permanente divisão da economia global em "dois mercados mundiais paralelos". As economias socialistas e capitalistas só evoluiriam em isolamento e oposição entre elas. O desfecho "inevitável" seria o aprofundamento da crise econômica no Ocidente, intensificando a rivalidade imperialista e, finalmente, uma guerra fratricida entre os Estados Unidos e a Grã-Bretanha: "A inevitabilidade das guerras entre países capitalistas continua em vigor".[19] Tudo isso, garantiu Stálin aos membros do comitê, era uma questão de lei científica.

John Gaddis, o historiador americano da Guerra Fria, concluiu que ele estava sendo bastante sincero.[20] Aparentemente Stálin era um crente devoto de um apocalipse secular, como Marx e Engels um século antes. Caso tivessem sido amplamente conhecidos, os pronunciamentos dele teriam colocado os anfitriões da conferência russa numa posição embaraçosa. Por um lado, eles encaravam com otimismo a perspectiva de grandes encomendas à indústria têxtil britânica e a outras empresas a fim de garantir sua frequência; por outro lado, Stálin chegou a ponto de opinar que o bloco comunista logo teria condições de dispensar as importações do Ocidente. Ele insistiu que a União Soviética e seus aliados logo "sentirão necessidade de encontrar um mercado externo para seus produtos excedentes".[21] No entanto, na véspera da conferência, Stálin desposou uma visão mais política, a de que "a coexistência pacífica do capitalismo e do comunismo era possível", sujeita à não interferência nos assuntos internos de outros países e a outras condições.[22]

Se acaso Joan Robinson se sentiu decepcionada com esses procedimentos, ela não demonstrou o fato, nem em seus relatos públicos nem em suas cartas a Kahn. Com toda probabilidade ela e os demais delegados estrangeiros não haviam tomado conhecimento das observações de Stálin dirigidas ao Comitê Central, que o próprio Stálin não comunicou à imprensa até soltar uma tradução em inglês no mês de outubro vindouro.[23] Os acordos comerciais fechados na conferência significaram muito pouco, particularmente quando comparados com a inflamada retórica com que foram apresentados. Um economista estimou que o volume do comércio entre o Ocidente e o Oriente, implicado nas propostas, estava consideravelmente abaixo dos níveis anteriores à guerra.

Ou talvez Joan desconfiasse da verdade. Em determinado momento, ela percorreu alguns escritórios do Ministério do Comércio, onde ábacos e calculadoras estavam uns ao lado dos outros, dispostos sobre as escrivaninhas. Possivelmente foi aquela anômala justaposição do antigo e do moderno que chamou sua atenção para outra incongruência: os economistas soviéticos presentes na conferência "elevaram o fato de não citar cifras ao status das belas-artes".[24]

Um dos biógrafos de Joan Robinson, Geoffrey Harcourt, um economista de Cambridge, data de 1936 o início de sua "conversão" política.[25] Para os intelectuais britânicos, 1936 está menos associado à Grande Depressão, que quase terminara na Grã-Bretanha, do que ao início da guerra civil espanhola. Quando a Alemanha e a Itália intervieram a favor dos nacionalistas e os soviéticos fizeram o mesmo, a favor dos republicanos, o conflito foi encarado quase como uma guerra entre o fascismo e o comunismo. A disposição de Stálin de combater os fascistas na Espanha realçava o prestígio soviético e a recusa da Grã-Bretanha e dos Estados Unidos em participar da luta fazia com que, na melhor das hipóteses, eles fossem encarados como pusilânimes.

Em 1936, Joan estava enamorada de seu poeta em Aleppo, o dr. Ernest Altounyan, e, no plano intelectual, era adepta de Keynes. Somente em 1939, quando se recuperava de sua depressão, é que ela surpreendeu Schumpeter, um correspondente regular e seu admirador, ao retomar Marx, a quem Keynes considerava tedioso. A atividade política dela, durante a guerra, consistiu em participar de vários comitês consultivos do Partido Trabalhista, escrevendo panfletos e trabalhando em relatórios. Esses incluíam o *Beveridge employment report* [Relatório Beveridge sobre o emprego], esboçado por seu íntimo amigo Nicholas Kaldor, o inteligente conferencista húngaro da Escola de Economia de Londres, que, a exemplo de Joan Robinson e de Hayek, acabou passando a guerra na Universidade de Cambridge. O pressuposto de Joan, de que o Ocidente estava fadado à estagnação secular e a depressões recorrentes, era compartilhado por kenyesianos de todos os matizes políticos, mas em 1943 ela ainda não tinha excluído o fato de que o problema era insolúvel: "O problema do desemprego ofusca todos os demais problemas do pós-guerra. O sistema econômico em que vivemos está sob julgamento. O mundo moderno tem presenciado uma grande experiência de planejamento socialista [...]. Resta ver se as nações democráticas podem encontrar um meio de planejar a paz e a prosperidade".[26]

Como outros economistas do Partido Trabalhista, Joan Robinson advogava uma mescla de planejamento socialista e administração keynesiana da demanda através dos impostos e subsídios.[27] Como conselheira do Congresso dos Sindicatos, ela argumentou a favor da nacionalização da maioria das indústrias, partindo do princípio de que o planejamento exigia o domínio do governo.[28] Sua solução preferida envolvia o planejamento econômico do governo, o controle governamental dos investimentos e a nacionalização das indústrias-chave, ao mesmo tempo que concedia que "uma fração da economia privada de pequena escala poderia muito bem sobreviver numa economia controlada, contanto que ela não ameaçasse ultrapassar os limites".[29] Tudo isso era a norma da ala esquerda do

Partido Trabalhista. "Em 1944", comentou um historiador, "o radicalismo dos tempos de guerra superou seus extremos e as propostas oferecidas por Kaldor e Robinson eram notadamente mais moderadas quanto ao tom."[30] Quando Keynes regressou de Washington em dezembro de 1945 para anunciar os termos do "infame" empréstimo americano, que ele tanto se empenhara por obter, sendo então furiosamente atacado pela esquerda e pela direita, Joan Robinson o apoiou publicamente, reconhecendo que a Grã-Bretanha não tinha condição de rejeitar o empréstimo ou de indispor-se com os Estados Unidos.

Após o Partido Trabalhista ganhar as eleições em 1945, Joan alinhou-se à oposição da extrema esquerda à liderança. Ao contrário do governo trabalhista de 1931, o governo do primeiro-ministro Clement Attlee começou imediatamente a realizar suas promessas do tempo da guerra, as de nacionalizar a indústria e criar o Estado de bem-estar social. À medida que o desemprego acabava e o salário real aumentava, Joan tornava-se cada vez mais crítica da liderança trabalhista, esta menos focalizada em questões domésticas e cada vez mais obcecada pelo poder americano e pela ameaça de uma guerra nuclear. O terremoto trabalhista não resultou, conforme se esperava, em radical abandono da política exterior de Churchill, pró-americana e antissoviética. De acordo com o historiador Jonathan Schneer, o ministro das Relações Exteriores do governo trabalhista, Ernest Bevin, "não acreditava que fosse possível um substancial acordo com a Rússia em torno da conformação do mundo no pós-guerra". O objetivo básico de Bevin, "compartilhado por muitos conservadores, era convencer os americanos de que eles tinham de preencher o vácuo de poder na Europa e em outros lugares, criado pela força declinante da Grã-Bretanha, antes que os russos o fizessem".[31]

Em 1950, Stálin teria se queixado a Harry Pollitt, o chefe do Partido Comunista Britânico, de que os trabalhistas eram ainda mais "subservientes aos americanos do que os *tories*.[32] No entanto, seus ataques ao Partido Trabalhista, iniciados assim que a eleição terminou, tiveram o efeito de reunir todas as alas em apoio à liderança.[33] A ala esquerda do partido ressentiu-se com a alegação de que eles não eram melhores do que os *tories*, enquanto desfechava uma furiosa batalha no Parlamento para nacionalizar a indústria pesada e criar um sistema nacional de saúde. Embora ainda inclinada ao não alinhamento, a ala esquerda foi hostilizada devido às ações soviéticas na Bulgária, Romênia, Polônia e Alemanha Oriental. Já em 1946, a liderança do Partido Trabalhista estava convencida de que a principal ameaça à paz provinha não dos Estados Unidos, mas da União Soviética.

A esquerda mais radical se opunha às correntes moderadas em relação àquilo que hoje seria denominado direitos humanos. Ela consistia de não mais de uma dúzia de ativistas como Joan Robinson. A maioria da esquerda trabalhista era mais resolutamente anticomunista do que os políticos liberais dos Estados Unidos. Comunistas declarados como D. N. Pritt e John Platts-Mills foram expulsos, e a solicitação do Partido Comunista da Grã-Bretanha de se afiliar ao Partido Trabalhista foi negada. Uma figura pró-soviética tão confiável como Harold Laski, proeminente cientista político marxista da Escola de Economia de Londres, que fora presidente do Partido Trabalhista em 1945, defendeu as ações da liderança, argumentando que "os comunistas agem como um batalhão secreto de paramilitares numa brigada [...] seus objetivos ocultos os dispõem a sacrificar toda consideração pela verdade e por acordos honestos".[34] No que dizia respeito à maioria da esquerda britânica, havia terminado o romance dos tempos de guerra com a União Soviética.

Mas não para Joan Robinson. Autoritária por temperamento e desdenhosa das concessões mútuas que caracterizam as democracias, ela não se sentiu dissuadida nem pelos expurgos de Stálin na Rússia, nem pelo fato de ele pescar em águas turvas, no exterior, ou melhor dizendo, em águas agitadas, para que ele pudesse pescar com mais proveito. Além disso, a condenação universal parecia aumentar o apelo de Stálin para Joan. No seu modo de pensar, os Estados Unidos representavam a maior ameaça à paz mundial. "A grande questão, que coloca tudo o mais em segundo plano, é se a Rússia está planejando uma agressão. Caso contrário, toda nossa política é desprovida de sentido." Acusando os Estados Unidos de confundirem ideologia com agressão militar, ela argumentou que "a grande explosão do rearmamento, nos Estados Unidos, foi longe demais para nossa tranquilidade... e ainda assim a perspectiva de uma descontração pacífica e de uma súbita parada nos gastos com o rearmamento é uma ameaça a sua economia... Eles querem manter este estado de coisas e parece-me que a presente situação é a maior ameaça com que nos confrontamos".[35]

O Plano Marshall foi o acontecimento inesperado que provocou um racha na esquerda britânica. Em 5 de junho de 1947, o secretário de Estado George C. Marshall pronunciou uma palestra na Universidade Harvard expondo seu plano. "Os Estados Unidos deveriam fazer tudo o que fosse possível para dar assistência ao retorno da saúde econômica normal no mundo, sem o que não pode haver estabilidade política e uma paz garantida." O Plano Marshall pôs em segundo plano o Fundo Monetário Internacional, que estava "quase inativo", e o Banco Mundial, que economizava seus recursos e se recusava a conceder empréstimos para a reconstrução. Um relatório de 1949, dos diretores do Fundo Monetário Internacional, "era um melancólico epitáfio para as esperanças de acordos multilaterais relativos à guerra", observa Richard Gardner, concluindo que "a dependência em relação ao comércio bilateral e às moedas é muito maior do que antes da guerra".[36] Um mês mais tarde, o ministro soviético das Relações Exteriores, Vyacheslav Molotov, rejeitou publicamente o Plano Marshall, num encontro em Paris dos países do bloco comunista, denominando-o "um plano americano para a escravização da Europa".

Depois que o Partido Trabalhista deu as boas-vindas à ajuda americana, qualificando-a como "um passo importante em direção a uma Europa unida e próspera", Joan Robinson não perdeu tempo em fazer suas denúncias.[37] Em 25 de junho, num programa da BBC, o *London Forum*, ela afirmou que o dinheiro americano "criaria um bloco anticomunista ocidental", e assim aumentaria a chance da guerra, acrescentando: "Não penso que se possa dizer que preservaremos os valores ocidentais ao aceitarmos dólares e dividirmos a Europa. Acho que isso colocará em perigo esses valores".[38] Em outras palavras, a Grã-Bretanha deveria rejeitar a oferta de ajuda americana, conforme fizeram os soviéticos e seus aliados da Europa oriental. Era uma posição que colocava Joan em desacordo com virtualmente toda a esquerda britânica, que dava suporte ao Partido Trabalhista. A única exceção foi o Partido Comunista da Grã-Bretanha, que atacou o governo trabalhista por "vender-se a Wall Street".[39]

O apoio de Joan Robinson a Stálin nos anos 1940 e 1950 era mais intrigante e menos condicional do que o entusiasmo demonstrado por Beatrice Webb nos anos 1930. Assemelhava-se um pouco a sua anterior veneração por Keynes, a quem ela parece ter considerado um ícone.[40] O cientista político Bill Jones, em seu livro publicado em 1977, *The Russia complex: The British Labour Party and the Soviet Union* [A ideia fixa da Rússia: o Partido Trabalhista Britânico e a União Soviética], afirma que não havia mais do que uns vinte simpatizantes no Partido Trabalhista em 1946. O empenho de Joan Robinson em favor da União Soviética distanciava-a de Laski, descrito por George Orwell como "socialista por devoção e liberal por temperamento", e da maioria da esquerda trabalhista.

Esse empenho representava um repúdio às tradições familiares de Joan e envolvia necessariamente um grau de duplicidade bem como de cumplicidade para enganar os outros. "Quando não se fala o que se deve, é melhor permanecer em silêncio", concluiu Ludwig Wittgenstein em *Tractatus logico-philosophicus*. Joan Robinson falava destemidamente quando se tratava de suas opiniões, mas mantinha um silêncio astuto sobre a natureza de seu relacionamento com os soviéticos.

Ela confessou a Richard Kahn, em 1939, que "minha profunda divisão entre minha lealdade política e minha lealdade tribal tem sido uma tensão contínua e crescente durante todos esses anos".[41] Quando Joan se empenhou por Moscou, suas predições sobre o declínio do Ocidente e seu otimismo sobre o dinamismo do Oriente tinham se tornado artigos de fé, e o desconforto provocado pelas lealdades divididas tornou-se maior do que nunca. Ao longo do verão e do outono de 1952, seu exaltado estado de ânimo tornou-se mais febril e frenético. Ela escreveu que estava descobrindo grandes segredos, incluindo a chave de seu frustrante relacionamento com Kahn. Alimentou a convicção de ter descoberto uma falha oculta nos fundamentos da teoria econômica que, quando as pessoas se dessem conta de sua existência, faria o capitalismo desmoronar. Quando o outono chegou, Joan não conseguia mais dormir, falava sem parar e estava obviamente em um processo de desordem mental. Após uma conversa a três — Richard Kahn, Austin Robinson e Ernest Altounyan —, ela foi novamente hospitalizada, dessa vez durante seis meses.

Ainda assim Joan recuperou-se suficientemente para voltar a Moscou na primavera seguinte. Stálin tinha morrido, e Moscou era apenas uma primeira parada numa elaborada peregrinação que a levou primeiramente a Pequim e, em seguida, a uma série de clientes da Rússia no terceiro mundo, incluindo Burma, Tailândia, Vietnã, Egito, Líbano, Síria e Iraque. Joan Robinson concordou em ser nomeada vice-presidente do Conselho Britânico de Comércio Internacional com a China, uma organização que consistia em grande parte de membros do Partido Comunista da Grã-Bretanha e, segundo se suspeitava, servia de intermediária para as subvenções dadas ao partido. O presidente do grupo era lorde Boyd Orr, especialista em alimentos, que tinha chefiado a delegação britânica na conferência de Moscou e era designado permanentemente para aquele tipo de evento.[42] Possivelmente o constrangimento pelo papel que desempenhou na assim denominada Missão Quebra-Gelo foi o que levou Joan

Robinson a esconder-se atrás de outros dignitários, fora do alcance das câmeras por ocasião da cerimônia de "assinatura dos acordos comerciais". Milton Friedman, que passou aquele ano acadêmico como professor visitante da Universidade de Cambridge, ficou desconcertado diante do fato de que uma economista tão brilhante como ela "achasse possível racionalizar e elogiar todas as características da política russa e da chinesa".[43]

Aos 49 anos, Joan Robinson era mais formidável do que nunca, em parte uma "Valkíria magnífica", em parte uma huri, em parte uma comissária do partido. Arrogante, intelectualmente intimidante, sedutora, ela combinava segurança olímpica com fino sarcasmo. Embora fosse admitida à Academia Britânica somente em 1958 e tivesse de esperar a aposentadoria de Austin Robinson em 1965, antes de ser nomeada para lecionar numa universidade, ela preencheu o vácuo da liderança que resultou da morte de Keynes. Não era a única keynesiana de destaque na universidade, mas, enquanto Sraffa dedicava quase todo o seu tempo a coletar e editar os escritos de David Ricardo e Nicholas Kaldor estava em vias de se tornar íntimo do Partido Trabalhista, no plano político, Joan definia sua agenda. Dominava os homens em torno dela.

Por ocasião de um seminário na Universidade de Oxford, dirigido por John Hicks, que mais tarde compartilhou o prêmio Nobel com o economista americano Kenneth Arrow devido a seu trabalho sobre o crescimento econômico, Joan Robinson "não parava de lhe falar sobre o que ele dissera", recordou outro participante. "Ele foi ficando cada vez mais ruborizado e finalmente protestou, gaguejando: 'Mas eu não disse nada disso', ao que ela declarou que, se ele não disse, então teve a intenção de dizer."[44] Ao contrário do católico Keynes, que se mostrava ansioso por não parecer excessivamente preso a suas próprias ideias e não gostava quando sua prole intelectual se tornava doutrinária, Joan procurava discípulos. Seus tutelados ou eram atacados ou eram silenciados. Um deles relembrou:

> A senhora R. sentava-se num almofadão, fumava e segurava uma piteira comprida... trajava um peignoir, seus cabelos grisalhos estavam presos por um coque bem apertado, seus olhos inteligentes, abaixo de uma fronte ampla, me fitavam. A cena apresentava uma vaga semelhança com o retrato de Gertrude Stein pintado

por Picasso: a mesma solidez, a mesma presença. Mas a semelhança terminava aí. A senhora R., não sendo exatamente uma beldade, certamente era atraente. E a diferença entre ela e Gertrude Stein se tornava mais evidente quando se contemplava um desenho emoldurado, em cima de uma mesinha, de uma mulher nua em pelo, sentada num almofadão, com as mãos cobrindo o rosto.[45]

Para Joan Robinson, Cambridge, na Inglaterra, tornou-se a anti-Cambridge, em Massachusetts. Seu desdém pela matemática atingia os limites da afetação. Rejeitou o convite para se tornar presidente da Sociedade Econométrica, pretextando que não poderia participar do comitê editorial de uma publicação que não conseguia ler. Arthur Pigou, seu antigo professor, declarou que Joan era "um papagaio que cria inúmeros periquitos" e se queixou de que ela "propõe a verdade com um enorme V e com tamanha eficiência prussiana que seus desgraçados ouvintes se transformam em salsichas idênticas, desprovidos de pensamento próprio".[46] Michael Straight, cuja família era proprietária do *New Republic* e que foi aliciado pela KGB, qualificou-a como "a mais excitante e brilhante professora no que dizia respeito a estudantes de economia".[47]

Como membro de uma classe que um dia administrara o império, Joan atingiu a maioridade durante o declínio terminal do imperialismo britânico e talvez o sentimento de situar-se do lado errado da história é que estimulou sua determinação de ficar do lado dos vencedores da história. Quando foi a Moscou pela primeira vez, sua nova paixão era o crescimento econômico, e já estava convencida de que, no plano intelectual, seguira a "direção errada" vinte anos antes, quando trabalhou o texto de *The economics of imperfect competition*, apoiando-se em "pressupostos estáticos".[48] Durante a Grande Depressão, Joan Robinson empenhou-se a fundo para responder àquilo que nesse momento ela considerava uma pergunta equivocada. Em vez de indagar o que causava o desemprego transitório, ela então se dava conta de que deveria ter enfocado o que determinava a riqueza e a pobreza das nações. Em retrospecto, ela disse, deveria ter abandonado a "análise estática", e em vez disso deveria ter tentado "chegar a um acordo com a teoria do desenvolvimento de Marshall".

A questão do crescimento no longo prazo atraiu originalmente a atenção dos keynesianos, incluindo Joan, que se preocupavam com a estagnação no longo prazo do Ocidente industrializado. No entanto, vários acontecimentos os levaram a direcionar sua atenção para "os países superpovoados e atrasados", isto é, as ex-colônias da Ásia, África e América Latina.[49] Para início de conversa, a estagnação, no pós-guerra, não se materializou. A Grã-Bretanha e a Europa, abaladas pela guerra, reagiram com tamanho vigor que em 1950 o desemprego desapareceu virtualmente e os salários aumentaram rapidamente. A esquerda argumentou que a corrida armamentista tinha salvado a economia de mercado, mas o fato era que o problema econômico deixara de ser um fundamento lógico para o socialismo no Ocidente.

A Segunda Guerra Mundial tornou a descolonização algo inevitável. A debilidade financeira da Grã-Bretanha e o compromisso de estruturar, em sua própria casa, o Estado de bem-estar social coincidiram com os movimentos nativos de libertação. A intensificação da Guerra Fria acelerou o processo, ao aumentar o poder de barganha do Terceiro Mundo. A crescente participação política das nações pobres nas organizações globais, incluindo as Nações Unidas, focalizou a atenção no "subdesenvolvimento" como um problema econômico.

Em retrospecto, a esperançosa retórica da conferência de Moscou parece absurdamente otimista. Com um quinto da população mundial, a China dispunha de uma renda per capita média que era quase a metade da renda da África, em 1952, e apenas 5% da renda dos Estados Unidos. Os padrões de vida da Índia, que tinha 15% da população mundial, eram apenas marginalmente mais elevados. Se alguém, antes da guerra, tivesse perguntado, a maioria dos economistas responderia que, eventualmente, os países pobres poderiam enriquecer. Afinal de contas, a Europa tinha escapado da armadilha malthusiana da pobreza universal e de uma vida à beira da inanição ao alcançar um crescimento econômico que, em termos percentuais, situou-se um ou dois pontos acima do crescimento da população.

Mas que esperança a experiência europeia poderia oferecer às populosas China e Índia ou ao Oriente Médio? Existia uma enorme discrepância, quanto às condições materiais, entre países pobres e populosos e os países mais ricos do mundo, inimaginavelmente grandes. O mais perturbador era que aqueles países eram muito mais pobres do que a Inglaterra da década de 1840, antes que os salários e as condições de vida do inglês comum iniciassem sua notável ascensão cumulativa. "Há, hoje, nas planícies da China e da Índia, homens e mulheres famintos, assoberbados por pragas, cujas vidas são um pouco melhores... do que a do gado que labuta com eles", escreveu T. S. Ashton em 1948.

"Esses padrões asiáticos e esses horrores da ausência de mecanização são o fardo daqueles que aumentam de número sem passar por uma revolução industrial." No ritmo com que a Grã-Bretanha, a Europa e os Estados Unidos tinham escapado da pobreza, a China e a Índia levariam mais cem anos para atingir *aquele* nível.

Os prós e os contras do planejamento central e das empresas administradas pelo Estado não eram a única questão. Outras questões que se colocavam eram o comércio internacional e o investimento. Seria a integração da economia ou da autarquia global o caminho mais rápido? Antes de tudo, a resposta dependia do que se julgava ter provocado o subdesenvolvimento. Um século antes, Friedrich Engels e Karl Marx haviam sustentado que a pobreza era uma nova condição, pior na Inglaterra vitoriana do que na Inglaterra elisabetana. Eles culpavam os ricos. Mais tarde, Alfred Marshall, Irving Fisher, Joseph Schumpeter, John Maynard Keynes, entre outros, tiveram uma visão diferente. Assinalaram que a pobreza tinha sido o destino do homem muito antes da emergência da economia moderna. A causa primordial dos baixos padrões de vida não era a falta de recursos ou a desigual distribuição da renda, mas a incapacidade de usar eficientemente os recursos existentes — terras, força de trabalho, capital, conhecimento. Na maior parte do globo a questão era saber se a pobreza das nações era causada pelo sistema econômico do Ocidente ou por condições e instituições locais inimigas do crescimento econômico que as organizações ocidentais poderiam promover.

Schumpeter qualificou o triunfo do bolchevismo numa economia agrária pré-capitalista como "nada além de um feliz acaso". Ao resenhar *Capitalism, socialism and democracy*, Joan Robinson escreveu:

> Talvez seja, mas nesse caso a exceção parece ser mais importante do que a regra. Quem sabe quais são os felizes acasos que poderão estar presentes no fim da guerra atual? E, mesmo que o feliz acaso bolchevique permaneça como algo único, não pode haver muita dúvida de que a existência de uma grande potência socialista desempenhará um papel tão importante no desenvolvimento de outros países — mesmo sem nenhuma intervenção deliberada em seus assuntos internos — quanto o dos processos mais sutis de evolução, em concordância com as características imanentes do capitalismo.

A vitória soviética sobre a Alemanha, a potência industrial líder da Europa, na Segunda Guerra Mundial, aparentemente convenceu Robinson de que o socialismo era um caminho mais curto para a industrialização:

> A grande lição destes trinta anos de história não se aplica tanto aos países industriais do Ocidente, onde o padrão de vida já é elevado, quanto às nações subdesenvolvidas. O fato de o comunismo ser destinado a substituir o capitalismo faz parte da natureza de um dogma, mas é provado que o sistema soviético mostra como as realizações técnicas do capitalismo podem ser imitadas e, em alguns casos, superadas por aqueles que a primeira revolução industrial manteve na posição de lenhadores e aguadeiros.[50]

Em 1951 Joan escreveu uma breve introdução ao clássico do marxismo, *A acumulação do capital*, de Rosa Luxemburgo, a líder comunista alemã assassinada em 1919, uma das poucas mentes privilegiadas entre os discípulos de Marx. Hoje sua reputação se deve mais a suas críticas iniciais à ditadura bolchevique do que a sua teoria econômica, mas em 1951 Joan Robinson sentiu-se mobilizada pela argumentação de Luxemburgo, a de que os limites ao crescimento e a fonte de uma inevitável queda da economia de mercado global teriam de ser encontrados no Terceiro Mundo.

De acordo com Luxemburgo, o encolhimento das oportunidades de investimento, num país, levava os empresários a investirem no exterior, em busca de lucros, o que conduzia inevitavelmente a rivalidades. Quando esses imperialistas já não dispusessem de novos territórios para explorar ou entrassem em conflito mútuo, o capitalismo entraria em crise através da estagnação ou da guerra. Robinson reconheceu que a análise de Luxemburgo era incompleta na medida em que identificava o imperialismo como o único meio pelo qual o capitalismo se apoderava de todos os setores da vida, omitindo quaisquer considerações relativas à mudança tecnológica ou à elevação dos salários: "Ainda assim, poucos negariam que a extensão do capitalismo a novos territórios era a mola mestra daquilo que um economista acadêmico denominou 'a vasta explosão secular' dos últimos duzentos anos e que muitos economistas acadêmicos afirmam ser a responsável pela desconfortável posição do capitalismo no século XX, em grande parte devido ao 'fechamento das fronteiras' em todo o mundo". Mesmo assim, Joan Robinson concluiu, um tanto incorretamente, que o livro de Rosa Luxemburgo "mostra mais presciência do que aquela que qualquer ortodoxo contemporâneo possa reivindicar".[51]

Joan entregou-se inteiramente à escrita de seu *magnum opus* sobre o crescimento econômico, para o qual pretendia tomar emprestado o título do livro de Rosa Luxemburgo.[52] Em 1949, uma resenha hostil do livro clássico de Roy Harrod sobre o crescimento econômico deixou claro o que ela pretendia realizar.[53] Criticou duramente Harrod por ignorar conflitos de interesse, a história, a política e especialmente "a distribuição da renda ou as medidas para aumentar investimentos úteis".[54] Em 1952, num artigo que escreveu para o *Economic Journal*, antes de partir para Moscou, Joan antecipou sua principal argumentação: o crescimento era o processo de acumular o capital físico — estradas, prédios de escritórios, barragens, fábricas, maquinário. Admitia que Marx se equivocara ao afirmar que as economias de livre mercado não poderiam crescer indefinidamente. Ela demonstrava que quase nenhuma dessas economias *cresceria*. "Uma acumulação perpétua e estável não é inerentemente impossível", escreveu, "mas é improvável que as condições exigidas pelo modelo sejam encontradas no plano da realidade."[55]

A primeira visita de Joan Robinson à China, em 1953, lhe proporcionou "a prova final de que o comunismo não é o estágio final, para além do capitalismo, mas um substituto dele".[56] Mais tarde ela explicou: "A empresa privada deixou de ser a forma de organização mais apropriada para obter vantagens da tecnologia moderna".[57] O principal obstáculo ao crescimento nos países pobres não era a falta de capital ou de empreendedorismo, ela concluiu, mas a interferência do Ocidente. O comércio norte-sul era um jogo que não levava a nada e produzia perdedores e vencedores. Era inevitável que os países pobres acabassem perdendo. Joan deu um desconto ao papel exercido pela educação e pela inovação. "Somente quando os países adiantados se satisfizerem com o fato de que não precisam mais se perturbar é que eles vão tolerar e, assim sendo, permitir as drásticas mudanças sociais exigidas para colocar as nações coloniais, quase coloniais e as ex-colônias em um caminho esperançoso", e acrescentou com certa irrelevância que "a coexistência pacífica é natural e lógica".

Enquanto Joan Robinson escrevia seu livro, Richard Kahn era o anfitrião daquilo que ele e ela denominavam "o seminário secreto". Os encontros aconteciam às terças-feiras nos aposentos de Kahn, no King's College, e serviam como teste para a escrita do livro de Joan. Os professores visitantes eram convidados a comparecer, mas dificilmente tinham a oportunidade de se manifestar. Samuelson descreveu um encontro típico: o amigo de Joan, Kaldor, "falou 75% do tempo e Joan falou outros 75%".[58]

Quando *The accumulation of capital* foi publicado em 1956, a "escala heroica" do livro e a grande notoriedade de Joan Robinson garantiram copiosas resenhas. Embora os autores das resenhas declarassem que o livro era "monumental" e "importante", a reação dos leitores foi menos entusiástica. Alguns se queixaram de "poucas percepções novas", "de ausência de propostas que possam ser testadas empiricamente", de uma "exposição verbal, gráfica" e de "resultados há muito familiares quanto a uma programação linear".[59] Outros criticaram a autora por não entender o papel dos consumidores, por cometer erros lógicos e por ignorar pesquisas recentes (isso foi considerado um típico vício inglês e de Cambridge. Uma das resenhas assinalou que *Production of commodities by means of commodities* [A produção das commodities por meio das commodities], de autoria de Piero Sraffa, lançado durante a Segunda Guerra Mundial, não continha uma única referência mais recente a publicações posteriores a 1913). Menos caridoso, Harry Johnson escreveu que sua ex-professora "provou conclusivamente, para sua própria satisfação, que 'o capitalismo não pode dar certo'".[60] Samuelson comparou a teoria de Robinson à regra de três de Lênin: eletricidade + soviets + comunismo.[61] Abba Lerner denominou o livro "uma pérola", não apenas por redirecionar a atenção para "as causas da riqueza das nações" mas pelo fato de proporcionar aos alunos de graduação uma multiplicidade de "erros e... de engenhosas confusões" que lhes permitiriam exercitar seus músculos...[62] Lawrence Klein, que compartilhava as convicções políticas de Joan Robinson, rejeitou suas percepções, afirmando que elas eram "aquela espécie comum de resultados que se encontram na teoria econômica e provêm de algum princípio que procura minimizar ou maximizar os fatos".[63]

Robert Solow, um keynesiano do MIT, que publicou um ensaio sobre o crescimento econômico naquele mesmo ano que lhe valeria um prêmio Nobel em 1987, desfechou o *coup de grâce:** "Penso que nada existe de keynesiano na economia joanina. Não existe nada em *The accumulation of capital*... ou em qualquer desses ensaios que chamem minha atenção por se inspirar ou ter uma autêntica raiz em Keynes".[64]

---

* Golpe final. Em francês, no original. (N. T.)

Solow não apenas propôs uma teoria elegante mas apresentou um surpreendente resultado empírico: nos Estados Unidos, nove décimos da duplicação da produção por trabalhador, entre 1909 e 1949, não se devia nem à acumulação do capital físico nem a melhorias na saúde e na educação da força de trabalho, mas ao progresso tecnológico. A implicação de que um ambiente econômico que levasse à inovação importava mais do que sua quantidade de fábricas e maquinário contradizia frontalmente a premissa básica de Joan Robinson, para não mencionar o modelo soviético, amplamente imitado. Solow, que, um tanto injustamente, considerava Schumpeter um antissemita pró-germânico e um intelectual pouco confiável, forneceu provas extremamente eloquentes de que não era o que uma nação possuía mas o que fazia com aquilo de que dispunha que determinava o sucesso ou o fracasso do sucesso econômico a longo prazo. Isso, claro, era puro Schumpeter.

Robert Solow e Kenneth Arrow passaram o ano acadêmico de 1963-4 como professores visitantes da Universidade de Cambridge, na Inglaterra, e ouviram Joan Robinson descrever sua excursão, que durou dois meses, às comunas chinesas. Afirmando que queria contradizer "o modo malicioso e deturpado com que a China era representada pela imprensa ocidental", ela descartou "os críticos que derramavam lágrimas de crocodilo em relação à 'fome'" e declarou que as comunas chinesas "eram um método de organizar a ajuda" durante os três "amargos anos" de secas e inundações. Fazendo eco aos apaixonados relatórios de Beatrice e Sidney Webb durante a fome de 1932 na Ucrânia, Joan denominou as comunas uma "invenção brilhante" e concluiu que "o sistema de racionamento funcionava: as rações eram muito parcas mas sempre atendiam a todos".

Hoje temos conhecimento de que 15 milhões a 20 milhões de camponeses das províncias de Henan, Anhui e Sichuan morreram entre 1958 e 1962, dez vezes mais do que a fome em Bengala, em 1943, e de que a coletivização forçada, o desastroso Grande Salto, a recusa do regime de Mao Tsé-tung a organizar a ajuda — e não o mau tempo — é que foram basicamente os culpados.

O fato de que a democracia e o bem-estar andam sempre juntos é hoje uma verdade reconhecida, mas durante muito tempo não foi assim. Muitos intelectuais, influenciados por uma tradição utilitária, pensavam que os direitos individuais eram um luxo que as nações pobres simplesmente não podiam se permitir. Joan Robinson considerava que, até certo ponto, a democracia era uma fraude e que os políticos eram pusilânimes e falsos. "O conceito de liberdade é escorregadio", ela escreveu durante a Segunda Guerra Mundial, acrescentando sem sombra de ironia: "Apenas quando não há nenhum inimigo interno ou externo é que se pode permitir, com segurança, a completa liberdade".[65] Ela estava inclinada a julgar as reformas democráticas "tentativas prematuras de colher frutos que ainda estavam amadurecendo". Semelhante posicionamento ajuda a explicar por que Joan, que visitou frequentemente a China nos anos 1950 e 1960, "falhou profundamente em detectar a maior fome de toda a história moderna", enquanto outros, incluindo Bertrand Russell, Michael Foot, Harold Laski e Harold Macmillan, todos eles vilipendiados em determinados momentos como simpatizantes do comunismo ou mesmo subvencionados por ele, enxergaram o que estava acontecendo e invocaram a ajuda internacional.

Certamente Joan Robinson não foi a única observadora ocidental de destaque a ser ludibriada pelas negativas de Pequim. Lorde Boyd Orr, chefe da delegação britânica na conferência de economia realizada em 1952 em Moscou, concluiu que Mao estava pondo um fim "no tradicional ciclo de fome na China".[66] Na realidade, a magnitude da mortandade pela fome, na China, só foi conhecida no exterior após a morte de Mao, em 1976. No entanto, a disposição de Joan em acreditar num regime totalitário, que proibia a liberdade de ir e vir, a liberdade de falar, a imprensa livre e as eleições livres, era sintomática de um partidarismo, comum demais entre os economistas do desenvolvimento de cinquenta anos atrás, que ignorava o papel crucial dos direitos políticos.

Geoffrey Harcourt observou certa vez que Robinson "sempre estava em busca da próxima utopia". Talvez, mas ela também buscava o próximo Grande Líder e, é claro, a próxima plateia que a aplaudisse. Apreciava sua celebridade, suas viagens à custa dos governos, o tratamento VIP, as bravatas, quando se dirigia a um público. Gostava de interpretar o papel da observadora externa destemida, que falava a verdade aos que estavam no poder. Talvez a conta bancária em Moscou, as amizades com espiões da Guerra Fria, incluindo Solomon Adler, Frank Coe, Donald Wheeler e Oskar Lange, a necessidade de recorrer a alusões veladas e a cuidadosas elisões também a estimulassem.

À medida que o tempo passava, Joan Robinson tornou-se mais imperiosa e pessimista. Seu livro *Economic philosophy*, publicado em 1962, estuda as ideias econômicas a partir de 1700. Ao resenhá-lo, George Stigler, o melhor amigo de Milton Friedman na Universidade de Chicago, qualificou Robinson como alguém provido de "uma lógica superior", mas acusou-a de ignorar os fatos:

> Na realidade, não resta muita coisa para a economia, considerada uma estrutura lógica baseada em alguns poucos axiomas incontestáveis sobre o mundo. Se nos distanciarmos de duas gerações em que se praticou pesquisa empírica imensamente variada e instrutiva e se pensarmos que a história econômica não teve relevância para a teoria econômica... então depararemos com uma disciplina oca. Alguém que se dedica à lógica é uma criatura extraordinária, mas não consegue distinguir dois erros simples: se $A = B$ e $B = C$, então (1) $A = 1,01\,C$ e (2) $A = 10^{65}C$. Um *economista* consegue.[67]

18. Encontro marcado com o destino: Sen em Calcutá e em Cambridge

> *Não tem havido muitas canções folclóricas sobre o capitalismo, mas têm surgido muitas sobre a justiça social.*
>
> *É sobretudo uma tentativa de encarar o desenvolvimento como um processo de expandir as reais liberdades de que as pessoas gozam. Nessa abordagem, a expansão da liberdade é vista como (1) a finalidade básica e (2) o principal meio de desenvolvimento.*
>
> Amartya Sen[1]

Joan Robinson encerrou sua fala na Escola de Economia de Delhi segurando um exemplar do "livro vermelho" de Mao. Era o final de 1960. Seu tema foi o sombrio estado da economia ocidental, mas ela falou sobretudo a respeito da China e da Revolução Cultural. A plateia ficou extasiada. Quando os entusiasmados aplausos diminuíram de intensidade, um rapaz esguio fez uma pergunta. O tom polido com que ele se exprimia revelava certo ceticismo. Robinson o contestou com veemência, mas "com afeto".[2] Afinal de contas, eles eram os melhores inimigos — ela, a ex-professora, e ele, seu aluno predileto. Na Universidade de Cambridge ela dispensava muita atenção aos alunos do Terceiro Mundo. Um dos mais talentosos era Amartya Sen, mas o interesse dele pelos direitos humanos e pelo imediato combate à pobreza se chocava com o entusiasmo de Joan pelo modelo soviético de industrialização.

Amartya significa "destinado à imortalidade". Nascido numa culta e cosmopolita família hindu, Amartya cresceu em meio aos horrores da fome em Bengala, violência nas comunidades, colapso do domínio britânico e os movimentos separatistas. Aluno brilhante e agitador no campus universitário em Calcutá, ele superou uma manifestação quase letal de câncer, obteve as melhores notas no exame de admissão à universidade e foi estudar no Trinity College, em Cambridge, onde pontificaram Isaac Newton, G. H. Hardy e o matemático Srinivasa Ramanujan. Desde 1970 Sen residiu sobretudo na Inglaterra e nos Estados Unidos, mas a Índia sempre esteve presente em seus pensamentos. Sen tomou como referência suas próprias experiências, fez estudos profundos sobre os despossuídos e, tendo sólidos conhecimentos da filosofia oriental e ocidental, questionou cada faceta do pensamento econômico contemporâneo. Ao desafiar pressupostos tradicionais sobre o alcance do bem-estar social e sobre como medir o progresso, ele tem ajudado a restaurar "uma dimensão ética na discussão de problemas econômicos vitais".[3] É um intelectual público, envolve-se com questões que abrangem desde a fome e a mortalidade feminina prematura ao multiculturalismo e a proliferação nuclear. Sua inspiradora trajetória, de uma Calcutá empobrecida, na Índia recentemente independente, às torres de marfim da Universidade de Cambridge, Inglaterra, e da Universidade de Cambridge, Massachusetts — de onde empreendeu o caminho de volta —, é um triunfo da razão, da empatia e de uma determinação muito humana de superar inacreditáveis desigualdades.

Em janeiro de 2002, o governo nacionalista hindu do Partido Bharatiya Janata promoveu em Delhi uma comemoração que durou três dias, em homenagem à diáspora indiana. Num gesto que revelava quão longe ele se distanciou e quanto ele permaneceu fiel a suas raízes, Sen retirou-se dos festejos e foi a um encontro com centenas de camponeses e trabalhadores, realizado no extremo da capital, num frio dia de inverno, onde se discutiam problemas ligados à fome.

Um por um, membros da plateia se manifestaram ao microfone. Uma esquálida garota de catorze anos, de Delhi, falou sobre a fome que passou depois de perder seu emprego de lavadora de pratos. Um homem de pele escura, de Orissa, descreveu como três membros de sua família morreram após uma seca local, no ano anterior. Decorridos cinquenta anos da independência, uma fração da população da Índia sofria de desnutrição crônica, maior do que em qualquer parte do mundo, incluindo a África Subsaariana. No entanto, o governo indiano mantinha os preços dos alimentos em níveis elevados através das subvenções ao setor agrícola e acumulava o maior estoque de alimentos do mundo, um terço do qual apodrecia em celeiros governamentais infestados de ratos.

Quando Sen se levantou, tremendo de frio, ele falou menos sobre "o interesse dos consumidores que estava sendo sacrificado em benefício dos agricultores" e mais sobre "mortes profundamente solitárias". Dirigindo-se a uma plateia que parecia estar consternada, ele transmitiu solidariedade e encorajamento. "Sem protestos como estes", ele disse, "as mortes seriam em número muito maior. Se algo como isto aqui tivesse acontecido antes, a fome em Bengala poderia ter sido evitada." A disposição de todos em se manifestarem publicamente, ele declarou em tom de aprovação, era "a democracia em ação".

Sen é bengali. Isso tem conotações muito específicas, à semelhança de quando se diz que um americano é sulista. Bengala é o delta de um rio; o peixe é seu principal alimento; *dhoti*, *chappals* e *panjabi* são os trajes tradicionais. Todos os bengalis, afirma Sen, são tagarelas, assim como ele. Os bengalis gostam de fazer uma brincadeira: a pior coisa da morte é pensar que as pessoas continuarão a falar e você não poderá manifestar-se.

O termo "bengali" para um intelectual público é "*bhadralok*", e Bengala possui uma tradição que remonta a pelo menos dois séculos de homens eruditos, com visões cosmopolitas, que combateram males sociais como a intocabilidade dos párias e o *suttee*.* Sen faz parte dessa tradição. Sua família é de um antigo bairro de Dacca, antiga cidade ribeirinha situada a 240 quilômetros em linha reta de Calcutá, e que hoje é a capital do Bangladesh muçulmano. Nos dias de Jane Austen, Dacca era "uma cidade grande, fervilhante, lugar de muita importância", famosa no mundo inteiro por suas belas musselinas, chamadas *bafta hawa* ou "ar tecido".[4] A competição imposta pelas fábricas de tecidos de Manchester causou seu declínio. Em 1900, a população de Dacca tinha encolhido

---

* Ato ou costume de uma viúva hindu que se dispõe a ser cremada na pira funerária de seu esposo como indicação de seu amor por ele (*Merriam-Webster's Collegiate Dictionary*, 11ª ed., 2004, p. 1260). (N. T.)

dois terços e, de acordo com um guia de viagem contemporâneo, "em toda a cidade veem-se ruínas de boas casas, mesquitas e templos, invadidas pelo mato".[5] Uns trinta anos mais tarde, quando Sen nasceu, em 1933, Dacca havia recuperado algo de sua antiga importância, ao se tornar um centro administrativo do *raj** britânico.

Sen nasceu naquela classe de acadêmicos e funcionários públicos que falava inglês e que ajudou a governar a Índia britânica. Ele descreveu seu pai, Ashutosh, como um "homem aventureiro", que se doutorou em química na Universidade de Londres e se apaixonou por uma quaker inglesa. Após regressar a Bengala, onde contraiu um casamento arranjado, ele se tornou chefe do departamento de química agrícola na Universidade de Dacca. Os Sen moravam numa típica casa local, que media oitenta ou noventa metros de comprimento na parte da frente e que tinha, em seu interior, "um pátio aberto para o céu", com muitas acomodações para os criados e parentes.[6]

Sen iniciou seus estudos em 1939, numa escola missionária inglesa. Dois anos depois, como os japoneses avançavam em direção à Índia britânica, ele foi enviado para morar com seus avós maternos em Santiniketan, ao norte de Calcutá, "para eu ficar a salvo das bombas". Santiniketan possui uma conotação especial para os bengalis e, na realidade, para todos os indianos, devido a sua associação com o poeta Rabindranath Tagore. Após ganhar o prêmio Nobel de literatura, em 1913, Tagore usou o dinheiro do prêmio para criar a Universidade Visva Bharati em Santiniketan, onde tentou aplicar suas ideias sobre educação e sua proposta de fundir a espiritualidade oriental com a ciência ocidental. Ghandi visitou Santiniketan em 1940 e durante anos a elite nacionalista da Índia, incluindo o primeiro-ministro Jawaharlal Nehru, enviou os filhos para estudar lá.

O avô materno de Sen, Kshitimohan Sen, um destacado acadêmico, especializado em sânscrito, lecionava na Visva Bharati. Sen frequentou aulas na escola coeducacional de Tagore, debaixo de um eucaliptal. Passava a maior parte do tempo livre com o avô. "Todo mundo o achava formidável", ele recorda. "Ele acordava às quatro horas. Conhecia todas as estrelas. Conversava comigo sobre as conexões entre o grego e o sânscrito. Eu era o único de seus netos que tinha vocação acadêmica e daria prosseguimento à tradição familiar."

---

* Período do domínio britânico na Índia. (N. T.)

Mesmo sendo um oásis de tranquilidade, Santiniketan dificilmente conseguiu ficar à parte dos tumultos da época. Ao morrer, em 1941, Tagore estava profundamente desencantado com o Ocidente e afirmava enxergar pouca diferença entre os Aliados e o Eixo. A guerra acelerou a ruptura final com a Grã-Bretanha. Após Gandhi deslanchar o movimento "Deixem a Índia", em 1942, os britânicos prenderam 60 mil apoiadores do Partido Socialista, inclusive o tio de Amartya Sen; no fim daquele ano, mais de mil pessoas tinham sido mortas por ocasião de manifestações antibritânicas. "Meu tio ficou detido preventivamente durante muito tempo", ele recordou. "Vários outros 'tios' também foram presos e um deles morreu na prisão. Cresci sentindo a injustiça de tudo aquilo."

A fome em Bengala, em 1943, consequência mais da inflação da época da guerra, da censura e da indiferença imperial do que da precariedade das colheitas, destruiu o que ainda restava de respeito pelos britânicos. O novo vice-rei, lorde Wavell, escreveu a Churchill que "a fome, em Bengala, foi um dos maiores desastres que atingiram qualquer povo sob o domínio britânico, e os danos que ela provocou aqui na Índia, entre os indianos e os estrangeiros que aqui vivem, são incalculáveis".[7] Mais tarde Sen avaliou que 3 milhões de pessoas, a maioria pescadores pobres e camponeses sem terra, morreram de inanição e de doenças.

Naquela época, para o menino de dez anos, a fome significava uma fileira permanente de aldeães famintos que atravessavam Santiniketan, numa desesperada tentativa de chegar a Calcutá. Seu avô lhe permitiu entregar arroz a mendigos, "mas apenas a quantidade suficiente para encher um maço de cigarros" e apenas um maço por família. Mais tarde, quando estudava na universidade, ele refletiu que somente os muito pobres e membros das castas desprezadas morreram de fome, enquanto ele, sua família e, na realidade, toda a classe social a que pertencia não foram afetados. Essa observação seria uma contribuição à teoria da fome, que ele elaborou, e que não era um desastre natural, mas obra do homem.

Ainda mais dramática foi a erupção da violência nas comunidades, na véspera da independência. A ideia de uma nação indiana multicultural era muito viva em Santiniketan e, tradicionalmente, os muçulmanos e os hindus tinham alcançado um maior grau de assimilação, em Bengala, do que em outras regiões da Índia. No entanto, quando explodiu o conflito religioso, na véspera da independência, vizinhos se voltaram contra vizinhos, num enorme pogrom.

Ashutosh Sen, junto com os outros hindus das faculdades da Universidade de Dacca, foram forçados a deixar a cidade em 1945.

Durante uma de suas últimas férias escolares em sua casa de Dacca, Sen presenciou uma cena terrível. Um trabalhador muçulmano chamado Kader Mia entrou cambaleando na residência dos Sen, aos gritos e todo ensanguentado. Tinha sido apunhalado nas costas por alguns hindus e morreu mais tarde, naquele mesmo dia. "Aquela experiência para mim foi arrasadora", ele recordou. Mia contou ao pai de Sen, que o levara a um hospital, que sua esposa tinha suplicado para que ele ficasse em casa naquele dia. Sua família, porém, não dispunha de comida, e ele não teve muita escolha, indo até o lado hindu da cidade a fim de procurar trabalho. O dar-se conta de que "a extrema pobreza pode transformar um homem numa presa que não pode se defender", disse Sen, inspiraria sua investigação filosófica sobre o conflito entre a necessidade e a liberdade.[8] Um efeito mais imediato foi sua declarada aversão a todas as formas de fanatismo religioso e nacionalismo cultural.

Presidency College, uma das instituições de ensino superior mais elitistas da Índia, ainda se assemelha em boa parte ao que era em 1951, quando Sen ali se matriculou, e ao que era na virada do século, quando os britânicos fundaram a Universidade Hindu. Sua fachada de um rosa desbotado, suas janelas verdes, as placas pretas que identificam as diferentes salas, os interiores com seus ventiladores de teto e fileira após fileira de bancos de madeira evocam uma era que se foi há muito tempo. No entanto, durante os anos que se seguiram imediatamente à independência, a política fervilhava naquela instituição. Sen chegou pensando em estudar física mas descobriu rapidamente que a economia apresentava maior premência e interesse.

Graças às tradições da educação superior indiana, Sen foi apresentado a obras clássicas como *Principles of economics*, de Marshall, e a novas obras, como *Value and capital*, de Hicks, e *Foundations*, de Samuelson (mais tarde, em Trinity, ele se decepcionou com a relativa falta de sofisticação em relação à matemática por parte de seus professores). Sua principal paixão, entretanto, era a política e, antes do término do primeiro semestre letivo, ele foi eleito um dos líderes da Federação dos Estudantes da Índia, dominada pelos comunistas. Lia vorazmente, matava aulas e passava a maior parte do tempo debatendo Marx com seus amigos stalinistas num café das proximidades, na rua College, que então, como ainda hoje, era repleta de barracas onde se vendiam livros.

Mais tarde ele rememorou: "Quando penso, em retrospecto, nas áreas do campo acadêmico que mais me mobilizaram durante toda minha vida... percebo que elas já faziam parte daquilo que mais me preocupava, durante meus estudos de graduação em Calcutá".[9] Essas preocupações se agudizaram devido a uma grave crise, quando ele estava no segundo ano. Pouco antes de seu décimo nono aniversário, Sen sentiu um caroço do tamanho de uma ervilha no céu da boca. Um farmacêutico o examinou e disse que aquilo era uma espinha de peixe que se encravara na pele. O caroço não desapareceu e aumentou de tamanho. Após se consultar com um estudante de medicina que morava no quarto vizinho ao seu, na Associação Cristã de Moços, ele ficou sabendo que cânceres de boca eram bastante comuns entre os homens indianos. Algumas horas de leitura de um manual de medicina o convenceram de que ele tinha um carcinoma de nível dois.

Passaram-se meses e foi necessária a intervenção de parentes e amigos da família para que ele fosse submetido a uma biópsia no Hospital do Câncer Chittaranjan, em Calcutá. A biópsia confirmou suas suspeitas. Naquela época o diagnóstico de um câncer bucal era uma sentença virtual de morte. A cirurgia, em geral, acelerava a expansão do câncer e, como resultado, a maioria dos doentes sufocava, à medida que os tumores bloqueavam gradualmente a traqueia. A radioterapia, tratamento padrão praticado na Inglaterra e nos Estados Unidos desde o início do século, ainda era muito cara e difícil para ser disponível em Calcutá. Após ler sobre a radioterapia em revistas médicas, Sen finalmente conseguiu localizar um radiologista disposto a tratar dele. O radiologista insistiu muito com Sen para que o deixasse usar uma dose máxima e justificou o risco dizendo: "Não posso repetir a dose". Para Sen, a possível morte devida ao excesso de radiação parecia preferível à morte certa por sufoco.

O tratamento foi desagradável e tão terrível quanto aquilo que se seguiu. Foram feitos um molde e uma máscara. Agulhas de rádio foram colocadas dentro da máscara. Como o herói do romance de Victor Hugo, Sen sentou-se no acanhado quarto de um hospital, com a máscara fortemente afivelada a seu rosto, "para que não houvesse movimento algum". O procedimento foi repetido diariamente, durante uma semana. "Eu ficava sentado lá durante quatro horas e lia", recordou Sen. "Enxergava uma árvore através da janela. Quanto alívio enxergar aquela árvore tão verde."

A dose era grande, quatro ou cinco vezes maior do que a dose padrão de hoje. Depois que ele foi mandado para casa — agora seus pais moravam em Calcutá —, apareceram os efeitos da radiação: úlceras, dor nos ossos, rouquidão, dificuldade de engolir. "Minha boca parecia feita de argamassa. Não podia frequentar as aulas. Não podia comer alimentos sólidos. Vivia com medo de infecção. Não conseguia rir sem sangrar. Tomei conhecimento direto da miséria da vida humana." A miséria durou quase seis meses e aqueles foram apenas os efeitos imediatos. Ao longo do tempo, a radiação destrói ossos e tecidos, provoca necroses e fraturas, destrói os dentes.

O câncer foi um momento de definição. Saber que se tem uma doença devastadora, especialmente uma doença que é cercada de um estigma social, que é um tabu, não é apenas aterrorizante. Faz com que a pessoa se sinta poluída, marginalizada, despossuída. As coisas terríveis que Sen testemunhou ao crescer eram chocantes, mas aconteciam com os outros. Agora isso estava acontecendo com ele, mas provocou uma identificação duradoura com aqueles que também não tinham voz, sofriam e eram privados de tudo.

Superar o câncer também fortalecia uma pessoa. Amita, a mãe de Sen, dizia: "Dei Amartya a Deus quando ele tinha dezenove anos".[10] Ele, porém, declarou que encarar a doença e decidir enfrentá-la foi algo que o deixou com enorme confiança em seus próprios instintos e iniciativas. "Psicologicamente eu estava no banco do motorista", ele recordou. "Fui agressivo, era eu quem perguntava a mim mesmo se sobreviveria. O que seria melhor? O que eu poderia fazer? Eu pressentia a vitória."

Quando retornou às aulas, Sen disse: "Voltei com disposição de vencer" e se sentia com as melhores disposições. Logo começou a tirar as melhores notas e ganhou todo tipo de prêmio, inclusive um prêmio concedido a quem se saísse melhor num debate. Candidatou-se ao Trinity College, em Cambridge, onde Nehru havia estudado. No início foi rejeitado, mas, passados alguns meses, foi convocado inesperadamente. Seu pai gastou metade de seus parcos haveres para pagar a viagem. O custo da passagem aérea era proibitivo e, assim, em setembro de 1953, pouco antes de seu vigésimo aniversário, Sen foi de navio de Bombaim a Liverpool, tendo como companheiras de bordo as jogadoras do time indiano de hockey.

Em Cambridge, novas misérias aguardavam Sen: escuridão, frio, comida horrível, imensa solidão. Seus dentes, prejudicados pela radiação, eram fonte constante de dor e constrangimento. A dona da casa onde ele alugava um quarto e que solicitara ao Trinity College que não lhe enviassem "gente de cor" implicava com ele em relação a coisas como cerrar as cortinas à noite. "Embora você não possa olhar para fora, você é visto", ela dizia, como se ele fosse uma criança tola.

Na universidade, Sen deparou com um campo minado, dividido por rancorosas rivalidades entre os discípulos e os críticos de Keynes. Indira Ghandi, que estudou em Santiniketan durante um ano, observou certa vez que ali aprendeu uma tática essencial de sobrevivência, isto é, "a capacidade de viver tranquilamente no meu íntimo, independentemente do que estivesse acontecendo em meu redor".[11] Sen também recorreu à harmonia interior. Dava-se bem com os acadêmicos dos diferentes lados da divisão ideológica sem desistir de sua maneira independente de encarar as coisas.

Ele, porém, ficou subjugado pelo fascínio da brilhante e dominadora Joan Robinson. A recém-independente Índia estava dividida não apenas por linhas étnicas mas também por visões do futuro diametralmente opostas. Os seguidores de Ghandi tinham em mente uma Índia espiritual e rural de tecelões. Os adeptos de Nehru eram a favor do planejamento central, ao estilo soviético, e de paisagens pontilhadas por barragens e usinas siderúrgicas. A dissertação de mestrado de Sen, *The choice of techniques* [A escolha das técnicas], defendida em 1960, criticou o planejamento governamental na Índia pelo fato de não dar a devida atenção a princípios econômicos básicos. Após completar um segundo mestrado e terminar a pesquisa de doutorado, ele regressou à Índia, lecionando inicialmente na Universidade de Jadvapur e em seguida na recém-fundada Escola de Economia de Delhi.

Se acaso Sen tivesse parado de escrever no final dos anos 1960, ele seria conhecido como um dos membros da geração dos economistas indianos desenvolvimentistas, adeptos da fórmula de Nehru a favor da indústria pesada, de empresas dirigidas pelo Estado, da autossuficiência, fórmula essa que produziu resultados decepcionantes e que, desde então, tem sido desautorizada pela maioria dos economistas, incluindo Sen. Entretanto, por volta de 1970, ele direcionou seu enfoque intelectual e escreveu uma série de admiráveis ensaios filosóficos sobre o bem-estar social que respondem por boa parte de sua influência nos dias de hoje.

Aquela explosão de criatividade foi seguida por uma segunda crise. No espaço de um ano ele aceitou uma nomeação para a Escola de Economia de Londres, seu pai morreu de um câncer na próstata e ele se viu forçado a confrontar a possibilidade do retorno de seu câncer. Na Inglaterra foi submetido a uma profunda cirurgia, quando se evidenciou que seus sintomas se deviam aos efeitos retardados da radioterapia a que se submetera na Índia. Após uma longa e difícil convalescença, ele deixou a esposa e as filhas pequenas e apaixonou-se por Eva Colorni, uma economista italiana, filha de destacado filósofo socialista, morto pelas forças fascistas durante a Segunda Guerra Mundial. Eva encorajou os novos interesses filosóficos de Sen e o incentivou a aplicar suas percepções éticas a questões urgentes como a pobreza, a fome e a desigualdade das mulheres. Ele e Eva moraram juntos em Londres de 1973 até a morte dela, em 1985, devida a um câncer no estômago, e tiveram dois filhos.

Quando Sen se voltou para a ética, Joan Robinson aconselhou seu mais brilhante aluno a "desistir daquela bobagem", mas ele a ignorou. Animado por Eva, empreendeu um detalhado estudo sobre o que ele encarava como uma consequência particularmente cruel de um governo autoritário: a fome. "Certa vez pesei quase 250 crianças de duas aldeias do oeste de Bengala com a finalidade de averiguar seu estado de nutrição relacionado a renda familiar, sexo etc.", ele disse. "Se alguém me tivesse perguntado o que eu estava fazendo, responderia: 'Estou fazendo a economia do bem-estar social'."[12]

Fomes como a que ocorreu em Bengala, sustentou Sen, ocorriam a despeito da oferta adequada de alimentos quando a alta dos preços e a falta de empregos privavam os grupos mais vulneráveis da sociedade de seus "direitos" à comida e quando a falta de eleições e de uma imprensa livre exacerbavam a pressão pública sobre o governo para que ele interviesse. Em contraste, Joan Robinson aplaudia políticas draconianas como o Grande Salto Adiante que — como Sen assinalou com certa amargura — "fracassou profundamente em detectar a maior fome ocorrida na história moderna", durante a qual se estimou que entre 15 milhões e 30 milhões de chineses pereceram após a coletivização forçada. Sen jamais rompeu publicamente com Joan Robinson, mas quando ela faleceu, em 1983, havia anos que eles não se correspondiam.

Nos anos 1970 e 1980, Sen propôs uma teoria geral do bem-estar que tentou integrar a tradicional preocupação dos economistas em relação ao bem-estar material à tradicional preocupação dos filósofos com os direitos individuais e a justiça. Levantando objeções ao credo utilitário de seus colegas economistas, que desejavam julgar o progresso material principalmente pelo crescimento do produto interno bruto per capita, e citando uma longa tradição que ia de Aristóteles a Friedrich von Hayek e John Rawls, Sen argumentou que a liberdade e não a opulência per se era a verdadeira medida de uma boa sociedade, um fim primário bem como o principal meio de desenvolvimento econômico. Ele desejava, conforme diz em seu livro sobre a Índia, "julgar o desenvolvimento pela expansão das substantivas liberdades humanas e não apenas pelo desenvolvimento econômico [...] ou pelo progresso técnico ou pela modernização social [...]. Tudo isso tem de ser avaliado [...] com relação a sua real eficácia em enriquecer a vida e a liberdade do povo e não considerando-as valiosas em si".[13]

Sen formulou três perguntas distintas, para as quais propôs respostas: Pode uma sociedade fazer escolhas de modo que reflita as preferências de cada cidadão? Podem os direitos individuais ser reconciliados com o bem-estar econômico? E, finalmente, qual é a medida de uma sociedade justa?

Nos anos 1930 e 1940, os libertários se preocupavam com o fato de que o Ocidente negociaria seu compromisso com o liberalismo político em troca da segurança econômica. Uma geração depois, a preocupação de Sen era que a Índia e outras nações do Terceiro Mundo sacrificassem a democracia na corrida pelo crescimento econômico. Como, refletia ele, poderiam ser resolvidos os conflitos entre a ação social e os direitos individuais?

Quando Sen se debruçou sobre essa questão no fim dos anos 1960, surgiram dois poderosos desafios à possibilidade de reconciliar ambos. Um deles se deveu a Friedrich Hayek, que receava que "especialistas" e interesses específicos imporiam a todo mundo suas próprias preferências. Ao substituir os planos do governo por planos individuais, ele argumentava, as autoridades estariam impondo um conjunto monolítico de prioridades a indivíduos que prefeririam fazer suas escolhas entre diversas alternativas.

O outro desafio, ainda mais atemorizante, provinha de uma fonte inteiramente inesperada: um ensaio altamente teórico, *Social choice and individual values* [Escolha social e valores individuais], publicado em 1951 por um economista americano politicamente moderado, Kenneth Arrow. Sen deparou com o teorema da impossibilidade, formulado por Arrow, no Presidency College. O teorema parecia ser uma prova logicamente inatacável de que nenhum sistema de votação poderia produzir resultados que refletissem as preferências dos cidadãos no plano individual. Exceto quando havia completo consenso, todos os procedimentos de votação continham desfechos que, em certo sentido, não eram democráticos. A maioria dos colegas de Sen, na faculdade, era stalinista. Embora Sen compartilhasse o entusiasmo deles pela igualdade, "preocupava-se com o autoritarismo político". Seria o teorema de Arrow uma fundamentação lógica da ditadura?

Como a formulação de Arrow não podia ser desafiada diretamente, Sen decidiu investigar seus pressupostos aparentemente inócuos — as condições com as quais qualquer procedimento democrático teria de deparar. Em *Collective choice and social welfare* [Escolha coletiva e bem-estar social], de 1970, ele argumentava que um dos axiomas de Arrow, que excluía comparações entre o bem-estar de diferentes cidadãos, não era algo essencial, chegando mesmo a ser arbitrário. Se tais comparações fossem permitidas, sugeriu Sen, o resultado de sua impossibilidade não poderia mais ser defendido. Sen e os pesquisadores inspirados por ele enfatizaram as condições que capacitariam as regras relativas à tomada de decisões a se tornarem consistentes com os direitos individuais, possibilitando que eles funcionassem. A "metrificação comparativa do bem-estar", de Sen, deslanchou sua busca por padrões que pudessem incitar governos democráticos a adotarem reformas sociais e instituiu um debate de longa duração sobre os melhores meios de definir e medir a pobreza.

Acaso existe um conflito entre os direitos individuais e o bem-estar econômico? Sen passou a estruturar um ataque muito mais amplo ao utilitarismo, inspirado em parte pelo magistral livro *Uma teoria da justiça*, de John Rawls, publicado em 1971, amplamente considerado uma justificativa filosófica do moderno Estado de bem-estar social. Os partidários do utilitarismo, incluindo grande parte dos economistas, acreditam que a sociedade precisa apenas levar em conta o bem-estar de seus cidadãos. Os direitos fazem parte de seu pensamento — se é que fazem — apenas indiretamente, como algo que contribuiu para a felicidade ou a satisfação. Em um desvio à regra de Jeremy Bentham — "o maior bem para o maior número de pessoas" —, "o princípio da diferença" de Rawls afirma que a sociedade deveria maximizar o bem-estar do grupo que se encontra na situação mais precária. Claro que essa é uma ideia muito utilitária, mas o enfoque primário de Rawls são os direitos individuais, que têm precedência sobre o bem-estar material e que os economistas têm ignorado tradicionalmente.

Em outro artigo, publicado numa revista em 1970, "The impossibility of the paretian liberal" [A impossibilidade do liberal paretiano], Sen justificava a urgente necessidade de prestar atenção tanto aos direitos como ao bem-estar, assinalando um potencial conflito sério entre ambos.[14] Muitos economistas aceitam um critério para o bem-estar econômico bem menos exigente do que os propostos por Bentham ou Rawls. O Estado ótimo, argumentou Vilfredo Pareto, o economista italiano do século XIX, é aquele no qual não é mais possível melhorar a vida de alguém sem piorar a vida de alguém. Em outras palavras, trata-se de uma sociedade na qual foram exploradas todas as oportunidades desprovidas de conflitos e que visam à melhoria de vantagens que a todos beneficiam.

Sen, entretanto, demonstrou que até esse padrão aparentemente inócuo pode conflitar com os direitos individuais. Quando muitas pessoas definem seu próprio bem-estar com relação a restringir a liberdade dos outros — os clérigos muçulmanos ficam mais felizes se a escolaridade for proibida para as meninas, as freiras católicas se sentem melhor caso o aborto seja declarado ilegal, os pais gostam da ideia de considerar ilegais as drogas recreativas —, a livre escolha pode conflitar com o Estado ótimo de Pareto.

Para usar uma versão datada do exemplo original de Sen, suponhamos que o "Puritano" valorize a liberdade de praticar a própria religião, mas não tanto quanto valorizaria uma proibição da pornografia. O "Devasso" valoriza a liberdade de ler pornografia, mas não tanto quanto valorizaria uma proibição da religião. Se o governo declarasse ilegais a pornografia e a religião, ambos seriam mais felizes, porém menos livres.

A economia não tem conflitado necessariamente com a mensagem de Sen, mas hoje os economistas estão mais aptos a refletir sobre o que restou daquela equação, quando usam o produto interno bruto para medir ganhos. Em particular, eles se tornaram mais circunspectos em equacionar o produto interno bruto ao bem-estar. Sen coloca que o produto interno bruto exclui oportunidades individuais que podem ser mais importantes para as pessoas do que sua renda, o que é uma falha séria. É claro que se pode argumentar, conforme fez Eric Maskin, vencedor de um prêmio Nobel de economia, que, enquanto os direitos e o bem-estar podem algumas vezes entrar em conflito, de modo geral os direitos podem ser vistos como um modo de proteger o bem-estar. O direito de ler o que se bem entende, em oposição a alguém dizer o que se pode ler, resulta habitualmente em rendas mais elevadas, por exemplo. No entanto, dado que tais conflitos levam a uma polarização em muitas sociedades, foi notavelmente presciente, por parte de Sen, assinalar esse fato há três décadas.

Ao expandir seu ataque ao utilitarismo, Sen argumentou que apenas o crescimento é uma medida inadequada do bem-estar, pois não revela como os indivíduos estão se saindo — se bem ou mal — e que a utilidade, baseada nas atuais preferências e satisfação das pessoas, também é enganosa, pois indivíduos despossuídos ajustam frequentemente suas aspirações a suas circunstâncias de pobreza. Para contornar essas e outras dificuldades, Sen propôs uma nova maneira de pensar sobre os objetivos do desenvolvimento. Ele denominou-a "abordagem das capacidades".

O que cria o bem-estar não são os bens per se, mas a atividade para a qual eles são adquiridos, opinou Sen. Valorizo meu carro porque ele aumenta minha mobilidade, por exemplo. Você pode valorizar a educação que recebeu porque ela lhe dá a oportunidade de participar de uma discussão como a nossa. De acordo com a visão de Sen, a renda é significativa devido às oportunidades que ela cria. No entanto, as oportunidades — ou capacidades, conforme Sen as denomina — também dependem de inúmeros fatores, como a expectativa de vida, a saúde, o saber ler e escrever, e não apenas de preferências que poderiam sofrer restrições causadas pela privação. Esses fatores também devem ser levados em consideração quando se mede o bem-estar. Nesse espírito, Sen elaborou indicadores alternativos do bem-estar, como o Índice de Desenvolvimento Humano, das Nações Unidas.

Paralelamente a sua abordagem sobre a medição do bem-estar, Sen defende a tese de que as capacidades individuais constituem a principal dimensão na qual as sociedades se devem empenhar por maior igualdade, embora ele se abstenha de dizer quais são essas capacidades e qual é o grau de igualdade. Reconhece, entretanto, que um problema com essa definição de justiça é que os indivíduos tomam decisões — ou trabalhar duro ou obter um diploma — que determinam suas capacidades, num estágio posterior.

Como a Índia pós-colonial se situa, na visão de Sen? Seu livro em coautoria com Jean Drèze, *India: Development and participation* [Índia: Desenvolvimento e participação], começa citando o emocionante discurso de Nehru, proferido no momento da independência: "Há muito tempo tivemos um encontro marcado com o destino e agora chegou o momento de cumprirmos nossa promessa". Entre outras coisas Nehru prometeu "o fim da pobreza, da ignorância, da doença e da desigualdade de oportunidades".[15] Para Sen, "esses ambiciosos objetivos [...] em grande parte continuam não sendo cumpridos". Certa vez um aluno perguntou a Sen por que ele não havia mudado o "conteúdo" de seus pensamentos desde os anos 1950. "Porque", ele respondeu, "o ambiente que nos rodeia não mudou. Provavelmente morrerei dizendo as mesmas coisas."

Ele assinala que, é claro, muitas coisas mudaram no Terceiro Mundo. A expectativa de vida aumentou, passando de 46 a 65 anos, e a renda per capita mais do que triplicou. Muitos países, outrora pobres, agora têm mais em comum com países ricos do que com aqueles que deixaram para trás.

No entanto, afirma Sen, 1 bilhão de cidadãos da maior democracia do globo ainda se encontram entre os mais despossuídos deste mundo. A extrema privação, ele enfatiza, agora se concentra em apenas duas regiões do mundo: o sul da Ásia e a África Subsaariana. A expectativa de vida é mais alta na Índia do que na África porque o país escapou da fome em larga escala e evitou a guerra civil. Porém, em termos de analfabetismo, desnutrição crônica, desigualdade econômica e social, a Índia tem um desempenho tão ruim ou pior do que a África Subsaariana, especialmente no que se refere à condição das mulheres.

A Índia e a China eram comparavelmente pobres nos anos 1940. Hoje, porém, a expectativa de vida na China é de 73 anos, enquanto na Índia é de 64. A mortalidade infantil, na China, é menos da metade da Índia: dezessete mortes por cem nascimentos versus cinquenta. No que se refere à nutrição, a China está muito adiante na eliminação da desnutrição crônica. As taxas de alfabetização de adolescentes estão muito acima de 90% na China, sem diferença entre jovens de ambos os sexos, versus taxas muito mais baixas e muito mais divergentes na Índia.[16] É claro que os cidadãos indianos gozam de direitos democráticos, incluindo uma imprensa livre, com os quais os cidadãos mais prósperos da China ainda só podem sonhar. O desafio para Sen e para outros economistas que prestam consultoria à Índia é como alinhar sua economia à trajetória de globalização da China sem sacrificar a democracia da qual Sen e seu país sentem tamanho orgulho.

Robert Solow, agraciado com o prêmio Nobel por sua teoria do crescimento econômico, certa vez denominou Sen "a consciência de nossa profissão". Entretanto, durante muito tempo, a abordagem de Sen à economia era decididamente suspeita, tanto para a direita como para a esquerda. Em Cambridge,

Calcutá e Delhi, nos anos 1950 e 1960, quando o planejamento ao estilo soviético estava em voga, Sen era persona non grata para a esquerda. Nos anos 1980 e 1990, quando o livre mercado voltou a ser festejado, o então presidente do comitê do prêmio Nobel predisse, demonstrando muita confiança: "Sen jamais ganhará o prêmio". Sen ganhou o Nobel em 1998 "por sua contribuição à economia do bem-estar".

Os tempos mudaram, porém. Hoje, quando Sen viaja para a Ásia, é tratado mais como um Ghandi do que como um professor de economia, quando se desloca pelo país, acompanhado de uma escolta. Em Santiniketan, em janeiro de 2002, multidões se alinhavam nas ruas para vê-lo passar, e garotas que estudavam na Universidade Visva-Bharati se abaixavam para tocar em seus pés, algo que ele desencorajava bruscamente. Decidido como o poeta que lhe dera o nome a usar seu prêmio Nobel para chamar a atenção para questões com que se preocupa, Sen doou metade do milhão de dólares que recebeu para implantar duas fundações, uma no oeste de Bengala e outra em Bangladesh, cuja finalidade é promover a educação primária em áreas rurais.

À medida que a economia ao estilo soviético, autárquica e burocrática, foi se tornando cada vez mais disfuncional, e os tigres japoneses e asiáticos alcançaram elevados padrões de vida, Sen se distanciou da visão de que a ajuda do Ocidente e melhores termos de comércio eram as chaves do crescimento do Terceiro Mundo. Aproximou-se da perspectiva de Schumpeter, segundo a qual as condições locais são decisivas e as nações controlam seus próprios destinos. Ele aderiu à desregulamentação e à abertura da Índia ao comércio e aos investimentos estrangeiros, ao mesmo tempo que insistia na intervenção governamental em favor dos pobres, especialmente quanto a saúde, educação e nutrição. As discordâncias terminaram quando Mao suspendeu a Revolução Cultural e introduziu liberdades econômicas. O notável salto da China em direção à modernidade deixou a União Soviética num plano muito secundário e desacreditou o modelo econômico soviético.

Epílogo
Imaginando o futuro

Grande parte das jornadas começa na imaginação. A grande busca para tornar a humanidade senhora de suas circunstâncias não constitui exceção.

Os fundadores da economia, no século XVIII, tinham uma visão da organização econômica de que a cooperação voluntária substituiria a coerção. Pressupunham, porém, que cada nove em dez seres humanos estavam condenados por Deus ou pela natureza a levarem uma vida de pobreza e de árduos trabalhos. Duzentos anos de história os convenceram de que a maioria da humanidade tinha tantas chances de escapar de seu destino quanto as chances dos prisioneiros de uma colônia penal, rodeada por um vasto oceano.

Dickens, Mayhew e Marshall depararam com a economia na Londres vitoriana durante uma revolução na produtividade e nos padrões de vida. Eles eram animados por uma visão mais brilhante, mais esperançosa. Para eles, o oceano tinha a mesma vastidão de um fosso. Imaginavam a humanidade no outro extremo, dando um passo por vez, em direção a um horizonte que sempre recuava. Esses pensadores econômicos eram movidos não apenas pela curiosidade intelectual e pelo anseio por uma teoria, mas também pelo desejo de pôr a humanidade numa posição de mando. Procuravam instrumentos de mestria, ideias que pudessem ser usadas para promover sociedades caracterizadas pela abundância e pela liberdade individual, em vez de um colapso moral e material.

Eles aprenderam que a inteligência econômica era muito mais necessária para o sucesso do que o território, a população, os recursos naturais ou até mesmo a liderança tecnológica. Com efeito, como Keynes afirmou admiravelmente durante a Grande Depressão, "o mundo é governado por pouca coisa".[1] A exemplo de Marshall, ele concebia a economia como uma máquina de análise que podia separar o trigo do joio e tinha a convicção de que as ideias econômicas haviam feito mais para transformar o mundo do que a máquina a vapor. As verdades econômicas podem ser menos permanentes do que as verdades matemáticas, mas a teoria econômica era essencial para saber o que funcionava, o que não funcionava, o que importava e o que não importava. A inflação pode elevar o rendimento no curto prazo, mas não no longo prazo. Os ganhos de produtividade são os principais impulsionadores dos salários e dos padrões de vida. A educação e uma rede de seguridade social podem reduzir a pobreza sem produzir a estagnação econômica. Uma moeda estável é necessária para a estabilidade econômica e um sistema financeiro saudável é essencial para a inovação. Como observou Robert Solow: "As perguntas vivem mudando e as respostas a questões até mesmo antigas continuam mudando à medida que a sociedade evolui. Isso não significa que desconheçamos o que é útil, em determinados momentos".[2]

As calamidades econômicas — pânicos financeiros, hiperinflação, depressões, conflitos sociais e guerras — sempre provocaram crises de confiança, mas não chegaram ao ponto de eliminar os ganhos cumulativos, no que diz respeito a padrões médios de vida. A Grande Depressão pôs sob julgamento as teorias econômicas, bem como a moderna economia descentralizada. A Segunda Guerra Mundial terminou num clima de desalento, de dúvidas, e os economistas keynesianos previram uma era de estagnação; os discípulos de Hayek temeram o triunfo do socialismo no Ocidente. Em vez disso, o crescimento tomou grande impulso e os padrões de vida se elevaram muito. Os governos obtiveram algum sucesso em administrar suas economias. Desde a Segunda Guerra Mundial a história tem presenciado a saída de um contingente cada vez maior da população do mundo de uma situação de pobreza abjeta. A Alemanha e o Japão, derrotados, ressurgiram como a fênix das cinzas, nos anos 1950 e 1960. A China deslanchou seu notável ciclo de crescimento por volta de 1970. Mais recentemente a Índia emergiu de décadas de estagnação.

A realidade superou a imaginação. Até mesmo Schumpeter não poderia prever que a população do mundo seria seis vezes maior, porém dez vezes mais afluente, ou que a fração de cidadãos que viviam na mais extrema pobreza diminuiria em cinco sextos. Ou ainda que o cidadão chinês médio vive tão bem hoje, se não melhor, do que o cidadão inglês em 1950. Fisher não teria se surpreendido ao saber que a duração média de vida subiu duas vezes e meia em relação à duração de 1820 e que continua aumentando. O notável é que mesmo a Grande Recessão de 2008, que se prolongou até 2009, a mais grave crise econômica desde os anos 1930, não reverteu os ganhos anteriores de produtividade e renda. A expectativa de vida se mantém em alta. O sistema financeiro mundial não entrou em colapso. Não houve uma segunda grande depressão.

Homens loucos, em posição de autoridade, desde o kaiser até Hitler, Stálin e Mao, tentaram repetidamente e ainda tentam ignorar ou mesmo suprimir verdades econômicas. Porém, quanto mais as nações escapam da pobreza e forjam seus próprios destinos econômicos, menor é a força das racionalizações dos ditadores. Em vez de dominar o Ocidente, a União Soviética entrou em colapso em 1990.

Não existe caminho de volta. Ninguém debate mais se devemos ou não controlar nossas circunstâncias econômicas. Trata-se apenas de saber como. Quando perguntaram àqueles que protestaram no Cairo qual era sua maior esperança do futuro, eles responderam que era a melhora econômica. Homens e mulheres nas ruas da Tunísia, da Síria e de outras nações do Oriente Médio, em 2011, representam a mais recente onda de cidadãos a imaginar um futuro econômico caracterizado pelo crescimento, pela estabilidade e por um clima de negócios favorável ao empreendedorismo. Uma vez que se possa imaginar semelhante futuro, retornar ao pesadelo do passado parece ser cada vez mais impossível.

Agradecimentos

Acumulei um número assustador de dívidas enquanto pesquisava e escrevia este livro.

As maiores são para com três pessoas sem as quais *A imaginação econômica* jamais teria começado, se mantido ou chegado ao fim: minha editora, Alice Mayhew, que me mostrou pacientemente e com extraordinária dedicação como transformar a economia, a história e a biografia num relato; minha agente literária, Kathy Robbins, que desencadeou todo este empreendimento com sua habitual energia; minha filha mais velha, Clara O'Brien, que ajudou a levar o projeto a sua conclusão.

Muitas pessoas e instituições apoiaram generosamente minha pesquisa. No topo da lista, situam-se Amartya Sen, Emma Rotschild, Eric Maskin, Philip Griffiths, Alan Krueger, Orley Aschenfelter e Eric Wanner. Sou grata ao Instituto de Estudos Avançados, à Fundação Russell Sage, ao Churchill College e ao Kings College, da Universidade de Cambridge, à Fundação Yaddo e à Colônia MacDowell pelas estimulantes e produtivas visitas que lhes fiz.

Na Universidade Columbia obtive algumas de minhas melhores ideias do extraordinário Bruce C. N. Greenwald. Meu colega de jornalismo Jim Stewart foi uma fonte constante de apoio e de sensatos conselhos. E não posso agradecer suficientemente a meu colega de ensino, Ed McKelvey, por ter dado tudo de si para nossos alunos dos dois últimos anos, tanto para meu benefício como para o deles.

Tive a inacreditável sorte de trabalhar com uma notável equipe da editora Simon & Schuster. Meus especiais agradecimentos a Jonathan Karp, Richard Rhorer, Roger Labrie, Rachel Bergmann, Irene Kheradi, Gina DiMascia, John Wahler, Nancy Inglis, Jackie Seow, Ruth Lee-Mui, Tracey Guest, Danielle Lynn, Rachelle Andujar e o imperturbável Phil Metcalf.

Pelas entrevistas que me concederam e pelas fontes que me indicaram sou grata a William Barber, Peter Singer, Harold James, Bruce Caldwell, Meghnad Desai, Marina Whitman, Peter Dougherty, Geoffrey Harcourt, Prue Kerr, Frances Stewart, Francis Cairncross, Barbara Jeffrey, Dutta Jayasri, Avinash Dixit, Lawrence Hayek, Luigi Pasinetti, Bill Gibson, Laurie Kahn-Leavitt, Jim Mirless, Hans Jörg Hennecke, Hans Jörg Klausinger, Nils Eric-Sahlin, Geoffrey Heal, a família de Margaret Paul, Harold Kuhn, Hugh Mellor, Peter Passell, Edmund Phelps, Jagdish Bhagwati, Andrew Scull, Ruth e Carl Kaysen, Peter Boettke, Guido Hulsmann, William Barnett, Vernon Smith, Peter Temin, Elizabeth Darling, Robert Skidelsky, Andrew Scull, Mark Whitaker, Ray Monk, Amartya Sen, Paul Samuelson, a sua esposa e durante muito tempo sua assistente, Risha, Janice Murray, Robert e Anita Summers, Robert e Bobbie Solow, Milton e Rose Friedmann e Kenneth Arrow.

Ruth Tenenbaum empreendeu uma implacável mas sempre bem-intencionada campanha contra meus erros e omissões. Alexandra Saunders, Louise Story, Joanathn Hull, Barry Harbaugh, Melanie Hollands, Rachel Elbaum, Catherine Viette e Tori Finkle proporcionaram-me valiosa assistência nas pesquisas realizadas em várias etapas. Sinto-me especialmente grata a Bill Gibson por assinalar lapsos lógicos e outros lapsos na etapa final.

A maior parte da pesquisa deste livro foi realizada em arquivos e bibliotecas e gostaria de agradecer especialmente às equipes das seguintes instituições a sua gentileza e eficiente orientação: Biblioteca Marshall, Universidade de Cambridge, Arquivo do Trinity College, Arquivo do Kings College, Arquivo da Prefeitura de Cambridge, Arquivo da Universidade Harvard, Arquivo da Escola de Economia de Londres, Arquivo do MIT e Arquivo da Instituição Hoover. Minha gratidão se estende naturalmente aos criadores do Google Books, J-Stor,

Lexis-Nexis, ao Arquivo Marx-Engels e a numerosos arquivos e bibliotecas on-line que têm revolucionado a pesquisa histórica.

As últimas palavras são, como sempre, para meus filhos, Clara, Lily e Jack, e para meus amigos queridos. Eles sabem que tudo isto é uma viagem... e quem viaja com você.

Notas

NOTAS SOBRE AS FONTES

Ao pesquisar *A imaginação econômica*, consultei e li centenas de obras inspiradoras e informativas: biografias, história, economia. O que se segue são livros em que me apoiei especialmente tendo em vista ideias, fatos e compreensão daquilo que eu procurava.

PREFÁCIO [pp. 9-13]

Claire Tomalin, *Jane Austen: A life* (Nova York: Knopf, 1997); Gregory Clark, *A farewell to arms: A brief economic history of modern Britain* (Princeton: Princeton University Press, 2009); Bradford DeLong, *História econômica do século XX* (inédito); Harold Perkin, *The origins of modern British society* (Londres: Routledge, 1990); Angus Maddison, *The world economy: A millennial perspective* (Paris: OECD Publishing, 2006) e *The world economy: Historical statistics* (Paris: OECD Publishing, 2006); Mark Blaug, *Economic theory in retrospect* (Cambridge: Cambridge University Press, 1983); T. W. Hutchinson, *A review of economy doctrines 1870-1939* (Londres: Clarendon Press, 1966); W. W. Rostow, *Theorists of economic growth from David Hume to the present* (Oxford: Oxford University Press, 1992); Niall Ferguson, *Cash news* (Nova York: Basic Books, 2001).

PRIMEIRO ATO: PRÓLOGO [pp. 17-25]

Kitson Clark, "Hunger and politics in 1842", *Journal of Modern History*, 24, n. 4, dez. 1953;

James P. Henderson, "'Political economy is a mere skeleton unless...': What can social economists learn from Charles Dickens", *Review of Social Economy*, 58, n. 2, jun. 2000; Michael Slater, *Charles Dickens*. New Haven: Yale University Press, 2009.

CAPÍTULO 1 [pp. 27-64]

David McLellan, *Karl Marx: Interviews and recollections*. Nova York: Barnes & Noble, 1981; Gustav Mayer, *Friedrich Engels: A biography*. Berlim: H. Fertig, 1969; Steve Marcus, *Engels, Manchester and the working class*. Nova York: Norton, 1974; Gertrude Himmelfarb, *The idea of poverty: England in the early industrial age*. Nova York: Alfred A. Knopf, 1984, e *Poverty and compassion: The moral imagination of the late Victorians*. Nova York: Random House, 1991; David McLellan, *Karl Marx: His life and thought*. Londres: Macmillan, 1973; Isaiah Berlin, *Karl Marx: His life and environment*. Londres: Thornton Butterworth, 1939; Francis Wheen, *Karl Marx: A life*. Nova York: W. W. Norton & Co., 1999; Dirk Struik, *Birth of the communist Manifesto*. Nova York: International Publishers, 1986; Anne Humphereys, *Travels into the poor man's country: The work of Henry Mayhew*. Athens: University of Georgia Press, 1977; Francis Sheppard, *London 1808-70: The infernal Wen*. Londres: Seeker and Warburg, 1971; Asa Briggs, *Victorian cities*. Berkeley: University of California Press, 1993; Gareth Stedman Jones, *Outcast London*. Londres: Penguin Books, 1982.

CAPÍTULO 2 [pp. 65-109]

Mary Paley Marshall, *What I remember*. Cambridge: Cambridge University Press, 1947; J. M. Keynes, "Alfred Marshall 1842-1924", in: Arthur Pigou (org.), *Memorials of Alfred Marshall*. Londres: MacMillan, 1925; Gertrude Himmelfarb, *Poverty and compassion: The moral imagination of the late Victorians*. Nova York: Alfred A. Knopf, 1991; Peter Groenewegen, *A soaring eagle: Alfred Marshall 1842-1924*. Londres: E. Elgar, 1995; Mark Whitacker, *Early economic writings of Alfred Marshall*. Londres: The Royal Economic Society, 1975, vols. 1 e 2; Mark Whitacker, *The correspondence of Alfred Marshall*. Cambridge: Cambridge University Press, 1996, vols. 1 a 3; Tizziano Raffaeli, Eugenio F. Biagini, Rita McWilliams Tullberg (orgs.), *Alfred Marshall's lectures to women: Some economic questions directly connected to the welfare of the laborer*. Aldershott, UK: Edward Elgar Publishing Company, 1995.

CAPÍTULO 3 [pp. 110-58]

Barbara Caine, *Destined to be wives: The sisters of Beatrice Webb*. Oxford: Clarendon Press, 1986; Carole Seymour Jones, *Beatrice Webb: Woman of conflict*. Chicago: Ivan R. Dee, 1992; Royden Harrison, *The life and times of Sidney and Beatrice Webb: The formative years, 1858-1903*. Londres: Palgrave, 1999; Kitty Muggeridge e Ruth Adam, *Beatrice Webb: A life, 1858-1943*. Nova York: Alfred A. Knopf, 1968; Margaret Cole, *Beatrice Webb*. Nova York: Harcourt Brace, 1946;

Michael Holroyd, *Bernard Shaw*. Londres: Chatto and Windus, 1997; William Manchester, *The last lion: Winston Spencer Churchill: Visions of glory, 1874-1932*. Nova York: Little Brown, 1983; Gertrude Himmelfarb, *Poverty and compassion: The moral imagination of late Victorians*. Nova York: Random House, 1991; Elie Halevy, *A history of the English people in the nineteenth century. Vol. 6, The rule of democracy (1905-14)*. Londres: Ernest Benn Ltd., 1952; Jeanne e Norman MacKenzie, *The diary of Beatrice Webb*. Londres: Virago, 1984, vols. 1 a 4; Norman MacKenzie, *The letters of Sidney and Beatrice Webb*. Cambridge: Cambridge University Press, 2008, vols. 1 a 3.

CAPÍTULO 4 [pp. 159-90]

Muriel Rukeyser, *Willard Gibbs*. Nova York: Doubleday, Doran and Co., 1942; William J. Barber (org.), *The works of Irving Fisher*. Londres: Pickering and Chatto, 1997, vols. 1 a 17; Irving Norton Fisher, *My father: Irving Fisher*. Nova York: Comet Press, 1956; Muriel Rukeyser, *Willard Gibbs: American genius*. Nova York: Doubleday, Doran and Co., 1942; Robert Loring Allen, *Irving Fisher: A biography*. Cambridge: Blackwell Publishers, 1993; Richard Hofstadter, *The age of reform: From Bryan to FDR and social darwinism in American thought*. Nova York: George Braziller, Inc., 1969; Jeremy Attack e Peter Passell, *A new economic view of American history*. Nova York: W. W. Norton, 1994; Perry Mehrling, "Love and death: The wealth of Irving Fisher", in Warren J. Samuels e Jeff E. Biddle (orgs.), *Research in the history of economic thought and methodology*. Amsterdam: Elsevier Science, 2001/ Nova York: Harcourt Brace Jovanoch, 1992, pp. 47-61.

CAPÍTULO 5 [pp. 191-214]

Seymour Harris, *Joseph Schumpeter: Social scientist*. Cambridge, Mass.: Harvard University Press, 1951; Wolfgang F. Stolper, *Joseph Alais Schumpeter: The public life of a private man*. Princeton: Princeton University Press, 1994; Robert Loring Allen, *Opening doors: The life and works of Joseph Schumpeter*. New Brunswick: Transaction Publishers, 1991, vol. I; Richard Swedberg, *Joseph A. Schumpeter: His life and work*. Cambridge, UK: Polity Press, 1991; Thomas K. McCraw, *Prophet of innovation: Joseph Schumpeter and creative destruction*. Cambridge, Mass.: Harvard University Press, 2007; Charles A. Gulik, *Austria from Hapsburg to Hitler*. Berkeley: University of California Press, 1948, vol. I; David F. Good, *The economic rise of the Hapsburg Empire 1750-1914*. Berkeley: University of California Press, 1990; Joseph Schumpeter, *History of economic analysis*. Cambridge, Mass.: Harvard University Press, 1954.

SEGUNDO ATO: PRÓLOGO [pp. 217-27]

Charles John Holmes, *Self and partners (Mostly self): Being the reminiscences of C. J. Holmes*. Londres: Macmillan, 1936; Anne Emberton, "Keynes and the Degas sale", *History Today*, 31 dez. 1995; Ray Monk, *Ludwig Wittgenstein: The duty of a genius*. Nova York: Penguin Books, 1991; Ray Monk, *Bertrand Russell: The spirit of solitude (1872-1921)*. Nova York: Simon & Schuster, 1996, vol. I; Hugh Mellor, *Frank Ramsey: Better than the stars*. Londres: BBC, 1994; Henry Andrews Cotton, com prefácio de Adolf Meyer, *The defective, delinquent and insane: The relation of focal infections to their causation, treatment and prevention, lectures delivered at Princeton University, January 11, 13, 14, 15, 1921*. Princeton: Princeton University Press, 1922.

CAPÍTULO 6 [pp. 228-56]

Eduard Marz, *Joseph Schumpeter: Forscher, lehrer und politiker*. München: R. Oldenbourg, 1983; Eduard Marz, "Joseph Schumpeter as minister of finance in X Helmut Frisch, in: *Schumpeterian economics*. Nova York: Praeger, 1981; F. L. Carsten, *The first Austrian Republic*. Aldershot, UK: Widwood House, 1986; F. L. Carsten, *Revolution in Central Europe 1918-9*. Aldershot, UK: Wildwood House, 1988; David Fales Strong, *Austria (October 1918-March 1919)*. Nova York: CUP, 1939; Norbert Schausberger, *Der Griff nach Oesterreich: Der Anschluss*. Wien, Muenchen: Jugend und Volk, 1988; Otto Brauer, *The Austrian revolution*. Londres: Parsons, 1925; Eduard Marz, *Austrian banking and financial policy: Creditanstalt at a turning point, 1913-23*. Nova York: St. Martin's Press, 1984; Christine Klusacek e Kurt Stimmer, *Dokumentation zur Oestereichische Zeitgeschichte 1918-28*. Wien und Muenchen: Jugend und Volk, 1984; Joseph A. Schumpeter, *Aufsatze zur Wirtschaftspolitik*. Org. Wolfgang F. Stolper e Christian Seidl. Tuebingen: JCB Mohr, 1985; Joseph A. Schumpeter, *Politische Reden*, Seidl e Stolper, orgs. Tuebingen: JCB Mohr, 1992.

CAPÍTULO 7 [pp. 257-84]

D. E. Moggridge (org.), *The collected writings of John Maynard Keynes*. Londres: Macmillan, 1971-89, vols. 1 a 30; Paul Mantoux, *The Carthaginian peace or The economic consequences of Mr. Keynes*. Oxford: Oxford University Press, 1946; Robert Skidelsky, *John Maynard Keynes. Vol. I, Hopes betrayed*. Nova York: Viking, 1986; Donald E. Moggridge, *Maynard Keynes: An economist's biography*. Londres: Routledge, 2009; Margaret MacMillan, *Paris 1919: Six months that changed the world*. Nova York: Random House, 2002.

CAPÍTULO 8 [pp. 285-303]

Peter Gay, *Freud: A life of our time*. Nova York: W. W. Norton, 1988; F. L. Carsten, *The first Austrian republic*. Aldershot: Wildwood House, 1986; Otto Bauer, *The Austrian revolution*. Londres, Parsons, 1925; Eduard Marz, *Austrian banking and financial policy: Creditanstalt at a turning point, 1913-23*. Nova York: St. Martin's Press, 1984.

CAPÍTULO 9 [pp. 304-29]

Robert Skidelsky, *John Maynard Keynes. Vol. 2: The economist as savior 1920-37*. Londres:

Macmillan, 1992; D. E. Moggridge, *Maynard Keynes: An economist's biography*. Londres: Routledge, 1992; Irving Norton Fisher, *My father: Irving Fisher*. Nova York: Comet Press, 1956; Robert Loring Allen, *Irving Fisher: A biography*. Cambridge: Blackwell Publishers, 1993; Milton Friedman, *Money mischief: Episodes in monetary history*. Nova York: Harcourt Jovanovich Brace, 1992.

CAPÍTULO 10 [pp. 330-62]

Robert Skidelsky, *John Maynard Keynes. Vol. II: The economist as savior 1920-37*. Londres: Macmillan, 1992; D. E. Moggridge, *Maynard Keynes: An economist's biography*. Londres: Routledge, 1992; Irving Norton Fisher, *My father: Irving Fisher*. Nova York: Comet Press, 1956; Robert Loring Allen, *Irving Fisher: A biography*. Cambridge: Blackwell Publishers, 1993; Milton Friedman, *Money mischief: Episodes in monetary history*. Nova York: Harcourt Brace Jovanovich, 1992.

CAPÍTULO 11 [pp. 363-78]

Nahid Aslangeigui e Guy Oakes, *The provocative Joan Robinson: The making of a Cambridge economist*. Durham, NC: Duke University Press, 2009; Marjorie Shepherd Turner, *Joan Robinson and the Americans*. Armonk, NY: ME Sharpe, 1989.

CAPÍTULO 12 [pp. 379-98]

Robert Skidelsky, *John Maynard Keynes. Vol. 3: Fighting for freedom, 1937-1946*. Nova York: Viking, 2001; David Kennedy, *Freedom from fear: The American people and in depression and war*. Oxford: Oxford University Press, 1999; Milton Friedman e Rose Friedman, *Two lucky people, Memoirs*. Chicago: University of Chicago Press, 1998; Herbert Stein, *Presidential economics: The making of economic policy from Roosevelt to Clinton*. Washington, DC: American Enterprise Institute, 1994; Stephen Kresge e W. W. Bartley, III (orgs.), *The collected works of F. A. Hayek*. Chicago: University of Chicago Press, 1989, vols. 1 a 17.

CAPÍTULO 13 [pp. 399-407]

Seymour Harris, *Joseph Schumpeter: Social scientist*. Cambridge, Mass.: Harvard University Press, 1951; Wolfgang F. Stolper, *John Alois Schumpeter: The public life of a private man*. Princeton: Princeton University Press, 1994; Robert Loring Allen, *Opening doors: The life and works of Joseph Schumpeter*. New Brunswick: Transaction Publishers, 1991, vol. I; Richard Swedberg, *Joseph A. Schumpeter: His life and work*. Cambridge, UK: Polity Press, 1991; Thomas K. McCraw, *Prophet of innovation: Joseph Schumpeter and creative destruction*. Cambridge, Mass.: Harvard University Press, 2007.

TERCEIRO ATO: PRÓLOGO [pp. 411-8]

James McGregor Burns, *Roosevelt: The soldier of freedom*. Nova York: Harcourt Brace Jovanovich, 1970.

CAPÍTULO 14 [pp. 419-28]

Robert Skidelsky, *John Maynard Keynes. Vol. 3: Fighting for freedom*. Nova York: Viking, 2000.

CAPÍTULO 15 [pp. 429-39]

Alan Ebenstein, *Hayek's Journey*. Nova York: Simon & Schuster, 1993; Hans Jorg Hennecke, *Friedrich von Hayek*. Hamburgo: Junius Verlag GmbH, 2010; Werner Erhard, *Germany's comeback to the world market*. Nova York: Macmillan, 1954.

CAPÍTULO 16 [pp. 440-57]

Richard Reeves, *President Kennedy*. Nova York: Simon & Schuster, 1993; Herbert Stein, *Presidential economics: The making of economic policy from Roosevelt to Clinton*. Washington, DC: American Enterprise Institute, 1994.

CAPÍTULO 17 [pp. 458-78]

John Lewis Gaddis, *The Cold War: A new history*. Nova York: Alfred A. Knopf, 2009; Marjorie Shepherd Turner, *Joan Robinson and the Americans*. Armond, NY: ME Sharpe, 1989.

CAPÍTULO 18 [pp. 479-94]

Amartya Sen, *Development as freedom*. Nova York: Alfred A. Knopf, 1999 [*Desenvolvimento como liberdade*. São Paulo: Companhia das Letras, 2000]; Amartya Sen, *The idea of justice*. Cambridge, Mass.: Harvard University Press, 2009 [*A ideia de justiça*. São Paulo: Companhia das Letras, 2011].

NOTAS DOS CAPÍTULOS

PREFÁCIO: OS 90% DA HUMANIDADE [pp. 9-13]

1. John Kenneth Galbraith, *The affluent society* (Boston: Houghton Mifflin, 1958).

2. Edmund Burke, "A vindication of natural society, a view of the miseries and evil arising to mankind from every species of artificial society, in a letter to Lord **** by a Late Noble Writer, 1756", *Writings and speeches* (Nova York: Little Brown and Co., 1901), p. 59.

3. Patrick Colquhoun, *A treatise on the wealth, power, and resources of the British empires* (Londres: Jay Mawman, 1814, 1812), p. 49.

4. James Heldman, "How wealthy is Mr. Darcy — really? Pounds and dollars in the world of *Pride and prejudice*", *Persuasion*. Jane Austen Society, pp. 38-9.

5. Cálculo do autor baseado em dados de Colquhoun, *Wealth, power and resources*; Harold Perkin, *The origins of modern British society* (Londres: Routledge), pp. 20-1; e Roderick Floud e Paul Johnson, *Cambridge economic history of modern Britain* (Cambridge: Cambridge University Press, 2004), p. 92.

6. Jane Austen a Cassandra Austen, *Jane Austen's letters*. Org. Deirdre le Fay. Oxford: Oxford University Press, 1995; e Anonymous, *How to keep house! Or comfort and elegance on 150 to 200 a year* (Londres: James Bollaert, 1835, 14ª ed.).

7. Claire Tomalin, *Jane Austen, a life* (Nova York: Knopf, 1997).

8. Burke, *Vindication*, p. 59.

9. Gregory Clark, *A farewell to alms: A brief economic history of the world* (Princeton: Princeton University Press, 2009).

10. James Edward Austen Leigh, *A memoir of Jane Austen* (Londres: Richard Bentley & Son, 1871), p. 13.

11. Clark, *A farewell to alms*.

12. Robert Giffen, *Notes on the progress of the working classes* (*1883*) e *Further notes on the progress of the working classes*, *Essays in finance* (Londres: Putnam and Sons, 1886), p. 419.

13. Burke, *Vindication*, p. 60.

14. Tomalin, *Jane Austen*, p. 96.

15. Patrick Colquhoun, *A treatise on indigence* (Londres: J. Hatchard, 1806).

16. Leigh, *A memoir of Jane Austen*, p. 13.

17. Giffen, p. 379.

18. Alfred Marshall, *The present position of economics: An inaugural lecture*, 1885, p. 57.

19. John Maynard Keynes, "Economic possibilities for our grandchildren", *Essays in persuasion* (Londres: Macmillan, 1931), p. 344.

20. John Maynard Keynes, Brinde por ocasião de sua aposentadoria do cargo de editor do *The Economic Journal*, citação em Roy Harrod, *The life of John Maynard Keynes*. (Londres: Harcourt Brace, 1951), pp. 193-4.

PRIMEIRO ATO

PRÓLOGO: O SR. SENTIMENTO VERSUS O AVARENTO [pp. 17-25]

1. G. Kitson Clark, "Hunger and politics in 1842", *Journal of Modern History*, 24, n. 4, dezembro 1953, pp. 355-74.

2. Thomas Carlyle, *Past and present* (Londres: Chapman and Hall, 1843), p. 6.

3. Charles Dickens, *Daily News*, Londres, 21 de janeiro de 1846.

4. Asa Briggs (org.), *Chartist studies* (Londres: Macmillan, 1959).

5. Carlyle, *Past and present*, p. 335.

6. Thomas Carlyle a John A. Carlyle, Chelsea, Londres, 17 de março de 1840. The Carlyle letters online, <http://carlyleletters> (acesso em 2 de janeiro de 2011).

7. John Stuart Mill a John Robertson, Londres, 12 de julho de 1837, in: *The earlier letters of John Stuart Mill*, vol. I, *1812-48*. Org. Francis E. Mineka. Toronto: University of Toronto Press, 1963, p. 343 (parafraseando a descrição de Carlyle relativa a Camille Desmoulins, in: *The French revolution: A history*, 1837.

8. Citação em Michael Slater, *Charles Dickens: A life defined by writing* (New Haven, Conn.: Yale University Press, 2009), p. 143.

9. Thomas Carlyle, "Occasional discourse on the negro question", *Fraser's Magazine for Town and Country*, 40, fevereiro 1849, p. 672.

10. Edmund Burke, *A vindication of natural society, a view of the miseries and evil arising to mankind from every species of artificial society* (*1756*). Org. Frank N. Pagano. Indianapolis Liberty Fund, Inc., 1982, p. 87.

11. Thomas Robert Malthus, *An essay on the principle of population, as it affects the future improvement of society with remarks on the speculation of Mr. Godwin, M. Condorcet and other writers* (Londres: J. Johnson, 1798), p. 30.

12. Ibid., p. 139.

13. Ibid., p. 31.

14. Levítico,19:18, Romanos, 13:9.

15. Charles Dickens, *Oliver Twist*, vol. I (Londres: Richard Bentley, 1838), p. 25.

16. Nicholas Bacalar, "In reality, Oliver's diet wasn't truly dickensian", *New York Times*, 29 de dezembro de 2008.

17. Charles Dickens, *American notes for general circulation*, vol. 2 (Londres: Chapman and Hall, 1842), p. 304.

18. Charles Dickens ao dr. Southwood Smith, 10 de março de 1843, in: *The letters of Charles Dickens*, vol. 3, *1842-3*. Orgs. Madeline House, Graham Storey, Kathleen Mary Tillotson, Angus Eanon, Nina Burgis (Oxford: Oxford University Press, 2002), p. 461.

19. James P. Henderson, "'Political economy is a mere skeleton unless...': What can social economists learn from Charles Dickens?", *Review of Social Economy*, 58, n. 2, junho de 2000, pp. 141-51.

20. Charles Dickens, *A Christmas carol; in prose: Being a ghost story of Christmas* (Londres: Chapman Hall, 1843).

21. Henderson, "Political economy", p. 140.

22. Dickens, *A Christmas carol*, p. 96.

23. Thomas Malthus, *An essay on the principle of population: Or, a view of its past and present effects on human happiness: With an inquiry into our prospects respecting the future removal or mitigation of the evils which it occasions*, 2ª ed. (Londres: J. Johnson, 1803), p. 532.

24. Dickens, *A Christmas carol*, p. 94.

25. Michael Slater, introdução e notas a Charles Dickens, *A Christmas carol and other Christmas writings* (Londres: Penguin, 2003), p. xi.

26. Anthony Trollope, *The warden* (Londres: Longman, Brown, Green, and Longmans, 1855), cap. 15.

27. Charles Dickens, "The bemoaned past", *All the year round: a weekly journal, with which is incorporated household words*, n. 161, 24 de maio de 1862.

28. Sir Robert Peel a Sir James Graham, agosto de 1842, citação em Clark, "Hunger and politics in 1842".

29. Charles Dickens, "On strike", *Household words; A weekly journal*, n. 203, 11 de fevereiro de 1854.

30. Ibid.

31. Joseph Schumpeter, *The economics and sociology of capitalism*. Org. Richard Swedberg (Princeton University Press, 1991). Schumpeter criou esta frase para descrever o conceito de Alfred Marshall, segundo o qual a economia "não é um corpo de verdades concretas, mas um dispositivo para a descoberta da verdade concreta". Alfred Marshall, *The present position of economics: An inaugural lecture* (Londres: Macmillan and Col., 1885), p. 25.

32. John Maynard Keynes, introdução a *Cambridge economic handbooks*, I (Londres: Nesbit and Co. / Cambridge University Press, 1921).

1. PERFEITAMENTE NOVO: ENGELS E MARX NA ERA DOS MILAGRES [pp. 27-64]

1. Walter Bagehot, *Lombard street: A description of the money market* (Nova York: Scribner, Armstrong & Co., 1873), p. 20.

2. Friedrich Engels a Karl Marx, 19 de novembro de 1844, Marxists Internet Archive, <marxists.org/archive/marx/works/1844/letters/44_11_19.htm>.

3. Ibid.

4. Friedrich Engels a Arnold Ruge, 15 de junho de 1844, citação em Steven Marcus, *Engels, Manchester and the working class* (Nova York: Random House, 1976), p. 82.

5. Friedrich Engels, sob o pseudônimo de X, escreveu uma série, em quatro partes, sobre as condições políticas e econômicas na Inglaterra, *Rheinische Zeitung*, 8, 9, 10 e 25 de dezembro de 1842.

6. Edwin Chadwick, *Report on the sanitary conditions of the labouring population of Great Britain*, 1842.

7. Friedrich Engels, *Rheinische Zeitung*, 8 de dezembro de 1842.

8. Charles Dickens, *Nicholas Nickleby*, cap. 43.

9. Engels, Friedrich. *The condition of the working class in England in 1844, With a preface written in 1892*. Trad. Florence Kelley Wischnewetzky (Londres: Swan Sonnenschein & Co., 1892).

10. Citação em David McLellan, *Friedrich Engels* (Nova York: The Viking Press, 1977), p. 22.

11. Friedrich Engels, "Outlines of a critique of political economy", *Deutsch-Franzosiche Jahrbücher* 1, n. 1, fevereiro de 1844.

12. Karl Marx, prefácio a *A contribution to the critique of political economy (1859)*, in: Karl Marx e Friedrich Engels, *Selected works* (Moscou: Foreing Languages Publishing House, 1951).

13. Karl Heinzen, *Erlebtes* [Experiences], vol. 2 (Boston: 1864), pp. 423-4.

14. Isaiah Berlin, *Karl Marx: His life and environment* (Londres: Thompson Butterworth, 1939), p. 26.

15. George Bernard Shaw, "The Webbs", in: Sidney and Beatrice Webbs, *The truth about soviet Russia* (Londres: Longmans Green, 1942).

16. Arnold Ruge a Ludwig Feuerbach, 15 de maio de 1844, in: Arnold Ruge, *Briefwechsel und Tagebuchblatter aus den Jahren 1825-1880* [Correspondência e Diários, 1825-1880], vol. I (Berlim: Weidmannsche Buchhandlung, 1886), pp. 342-9.

17. Karl Marx a Arnold Ruge, 9 de julho de 1842, in: *Marx/Engels collected works*, vol. 1, pp. 398-91.

18. Karl Marx, "A contribution to the critique of Hegel's philosophy of right", *Deutsch--Franzosiche Jahrbücher* 1, n. 1, fevereiro de 1844.

19. Karl Marx a Arnold Ruge, set. 1843; *Deutsch-Franzosiche Jahrbücher* 1, n. 1, 1844, <www.marxists.org/archive/marx/works/1843/letters/43_09-alt.htm>.

20. Gertrude Himmelfarb, *The idea of poverty: England in the early industrial age* (Nova York: Alfred A. Knopf, 1984), p. 278.

21. Friedrich Engels a Karl Marx, 19 de novembro de 1844, in: *Der Brifwechsel Zwischen F. Engels und K. Marx*, vol. 1, Stuttgart, 1913, Marxist Internet Archive, <www.marxists.org./archive/marx/works/1844/letters/44_11_19.htm>.

22. Friedrich Engels a Karl Marx, 20 de janeiro de 1845, in: *Der Brifwechsel Zwischen F. Engels und K. Marx*, vol. 1, Stuttgart, 1913, Marxist Internet Archive, <www.marxists.org./archive/marx/works/1845/letters/45_01-20.htm>.

23. Engels, *Condition of the working class in England*, p. 296.

24. Friedrich Engels a Karl Marx, Paris, 20 de janeiro de 1845. Marxist Internet Archive, <http:/www.marxists.org./archive/marx/works/1845/letters/45_01-20.htm> (acesso em 15 de março de 2011).

25. Karl Marx, prefácio a *Das Kapital* (*1867*). Org. Friedrich Engels. Trad. S. Moore e E. Aveling (Nova York: Charles H. Kerr & Company, 1906), p. 14.

26. Henry Mayhew, carta n. 47, *The Morning Chronicle*, 11 de abril de 1850. *The Morning Chronicle survey of labour and the poor: The metropolitan districts*, vol. 4 (Sussex/ Londres: Caliban Books, 1981), p. 97.

27. Asa Briggs, *Victorian cities* (Berkeley: University of California Press, 1993), p. 311.

28. William Lucas Sargant, "On the vital statistics of Birmingham and seven other large towns", *Journal of the Statistical Society of London* 29, n. 1, março de 1866, pp. 92-111.

29. Roy Porter, *London: A social history* (Cambridge, Mass.: Harvard University Press, 1998), p. 187.

30. Engels, *Condition of the working class in England*, p. 23.

31. Charles Dickens, *Dombey and son* (Londres: Bradbury and Evans, 1846-8).

32. Niall Ferguson, *The house of Rothschild*, vol. I (Nova York: Penguin Books, 2000), p. 401.

33. Bagehot, *Lombard street*, p. 4.

34. Ferguson, *The house of Rothschild*, vol. 12, p. 65.

35. Peter Geoffrey Hall, *The industries of London* (Londres: Hutchinson, 1962), p. 21.

36. Francis Sheppard, *London 1808-1870: The infernal wen* (Londres: Secker and Warburg, 1971), pp. 158-9.

37. George Dodd, *Dodd's curiosities of industry* (Henry Lea's Publication, 1858), p. 158.

38. Hall, *The industries of London*, p. 6.

39. Henry Mayhew, *The Daily Chronicle*, 19 de outubro de 1849, in: *The unknown Mayhew selections from Daily Chronicle 1849-1850* (Londres: Penguin Books, 1884), p. 13.

40. John Maynard Keynes, *The economic consequences of the peace* (Londres: Macmillan, 1919), p. 9.

41. Henry James, *Essays in London and elsewhere* (Nova York: Harper and Brothers, 1893), p. 19.

42. George Augustus Sala, *Twice around the clock; or the hours of the day and night in London* (Londres: Richard Marsh, 1862), p. 157.

43. Henry Mayhew e John Binney, *The criminal prisons of London and scenes of prison life* (Londres: Griffin, Bohn and Co., 1862), p. 28.

44. *The Economist*, 19 de maio de 1866.

45. Harold Perkin, *The origins of modern English society 1780-1880* (Londres: Routledge and Kegan Paul, 1969), p. 91. Sala, *Twice around the clock*, p. 157.

46. Mayhew and Binney, *The criminal prisons of London*, p. 28.

47. Ibid., p. 32.

48. Henry James, "London", *Century Illustrated Magazine*, dezembro de 1888, p. 228.

49. Charles Dickens, *Bleak house* (Londres: Chapman and Hall, 1853), p. 1.

50. Friedrich Engels a Karl Marx, Paris, 23-24 de novembro de 1847. Marxist Internet Archive, <http://www.marxists.org/archive/marx/works/1844/letters/44_11-19.htm> (acesso em 14 de março de 2011). Friedrich Engels, "Introdução à edição inglesa de *The communist manifesto*", (1888), in: Karl Marx e Friedrich Engels, *The communist manifesto*. Org. Gareth Stedman Jones (Londres: Penguin Books, 2002).

51. David McLellan, *Karl Marx: His life and thought* (Londres: Macmillan, 1973), p. 162.

52. Friedrich Lessner, citação in: David McLellan (org.), *Karl Marx: Interviews and recollections* (Londes: Barnes and Noble, 1981), p. 45.

53. *The rules of the Communist League*, adotado pelo Segundo Congresso da Liga Comunista em dezembro de 1847, in: Karl Marx and Friedrich Engels, *The communist manifesto* (Londres: Lawrence & Wishart, 1930).

54. Friedrich Engels, "The Book of Revelation" (1883), in: *Marx and Engels on religion* (Moscou: Foreign Languages Publishing House, 1957), p. 204.

55. Karl Marx, prefácio a *The power of philosophy* (1847). Trad. H. Quelch (Chicago: Charles H. Kerr & Company, 1920).

56. Anonymous (Robert Chambers), *Vestiges of the natural history of creation* (Londres: John Churchill, 1844).

57. Marx and Engels, *Communist Manifesto*, p. 223.

58. Friedrich Engels, "The English Constitution", *Vorwaerts!*, n. 75, setembro de 1844.

59. Angus Maddison, *Statistics on world population, GDP and per capita GDP, 1-2008 AD*, <www.ggdc.net/maddison/>.

60. Marx e Engels, *Communist Manifesto*, p. 224.

61. Gregory Clark, *A farewell to alms: A brief economic history of the world* (Princeton, NI: Princeton University Press, 2007); Roderick Floud e Bernard Harris, "Health, height and welfare:

Britain 1700-1800", in: *Health and welfare during industrialization*. Orgs. Richard H. Steckel e Roderick Floud (Chicago: University of Chicago Press, 1997), pp. 91-126.

62. Charles H. Feinstein, "Pessimism perpetuated: Real wages and the standard of living in Britain during and after the Industrial Revolution", *Journal of Economic History*, vol. 58, n. 3, setembro de 1998, p. 630.

63. Thomas Carlyle, *Past and present* (Londres: Chapman and Hall, 1843), p. 4.

64. Arnold Toynbee, *Lectures on the Industrial Revolution of the eighteenth century in England* (Londres: Rivingtons, 1884), p. 84.

65. John Stuart Mill, *The subjection of women* (Londres: Longmans, Green, Reader, and Dyer, 1869), pp. 29-30.

66. John Stuart Mill, *Principles of political economy*, vol. 2 (Londres: John W. Parker, 1848), p. 312.

67. Marx e Engels, *Communist Manifesto*, pp. 233 e 258.

68. McLellan, *Karl Marx*, p. 35.

69. Charles Dickens, "Perfidious Patmos", in: *Household words; A weekly Journal* 7, n. 155, 12 de março de 1853.

70. *Times*, Londres, 26 de outubro de 1849.

71. Anne Humpherys, *Travels into the poor man's country: The work of Henry Mayhew* (Athens: University of Georgia Press, 1977), p. 203.

72. Henry Mayhew, "A visit to the Cholera Districts of Bermondsey", *The Morning Chronicle*, 24 de setembro de 1849.

73. E. P. Thompson e Eileen Yeo (orgs.), *The unknown Mayhew* (Londres: The Merlin Press Ltd., 2009), pp. 102-3.

74. Citação in: Humpherys, *Travels*, p. 31.

75. Charles Dickens, *Oliver Twist* (Londres: Richard Bentley, 1838), p. 252.

76. Gareth Stedman Jones, *Outcast London: A study in the relationship between classes in victorian society* (Nova York: Penguin Books, 1984).

77. Henry Mayhew, carta n. 11, *The Morning Chronicle*, 23 de novembro de 1849.

78. Ibid.

79. Ibid., carta n. 15, 7 de dezembro de 1849.

80. Henry Mayhew, "Needlewomen forced into prostitution", carta n. 8, *The Morning Chronicle*, 13 de novembro de 1849.

81. Thomas Carlyle, "The present time", *Latter day pamphlets*, issue 9, 1º de fevereiro de 1850.

82. Douglas Jerrold a Mary Cowden Clarke, fevereiro de 1850.

83. Henry Mayhew, *London labour and the London poor*, n. 40, 13 de setembro de 1851.

84. John Stuart Mill, "The claims of labor", *Edinburgh Review*, abril de 1845.

85. Citação in: James Anthony Froude, *Thomas Carlyle: A history of the first forty years of his life (1795-1835)* (Montana: Kessinger Publishing, 2006), p. 298.

86. Ibid., p. 282.

87. Thomas Carlyle, "Chartism", *Latter day pamphlets*, Londres, dezembro de 1839.

88. John Stuart Mill a Macvey Napier, 9 de novembro de 1844.

89. H. G. Wells, "Men like Gods", *Hearst's International* 42, n. 6, dezembro de 1922; David Ricardo, *On the principles of political economy and taxation* (Londres: John Murray, 1817).

90. Mill, *Principles of political economy*, vol. 3, cap. 1.

91. Thomas Carlyle, "Occasional discourses on the negro question", *Fraser's Magazine*, 1849.

92. *Archiv für die Geschichte des Sozialismus und der Abeiterbewegung* [Arquivo para a História do socialismo e do movimento dos trabalhadores] (1922), 56ff 20, cit. in: McLellan, *Karl Marx*, pp. 268-9.

93. Karl Marx a Joseph Weydemeyer, Londres, 2 de agosto de 1851, in: Saul K. Padover (org.), *The letters of Karl Marx* (Englewood Cliffs, NJ: Prentice-Hall, 1979), pp. 72-3.

94. John Tallis, *Tallis's history and description of the Crystal Palace, and the Exhibition of the world's industry in 1851* (Londres e Nova York: John Tallis and Co., 1852), citação in: Jeffrey A. Auerbach, *The Great Exhibition of 1851* (1999).

95. "The revolutionary movement", *Neue Rheinische Zeitung*, n. 184, 1º de janeiro de 1850.

96. Ibid.

97. Karl Marx e Friedrich Engels, *Neue Rheinische Zeitung*, maio-outubro, 1850.

98. Marx e Engels, *Communist Manifesto*, cap. 1.

99. Karl Marx a Ludwig Kugelmann, 28 de dezembro de 1862.

100. Ibid.

101. Marx e Engels, *Communist Manifesto*, cap. 1.

102. Marx, *Das Kapital*, p. 671.

103. John Stuart Mill, *Essays on some unsettled questions of political economy* (Londres, 1844), p. 94.

104. Mark Blaug, *Economy theory in retrospect* (Cambridge, UK: Cambridge University Press, 1997).

105. Marx, *Das Kapital*, p. 711.

106. Robert Giffen, "The recent rate of material progress in England", *Opening address to the economic science and statistics section of the British Association* (Londres: George Bell and Sons, 1887), p. 3.

107. R. Dudley Baxter, *National income, the United Kingdom* (Londres: Macmillan, 1868), B1.

108. E. J. Hobsbawm, "The standard of living during the Industrial Revolution: A discussion", *Economic History Review*, New Series, vol. 16, n. 1 (1963), pp. 119-34.

109. Charles H. Feinstein, "Pessimism perpetuated: Real wages and the standart of living in Britain during and after the Industrial Revolution", *Journal of Economic History* 58, n. 3, pp. 625-58.

110. Gareth Stedman Jones, introdução a Marx and Engels, *Communist Manifesto*.

111. Marx, *Das Kapital*, pp. 264-5, nota 3.

112. Egon Erwin Kisch, *Karl Marx in Karlsbad* (Weimar, Alemanha: Aufbau Verlag, 1968); Saul Kussiel Padover, *Karl Marx: An intimate biography* (Nova York: McGraw-Hill, 1978).

113. Karl Marx a Friedrich Engels, 22 de julho de 1859. Resenhas publicadas em *Das Volk*, n. 14, 6 de agosto de 1859, e n. 16, 20 de agosto de 1859.

114. Berlin, *Karł Marx*, 13.

115. Ibid.

116. Karl Marx, "The right of inheritance", 2 e 3 de agosto de 1869, referendado pelo Conselho Geral em 3 de agosto de 1869. Marxist Internet Archive, 333. <marxists.org/archive/marx/documents/1869/inheritance-repot.htm>.

117. Karl Marx a Eleanor Marx, citação in: McLellan, *Karl Marx*, p. 334.

118. Karl Marx a Ludwig Kugelmann, 28 de dezembro de 1862.

119. Fiodor Dostoievsky, *Winter notes on Summer impressions* (Illinois: Northwestern University Press, 1988).

120. Cálculo do autor.

121. *The Bankers Magazine*, vol. 26 (1886), p. 639; *Illustrated London News*, 19 de maio de 1866; *Times* (Londres), 12 de maio de 1866.

122. *New York Times*, 26 de maio de 1866.

123. Sidney Pollard e Paul Robertson, *The British shipbuilding industry, 1870-1914* (Cambridge, Mass.: Harvard University Press, 1999), pp. 77-9.

124. Marx, *Das Kapital*, pp. 733-4.

125. J. H. Clapham, *An economic history of modern Britain*, vol. 3, *Machines and national rivalries (1887-1914), with an Epilogue (1914-1929)* (Cambridge: Cambridge University Press, 1932), 1 p. 17.

126. Karl Marx a Friedrich Engels, 6 de abril de 1866.

127. Friedrich Engels a Karl Marx, 1º de maio de 1866.

128. Karl Marx a Friedrich Engels, 7 de julho de 1866.

129. Marx, *Das Kapital*, p. 715.

130. William Gladstone, "Budget speech of 1863, house of commons", *Times* (Londres), 16 de abril de 1863.

131. Honoré de Balzac, *The unknown masterpiece* (1845), <www.guttenberg.org/files/23060/23060-h/23060-h.htm>.

132. John Maynard Keynes, *Essays in persuasion* (Nova York: W. W. Norton & Co., 1963), p. 300.

2. DEVE EXISTIR UM PROLETARIADO? O SANTO PADROEIRO DE MARSHALL [pp. 65-109]

1. Ralph Waldo Emerson, "Ode, inscribed to William H. Channing", in: *Poems* (Londres: Chapman Bros., 1847).

2. Alfred Marshall, "Speech to the Cambridge University Senate", in: John K. Whitaker, (org), *The correspondence of Alfred Marshall*, vol. 3, *Towards the close, 1903-1924* (Cambridge: Cambridge University Press, 1996), p. 399.

3. *Morning star*, citação in: Karl Marx, *Das Kapital* (1867), Modern Library edition. 734; W. D. B. "Distress in Poplar", carta ao editor, *The Times* (Londres), 12 de janeiro de 1867; "Able-bodied poor breaking stones for roads, Bethnel Green London", *Illustrated London News*, 15 (ou 16) de fevereiro; "The distress at the East End: A soup kitchen in Ratcliff Highway", *Illustrated London News*, 16 de fevereiro de 1867.

4. Sara Horrell and Jane Humphries, "Old questions, new data, and alternative perspectives: Families' living standards in the Industrial Revolution", *Journal of Economic History* 52, n. 4, dezembro de 1992, pp. 849-80.

5. Florence Nightingale a Charles Bracebridge, janeiro de 1867, in: Lynn McDonald (org.), *The collected works of Florence Nightingale*, vol. 6, *Florence Nightingale on Public Health Care* (Ontario: Wilfred Laurier University Press, 2002).

6. Francis Sheppard, *London: 1808-70* (Londres: Secker & Warburg, 1971), p. 340.

7. *Times* (Londres), 6 de maio de 1867.

8. Robert Giffen, "Proceedings of the statistical society", *Journal of the Statistical Society of London* 30, n. 4, dezembro de 1867, pp. 564-5.

9. Henry Fawcett, *Pauperism: Its causes and remedies* (Londres: Macmillan, 1871), pp. 1-2.

10. Edward Denison, *A brief record: Being selections from letters and other writings of Edward Denison*, org. Sir Bryan Baldwin Leighton (Londres: E. Barret and Sons, 1871), p. 46.

11. Alfred Marshall, in: John Maynard Keynes, "Alfred Marshall, 1842-1924", in: Arthur Pigou (org.), *Memorials of Alfred Marshall* (Londres: MacMillan, 1925), p. 358.

12. Alfred Marshall, "Lecture outlines", in: Tiziano Raffaelli, Eugenio E. Biagini, Rita McWilliams Tullberg, orgs. *Alfred Marshall's lectures to women: Some economic questions directly connected to the welfare of the laborer* (Aldershott, UK: Edward Elgar Publishing Company, 1995), p. 141.

13. Ronald H. Coarse, "Alfred Marshall's mother and father" e "Alfred Marshall's family and ancestry", in: *Essays on economics and economists* (Chicago: University of Chicago Press), 1994.

14. Charles Dickens, *Great expectations* (Londres: Chapman and Hall, 1861).

15. *The Times* (Londres), 8 de outubro de 1859.

16. Anthony Trollope, *The vicar of Bulhampton* (Londres: Bradbury and Evans, 1870).

17. K. Theodore Hoppen, *The mid-victorian generation 1846-86* (Oxford, UK: Clarendon Press, 1998), p. 40.

18. Anthony Trollope, *The warden* (Londres: Longman, Brown, Green, and Longmans, 1855), p. 289.

19. Peter D. Groenewegen, *A soaring eagle: Alfred Marshall: 1842-1924* (Londres: E. Elgar, 1995), p. 51.

20. David McLellan, *Karl Marx: His life and thought* (Nova York: Harper and Row, 1974).

21. William Dudley Baxter, *National income: The United Kingdom* (Londres: Macmillan, 1868), *Global prices and income history website*, <http:/gpih.ucdavis.edu>.

22. Groenewegen, *A soaring eagle*, 107.

23. John Maynard Keynes, "Alfred Marshall", in: *Essays in biography* (Nova York: W. W. Norton, 1951), p. 126.

24. Mary Paley Marshall, citada in: Keynes, "Alfred Marshall, 1842-1924", p. 37.

25. Ibid.

26. Groenewegen, *A soaring eagle*, p. 62.

27. Leslie Stephen, *Sketches from Cambridge by a Don* (Londres: Macmillan and Co., 1865), pp. 37-8.

28. Alfred Marshall a James Ward, in: John King Whitaker (org.), *The correspondence of Alfred Marshall*, vol. 2, *At the Summit, 1891-1902* (Cambridge: Cambridge University Press, 1996), p. 441.

29. Mary Paley Marshall, citada in: Keynes, "Alfred Marshall, 1842-1924", p. 37.

30. Alfred Marshall, "Speech to promote a memorial for Henry Sidgwick", in: Whitaker (org.), *Correspondance*, vol. 2, p. 441.

31. Groenewegen, *A soaring eagle*, p. 3.

32. Alfred Marshall, prefácio a *Money, credit and commerce* (Londres: Macmillan, 1923).

33. Beatrice Webb, *My apprenticeship* (Londres: Macmillan, 1926).

34. Alfred Marshall a James Ward, 23 de setembro de 1900, in: Whitaker (org.), *Correspondence*, vol. 2.

35. Gertrude Himmelfarb, "The politics of democracy: The English reform act of 1867", *Journal of British Studies*, 6, n. 1, novembro de 1966, p. 97.

36. Henry James, prefácio a *The princess Casamassima* (Nova York: Charles Scribner's Sons, 1908 [1886]), p. vi.

37. Keynes, "Alfred Marshall, 1842-1924", p. 37.

38. Marshall a Ward, 23 de setembro de 1900.

39. Henry Sidgwick, *Principles of political economy* (Londres: Macmillan and Co., 1883), p. 4.

40. John E. Cairnes, *The character and logical method of political economy: Being a course of lectures delivered in the hilary term, 1857* (Londres: Longmans, Brown, Green, Longmans and Roberts, 1857), p. 38.

41. John Ruskin, *Unto this last: Four essays in the First principles of political economy* (Londres: Smith Elder, 1862).

42. Gertrude Himmelfarb, *The idea of poverty: England in the early industrial age* (Nova York: Alfred A. Knopf, 1984).

43. Leslie Stephen, *The life of Henry Fawcett* (Londres: Smith, Elder and Co., 1886), p. 222.

44. Ruskin, *Unto this last*, p. 20.

45. J. E. Cairnes, *Some leading principles of political economy* (Londres: University College London, 1874), p. 291.

46. John Stuart Mill, *Principles of political economy* (Londres: Longmans, Green and Co., 1885), p. 220.

47. Francis Bowen, *The principles of political economy applied to the condition, the resources, and the institution of the American people* (Boston: Little, Brown and Col., 1859), p. 197.

48. Millicent Garret Fawcett, *Political economy for beginners* (Londres: Macmillan, 1906), p. 100.

49. John Francis Bray, *Labour's wrongs and labour's remedy, or the age of might and the age of right* (Leeds, UK: David Green Briggate, 1839).

50. Alfred Marshall, *Alfred Marshall's lectures to women, some economic questions directly connected to the welfare of the labourer* (Aldershot, UK: Edward Elgar, 1995), palestra n. 5, p. 119.

51. Ibid., p. 156.

52. Ibid., citações de abril e maio de 1873, notas por Mary Paley, pp. 47, 53 e 54.

53. Joseph Schumpeter, *The history of economic thought* (Cambridge, Mass.: Harvard University Press, 1954), p. 290.

54. Arnold Toynbee, *Lectures on the Industrial Revolution of the eighteenth century in England* (Londres: Rivingtons, 1884), p. 175.

55. Marshall, *Lectures to women*, 9 de maio de 1873.

56. **Ibid.**

57. Mary Paley Marshall, *What I remember*, 9.

58. Winnie Seebohm in: Martha Vicinus, *Independent women: work and comunity for single women 1850-1920* (Chicago: University of Chicago Press, 1985), p. 151.

59. W. S. Gilbert e Arthur Sullivan, *Princess Ida*, 1884.

60. Mary Paley Marshall, *What I remember*, pp. 20-1.

61. George Eliot, *The Mill on the Floss* (Londres: William Blackwood and Sons, 1860).
62. Mary Paley Marshall, *What I remember*, pp. 20-1.
63. Lord Ernle, *English farming past and present*, 3ª ed. (Londres: Longmans, Green and Co., 1922), p. 407.
64. *The Cambridge Chronicle*, 11 de abril de 1874.
65. Alf Peacock, "Revolt of the fields in East Anglia", *Our History* (Londres: Communist Party of Britain, 1968).
66. *Times* (Londres), 13 de abril de 1874.
67. George Eliot, *Middlemarch* (Edinburgh: William Blackwood and Son, 1874).
68. *The Cambridge Chronicle*, 25 de abril de 1874 e 8 de maio de 1874.
69. *The Cambridge Independent Press*, 16 de maio de 1874.
70. Alfred Marshall, "Beehive articles", 1874; in: R. Harrison, "Two early articles by Alfred Marshall", *Economic Journal* 73, setembro de 1963, pp. 422-30.
71. Alfred Marshall, citação in: *The Cambridge Independent Press*, 16 de maio de 1874.
72. Alfred Marshall a Rebecca Marshall, Niagara Falls, 10 de julho de 1875, in: John K. Whitaker (org.), *The correspondence of Alfred Marshall, Economist*, vol. I, *Climbing, 1868-1890* (Cambridge: University Press, 1996), pp. 68-70.
73. Ibid., Alfred Marshall a Rebecca Marshall, Springfield, Mass., 12 de junho de 1875.
74. Ibid.
75. Ibid., Alfred Marshall a Rebecca Marshall, Boston, 20 de junho de 1875, p. 54.
76. Ibid., Alfred Marshall a Rebecca Marshall, Cleveland, 18 de julho de 1875, p. 71.
77. Alfred Marshall, "Some features of American industry", 17 de novembro de 1875, palestra no Clube de Ciências Morais de Cambridge, in: John K. Whitaker (org.), *The Early Economic Writings of Alfred Marshall, 1867-1890*, vol. 2 (Londres: The Royal Economic Society, 1975), p. 369.
78. Alfred Marshall a Rebecca Marshall, Cleveland, 18 de julho de 1875, in: Whitaker, *Correspondence*, vol. I, p. 72.
79. Keynes, "Alfred Marshall: 1842-1924", *Essays in biography* (Nova York: W. W. Norton and Co., 1951), p. 142.
80. John K. Whitaker, "The evolution of Alfred Marshall's economic thought and writings over the years", in: Whitaker, *Early Economic Writings*, 57.
81. Alfred Marshall, "Some features of American industry", in: Whitaker, *Early Economic Writings*, p. 354.
82. *Reminiscences of America in 1869 by two Englishmen* (Londres: Sampson, Low and Son and Marston, 1870).
83. Mary Palley Marshall, *What I remember*.
84. Marshall, "Some fatures of American industry", p. 357.
85. Alfred Marshall a Rebecca Marshall, Lowell, Mass., e Cambridge, Mass., 22 de junho de 1875, in: Whitaker, *Correspondence*, vol. I, p. 58.
86. *Reminiscences of America*, 86.
87. Samuel Bowles, *The Pacific Railroad — Open: how to go, what to see* (Boston: Fields, Osgood and Co., 1869).
88. Marshall, "Some features of American industry", p. 357.

89. Alfred Marshall a Rebecca Marshall, Springfield, Mass., 12 de junho de 1875, in: Whitaker, *Correspondence*, vol. 1, p. 1844.

90. *Reminiscences of America*, p. 242.

91. Marshall, "Some features of American industry", p. 359.

92. Alfred Marshall, *Principles of economics* (Londres: Macmillan, 1890).

93. Marshall, "Some features of American industry", p. 353.

94. Alfred Marshall a Rebecca Marshall, Cleveland, 18 de julho de 1875, in: Whitaker, *Correspondence*, vol. I, p. 71.

95. Ibid., 5 de junho de 1875.

96. Marshall, "Some features of American industry", p. 372.

97. Karl Marx, *Das Kapital* (1887). Org. Friedrich Engels. Trad. S. Moore e E. Avedling (Nova York: Charles H. Kerr & Company, 1906), p. 709.

98. Marshall, "Some features of American industry", p. 375.

99. Alfred Marshall a Rebecca Marshall, 5 de junho de 1875, in: Whitaker, *Correspondence*, vol. 1, p. 136.

100. Mary Paley Marshall, *What I remember*, p. 19.

101. Phyllis Rose, *Parallel Lives: Five victorian marriages* (Nova York: Alfred A. Knopf, 1983).

102. Mary Paley Marshall, *What I remember*, p. 23.

103. Alfred Marshall, testemunho, dezembro de 1880, Comitê Governamental sobre Educação Intermediária e Superior em Gales e Monmouthshire, citação in: J. K. Whitalker, "Marshall: The years 1877 to 1885", in: *History of political economy* 4, n. 1, primavera de 1872, p. 6.

104. Mary Paley Marshall, *What I remember*, p. 24.

105. Marion Fry Pease, "Some reminiscences of University College, Bristol" (University of Bristol Library, Special Collections, 1942).

106. John Maynard Keynes, "Mary Paley Marshall", in: *Essays in biography*.

107. Marshall, in: Whitaker, *Early economic writings*, p. 355.

108. Alfred Marshall, "The present position of economics", in: Whitaker (org.), *Early Economic Writings*, p. 51.

109. Marshall, *Principles of economics*, p. 1.

110. Mill, *Principles of Political Economy*, vol. 2.

111. Mary Palley Marshall, anotações inéditas, Marshall Archive, Cambridge University.

112. Charles Dickens, *Hard Times*, 1854, cap. 5.

113. Marx, *Das Kapital*, p. 462.

114. Alfred Marshall, in: Whitaker, *Correspondence*, vol. I, p. 59.

115. Alfred e Mary Marshall, *The economics of industry* (Londres: MacMillan, 1879).

116. Mary Paley Marshall, *What I remember*, p. 24.

117. Edwin Cannan, "Alfred Marshall, 1842-1924", *Economica* 4, novembro de 1924, pp. 257-61.

118. Alfred Marshall a Macmillan, junho de 1878, in: Whitaker, *Correspondence*, vol. I, p. 97.

119. Henry George, *Progress and poverty* (Nova York: Appleton, 1879).

120. *Jackson's Oxford Journal*, 15 de março de 1884. Um relato sobre o encontro foi reim-

presso em um anexo ao artigo de George Stigler, "Three lectures on progress and poverty by Alfred Marshall", *Journal of Law and Economics* 12, abril de 1869, pp. 184-226.
121. Ibid., p. 186.
122. Ibid., p. 188.
123. Ibid., p. 208.
124. Ibid.
125. Ibid.

3. A PROFISSÃO DA SRTA. POTTER: OS WEBB E O ESTADO DO BEM-ESTAR SOCIAL [pp. 110-58]

1. George Eliot, *Middlemarch* (Edinburgh: William Blackwood and Son, 1874).
2. Daniel Pool, *What Jane Austen and Charles Dickens Knew...* (Nova York: Simon & Schuster, 1993), pp. 50-6.
3. Beatrice Webb, *My apprenticeship* (Londres: Longman, Green and Co., 1926), p. 48.
4. Michelle Jean Hoppe, "The London season", *Literary liasons*, acesso em 14 de março de 2011, <www.literary.liaisons.com./article024.html>.
5. Norman e Jeanne MacKenzie, orgs., *The diary of Beatrice Webb*, vol. 1, *1873-1892: Glitter around and darkness within* (Cambridge, Mass.: Harvard University Press, 1982), p. 90 (15 de julho de 1883).
6. Ibid., p. 75 (22 de fevereiro de 1883).
7. Ibid., p. 76 (26 de fevereiro de 1883).
8. Ibid., p. 74 (2 de janeiro de 1883).
9. Beatrice Webb, *My apprenticeship*, p. 157.
10. Henry James, prefácio a *The portrait of a lady* (Nova York: Charles Scribner's Sons, 1908).
11. Margaret Harkness a Beatrice Potter, n.d. 2/2/2. Papers of Beatrice and Sidney Webb, Passfield Archive, British Library of Political and Economic Science, London School of Economic and Political Science.
12. Henry James, *The portrait of a lady*, vol. I (Londres: Macmillan and Co., 1881), p. 193.
13. MacKenzie, *Diary of Beatrice Webb*, vol. I, p. 80, 31 de março de 1883.
14. Ibid., p. 54, 24 de julho de 1882.
15. Eliot, *Middlemarch*, p. 61.
16. Barbara Caine, *Destined to be wives: The sisters of Beatrice Webb* (Oxford, UK: Clarendon Press, 1986), p. 12.
17. Webb, *My apprenticeship*, p. 39.
18. Ibid., p. 42.
19. MacKenzie, *Diary of Beatrice Webb*, vol. 1, p. 4.
20. Norman e Jean MacKenzie (orgs.), *The diary of Beatrice Webb*, vol. 2, *1892-1905: All the good things of life* (Cambridge, Mass.: Harvard University Press, 1893), p. 132 (n.d.) [março de 1883].
21. Herbert Spencer, *An autobiography*, vol. 1 (Nova York: D. Appleton and Co., 1904), p. 298.

22. Webb, *My apprenticeship*, p. 10.
23. MacKenzie, *Diary of Beatrice Webb*, vol. 2.
24. Spencer, *An autobiography*, vol. I, p. 298.
25. Ibid.
26. Webb, *My apprenticeship*, p. 10.
27. MacKenzie, *Diary of Beatrice Webb*, vol. 1, p. 112, 8 de abril de 1884.
28. Ibid., p. 16, 6 de março de 1874.
29. Webb, *My apprenticeship*, p. 25 (acrescentada a ênfase).
30. Kitty Muggeridge e Ruth Adam, *Beatrice Webb: A life, 1858-1943* (Nova York: Alfred A. Knopf, 1968).
31. Ibid.
32. MacKenzie, *Diary of Beatrice Webb*, vol. 1, 19, 27 de setembro de 1874.
33. Webb, *My apprenticeship*, pp. 56, 106, 112; MacKenzie, *Diary of Beatrice Webb*, vol. 1, p. 74, 2 de janeiro de 1883.
34. Webb, *My apprenticeship*, pp. 112-3.
35. MacKenzie, *Diary of Beatrice Webb*, vol. 1, p. 77, 1º de março de 1883.
36. Ibid.
37. Ibid., p. 81, 31 de março de 1883.
38. Ibid., p. 88, 24 de maio de 1883.
39. Ibid., p. 79, 24 de março de 1883.
40. Helen Dandy Bosanquet, *Social work in London, 1869-1912: A history of the Charity Organization Society* (Nova York: E. P. Dutton, 1914), p. 95.
41. MacKenzie, *Diary of Beatrice Webb*, vol. I, p. 85, 18 de maio de 1883.
42. Ibid., p. 89, 7 de julho de 1883.
43. Ibid., p. 81, 31 de março de 1883.
44. J. L. Garvin, *The life of Joseph Chamberlain*, vol. 1 (Londres: Macmillan, 1932), p. 202.
45. MacKenzie, *Diary of Beatrice Webb*, vol. 1, pp. 90-1, 15 de julho de 1883.
46. Ibid., p. 88, 3 de junho de 1883.
47. Ibid., p. 89, 27 de junho de 1883.
48. Ibid., p. 91, 15 de julho de 1883.
49. Ibid., p. 111, 16 de março de 1884.
50. Ibid., p. 95, 22 de setembro de 1883.
51. Ibid., p. 94, 26 de setembro de 1883.
52. Ibid.
53. "The bitter cry of outcast London", *The Pall Mall Gazette*, 16 de outubro de 1883 (n. 5808), p. 11.
54. Andrew Mears, *The bitter cry of outcast London: An inquiry into the conditions of the abject poor* (Londres: James Clarke and Co., 1883), pp. 5, 7; Earl Grey Pamphlets Collection (1883), Durham University Library, <www.jstor.org/stable;60237726> (acesso em 13 de janeiro de 2011); Gertrude Himmelfarb, *Poverty and compassion: The moral imagination of the late Victorians* (Nova York: Alfred A. Knopf, 1991).
55. MacKenzie, *Diary of Beatrice Webb*, vol. 1, p. 137, 22 de agosto de 1885.
56. Webb, *My apprenticeship*, p. 150.

57. Ibid., p. 152.
58. MacKenzie, *Diary of Beatrice Webb*, vol. 1, p. 101, 31 de dezembro de 1883.
59. Ibid.
60. Ibid., p. 100, 27 de dezembro de 1883.
61. Ibid., pp. 102-3, 12 de janeiro de 1884.
62. Ibid.
63. Webb, *My apprenticeship*, p. 23.
64. Terence Ball, "Marx and Darwin: A reconsideration", *Political Theory* 7, n. 4, novembro de 1979, pp. 469-83.
65. Herbert Spencer, *The man versus the State* (Londres: Williams and Norgate, 1884), p. vii.
66. Arnold Toynbee, "Progress and poverty: A criticism of Mr. Henry George — Mr. George in England", Londres, 18 de janeiro de 1883, in: *Lectures on the Industrial Revolution of the 18th century in England: Popular addresses, notes and fragments by the late Arnold Toynbee*, 6ª ed. (Londres: Longmans, Green, and Co., 1902), p. 318.
67. MacKenzie, *Diary of Beatrice Webb*, vol. 1, p. 91, 15 de julho de 1883.
68. Beatrice Webb a Anna Swanwick, Londres, 1884 (carta não enviada), in: MacKenzie (org.), *The letters of Sidney and Beatrice Webb*, vol. 1 (Cambridge: Cambridge University Press, 1978), p. 23.
69. MacKenzie, *Diary of Beatrice Webb*, vol. 1, p. 115, 22 de abril de 1884.
70. Webb, *My apprenticeship*, p. 138.
71. MacKenzie, *Diary of Beatrice Webb*, vol. 1, pp. 105-12, 16 de março de 1884.
72. Joseph Chamberlain, "Work for the New Parliament", Birmingham, UK, 5 de janeiro de 1885, in: *Speeches of the right honorable Joseph Chamberlain, M. P.*, Henry W. Lucy (org.) (Londres: George Routledge and Sons, 1885), p. 104.
73. MacKenzie, *Diary of Beatrice Webb*, vol. 1, p. 117, 9 de maio de 1884.
74. Ibid., p. 119, 28 de julho de 1884.
75. Ibid., 1º de agosto de 1884.
76. Webb, *My apprenticeship*, p. 272.
77. MacKenzie, *Diary of Beatrice Webb*, vol. 1, p. 145, 19 de dezembro de 1885.
78. Ibid., p. 153, 1º de janeiro de 1886.
79. Ibid., p. 154, 11 de fevereiro de 1886.
80. "London under mob rule", *New York Times*, 8 de fevereiro de 1886.
81. Ibid.
82. Ibid.
83. "London's recent rioting", *New York Times*, 10 de fevereiro de 1886.
84. "The rioting in the West End", *Times* (Londres), 10 de fevereiro de 1886.
85. Rainha Vitória a William Ewart Gladstone, Castelo de Windsor, 11 de fevereiro de 1886, in: *The letters of Queen Victoria; Third Series: A selection of Her Majesty's correspondence and Journal between the years 1886 and 1901*, vol. I, George Earle Buckle (org.) (Nova York: Longmans, Green and Co., 1932), p. 52.
86. Ibid.
87. Margaret Harkness [John Law], *Out of work* (Londres: Swan Schonnenschein, 1888).
88. Webb, *My apprenticeship*, p. 273.

89. MacKenzie, *Diary of Beatrice Webb*, vol. 1, p. 154.

90. Beatrice Webb, "A lady's view of the unemployed at the East", *Pall Mall Gazette*, 18 de fevereiro de 1886.

91. Joseh Chamberlain a Beatrice Potter, 25 de fevereiro de 1886, 2/1/2 Passfield Archive.

92. Joseph Chamberlain a Beatrice Potter, 28 de fevereiro de 1886, 2/1/2 Passfield Archive.

93. Ibid.

94. Beatrice Potter a Joseph Chamberlain, Bournemouth, s.d. [março de 1886], in: *Letters*, org. MacKenzie, vol. 1, pp. 53-4.

95. Joseph Chamberlain a Beatrice Potter, 5 de março de 1886, 2/1/2 Passfield Archive.

96. Boyden Harrison, *The life and times of Sidney and Beatrice Webb: The formative years, 1858-1903* (Londres: Palgrave, 1999), p. 125.

97. MacKenzie, *Diary of Beatrice Webb*, vol. 1, p. 164, 18 de abril de 1886.

98. Webb, *My apprenticeship*, p. 212.

99. MacKenzie, *Diary of Beatrice Webb*, vol. 1, p. 164, 18 de abril de 1886.

100. Charles Booth, "The inhabitants of Tower Hamlets (School Board Division), Their conditions and occupations", Royal Statistical Society, Londres, 17 de maio de 1887, in: *Journal of the Royal Statistical Society*, vol. 50 (Londres: Edward Stanford, 1887), pp. 326-91.

101. MacKenzie, *Diary of Beatrice Webb*, vol. 1, p. 164, 17 de abril de 1886.

102. Ibid., p. 173, 2 de julho de 1886.

103. Ibid.

104. Ibid., p. 174, 18 de julho de 1886.

105. Ibid., p. 213, s.d.

106. Webb, *My apprenticeship*, p. 300.

107. MacKenzie, *Diary of Beatrice Webb*, vol. 1, p. 241, 11 de abril de 1888.

108. Beatrice Potter, "Pages from a work-girl's diary", *The Nineteenth Century: A Monthly Review*, 24, n. 139, setembro de 1888, pp. 301-14.

109. MacKenzie, *Diary of Beatrice Webb*, p. 249, 13 de abril de 1888.

110. "The peers and the sweaters", *Pall Mall Gazette*, 12 de maio de 1888.

111. MacKenzie, *Diary of Beatrice Webb*, vol. 1, p. 261, 14 de setembro de 1888.

112. Ibid., p. 264, 8 de novembro de 1888.

113. Ibid., p. 269, 29 de dezembro de 1888.

114. Ibid., p. 250, 26 de abril de 1888.

115. Ibid., p. 274, 8 de março de 1889.

116. Webb, *My apprenticeship*, p. 341.

117. Resenha de *Labour and life of the people*, org. Charles Booth, *The Times* (Londres), 15 de abril de 1889, p. 9.

118. Webb, *My apprenticeship*, p. 374.

119. MacKenzie, *Diary of Beatrice Webb*, vol. 1, p. 321, 1º de fevereiro de 1890.

120. Ibid., p. 328, 29 de março de 1890.

121. Ibid., p. 321, 1º de fevereiro de 1890.

122. Ibid., p. 310, 26 de novembro de 1889; [Beatrice Potter a Sidney Webb, 7 de dezembro de 1890], in: *Letters*, vol. 1, org. MacKenzie, p. 239.

123. *Letters*, vol. 1, org. MacKenzie, p. 70.

124. Webb, *My apprenticeship*, p. 390.

125. Muggeridge e Adam, *Beatrice Webb: A life*, p. 123.

126. MacKenzie, *Diary of Beatrice Webb*, vol. 1, p. 184, 31 de outubro de 1886.

127. Ibid., p. 324, 14 de fevereiro de 1890.

128. Sidney e Beatrice Webb, *The history of Trade Unionism* (Londres: Green and Co., 1907), p. 400.

129. G. M. Trevelyan, *British history of the Nineteenth Century (1782-1901)* (Londres: Longmans, Green and Co., 1922), p. 403.

130. Sidney Webb a Edward Pease, Londres, in: *Letters*, vol. 1, org. MacKenzie, p. 101; Sidney Webb, *Socialism in England* (Londres: American Economic Association, 1889), pp. 11 e 20.

131. Sidney Webb, "Historic", in: *Fabian essays in socialism*, org. G. Bernard Shaw, 30-61 (Londres: The Fabian Society, 1889), p. 38.

132. MacKenzie, *Diary of Beatrice Webb*, vol. 1, p. 322, 1º de fevereiro de 1890.

133. William Harcourt, Discurso na Câmara dos Comuns, 11 de agosto de 1887. *Parliamentary Debates*, 3ª série, vol. 319.

134. MacKenzie, *Diary of Beatrice Webb*, p. 330, 26 de abril de 1890.

135. Beatrice Potter a Sidney Webb, Gloucestershire, 2 de maio de 1890, in: *Letters*, vol. 1, org. MacKenzie, p. 133.

136. Ibid., Sidney Webb a Beatrice Potter, 6 de abril de 1891, p. 269.

137. MacKenzie, *Diary of Beatrice Webb*, vol. 1, p. 354.

138. Beatrice Potter a Sidney Webb, Gloucestershire, in: *Letters*, vol. 1, org. MacKenzie, p. 281.

139. MacKenzie, *Diary of Beatrice Webb*, vol. 1, p. 357, 20 de junho de 1891.

140. Friedrich August Hayek, resenha de *Our partnership* por Beatrice Webb, orgs. Barbara Drake e Margaret I. Cole (Londres: Longmans, Green and Co., 1948); *Economica*, New Series 15, n. 59, agosto de 1948, pp. 227-30.

141. MacKenzie, *Diary of Beatrice Webb*, vol. 1, p. 371, 23 de julho de 1892.

142. Ibid., vol. 2, p. 37, 17 de setembro de 1893.

143. Michael Holroyd, *Bernard Shaw: The one volume definitive edition* (Londres: Chatto and Windus, 1997), p. 164.

144. George Bernard Shaw to Archibald Henderson, 30 de junho de 1904, in: Archibald Henderson, *George Bernard Shaw: His life and works* (Cincinatti: Stewart and Kidd Company, 1911), p. 287.

145. George Bernard Shaw, prefácio a *Mrs. Warren's profession: A play in four acts* (Londres: Constable, 1907), p. xvii.

146. George Bernard Shaw ao editor do *Daily Chronicle*, 30 de abril de 1898, in: *Bernard Shaw: collected letters, 1874-97* (Nova York: Dodd, Meade and Company, 1965), p. 404.

147. H. G. Wells, *The new Machiavelli* (Nova York: Duffield and Co., 1910), pp. 194-5.

148. James A. Smith, *The idea brokers: Think tanks and the rise of the new policy elite* (Nova York: Free Press, 1991), p. xiii.

149. Wells, *The new Machiavelli*, p. 199.

150. Ibid., p. 197.

151. A. G. Gardiner, *The pillars of society* (Londres: James Nisbet, 1913); Wells, *The new Machiavelli*, p. 195.

152. Wells, *The new Machiavelli*, p. 194.

153. Ibid., p. 190.

154. MacKenzie, *Diary of Beatrice Webb*, vol. 2, p. 262, 28 de novembro de 1902; p. 325, 8 de junho de 1904.

155. Gardiner, *The pillars of society*, pp. 204 e 206.

156. Wells, *The new Machiavelli*, p. 196.

157. Richard Henry Tawney, *The Webbs in perspective: The Webb memorial lecture delivered 9 December 1952* (Londres: The Athlone Press, 1953), p. 4.

158. MacKenzie, *Diary of Beatrice Webb*, vol. 3, p. 69, 22 de março de 1907.

159. Wells, *The new Machiavelli*, p. 196.

160. Wells, *The new Machiavelli*, p. 191.

161. MacKenzie, *Diary of Beatrice Webb*, p. 287, 8 de julho de 1903.

162. Ibid., p. 321, 2 de maio de 1904; pp. 326-27, 10 de junho de 1904.

163. Elie Halevy, *A history of the English people in the nineteenth century*, vol. 6, *The rule of democracy* (*1905-1914*), 2ª ed. (Londres: Ernest Benn Limited, 1952), p. 267.

164. Edward Marsh, *A number of people: A book of reminiscences* (Nova York: Harper and Brothers, 1939), p. 163; Winston Churchill and Henry William Massingham, introdução a *Liberalism and the social problem: A collection of early speeches as a member of Parliament* (Londres: Hodder and Stoughton, 1909).

165. Winston S. Churchill, "H. G. Wells", in: *The collected essays of Sir Winston Churchill*, vol. 3, *Churchill and people*, org. Michael Wolf (Londres: Library of Imperial History, 1976), pp. 52-3.

166. Marsh, *A number of people*, p. 150.

167. William Manchester, *The last lion: Winston Spencer Churchill, visions of glory* (*1874--1932*) (Boston: Little, Brown and Company, 1983), p. 403.

168. Peter de Mendelssohn, *The age of Churchill*, vol. 1, *Heritage and adventure, 1874-1911* (Nova York: Alfred A. Knopf, 1961), p. 365.

169. *Never give in! The best of Winston Churchill's speeches*, Winston S. Churchill org. (Nova York: Hyperion, 2003), p. 25.

170. Beatrice Webb, *Our partnership*, orgs. Barbara Drake e Margaret I. Cole (Londres: Longmans, Green and Co., 1948), p. 149.

171. Sidney e Beatrice Webb, *Industrial democracy*, vol. 2 (Londres, Longmans, Green and Co., 1897), p. 767.

172. Sidney e Beatrice Webb, *The prevention of destitution* (Londres: Longmans, Green and Co., 1911), p. 1.

173. Ibid., pp. 17 e 97.

174. Ibid., p. 5.

175. Ibid., p. 90.

176. Ibid., p. 285.

177. MacKenzie, *Diary of Beatrice Webb*, vol. 3, p. 95, 27 de julho de 1908.

178. Webb, *Our partnership*, pp. 481-2.

179. George Bernard Shaw, "Review of the Minority Report", citação in: Holroyd, *Bernard Shaw*, p. 398.

180. Webb, *Our partnership*, pp. 481-92.

181. MacKenzie, *Diary of Beatrice Webb*, 10 de fevereiro de 1908.
182. Ibid., 16 de outubro 1908.
183. Ibid., 18/20 de abril de 1908.
184. John Grigg, *Lloyd George: The people's champion, 1902-11* (Londres: Eyre Methuen, 1978), p. 100.
185. Charles Frederick Gurney Masterman a Lucy Blanche Masterman, fevereiro de 1908.
186. Roy Jenkins, *Churchill: A biography* (Londres: Hill and Wang, 2001), pp. 143-4.
187. Winston Churchill a H. H. Asquith, 14 de março de 1908, citação in: Martin Gilbert, *Churchill, A life* (Nova York: Henry Holt and Company, 1991), p. 193.
188. Churchill a Asquith, 29 de dezembro de 1908.
189. MacKenzie, *Diary of Beatrice Webb*, vol. 3, p. 100 (16 de outubro de 1908), p. 1882 (18 de junho de 1909).
190. Ibid., 18 de junho de 1909.
191. Ibid., vol. 3, p. 90, 11 de março de 1908.
192. Manchester, *The last lion*, p. 371.
193. Himmelfarb, *Poverty and compassion*, p. 378.
194. Baron Willim Henry Beveridge, *Power and influence* (Londres: Hodder and Stoughton, 1953), p. 86.

4. A CRUZ DE OURO: FISHER E A ILUSÃO MONETÁRIA [pp. 159-90]

1. David A. Shannon (org.), *Beatrice Webb's American diary* (Madison: The University of Wisconsin Press, 1963), p. 72. Observação feita pelo professor H. Morse Stephens a Beatrice Webb, durante uma estada na Universidade Cornell em maio de 1898.
2. Norman e Jeanne MacKenzie (orgs.), *The diary of Beatrice Webb*, vol. 2, *1892-1905: All the good things of life* (Cambridge, Mass.: Harvard University Press, 1983), p. 137.
3. Beatrice Webb, *Our partnership* (Londres: Longmans, Green and Co., 1948), p. 146.
4. Niall Ferguson, *Empire: The rise and demise of the British world order* (Nova York: Basic Books, 2004), p. 242.
5. Ver, por exemplo, os seguintes artigos em *The Manchester Guardian*: "An American invasion", 21 de junho de 1872 (rumores sobre a viagem de Susan B. Anthony à Irlanda com a Liga dos Direitos da Mulher Americana); "From our London correspondent", 21 de outubro de 1890 (jovens americanas invadem o mercado de nobres britânicos casadouros); "Cycling notes", 29 de outubro de 1894 (bicicletas fabricadas nos Estados Unidos ameaçam dominar o mercado britânico); "By-ways of Manchester life, XI. An American invasion", 9 de abril de 1898 (empresas americanas constroem um elevador para grãos no Canal Marítimo de Manchester).
6. Frederick Arthur McKenzie, *The American invaders: Their plans, tactics and progress* (Londres: Grant Richards, 1902), pp. 142-3.
7. William Ewart Gladstone, *Gleanings of past years*, vol. I, *1843-78: The throne and the prince consort: The cabinet and the Constitution* (Londres: John Murray, 1879), p. 206.
8. Angus Maddison, *The world economy: A millenial perspective* (Paris: OECD, 2001), p. 265.
9. Fergusson, *Empire*, p. 242.

10. Dudley Baines, *Migration in a mature economy: Emmigration and internal migration in England* (Cambridge: Cambridge Univesity Press, 2003), p. 63, tabela 3.3.

11. William Ewart Gladstone, Free trade, in: Gladstone et al., *Both sides of the tariff question by the world's leading men* (Nova York: Alonzo Peniston, 1890), p. 44.

12. Jeremy Atack e Peter Passell, *A new economic view of American history from colonial times to 1940* (Nova York: W. W. Norton, 1994), p. 468.

13. Shannon, *American Diary*, 27, 12 de abril de 1898.

14. Ibid., p. 136, 2-7 de julho de 1898.

15. Ibid., pp. 137-50, 2-7 de julho e 10 de julho de 1898.

16. Ibid., p. 89, pp. 90-1, 24 de maio de 1898, e pp. 92-3, 29 de maio de 1898.

17. Beatrice Webb a Catherine Courtney, Chicago, 29 de maio de 1898, in: Norman MacKenzie (org.), *The letters of Sidney and Beatrice Webb*, vol. 2, *Partnership: 1892-1912* (Cambridge: Cambridge University Press, 1978).

18. Norman and Jean MacKenzie (orgs.), *The diary of Beatrice Webb*, vol. 2, *1892-1905: All the good things of life* (Cambridge, Mass.: Harvard University Press, 1983), p. 159, 16 de maio de 1889; Charles Philip Trevelyan a Beatrice Webb, Chicago, 19 de abril de 1898, citação em Shannon, *American Diary*, 88, nota 4.

19. Shannon, *American Diary*, p. 60, 29 de abril de 1898; p. 10, 1º de abril de 1898, 24 de maio de 1898; e p. 68, 7 de maio de 1898.

20. Milton Friedman, *Money Mischief: Episode in monetary history* (Nova York: Harcourt Brace Jovanovich, 1992), p. 37.

21. Henry James, *The ambassadors* (Nova York: Harper and Brothers Publishers, 1903), p. 257.

22. Alfred Marshall a Rebecca Marshall, St. Louis, 22 de agosto de 1875, in: John K. Whitaker (org.), *The correspondence of Alfred Marshall, Economist*, vol. 1, *Climbing, 1868-1890* (Cambridge: Cambridge University Press, 1996), p. 73.

23. Henry Seidel Canby, *Alma mater: The gothic age of the American college* (Nova York: Farrar Reinhart, 1936), pp. 71 e 32.

24. Irving Norton Fisher, *My father: Irving Fisher* (Nova York, Comet Press, 1956), pp. 21, 26-7, 29-30, 33.

25. Muriel Rukeyser, *Willard Gibbs: American genius* (Nova York: Doubleday, Doran and Co., 1942), p. 158.

26. Edward Bellamy, *Looking Backward: 2000-1887* (Londres: George Routledge and Sons, 1887).

27. Rukeyser, *Willard Gibbs*, p. 146.

28. Ibid., p. 331.

29. Paul A. Samuelson, "Economic theory and mathematics — An appraisal", in: Joseph F. Stiglitz, *The collected scientific papers of Paul A. Samuelson*, vol. 2 (Cambridge, Mass.: The MIT Press, 1966), p. 1751.

30. Irving Fisher a William G. Eliot Jr. Berlim, NJ, 29 de maio de 1886, in: Irving Norton Fisher, *My father*, pp. 25-6.

31. Irving Fisher a Will Eliot, Fisher a Eliot, Jr. Pittsfield, Mass., 25 de julho de 1886, in: Irving Norton Fisher, *My Father*, p. 26.

32. Arthur Twining Hadley, *Economics: An account of the relations between private property and public welfare* (Nova York, G.P. Putnam's Sons, 1896), p. iv.

33. Richard Hofstadter, *Social darwinism in American thought* (Nova York: George Braziller, Inc., 1959), p. 8.

34. Albert Galloway Keller, introdução a *War and other essays by William Graham Sumner*, Keller (org.) (New Haven, Conn.: Yale University Press, 1911), xx, xxiv; Hofstadter, *Social Darwinism*, p. 51.

35. Fisher a Eliot, Peace Dale, RI, setembro de 1892, in: Irving Norton Fisher, *My father*, p. 52.

36. William James a Thomas W. Ward, Berlin, s.d. [novembro de 1867], in: Henry James (org.), *The letters of William James*, vol. 1 (Boston: Atlanta Monthly Press, 1920), p. 118.

37. Irving Fisher, "Mathematical investigations in the Theory of value and prices (27 de abril de 1892)", in: William J. Barber (org.), *The works of Irving Fisher*, vol. I (Londres Pickering and Chatto, 1997), p. 162.

38. Ibid., p. 68.

39. Ibid., p. 145.

40. Ibid., p. 4.

41. Francis Ysidro Edgeworth, resenha de "Mathematical investigations in the Theory of value and prices", por Irving Fisher, *Economic Journal*, vol. 3, n. 9, março de 1893, p. 112.

42. Alfred Marshall, *Principles of economics*, 3ª ed. (Londres: Macmillan, 1895), p. 450, p. 148 (nota 1).

43. Barbara W. Tuchman, *The proud tower: A portrait of the world before the war, 1890-1914* (Nova York: Macmillan and Co., 1966).

44. *Narragansett Times*, 23 de junho de 1893, citação in: Irving Northon Fisher, *My father*, p. 60.

45. Anúncio de casamento, *New York Times*, 18 de junho de 1893.

46. Daniel T. Rogers, *Atlantic crossings: Social politics in a progressive age* (Cambridge, Mass.: Harvard University Press, 1998).

47. Irving Fisher a Ella Wescott Fisher.

48. Fisher Jr., *My father*, p. 69.

49. Douglas Steeples e David O. Whitten, *Democracy in desperation: The Depression of 1893* (Nova York: Greenwood, 1998).

50. Reverendo T. De Witt Talmage, sermão pronunciado em Washington em 27 de setembro de 1896, citação in: William Jennings Bryan, *The first battle: A story of the campaign of 1896* (Chicago: W. B. Conkey Company, 1896), p. 474.

51. Albro Martin, *James J. Hill and the opening of the Northwest* (Minneapolis: Minnesota Historical Society Press, 1975), p. 428.

52. Bryant, *The first battle*, p. 439.

53. Paxton Hibben e Charles A. Beard, *The peerless leader: William Jennings Bryan* (Whitefisch, MT: Kessinger Publishing, 2004), p. 189.

54. Bryan, *The first battle*, pp. 485-6.

55. Ibid.

56. Ibid.

57. "Bryan's Backers are shy", *New York Times*, 27 de setembro de 1896; Canby, *Alma matter*, p. 27; Martin L. Fausold, *James W. Wadsworth, Jr.: The gentleman from New York* (Syracuse, NY.: Syracuse University Press, 1975), p. 17.

58. "Yale would not listen", *New York Times*, 25 de setembro de 1896, p. 15.

59. Fisher a Eliot, verão de 1895, citação in: Irving Norton Fisher, *My father*, p. 71.

60. Fisher a Eliot, 29 de julho de 1895, citação in: Barber, *Works of Irving Fisher*, p. 10.

61. Fisher a Eliot, verão de 1895, citação in: Irving Norton Fisher, *My father*, p. 71.

62. Fisher a Eliot, New Haven, 1865, citação in: Irving Norton Fisher, *My father*, p. 71.

63. William Graham Sumner, *The absurd effort to make the world over*, in: Keller, *War and other essays*, pp. 195-210.

64. Fisher a Eliot, verão de 1895, citação in: Irving Norton Fischer, *My father*, 71.

65. Irving Fisher, "The mechanics of bimetallism", *Economic Journal*, 4, setembro de 1894, pp. 527-36; Irving Norton Fisher, *My father*, p. 187.

66. Harold James, *The end of globalization: Lessons from the Great Depression* (Cambridge, Mass.: Harvard University Press, 2001), pp. 24-5.

67. Walter Bagehot, *Lombard Street: A description of the money market* (Nova York: Scribner, Armstrong, 1873), p. 123.

68. Fisher, *Mathematical investigations*, in: Barber, *Works of Irving Fisher*, p. 147.

69. Katherine Ott, *Fevered lives: tuberculosis in American culture since 1870* (Cambridge, Mass.: Harvard University Press, 1996), p. 113.

70. Ibid., p. 79.

71. Irving Fisher, maio de 1901, "Autocontrole", palestra realizada na Thacher School em Ojai, Califórnia, um liceu fundado por William L. Thacher.

72. Fisher a Eliot, Saranac, 11 de dezembro de 1898, in: Irving Norton Fisher, *My father*, p. 75.

73. Fisher a Margaret Hazard Fisher, Battle Creek, Michigan, 31 de dezembro de 1904, ibid., p. 108.

74. Irving Fisher, "Memorial relating to the conservation of human life", S. Doc. n. 493, em 7-8 (1912).

75. Irving Fisher, "Why has the doctrine of *laissez-faire* been abandoned?". Discurso por ocasião do 55º Encontro Anual da Associação Americana para o Avanço da Ciência, New Orleans, dezembro de 1905-janeiro de 1906.

76. Perry Mehrling, "Love and death: The wealth of Irving Fisher", in: Warren J. Samuels and Jeff E. Biddle, orgs., *Research in the history of economic thought and methodology*, vol. 19 (Nova York: Elsevier Science BV, 2001), pp. 47-61.

77. Fisher, "Why has the doctrine of *laissez-faire* been abandoned?".

78. Ibid.

79. Ibid.

80. Ibid.

81. Fisher to Bert, Peace Dale, Rhode island, 1º de janeiro de 1903, in: Irving Norton Fisher, *My father*, pp. 84-8.

82. Irving Fisher, *The rate of interest: Its nature, determination and relation to economic phenomena* (Nova York: The Macmillan Company, 1907), p. 326.

83. Ibid., p. 327.
84. Ibid., p. 288.
85. Ibid.

5. A DESTRUIÇÃO CRIATIVA: SCHUMPETER E A EVOLUÇÃO ECONÔMICA [pp. 191-214]

1. Rosa Luxemburg, *The accumulation of capital* (1913) (Londres: Routledge and Keegan Paul, 1952), p. 458.
2. National Bureau of Economic Research, UK Bank Rate, <www.nber.org/database/macrohistory/rectdata/13/m13013.data>.
3. Felix Somary, *Erinnerungen aus Meinem Leben* [Memórias de minha vida] (Zurique: Manesse Verlag, 1959).
4. Oszkár Jászi, *The Dissolution of the Habsburg Monarchy* (Chicago University of Chicago Press, 1919), p. 210.
5. Carl Schorske, *Fin de siècle Vienna* (Nova York: Knopf, 1979).
6. Erich Streissler, "Schumpeter's Vienna and the role of credit in innovation", in: H. Frisch (org.), *Schumpeterian economics* (Nova York: Praeger, 1981), p. 60.
7. Joseph Roth, *The Radetzky march*, trad. Geoffrey Dunlop (Nova York: Viking, 1933), p. 212.
8. "Opening of the International Exhibition of electricity at Vienna", *Manufacturer and builder*, vol. 15, n. 9, setembro de 1883, pp. 214-5; "An Electric Exhibition", *New York Times*, 12 de agosto de 1883.
9. Citação in: Roman Sandgruber, "The electrical century: The beginnings of electricity supply in Vienna", trad. Richard Hockaday, in: Mikulas Teich e Roy Porter, orgs., *Fin de siècle and its legacy* (Cambridge, UK: Cambridge University Press, 1990), p. 42.
10. Richard L. Rubenstein, *The age of triage: Fear and hope in an overcrowded world* (Boston: Beacon Press, 1983), p. 8; Raymond James Sontag, *Germany and England background of conflict, 1848-1894* (Nova York: Russell & Russell, 1964), p. 146.
11. David F. Good, *The economic rise of the Habsburg Empire, 1750-1914* (Berkeley: University of California Press, 1984), p. 256.
12. Gottfried Haberler, *Quarterly Journal of Economics*, vol. 64, n. 3, agosto de 1950, p. 338.
13. Arthur Smithies, "Memorial Joseph Alois Schumpeter, 1883-1950", *American Economic Review*, vol. 40, n. 4, setembro de 1950, pp. 628-48.
14. Marcel Proust, *Swann's Way*, trad. C. K. Scott Moncrieff (Londres: Chatto and Windus, 1922), p. 73.
15. Joseph A. Schumpeter, prefácio à edição japonesa de *The theory of economic development*, in: Schumpeter, *Essays on entrepreneurs, innovations, business cycles, and the evolution of capitalism*, Richard Clemence (org.) (Nova York: Transaction Publishers, 1951), p. 166.
16. Alfred Marshall, *Principles of economics*, vol. 1, 5ª ed. (Londres: Macmillan, 1907), pp. xxix e 820.
17. Joseph A. Schumpeter, "Review of *Essays in biography* by J. M. Keynes", *Economic Journal* 43, n. 172, dezembro de 1933, pp. 652-7.
18. "Wills and bequests", *Times* (Londres), 12 de janeiro de 1933.

19. Richard Swedberg, "Appendix II: Schumpeter's novel ships in fog (a fragment)", in: *Schumpeter, a biography* (Princeton, NJ: Princeton University Press, 1991), p. 207.

20. W. W. Rostow, *Theorists of economic growth from David Hume to the present*, pp. 234-5.

21. Anthony Trollope, *The Bertrams* (Londres: Chapman and Hall, 1859), p. 465.

22. Rosa Luxemburg, *The accumulation of capital* (1913) (Londres: Routledge and Keegan Paul, 1952), p. 434.

23. Citação in: Alexander D. Noyes, "A year after the panic of 1907", *Quarterly Journal of Economics* 23, fevereiro de 1909, pp. 185-212.

24. "The progress of the world", *American Monthly Review of Reviews*, vol. 35, n. 1, janeiro de 1907.

25. Evelyn Baring Cromer, *The situation in Egypt: Address delivered to the Eighty Club on December 15th, 1908 by the Earl of Cromer* (Londres: Macmillan, 1908), p. 9.

26. William Jennings Bryan, "The government of Egypt beyond definition", in: *The old world and its ways* (St. Louis: Thompson, 1907), p. 323.

27. "Railroad up Cheops", *Los Angeles Times*, 12 de fevereiro de 1907, p. II.

28. Citação in: Noyes, "A year after the panic", p. 202.

29. "Cotton crops and gold in Egypt", *New York Times*, 5 de janeiro de 1908, AFR 28.

30. Harry Boyle a Lord Rennel, 21 de abril de 1907, in: Clara Boyle, *A servant of the empire: A memoir of Harry Boyle with a preface by the Earl of Cromer* (Londres: Methuen, 1938), p. 107.

31. "Egyptian finance", *New York Times*, 8 de dezembro de 1907, p. 54.

32. Noyes, "A year after the panic", pp. 202-3.

33. Ibid., p. 194.

34. Desmond Stewart, "Herzl's Journeys in Palestine and Egypt", *Journal of Palestine Studies*, vol. 3, n. 3, primavera de 1974, pp. 18-38.

35. Wassily Leontief, "Joseph A. Schumpeter", *Econometrica*, vol. 8, n. 2, abril de 1950.

36. Citação in: Trevor Mostyn, *Egypt's Belle Epoque, 1869-1952: Cairo and the Age of the hedonists* (Londres: Quartet Books, 1989), p. 154.

37. Douglas Sladen, citação in: Max Rodenbeck, *Cairo: The city victorious* (Nova York: Alfred A. Knopf, 1999), p. 138.

38. Joseph A. Schumpeter, *Das Wesen und Hauptinhalt der Theoretischen Nationalekonomie* (Altenburg: Stefan Geibel, 1908), p. 621, trad. Bruce McDaniel com o título de *The nature and essence of economic theory* (New Brunswick, NJ: Transaction Publishers, 2010), p. x.

39. Ibid., p. 621.

40. Smithies, "Memorial", p. 629.

41. Joseph A. Schumpeter, *The theory of economic development: An inquiry into profits, capital, credit, interest and the business cycle*, (1911), trad. Redvers Opie (Nova York: Transaction Publishers, 2004), p. 91.

42. *The Norton anthology of English literature*, vol. 2, *The Age of Victoria* (Nova York: Norton, 2000).

43. Joseph Schumpeter, *History of economic analysis* (Cambridge, Mass.: Harvard University Press, 1952), p. 571.

44. Alfred Marshall, "The social possibilities of economic chivalry", *Economic Journal* 17, n. 5, março de 1907, pp. 7-29.

45. Angus Maddison, "GDP per capita in 1990 International Geary-Khamis Dollars", *The world economy: Historical statistics* (Paris: OECD Publishing, 2003).

46. Jeffrey Williamson, "Real wages and relative factor prices in the third world before 1940: What do they tell us about the sources of growth?", outubro de 1998, Conference on Growth in the 19th and 20th Century: A Quantitative Economic History, 14-15 de dezembro de 1998, Valencia, Espanha, 37, tabela 2, <www.economics.harvard.edu/pub/HIER/1998/1855.pdf>; Michael D. Bordo, Alan M. Taylor, Jeffrey G. Williamson, *Globalization in historical perspective* (Chicago: University of Chicago Press, 2005), p. 285.

47. Joseph A. Schumpeter, *Capitalism, socialism and democracy*, p. 87.

48. Karl Marx and Friedrich Engels, *The Communist Manifesto* (1848), trad. Samuel Moore, introdução e notas por Gareth Stedman Jones (Londres, Penguin Books, 1967), p. 222.

49. Marshall, *Principles*.

50. Joseph A. Schumpeter, *Theory of economic development*, p. 95.

51. Beatrice Webb, *My apprenticeship* (1926) (Longmans, Green, 1950), p. 380.

52. Joseph A. Schumpeter, *Capitalism, socialism and democracy*, p. 132.

53. Joseph A. Schumpeter, *Theory of economic development*, p. 85.

54. Joseph A. Schumpeter, *Capitalism, socialism and democracy*, p. 132.

55. Friedrich von Wieser, *The theory of social economics* (Nova York: Augustus M. Kelly, 1927 e 1967).

56. Joseph A. Schumpeter, "The Communist Manifesto in sociology and economics", *Journal of Political Economy* (junho de 1949), pp. 199-212.

57. Ibid.

58. David Landes, *Bankers and Pashas: International finance and imperialism in Egypt* (Cambridge, Mass.: Harvard University Press, 1980), p. 57.

59. Joseph A. Schumpeter a David Pottinger, 4 de junho de 1934, in: Swedberg, *Schumpeter*, p. 219.

60. Edwin A. Seligman, professor de economia na Universidade Columbia, a Nicholas Murray Butler, presidente da Universidade, 22 de outubro de 1913, citação in: Robert Loring Allen, *Opening doors: The life and work of Joseph Schumpeter* (New Brunswick: Transaction Publishers, 1991), p. 130.

SEGUNDO ATO

PRÓLOGO: A GUERRA DOS MUNDOS [pp. 217-27]

1. Irving Fisher, "The need for health insurance", *American Labor Legislative Review* 7 (1917), p. 10.

2. Norman and Jeanne MacKenzie, orgs., *The diary of Beatrice Webb*, vol. 3, *1905-1924: The power to alter things* (Cambridge, Mass.: Harvard University Press, 1984), p. 204.

3. Ibid., 5 de agosto de 1914.

4. Ibid., 4 de novembro de 1918.

5. George Bernard Shaw, "Common sense about the war", 1914.

6. Bertrand Russell, citação in: Niall Ferguson, *The pity of war* (Nova York: Basic Books, 1999), p. 318.

7. Robert Skidelsky, John Maynard Keynes: *Hopes betrayed*, vol. I (Nova York: Viking, 1986).

8. John Maynard Keynes a Neville Chamberlain.

9. Richard Shone with Duncam Grant, "The picture collector", in: Milo Keynes, *Essays on John Maynard Keynes* (Cambridge: Cambridge University press, 1975), p. 283.

10. Charles John Holmes, *Self & partners (mostly self): Being the reminiscences of C. J. Holmes* (Londres: Macmillan, 1936); Anne Emberton, "Keynes and the Degas Sale", *History Today*, 31 de dezembro de 1995.

11. John Maynard Keynes a Florence Keynes.

12. Vanessa Bell a Roger Fry.

13. Sigmund Freud, in: Peter Gay, *Sigmund Freud: A life of our time* (Nova York, W. W. Norton, 1988).

14. Friedrich Hayek, "Remembering my cousin Ludwig Wittgenstein (1899-1951)", *Encounter*, 19 de agosto de 1977, pp. 20-1, e Ray Monk, *Ludwig Wittgenstein: The duty of genius* (Nova York: Penguin Books, 1991).

15. Hayek, "Remembering my cousin", p. 20.

16. D. H. Mellor, "Better than stars: Portrait of Frank Ramsey", BBC; D. H. Mellor (1995), "Cambridge Philosophers", vol. I: F. P. Ramsey", *Philosophy 70* (1995), p. 259.

17. "National society to conserve life", *New York Times*, 30 de dezembro de 1913; Irving Fisher e Eugene Lyman Fisk, prefácio a *How to live: Rules for heathful living based on modern science*, 2ª ed. (Nova York: Funk & Wagnalls Company, 1915).

18. Henry Andrew Cotton, *The defective, delinquent and insane: The relation of focal infections to their causation, treatment and prevention, by Henry A. Cotton, lectures delivered at Princeton University, January 11, 13, 14, 15, 1921*, com um prefácio por Adolf Meyer (Princeton, NJ: Princeton University Press, 1922).

19. Bette M. Epstein, New Jersey State Archives, à autora.

20. Irving Fisher, *American Labor Legislation Review*, p. 10.

21. MacKenzie, *Diary of Beatrice Webb*, vol. 3, p. 324, 17 de novembro de 1918.

22. Ibid., p. 318, 11 de novembro de 1918.

23. Ray Monk, *Bertrand Russel: The spirit of solitude 1872-1921*, Vol. I (Nova York: Simon & Schuster, 1996).

6. OS ÚLTIMOS DIAS DA HUMANIDADE: SCHUMPETER EM VIENA [pp. 228-56]

1. Joseph A. Schumpeter, *Politische Reden* [Political speeches], Wolfgang F. Stolper e Christian Seidel (orgs.) (Tubingen: J. C. B. Mohr, 1992).

2. Francis Oppenheimer, *The stranger within: Autobiographical pages* (Londres: Faber, 1960).

3. Norman e Jeanne MacKenzie (orgs.), *The diary of Beatrice Webb*, vol. 3, *1905-1924* (Cambridge, Mass.: Harvard University Press, 1982-84), 11 de novembro de 1918.

4. Sigmund Freud, citação in: Peter Gay, *Freud: A life of our time* (Nova York: W. W. Norton and Co., 1988), p. 382.

5. F. L. Carsten, *Revolution in Central Europe: 1918-1919* (Aldershot, UK: Wildwood Houve, 1988), p. 41.

6. Karl Kraus, *The last days of mankind: A tragedy in five acts* (Nova York: Unger, 2000).

7. Edmund von Glaise-Horstenau, "The armistice of Villa Giusti 1918", in: *The collapse of the Austro-Hungarian Empire* (Londres: J. M. Dent and Sons, 1930).

8. Sigmund Freud, citação in: Gay, *Freud*.

9. F. O. Lindley, alto comissário britânico, citação in: Carsten, *Revolution in Central Europe*, pp. 11-2.

10. Friedrich Wieser, "The fight against famine in Austria", in: *Fight the Famine Council, International Economic Conference* (Londres: Swarthmore Press, 1920), p. 53.

11. *The Memoirs of Herbert Hoover*, vol. 1, *Years of Adventure 1874-1920* (Nova York: Macmillan, 1951), p. 392.

12. Ibid.

13. Stefan Zweig, *The world of yesterday: An autobiography* (Lincoln: University of Nebraska Press, 1984), p. 289.

14. Ludwig von Mises, "The Austro-Hungarian Empire", *Encyclopedia Britannica*, 1921.

15. Citação in: Gay, *Freud*, p. 378.

16. Felix Salten, *Florian, the Emperor's horse* (Nova York: Aires Scribner Sons, 1934).

17. "Austrian Willing to Pawn Anything", *New York Times*, 22 de janeiro de 1920.

18. Carsten, *Revolution in Central Europe*, p. 37.

19. Joseph Schumpeter, *Die Arbeiter Zeitung*, 22 de novembro de 1919, in: *Dokumentation zur Oesterreichschen Zeitgeschichte, 1918-1928* [Documentação da História Austríaca, 1918--1928], orgs. Christine Klusacek e Kurt Stimmer (Wien: Jugend und Volk, 1984).

20. Sir T. Montgomery-Cuningham, *Dusty Measure* (Londres: John Murray, 1939), p. 309.

21. SHB a ASB, 30 de dezembro de 1918, citação in: William Beveridge, *The power and influence*, p. 153.

22. Karl Kautsky, *The social revolution and On the morrow of the social revolution* (Londres: Twenty Century Press, 1907), parte 2, p. 1.

23. Felix Somary, *Erinnerungen aus Meinem Leben* [Memórias de minha vida] (Zurique: Manesse Verlag, 1955), p. 171.

24. Eduard Bernstein.

25. Otto Bauer, *The Austrian revolution* (Londres: Parsons, 1925).

26. Albert Einstein a Hedwig e Max Born, 15 de janeiro de 1919, *Albert Einstein, Collected Papers*, vol. 4.

27. Joseph Schumpeter, citação in: Eduard Marz, *Joseph A. Schumpeter: Forscher, Lehrer und Politiker* [Pesquisador, professor e político] (Munchen: R. Oldenbourg, 1983).

28. Somary, *Erinnerungen*, p. 172.

29. Karl Corino, *Robert Musil* (Hamburg: Rowolt, 2003), p. 598.

30. Friedrich von Wieser, *Tagebuch* Gertrud Enderle-Burcel, Staatsarchiv Wien Nachlass Wieser in the Haus-, Hof-und Staatsarchiv Extracts in Seidel, *Politische Reden*, pp. 10-2.

31. Wolfgang F. Stolper, *Joseph Alois Schumpter: The public life of a private man* (Princeton, NJ: Princeton University Press, 1994), p. 123.

32. Karl Kraus, *Die Fackel*, abril de 1919.

33. Joseph Schumpeter, *Politische Reden*.

34. Otto Bauer, *The Austrian revolution* (Londres: Parsons, 1925).

35. Gabor Betony, *Britain and Central Europe 1918-1933* (Oxford, UK: Clarendon Press, 1999), p. 10.

36. Joseph Schumpeter, "The sociology of imperialism", in: Richard Sweds, *The economics and sociology of capitalism* (Princeton: Princeton University Press, 1991), pp. 156-7.

37. Joseph Schumpeter, *Politische Reden*.

38. Joseph Schumpeter, *Politische Reden*.

39. David Lloyd George, "Fontainebleau memorandum", 25 de março de 1929, <www.fullbooks.com/Peaceless-Europe2.html>.

40. Winston Churchill, House of Commons, 29 de maio de 1919, <http:/www.winston-churchill.org>; Randolph Spencer Churchill e Martin Gilbert, *Winston S. Churchill*, vol. 4, *The Stricken World* (Nova York: Houghton Mifflin, 1966), p. 308.

41. Bauer, *The Austrian Revolution*, p. 106.

42. *The memoirs of Herbert Hoover*, vol. 1, *Years of adventure 1874-1920* (Nova York: Macmillan, 1951); Bauer, *The Austrian Revolution*, p. 103.

43. Hans Loewenfeld-Russ, *Im Kampf Gegen den Hunger* [Na luta contra a fome] (Munique: R. Oldenburg, 1986).

44. T. Montgomery-Cuninghame, *Dusty measure* (Londres: John Murray, 1939).

45. Ellis Ashmead-Bartlett, *The tragedy of Central Europe* (Londres: Thornton Butterworth, 1924), p. 159.

46. Ibid.

47. Friedrich von Wieser, *Tagebuch*, Gertrud Enderle-Burcel, Staatsarchiv Wien Nachlass Wieser in the Haus-, Hof-und Staatsarchiv Extracts in Seidl, *Politische Reden*, pp. 10-2.

48. Eduard Marz, *Austrian banking and financial policy: Creditanstalt at a turning point, 1913-1923* (Nova York: St. Martin's Press, 1984), p. 333.

49. "Entretien avec le Docteur Schumpeter", De notre envoyé spécial, Vienne, Mai, *Le Temps*, 2 de junho de 1919, traduzido e citado in: W. F. Stolper, *Joseph Alois Schumpeter, The public life of a private man* (Princeton: Princeton University Press, 1994), p. 219.

50. Bauer, *The Austrian revolution*, p. 110.

51. Ibid., p. 257.

52. Schumpeter, *Politische Reden*.

53. Ibid.

54. Francis Oppenheimer a John Maynard Keynes, 18 de março de 1919, Kings College Archive.

55. Francis Oppenheimer, *The stranger within: Autobiographical pages* (Londres: Faber, 1960), p. 369.

56. Bauer, *The Austrian revolution*.

57. Ibid.

58. Joseph Schumpeter, *Neue Freie Presse*, 24 de junho de 1919, in: Klusacek et al., orgs., *Dokumentation*.

59. Joseph Schumpeter, *Neue Freie Presse*, 28 de junho de 1919. "*Es ist nicht leicht ein Volk zu*

vernichten. Im allgemeinen ist es sogar unmöglich. Hier haben wir aber einen der seltenen Fälle for uns, wo es möglich ist."

60. Friedrich Wieser, "The fight against famine in Austria", in: *Fight the Famine Council, International Economic Conference* (Londres: Swarthmore Press, 1920), p. 53.

61. Citação in: Stolper, *Joseph Alois Schumpeter.*

62. Richard Kola, *Rückblick ins Gestrige: Erlebtes und Empfundenes* [Olhando para ontem: Experiências e percepções] (Wien: Rikola, 1922).

63. Schumpeter, *Politische Reden.*

64. Somary, *Erinnerungen.*

65. Richard Swedberg, *Joseph A. Schumpeter, His Life and Work* (Cambridge, UK: Polity Press, 1991).

66. Ibid., pp. 144-5.

67. Friedrich von Wieser, *Tagebuch*, 19 de novembro de 1919: "*Es scheint, dass Schumpeter in der Meinung aller Parteien und aller gebildeten Menschen völlig abgewirtschaftet hat. Wie mit Kelsen erzählte, auch unsere jungeren Nationalökonomen, die ihn als ihren Führer betrachteten, sind von ihm abgekommen und geben ihn wissenschaftlich auf, es sei nichts mehr von ihm zu erwarten*".

68. Eduard Marz, "Joseph Schumpeter as minister of finance", in: Helmut Frisch (org.), *Schumpeterian economics* (Nova York, Praeger, 1981).

7. A EUROPA ESTÁ MORRENDO: KEYNES EM VERSALHES [pp. 257-84]

1. Frances Oppenheimer, *The stranger within: Autobiographical pages* (Londres: Faber, 1960), p. 374.

2. Lord William Beveridge, *Power and influence* (Nova York: Beechhurst Press, 1959), pp. 149-50.

3. David Lloyd George a Woodrow Wilson, abril de 1919.

4. John Maynard Keynes a Vanessa Bell, 16 de março de 1919, Keynes Papers, King's College Archive.

5. Harold Nicholson, *Peacemaking 1919: Being reminiscences of the Paris Peace Conference* (Boston: Houghton Mifflin, 1933), p. 44.

6. Ibid., pp. 275-6.

7. David Linsay, *The Crawford papers: The journals of David Lindsay, twenty-seventh earl of Crawford and tenth earl of Balcarres (1871-1940), during the years 1892 to 1940*, 9 de abril de 1919.

8. Robert Skidelsky, *John Maynard Keynes*, vol. 1, *Hopes betrayed* (Nova York: Viking, 1986), p. 304.

9. John Maynard Keynes, "My early beliefs", 9 de setembro de 1938, in: *Essays in biography* (Londres: MacMillan St. Martins's Press for the Royal Economic Society, 1972), p. 436.

10. John Maynard Keynes a Lytton Strachey, 23 de novembro de 1905, citação in: Skidelsky, *Keynes*, vol. 1, p. 166.

11. John Maynard Keynes a Lytton Strachey, 23 de novembro de 1905, citação in: Skidelsky, *Keynes*, vol. 1, p. 165.

12. "A key for the prurient: Keynes Loves, 1901-15", Donald E. Moggridge, *Maynard Keynes: An economist's biography* (Londres: Routledge, 1992), anexo 1.

13. C. F. Fay, "The undergraduate", in: Milo Keynes (org.), *Essays on John Maynard Keynes* (Cambridge: Cambridge University Press, 1975), p. 36.

14. Lionel Robbins, *Autobiography of an economist* (Londres: Macmillan, 1971).

15. Winston Churchill a Clementine Churchill, *Speaking for themselves: The personal letters of Winston and Clementine Churchill*, org. Mary Soames (Londres e Nova York: Doubleday, 1998).

16. Elizabeth Johnson, "Keynes's attitude toward compulsory military service", *Economic Journal* 70, n. 277 (março de 1960), pp. 160-5.

17. David George George, *Memoirs of the Peace Conference*, vol. 1 (New Haven, Conn.: Yale University Press, 1939), p. 302.

18. William Shakespeare, *A midsummer night's dream* (Nova York: Palgrave, 2010).

19. Lloyd George, *Memoirs of Peace Conference*, vol. 1, p. 302.

20. John Maynard Keynes a Florence Keynes, citação in: Skidelsky, *Keynes*, vol. 1, *Hopes betrayed*, p. 353.

21. John Maynard Keynes a Florence Keynes, Keynes Papers, King's College Archive.

22. Citação in: Macmillan, *Paris 1919*, p. 60.

23. John Maynard Keynes, "Dr. Melchior: A defeated enemy", in: *Essays in biography*, p. 210.

24. Max Waarburg, "Aus Meinem Aufzeichnungen" [De meus registros], citação in: *Collected writings of John Maynard Keynes*, vol. 16, *Activities 1914-1919, The Treasury and Versailles* (Cambridge: Cambridge University Press), p. 417.

25. Keynes, "Dr. Melchior", p. 214.

26. Ibid., p. 216.

27. Ibid., p. 218.

28. Ibid., p. 221.

29. Ibid., p. 223.

30. George Allerdice Riddell, *Lord Riddell's intimate diary of the Peace Conference and after, 1918-1923* (Nova York: Reynal & Hitchcock, 1924), p. 30.

31. Keynes, "Dr. Melchior", p. 231.

32. Thomas W. Lamont, "The final reparations settlement", *Foreign affairs*, 1930.

33. Nicolson, *Peacemaking 1919*, p. 86.

34. Peter Rowland, *David Lloyd George* (Londres: Macmillan, 1975), pp. 485-6.

35. Nicolson, *Peacemaking 1919*, p. 78.

36. Skidelsky, p. 367.

37. Jan Smuts, citação in: Skidelsky, *Keynes*, vol. 1, *Hope Betrayed*, p. 373.

38. *The memoirs of Herbert Hoover*, vol. I, *Years of adventure 1874-1920* (Nova York: Macmillan, 1951), pp. 461-2.

39. John Maynard Keynes a Florence Keynes, in: Skidelsky, *Keynes*, vol. 1, *Hopes Betrayed*, p. 371.

40. John Maynard Keynes a Florence Keynes, Keynes Papers, King's College Archive.

41. John Maynard Keynes, *The economic consequences of the peace* (Londres: Macmillan and Co., 1920), p. 233 (nota 1).

42. John Maynard Keynes a Duncan Grant, 14 de maio de 1919.

43. Rowland, *David Lloyd George*, p. 480.
44. John Maynard Keynes a Austin Chamberlain, 5 de junho de 1939.
45. Alec Cairncross, "Austin Robinson", *Economic Journal* 104, julho de 1994, pp. 903-15.
46. Ibid.
47. Jan Smuts, citação in: Skidelsky, *Keynes*, vol. 1, p. 373.
48. John Maynard Keynes, *The economic consequences of the peace* (Londres: Macmillan, 1920).
49. Henry Wickham Steed, "A critic of the peace", "The candid friend at Versailles", "Comfort for Germany", *John Maynard Keynes: Critical responses*, org. Charles Robert McCann (Londres: Taylor and Francis, 1998), pp. 51-60.
50. Citação in: Niall Ferguson, *Paper and iron* (Cambridge: Cambridge University Press, 1995), p. 206.
51. Keynes, "Dr. Melchior", p. 234.
52. Keynes, *The economic consequences of the peace*, p. 39.
53. Lytton Strachey a John Maynard Keynes, citação in: Michael Holroyd, *Lytton Strachey* (Londres: Heineman, 1978), p. 374.
54. Austin Chamberlain a Ida Chamberlain.
55. A. J. P. Taylor, *The origins of the Second World War* (Londres: Penguin Books, 1964), p. 26.
56. Paul Mantoux, *The Carthaginian peace or the economic consequences of Mr. Keynes* (Oxford: Oxford University Press, 1946).
57. Wickham Steed, "A critic of the peace", "The candid friend at Versailles", "Comfort for Germany", *John Maynard Keynes: Critical responses*, org. Charles Robert McCann (Londres: Taylor and Francis, 1998), pp. 51-60.
58. Thorstein Veblen, "Review of J. M. Keynes' *The economic consequences of the peace*", *Political Science Quarterly* 35 (1920), pp. 467-72.
59. "Europe a year later", *New York Times*, 16 de maio de 1920.
60. "Solution of Europe's disorder, as seen by Baruch", *New York Times*, 20 de abril de 1920.
61. Joseph A. Schumpeter, *History of economic analysis* (Londres: Allen & Unwin, 1954), p. 39.

8. A RUA SEM ALEGRIA: SCHUMPETER E HAYEK EM VIENA [pp. 285-303]

1. Joseph A. Schumpeter, *The theory of economic development* (Oxford: Oxford University Press, 1961), p. 215.
2. Ludwig von Mises, "The Austro-Hungarian Empire", *Encyclopedia Britannica*, 1921.
3. Schober, citação in: F. L. Carsten, *The first Austrian Republic* (Aldershot, UK: Wildwood House, 1986), p. 41.
4. Ibid., p. 45.
5. Peter Gay, *Freud: A life of our time* (Nova York: W. W. Norton and Co., 1988), p. 386.
6. Ibid., p. 382.
7. Anna Eisenmenger, *Blockade: The diary of an Austrian middle-class woman 1914-1924* (Londres: Constable Publishers, 1932), p. 149.

8. Pierre Hamp, *La peine des hommes: Les chercheurs d'or* [The pain of men: The seekers of gold], 1920.
9. Citação in: Carsten, *The first Austrian Republic*, p. 13.
10. Charles A. Gulik, *Austria from Habsburg to Hitler*, vol. 1 (Berkeley: University of California Press, 1948), p. 248.
11. Eisenmenger, *Blockade*, p. 149.
12. Ibid.
13. C. A. Macartney, *The social revolution in Austria* (Cambridge, UK: Cambridge University Press, 1926), p. 215.
14. Alois Mosser e Alice Teichova, "Investment behavior of Joint Stock companies", in: *The role of banks in the interwar economy*, Harold James, Hekan Lindgren, Alice Teichova, orgs. (Cambridge, UK: Cambridge University Press, 2002), p. 127.
15. Citação in: Richard Swedberg, *Joseph A. Schumpeter: His life and work* (Cambridge, UK: Polity Press, 1991), p. 68.
16. Citação in: Wolfgang F. Stolper, *Joseph Alois Schumpeter: The public life of a private man* (Princeton, NJ: Princeton University Press, 1994), p. 3.
17. Charles A. Gulik, *Austria from Habsburg to Hitler*, vol. I (Berkeley: University of California Press, 1948), p. 251.
18. Fritz Machlup, *Tribute to mises, 1881-1973* (Chislehurst, UK: Quadrangle, 1974).
19. "Ships in fog", fragmento de um romance de Schumpeter, iniciado na década de 1930, in: Swedberg, *Joseph A. Schumpeter*, anexo 2.
20. Thomas K. McCraw, *Prophet of innovation: Joseph Schumpeter and creative destruction* (Cambridge, Mass: Harvard University Press, 2007), p. 140.
21. Citação in: Robert Loring Allen, *Opening doors: The life and works of Joseph Schumpeter*, vol. I (New Brunswick: Transaction Publishers, 1991), p. 274.
22. Israel Kirzner, "Austrian economics", palestra na Fundação para a Educação Econômica, 26 de julho de 2004.
23. Joseph A. Schumpeter, *Business cycles: A theoretical historical and statistical analysis of the capitalist process* (Nova York: McGraw-Hill Company, 1939).
24. Joseph A. Schumpeter, *The theory of economic development: An inquiry into profits, capital, credit, interest and the business cycle* (Nova York: Transaction Publishers, 1934).
25. Ibid.
26. Ibid., p. 245.
27. Joseph A. Schumpeter, *Essays on entrepreneurs, innovations, business cycles, and the evolution of capitalism*, org. Richard Clemence (Nova York: Transaction Publishers, 1951), pp. 71-2.
28. Friedrich A. Hayek, *Hayek on Hayek: An autobiographical dialogue*, org. Stephen Kresge (Chicago: University of Chicago Press, 1984).
29. Fritz Machlup a Barbara Chernow, 12 de junho de 1978.
30. Gulik, *Austria from Hapsburg to Hitler*, vol. 1, pp. 134-5.
31. Max Weber, "Der Sozialismus" (1918), in: *Gesammelte Aufsätze zur Soziologie, Öconomie und Vereinigung*.
32. Otto Bauer, "Der Weg zum Sozialismus" [The way to socialism], 1921, seriado in: *Arbeiter Zeitung*, janeiro de 1919.

33. *Hayek on Hayek*, pp. 54-9.

34. Friedrich Hayek, *Austrian Institute for Economic Research Monthly*, fevereiro de 1929.

9. OS MECANISMOS IMATERIAIS DA MENTE: KEYNES E FISHER NOS ANOS 1920 [pp. 304-29]

1. Irving Fisher et al., *Report on National Vitality Bulletin 30 of the Committe of One Hundred on Public Health* (Washington, DC: Government Printing Office, 1908), p. 1.

2. Irving Fisher, "Unstable dollar and the so-called business cycle", *Journal of the American Statistical Association*, vol. 20, n. 150, junho de 1925, pp. 179-202.

3. John Maynard Keynes, citação in: Robert Skidelsky, *John Maynard Keynes*, vol. 2, *The economist as savior, 1920-37* (Londres: Macmillan, 1992).

4. Ibid.

5. Peter Clarke, *Keynes: The rise, fall and return of the 20th century's most influential economist* (Nova York: Bloomsbury, 2009).

6. John Maynard Keynes, "Alternative theories of the rate of interest", *Economic Journal* 47, junho de 1937.

7. John Maynard Keynes, "How far ar bankers at fault for depressions?", 1913, citação in: Angel N. Rugina, "A monetary and economic dialogue with Lord Keynes", *International Journal of Social Economics* 28, vol. 1, n. 2, 200, <www.emeraldinsight.com/journals.htm?articleid=1453937&show=html>.

8. John Maynard Keynes, *Tract on monetary reform*, 1923.

9. Ibid.

10. Citação in: D. E. Moggridge, *Maynard Keynes: An economist's biography* (Londres: Routledge, 1992), p. 439.

11. John Maynard Keynes, *A short view of Russia* (Londres: Hogarth Press, 1925).

12. Ibid.

13. Ibid.

14. Jeanne e Norman MacKenzie, *The diary of Beatrice Webb*, vol. *1924-1943: The wheel of life* (Cambridge, Mass.: Harvard University Press, 1985), 9 de agosto de 1926.

15. John Maynard Keynes, "My visit to Berlin", *Collected writings of John Maynard Keynes*, vol. 10, pp. 383-4; "Das Ende des Laissez-Faire, Ideen zur Verbindung von Privat und Gemeinwirtschaft" [O fim do laissez-faire: Ideias para combinar a economia privada e pública], *Zeitschrift fur die Gesamte Staatswissenschaft* 82 (1927), pp. 190-1. Resenha de uma palestra dada por Keynes em Berlim. In: Documentos: correspondência de outubro de 1925-junho de 1926, manuscrito de próprio punho "My visit to Berlin", 23 de junho, "The General Strike", 24 de junho, palestra dada na Universidade de Berlim; Condições na Alemanha; Keynes no apartamento de Melchior em Berlim, onde foi jantar, visita de 1926; fonte: Felix Somary, *Erinnerungen Aus Meinem Leben*, (Zurique: 1926), p. 199.

16. *The letters of Virginia Woolf*, vol. 3.

17. John Maynard Keynes, discurso na Federação Liberal Nacional, 27 de março de 1928, citação in: Robert Skidelsky, *John Maynard Keynes*, vol. 2, *The economist as savior, 1920-1937* (Londres, Macmillan, 1992), p. 297.

18. Skidelsky, *Keynes*, vol. 2, *The economist as savior*, p. 231.
19. Ibid., p. 232.
20. Charles Loch Mowat, *Britain between the wars, 1918-1940* (Londres: Methuen and Co., 1956), p. 262.
21. Skidelsky, *Keynes*, vol. 2, *The economsit as savior*, p. 258.
22. John Maynard Keynes a H. G. Wells, 18 de janeiro de 1928.
23. Mowat, *Britain between the wars*, p. 349.
24. Skidelsky, vol. 2, *The economist as savior*, p. 302.
25. Irving Norton Fisher, *My father: Irving Fisher* (Nova York: Comet Press, 1956), p. 171.
26. Alan Milward, *War, economy and society, 1939-1945* (Berkeley: University of California Press, 1979), p. 17.
27. Angus Maddison, "Statistics of world population, GDP, per Capita GDP, 1-2008 AD", www.ggdc.net/maddison/.
28. Joseph Schumpeter, "The decade of the twenties", *American Economic Review, 1946* e "Business cycle dates", National Bureau of Economic Research.
29. Geoffrey Keynes, citação in: D. E. Moggridge, *Maynard Keynes: An economist's biography* (Londres: Routledge, 1992), p. 103.
30. Irving Norton Fisher, *My father: Irving Fisher*, p. 200.
31. Ibid., p. 232.
32. Ibid., pp. 117-8.
33. Irving Fisher, discurso na Associação Americana de Saúde Pública, 23 de outubro de 1926.
34. Irving Fisher et al., *Report on national vitality*, boletim 30 do Comitê dos Cem em Saúde Pública (Washington, DC: GPO, 1908), p. 1.
35. Irving Fisher, *Stabilizing the dollar* (Nova York: Macmillan, 1912).
36. Irving Fisher, *The purchasing power of money: Its determination and relation to credit interest and crises* (Nova York: Macmillan, 1912).
37. Irving Fisher, "Our unstable dollar and the so-called business cycle", *Journal of the American Statistical Association*, junho de 1925, p. 181.
38. John Maynard Keynes, "Opening remarks: The Galton lecture", *Eugenics Review*, vol. 38, n. 1 (1946), pp. 39-40.
39. Ver Robert W. Dimand, "Economists and 'the other' before 1912", *The American Journal of Economics and sociology*, julho de 2005, <http://findarticles.com/p/articles/mi_m0254/is_3_64?ai_n15337798/?tag=content;col1>, e *New International Year Book* (Nova York: Dodd Meade & Co., 1913).
40. Irving Fisher, "Lecture on The Irving Fisher Foundation", *Collected Works*, vol. I (1997), p. 35.
41. Ibid.
42. Irving Fisher, "Our unstable dollar and the so-called business cycle", p. 197.
43. Irving Fisher, "Depressions and money problems", 4 de abril de 1941.
44. Irving Fisher, "I discovered the Phillips curve: 'A statistical relation between unemployment and price changes'", *Journal of Political Economy* 81, n. 2; pp. 496-502, reimpressão a partir de *International Labour Review*, 1926.

45. Irving Fisher, *New York Times*, 2 de setembro de 1923.

46. Irving Fisher, "Our unstable dollar and the so-called business cycle" (1925), pp. 179--202.

47. Irving Fisher, "A statistical relation between unemployment and price changes" (1926), pp. 496-502.

48. Ibid.

49. Irving Fisher, *Battle Creek Sanitarium News*, p. 25, 7 de julho de 1925.

50. Irving Norton Fisher, *My father: Irving Fisher*, p. 57.

51. Ibid., do anexo autobiográfico in: *Stable money, A history of the movement*.

52. Jeremy Siegel, *Stocks for the long run* (Nova York: McGraw-Hill, 2008).

53.. Irving Norton Fisher, *My father: Irving Fisher*, 264.

54. *Recent economic changes in the United States* (Chicago: National Bureau of Economic Research, 1919), p. xii.

55. "Fisher sees stocks permanently high", *New York Times*, 16 de outubro de 1929.

10. PROBLEMAS COM O MAGNETO: KEYNES E FISHER DURANTE A GRANDE DEPRESSÃO [pp. 330-62]

1. Arnold Toynbee, *Journal of International Affairs*, 1931, p. 1.

2. David Fettig, "Something unanticipated happened", in: *The region* (Minneapolis: Federal Reserve Bank of Minneapolis, 2000).

3. John Maynard Keynes a F. C. Scott, 15 de agosto de 1934.

4. John Maynard Keynes, "A British view of the Wall Street slump", *New York Evening Post*, 25 de outubro de 1929.

5. Charles A. Selden, "Big British labor gains; Third of vote counted; Tory control seems lost", *New York Times*, 31 de maio de 1929, p. 1.

6. Winston Churchill, "Disposal of surplus", *Hansard 1803-2005*, 15 de abril de 1929, Commons Sitting, Orders of the Day, <www.hansard.millbanksystems.com./commons/1929/apr/15/disposal-of-surplus>.

7. Lionel Robbins, *Autobiography of an economist* (Londres: Macmillan, 1971), p. 151.

8. John Maynard Keynes a Lydia Keynes, 1929.

9. Joseph J. Thorndike, "Tax cuts, confidence, and presidential leadership", 8 de setembro de 2008, <www.taxhistory.org/thp/readings.nsf/>.

10. John Maynard Keynes, "The Great Slump of 1930", *The Nation & Athenaeum*, 20 de dezembro de 1930 e 27 de dezembro de 1930, <www.gutenberg.ca/ebooks/keynes-slump/keynes-slump-00-h.html>.

11. John Maynard Keynes, *The general theory*, livro 6, capítulo 22, seção 3 (Londres: Macmillan, 1936), p. 322.

12. Keynes, "The Great Slump", *Nation*.

13. Ibid.

14. Godfrey Harold Hardy, "Mathematical proof", in: Raymond George Ayoub, *Musing of*

the masters: An anthology of mathematical reflections (Nova York: American Mathematical Association, 2004), p. 59.

15. Keynes, *The Great Slump of 1930*.

16. Robert Skidelsky, *John Maynard Keynes*, vol. 2, *The economist as savior, 1920-1937* (Londres: Macmillan, 1992), p. 333.

17. *Minority Report*, 35, pp. 507, 657-59, 660, 661, 662.

18. Skidelsky, *Keynes*, vol. 2, *The economist as savior*, p. 32.

19. Sir John Anderson a Ramsey MacDonald, 31 de julho de 1930.

20. 20 de outubro de 1930.

21. Ross McKibbin, "The economic policy of the Second Labour Government, 1929-1931", *Past and Present* 65 (1975), pp. 95-123.

22. Skidelsky, *Keynes*, vol. 2, *The economist as savior*, p. 524.

23. Irving Fisher, 2 de setembro de 1929, citação in: Kathryn M. Dominguez, Ray C. Fair, Matthew D. Shapiro, "Forecasting the Depression: Harvard versus Yale", *American Economic Review* 78, n. 4, setembro de 1988, p. 607.

24. "Fisher sees stocks permanently high", *New York Times*, 16 de outubro de 1929, p. 8.

25. Irving Fisher, 6 de janeiro de 1930, *Collected works*, org. Robert Barber, vol. 14, p. 4.

26. Harvard Economic Society, *Weekly letter*, vols. 8 e 9 (Cambridge, Mass.: Harvard University Press, 1929, citação in: Dominguez et al., "Forecasting the Depression", p. 606.

27. Irving Fisher, *The stock market crash and after* (Nova York: Macmillan, 1930).

28. Milton Fridman e Anna Jacobson Schwartz, *A monetary history of the United States, 1867-1960* (Princeton, NJ: Princeton University Press, 1971).

29. "Scores Coolidge in Market Slump", *New York Times*, 12 de janeiro de 1930.

30. Robert W. Dimond, "Irving Fisher's monetary macroeconomics", in: *The economics of Irving Fisher* (Londres: Elgar, 1999).

31. Irving Norton Fisher, *My father, Irving Fisher*, p. 263.

32. "Harvard group sees debt plan benefits: Believes moratorium will balance exchanges and remove pressure on commodities", *Wall Street Journal*, 17 de julho de 1931, p. 20; "The 1929 speculation and today's troubles: Controversy as to how far the 'Great Boom' caused the Great Depression", *New York Times*, 1º de janeiro de 1932, p. 33.

33. Irving Fisher, "The stock market panic in 1929", *Proceedings of the American Statistical Association*, 1930.

34. 22-23 de junho de 1931, citação in: Skidelsky, *Keynes*, p. 391.

35. John Maynard Keynes, notas datilografadas, King's College Archive.

36. John Maynard Keynes, líder da discussão, notas datilografadas, King's College Archive.

37. Taxa de desconto do Banco da Inglaterra, 1836-1939, National Bureau of Economic Research Macro Data Base, <www.nber.org/databases/macrohistory/rectdata/13/m13013.dat>.

38. Irving Fisher a Ramsay MacDonald, dezembro de 1931.

39. Vanessa Bell a Virginia Woolf, Skidelsky, *Keynes*, vol. 2, *The economist as savior*, p. 430.

40. Irving Fisher a Henry Stimson, 11 de novembro de 1932, citação in: Fisher, p. 273.

41. Lauchlin Bernard Currie, *Memorandum prepared by L. B. Currie, P. T. Ellsworth, and H. D. White* (Cambridge, Mass., 1932), reimpresso in: *History of political economy* 34, n. 3, outono de 2002, pp. 533-52.

42. Irving Fisher a Margaret Fisher, citação in: Irving Norton Fisher, *My father: Irving Fisher*, p. 267.
43. Walter Lippman, *Interpretations 1933-1935* (Nova York: Macmillan, 1936), p. 15.
44. K. M. Dominguez, Ray C. Fair, Matthew D. Shapiro, "Forecasting the Depression: Harvard versus Yale", *American Economic Review* 78, n. 4, setembro de 1988, pp. 595-612.
45. David Fettig, "Something unanticipated happened" (Minneapolis Fed, 2000).
46. Irving Fisher, *Booms and depressions: Some first principles* (Nova York: Adelphi, 1932).
47. Irving Fisher, "Cancellation of war debts", Southwest Foreign Trade Conference Address, 2 de julho de 1931, citação in: Giovanni Pavanelli, "The Great Depression in Irving Fisher's thought", *Fifth Annual Conference of the European Society for the History of Economic Thought*, fevereiro de 2001.
48. Irving Fisher, *The Depression: Causes and cures* (Miami: Committee of One Hundred, 1º de março de 1932).
49. "Economists urge release of gold", *New York Times*, 28 de outubro de 1931.
50. *New York Times*, 9 de dezembro de 1931.
51. Irving Fisher, *Booms and depressions*, p. viii.
52. R. G. Tugwell, *Brains trust* (Nova York, Viking, 1964), p. 97.
53. Kennedy, *Freedom from fear*, p. 113.
54. Tugwell, p. 98.
55. Franklin Delano Roosevelt, *Oglethorpe University Commencement Speech*, 22 de maio de 1932, <http/georgiainfo.galileo.usg.edu/FDRspeeches.htm>.
56. Franklin Delano Roosevelt, *Address to Commonwealth Club*, 23 de setembro de 1932, San Francisco, in: *Great Speeches* (Nova York: Courier Dover, 1999).
57. Kennedy, *Freedom from Fear*, p. 123.
58. John Maynard Keynes, *The means to prosperity* (Londres: Macmillan, 1933).
59. Irving Fisher, George Warren, da Universidade Cornell, e John Commons, da Universidade de Wisconsin a Franklin Roosevelt, 25 de fevereiro de 1933.
60. *The New York Times*, 31 de dezembro de 1933.
61. Irving Fisher a Irving Norton Fisher, 15 de agosto de 1933.
62. Irving Fisher a Margaret Hazard Fisher, citação in: Irving Norton Fisher, *My father, Irving Fisher*.
63. Skidelsky, *Keynes*, vol. 3, p. 506.
64. Ibid.
65. *The New York Times*, 29 de maio de 1933.
66. Donald E. Moggridge, *Maynard Keynes: An economist's biography* (Londres: Routledge, 1992), p. 584.
67. Irving Fisher a Howe (secretário de Franklin Delano Roosevelt), 18 de maio de 1934.
68. Irving Fisher a Margaret Hazard Fisher, 7 de junho de 1934.
69. John Maynard Keynes, *American Economic Review*, 1933.
70. John Maynard Keynes, *Lecture Notes*.
71. Citação in: Skidelsky, *Keynes*, p. 503.
72. John Maynard Keynes a George Bernard Shaw, 1º de janeiro de 1935.
73. Marriner S. Eccles, *Fortune*, abril de 1937, reproduzido in: *The lessons of monetary*

experience: Essays in honor of Irving Fisher presented to him on the occasion of his 70th birthday (Nova York: Farrar and Rhinehart, 1937), p. 6.

74. Friedrich Hayek, Austrian Institute of Economic Research Report, fevereiro de 1929.

75. Friedrich Hayek, entrevista, *Gold and silver newsletter* (Newport Beach, Calif.: Monex International, junho de 1976).

76. Lionel Robbins, *The Great Depression*, 1934.

77. Ibid.

78. Robbins, *Autobiography of an economist*, p. 154.

79. Skidelsky, *Keynes*, vol. 2, *The economist as savior*, p. 469.

80. Beatrice Webb, citação in: José Harris, *William Beveridge: A biography* (Oxford: Clarendon Press, 1977), p. 330.

81. Fritz Machlup a Barbara Chernow, 12 de junho de 1978.

82. John Maynard Keynes, "The pure theory of money: A reply to Dr. Hayek", *Econometrica*, vol. 11 (novembro de 1931), pp. 387-97.

83. Alan Ebenstein, *Friedrich Hayek: A biography* (Nova York: Palgrave, 2001), p. 81.

84. Erich Schneider, *Joseph A. Schumpeter; Leben und Werk eines grossen Sozialekonomenen* [Vida e obra de um grande cientista social].

85. Harold James, *The German slump: Politics and economics, 1924-36* (Oxford: Clarendon Press, 1986), p. 6.

86. Joseph Schumpeter, "The present world depression: A tentative diagnosis", in: American Economic Association, *Proceedings*, 31 de março de 1931.

87. Joseph Dorfman, *The economic mind in America*, vol. 4, p. 168.

88. Joseph Schumpeter ao rev. Harry Emerson Fosdick da igreja de Riverside, 19 de abril de 1933.

89. Douglas V. Brown, *The Economics of the Recovery Program* (Nova York: McGraw-Hill, 1934), reimpresso in: Joseph Schumpeter, *Essays: On entrepreneurs, innovations, business cycles, and the evolution of capitalism* (Nova York: Transaction Publishers, 1989)

90. Joseph Schumpeter, resenha de Keynes, *General theory of employment, interest and money*, *Journal of the American Statistical Association*, dezembro de 1936, pp. 791-5.

11. EXPERIÊNCIAS: WEBB E ROBINSON NOS ANOS 1930 [pp. 363-78]

1. Walter Duranty, *New York Times*, 20 de julho de 1931, p. 1.

2. Beatrice Webb a Arthur Salter, 12 de abril de 1932, Norman and Jeanne MacKenzie, orgs., *The letters of Sidney and Beatrice Webb* (Cambridge, Mass.: Harvard University Press, 1978).

3. Norman e Jeanne MacKenzie, orgs., *The diary of Beatrice Webb*, vol. 4, *1924-43: The wheel of life* (Cambridge, Mass.: Harvard University Press, 1985).

4. Ibid.

5. Ibid., p. 272.

6. Ibid., 14 de maio de 1932.

7. Ibid.

8. Ibid., 2 de setembro de 1931.
9. Ibid.
10. Ibid.
11. Walter Duranty, *New York Times*, 13 de novembro de 1932, p. 1.
12. MacKenzie, *Diary of Beatrice Webb*, vol. 4, pp. 299-301, 325, 328 (29 de março de 1933; 30 de março de 1933; 22 de fevereiro de 1934).
13. Beatrice e Sidney Webb, *Soviet communism: A new civilization* (Londres: Longmans, Green and Co., 1935), p. 265.
14. Bertrand Russell, *Autobiography* (Londres: George Allen and Unwein, 1967), pp. 74-5.
15. Robert Conquest, *Reflections on a ravaged country* (Nova York: W. W. Norton and Co., 2001), p. 148.
16. John Maynard Keynes, *Collected writings*, vol. 23, *Actitivies 1940-3* (Londres: Macmillan, 1979), p. 5.
17. Malcolm Muggeridge, *Chronicles of wasted time*, vol. 1, *The green stick* (Nova York: William Morrow, 1973), p. 207.
18. MacKenzie, *Diary of Beatrice Webb*, vol. 4, p. 371, 19 de junho de 1936.
19. John Maynard Keynes a Kingsley Martin, 1937, in: *The collected writings of John Maynard Keynes*, vol. 28, *Social, political and literary writings* (Londres: Macmillan, 1928), p. 72.
20. John Maynard Keynes, citação in: Muggeridge, *Chronicles*, p. 469.
21. John Maynard Keynes, "Democracy and efficiency", *New Statesman and Nation*, 28 de janeiro de 1939.
22. Ibid.
23. Rita McWilliams Tullberg, "Alfred Marshall and evangelicalism", in: Claudio Sardoni, Peter Kriesler, Geoffrey Colin Harcourt (orgs.), *Keynes, post-keynesianism and political economy* (Londres: Psychology Press, 1999), p. 82.
24. Austin Robinson a Joan Robinson, Robinson Papers, King's College Archive.
25. Major General Sir Edward Speers, "Forward", in: Sir Frederick Maurice e Nancy Maurice, *The Maurice case* (Londres: Archon Books, 1972), pp. 95-6.
26. Citação in: Marjorie Shepherd Turner, *Joan Robinson and the American* (Nova York: M. E. Sharpe, 1989), p. 13.
27. Margaret Gardiner, *A scatter of memories* (Londres: Free Association Books, 1988), p. 65.
28. Entrevista com Geoffrey Harcourt, Jesus College, University de Cambridge, 2000.
29. Joan Robinson a Richard Kahn, s.d., novembro de 1930.
30. Joan Robinson a Stevie Smith.
31. Ibid.
32. Austin Robinson a Joan Robinson, s.d., abril de 1926.
33. *Diary of Beatrice Webb*.
34. Dorothy Garratt a Joan Robinson, 26 de janeiro de 1932.
35. Joan Robinson a Richard Kahn, março de 1931.
36. Ibid.
37. Nahid Aslanbeigui e Guy Oakes, *The provocative Joan Robinson: The making of a Cambridge economist* (Durham, NC: Duke University Press, 2009)

38. James Meade, citação in: George R. Feiwell, *Joan Robinson and modern economic theory* (Nova York: New York University Press, 1989), p. 917.

39. Ibid., p. 916.

40. Aslangeigui e Oakes, *The provocative Joan Robinson*.

41. Joan Robinson a Austin Robinson, 11 de outubro de 1932.

42. Joan Robinson a Richard Kahn, dia de São Miguel Arcanjo, 1932; Joan Robinson a Austin Robinson, 11 de outubro de 1932; Richard Kahn a Joan Robinson.

43. Joan Robinson a Richard Kahn, 2 de março de 1933.

44. Joan Robinson, introdução a *The theory of employment* (Londres: Macmillan, 1969), p. xi.

45. Richard Kahn a Joan Robinson, março de 1933.

46. Joseph Schumpeter, "Review of Joan Robinson's theory of imperfect competition", *Journal of Political Economy*, 1934.

47. Dorothy Garrat a Joan Robinson, 25 de maio de 1934.

48. Joan Robinson a Richard Kahn, 5 de setembro de 1934.

49. John Maynard Keynes a Richard Kahn, 19 de fevereiro de 1938.

50. Andrew Boyle, *Climate of treason* (Londres: Hutchinson, 1979), pp. 63 e 453 (nota 4).

51. Geoffrey Harcourt, "Joan Robinson", *Economic Journal*.

52. Joan Robinson, "Review of *The nature of the capitalist crisis* by John Strachey", *Economic Journal* 46, n. 182, junho de 1936, pp. 298-302.

53. Joan Robinson, "Review of Britain without capitalists", *Economic Journal*, dezembro de 1936.

54. Taqui Altounyan, *Chimes from a Wooden Bell* (Londres: I. B. Taurus & Co., 1900) e *In Aleppo once* (Londres: John Murray, 1969).

55. Ernest Altounyan a Joan Robnson, 30 de maio de 1936.

56. Agatha Christie, *Murder on the Orient Express* (Nova York: Collins, 1934), p. 17.

57. Citação em Altounyan, *Chimes from a wooden bell*.

58. Entrevista com Frank Hahn, Churchill College, Universidade de Cambridge, 2000.

12. A GUERRA DOS ECONOMISTAS: KEYNES E FRIEDMAN NO TESOURO [pp. 379-98]

1. John Maynard Keynes, *How to pay for the war* (Londres: Macmillan, 1940), p. 17.

2. Friedrich von Hayek a Fritz Machlup, outubro de 1940.

3. Robert Skidelsky, *John Maynard Keynes*, vol. 3, *Fighting for freedom, 1937-46* (Nova York: Viking, 2001), p. 51.

4. Friedrich Hayek a Fritz Machlup, 19 de março de 1934 (Machlup Papers, caixa 43, pasta 15).

5. John Maynard Keynes, "Paying for the war I: The control of consumption", *Times* (Londres), 14 de novembro de 1939, e "Paying for the war II: Compulsory savings", *Times* (Londres), 15 de novembro de 1939, p. 9.

6. Skidelsky, *Keynes*, vol. 3, p. 179.

7. John Maynard Keynes a F. A. Hayek, citação in: Skidelsky, ibid., p. 56.

8. John Maynard Keynes a J. T. Sheppard, 14 de agosto de 1940.

9. Skidelsky, *Keynes*, vol. 3, p. 179.

10. Winston Churchill a Clementine Churchill, 18 de julho de 1914, in: Mary Soames, *Winston and Clementine: The personal letters of the Churchills* (Nova York: Hougton Mifflin Harcourt, 2001), p. 96.

11. John Maynard Keynes a Russell Leffingwell, 1º de julho de 1942.

12. John Maynard Keynes a P. A. A. Hadley, 10 de setembro de 1941.

13. "Wheeler doubts president will order convoys", *Chicago Daily Tribune*, 10 de maio de 1941.

14. Sir John Weeler Bennet, *New York Times*, 24 de novembro de 1940, p. 7.

15. Alan Milward, *War, economy and society, 1939-1945* (Berkeley: University of California Press, 1979), p. 49.

16. Gernard L. Weinberg, *A world at arms: A global history of World War II* (Cambridge: Cambridge University Press, 2005); David Kennedy, *Freedom from fear: The American people in depression and war* (Oxford: Oxford University Press, 1999), p. 446.

17. Winston Churchill a Franklin D. Roosevelt, 7 de dezembro de 1940, Great Britain Diplomatic Files.

18. Franklin D. Roosevelt, conferência de imprensa, Casa Branca, 17 de dezembro de 1940, <http://docs.fdrlibrary.marist.edu/ODLLPc2.html>.

19. Ibid.

20. Franklin Roosevelt, "Conversa ao pé da lareira", transmissão radiofônica, Casa Branca, 29 de dezembro de 1940, <http://docs.fdrlibrary.marist.edu/122940.html>.

21. Winston S. Churchill a Franklyn D. Roosevelt, 31 de dezembro de 1940, in: Martin Gilbert (org.), *The Churchill war papers* (Nova York: W. W. Norton and Co., 2000), pp. 3, 11.

22. Winston S. Churchill a Sir Kingsley Wood, 20 de março de 1941, in: Gilbert, *The Churchill War Papers*, 3, p. 372.

23. Franklin D. Roosevelt, discurso de campanha, Boston, 30 de outubro de 1940, <www.presidency.ucsb.edu>.

24. Franklin D. Roosevelt, diálogo no Salão Oval com auxiliares não identificados, 4 de outubro de 1940, White House Office Transcript, 48-61: 1, Franklin D. Roosevelt Presidential Library and Museum, Hyde Park, Nova York, <http//docs.fdrlibrary.marist.edu:800/transcr7.html>.

25. Weinberg, *A world at arms*, p. 240.

26. John Maynard Keynes, citação in: Skidelsky, *Keynes*, vol. 3, *Fighting for freedom*, p. 102.

27. Paul A. Samuelson in: *The coming of keynesianism*, p. 170.

28. Ibid.

29. Citação in: Skidelsky, *Keynes*, vol. 3, *Fighting for freedom*, p. 116.

30. John Kenneth Galbraith, *A life of our times*.

31. F. Scott Fitzgerald, *This side of Paradise* (Nova York, 1930).

32. Milton Friedman e Rose Friedman, *Two lucky people* (Chicago: University of Chicago Press, 1998).

33. Ibid.

34. Ibid.

35. Ibid.

36. Herbert Stein, *Presidential economics: The making of economic policy from Roosevelt to Clinton* (Washington, DC: American Enterprise Institute, 1994).

37. Friedman e Friedman, *Two lucky people*.
38. Ibid., p. 107.
39. Galbraith, *A life in our times*, p. 163.
40. Ibid. Galbraith foi assistente e, em seguida, chefe da Divisão de Preços. Richard Gilbert, George Stigler, Walter Salant e Herbert Stein pertenciam à equipe econômica do OPA.
41. Citação in: ibid., p. 133. A Regulamentação Geral dos Preços Máximos, de 1942, passou a ter efeito em 28 de abril.
42. Friedman e Friedman, *Two lucky people*, p. 113. Ver também Milton Friedman e Walter Salant, *Economic Review 32*, junho de 1942, pp. 308-20; Milton Friedman, "The spending tax as a wartime fiscal measure", *American Economic Review*, março de 1943, pp. 50-62.
43. Friedman e Friedman, *Two lucky people*.
44. Ibid., p. 113.
45. Ibid.
46. A retenção foi imposta pela primeira vez sobre a renda de 1943, mas o Plano Ruml, tema de um debate em 1942, pretendia que ela fosse imposta sobre a renda de 1942. O Decreto dos Rendimentos, de 1942, foi aprovado em 21 de outubro de 1942; o Decreto de Pagamento de Impostos Correntes, em 9 de junho de 1943.
47. Friedman e Friedman, *Two lucky people*.
48. Ibid., p. 116.
49. Isaiah Berlin, 3 de março de 1942, *Washington Dispatches*, p. 25.
50. Ibid.
51. Herbert Stein, *Presidential economics*, p. 68.

13. EXÍLIO: SCHUMPETER E HAYEK NA SEGUNDA GUERRA MUNDIAL [pp. 399-407]

1. Friedrich Hayek, *The road to serfdom* (Chicago: University of Chicago Press, 1944).
2. Joseph Schumpeter, *Capitalism, socialism and democracy* (Nova York: Harper and Co., 1942).
3. Ibid.
4. Joseph Schumpeter a Irving Fisher, 18 de fevereiro de 1946.
5. Joseph Schumpeter, Diário, 30 de outubro de 1942.
6. John Hicks, "The Hayek story", in: *Critical essays in monetary theory* (Oxford, UK: Oxford University Press, 1967).
7. Friedrich Hayek a Fritz Machlup, janeiro de 1935.
8. Friedrich Hayek a Fritz Machlup, 1º de maio de 1936.
9. Friedrich Hayek a Fritz Machlup.
10. Friedrich Hayek a Fritz Machlup.
11. Friedrich Hayek a Fritz Machlup, 14 de dezembro de 1940.
12. Friedrich Hayek a Fritz Machlup, 21 de junho de 1940.
13. Friedrich Hayek a Alvin Johnson, 8 de agosto de 1940.
14. Friedrich Hayek a Alfred Schutz, 26 de setembro de 1943.
15. Friedrich Hayek a Fritz Machlup.

16. Friedrich Hayek a Fritz Machlup, 21 de junho de 1940.
17. Friedrich Hayek a Herbert Furth, 27 de janeiro de 1941.
18. Friedrich Hayek a Fritz Machlup, 2 de janeiro de 1941.
19. Friedrich Hayek a Fritz Machlup.
20. Friedrich Hayek a Fritz Machlup, 31 de julho de 1941.
21. Friedrich Hayek, *The road to serfdom*.
22. Ibid.
23. Ibid., p. 135.
24. Friedrich Hayek, "O caminho da servidão: palestra no Clube Econômico de Detroit, 23 de abril de 1945", datilografado, Hoover Institution.
25. Citação in: Fritz Machlup a Friedrich Hayek, 21 de janeiro de 1943.
26. Ordway Tead a Fritz Machlup, 25 de setembro de 1943.

TERCEIRO ATO
PRÓLOGO: NADA A TEMER [pp. 411-8]

1. James MacGregor Burns, *Roosevelt: The soldier of freedom, 1940-5* (Nova York: Harcourt Brace Jovanovich, 1970), p. 424.
2. Franklin Delano Roosevelt, "Economic Bill of Rights", Discurso do Estado da União, 11 de janeiro de 1944, transcrição, Franklin D. Roosevelt Presidential Library and Museum, Hyde Park, Nova York, <http://www.fdrlibrary.marist.edu/archives/stateoftheunion.html>.
3. Ibid.
4. James McGregor Burns, *Roosevelt: The soldier of the freedom*, vol. 2 (Nova York: Harcourt Brace Jovanovich, 1970), p. 426.
5. John Maynard Keynes a Sir J. Anderson, 10 de agosto de 1944, citação in: Robert Jacob Alexander Skidelsky, *John Maynard Keynes*, vol. 3, *Fighting for freedom* (Nova York: Viking Press, 2001), p. 360.
6. Gunnar Myrdal, "Is American business deluding itself?", *Athlantic Monthly*, novembro de 1944, pp. 51-8.
7. Roosevelt, Discurso do Estado da União, 11 de janeiro de 1944.
8. Ibid.
9. Alvin H. Hansen, "The postwar economy", in: Seymour E. Harris (org.), *Postwar economic problems* (Nova York: McGraw-Hill Book Company, 1943), p. 12.
10. Paul A. Samuelson, "Full employement after the war", in: Harris, *Postwar economic problems*, p. 27, p. 52.
11. Joseph A. Schumpeter, "Capitalism in the postwar world", in: Harris, *Postwar economic problems*, pp. 120-1.
12. Ibid.
13. Roosevelt, Discurso do Estado da União, 11 de janeiro de 1944.
14. Myrdal, "Is American business deluding itself?".
15. George Orwell, *Nineteen eighty-four* (Londres: Penguin Classics, 2009), p. 231.
16. Roosevelt, Discurso do Estado da União, 11 de janeiro de 1944.
17. John Lewis Gaddis, *The Cold War: A new history* (Nova York: Penguin, 2006), p. 14.

18. John Maynard Keynes, *The general theory* (1936; repr. Londres: MacMillan & Co., 1954), pp. 383-4.

14. PASSADO E FUTURO: KEYNES EM BRETTON WOODS [pp. 419-28]

1. Franklin Delano Roosevelt, mensagem aos delegados de Bretton Woods, julho de 1944.
2. John Maynard Keynes a Florence Keynes, 28 de junho de 1944.
3. Robert Skidelsky, *John Maynard Keynes*, vol. 3, *Fighting for freedom 1937-1946* (Nova York: Viking, 2000), p. 343.
4. John Maynard Keynes a Friedrich Hayek, julho de 1944.
5. John Maynard Keynes, "My early beliefs", in: *Essays in biography*.
6. Lionel Robbins, *Autobiography of an economist* (Londres: Macmillan, 1976).
7. John Maynard Keynes a Friedrich Hayek, julho de 1944.
8. Lydia Keynes, citada in: Liaquat Ahmed, *Lords of finance: The bankers who broke the world* (Nova York: Penguin, 2009).
9. Corder Hull, *The memoirs of Corder Hull* (Nova York: Macmillan, 1948), 1, p. 81.
10. Documentos de Harry Dexter White, Arquivo da Universidade Princeton.
11. Skidelsky, *Keynes*, vol. 3, *Fighting for freedom*, p. 348.
12. Ibid.
13. Ibid.

15. DE VOLTA DA SERVIDÃO: HAYEK E O MILAGRE ALEMÃO [pp. 429-39]

1. George Orwell, resenha de *The road to serfdom* (1944).
2. Isaiah Berlin, 31 de março de 1945, *Washington dispatches, 1941-1945: Weekly political reports from the British Embassy* (Chicago: University of Chicago Press, 1981).
3. Berlin, *Dispatches*, 6 de maio de 1945.
4. Berlin, *Dispatches*, 10 de junho de 1945.
5. Friedrich Hayek a Fritz Machlup e *Message on the concentraton of economic power*, 29 de abril de 1938.
6. Marquis Childs, "Washington calling: Hayek's 'Free Trade'", *Washington Post*, 6 de junho de 1945, <http://www.proquest.com.ezproxy.cul.columbia.edu> (acesso em 10 de fevereiro de 2011).
7. George Kennan, *Memoirs 1925-50* (Nova York: Atlantic Monthly Press, 1967), p. 292.
8. Friedrich Hayek a Lydia Keynes, 21 de abril de 1946.
9. Harry S. Truman, 12 de março de 1947, transcrição da Doutrina Truman (1947), <http://www.ourdocuments.gov/>; Robert A. Pollard, *Economic security and the origins of the Cold War, 1945-1950* (Nova York: Columbia University Press, 1985), p. 123, <http/questia.com>.
10. Friedrich Hayek, "Opening addres to a conference at Mont Pélerin", 1947, P. G. Klein (org.), *The collected works of F. A. Hayek, Volume IV: The Fortunes of Liberalism* (Chicago, Ill.: University of Chicago Press, 1992), p. 238.

11. Friedrich A. Hayek, *Nobel Prize winning economist Friedrich A. von Hayek* (Los Angeles University of California at Los Angeles Oral History Program, 1983), <http://www.archive.org/stream/nobelprizewinnin00hayhek#page/n11/mode/2up>.

12. *Statement of aims*, Mont Pélerin Society, <https:www.montpelerin.org/montpelerin/mpsGoals.html>.

13. Contribuição de Orson Welles a *The third man*, 1949, in: Robert Andrews, *The Columbia dictionary of quotations* (Nova York: Columbia University Press, 1993), p. 888.

14. Citação in: Kurt R. Leube, "Hayek in war and peace", *Hoover Digest*, n. 1, 2006.

15. Ray Monk, *Wittgenstein: The duty of genius* (Nova York: Penguin Books), p. 518.

16. Friedrich Hayek, *Hayek on Hayek: An autobiographical dialog*, Stephen Kresge (org.) (Chicago University Press, 1994), pp. 105-6.

17. Austin Robinson, *First sight of postwar Germany, May-June 1945* (Cambridge: The Canteloupe Press, 1986).

18. Ibid.

19. John Maynard Keynes a Austin Robinson, junho de 1945.

20. Ludwig Erhard, *Germany's comeback in the world market* (Nova York: Macmillan, 1954).

16. INSTRUMENTOS DE COMPETÊNCIA: SAMUELSON VAI A WASHINGTON [pp. 440-57]

1. Citação in: Philip Saunders e William Walstead, *The principles of economics course* (Nova York: McGraw-Hill, 1990), p. ix.

2. Paul A. Samuelson, *The Samuelson Sampler* (Glen Ridge, NJ: Thomas Horton & Co., 1973), p. vii.

3. Paul A. Samuelson with Everett Hagen, "Studies in Wartime Planning for Continuing Full Employment" (Washington, DC: National Resource Planning Board, 1944); Paul A. Samuelson et al., *After the War 1918-20* (Washington, DC: National Resource Planning Board, 1942) e Paul. A. Samuelson et al. (Washington, DC: National Resource Planning Board, 1942).

4. Paul A. Samuelson, Godkin Lecture 1.

5. Alan Milward, *War, economy and society 1939-1945* (Berkeley: University of California Press, 1980).

6. Will Lissner, *New York Times*, 3 de setembro de 1944, p. 23.

7. Paul A. Samuelson, "Unemployment ahead and the coming economic crisis", *New Republic*, setembro de 1944.

8. Citação em Polenberg, p. 94.

9. Entrevista, Paul Samuelson.

10. Paul A. Samuelson e William Nordhaus, *Economics: The original 1948 edition*, p. 573.

11. Robert Summers, pai de Lawrence Summers. Ele e Harold Samuelson, irmão mais velho de Paul Samuelson, mudaram seu sobrenome para "Summers" numa tentativa de evitar o antissemitismo.

12. Florence Wieman, South Chicago, *The Scroll*, maio de 1930.

13. Paul A. Samuelson, "Reflections on the Great Depression", datilografado.

14. Ibid., p. 58.

15. Paul A. Samuelson, "How foundations came to be", *Journal of Economic Literature*, 1998, p. 1376.

16. Tsuru Shigeto, "Reminiscences ouf our 'sacred decade of twenties'", *The American Economist* (outono de 2007).

17. Samuelson, "Reflections on the Great Depression".

18. Herbert Stein, *Presidential economics*.

19. Paul A. Samuelson, entrevista.

20. Joseph Schumpeter a Paul A. Samuelson, 3 de novembro de 1947.

21. Robert Maynard Hutchins, citação in: David Kennedy, *Freedom from fear: The American people in depression and war* (Oxford, UK: Oxford University Press, 2001).

22. Paul A. Samuelson a E. Wheeler Loomis, diretor, MIT Radiation Laboratory, 26 de abril de 1945.

23. Kenneth Elzinga, "The eleven principles of economics", *Southern Economic Review*, abril de 1992.

24. Stanley Fisher, entrevista com Paul A. Samuelson, transcrição de texto datilografado.

25. William F. Buckey, *God and man at Yale* (Washington, DC: Regnery Gateway, 1951).

26. Ibid., p. 49.

27. Ibid., p. 60.

28. Ibid., p. 81.

29. Paul A. Samuelson, *Economics* (Nova York: McGraw-Hill, 1948), p. 412.

30. Ibid., p. 434.

31. Ibid., p. 152.

32. Ibid., p. 380.

33. Ibid., p. 433.

34. Ibid., p. 3.

35. Ibid., p. 584.

36. Paul A. Samuelson, *Economics*, 4th ed. (Nova York: McGraw-Hill), pp. 209-10.

37. Samuelson, *Economics*, 1ª ed., p. 607.

38. Ibid., p. 271.

39. Ibid.

17. A GRANDE ILUSÃO: ROBINSON EM MOSCOU E PEQUIM [pp. 458-78]

1. Joan Robinson, conferência, Universidade de Cambridge, citação in: Harry G. Johnson, *On economics and society* (Chicago: University of Chicago Press, 1975), p. 110.

2. Joan Robinson, *Conferencen Sketch Book, Moscow, April 1952* (Cambridge: W. Heffer and Sons, 1952), p. 19.

3. Ibid., 6, 21, pp. 23-4.

4. Alec Cairncross, "The Moscow Economic Conference", *Soviet Studies* 4, n. 2, outubro de 1952, p. 114.

5. Robinson, *Conference Sketch Book*, p. 5.

6. Robinson, *Conference Sketch Book*, 7-8; Cairncross, "The Moscow Economic Conference", p. 119.

7. Robinson, *Conference Sketch Book*, p. 23.

8. "Russia: Two Faces West", *Time*, 14 de abril de 1952.

9. Robinson, *Conference Sketch Book*, p. 11.

10. Comitê para a Promoção do Comércio Internacional, *International Economic Conference in Moscow April 3-12, 1952* (Moscou, 1952); Oleg Hoeffding, "East-West trading possibilities: An appraisal of the Moscow Economic Conference", *American Slavic and East European Review*, 1953; Richard B. Day, *Cold War Capitalism: The view from Moscow, 1945-1975* (Armonk, NY: M. E. Sharpe, 1995), p. 79.

11. Comitê para a Promoção do Comércio Internacional, *International Economic Conference*, p. 85.

12. Robinson, *Conference Sketch Book*, p. 28.

13. Ibid.

14. Ibid., p. 3, p. 5.

15. Joan Robinson a Richard Kahn, 4 de abril de 1952, Papers of Richard Ferdinand Kahn, RFK/13/90/5, King's College, Universidade de Cambridge.

16. Paul Samuelson, "Remembering Joan", in: G. R. Feiwell (org.), *Joan Robinson and modern economic theory* (Londres: Macmillan, 1989), p. 135.

17. Paul Preston, Michael Partridge e Piers Ludlow, "British documents on foreign affairs: Reports and papers from the Foreign Office Confidential Print" (Lexis Nexis, 2006).

18. Cairncross, "The Moscow Economic Conference", pp. 113 e 118.

19. *Economic problems of socialism in the U.S.S.R.* (Nova York: International Publishers, 1952), pp. 26 e 30. "Observações sobre questões econômicas ligadas à discussão de novembro de 1951", de autoria de Stálin, foram distribuídas por volta de 7 de fevereiro de 1952 aos membros do Comitê Central que preparavam o manual de Stálin sobre a teoria econômica soviética. "Observações" foi publicado ainda naquele ano sob o título de *Economic problems*.

20. John Lewis Gaddis, *We now know: Rethinking Cold War history* (Nova York: Oxford University Press, USA, 1997), p. 195.

21. Stálin, *Economic problems of socialism*, p. 27.

22. Richard B. Day, *Cold War capitalism: The view from Moscow, 1945-75* (Armonk, NY: M. E. Sharpe, 1995), p. 76.

23. Ethan Pollock, "Conversations with Stalin on questions of political economy", julho de 2001, Working Paper n. 33, Cold War International History Project, Woodrow Wilson International Center for Scholars, <http://www.wilsoncenter.org/topics/pubs/ACFB07.pdf>.

24. Robinson, *Conference Sketch Book*.

25. Geoffrey Colin Harcourt, "Some reflections on Joan Robinson's changes of mind and their relationship to post-keynesianism and the economics profession", in: *Capitalism, socialism and post-keynesianism: Selected essays of George Harcourt* (Cheltenham, UK: Edward Elgar, 1995), p. 111.

26. Joan Robinson, *The problem of full employment: An outline for study circles* (Londres: Workers Educational Association, 1943).

27. Stephen Brooke, "Revisionists and fundamentalists: The labour party and economic policy during the Second World War", *Historical Journal*, março de 1989, p. 158.

28. Elizabeth Durbin, *New Jerusalems: The Labour Party and the economics of democratic socialism* (Londres: Routledge and Keegan Paul, 1985), p. 164.

29. Citação in: C. W. Guillebaud, "Review of Joan Robinson, *Private enterprise or public control: Handbook for discussion groups*", *Economica* 10, n. 39 (agosto de 1943), p. 265.

30. J. E. King, "Planning for abundance: Joan Robinson and Nicholas Kaldor, 1942-1945", in: European Society for the History of Economic Thought, *Political Events and Economic Ideas* (Londres: Elgar), p. 307.

31. Jonathan Schneer, "Hopes deferred or shattered: The British labour left and the third force movement, 1945-1949", *Journal of Modern History*, junho de 1984, p. 197.

32. Joseph Stalin, *Meeting between comrades Stalin and H. Pollitt 31st May 1950*, transcrição, Russian State Archive of Social and Political History, p. 4.

33. Eric Shaw, *Discipline and discord in the Labour Party* (Manchester, UK: University of Manchester Press, 1988).

34. Harold Laski, *The secret battalion*, panfleto de 1946 defendendo a rejeição do Partido Trabalhista à solicitação de filiação do Partido Comunista da Grã-Bretanha.

35. Joan Robinson, "Preparation for war", *Cambridge Today*, outubro de 1951, reimpresso in: *Monthly Review*, n. 2, 1951, pp. 194-5.

36. Richard Gardner, *Sterling dollar diplomacy: Anglo-American collaboration in the reconstruction of multilateral trade* (Londres: Clarendon, 1956), p. 298.

37. Schneer, "Hopes deffered or shattered".

38. Joan Robinson, BBC, *London Forum*, 25 de junho de 1947, citação, ibid., p. 221.

39. "Why the CP says reject the Marshall Plan", 5 de julho de 1947, citação in: Keith Laybourn, *Marxism in Britain: Dissent, decline and re-emergence, 1945-c.2000* (Nova York: Taylor and Francis, 2006), p. 35.

40. Robert Solow, citação in: Marjorie Shepherd Turner, *Joan Robinson and the Americans* (Armonk, NY: M. E. Sharpe, 1989), p. 143.

41. Joan Robinson a Richard Kahn, King's College Archive.

42. Christopher Andrew, *Defend the realm: The authorized history of MI5* (Nova York: Alfred A. Knopf, 2009), p. 400; Marjorie S. Turner, *Joan Robinson and the Americans*, p. 86; Percy Timberlake, *The 48 group: The story of the icebreakers in China* (Londres: 48 Group Club, 1994).

43. Milton Friedman e Rose Friedman, *Two lucky people, Memoirs* (Chicago: University of Chicago Press, 1998), pp. 245-6.

44. Robert Clower, citação in: Turner, *Joan Robinson and the Americans*, p. 133.

45. Alvin L. Marty, "A reminiscence of Joan Robinson", *American Economic Association Newsletter*, outubro de 1991, pp. 5-8.

46. Arthur Pigou a John Maynard Keynes, junho de 1940, King's College Archive.

47. Michael Straight, citação in: Turner, *Joan Robinson and the Americans*, p. 56.

48. Brian Loasby, "Joan Robinson's wrong turning", in: Ingrid H. Rima (org.), *The Joan Robinson Legacy* (Londres: M. E. Sharpe, 1991), p. 34.

49. Joan Robinson, "Mr. Harrod's dynamics", *Economic Journal*, março de 1949, p. 81.

50. Joan Robinson, "Review of Joseph Schumpeter", *Capitalism, socialism and democracy*, *Economic Journal*, 1943.

51. Sidney Hook, "Review of Rosa Luxemburg, *The accumulation of capital*, with a Preface by Joan Robinson", 1951.

52. Joan Robinson, *The accumulation of capital* (Londres: Macmillan, 1956).

53. Roy Forbes Harrod, *Toward a dynamic economics* (Londres: Macmillan, 1948).

54. Joan Robinson, "Mr. Harrod's dynamics", p. 85.

55. Joan Robinson, "Model of an expanding economy", *Economic Journal*, março de 1954.

56. Joan Robinson, *Letters from a visitor to China* (Cambridge: Students' Bookshop, 1954), p. 8.

57. Joan Robinson, "Has capitalism changed?", *Monthly Review*, 1961.

58. Samuelson, "Remembering Joan", pp. 121-43.

59. Stanislaw H. Wellisz, resenha, *Review of Economics and Statistics* 40, n. 1, fevereiro de 1958, pp. 87-8.

60. Elizabeth S. Johnson and Harry G. Johnson, *The legacy of Keynes* (Oxford: Basil Blackwell, 1978).

61. Samuelson, "Remembering Joan".

62. Abba Lerner, "*The accumulation of capital*", *American Economic Review*, setembro de 1957, pp. 693 e 699.

63. L. R. Klein, "*The accumulation of capital*" by Joan Robinson", *Econometrics* 26, n. 4, outubro de 1958, pp. 622 e 624.

64. Robert Solow, "Technical change and the aggregate production function", *Review of Economics and Statistics* 39, n. 3, agosto de 1957, p. 320, e Robert Solow, citação in: Turner, *Joan Robinson*, p. 143.

65. Joan Robinson, *Private enterprise or public control* (Londres: English University Press Ltd.), pp. 13-4.

66. Citação in: Jason Becker, *Hungry ghosts: Mao's secret famine* (Londres: Macmillan, 1998), p. 292.

67. George J. Stigler, resenha de *Economic philosophy*, por Joan Robinson, *The Journal of Political Economy* 71, n. 2, abril de 1963, pp. 192-3 (ênfase acrescentada).

18. ENCONTRO MARCADO COM O DESTINO: SEN EM CALCUTÁ E EM CAMBRIDGE [pp. 479-94]

1. Amartya Sen, *Development as freedom* (Nova York: Alfred A. Knopf, 1999), p. 36.

2. Sankar Ray, "The third world apologist finally strikes", *Calcutta Online*, 15 de outubro de 1998, <http://www.nd.edu/-kmukhopa/cal300/sen/art1014m.htm>.

3. Real Academia Sueca de Ciências, "The prize in economics 1998 — Press release", 14 de outubro de 1998, <http://nobelprize.org/nobel_prizes/economics/laureates/1998/press.html>.

4 John B. Seely, *The road book of India* (Londres: J. M. Richardson and G. B. Whittaker, 1825), p. 12: "Dacca [...] é celebrizada pela manufatura das mais finas e belas musselinas". A musselina era um assunto preferido nas cartas de Jane Austen enviadas a sua irmã Cassandra. Em *Northanger Abbey* (1818), um pretendente em potencial alcança grande sucesso com uma dama

de companhia ao narrar-lhe o "bom negócio prodigioso" que fez ao comprar uma saia para sua irmã, de "verdadeira musselina indiana".

5. William Sproston Caine, *Picturesque India: A handbook for European travellers* (Londres: George Routledge and Sons Limited, 1891), p. 367.

6. Amartya Sen, entrevista com a autora. A não ser quando acompanhadas de notas, as citações do sr. Sen se referem a discussões e entrevistas com a autora.

7. Archibald Percivel Wavell a Winston Churchill, telegrama, fevereiro de 1944, in: Penderel Moon (org)., *Wavell: The Viceroy's Journal* (Oxford University Press, 1973), p. 54.

8. Amartya Sen, "Autobiography", <http://nobelprize.org/nobel_prizes/economics/laureates/1998/sen-autobio.html>.

9. Ibid.

10. Amita Sen, entrevistada pela autora.

11. Indira Gandhi, *Selected speeches and writings of Indira Gandhi*, vol. 5, *January 1, 1982-October 30, 1984* (Delhi: Publications Division, Ministry of Information and Broadcasting, Government of India, 1986), p. 457.

12. Arjo Klamer, "A conversastion with Amartya Sen", *Journal of Economic Perspectives* 3, n. 1, inverno de 1989, p. 148.

13. Jean Drèze e Amartya Sen, *India, development and politics* (Oxford University Press, 2002), p. 3.

14. Amartya Sen, "The impossibility of a paretian liberal", *Journal of Political Economy* 78, 1970, pp. 152-7.

15. Drèze e Sen, *India, development and politics*, p. 2.

16. Indicadores de Desenvolvimento Mundial do Banco Mundial (acesso em 13 de abril de 2011): <http:data.worldbank.org/indicators>.

epílogo: imaginando o futuro [pp. 495-7]

1. John Maynard Keynes, *The general theory of employment, interest and money* (Nova York: Harcourt, Brace, 1936), p. 383.

2. Robert Solow, "Faith, hope and clarity" in: David Colander e Alfred William Coats (orgs.), *The spread of economic ideas* (Cambridge, Mass.: Cambridge University Press, 1993), p. 37.

Créditos das imagens

Mary Evans Picture Library: 1, 2, 4, 10, 12
Hulton Archive/Getty Images: 3
Coleção Instituto Internacional de História Social, Amsterdam: 5, 6
Cortesia da Biblioteca Marshall de Economia, Universidade de Cambridge: 7, 8
Cortesia da Biblioteca da Escola de Economia e de Ciência Política de Londres, número de referência 00042: 9
© The National Portrait Gallery, Londres: 11, 21
Manuscripts & Archives, Universidade Yale: 13
Universidade de Albany, Universidade Estadual de Nova York: 14
Arquivo da Universidade Harvard, telefone # HUGBS 276.90p (2): 15
Mary Evans Picture Library / Thomas Cook Archive: 16
Cortesia de Michael Nedo e The Wittgenstein Archive, Cambridge: 17, 18
Mary Evans Picture Library / Robert Hunt Collection: 19
Cortesia do Arquivo de Estado da Áustria: 20
"Foto de Duncan Grant e Maynard Keynes na Asheham House em Sussex, lar de Leonard e Virginia Woolf" — Vanessa Bell © Tate, Londres 2011: 22
Keystone France / Gamma Keystone / Getty Images: 23
The Cambridgeshire Collection, Biblioteca Central de Cambridge: 24
Cortesia de Peter Lofts Photography: 25, 26
E. O. Hopper / Time & Life Pictures / Getty Images: 27
Arquivo da Universidade Harvard, telefonar # HUGBS 276.90p (43): 28
Cortesia da Biblioteca Presidencial Franklin D. Roosevelt: 29
Cortesia de Jan Martel: 30

Cortesia do Fundo Monetário Internacional: 31
Cortesia do Museu MIT: 32
Cortesia do 48 Group Club: 33
Cortesia da Parceria Cambridge-India: 34
AP Photo / Richard Drew: 35

Índice remissivo

Academia Britânica, 432, 469
aço, 161, 163, 164, 194, 300, 316
ações, 94, 99, 103, 173, 203, 205, 217, 218, 242, 255, 267, 289, 290, 291, 297, 300, 303, 319, 328, 329, 330, 332, 334, 336, 337, 338, 339, 343, 344, 345, 357, 360, 362, 371, 387, 445, 455, 465
açúcar, 36, 176, 194, 201, 202, 207, 209, 231
Adler, Friedrich, 247
Adler, Salomon, 477
África, 149, 199, 202, 209, 211, 374, 387, 471, 481, 493
agricultura, 105, 161, 173, 177, 231, 331, 348, 350, 361, 391, 436, 443, 444, 445, 481, 482; a Grande Depressão e, 339, 349, 351; americana, 161, 176, 177, 182, 347, 443; greve de 1874, 87, 88, 89; preços das colheitas, 182, 349; Primeira Guerra Mundial e, 231; soviética, 311
Albert, príncipe, 42, 50, 52
Aldrich, Winthrop, 430
Alemanha, 29, 31, 32, 33, 41, 42, 44, 154, 157, 173, 182, 193, 206, 217, 220, 221, 224, 229, 231, 236, 237, 241, 244, 248, 251, 252, 253, 254, 257, 258, 265, 266, 267, 268, 269, 270, 271, 272, 273, 274, 275, 276, 277, 281, 282, 283, 284, 314, 319, 356, 357, 360, 361, 365, 379, 380, 382, 384, 386, 388, 397, 400, 406, 416, 424, 430, 434, 435, 436, 437, 438, 456, 464, 473, 496
Alemanha Oriental, 465
algodão, 28, 34, 69, 106, 114, 160, 182, 200, 201, 202, 211, 318, 330, 332
Aliados, 219, 220, 221, 226, 231, 238, 241, 244, 249, 252, 253, 254, 255, 257, 266, 267, 268, 269, 270, 273, 278, 282, 284, 382, 399, 400, 403, 411, 415, 417, 424, 434, 438, 441, 456, 483
Allais, Maurice, 434
Altounyan, Ernest, 377, 378, 464, 468
American Economic Review, 352
Anderson, John, 436
Angell, Norman, 214
Anschluss, 221, 241, 250, 251, 252, 402
Antissemitismo, 194, 391, 402, 426
Arábia Saudita, 271

Aristóteles, 489
armas nucleares, 448, 451, 460, 465, 480
Arrow, Kenneth, 469, 476, 489, 490; *Social choice and individual values*, 489; teorema da impossibilidade, 489
Ashmead-Bartlett, Ellis, 247, 248
Ásia, 209, 365, 412, 417, 439, 471, 493, 494
Asquith, Margot, 156, 157, 278
Assistência *ver* bem-estar
Associação dos Banqueiros Americanos, 430
Associação dos Colonos Universitários, 68
Associação dos Estudantes Democráticos, 299
Associação Econômica Americana, 169, 179, 339, 361
Associação Econômica Britânica, 173
AT&T, 320
Ato Antitruste Sherman, 164
Ato Bancário (1935), 356
Ato da Carta Bancária, 61
Ato da Segunda Reforma, 67
Ato de Propriedade das Mulheres Casadas (1881), 113
Ato de Reforma de 1867, 75
Ato de Seguridade Social, 356
Ato do Pagamento de Impostos Correntes (1943), 398
Attlee, Clement, 465
Austen, Jane, 9, 11, 18, 174, 481; *Orgulho e preconceito*, 9; *Razão e sensibilidade*, 10
Áustria, 193, 194, 199, 206, 220, 226, 228, 229, 230, 231, 232, 233, 236, 237, 238, 239, 240, 241, 242, 243, 244, 246, 248, 251, 252, 253, 254, 255, 257, 268, 273, 276, 284, 286, 287, 288, 289, 290, 298, 299, 300, 319, 357, 359, 402, 434

Babson, Roger, 329, 336
Bagehot, Walter, 27, 180; *Lombard Street*, 27
Baldwin, Stanley, 309
Balés Russos, 310
Balfour, Arthur, 149, 153, 322
Balzac, Honoré de, 64
bancarrota, 175, 258

Banco Biedermann, 292, 295
Banco da França, 334
Banco da Inglaterra, 61, 62, 70, 191, 204, 205, 242, 292, 308, 309, 331, 334, 341, 347
Banco Mundial, 419, 432, 467
Banco Overend, 61, 62
Bancos, 35, 180, 212, 323; americanos, 175, 205, 412, 444; austríacos, 290, 291, 292, 341; britânicos, 35, 61, 62, 63, 304, 305, 309, 331; Cairo e, 203, 204; crise de 1866, 60, 61, 62, 63; da década de 1920, 306, 307, 308, 323, 324; desemprego e, 323, 324; falências da década de 1890, 175; Grande Depressão e, 331, 334, 341, 342, 343, 344, 345, 347, 348, 349, 350; judeus nos, 238; Keynes e seus escritos sobre, 306, 307, 308; pânico de 1907, 204, 205; Segunda Guerra Mundial e, 411
Baring, Evelyn, 35, 201, 202, 204
Barnardo, Thomas, 68
Barnett, Samuel, 68, 134
Baruch, Bernard, 259, 276, 284, 395
Batalha da Grã-Bretanha, 382
Bauer, Otto, 195, 235, 241, 249, 253, 300
Baxter, Robert Dudley, 57
Beaverbrook, Lord, 306
Bell, Vanessa, 220, 258, 263, 305, 310, 341
Bellamy, Edward: *Looking backward: 2000-1887*, 168
bem-estar social, 95, 110, 154, 155, 158, 169, 170, 190, 249, 296, 322, 350, 412, 452, 465, 471, 480, 487, 488, 490
Bengala: fome em, 87, 476, 480, 481, 483
Bentham, Jeremy, 83, 490, 491
Berenson, Bernard, 305
Berle, Adolph, 348, 350
Berlin, Isaiah, 31, 58, 397, 429
Beveridge employment report, 464
Beveridge, William, 158, 234, 322, 359, 464
Bevin, Ernest, 465
Birkhoff, George, 448
Blake, William: "Jerusalém", 36
Blaug, Mark, 55, 56

Blitzkrieg, 382
Böhm-Bawerk, Eugen von, 195, 213, 299
Bolchevismo, 235, 244, 270, 271, 272, 285, 472
Bônus: de guerra, 289, 394, 395
Booth, Charles, 133, 134, 135, 138, 139; *Labour and life of the people*, 139
Booth, "General" William, 68
Bowles, Chester, 443
Boyle, Andrew, 376
Brandeis, Louis, 320
Braun, Steffi, 303
Brockdorff-Rantzau, Ulrich von, 237
Brontë, Charlotte, 80
Brooke, Rupert, 367
Bryan, William Jennings, 176, 177, 178, 179, 183, 202, 348
Bryce, Robert, 447
Buckley, William E.: *God and man at Yale: The superstitions of "Academic Freedom"*, 453
Burbank, Harold, 450
burguesia, 33, 34, 39, 41, 43, 52, 53, 193, 210, 244, 316
Burke, Edmund, 9, 10, 11, 99, 235, 420, 446; *A vindication of natural society*, 9
Burns, Arthur, 391
Burns, James MacGregor, 412
Bush, Vannevar, 453

Caine, Barbara, 114, 116
Cairncross, Alec, 462
Cairnes, J. E., 77
Cairo, 191, 199, 200, 202, 203, 204, 205, 206, 207, 209, 378, 383, 411, 497
cálculos da renda nacional, 391
câmbio, 36, 182, 212, 240, 255, 272, 287, 291, 305, 308, 325, 348, 351
Canal de Suez, 114, 200, 201
Capitalismo, 53, 54, 55, 59, 157, 180, 196, 201, 206, 210, 212, 285, 295, 296, 297, 302, 307, 315, 335, 358, 363, 377, 400, 401, 415, 423, 463, 468, 472, 473, 474, 475, 479; Keynes sobre, 315, 333, 334; Marx sobre, 39, 40, 41, 42, 43, 44, 53, 58, 62, 63; Schumpeter e, 399, 400
carestia, 176
Carlyle, Thomas, 17, 18, 19, 23, 29, 33, 42, 47, 48, 49, 76, 79, 94, 95, 97, 99
Carnegie, Andrew, 164
Carter, Jimmy, 457
Cartistas, 17, 24, 28, 52
carvão, 99, 147, 161, 230, 231, 233, 234, 235, 239, 280, 287, 298, 309, 312, 316, 320, 413
Cézanne, Paul, 220, 305, 311
Chadwick, Edwin: *Report on the sanitary condition of the labouring population of Great Britain*, 29
Chamberlain, Austen, 266, 277, 283
Chamberlain, Joseph, 111, 120, 122, 123, 130, 138, 150, 266
Chamberlain, Neville, 111, 380, 432
Chamberlin, Edward, 375, 447; *The theory of monopolistic competition*, 375, 447
Chambers, Whittaker, 427
Childs, Marquis, 431
China, 68, 159, 200, 343, 426, 468, 471, 474, 476, 477, 479, 493, 494, 496
Churchill, Winston, 149, 150, 151, 156, 157, 158, 244, 259, 264, 309, 313, 318, 322, 331, 334, 335, 354, 366, 382, 385, 386, 417, 420, 421, 432, 433, 458, 465, 483
Ciclo de negócios, 302, 303, 457
Clark, Gregory, 10, 41
Clark, John Bates, 302, 450
classe empresarial, 34, 41, 211
Classe média, 17, 21, 29, 38, 45, 46, 56, 67, 68, 70, 71, 77, 79, 80, 87, 97, 113, 126, 141, 147, 192, 194, 221, 230, 233, 235, 242, 287, 288, 289, 445, 451
classe trabalhadora, 20, 21, 29, 57, 58, 80, 106, 109, 124, 127, 149, 226, 235, 293, 303, 355, 366; *ver também* proletariado
Clemenceau, Georges, 273, 274
Cleveland, Grover, 176
Clough, Anne, 83, 85, 86, 87
Clube de Economia Política, 315, 370

Clube Grote, 74, 80, 366
Cocteau, Jean, 260
Coe, Frank, 375, 477
cólera, 44, 45, 50, 66, 68
Coletivismo, 159, 169, 358, 405, 429
Coletivização, 364, 365, 476, 488
Colorni, Eva, 488
Colquhoun, Patrick, 11
comida, 20, 21, 22, 29, 65, 148, 153, 230, 234, 253, 259, 288, 298, 301, 351, 484, 487, 488; *ver também* fome
Comissão de Reparação dos Aliados, 291, 302
Competição, 19, 46, 52, 53, 54, 73, 75, 77, 78, 81, 99, 101, 102, 103, 105, 107, 108, 109, 150, 152, 169, 171, 189, 190, 262, 268, 278, 279, 281, 298, 354, 355, 372, 375, 401, 405, 417, 418, 421, 453, 481
Comte, Auguste, 118
Comunismo, 28, 99, 143, 245, 299, 363, 365, 463, 464, 473, 474, 475, 477; chinês, 473, 474, 475; marxista, 39, 40, 41, 42, 43, 44, 143, 229, 377; soviético, 227, 237, 244, 245, 363, 364, 365, 376, 460, 461, 462, 471, 473
condições de trabalho, 54, 56, 108, 152
Condorcet, Marquês de, 18
Conferência de Bretton Woods, 422, 427, 437
Conferência de Yalta, 428, 430, 433
Conferência Econômica Internacional (Moscou, 1952), 459
Congresso dos Sindicatos, 464
Connally, Tom, 397
Conquest, Robert, 365
Conselho de Aconselhamento Econômico, 331
Cook, Thomas, 52, 202
Coolidge, Calvin, 332, 339
Cotton, Henry, 224
crédito: da década de 1920, 324; Grande Depressão e, 340, 347, 355; pânico de 1907, 204, 205; pós-Primeira Guerra Mundial, 258, 286, 304, 309; pós-Segunda Guerra Mundial, 422; Schumpeter sobre, 211, 212
crescimento econômico, 82, 104, 168, 190, 201, 226, 242, 280, 398, 414, 416, 417, 422, 469, 470, 471, 472, 474, 475, 489, 493
Cuninghame, Thomas, 234, 245, 246, 247
Currie, Lauchlin, 342, 389, 390, 426, 427, 440, 442

Dacca (Índia), 481, 482, 484
Daily Mail, 67, 202
Daily News, 67, 260
Dandison, Basil, 452, 453
Dante Alighieri, 293
Darwin, Charles, 19, 58, 74, 116, 117, 168, 170, 322; *A origem das espécies*, 74, 155
Darwin, Leonard, 322
darwinismo social, 169
Davenport, John, 433
Deflação, 181, 182, 183, 186, 188, 189, 190, 226, 286, 302, 307, 308, 323, 324, 327, 334, 335, 340, 343, 345, 346, 348, 359, 414
Degas, Edgar, 219
"Deixem a Índia", movimento, 483
Delano, Frederic A., 440
Democracia, 28, 75, 91, 95, 127, 139, 155, 206, 221, 226, 238, 285, 307, 313, 386, 400, 416, 424, 434, 454, 456, 476, 477, 481, 489, 493
Denison, Edward, 68
Depressões, 54, 180, 186, 190, 204, 296, 302, 306, 325, 332, 334, 347, 353, 354, 355, 356, 358, 362, 401, 429, 443, 464, 496; Grande Depressão *ver* Grande Depressão
desemprego, 46, 57, 78, 104, 131, 133, 153, 155, 156, 157, 175, 287, 296, 297, 308, 309, 312, 315, 316, 317, 319, 323, 324, 325, 329, 331, 333, 334, 335, 338, 339, 340, 343, 346, 352, 354, 356, 357, 359, 360, 368, 373, 377, 380, 381, 385, 388, 389, 406, 412, 414, 416, 421, 422, 429, 447, 455, 456, 457, 460, 464, 465, 470, 471
Desenvolvimento econômico, 197, 198, 199, 206, 209, 210, 285, 296, 489
desmobilização, 234, 413, 414, 442, 451, 452, 456
Dewey, Thomas, 441
Dia D, 411, 436
Dickens, Charles, 17, 21, 22, 23, 24, 35, 36, 38,

41, 45, 48, 53, 67, 70, 79, 85, 189; *Bleak House*, 38; *Dombey & filho*, 35; *Grandes esperanças*, 70; *Hard Times*, 100; *Household words*, 24, 67; *Nicholas Nickleby*, 29; *Oliver Twist*, 21, 45; *Um conto de Natal*, 21, 23, 53
dinheiro, 29, 33, 34, 36, 37, 39, 44, 51, 55, 60, 62, 71, 76, 92, 94, 130, 134, 141, 145, 167, 169, 176, 177, 179, 180, 182, 188, 189, 190, 199, 201, 204, 211, 220, 231, 239, 240, 242, 244, 247, 248, 249, 256, 261, 287, 289, 290, 292, 293, 300, 303, 306, 307, 311, 314, 315, 323, 324, 326, 327, 328, 331, 336, 338, 340, 341, 342, 345, 346, 348, 352, 353, 355, 358, 362, 370, 379, 380, 381, 382, 384, 394, 395, 396, 397, 443, 445, 459, 467, 482; *ver também* moeda
Director, Aaron, 393, 433, 446
direitos de propriedade, 212, 213, 359
Direitos humanos, 466, 480
Direitos individuais, 476, 488, 489, 490, 491
dívida, 182, 356; Fisher sobre, 345, 347, 356; Grande Depressão e a, 345, 347; pós-Primeira Guerra Mundial, 226; Primeira Guerra Mundial e, 232, 240, 241, 242, 243, 250, 251, 266, 267, 268, 269, 270, 271, 272, 273, 274, 275, 282, 304, 345, 347, 381; Segunda Guerra Mundial, 416, 422
Dobb, Maurice, 376
doenças mentais, 224
Dólar, 73, 167, 177, 182, 189, 204, 205, 238, 239, 266, 288, 290, 302, 305, 308, 326, 328, 335, 339, 346, 385, 386, 387, 388, 394, 395, 396, 397, 413, 431, 442, 445, 451, 467, 494
Dorfman, Joseph, 361
Dostoiévski, Fiódor, 60
Doutrina Monroe, 170
Doutrina Truman, 431
Dulles, John Foster, 259
Dunquerque, 384, 385, 393
Duranty, Walter, 363, 365

Eccles, Marriner, 389
Economia: austríaca, 175, 195, 196, 197, 205, 206, 207, 208, 209, 210, 211, 212, 213, 214; crescimento econômico, 82, 104, 168, 190, 201, 226, 242, 280, 398, 414, 416, 417, 422, 469, 470, 471, 472, 474, 475, 489, 493; da década de 1920, 285-332; das décadas de 1950-60, 453, 455, 456; das décadas de 1950-60, 458-477; economia americana do século xx, 302, 318, 319, 320, 321, 322, 323, 324, 326, 327, 329, 330, 331, 332, 335, 336, 337, 338, 339, 340, 341, 342, 343, 344, 345, 347, 348, 349, 350, 388, 389, 391, 392, 393, 394, 395, 396, 397, 401, 440, 441, 442, 443, 444, 445, 446, 447, 448, 449, 450, 451, 452, 453, 455, 456; economia britânica do século xix, 30, 31, 32, 33, 34, 41, 42, 43, 44, 45, 46, 47, 48, 49, 50, 51, 52, 53, 54, 55, 56, 57, 58, 59, 60, 61, 62; economia britânica do século xix, 69-108, 119-58; economia britânica do século xx, 191, 195, 196, 262, 263, 264, 305, 306, 307, 308, 309, 310, 311, 312, 313, 314, 315, 316, 317, 330, 331, 332, 333, 334, 335, 341, 356, 357, 358, 368, 369, 370, 371, 372, 373, 374, 375, 376, 377, 378, 379, 380, 381, 382, 383, 384, 385, 386, 387, 388, 389, 413; emprego e conexão de preços, 321, 322, 323, 324, 345; Era do Progresso (eua), 169-190; escola histórica, 169; evolução econômica, 191, 197, 198, 206; futuro da, 495, 496, 497; Grande Depressão, 330, 331, 332, 333, 334, 335, 336, 337, 338, 339, 340, 341, 342, 343, 344, 345, 347, 348, 349, 350, 351, 352, 353, 354, 355, 356, 357, 358, 359, 360, 361, 362, 373, 377, 421, 422; indiana, 487, 488, 489, 490, 491, 492, 493; keynesiana, 262, 263, 264, 267, 305, 306, 307, 308, 309, 310, 311, 312, 313, 314, 315, 316, 317, 330, 331, 332, 333, 334, 335, 339, 340, 341, 351, 352, 353, 354, 355, 356, 357, 358, 359, 360, 361, 379, 380, 381, 382, 383, 384, 385, 386, 387, 388, 389, 398, 412, 413, 414, 415, 416, 417, 422, 428, 432, 441, 442, 447, 451, 455, 470; macroeconomia, 449, 454, 455; matemática, 170, 173; economia

565

política, 18, 24, 30, 33, 40, 48, 49, 50, 53, 54, 58, 62, 67, 75, 76, 77, 78, 81, 82, 87, 88, 89, 108, 109, 115, 135, 136, 169, 170, 171, 298, 304, 322, 370; pós-Primeira Guerra Mundial, 257-83; pós-Segunda Guerra Mundial, 411, 412, 413, 414, 415, 416, 417, 432, 433, 434, 435, 436, 437, 438, 462, 469, 470, 471, 472, 473, 474, 475, 476, 477; Primeira Guerra Mundial e, 217, 218, 219, 220, 221, 222, 223, 224, 225, 226, 266, 267, 268, 269, 270, 271, 272, 273, 274, 275, 276, 277, 278, 279, 280, 281, 282, 308, 309, 415; Segunda Guerra Mundial e, 379, 380, 381, 382, 383, 384, 385, 386, 387, 388, 389, 391, 392, 393, 394, 395, 396, 397, 401, 402, 403, 404, 405, 406, 411, 412, 413, 414, 415, 416, 417; ver também economistas específicos, escolas teorias e princípios

Economic Journal, 173, 223, 369, 375, 474

Economica (revista), 404

Edgeworth, Francis Ysidro, 173, 175

Educação, 17, 38, 70, 71, 73, 74, 80, 82, 84, 85, 89, 91, 95, 96, 97, 106, 107, 112, 115, 118, 128, 149, 154, 157, 167, 179, 186, 187, 190, 192, 195, 255, 298, 363, 367, 474, 476, 482, 484, 492, 494, 496

Egito, 41, 191, 199, 200, 201, 202, 203, 204, 205, 206, 208, 211, 212, 241, 252, 383, 468

Einstein, Albert, 208, 237, 299, 300, 305, 314

Eisenhower, Dwight, 436, 456

Eisenmenger, Anna, 239, 288, 289, 290

Eletrificação, 161, 193, 194, 234

Eliot, George, 58, 80, 84, 88, 97, 110, 112, 118; *Middlemarch*, 88, 114; *O moinho sobre o rio*, 84

Eliot, T. S., 368

Emerson, Ralph Waldo, 65, 92, 174; *Ode*, dedicada a William H. Channing, 65

empreendedorismo, 211, 438, 453, 474, 497

Empregados domésticos, 45, 152

emprego, 19, 20, 43, 61, 66, 104, 131, 149, 157, 208, 287, 301, 307, 317, 324, 331, 336, 341, 357, 373, 412, 449, 454, 455, 488; *ver também* indústria; mão de obra; desemprego

Engel-Janosi, Friedrich, 303

Engels, Friedrich, 27, 28, 29, 30, 31, 32, 33, 34, 35, 38, 39, 40, 41, 43, 44, 51, 53, 54, 56, 58, 60, 62, 63, 64, 296, 405, 463, 472; *Manifesto Comunista*, 40, 43, 109; Marx e, 27, 28, 32, 33, 34, 38, 39, 40, 41, 42, 43, 44, 50, 51, 52, 53, 57, 60, 61, 62, 63; *Outlines of a critique of political economy*, 30; *The condition of the working class in England in 1844*, 33

Erhard, Ludwig, 438

Escócia, 35, 69, 73, 74, 241, 458

Escola de Economia de Delhi, 479, 487

Escola de Economia de Londres, 147, 196, 198, 211, 303, 357, 358, 359, 362, 380, 403, 404, 438, 464, 466, 488

escravidão, 11, 49, 77, 91, 117, 145

Escritório de Administração de Preços, 389, 395

Escritório de Planejamento dos Recursos Nacionais, 389, 440, 451

Escritório do Orçamento, 389

Escritório Nacional de Pesquisa Econômica, 392, 393

espartaquistas, 236, 244

Estados Unidos, 17, 21, 60, 90, 91, 95, 96, 107, 108, 119, 138, 156, 159, 160, 161, 164, 167, 168, 173, 174, 177, 182, 183, 185, 200, 205, 214, 218, 224, 238, 239, 266, 270, 273, 274, 279, 283, 284, 297, 302, 303, 305, 308, 316, 319, 323, 324, 329, 334, 335, 339, 340, 342, 343, 345, 351, 352, 353, 356, 357, 358, 360, 361, 369, 375, 379, 383, 384, 385, 386, 387, 388, 389, 390, 391, 392, 393, 397, 399, 400, 401, 402, 403, 404, 406, 411, 412, 413, 415, 416, 417, 423, 424, 426, 430, 432, 433, 437, 438, 440, 443, 446, 450, 451, 456, 460, 462, 464, 465, 466, 471, 472, 476, 480, 485

Estivadores, 37, 135

Estrada de Ferro Great Northern, 176

Estrada de Ferro Great Western, 114

Eucken, Walter, 434

Eugenia, 198, 224, 322, 323
Europa, 27, 39, 125, 164, 165, 171, 174, 175, 194, 195, 200, 205, 207, 214, 221, 226, 231, 241, 251, 257, 258, 268, 270, 277, 278, 279, 280, 283, 302, 303, 305, 311, 319, 323, 329, 332, 343, 358, 379, 380, 400, 402, 412, 415, 416, 424, 426, 428, 433, 437, 438, 439, 441, 446, 461, 465, 467, 471, 472, 473
Evening Standard, 306
evolução econômica, 191, 197, 198, 206
expectativa de vida, 42, 152, 186, 209, 321, 492, 493, 497
exportações, 36, 68, 231, 258, 268, 287, 308, 309, 316, 319, 384, 385, 416, 460
Exposição Internacional de Eletricidade, 193

fabianos, 142, 144, 148, 150, 198, 235, 299, 322, 358, 363, 391
fábricas, 18, 24, 29, 33, 36, 40, 55, 57, 75, 92, 98, 99, 100, 108, 128, 175, 177, 193, 201, 210, 229, 234, 258, 266, 288, 302, 320, 324, 346, 349, 350, 364, 381, 385, 386, 387, 412, 436, 442, 474, 476, 481
Falk, Oswald "Foxy", 304, 305
fascismo, 285, 413, 415, 421, 426, 464
Fawcett, Henry, 67; *Manual of political economy*, 136
Fawcett, Millicent, 78, 80
FBI, 400
Federal Reserve, 302, 323, 325, 328, 332, 334, 340, 342, 344, 347, 351, 356, 389, 391, 394, 414, 442, 444, 446, 455, 457
Federal Reserve Bank, 344, 347
Feinstein, Charles, 57
Ferguson, Niall, 201, 242, 287
ferrovias, 35, 36, 45, 49, 66, 79, 114, 151, 157, 161, 168, 169, 171, 173, 175, 176, 194, 202, 204, 288, 304, 320
Fettig, David, 344
filantropia, 34, 81, 133
Fisher, George, 165, 166, 167
Fisher, Irving, 165, 178, 183, 190, 212, 214, 217, 223, 285, 302, 304, 309, 315, 318, 329, 335, 336, 339, 348, 357, 447, 455, 457, 472; *Appreciation and Interest*, 183; *Booms and depressions*, 356; *How to live*, 224; "Mathematical investigations in the Theory of Value and Prices", 173; *Principles of economics*, 104, 323; *Stabilizing the dollar*, 334; *The nature of capital and income*, 186; *The rate of interest*, 188; *The stock market crash — and after*, 337
Fisher, Margaret Hazard, 174
Fitzgerald, F. Scott: *Este lado do paraíso*, 390; *O grande Gatsby*, 446
Flórida, 445
fome, 10, 11, 17, 18, 19, 20, 21, 23, 29, 33, 36, 38, 43, 48, 67, 87, 123, 160, 176, 177, 200, 222, 226, 229, 231, 233, 244, 245, 257, 268, 269, 278, 279, 313, 316, 322, 329, 351, 364, 365, 412, 437, 476, 477, 480, 481, 483, 488, 493; *ver também* comida
Foot, Michael, 477
força de trabalho, 33, 152, 163, 197, 210, 212, 344, 441, 472, 476
França, 42, 43, 44, 52, 182, 193, 200, 206, 219, 220, 240, 251, 253, 257, 258, 266, 267, 268, 270, 273, 274, 278, 299, 319, 340, 380, 382, 384, 387, 434, 444
Franco, Francisco, 385, 426
Franco-German Annals, 32
Frankfurter, Felix, 259, 278, 352
Franz Joseph, imperador, 193, 194, 221
Freeman, Ralph, 452
Freemantle, William Henry, 68
Freud, Sigmund, 19, 194, 228, 231, 233, 239, 287, 288
Frick, Henry Clay, 163
Friedman, Milton, 338, 360, 390, 433, 446, 457, 469, 478; *History of the United States, 1867-1960*, 338; "Tributar para impedir a inflação", 393
Fry, Roger, 219, 220, 368
Fundo Monetário Internacional, 419, 432, 467
Furth, Herbert, 298

Gaddis, John Lewis, 418, 424, 463
Galbraith, John Kenneth, 9, 389, 390, 394
Galeria Nacional, Londres, 219, 220
Galton, Sir Francis, 116, 211, 322
Gandhi, Indira, 487
Gandhi, Mohandas K., 482, 494
Gardner, Richard, 467
Garret, Elizabeth: *North and South*, 69
Gastos deficitários, 354, 356, 380, 381, 447, 454
Geist-Kreis, 299, 303, 402
Genética, 322
George, Henry, 104, 105; *Progress & poverty*, 104
Gibbs, J. Willard, 167, 168, 171, 172, 448
Giffen, Robert, 11, 57, 67
Gilbert e Sullivan, 83
Gladstone, William, 63, 64, 130, 155, 157, 160, 161
Globalização, 186, 209, 226, 422, 431, 493
Grã-Bretanha, 11, 29, 31, 41, 52, 60, 82, 218, 219, 221, 226, 234, 240, 241, 248, 258, 265, 266, 267, 268, 270, 273, 280, 305, 312, 315, 316, 317, 319, 324, 334, 340, 341, 342, 356, 358, 362, 379, 380, 382, 383, 384, 385, 386, 387, 388, 391, 397, 399, 403, 413, 417, 424, 425, 426, 430, 431, 433, 437, 452, 458, 460, 462, 464, 465, 467, 471, 472, 483; ver também *países específicos*
Grande Depressão, 104, 106, 280, 285, 330, 339, 340, 343, 344, 345, 352, 358, 373, 377, 380, 388, 391, 401, 413, 416, 424, 426, 428, 446, 448, 450, 455, 457, 463, 470, 496
Grande Exposição, 50, 56, 85
Grant, Duncan, 220, 263, 276, 305, 310, 341, 367
Greeley, Horace, 60
Greves, 17, 28, 29, 77, 87, 90, 105, 139, 170, 176, 229, 235, 236, 238, 247, 312, 313, 314, 315, 365, 369, 416
gripe, 62, 138, 222, 233, 274
GRU, 427
Grupo de Bloomsbury, 218, 219, 264, 283, 305, 310, 312, 314
guerra civil espanhola, 464
Guerra da Crimeia, 114

Guerra dos Bôeres, 149
Guerra Fria, 417, 418, 426, 451, 456, 460, 461, 463, 471, 477
guerra hispano-americana, 170
Guerras napoleônicas, 18, 174
Gulik, Charles, 234

Haberler, Gottfried, 299
Hadley, Arthur, 169
Hagen, Everett, 451
Halévy, Élie, 150
Hamp, Pierre: *La peine des hommes: Les chercheurs d'or*, 288
Hansen, Alvin: *Full recovery or stagnation*, 442
Harcourt, Geoffrey, 143, 376, 463, 477
Harding, Warren, 394
Hardy, G. H., 262, 333, 480
Harkness, Margaret, 113, 119, 130, 141
Harrod, Roy, 13, 474
Hawkes, Albert, 431
Hayek, Friedrich von, 194, 221, 222, 229, 285, 286, 298, 299, 300, 301, 302, 303, 354, 357, 358, 359, 360, 362, 373, 379, 380, 381, 383, 399, 402, 403, 404, 405, 406, 407, 414, 415, 416, 418, 419, 420, 422, 423, 429, 430, 431, 432, 433, 434, 435, 438, 446, 464, 489, 496; *A teoria monetária e o ciclo de negócios*, 303; *Prices and production*, 360; *The road to serfdom*, 222, 399, 403, 404, 407, 419, 429, 430, 435
Hazard, Rowland, 165, 175, 339, 351
Hazlitt, Henry, 430, 433
Hegel, Georg Wilhelm, 33, 40, 74; *Filosofia da História*, 74
Helmholtz, Hermann Ludwig von, 175
Henderson, James, 21, 22
Hicks, John, 402, 469; *Value and capital*, 484
Hilferding, Rudolf, 195, 237
Hill, James J., 176, 177
Himmelfarb, Gertrude, 33, 75, 77, 123, 126
hindus, 483, 484
Hitler, Adolf, 242, 288, 361, 362, 365, 378, 379,

380, 382, 385, 392, 393, 402, 405, 420, 422, 426, 432, 497
Ho Chi Minh, 260
Hobsbawm, Eric, 57
Hofstadter, Richard, 169
Holanda, 209
Holmes, Charles, 219, 220
Hoover, Herbert, 231, 232, 245, 268, 269, 275, 276, 329, 332, 338, 340, 342, 343, 350, 351, 354, 357, 430, 447
Horthy, Miklós, 248
Howard, Elizabeth Jane: *Cazelet chronicles*, 413
Hughes, Charles Evans, 266
Hull, Cordell, 421
Hungria, 193, 206, 229, 231, 232, 243, 244, 248, 251, 433
Hussein Kamel, sultão, 202
Huxley, Thomas, 116

Imperialismo, 149, 200, 202, 241, 379, 417, 470, 473
importações, 49, 68, 231, 258, 308, 335, 360, 416, 437, 463
impostos, 24, 49, 66, 67, 75, 78, 101, 104, 117, 124, 125, 128, 142, 190, 213, 221, 232, 239, 240, 242, 243, 249, 253, 258, 267, 273, 276, 277, 291, 315, 317, 323, 328, 332, 335, 340, 341, 343, 355, 356, 371, 380, 381, 383, 389, 392, 393, 394, 395, 396, 397, 398, 400, 412, 415, 437, 454, 457, 464
indexação, 327
Índia, 72, 159, 200, 201, 202, 211, 264, 343, 370, 371, 460, 471, 480, 481, 482, 483, 484, 487, 488, 489, 492, 493, 494, 496
Índice de preços do consumidor, 181, 301
indústria, 17, 23, 36, 41, 42, 43, 47, 68, 91, 98, 99, 102, 114, 131, 152, 154, 161, 193, 194, 201, 235, 241, 264, 267, 290, 291, 304, 309, 312, 334, 335, 336, 393, 460, 463, 465, 487; acidentes, 24, 152
inflação, 177, 181, 182, 186, 188, 189, 190, 221, 226, 241, 242, 286, 287, 289, 291, 302, 307, 308, 323, 324, 327, 328, 334, 335, 337, 348,

349, 350, 380, 381, 393, 394, 395, 412, 421, 444, 447, 451, 455, 457, 483, 496
Inglaterra, 17, 18, 21, 22, 28, 30, 33, 34, 36, 41, 42, 43, 52, 53, 56, 58, 62, 68, 75, 82, 87, 89, 92, 95, 97, 106, 112, 114, 120, 129, 132, 133, 135, 142, 145, 147, 150, 154, 160, 161, 165, 173, 174, 182, 193, 196, 200, 205, 206, 220, 231, 241, 252, 272, 277, 280, 283, 299, 308, 309, 316, 319, 364, 370, 377, 381, 405, 407, 423, 444, 458, 470, 471, 472, 476, 480, 485, 488
inovação, 133, 135, 163, 210, 211, 212, 213, 296, 297, 329, 353, 354, 372, 400, 422, 474, 476, 496
Instituto de Índice das Cifras, 336
Instituto de Prolongamento da Vida, 223
Irlanda, 43, 48, 87
Ismail Pachá, quediva, 200
Itália, 254, 270, 274, 278, 294, 298, 356, 372, 434, 464

James, Harold, 180, 343
James, Henry, 75, 113, 165; *Os embaixadores*, 165; *Retrato de uma senhora*, 113; *The princess Casamassima*, 76
James, William, 171
Japão, 201, 342, 356, 361, 400, 424, 453, 496
Jászi, Oszkár, 193
Jenks, Jeremiah Whipple, 302
Jerrold, Douglas, 47
Jevons, Arthur, 279
Jevons, William Stanley, 170
Jim Crow, 323
Johnson, Harry, 475
Jones, Bill: *The Russia complex: The British Labour Party and the Soviet Union*, 467
judeus, 34, 48, 182, 194, 202, 207, 233, 235, 238, 270, 288, 312, 314, 361, 372, 380, 390, 391, 392, 402, 450, 461
juros, 55, 62, 66, 109, 176, 180, 181, 183, 186, 188, 191, 200, 201, 204, 212, 219, 240, 242, 266, 267, 291, 303, 315, 328, 329, 331, 333,

569

335, 338, 340, 346, 347, 350, 351, 353, 354, 355, 356, 358, 381, 388, 392, 394, 397, 412

Kafka, Franz, 193, 233
Kahn, Richard, 318, 357, 372, 373, 374, 375, 376, 378, 383, 461, 463, 468, 474
Kaldor, Nicholas, 448, 464, 465, 469, 475
Kant, Immanuel, 73, 83
Kaufman, Felix, 303
Kellog, Dr. John Harvey, 185
Kennan, George, 431, 432
Kennedy, David, 442
Kennedy, John F., 456
Kennedy, Joseph, 385
Keynes, Florence, 261
Keynes, John Maynard, 12, 13, 64, 218-23, 226, 241, 252-3, 257-86, 304-25, 330-45, 348, 350-91, 395-6, 399-405, 412-4, 418-33, 436, 437, 442, 446, 447, 449, 455, 457, 464, 465, 467, 469, 472, 475, 487, 496; "A armadilha da liquidez", 353; *A general theory of employment, interest and money*, 315, 353; "A promessa dos liberais poderá ser cumprida?", 317; *A tract on monetary reform*, 306; "As consequências econômicas do Sr. Churchill", 309; *How to pay for the war*, 381; "O fim do laissez-faire", 314; "Poderá Lloyd George cumprir a promessa?", 317; *The economic consequences of the peace*, 278, 279, 283, 284, 383, 404; *Tratado sobre o dinheiro*, 318, 334
Keynes, Lydia, 310, 331, 382, 419, 420, 421, 424, 432
Keynes, Neville, 261, 262, 264
KGB, 425, 427, 462, 470
King's College, 261, 262, 263, 264, 315, 330, 380, 383
Kirzner, Israel, 295
Klein, Lawrence, 475
Kraus, Karl, 229; *Die Fackel*, 222; *Os últimos dias da humanidade*, 228, 229
Kreditanstalt, 341

krone, 239, 243, 248, 249, 253, 254, 255, 286, 287, 288, 289
Krugman, Paul, 308
Kuczynsky, Jurgen, 462
Kun, Béla, 239, 244, 248
Kuznets, Simon, 392

Laissez-faire, 30, 91, 126, 132, 139, 147, 169, 185, 237, 314, 362, 377, 406
Lamont, Thomas, 273
Landes, David, 212
Lange, Oskar, 462, 477
Laski, Harold, 466, 467, 477
Lawrence, T. E., 260, 377
lei da população, 18, 20, 49, 54
Lei de Empréstimo e Arrendamento, 385, 386, 387, 426
lei de rendimentos decrescentes, 49
Lei de Say, 355
Lei dos Direitos dos Combatentes, 452
Lei dos Pobres, 21, 29
Lei Johnson (1934), 384
Leis do Trigo, 49, 115
Leis Fabris, 24
Lênin, V. I., 244, 272, 418, 475
Leontief, Wassily, 362, 448, 450
Lerner, Abba, 475
Lewes, George, 97
Lewis, Sinclair: *Main Street*, 443
libras, 10, 60, 62, 66, 71, 73, 75, 80, 82, 91, 92, 130, 142, 144, 182, 201, 205, 219, 239, 241, 263, 266, 267, 268, 270, 273, 288, 305, 306, 308, 317, 318, 330, 341, 371, 381
Liga Comunista, 38, 44
Liga da Lei Antitrigo, 278
Liga das Nações, 173, 275, 290, 321, 415
Liga de Reforço da Paz, 173
Lindbergh, Charles, 320
Lippmann, Walter, 344
lira, 306, 325
Livre-comércio, 28, 57, 170, 197, 212, 213, 281, 423, 431, 438
Livro amarelo, O, 317

Lloyd George, David, 156, 157, 158, 217, 218, 243, 244, 258, 259, 265, 266, 267, 272, 273, 274, 275, 276, 277, 281, 313, 315, 316, 317, 318, 331, 366, 382
Loewenfeld-Russ, Hans, 245
Londres, 13, 24, 29, 34, 35, 36, 37, 38, 39, 41, 43, 44, 45, 46, 50, 51, 56, 58, 59, 61, 62, 65, 66, 68, 69, 70, 75, 85, 93, 99, 110, 111, 112, 113, 119, 123, 130, 131, 133, 134, 135, 139, 141, 142, 143, 144, 164, 177, 191, 193, 195, 196, 199, 202, 203, 204, 205, 207, 209, 214, 219, 226, 228, 253, 255, 260, 263, 288, 304, 306, 309, 310, 323, 340, 341, 357, 364, 366, 367, 369, 370, 383, 384, 385, 386, 387, 402, 403, 421, 435, 459, 482, 495; *ver também* Escola de Economia de Londres
Lothiam, lorde, 384
lucro, 34, 55, 101, 128, 202, 211, 297, 330, 334, 339, 445
Luís Filipe, rei da França, 44
Luxemburgo, Rosa, 191, 200, 202, 473, 474; *The accumulation of capital*, 191, 473

Macartney, C. A., 291
Macaulay, Thomas Babington, 133, 419
MacDonald, Ramsay, 331, 335, 341, 342, 358
Machlup, Fritz, 299, 402, 403, 407, 430, 431, 433, 435
Macmillan, Harold, 477
Macmillan, Lord: *Report of the Committee on Finance and Industry*, 340
Macmillan, Margaret: *Paris 1919: Six months that changed the world*, 284
macroeconomia, 449, 454, 455
Madge, Charles, 462
Malthus, Thomas Robert, 18, 19, 20, 21, 22, 23, 30, 42, 49, 50, 53, 54, 81, 132, 170, 209, 446; *An essay on the principle of population*, 19
Manchester Guardian, 114, 306, 365
Manifesto comunista (Marx e Engels), 40, 43, 109
Mann, Thomas: *A montanha mágica*, 184
Mão de obra, 20, 45, 46, 47, 49, 50, 54, 55, 59, 78, 82, 106, 107, 109, 151, 163, 264, 279, 296, 300, 324, 336, 346; *ver também* emprego; fábricas; indústria; sindicatos; salários
Mao Tsé-Tung, 476, 477, 479, 494, 497
Marsh, Eddie, 151, 259, 366, 378
Marsh, lady Helen, 366
Marshall, Alfred, 12, 65, 69, 71, 72, 74, 79, 97, 119, 125, 134, 138, 141, 150, 151, 153, 157, 161, 165, 166, 173, 175, 190, 197, 209, 261, 264, 295, 320, 366, 368, 369, 472; *Principles of economics*, 91, 198, 262, 369, 449, 484; *The economics of industry*, 98, 102
Marshall, George C., 466
Marshall, Mary Paley, 83, 84, 86, 97
Marshall, William, 70, 72, 73, 85
Marx, Eleanor, 119
Marx, Karl, 27, 28, 30, 31, 32, 33, 34, 38, 39, 40, 41, 43, 44, 50, 51, 52, 53, 54, 55, 56, 57, 58, 59, 60, 62, 63, 64, 66, 71, 74, 75, 77, 79, 81, 91, 94, 96, 98, 99, 100, 101, 103, 119, 125, 136, 143, 152, 180, 189, 190, 196, 197, 209, 210, 211, 235, 268, 286, 294, 295, 296, 354, 400, 405, 463, 464, 472, 473, 474, 484; Engels e, 27, 28, 32, 33, 34, 38, 39, 40, 41, 42, 43, 44, 50, 51, 52, 53, 57, 60, 61, 62, 63; *Manifesto comunista*, 40, 43, 109; *O capital*, 54, 56, 60, 62, 63, 64, 98, 100, 125, 196
Maskin, Eric, 491
matemática, 18, 27, 53, 64, 72, 73, 84, 115, 141, 167, 168, 171, 174, 195, 223, 261, 262, 445, 446, 448, 449, 450, 455, 470, 484
Matisse, Henri, 305, 311, 336
Maupassant, Guy de: "Yvette", 145
Maurice, F. D., 366
Maurice, Frederick, major-general, 260, 366
Mayhew, Henry, 34, 36, 37, 38, 44, 45, 46, 47, 50, 55, 56, 67, 79, 98, 123, 134, 135, 189, 495
McCarthy, Joseph, 427
McKinley, William, 162, 177, 178, 185
Medalha John Bates Clark, 450
Mehrling, Perry, 186, 188
Melchior, Carl, 270, 271, 272, 273, 281, 282, 314
Mellon, Andrew, 170, 332, 339
Menger, Carl, 175, 195, 299

Menger, Karl (filho), 299
Merchant Taylor's School, 73
Meyer, Eugene Isaac, 332
Mill, James, 50
Mill, John Stuart, 18, 43, 48, 50, 56, 58, 75, 81, 141, 438; *A system of logic*, 136; *Principles of political economy*, 48, 75; *The subjection of women*, 80
Milward, Alan, 385
Ministério das Relações Exteriores britânico, 246, 462
Ministério de Planejamento Econômico, 310
Mises, Ludwig von, 195, 232, 286, 292, 294, 300, 301, 302, 303, 357, 358, 402, 406, 433, 434; "A economia coletiva", 300
Missão Quebra-Gelo, 468
MIT, 390, 440, 452, 453, 475
Mitchell, George, 88
Mitchell, Wesley, 302
Moeda: a Grande Depressão e, 333, 341, 342, 352, 353, 354, 355, 359, 422; debate de 1880-1890, 180, 181, 182, 183; efeito sobre a economia, 179, 180, 181, 182, 183, 184, 185, 186, 187, 188, 189; Fisher sobre, 179, 180, 181, 182, 183, 184, 185, 186, 187, 188, 189, 190, 323, 324, 326, 327; Keynes sobre, 262, 263, 264, 352, 353, 354, 355; oferta de dinheiro, 187, 346, 347, 394, 449, 457; padrão monetário, 177, 178, 179, 180, 181, 182, 183, 184, 189; pós-Primeira Guerra Mundial, 239, 240, 249, 253, 254, 285, 304, 305, 306, 307, 308, 309, 323; pós-Segunda Guerra Mundial, 416; valor do dinheiro, 188, 255, 263, 307
Moinhos de farinha, 36
Molière: *O doente imaginário*, 285
Molotov, Vyacheslav, 467
Monopólios, 49, 176, 349, 372, 373, 431
Moore, G. E.: *Principia ethica*, 261
Morgan, J. P., 202
Morgan, Junius, 111
Morgenstern, Oskar, 299, 450

Morgenthau, Henry, 388, 389, 396, 398, 420, 421, 425, 436, 446
Morning Chronicle, 34, 47, 55
mortalidade infantil, 42, 209, 493
Mosley, Oswald, 318
Movimento a favor do padrão-prata, 183
Movimento cooperativo, 138
Muçulmanos, 483, 491
Muggeridge, Malcolm, 365
mulheres, 13, 19, 20, 21, 24, 36, 46, 49, 59, 77, 80, 81, 82, 83, 85, 86, 92, 96, 97, 98, 113, 115, 119, 120, 122, 123, 124, 125, 127, 138, 140, 142, 145, 147, 154, 161, 170, 174, 176, 198, 199, 200, 206, 218, 223, 225, 229, 259, 261, 321, 330, 368, 369, 390, 399, 412, 415, 441, 444, 458, 471, 488, 493, 497
Multiculturalismo, 480
Museu Britânico, 50, 52, 53, 119, 196
Musil, Robert, 238
Mussolini, Benito, 365, 372
Myrdal, Gunnar, 416, 417, 423, 439

Nacionalização, 105, 106, 157, 235, 237, 249, 464
Nações Unidas, 416, 421, 460, 471, 492
Napoleão III, 44
Nazismo, 323, 356, 361, 402, 416, 424, 426, 430, 460
Nehru, Jawaharlal, 482, 486, 487, 492
New Deal, 350, 352, 356, 362, 389, 391, 413, 414, 426, 430, 443, 446, 447, 449, 450, 451
New Republic, 306, 312, 442, 470
New York Telephone, 326
New York Times, 61, 130, 178, 204, 284, 297, 327, 329, 336, 337, 339, 350, 352, 363, 365, 430, 441
New York Tribune, 60
Newsweek, 430, 433
Newton, Isaac, 480
Nicholson, Harold, 274
Nightingale, Florence, 66
Nineteenth Century, The (revista), 124
Nixon, Richard, 457
Northumberland (navio), 60

Norton, Charles Eliot, 92
Noyes, Alexander, 203

Oferta e procura, 47, 50, 89, 102, 198
Oppenheimer, Francis, 228, 252, 257, 276
Orlando, Vittorio, 274
Orr, Lorde Boyd, 460, 468, 477
Orwell, George, 417, 423, 429, 432, 467
Owen, Robert, 92

Pabst, Georg, 289
Padrão de vida, 10, 19, 41, 42, 56, 59, 78, 79, 150, 160, 161, 190, 208, 209, 241, 296, 311, 312, 401, 473
Padrão-ouro, 177, 178, 179, 181, 182, 183, 205, 281, 291, 308, 309, 323, 341, 342, 348, 349, 350, 351, 356, 361, 454
Padrão-prata, 177, 179, 182, 183, 348
Palácio de Cristal, 50, 56
Paley, Tom, 85
Paley, William, 84
Pall Mall Gazette, 67, 122, 131, 137, 138, 160
Pânico de 1893, 173, 179
Pânico de 1907, 157, 205
Pareto, Vilfredo, 175, 491
Parlamento Britânico, 431
Parry, Jack, 462
Partido Comunista da Grã-Bretanha (CPGB), 462, 466, 468
Partido Comunista dos Estados Unidos da América (CPUSA), 426
Paul, Ludwig, 245
Pearl Harbor, 387, 424, 452
Pearson, Karl, 211
Peel, Robert, 18
Perceval, Spencer, 366
Perkin, Harold, 37
Pétain, Marechal, 382
Picasso, Pablo, 305, 469
Pigou, Arthur, 264, 368, 369, 376, 470
Plano Beveridge, 158
Plano Dawes, 314
Plano Keynes, 381, 395

Plano Marshall, 437, 456, 466
Plano Morgenthau, 436
Platts-Mills, John, 466
pleno emprego, 345, 356, 388, 390, 454, 455
pobreza, 11, 23, 24, 38, 42, 43, 46, 54, 68, 69, 79, 80, 81, 82, 96, 103, 104, 105, 106, 121, 123, 134, 135, 149, 153, 154, 155, 157, 168, 189, 202, 212, 226, 313, 322, 349, 368, 460, 470, 471, 472, 480, 484, 488, 490, 492, 495, 496, 497
Poder Aquisitivo do Dinheiro, índice, 327
Poincaré, Henry, 175, 196
Pollitt, Harry, 465
Polônia, 244, 246, 433, 465
Ponte do Brooklyn, 168, 171
Ponzi, Charles, 445
Popper, Karl, 433
população, 19, 20, 22, 29, 34, 37, 40, 41, 43, 45, 49, 57, 78, 93, 94, 106, 134, 135, 174, 194, 208, 213, 229, 233, 241, 249, 258, 267, 289, 322, 323, 337, 364, 377, 396, 412, 433, 446, 451, 471, 481, 496
Potter, Laurencina, 115, 116, 117, 118, 119, 127
Potter, Richard, 111, 114, 115, 118, 125, 129, 144, 322
pré-rafaelitas, 136
previsões econômicas, 302, 303, 327, 451
Primeira Guerra Mundial, 12, 223, 226, 280, 285, 304, 306, 308, 316, 319, 329, 345, 349, 356, 366, 370, 380, 381, 383, 384, 389, 390, 393, 399, 400, 405, 406, 411, 415, 421, 422, 424, 437, 443, 454
Pritt, D. N., 466
produtividade, 81, 101, 102, 103, 105, 106, 108, 152, 155, 186, 190, 208, 210, 249, 296, 328, 337, 361, 414, 455, 457, 495, 496, 497
produto interno bruto, 41, 109, 352, 398, 401, 412, 413, 489, 491
Projeto Manhattan, 426, 452
proletariado, 32, 33, 52, 65, 69, 244, 312, 442; *ver também* classe trabalhadora
propriedade privada, 28, 32, 33, 39, 53, 63, 75, 81, 107, 226, 295, 434
prosperidade, 57, 59, 61, 62, 67, 176, 177, 194,

233, 279, 281, 285, 286, 295, 317, 327, 330, 333, 339, 344, 350, 394, 398, 412, 413, 415, 416, 422, 443, 444, 445, 454, 464
prostituição, 123, 145
Proudhon, Pierre-Joseph, 53
Proust, Marcel, 197, 260, 299; *No caminho de Swan*, 197
Punch (revista), 44, 47

Quine, Willard Van Orman, 448

Radicais, 18, 87, 139, 273
rádio, 319, 320, 386, 411, 412, 413, 430, 444, 485
Rae, John, 186
Ramsey, Frank, 222, 223, 226, 261, 331, 358, 368, 369
Rawls, John, 489, 490, 491; *Uma teoria da justiça*, 490
RCA, 320
Reader's Digest, 429
Reagan, Ronald, 390, 398
Recessões, 295, 296, 319, 332, 340, 347, 348, 359, 398, 414, 456; *ver também* Grande Depressão
Regulamentação Geral dos Preços Máximos, 395
Religião, 30, 33, 53, 118, 126, 168, 312, 365, 491
Remington Rand, 326, 328, 329, 336, 339
renda, 42, 55, 78, 82, 106, 109, 134, 160, 161, 172, 175, 194, 199, 242, 318, 319, 344, 346, 347, 350, 351, 352, 354, 355, 381, 391, 392, 393, 396, 397, 454, 488, 492, 493
Revolução Francesa, 18, 30, 44
Revolução Industrial, 11, 23, 28, 30, 37, 40, 57, 80, 81, 100
Rheinische Zeitung, 28, 31, 52
Rhodes, Cecil, 199, 202, 203
Ricarde-Seaver, Gladys, 191, 198, 199
Ricardo, David, 30, 48, 49, 50, 53, 77, 81, 89, 91, 132, 136, 170, 469; *On the principles of political economy and taxation*, 49
Riddell, Lord, 272
Robbins, Lionel, 303, 357, 359, 403, 419, 434; *The Great Depression*, 359

Robertson, Dennis, 373
Robinson, Austin, 277, 367, 369, 373, 436, 437, 468, 469
Robinson, Joan, 357, 366, 367, 368, 369, 372, 373, 375, 376, 377, 378, 432, 458, 459, 461, 462, 463, 464, 465, 466, 467, 468, 469, 470, 472, 473, 474, 475, 476, 477, 479, 487, 488; *Conference Sketchbook*, 461; *Economic philosophy*, 477; *The accumulation of capital*, 475; *The economics of imperfect competition*, 470
Rockefeller, John D., 202, 302
Rolodex, 326
Roosevelt, Franklin Delano, 344, 348, 349, 350, 351, 352, 356, 357, 385, 386, 387, 388, 389, 391, 393, 394, 411, 412, 413, 415, 416, 417, 418, 419, 420, 421, 424, 426, 427, 431, 432, 440, 441, 446, 447, 451, 452, 453
Roosevelt, Theodore, 162, 185
Rostow, Rostov, W. W., 200
Roth, Joseph: *The Radetzky March*, 193
Rothschild, Louis, 248, 249
Rothschild, Nathan Mayer, 35
Rowntree, Seebohm: *Poverty: a study of town life*, 150
Rua sem alegria, A (filme), 285, 289
rúpia, 262, 263
Ruskin, John, 35, 76, 77, 79, 377
Russell, Bertrand, 148, 223, 227, 261, 299, 365, 368, 449, 477; *Principia mathematica*, 223, 449
Rússia, 159, 227, 244, 258, 278, 310, 312, 362, 364, 384, 425, 426, 431, 435, 443, 465, 466, 467, 468
Sackville-West, Vita, 259

salários, 11, 19, 20, 37, 42, 45, 46, 49, 50, 54, 55, 56, 57, 78, 79, 80, 81, 82, 87, 88, 89, 98, 101, 102, 104, 105, 106, 107, 108, 123, 128, 131, 139, 152, 161, 186, 190, 202, 208, 224, 232, 243, 280, 296, 313, 317, 320, 322, 327, 354, 355, 373, 392, 394, 395, 396, 415, 442, 471, 473, 496; salário mínimo, 150, 152, 155, 156, 391

Salisbury, Lorde, 121, 123, 149, 180
Salten, Felix, 233
Samuelson, Ella Lipton, 443
Samuelson, Frank, 443, 444, 445
Samuelson, Marion, 448
Samuelson, Paul, 173, 362, 414, 444; *Economics: An introductory analysis*, 453, 455, 456; *Foundations of economic analysis*, 449, 450
San Francisco, 90, 93, 164, 185, 204, 349
saneamento, 190, 355
Sanger, Margaret, 322
Santiniketan, 482, 483, 487, 494
Sassoon, Siegfried, 367
saúde pública, 185, 223
Schacht, Dr. Hjalmar, 422
Schmoller, Gustav, 195
Schorske, Carl, 193
Schreier, Fritz, 303
Schumpeter, Annie Reisinger, 293, 360
Schumpeter, Johanna, 192, 255, 293, 294, 297, 360
Schumpeter, Joseph Alois, 191, 192, 195-214, 220-1, 226, 228, 234-56, 261, 276, 284-97, 300, 302, 305, 308, 317, 333, 352, 354, 355, 357, 360-2, 375, 381, 399-401, 405, 414, 415, 422, 423, 424, 446-50, 455, 464, 472, 476, 494, 496; *A teoria do desenvolvimento econômico*, 208, 213, 333; *Capitalism, socialism and democracy*, 400, 472; "The essence of economic theory", 207
Schutz, Alfred, 303
Schwartz, Anna, 338
Scott, Sir Walter, 85
Segunda Guerra Mundial, 12, 146, 158, 187, 322, 382, 394, 399, 426, 450, 454, 462, 471, 473, 475, 477, 488, 496
seguro: seguridade social, 126, 152, 155, 158, 496; seguro-desemprego, 157, 317; seguro-saúde, 157
Sen, Amartya, 479, 480, 481, 482, 483, 484, 485, 486, 487, 488, 489, 490, 491, 492, 493, 494; *Collective choice and social welfare*, 490; *India: Development and participation*, 492; *The choice of techniques*, 487

Sen, Kshitimohan, 482
Sexta-Feira Negra (1866), 62, 63, 64, 66, 360
Shakespeare, William, 267
Shaw, George Bernard, 31, 142, 144, 145, 148, 151, 155, 217, 218, 306, 322, 353; *Major Barbara*, 151; *Mrs. Warren's profession*, 144, 145; *Widowers' houses*, 144, 145
Sheppard, J. T., 263
Shigeto, Tsuru, 448
Sidgwick, Henry, 74, 75, 76, 79, 80, 83, 84, 85, 86
Sindicato Nacional dos Trabalhadores Agrícolas, 87
sindicatos, 49, 55, 78, 87, 88, 89, 90, 91, 107, 141, 143, 146, 149, 150, 152, 156, 249, 287, 313, 327, 328, 341, 426
Skidelsky, Robert, 218, 219, 264, 265, 266, 267, 280, 306, 318, 330, 332, 333, 335, 336, 355, 381, 382, 422, 425
Smith, Adam, 11, 30, 48, 75, 81, 102, 108, 186, 453; *A riqueza das nações*, 11, 48
Smith, James A., 146
Smuts, Jan, 275
socialismo, 43, 44, 107, 130, 142, 143, 185, 221, 228, 235, 237, 300, 358, 376, 401, 406, 460, 471, 473, 496
Sociedade Americana de Eugenia, 322, 323
Sociedade Britânica de Eugenia, 322
Sociedade de Organização da Caridade, 120
Sociedade Econométrica, 470
Sociedade Econômica de Harvard, 337
Sociedade Internacional de Eugenia, 322
Sociedade Mont Pélerin, 433
sociologia, 155, 170, 192, 241, 322
Solow, Robert, 475, 476, 493, 496
Somary, Felix, 254
Spears, Edward Louis, 260
Spectator, 381
Spencer, Herbert, 58, 74, 114, 121, 125, 126, 144, 168, 170, 406; *Filosofia sintética*, 74; *Principles of sociology*, 170; *Social statics*, 125; *The man versus the State*, 125, 126
Sprott, Sebastian, 309
Sraffa, Piero, 357, 372, 373, 375, 376, 462, 469,

475; *Production of commodities by means of commodities*, 475
St. John's College, 69, 71, 73
Stálin, Joseph, 312, 364, 365, 376, 388, 402, 415, 417, 418, 420, 423, 428, 430, 432, 433, 459, 460, 461, 462, 463, 464, 465, 466, 467, 468, 497
Standard Oil, 161, 202
Stead, William: *The Americanization of the world*, 159
Stedman, Jones, Gareth, 45, 46, 59
Steed, Henry Wickham, 280, 283
Stein, Herbert, 354, 392, 398, 449, 456
Stephen, Leslie, 73, 77
Stephens, H. Morse, 159
Stigler, George, 478
Strachey, John: *The theory and practice of socialism*, 376
Strachey, Lytton, 262, 263, 282, 283; *Eminent Victorians*, 283
Straight, Michael, 470
Streissler, Erich, 193
Strong, Benjamin, 347
subconsumo, 349, 350
subdesenvolvimento, 471, 472
sufrágio, 17, 39, 44, 49, 75, 121, 128, 139
Sumner, William Graham, 169; *The absurd effort to make the world over*, 179
superprodução, 349

Tagore, Rabindranath, 482, 483
talento hereditário, 211
Tappan, Marjorie, 368, 369
tarefa, trabalho por, 46, 136, 137
Tarifa Smoot-Hawley, 347, 349
Tawney, R. H., 148
Taylor, A. J. P., 283
Taylor, Frederick Winslow, 320
Taylor, Harriet, 48, 438
Taylor, Sedley, 88
tecnologia, 37, 40, 55, 82, 99, 162, 163, 197, 198, 210, 211, 313, 317, 361, 474
Teoria da evolução, 19, 198
Terceiro homem, O (filme), 434

terra: especulação, 182; propriedade da, 49, 121, 212; taxação da, 104, 105, 106, 128
Tesouro Britânico, 228, 241, 387
Tesouro dos Estados Unidos, 384, 388
Thackeray, William Makepeace, 91
Thatcher, Margaret, 439
think tank, 146, 148
Time (revista), 427
Times de Londres, 61, 87, 275, 280, 283, 331, 381
Tobin, James, 356
Tocqueville, Alexis de, 90, 91, 93, 434
Toynbee, Arnold, 42, 82, 126, 134, 330
trabalho infantil, 24, 187
trabalho por tarefa, 46, 136, 137
Tratado de Bretton Woods, 430, 431
Tratado de Paz, 253, 271, 275, 280, 281, 282, 314, 370
Trevelyan, G. M., 142, 164
Trinity College, Cambridge, 88, 480, 486, 487
Tripos, 262
Trollope, Anthony, 71, 91, 115, 180, 200; *The Bertrams*, 200; *The vicar of Bullhampton*, 71; *The warden*, 71; *The way we live now*, 180
Truman, Harry, 426, 427, 432, 433, 437, 451, 456
tuberculose, 166, 183, 185, 226, 233, 276
Tuchman, Barbara, 173
Tugwell, Rexford, 348
turcos otomanos, 230
turismo, 52, 91, 202, 203
Twain, Mark, 208

U.S. Steel, 163
Ulam, Stanislaw, 448
União Soviética, 363, 365, 385, 388, 400, 401, 416, 423, 425, 426, 427, 430, 432, 439, 463, 466, 467, 494, 497
Universidade Columbia, 164, 214, 302, 348, 368, 390, 392, 393
Universidade de Berlim, 195, 196, 314
Universidade de Bonn, 294
Universidade de Cambridge, 67, 77, 80, 83, 87, 261, 315, 371, 453, 464, 469, 476, 479, 480

Universidade de Chicago, 340, 342, 375, 390, 391, 433, 434, 438, 446, 449, 452, 457, 478
Universidade de Graz, 213, 220, 236, 238, 255, 290
Universidade de Nova York, 301, 302, 430
Universidade de Oxford, 138, 469
Universidade de Salzburgo, 438
Universidade de Viena, 192, 195, 207, 221, 237, 298, 299, 303
Universidade de Wisconsin, 390, 393
Universidade Harvard, 297, 390, 400, 426, 441, 466
Universidade Princeton, 164
Universidade Yale, 164, 166, 177, 329, 348, 351, 390
University College, 77, 97
urbanização, 94, 186
utilitarismo, 490, 492

Veblen, Thorstein, 169, 284
Viena, 39, 145, 175, 192, 193, 194, 195, 196, 199, 206, 207, 209, 213, 214, 220, 221, 222, 226, 228, 229, 230, 231, 232, 233, 234, 236, 240, 241, 244, 245, 246, 247, 248, 249, 251, 252, 253, 257, 276, 284, 285, 286, 288, 289, 290, 292, 293, 294, 295, 297, 298, 302, 303, 305, 357, 358, 402, 405, 433, 434, 435
Viner, Jacob, 446, 447
Vitória, rainha, 42, 50, 121, 130, 208
Voegelin, Erich, 299
Volker, Paul, 457
Von Neumann, John, 449, 450; *Mathematical foundations of quantum mechanics*, 449; *Theory of games and economic behavior*, 450

Wagner, Richard, 180
Wallace, Alfred Russel, 168
Walras, Leon, 165, 175
Warburg, Max, 270, 281, 282
Washington Post, 332, 431
Watt, James, 36
Wavell, Lorde, 483
Webb, Beatrice Potter, 111-64, 190, 210, 217-8, 225-6, 228, 302, 313, 315, 320, 322, 335, 354, 359, 363-7, 467, 476; "A opinião de uma senhora sobre os desempregados", 131; *History of trade unionism*, 151; *Industrial democracy*, 151, 152, 156; "Páginas do diário de uma jovem trabalhadora", 138; *Soviet communism: A new civilization*, 365, 405; *The decay of capitalist civilization*, 363; *The minority report*, 154
Webb, Sidney, 140, 144, 150, 151, 211, 322, 336, 476; *History of trade unionism*, 151; *Industrial democracy*, 151, 152, 156
Weber, Max, 300
Wells, H. G., 146, 147, 148, 151, 299, 317, 322; *The new Machiavelli*, 146
Wemyss, Rosslyn, 272
Westminster Review, 67
Wheeler, Donald, 477
Wheller, Burton, 384
Whitaker, John, 91
White, Harry Dexter, 342, 389, 394, 421, 425, 426, 427, 462
Whitehead, Alfred North: *Principia mathematica*, 223
Whittier, John Greenleaf: *Snow-bound*, 184
Wieser, Friedrich von, 195, 211, 250, 253, 255, 299
Wilde, Oscar: *The importance of being earnest*, 262
Wilson, Edwin Bidwell, 448
Wilson, Woodrow, 164, 258, 259, 274, 284, 424
Wirtschaftswunder, 437, 438
Wittgenstein, Ludwig, 193, 194, 221, 222, 250, 298, 359, 435, 468; *Tractatus logico-philosophicus*, 222, 468
Woodhull, Victoria, 322
Woolf, Leonard, 279, 322
Woolf, Virginia, 73, 77, 226, 263, 310, 322, 341; *Mrs. Dalloway*, 226; *Rumo ao farol*, 226; *The voyage out*, 226
WPA, 356

Zweig, Stefan, 232, 287; *O colecionador invisível*, 287

ESTA OBRA FOI COMPOSTA PELA SPRESS EM MINION E IMPRESSA EM OFSETE
PELA RR DONNELLEY SOBRE PAPEL PÓLEN SOFT DA SUZANO PAPEL E CELULOSE
PARA A EDITORA SCHWARCZ EM AGOSTO DE 2012